In dankbarem Andenken
meinem Vater
Albert Breitenstein
gewidmet

AUS EINEM GUSS

ZINNFIGUREN-GRUPPEN VON ERNST HEINRICHSEN NÜRNBERG

Ein Nachschlagwerk
über die Produktion der Firma
von 1839 bis 1939

von Jürg Breitenstein

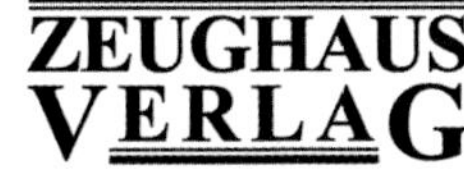

Zeughaus Verlag
bei Berliner Zinnfiguren
Hans-Günther Scholtz
Knesebeckstr. 88, 10623 Berlin

Telefon: 030/315 700 0
Fax: 030/315 700 77
Email: info@zinnfigur.com
Internet: www.zinnfigur.com

Layout, Satz und Bildbearbeitung:
Agnes Jagodzinski, Florian Riedel und Stefan Müller

Umschlagentwurf:
Stefan Müller

Printed in Germany by Druckhaus Humburg GmbH & Co.KG

Bibliografische Informationen der Deutschen Bibliothek
Die Deutsche Bibliothek verzeichnet diese Publikation in der Deutschen Nationalbibliografie; detaillierte bibliografische Daten sind im Internet über
http://dnb.ddb.de abrufbar.

ISBN: 978-3-938447-26-0

Inhalt

Einleitung

„Gruppe" ist ein Begriff, bei welchem begeisterten Sammlern und Liebhabern von Figuren „alter Offizinen" das Herz höher schlägt. Die Faszination, die diese auf die Sammlerwelt ausübt, beruht darauf, dass eine ganze Szene aus einem Guss gefertigt ist, welche meist noch eine ganz bestimmte militärische oder zivile Begebenheit darstellt.

Die Definition, bei welcher Figur es sich um eine „Gruppe" handelt, ist nicht ganz einfach. Grundsätzlich kann gesagt werden, dass es sich bei einer „Gruppe" um ein Gravurstück handelt, bei welchem mehr als eine Figur auf einem gemeinsamen Fußbrett angeordnet ist, welches nicht unterteilt werden kann, ohne den Guss zu beschädigen. Ob dann ein Pferdehalter, ein Mann an einem Tisch oder eine Frau mit einem Kind als „Gruppe" zu bezeichnen ist, liegt im Ermessen der jeweiligen Offizin, welche das Gravurstück herausgebracht hat. Daher hat sich der Verfasser dieses Werkes weitgehend an die überlieferten Angaben der Offizin Heinrichsen gehalten - auch wenn dem Leser bei der einen oder anderen Gruppe Zweifel an der Zuordnung aufkommen mögen.

Was hat den Verfasser bewogen, diese aufwendige Übersicht über die Produktion eines ganz bestimmten Figurentyps einer einzigen Firma zu realisieren?

Betrachtet man das Gebiet der „alten Offizinen", so haben sich 3 Generationen Heinrichsen - neben einigen norddeutschen Offizinen wie Rieche, Haselbach oder Söhlke - dem Thema „Gruppe" in einer einmaligen Vielfältigkeit und mit hohem Produktionsaufwand gewidmet. Die Palette erstreckt sich von den Steinzeitmenschen bis über den ersten Weltkrieg hinaus und stellt damit fast einen Abriss der gesamten Weltgeschichte dar. Es war dem Verfasser ein Anliegen, der Sammlerwelt diese Darstellungsvielfalt in einer möglichst vollständigen Fassung zugänglich zu machen. Daher versteht er die vorliegende Form als „Nachschlagwerk".

Das Zusammentragen, Recherchieren und Katalogisieren des umfangreichen Materials dauerte mehr als ein Jahr, und die Realisierung dieses Nachschlagwerkes war nur möglich dank der großartigen Zusammenarbeit mit Frau Dr. Brigitte Grobe, Leiterin der Offizin Heinrichsen. Sie stellte dem Verfasser in großzügigster Weise sämtliche Archivunterlagen und Formenbücher zur Verfügung und unterstützte ihn nach Kräften in allen Bereichen. Schon an dieser Stelle sei ihr dafür herzlich gedankt .

In den Texten beschränkt sich das vorliegende Nachschlagwerk auf eine kurze Beschreibung der einzelnen Gruppen. Auf lange Erläuterung von geschichtlichen Fakten wurde verzichtet, da sich der Sammler diese anderweitig beschaffen kann. Angaben zur Firmengeschichte waren ebenso entbehrlich, da diese im Buch „150 Jahre Feinste Zinn-Compositions-Figuren Ernst Heinrichsen Nürnberg" von Alfred R. Sulzer, Zürich, auf das Ausführlichste behandelt worden sind. So betrachtet der Verfasser dieses Nachschlagwerk als zweite ergänzende Folge zu obengenanntem Buch. Mit beiden Werken zusammen hat der interessierte Sammler eine recht ausführliche Darstellung über das Wirken und Schaffen der Offizin Heinrichsen.

Während vom Firmengründer Ernst Heinrichsen Figurengruppen in 40mm-Größe bereits 1838 mit dem Niederlassungsgesuch eingereicht wurden, entstanden erst ein Jahrzehnt später auch Gruppen in der 30mm-Größe, und zwar Darstellungen mit Chinesen für den Opiumkrieg nach Entwürfen von Manfred Heideloff. Der Firmeninhaber selbst zeichnete und gravierte in dieser Zeit etliche Schlachtengruppen für den Krimkrieg, sowie ein englisches und türkisches Lager von Balaklawa.

Unter Wilhelm Heinrichsen wurden laufend weitere Gruppen herausgebracht. Die diversen Kriegsereignisse im 19. Jahrhundert, wie der Krieg in Oberitalien, der Deutsch-Dänische und Deutsch-Österreichische Krieg, sowie der Krieg von 1870/71 und die Kolonialkriege lieferten genügend Stoff für unzählige filigrane Gruppen von bester Qualität und historischer Korrektheit. Später lieferten neben Wilhelm Heinrichsen auch diverse namhafte Zeichner, wie beispielsweise die Professoren der Kunstakademie Jäger und Wanderer, Paul Ritter und der Lithograph Gräter, Entwürfe zu den verschiedensten Serien.

Eine wesentliche Rolle spielte auch die Zeit unter Ernst Wilhelm Heinrichsen, während der Ludwig Frank für die Firma arbeitete. Eine große Zahl von Gruppen stammt aus seinen Händen, speziell die für die Napoleonischen Kriege zum 100-jährigen Jubiläum der Völkerschlacht bei Leipzig 1913.

Nicht nur auf militärischem, sondern auch auf dem zivilen Gebiet ist ein riesiges Angebot an Gruppen vorhanden. Von Jahrmärkten über Zirkus, Hafen, Seebad, Gartengesellschaften im Wandel der Zeiten, Prozession, Bauernhof, Reise ins Gebirge, Wintervergnügen, ja sogar bis Russland und hin zum Eskimo-Leben reicht das Spektrum. Einst dazu gedacht, den Knaben des Adels und des Bürgertums die kriegerischen Ereignisse der Weltgeschichte und den Mädchen das städtische und ländliche Leben spielerisch nahezubringen, findet der Sammler heute in den originellen Figuren die Lebensverhältnisse der damaligen Zeit widergespiegelt. Für weitere Informationen sei auf das Buch „Paradestücke – Zinnfiguren aus Nürnberg und Fürth“, Schriften des Spielzeugmuseums Nürnberg, Band IV, 2000, verwiesen.

Gruppen wurden erst ab der Packungsgröße „½ Pfund“ beigelegt, meist nur ein oder zwei Stück. Sie stellten quasi das „Zückerchen“ der Packung dar. Da sie selbst in den späten Zeiten der Firma unter Hermine Heinrichsen nie einzeln verkauft wurden, haben viele Liebhaber eine Packung nur wegen der darin enthaltenen Gruppe erworben. Dementsprechend mühsam war es auch für den Verfasser, seine Sammlung für das vorliegende Werk zu vervollständigen, und beim Auspacken einer Lieferung war stets die Spannung groß, welche Gruppen wohl in den Packungen enthalten sein würden.

Das Nachschlagwerk umfasst neun Kapitel. Sie konnten dank der Packungsunterlagen und dem Formenbuch (als wichtigstem Dokument) zusammengestellt werden. Das Formenbuch lieferte die nötigen Angaben über Gravurdatum und Erläuterungen über die jeweilige Darstellung der betreffenden Figuren. Alle diese Angaben sind unter den Gruppen jeweils aufgeführt. Anschließend an das letzte Kapitel vermittelt noch ein Verzeichnis der Gruppen, geordnet nach Gravurjahr, recht interessante Aspekte über die einzelnen Produktionsjahre der Offizin Heinrichsen.

Abschließend gebührt folgenden Personen, ohne deren große und zeitaufwendige Unterstützung und Mitarbeit dieses Nachschlagwerk kaum hätte realisiert werden können, mein herzlichster Dank:

Frau Dr. Brigitte Grobe, Leiterin der Offizin Heinrichsen, unterstützte die Vorplanung und den ganzen Verlauf der Realisation mit immensem Aufwand an Zeit und Arbeit und war auch maßgebend an der Schlusskorrektur beteiligt.

Herr Hans-Günther Scholtz, Berliner Zinnfiguren, war spontan für die Realisierung begeistert und erklärte sich bereit, den produktionstechnischen Teil zu übernehmen.

Der Fotograf, Herr Kuno Mathis (Binningen,CH) und sein Team erzielten in ausgezeichneter Zusammenarbeit das Ziel dieser qualitativ hochstehenden Aufnahmen dank unermüdlichem, tage- und nächtelangem Einsatz.

Herr Stefan Müller, Berliner Zinnfiguren, brachte mit seinem großen technischen Können und Wissen die über 1300 Aufnahmen in diesen schön gestalteten Rahmen.

Herr Alfred R. Sulzer, Zürich, stellte Gruppen in Originalbemalung aus seiner Sammlung zur Verfügung und arbeitete bei der überaus zeitaufwendigen Schlußkorrektur mit. Dank seiner profunden Kenntnisse dürften größere Fehler vermieden worden sein.

Großzügige Sponsoren unterstützten und förderten dieses Werk: Offizin Heinrichsen, Figurina Helvetica, die Herren Erich Reber (Münchenstein), Jürg Peter (Schaffhausen) und Bernhard Eggimann (Solothurn). Ihnen allen sei dafür herzlichst gedankt.

Ich möchte aber auch allen meinen Sammlerfreunden, welche mich mit Anregungen, Nachfragen und ihrem großen Interesse immer wieder ermunterten, weiterzumachen, meinen herzlichsten Dank aussprechen.

Schließlich gebührt auch meiner Familie großer Dank, die mich in den Vorarbeiten zu diesem Werk mit viel Geduld begleitet und in der Abschlußphase wesentlich unterstützt hat.

Binningen, im September 2006
Dr. Jürg Breitenstein

Erklärungen zu den Angaben unter den einzelnen Gruppen

Die geschichtlichen Erklärungen, besonders aber die Schlachtennamen, wie z. B. Benevent, Pavia, Arcole etc., geben zugleich auch die Packung von Heinrichsen an, der diese Gruppe beigegeben war. Die für den interessierten Sammler besonders wichtigen Gravurdaten können bis 1860 nicht eindeutig angegeben werden, da im Formenbuch erst nach diesem Zeitpunkt Jahreszahlen vermerkt sind.

Für die Art der Bemalung einer Gruppe hat der Autor
folgendes System gewählt:

*	gilt für Original-Bemalung
**	für Bemalungsqualität der heutigen Produktion der Firma (alle Bemalungen von Inge Claus-Jansen)
***	für möglichst originalgetreue Sammlerbemalung

Alle Figuren sind in Originalgröße abgebildet.
Zur genaueren Abklärung über die Motive der einzelnen Gruppen wurden die Angaben in den Formenbüchern der Firma Heinrichsen studiert, Irrtümer sind aber trotz aller Sorgfalt nicht auszuschließen.
Insgesamt gesehen stellt dieses Nachschlagwerk einen Abriss der Kultur- und Weltgeschichte dar.

Das Spektrum reicht

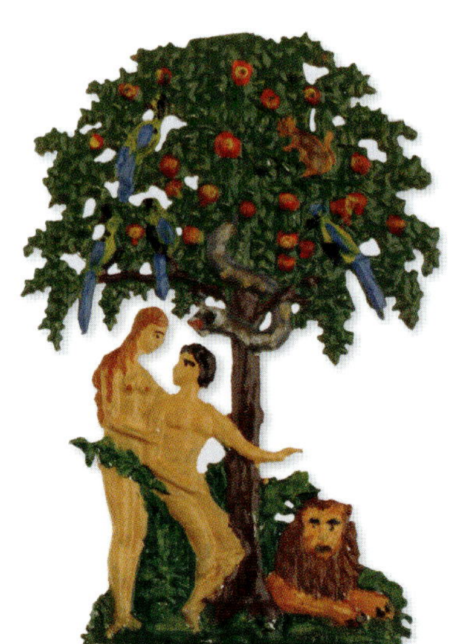

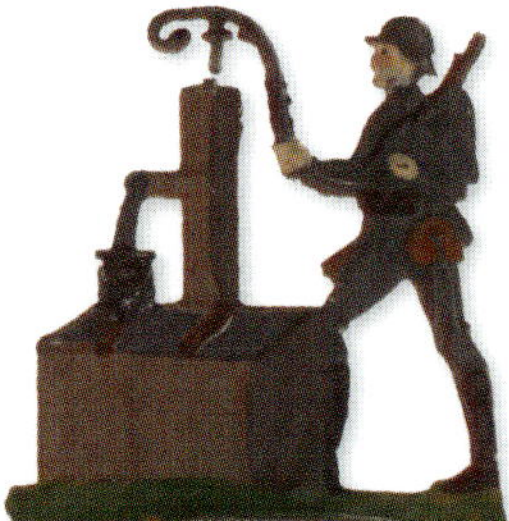

von Adam und Eva bis zur Stahlhelmzeit 1938.

1. Kapitel

Altertum
Völkerwanderung
Frühes Mittelalter

In der Zeit vor 1900 gab es im Sortiment von Heinrichsen nur wenige Packungen mit Darstellungen zum Altertum: Pharaonenschlacht, Trojanischer Krieg, Schlacht im griechischen Altertum und die Schlacht im Teutoburger Wald.

Erst im Jahr 1902 erschienen dann zahlreiche Gruppen zur Belagerung von Syrakus. Das Jahr 1906 war den Perserkriegen gewidmet mit den Schlachten von Salamis, Thermopylae, Plataä, ferner die Schlacht von Benevent, Hannibal bei Cannae und das Römische Heerlager. Auf Initiative von Max Hahnemann in den 1920er Jahren wurde das Angebot massiv vergrößert. Hahnemann gab bei Heinrichsen den Auftrag, nach Zeichnungen von Prof. Krischen folgende Neuheiten zu gravieren: zwei ägyptische Streitwagen, die assyrischen und phönizischen Streitwagen, einen äthiopischen Königswagen und Kriegselefanten sowie die makedonischen Kriegselefanten, die indischen Streitwagen und Kriegselefanten. Das Germanenlager und diverse Gruppen aus der Völkerwanderungs- und Karolingerzeit, welche um 1910 entstanden, sind von hoher Gravurqualität, was auf die Hand von Ludwig Frank schließen lässt. Die Kreuzzugsschlachten datieren aus dem Jahr 1903.

Alle anderen Gruppen stammen aus der Zeit zwischen 1926 und 1938 und zeigen einen weniger gehaltvollen Gravurstil.

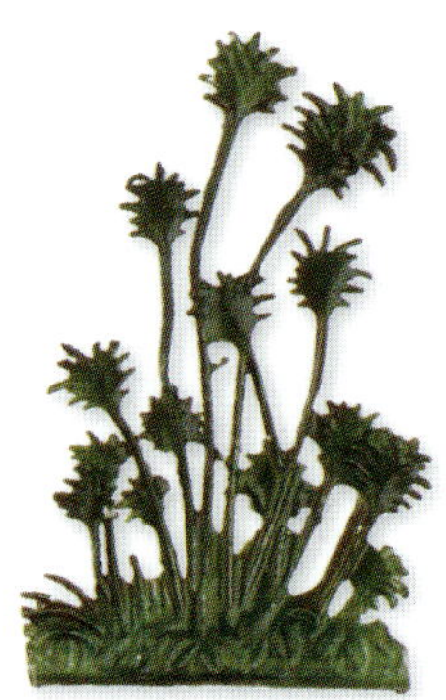

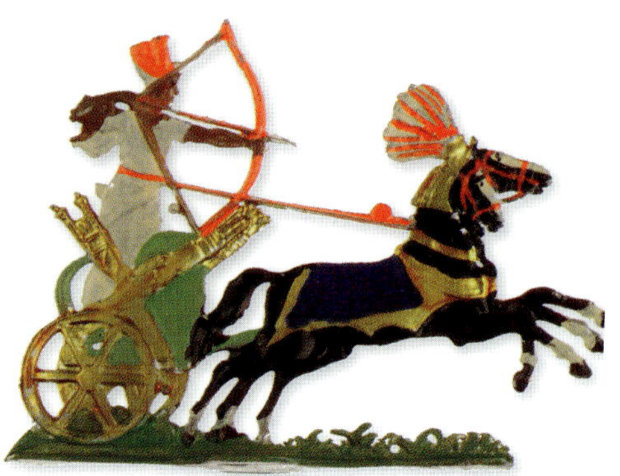

Ägyptischer Streitwagen mit Pharao
(*, gr. 1892)

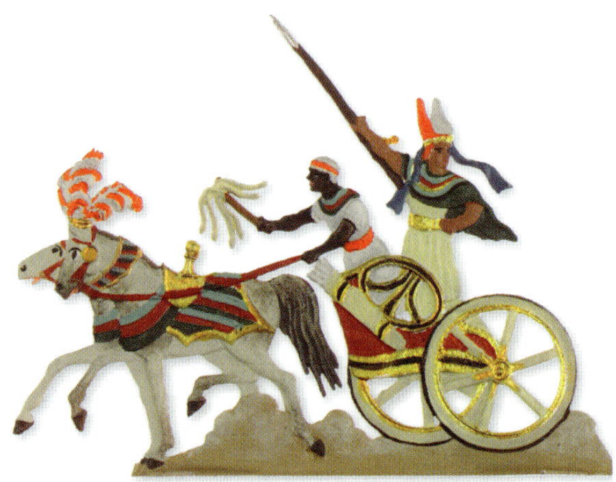

Ägyptischer Streitwagen
Der Pharao trägt die Doppelkrone von Ober- und Unterägypten.
(**, gr. 1911)

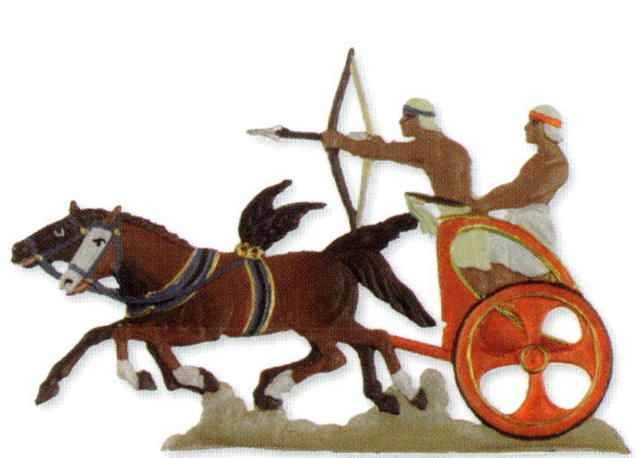

Ägyptischer Streitwagen
(**, gr. 1919)

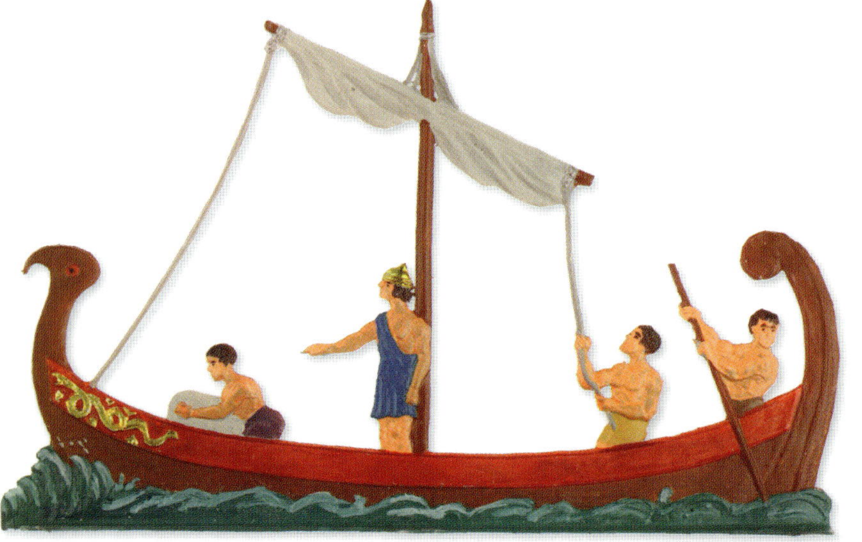

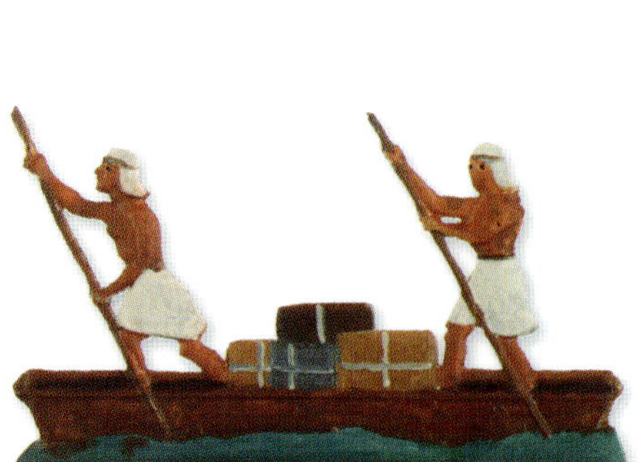

Handelsschiff und Boot aus dem phönizischen Hafen
(***, gr. 1928)

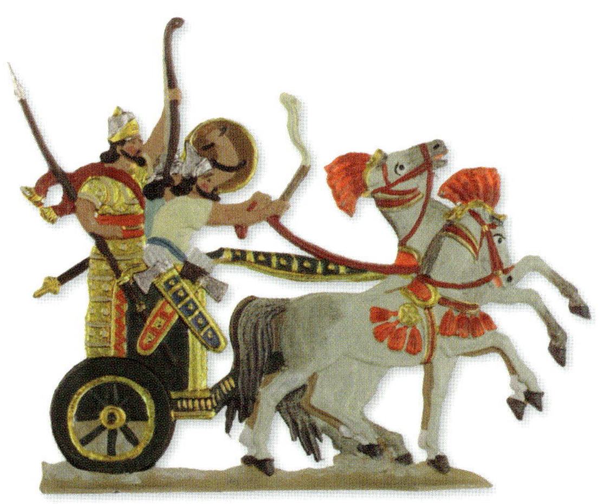

Assyrischer Streitwagen mit König
(**, gr. 1920)

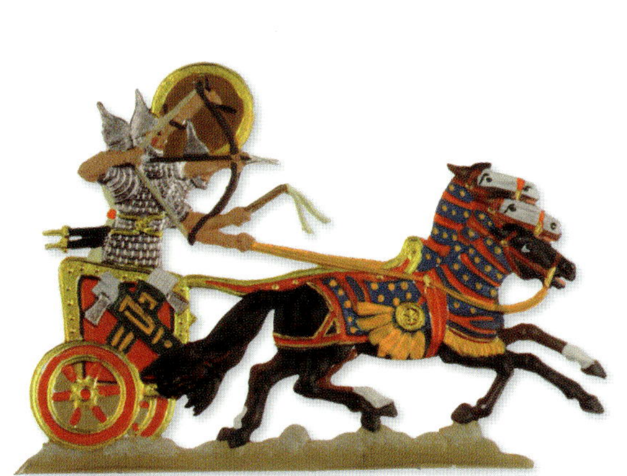

Assyrischer Streitwagen
mit schwer gepanzerten Kriegern
(**, gr. 1920)

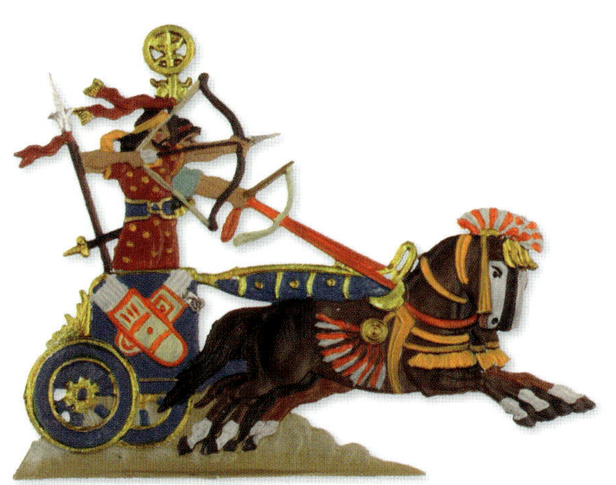

Assyrischer Streitwagen mit Feldzeichen
(**, gr. 1920)

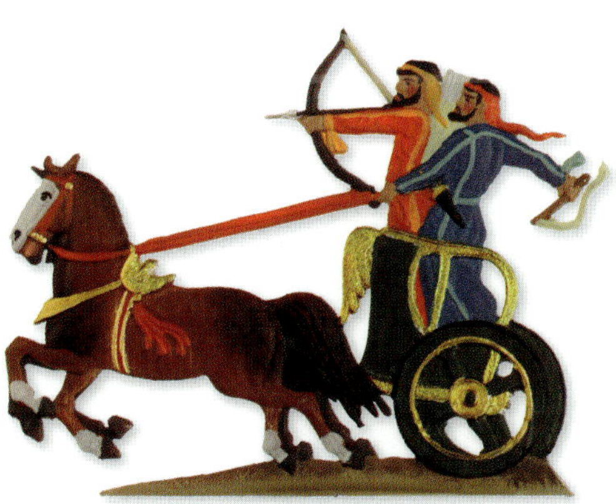

Phönizischer Streitwagen
(**, gr. 1920)

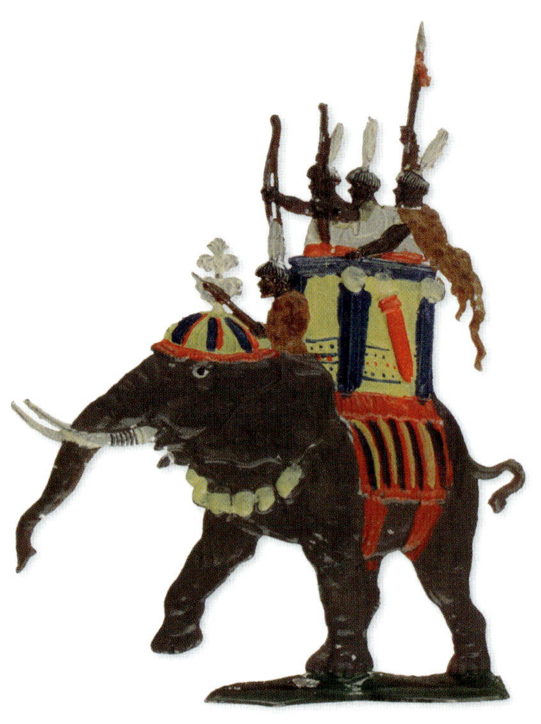

Äthiopischer Kriegselefant
mit einer Halskette aus Menschenschädeln
zur Abschreckung
(*, gr. 1920)

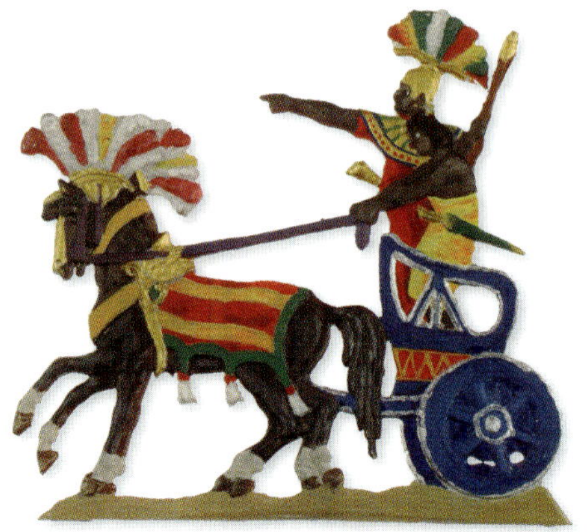

Äthiopischer König auf Prunkwagen
(***, gr. 1920)

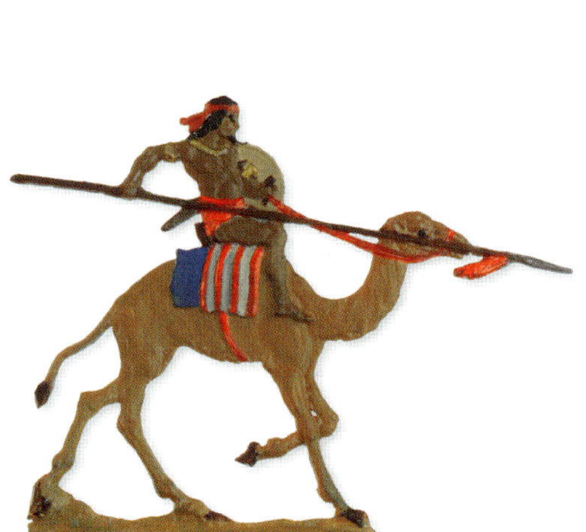

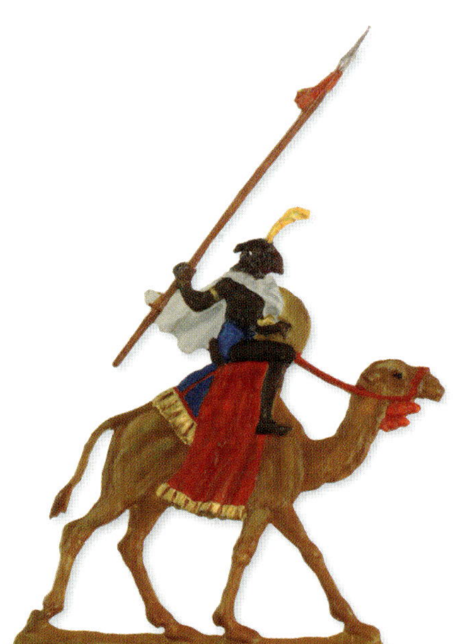

Arabische Wüstenreiter
(***, gr. 1921)

Der Trojanische Krieg

(*, gr. 1902)

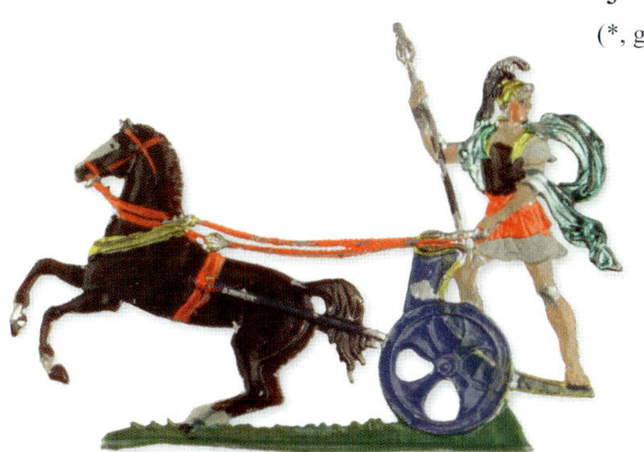

Achill auf Streitwagen

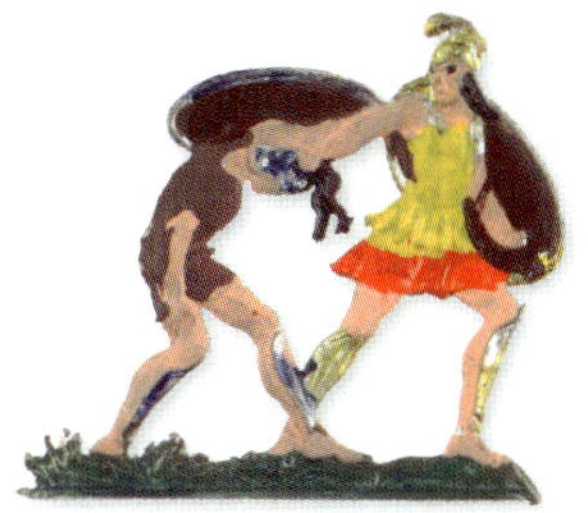

Menelaos reißt Paris
den Helm vom Kopf

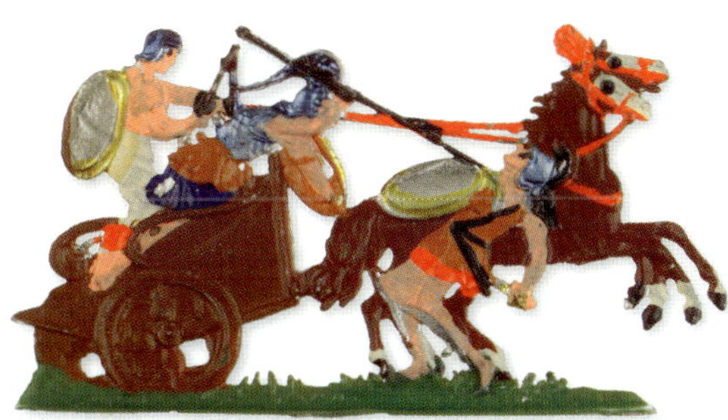

Streitwagen im Kampf
mit Helden zu Fuß

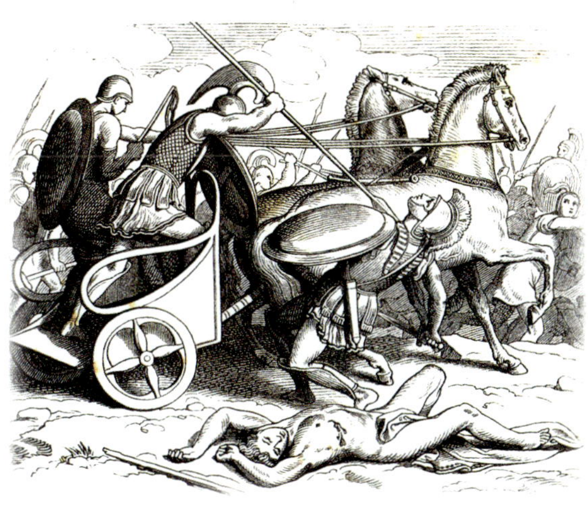

Zeichnungsvorlage aus
Münchener Bilderbogen Nro. 351

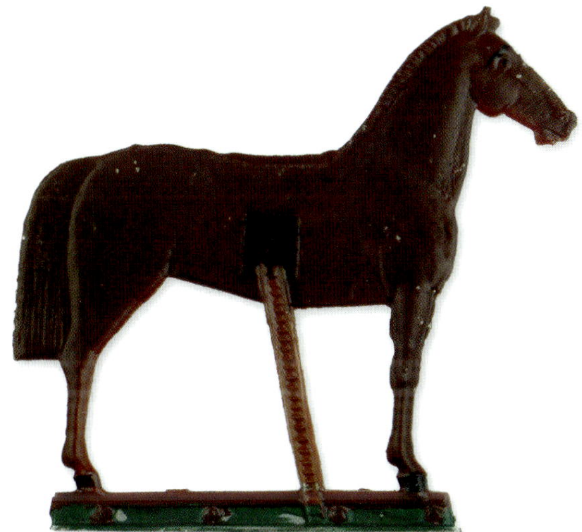

Das Trojanische Pferd

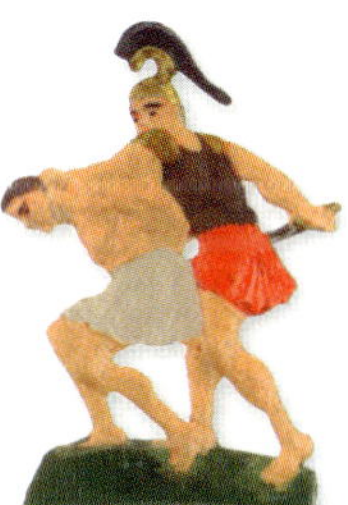

Griechischer Held gefesselten Trojaner am
Genick packend (gr. 1908)

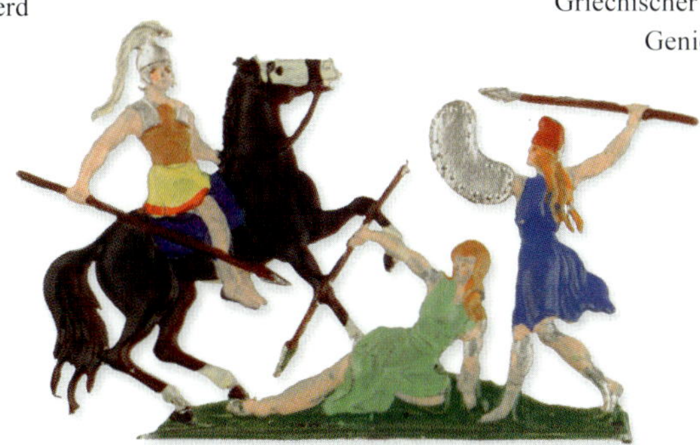

Griechischer Reiter im Kampf mit Amazonen (*, gr. 1906)
aus Packung: Amazonenschlacht

Seeschlacht von Salamis

(***, gr. 1906)

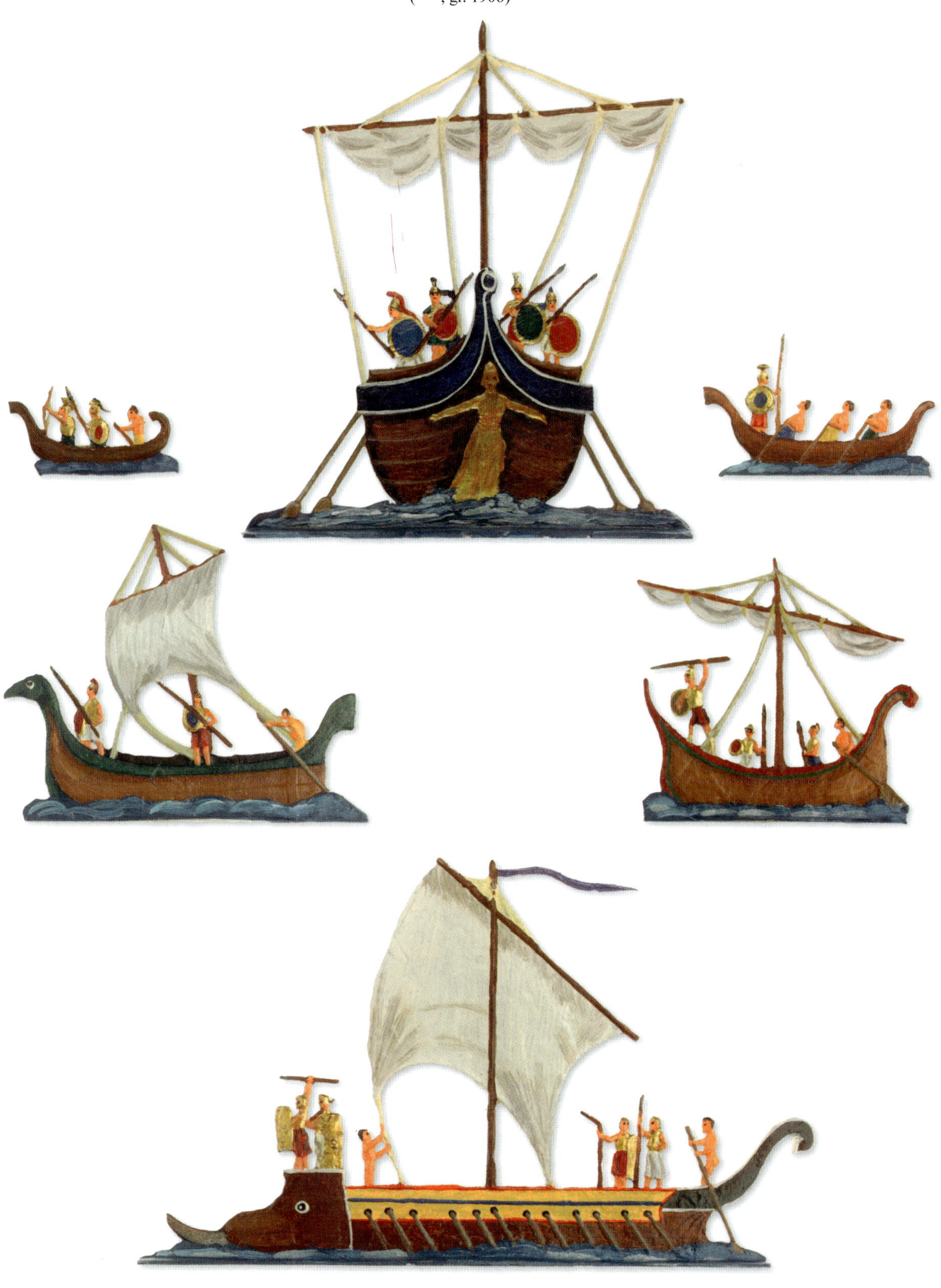

Seeschlacht von Salamis

(***, gr. 1906)

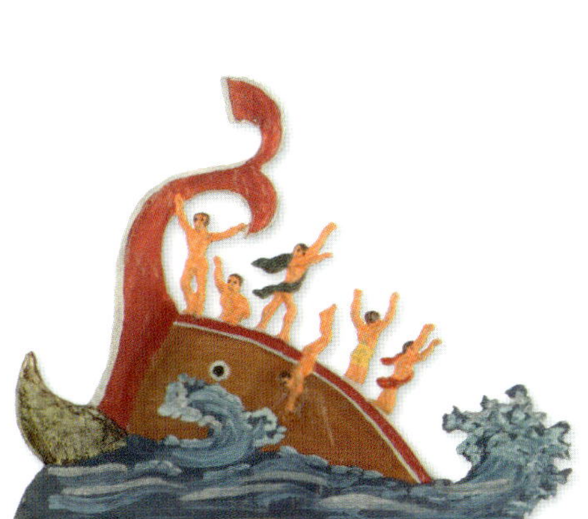

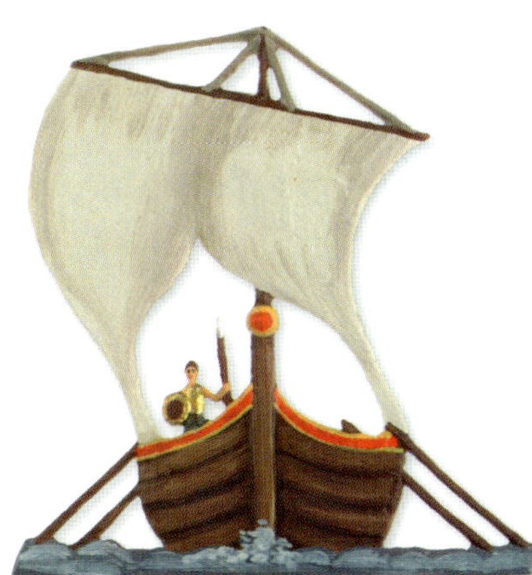

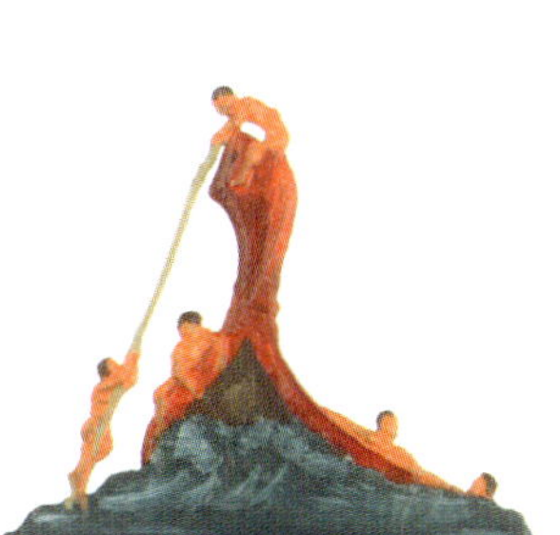

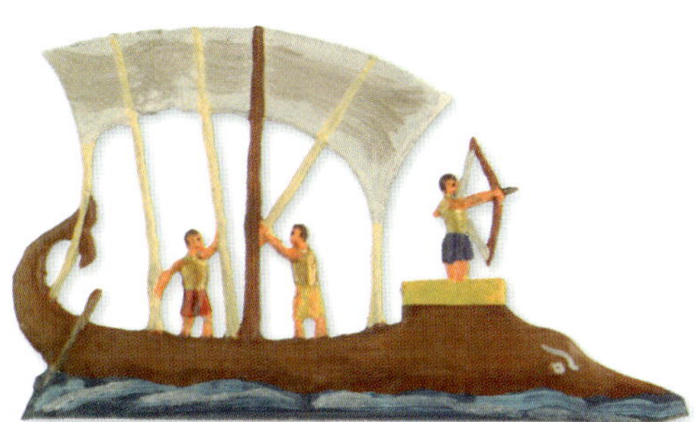

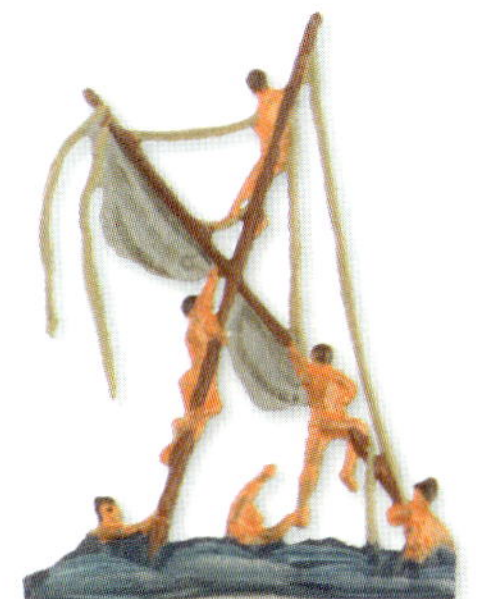

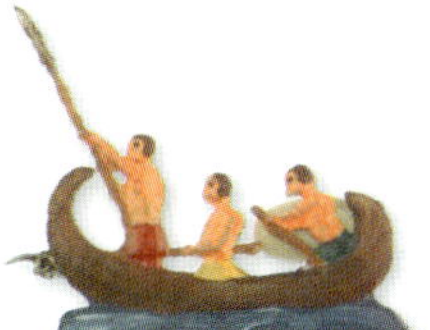

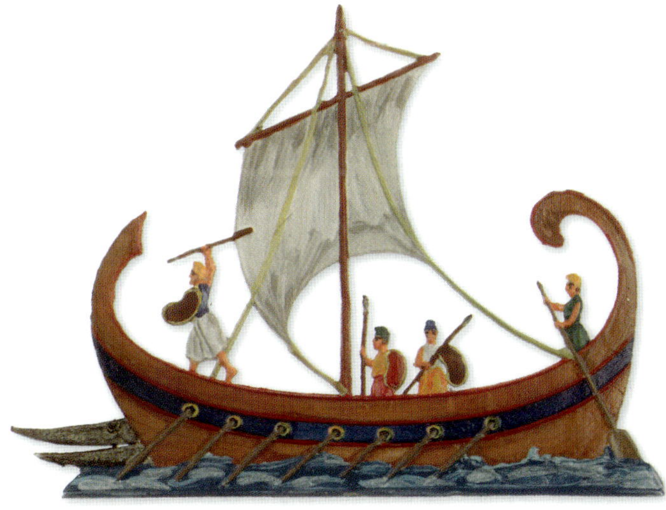

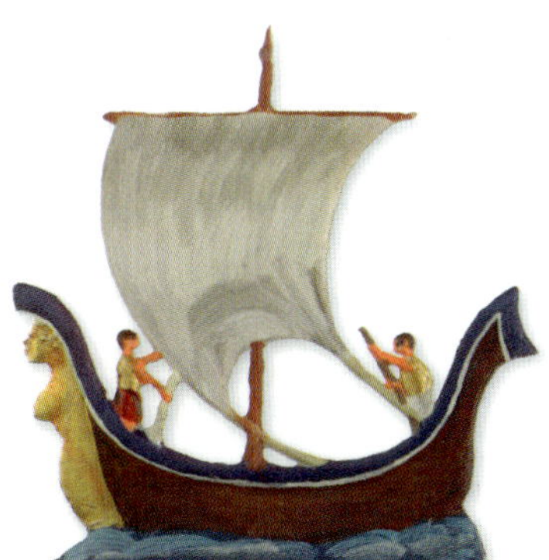

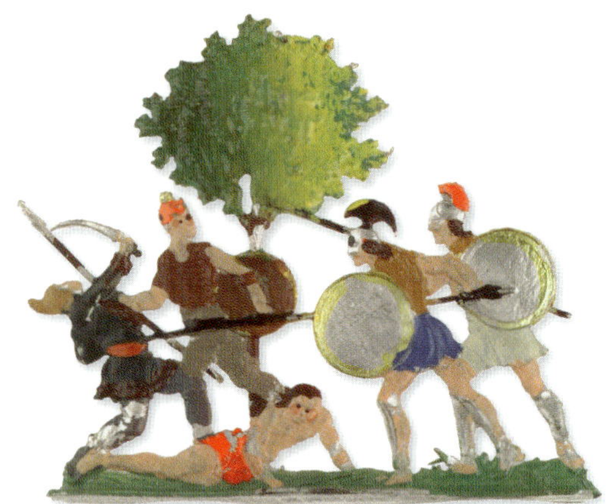

Perser im Kampf mit griechischen
Hopliten bei Platää, 449 v. Chr.
(*, gr. 1906)

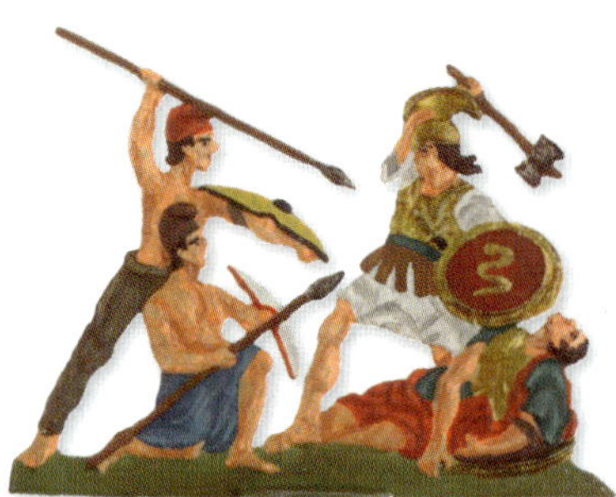

Szene aus der Schlacht an den
Thermopylen, 480 v. Chr.
(***, gr. 1905)

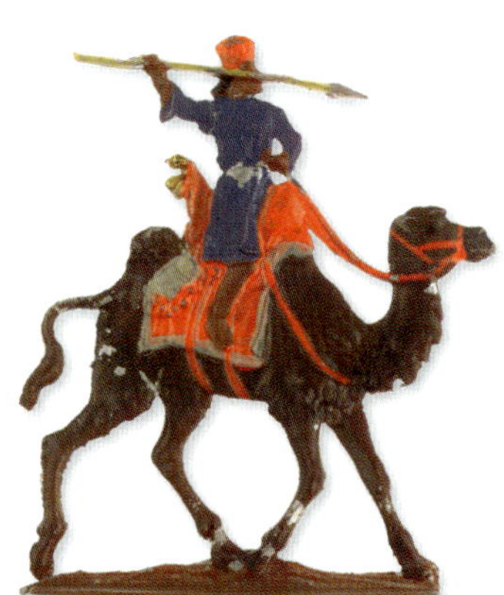

Medischer Kamelreiter
(*, gr. 1889)

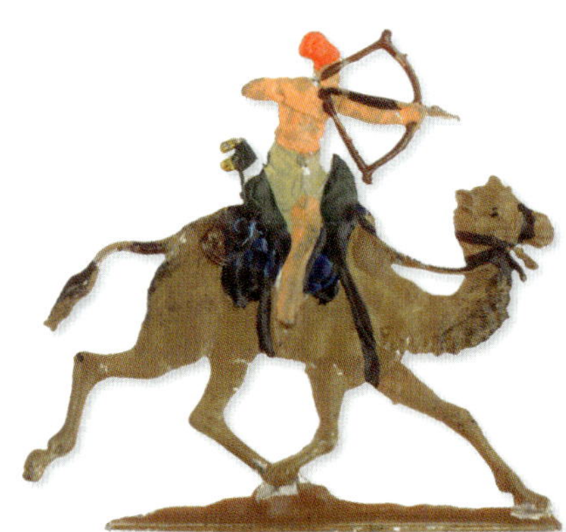

Persische Kamelreiter (*, gr. 1889)

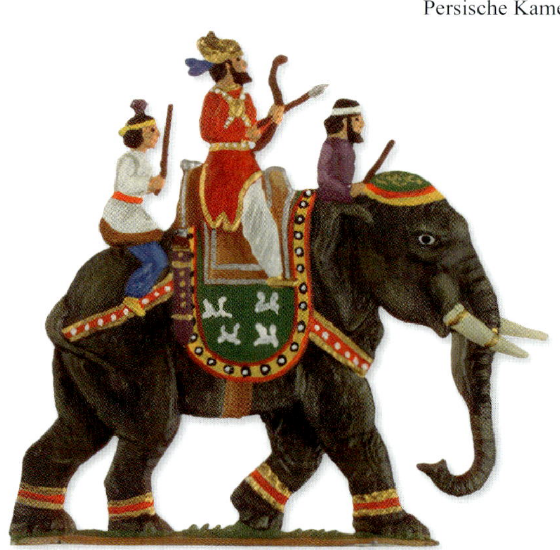

Sassanidischer König auf Kriegselefanten
(***, gr. 1924)

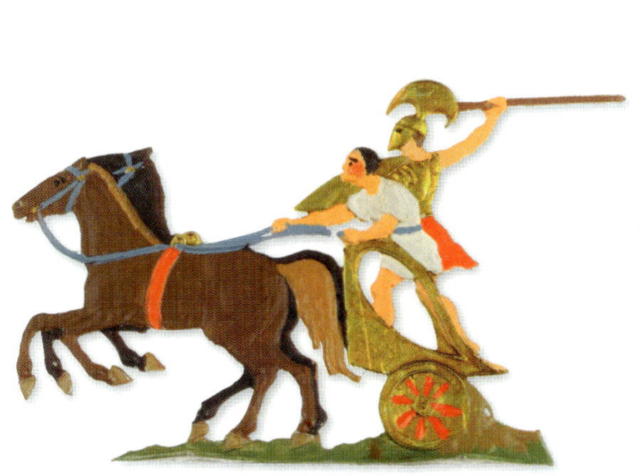

Griechischer Streitwagen
(***, gr. 1919)

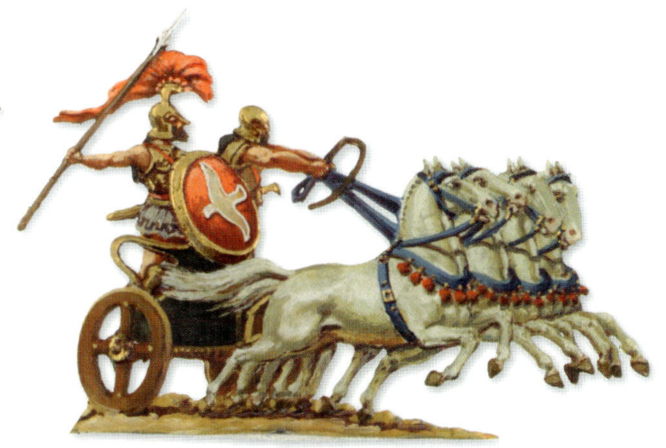

Griechischer Streitwagen mit vier vorgespannten Pferden, sogenannte Quadriga
(Bemalung V. Douchkine, gr. 1920)

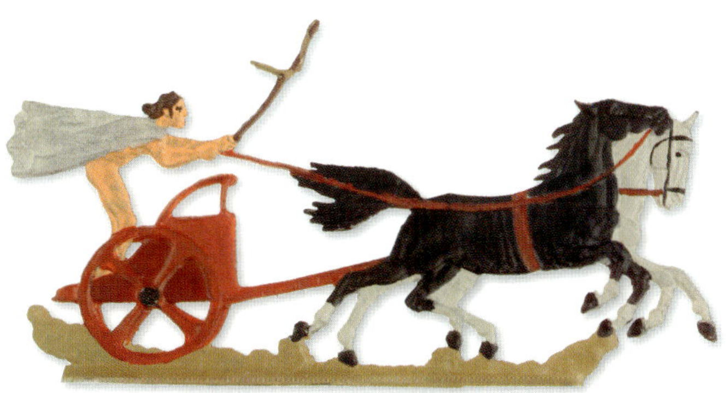

Gruppen aus den Olympischen Spielen (***, gr. 1933)

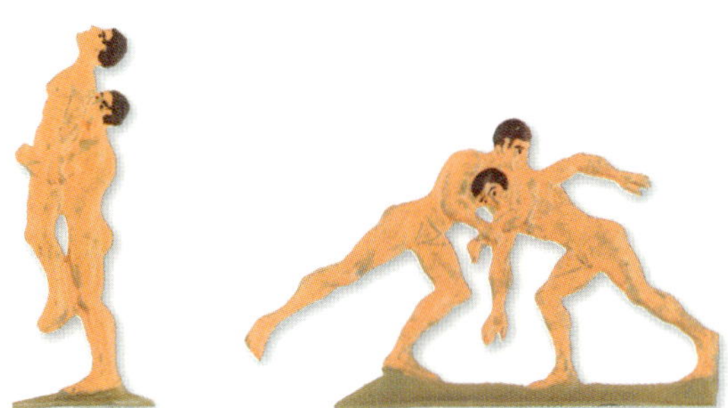

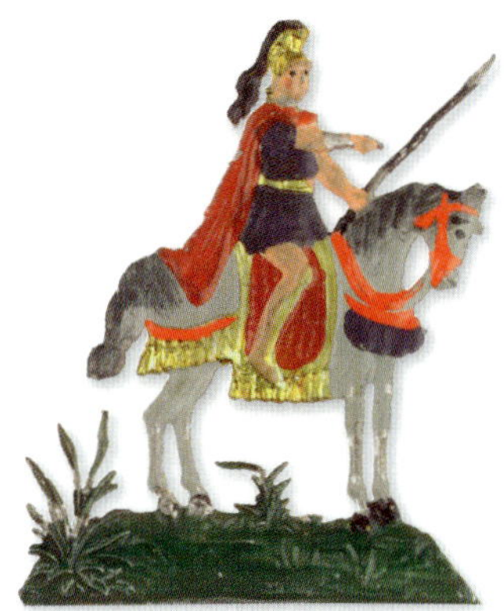

Alexander der Große
(*, gr. 1889)

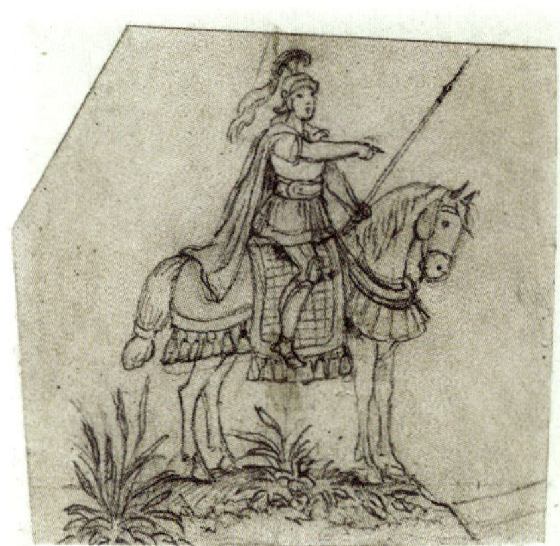

Gravurzeichnung

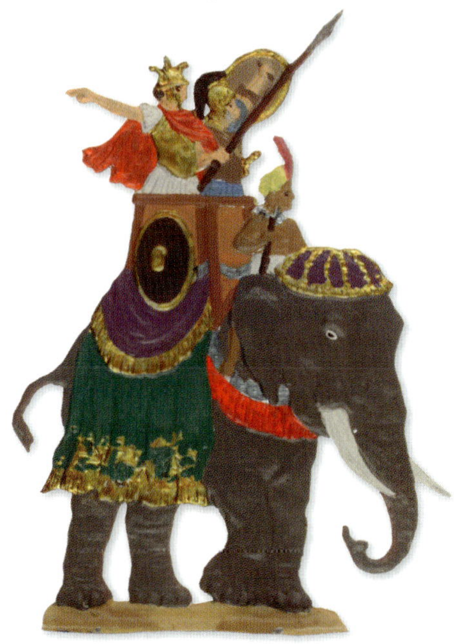

Feldherr Pyrrhus auf
Kriegselefanten
(***, gr. 1920)

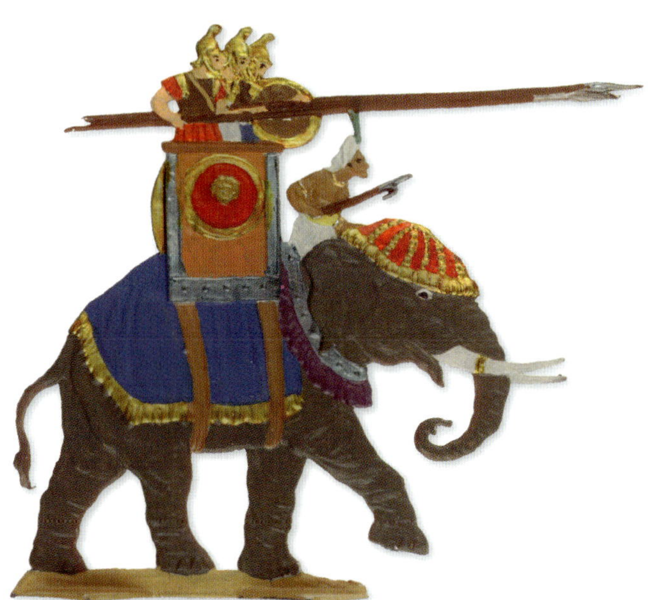

Makedonier mit Langspeeren
auf Kriegselefanten
(***, gr. 1920)

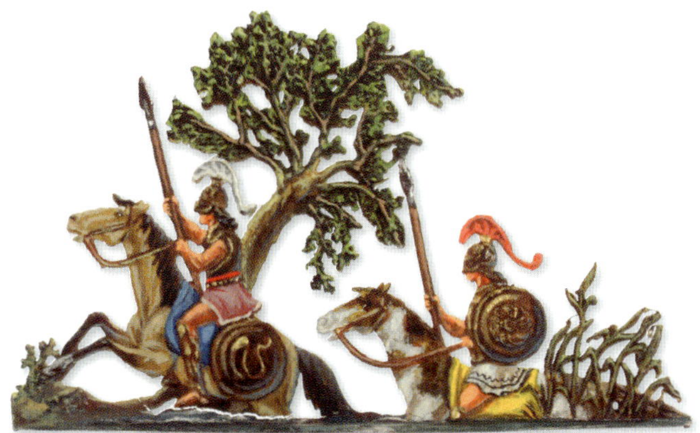

Griechische Reiter (im Heer Alexanders des .Großen)
durchqueren den Fluss Granikos
(Bemalung Winkelmüller, gr. 1908)

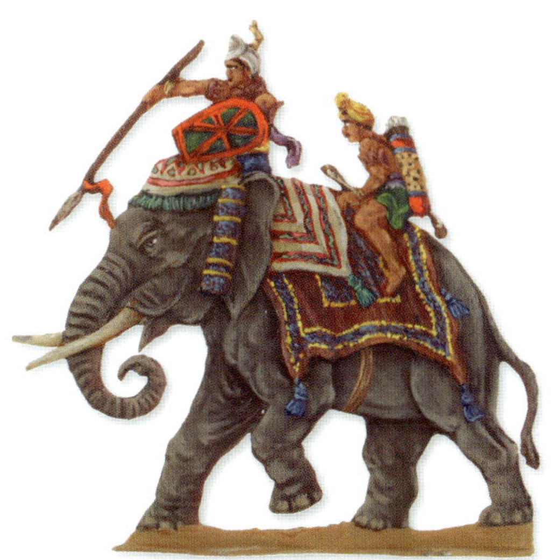

Porus, König der Inder, auf Kriegselefanten
in der Schlacht am Hydaspes
(Bemalung Leopold Rieche, gr. 1921)

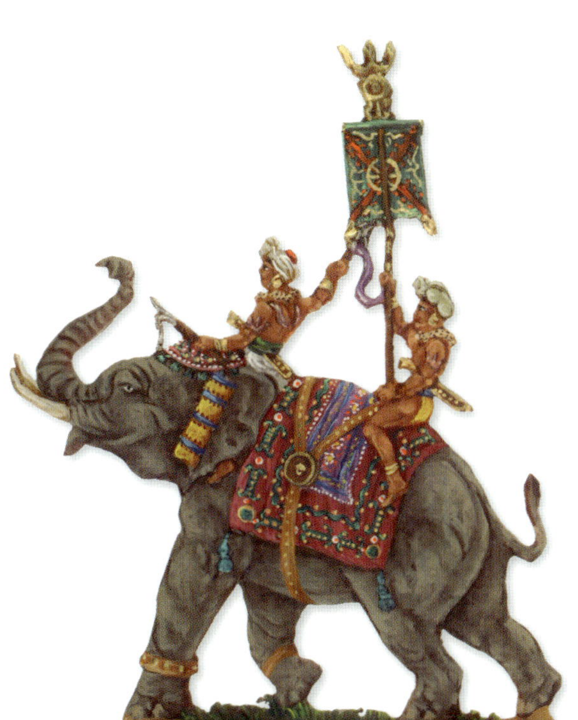

Indischer Kriegselefant mit Feldzeichen
(Bemalung Leopold Rieche, gr. 1921)

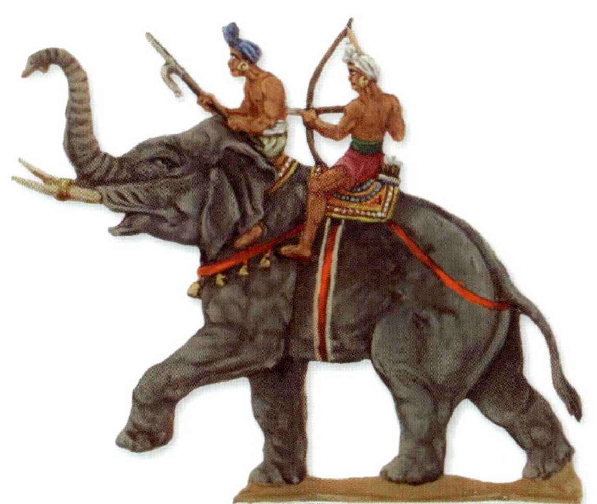

Indischer Kriegselefant
(Bemalung Leopold Rieche, gr. 1921)

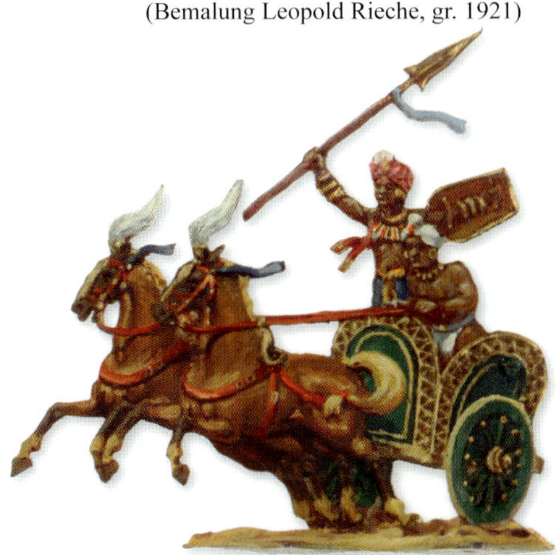

Indischer Anführer
auf Streitwagen
(Bemalung V. Douchkine, gr. 1922)

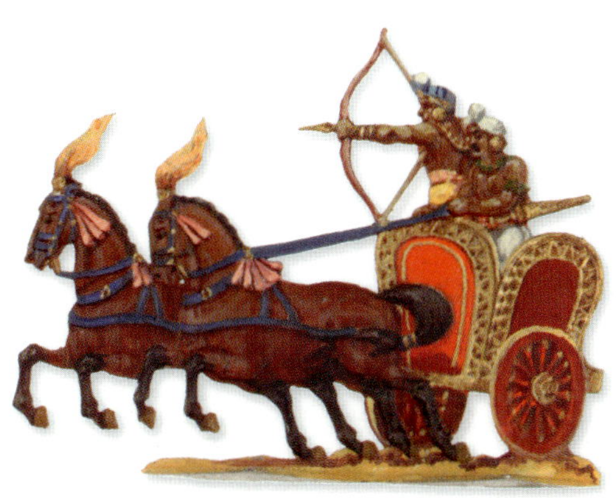

Indischer Streitwagen
(Bemalung V. Douchkine, gr. 1922)

Die Belagerung von Syrakus

(*, gr. 1902)

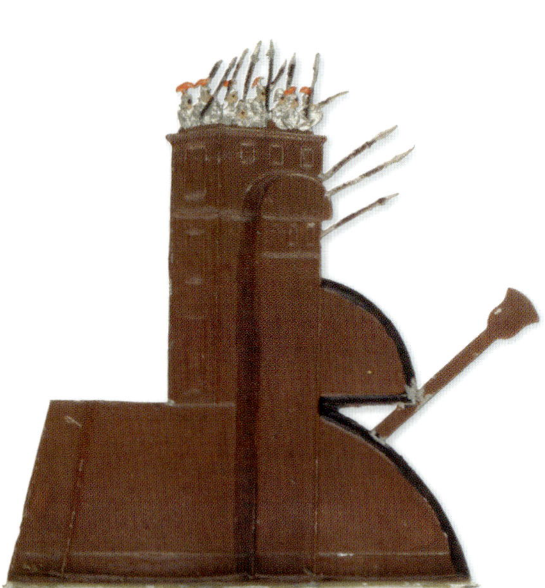

Belagerungsturm mit Mannschaft
und hammerartigem Mauer-Rammbock

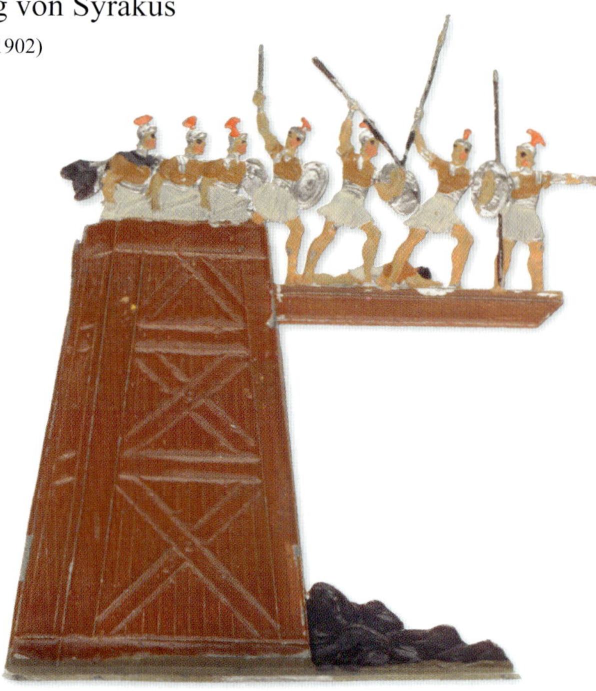

Belagerungsturm mit Fallbrücke

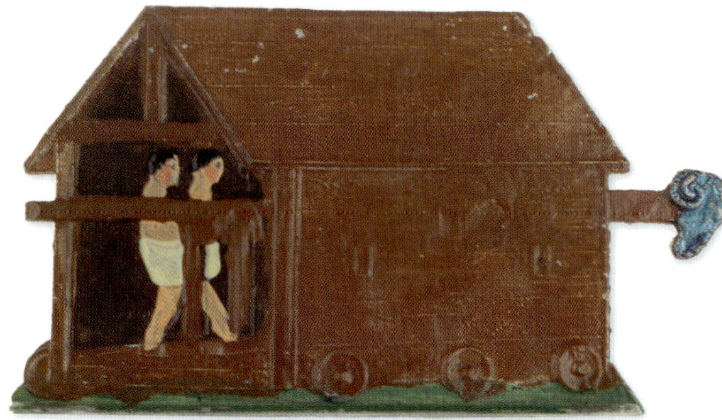

Rammbock in Blockhaus zum Eindrücken
von Stadttoren, sog. „Widder“

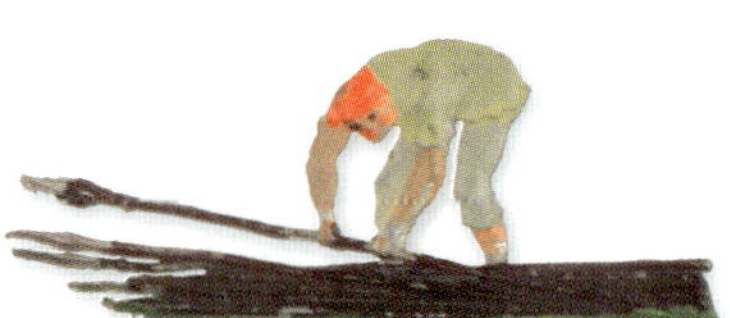

Mann Katapultspeere aufnehmend

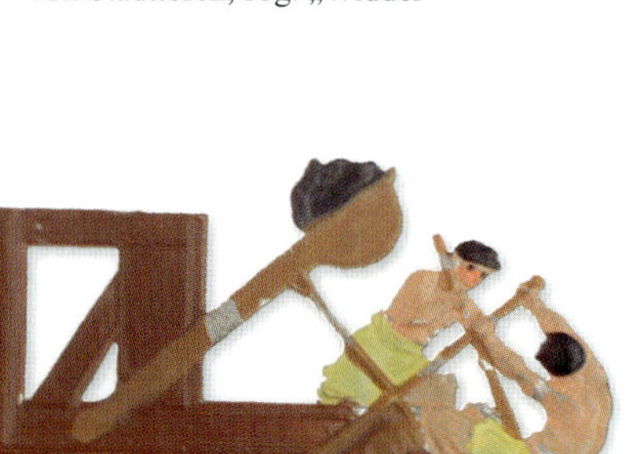

Steinwurfmaschine

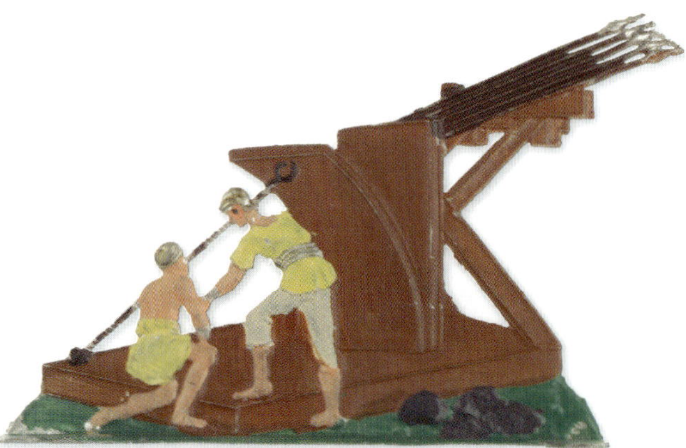

Katapult mit Speeren

Zeichnungsvorlagen für die Belagerung von Syrakus
aus den Münchener Bilderbogen Nro. 422 und 334

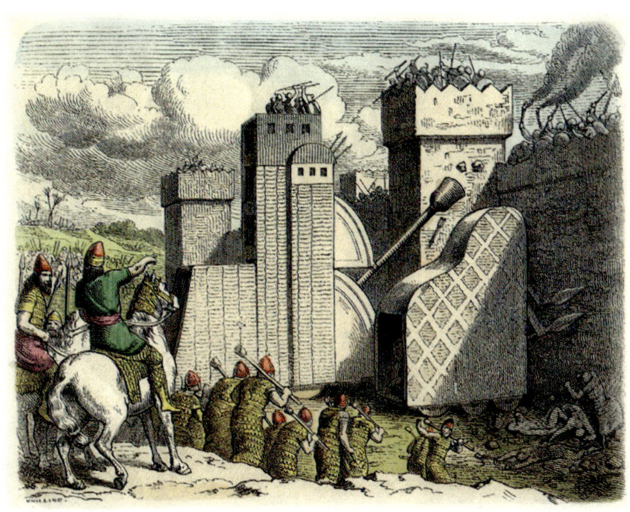

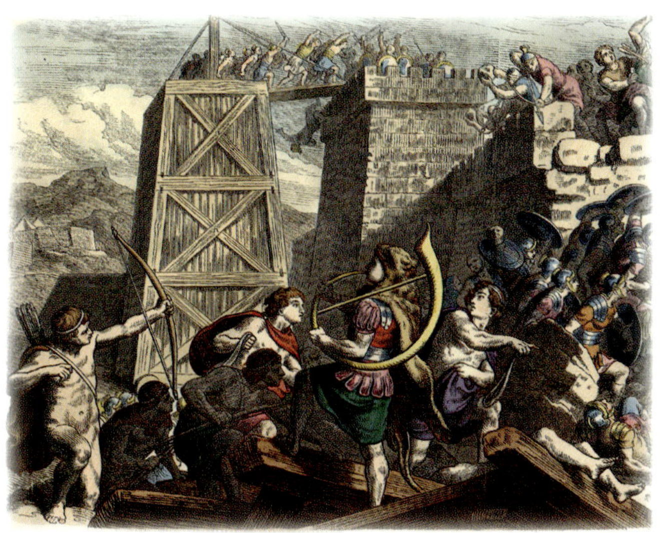

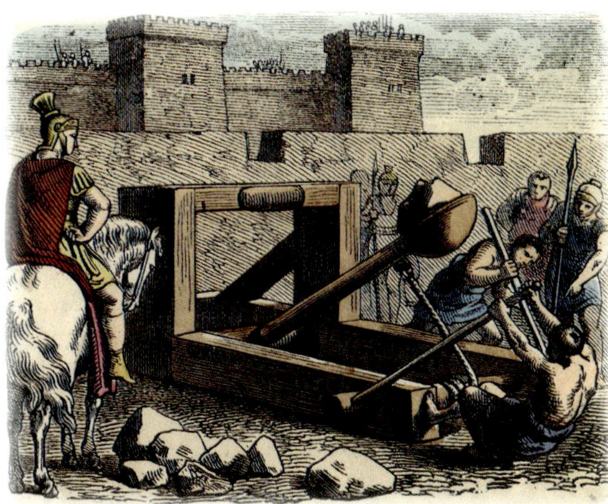

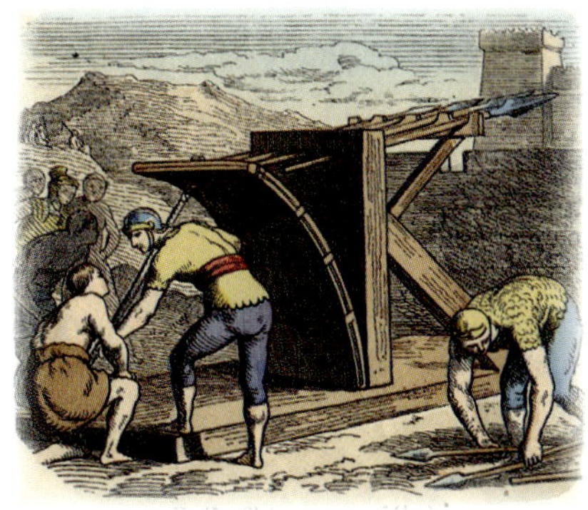

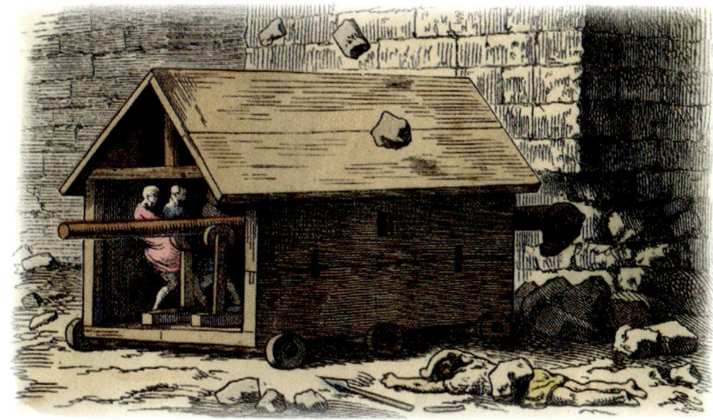

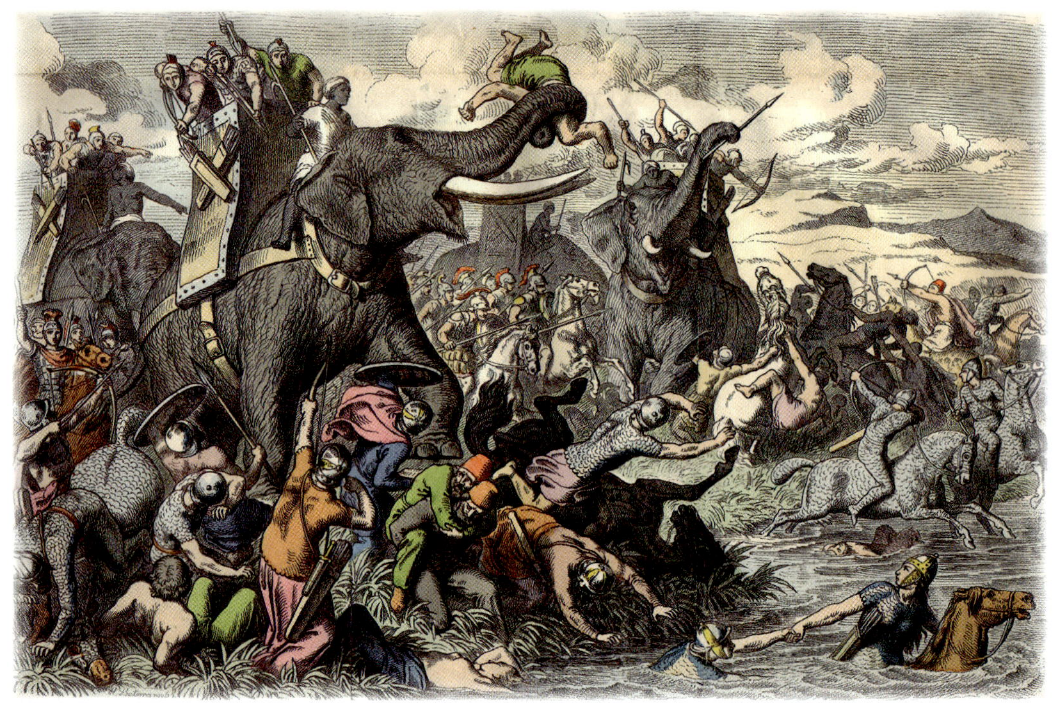

Zeichnungsvorlage
aus Münchener Bilderbogen Nro. 400

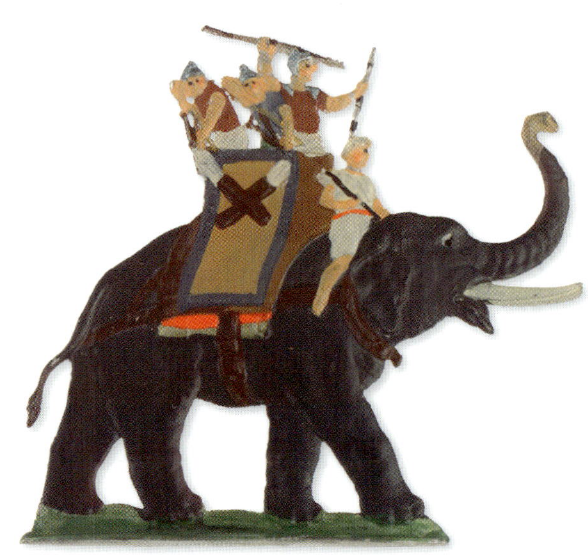

Kriegselefant aus der Schlacht
bei Benevent, 275 v. Chr. (*, gr. 1889)

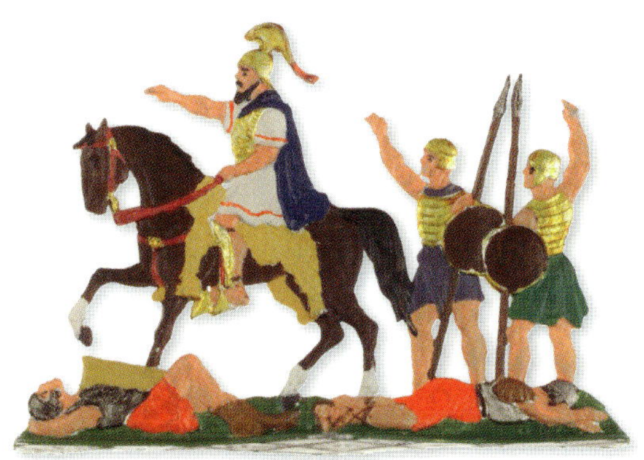

Hannibal mit karthagischen Kriegern
in der Schlacht bei Cannä, 216 v. Chr.
(***, gr. 1906)

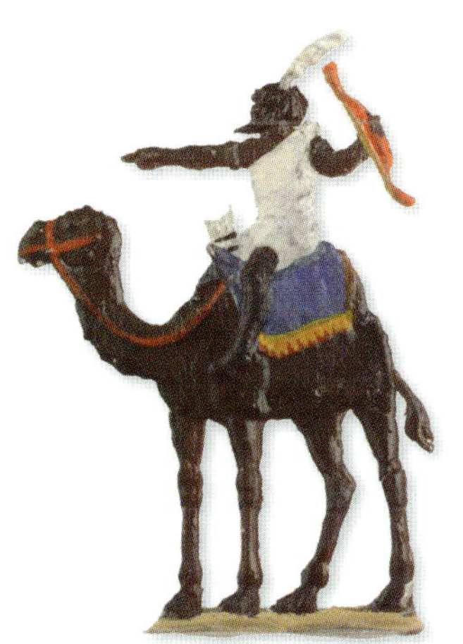

Nubischer Kamelreiter
(*, gr. 1921)

Karthagischer Kriegselefant
(*, gr. 1911)

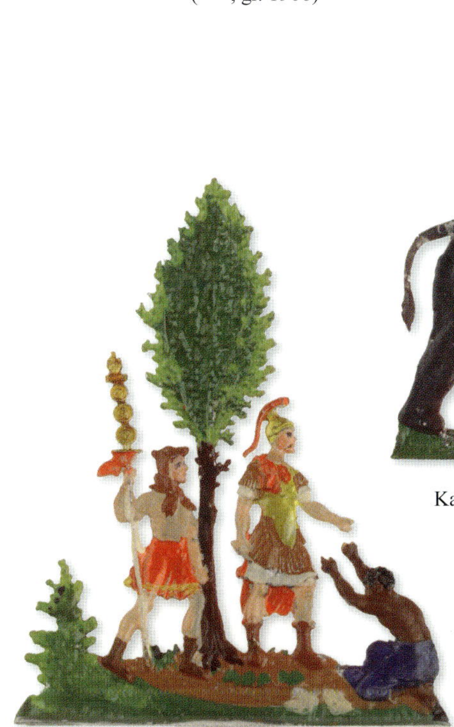

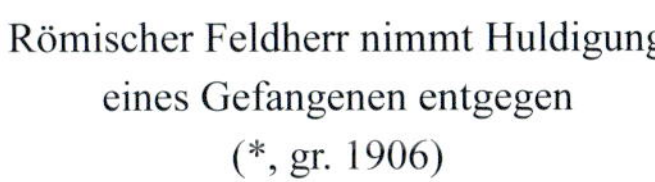

Römischer Feldherr nimmt Huldigung
eines Gefangenen entgegen
(*, gr. 1906)

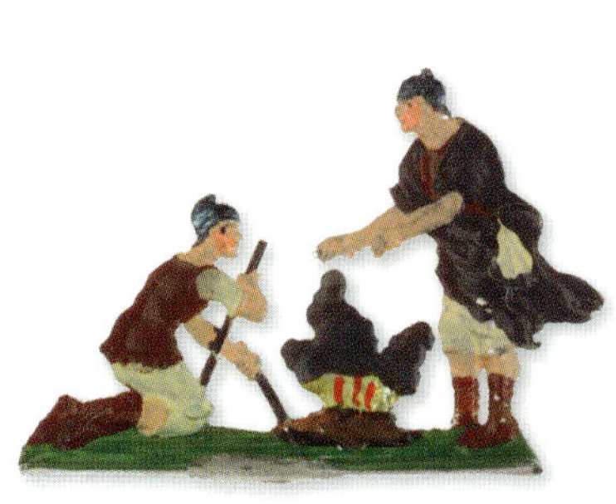

(*, gr. 1903)

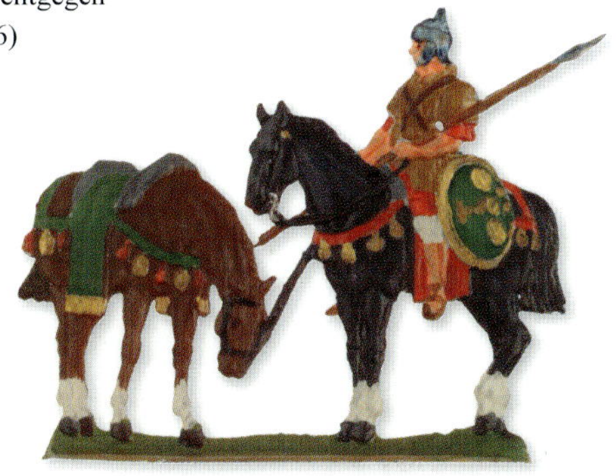

(***, gr. 1922)

Gruppen aus dem römischen Heerlager

Römischer Triumphzug

(***, gr. 1911)

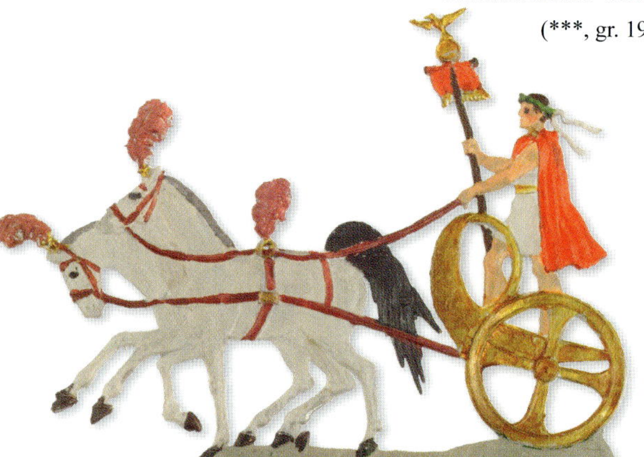

Siegreicher Feldherr auf Triumphwagen

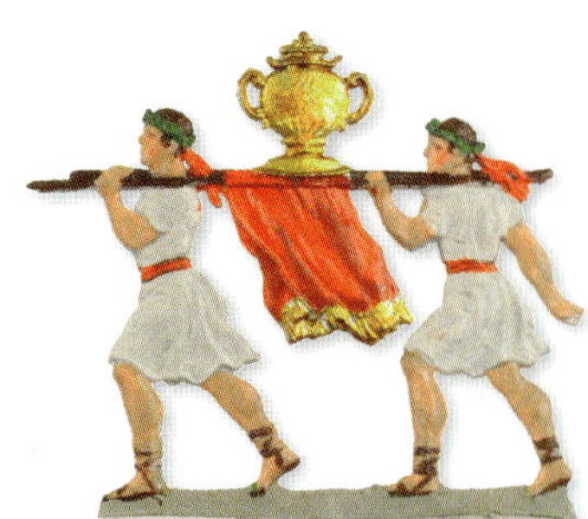

Beutestück

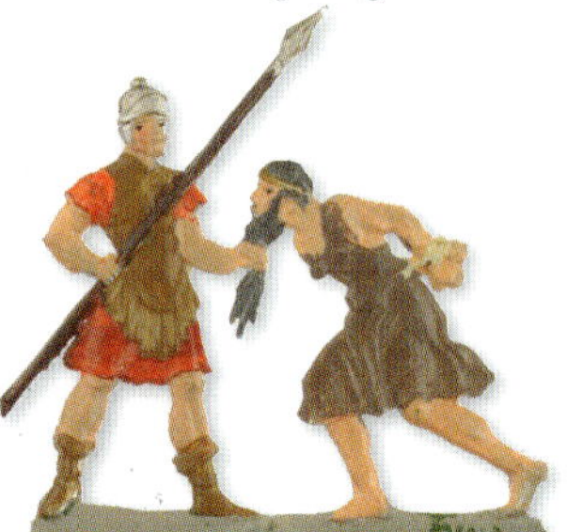

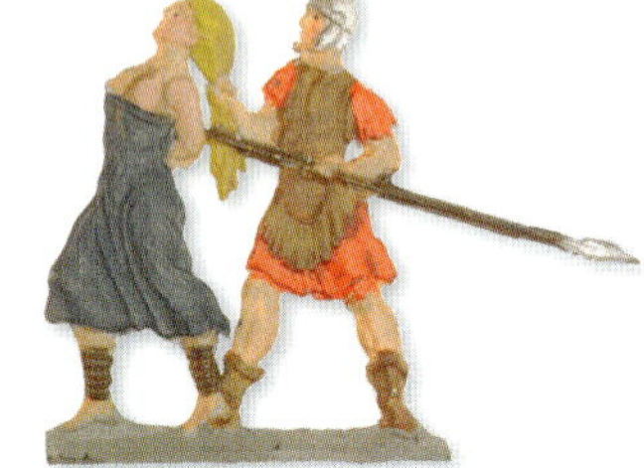

Kriegsgefangene

Römischer Zirkus

(***, gr. 1910 u. 1930)

Imperator in der Arena

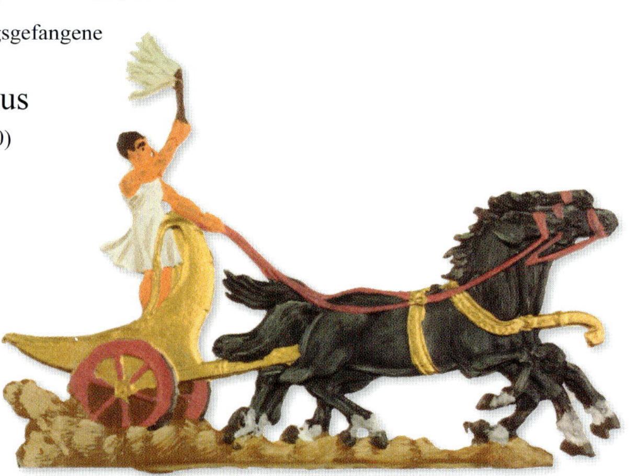

Wagenrennen

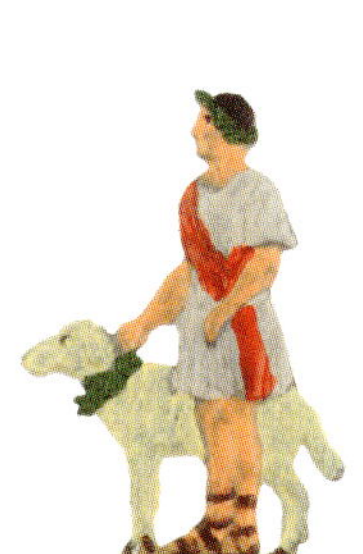

Römisches Opfer (*, gr. 1930)

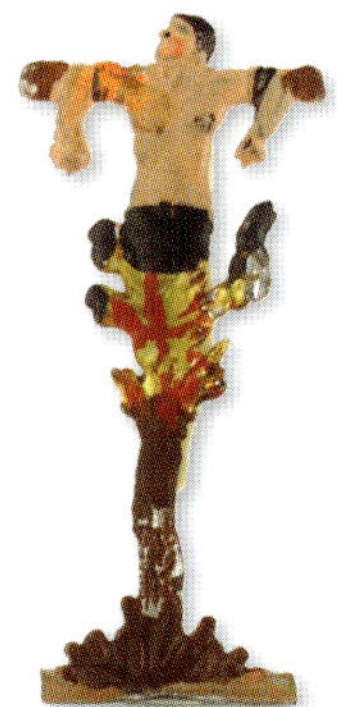

Christen-Verbrennungen
zur Zeit Neros
(*, gr. 1910)

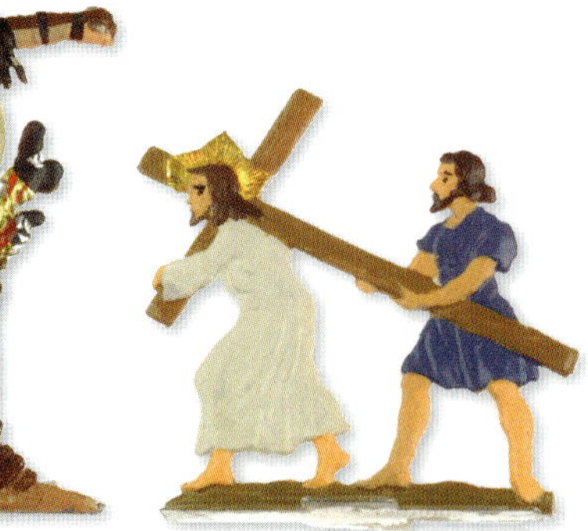

„Passion“
Christus mit Simon von Kyrene
(***, gr. 1922)

Römisches Stadt- und Landvolk

(***, gr. 1930)

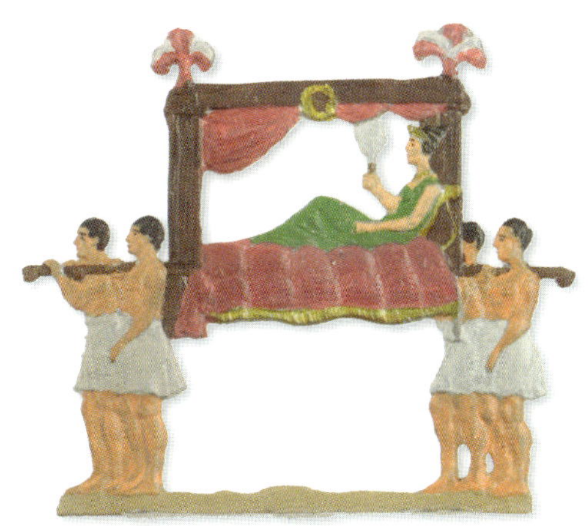

Vornehme Römerin in Sänfte

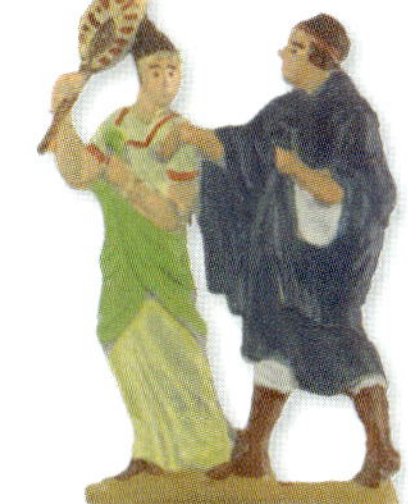

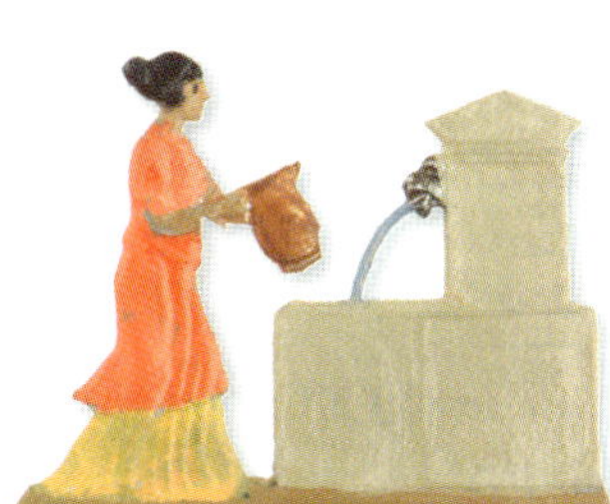

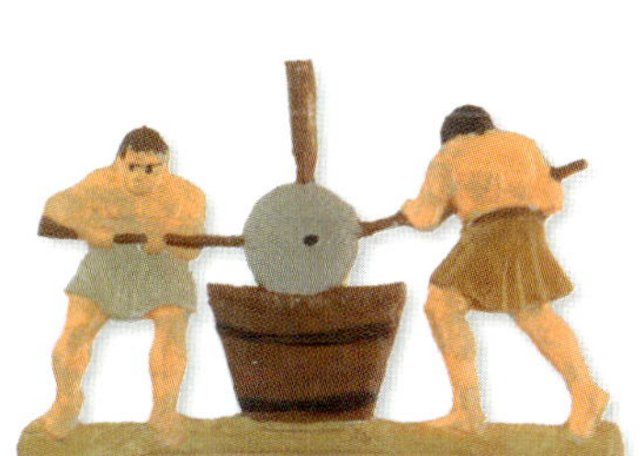

Ölmühle

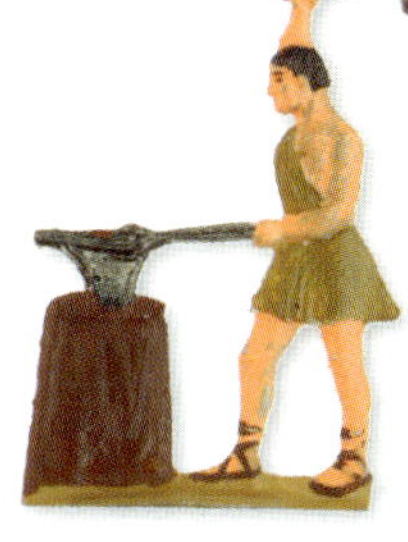

Schmied

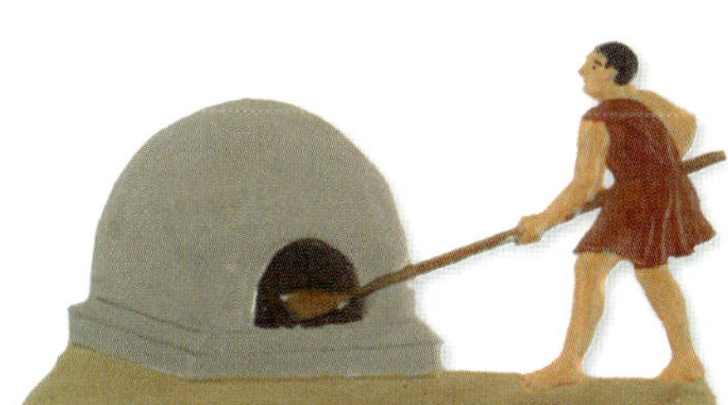

Backofen

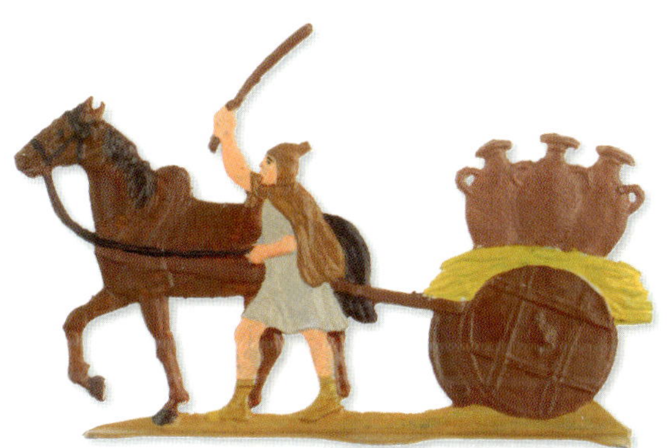

Weintransport mit Amphoren

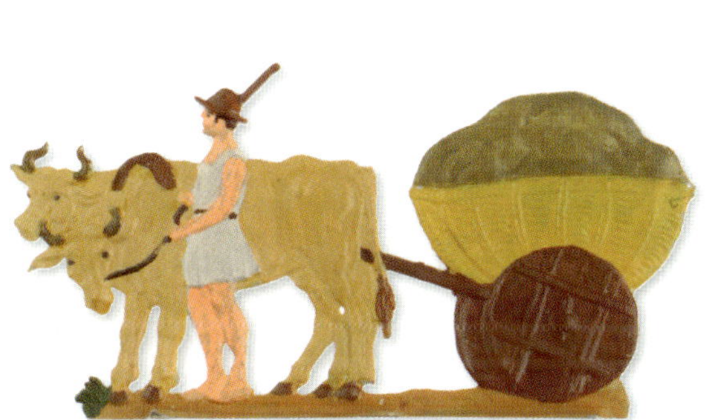

Getreide-Wagen

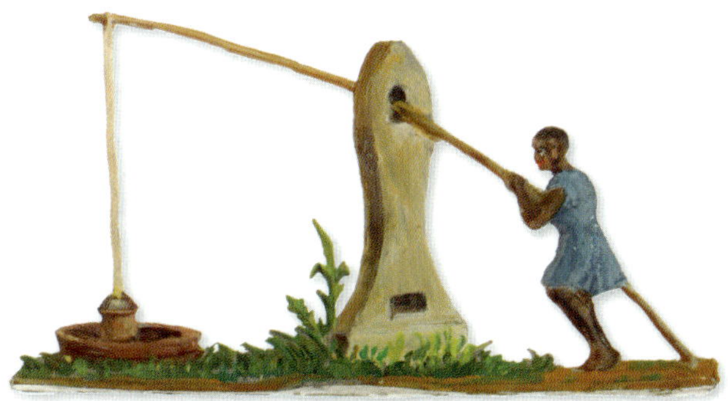

Schöpfbrunnen

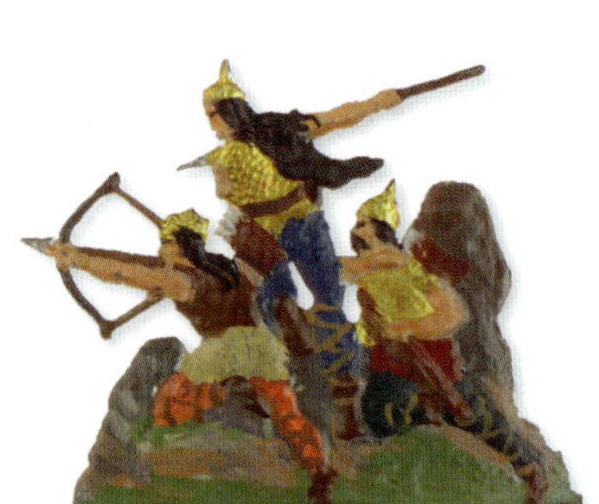

Gallier im Hinterhalt
(*, gr. 1905)

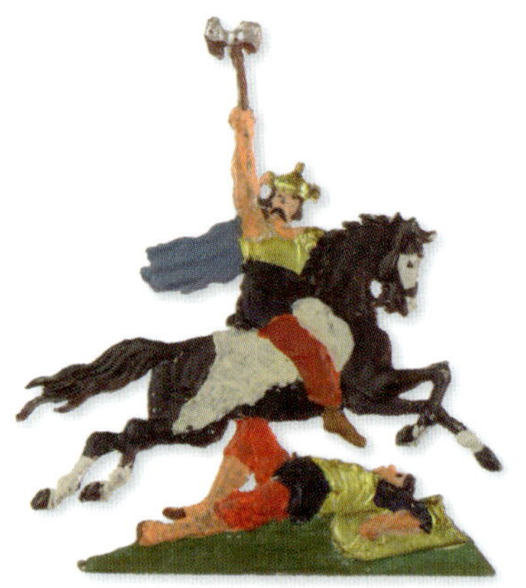

Vercingetorix
Anführer der Gallier
(*, gr. 1905)

Schlacht im Teutoburger Wald

(*, gr. 1882, erste Fassung)

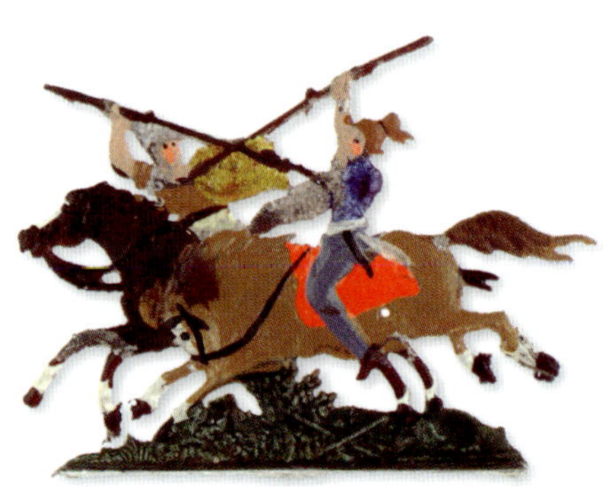

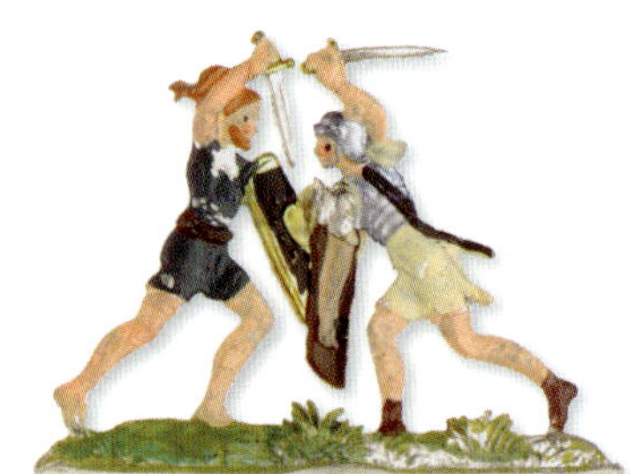

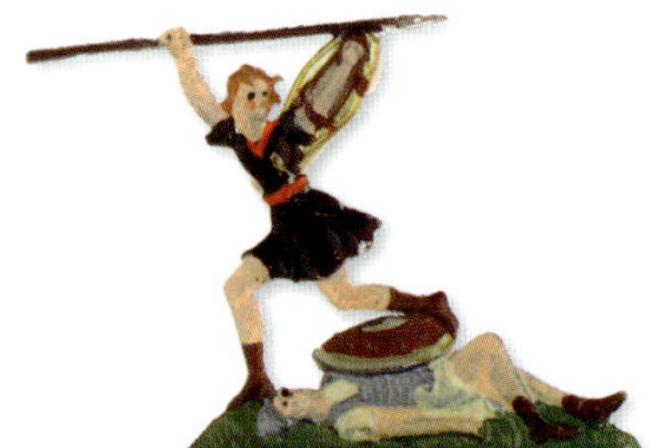

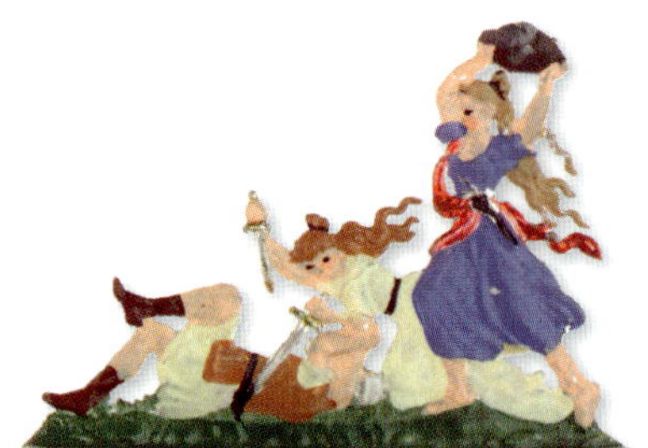

Schlacht im Teutoburger Wald

(*, gr. 1936, späte Fassung)

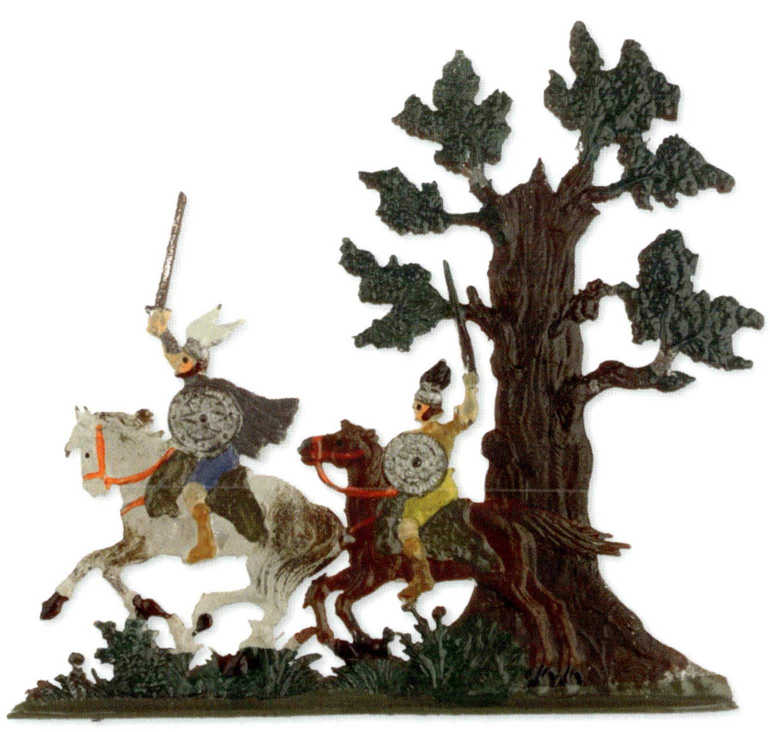

Arminius, Anführer der Germanen (Cherusker)

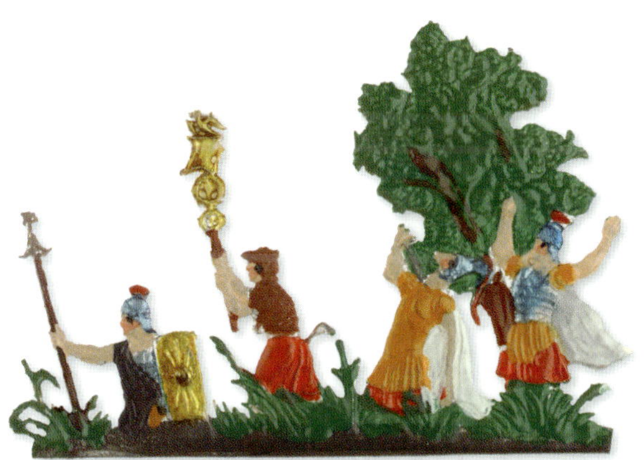

Der römische Feldherr Varus nimmt sich
in den Sümpfen des Teutoburger Waldes
das Leben

Germanen-Lager

(***, gr. 1910)

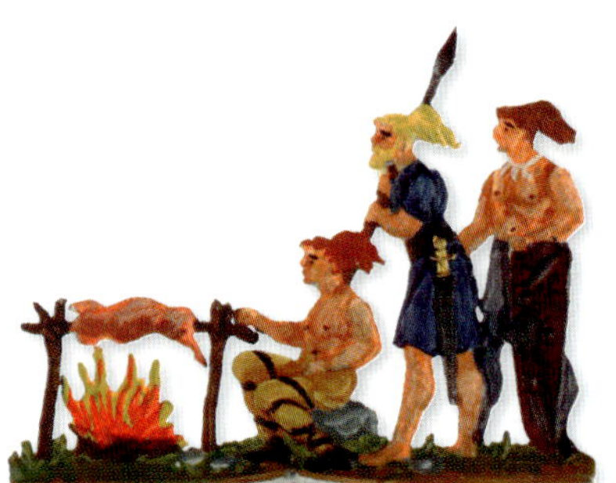

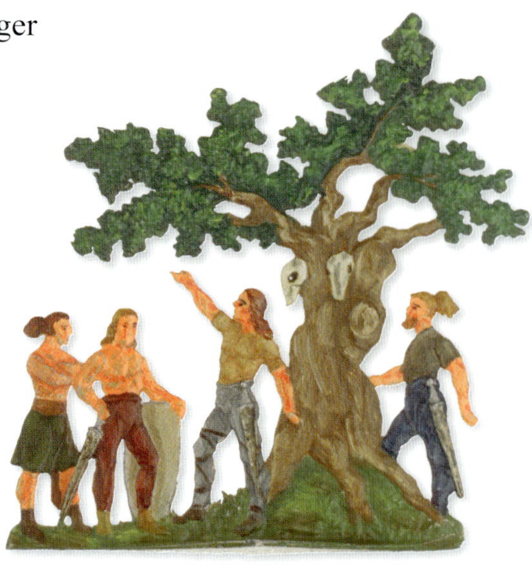

Kriegsrat unter der heiligen Eiche
(mit Tierschädeln geschmückt)

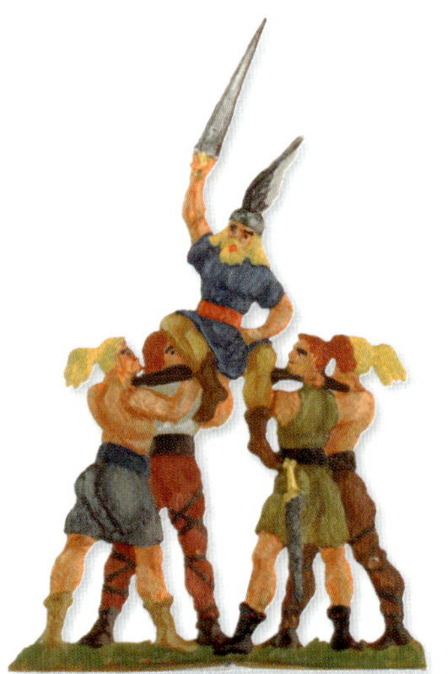

Sogenannte "Schilderhebung":
Wurde ein Germane infolge
seiner Tapferkeit bei Beginn eines
Kriegszuges zum Anführer gewählt,
so hoben ihn seine Gefährten als
Ehrenbezeugung auf
seinen Schild

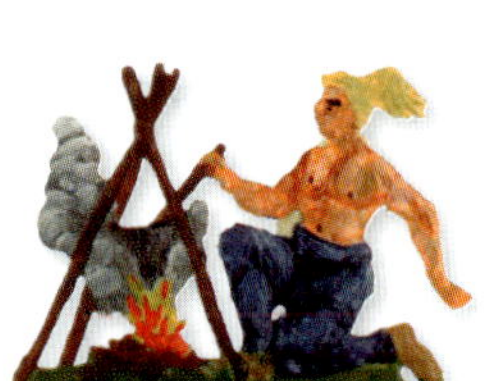

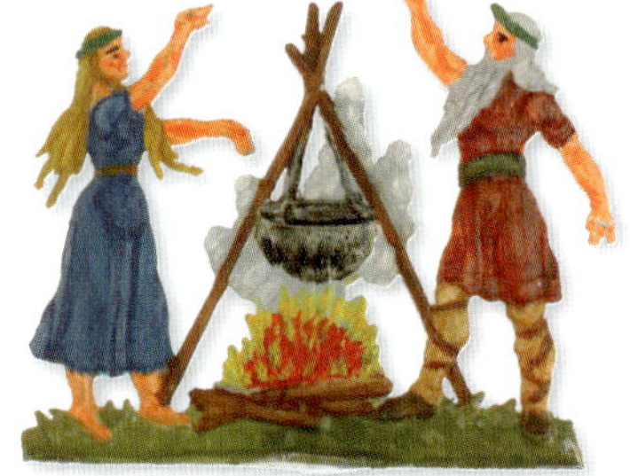

Jungfrau und Greis
bei Braukessel

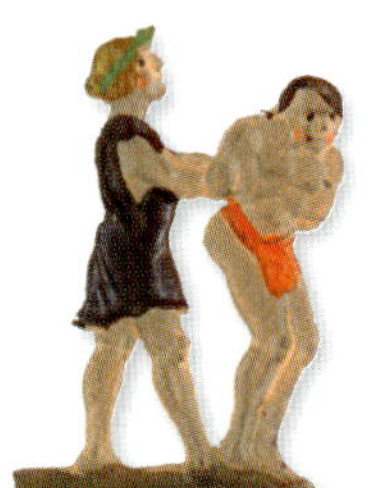

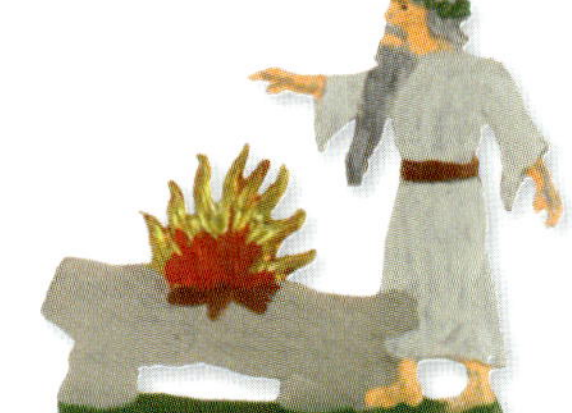

Germanen-Opfer

Germanen - Wanderung

(*, gr. 1907)

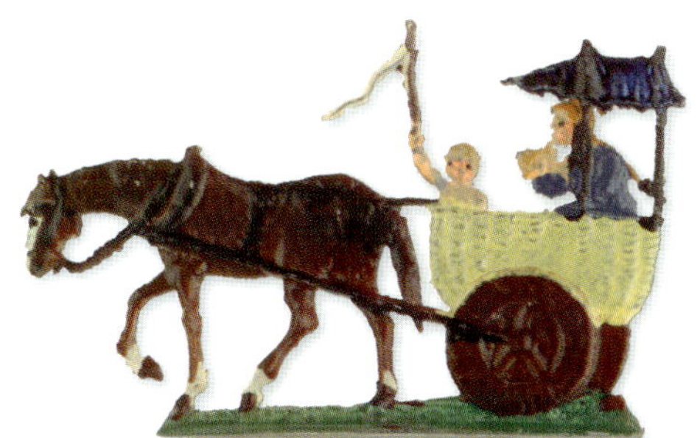
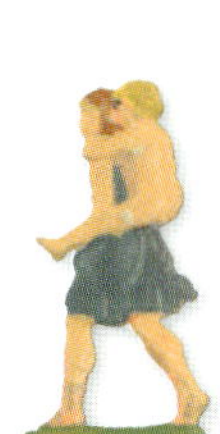
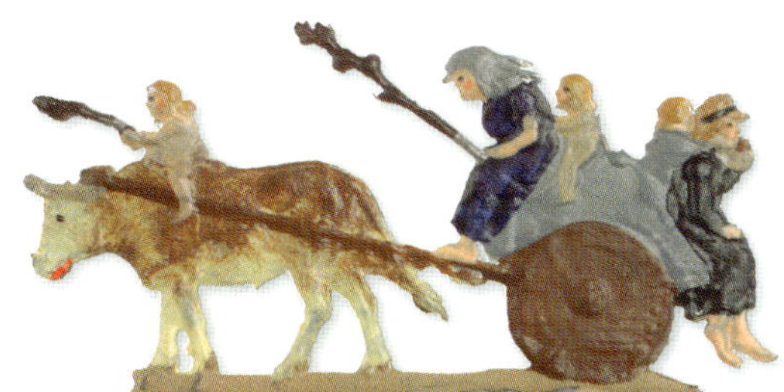
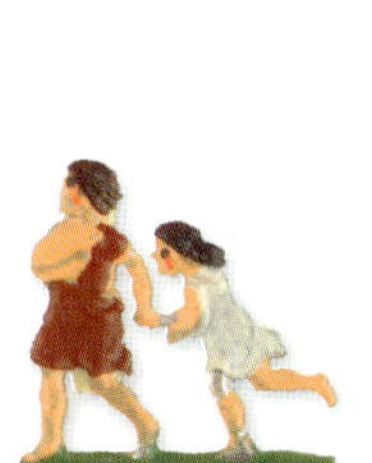
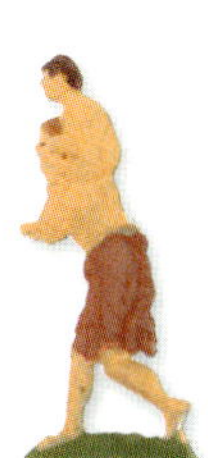
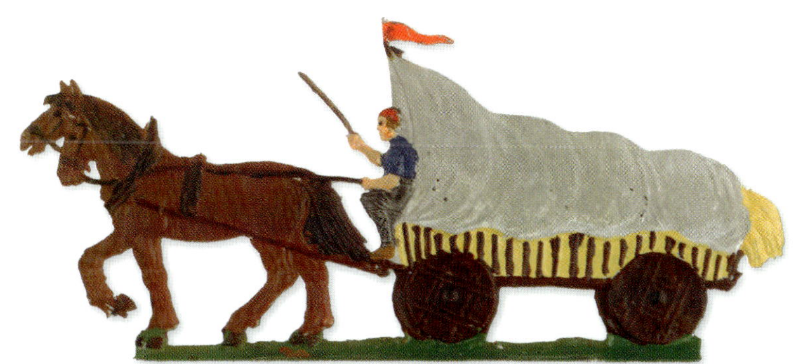

Germanen - Jagd

(***, gr. 1926)

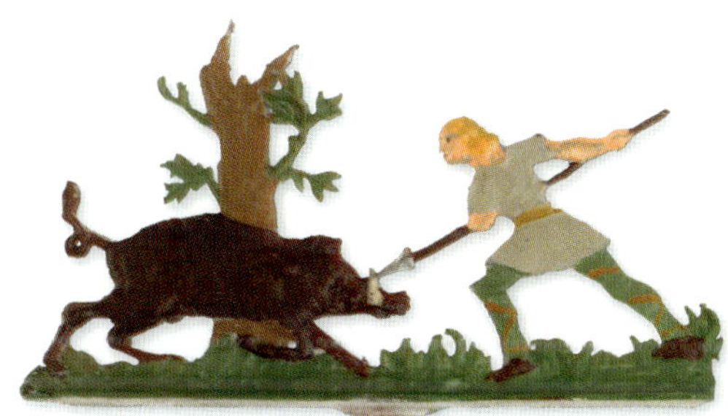
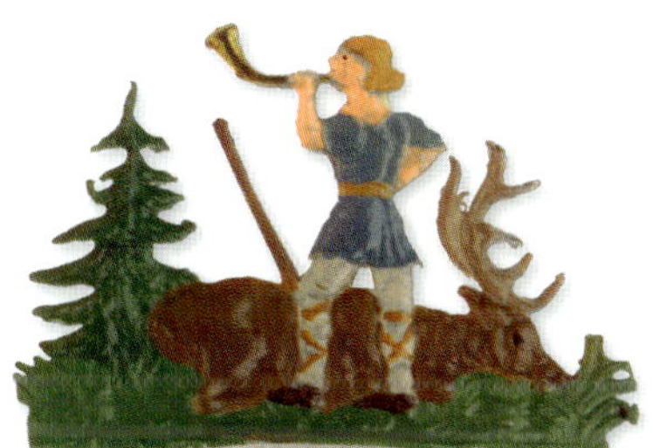
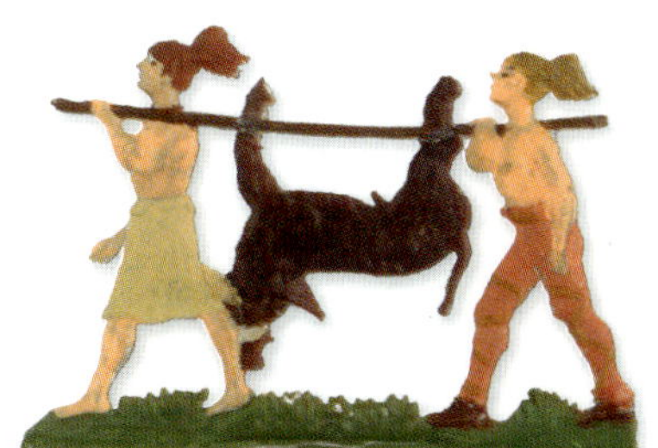
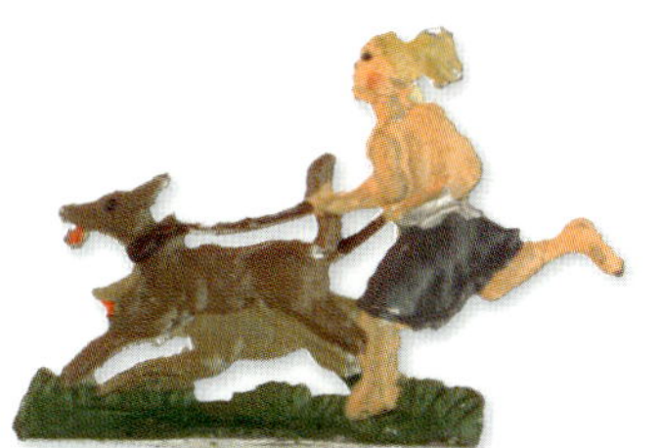

Pfahlbaudorf

(***, gr. 1907)

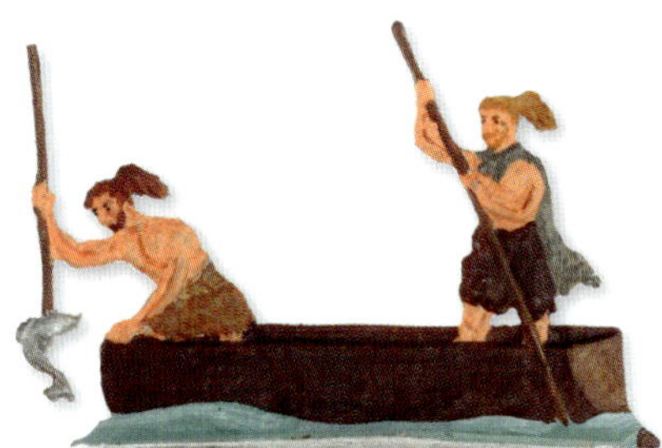

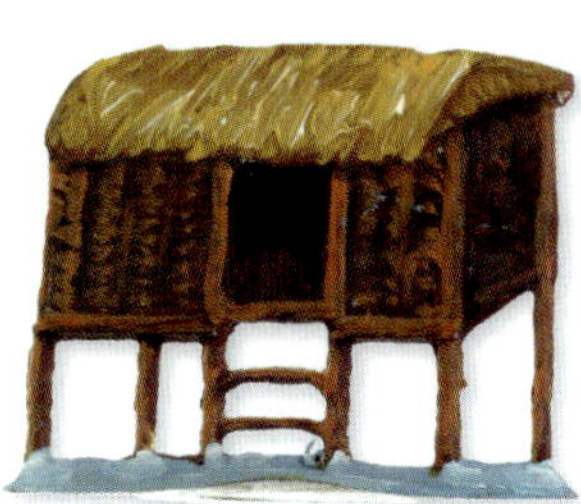

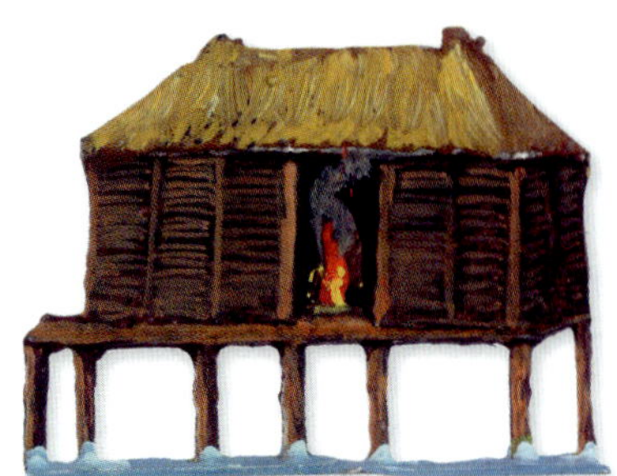

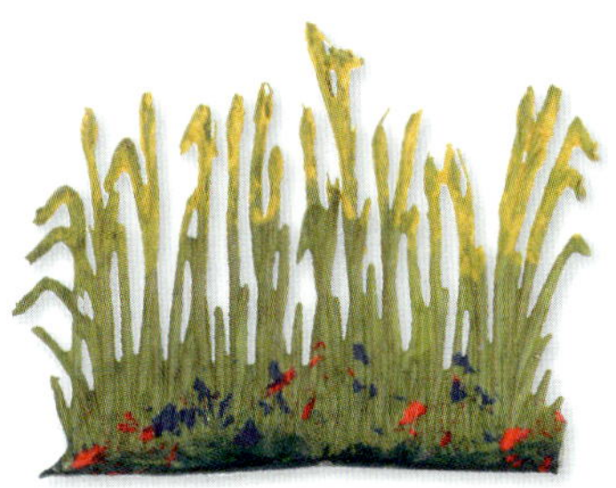

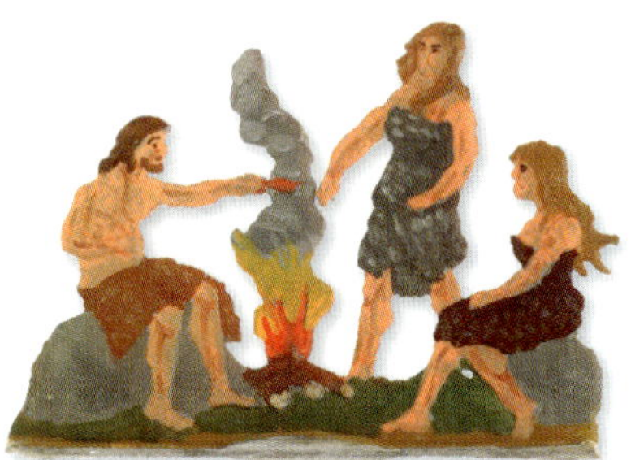

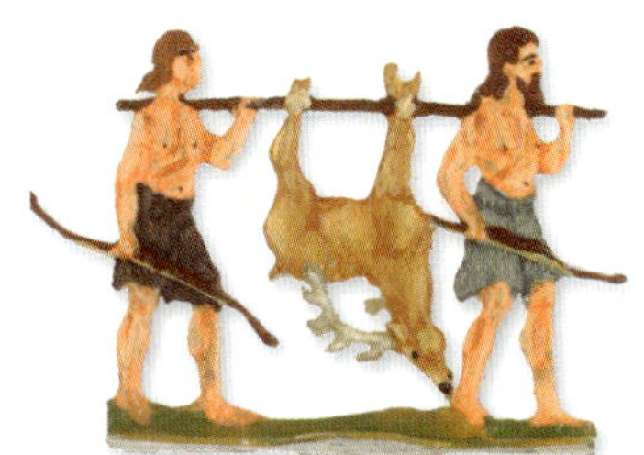

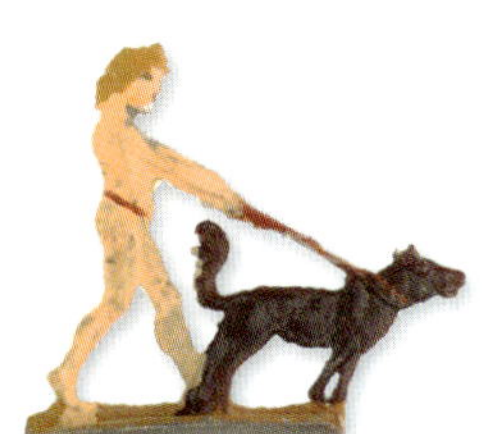

Germanen bei Getreideernte

(***, gr. 1926)

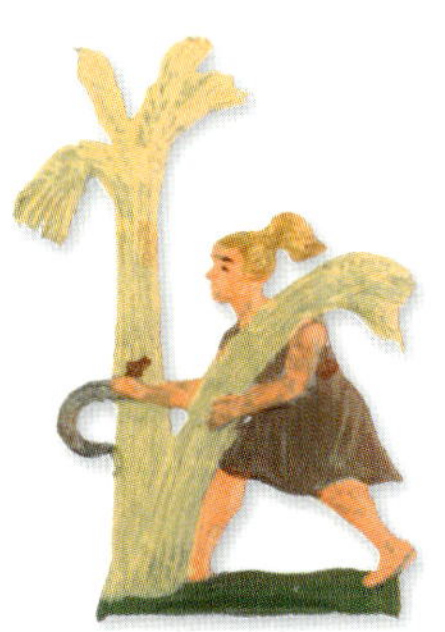

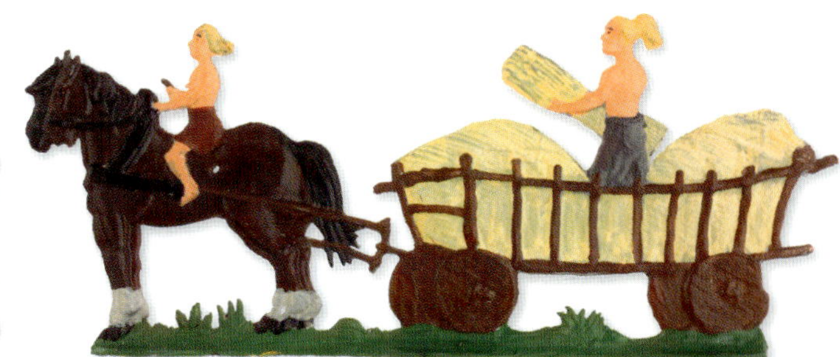

Germanen - Gauburg

(***, gr. 1926)

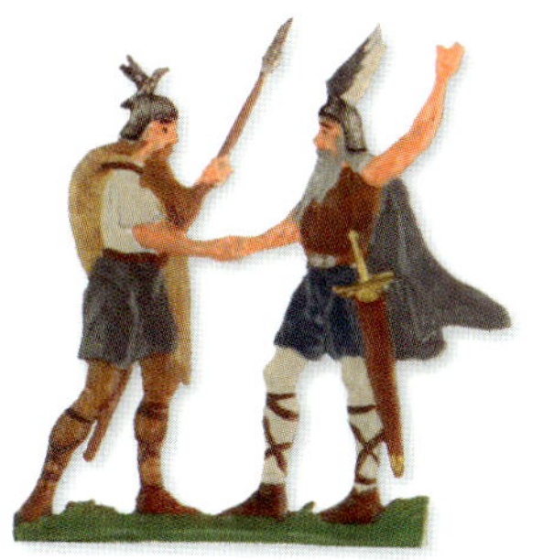
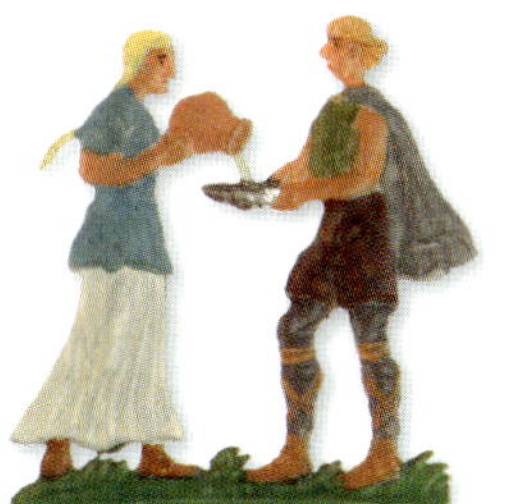
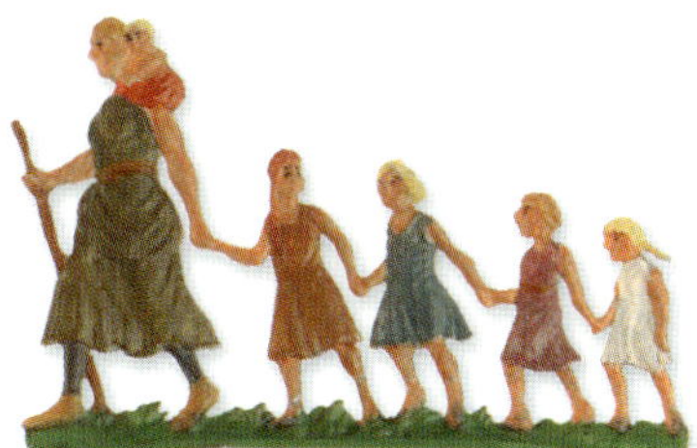
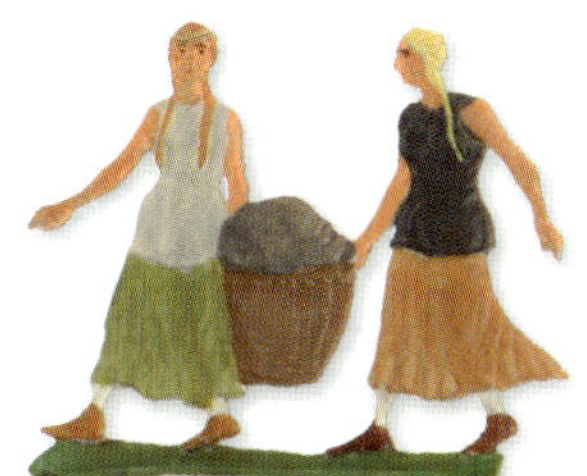
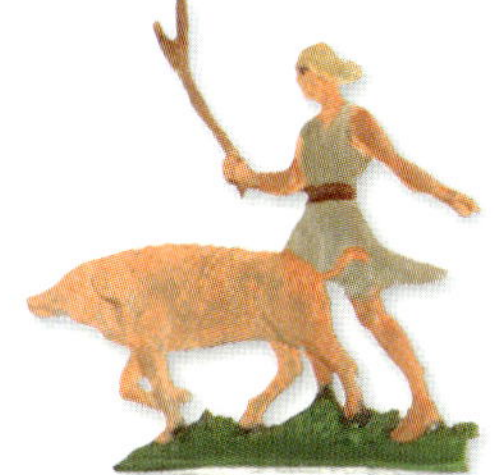
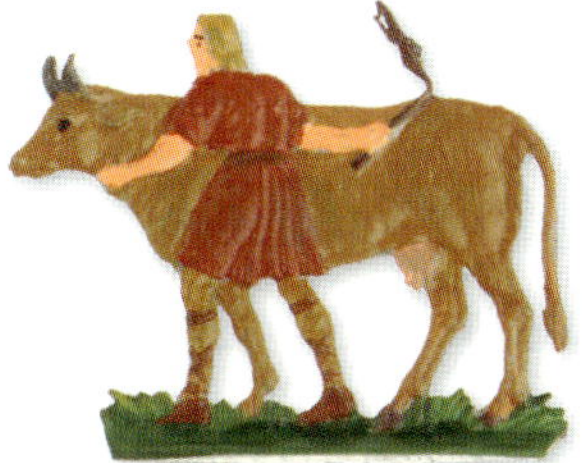

Germanen - Dorfbewohner

(***, gr. 1926)

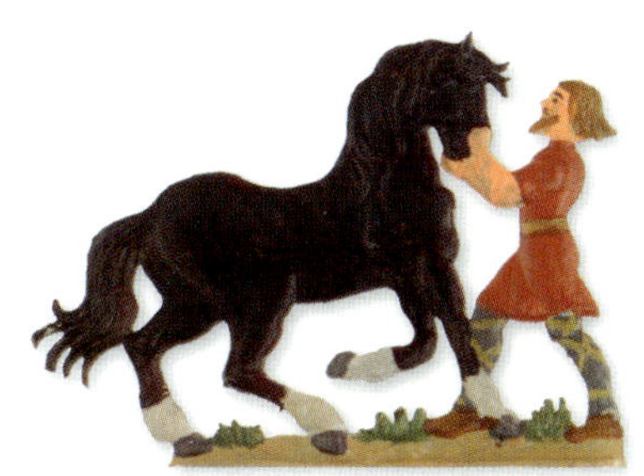
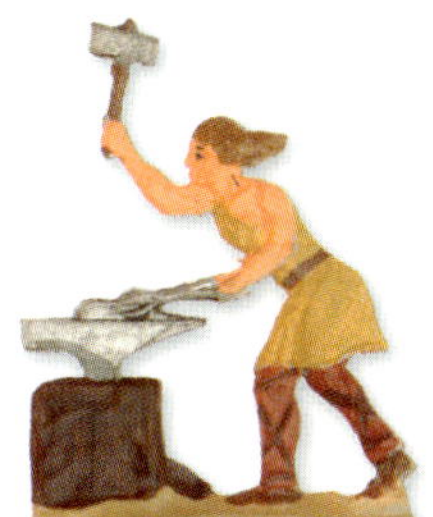
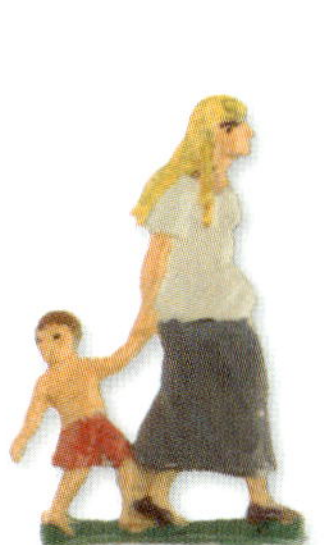
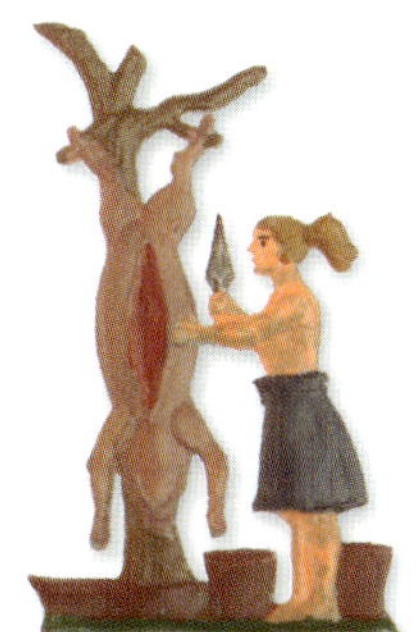
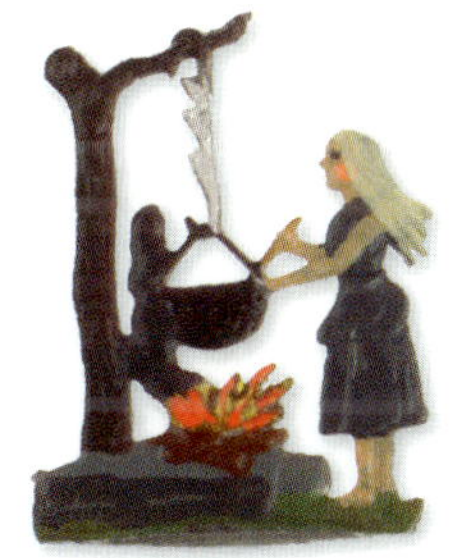
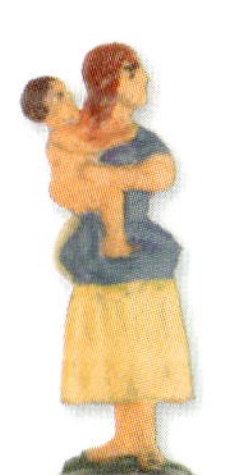
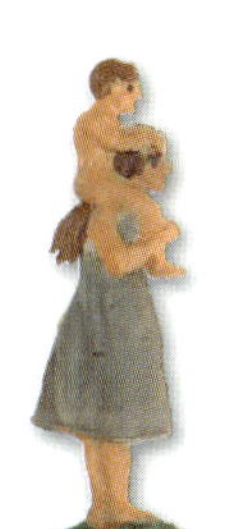
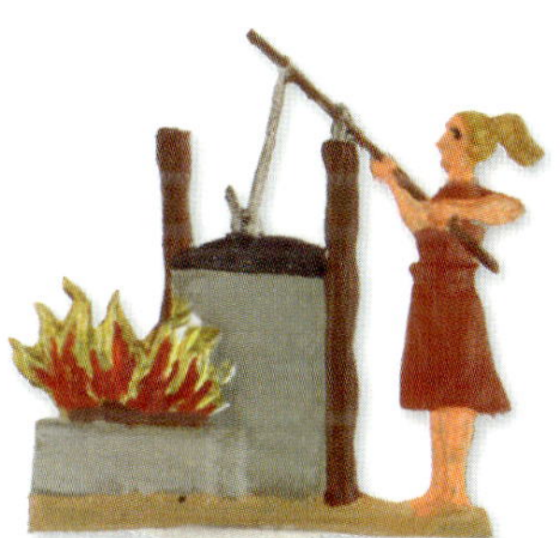
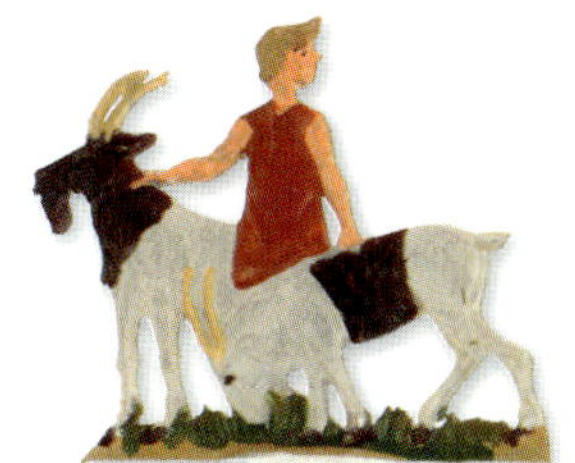
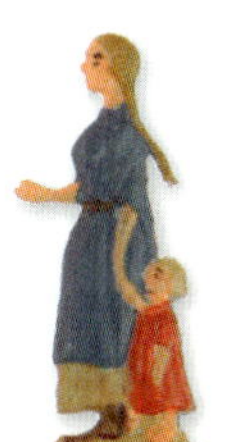
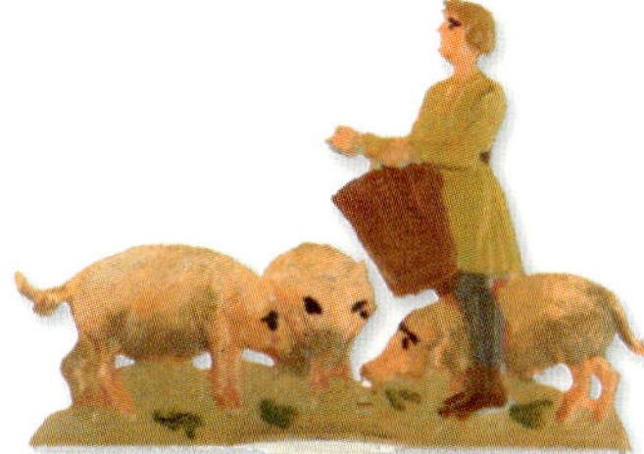
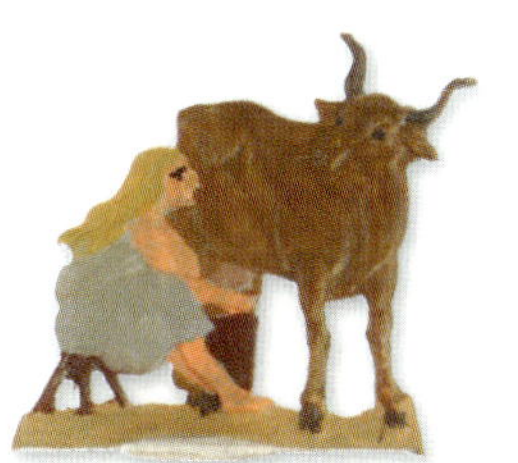

Dorfbewohner der Bronzezeit

(***, gr. 1937)

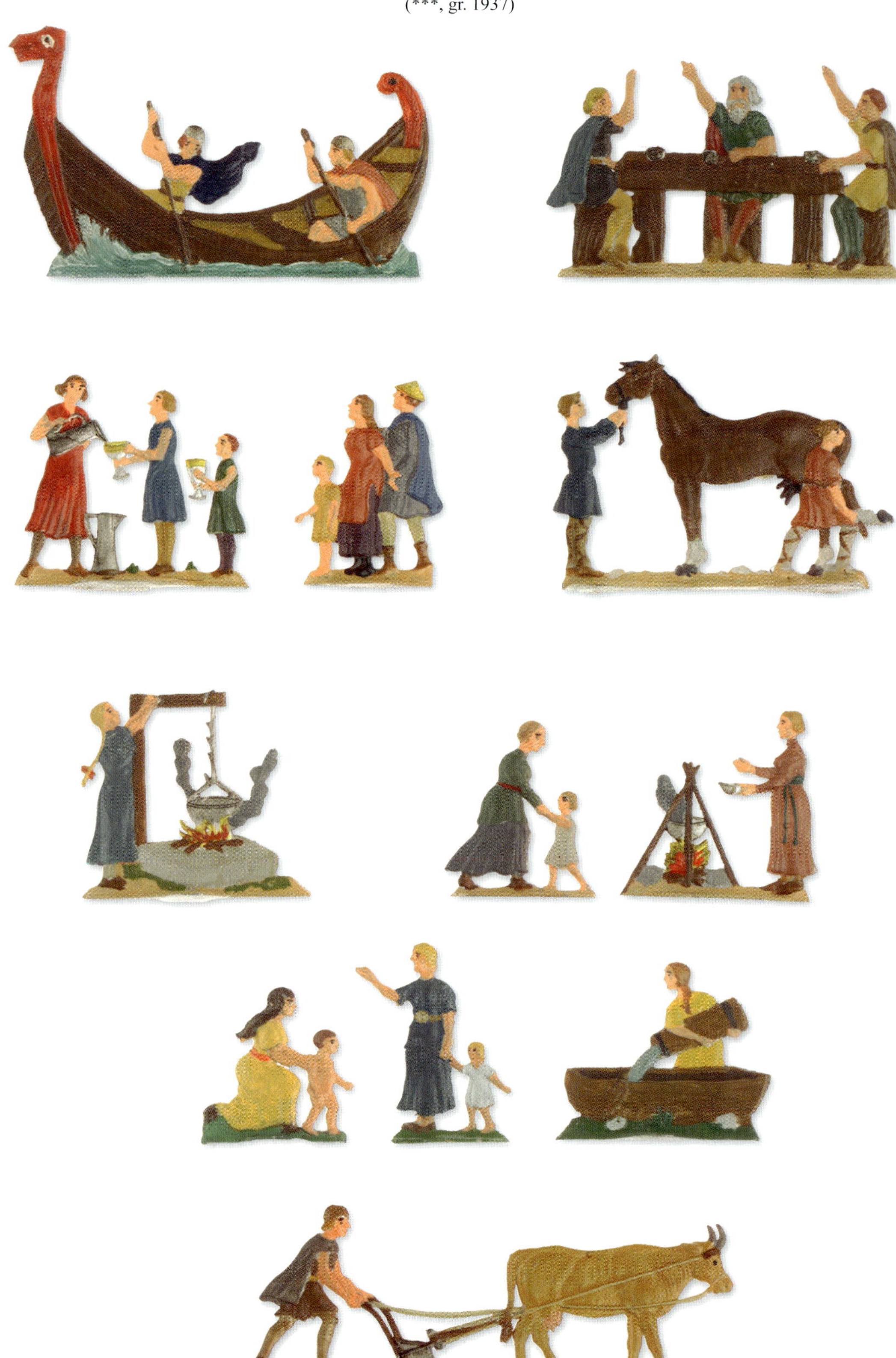

Dorfbewohner der Bronzezeit

(***, gr. 1926-1937)

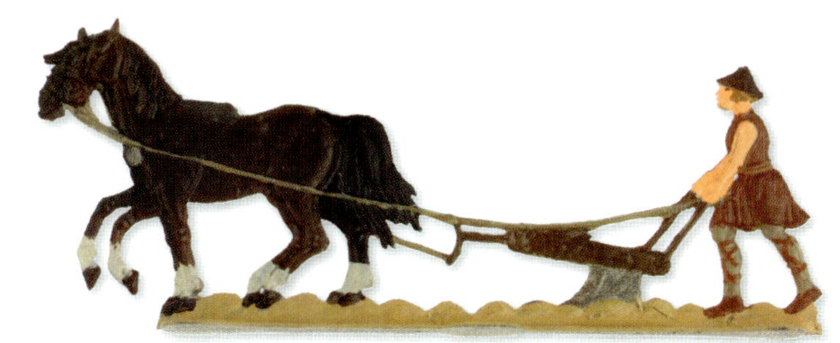

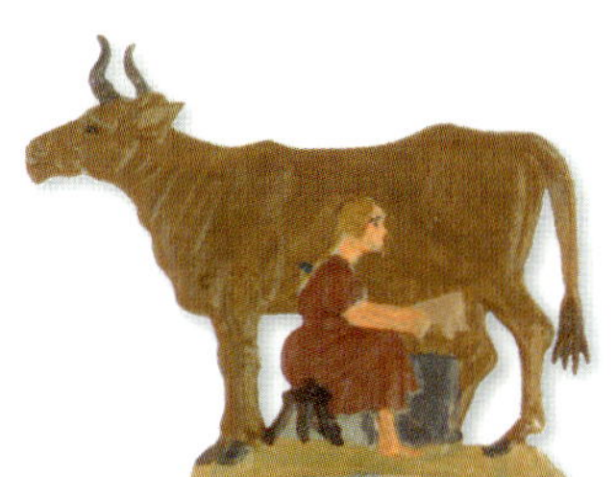

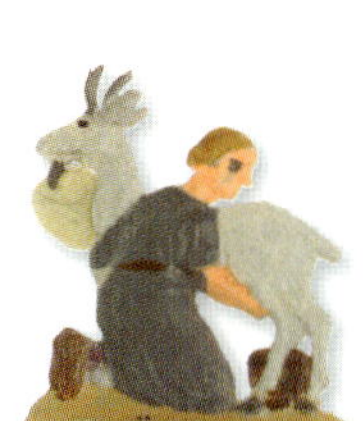

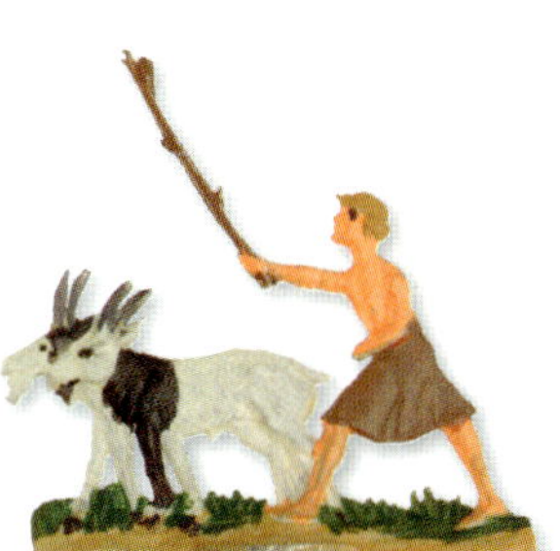

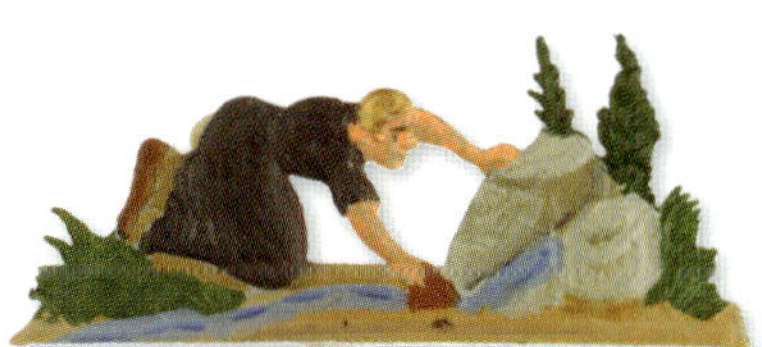

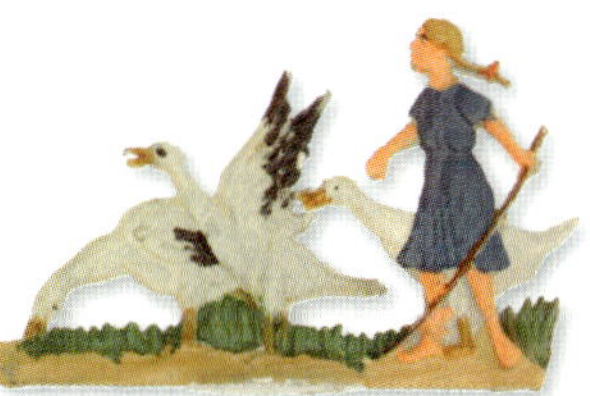

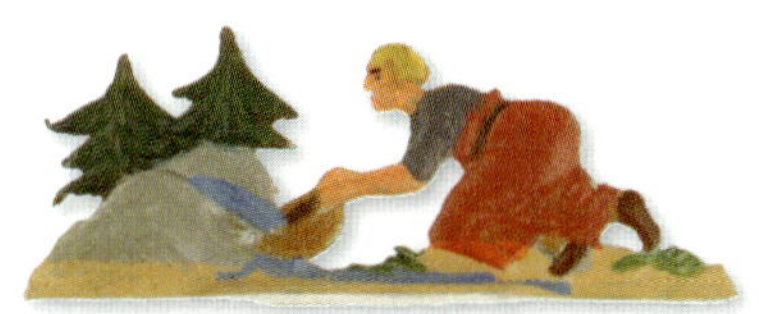

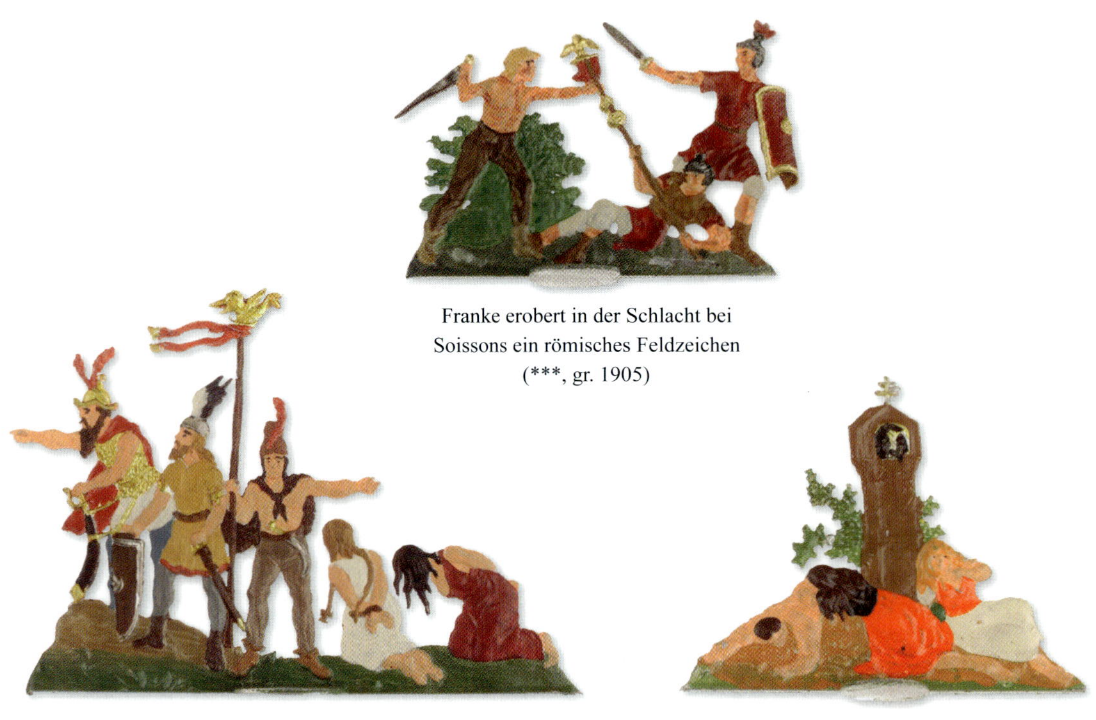

Franke erobert in der Schlacht bei
Soissons ein römisches Feldzeichen
(***, gr. 1905)

Hunnenkönig Attila in der Schlacht
auf den Katalaunischen Feldern, 451 n.Chr.
(***, gr. 1905)

(*, gr. 1905)

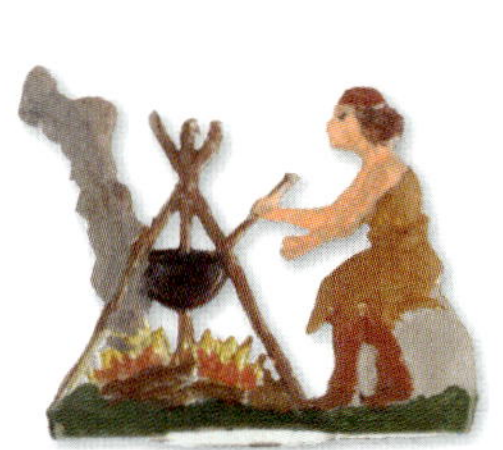

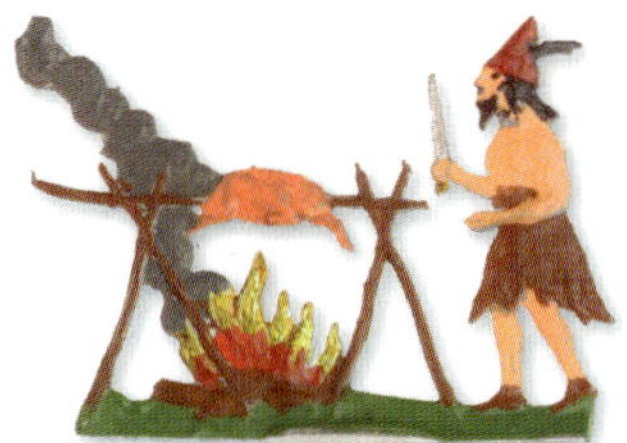

Gruppen aus dem Hunnen-Lager
(***, gr. 1927)

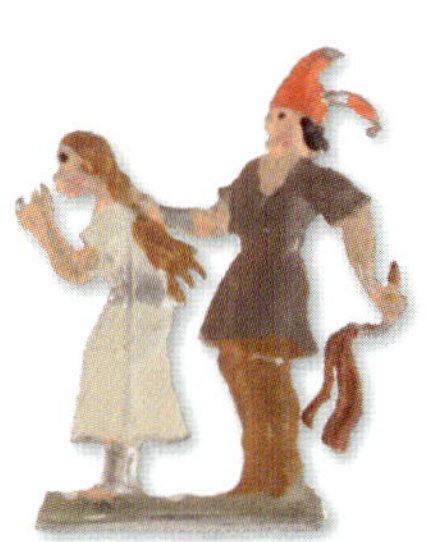

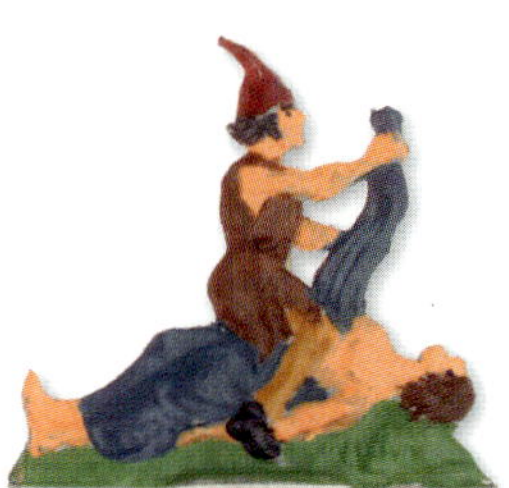

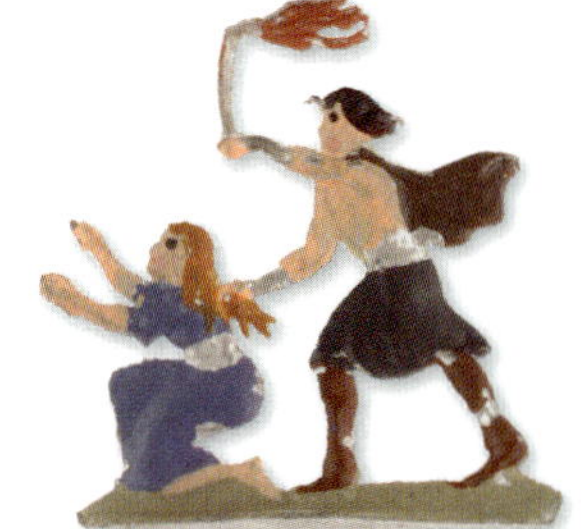

Plündernde Hunnen (*, gr. 1927)

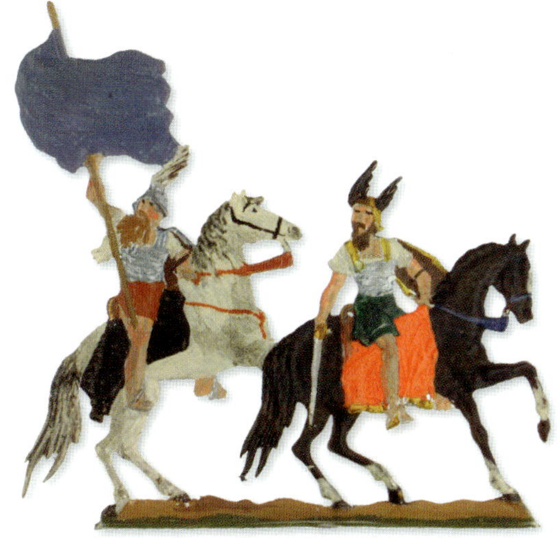

Ostgotenkönig Theoderich (in der Sage Dietrich von Bern genannt) mit Bannerträger
(***, gr. 1906)

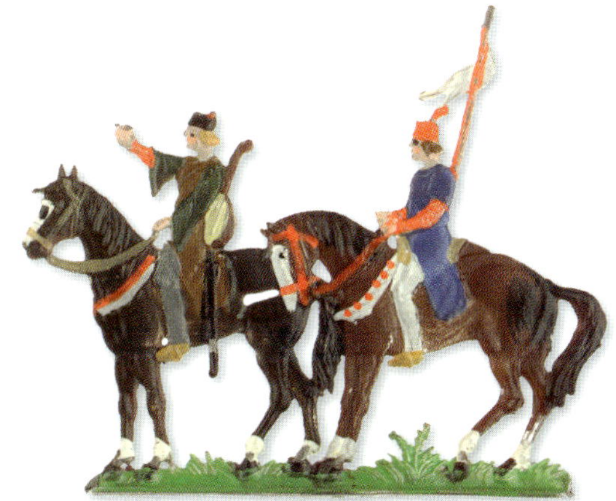

Gruppe aus dem Nibelungenzug sowie Minnesänger
(*, gr. 1931)

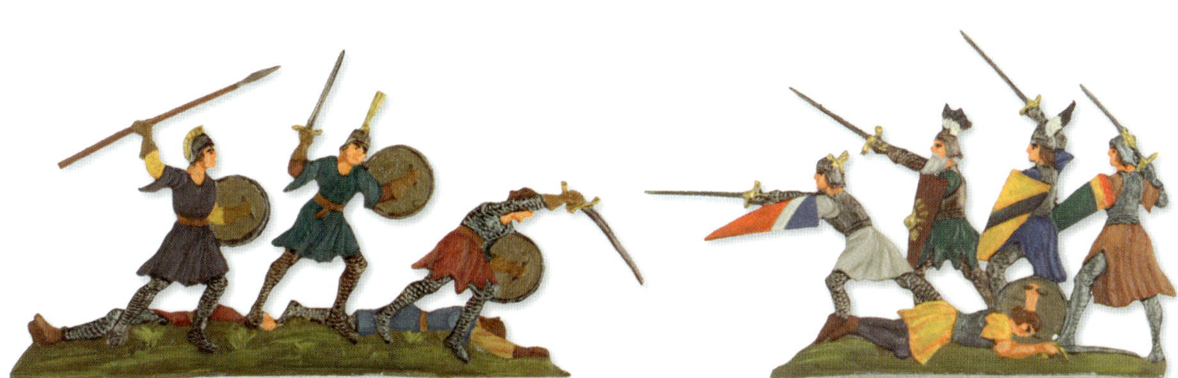

Nibelungenschlacht: Hunnen gegen Goten
(***, gr. 1934)

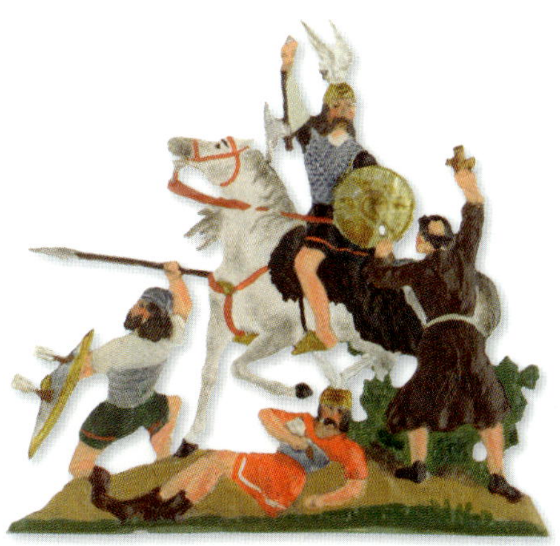

Chlodwig, König der Franken in der Schlacht von Zülpich, 496.n.Chr.
(***, gr. 1905)

Dargestellt wird folgendes Ereignis aus der Schlacht: als Chlodwig beinahe von den Alemannen besiegt wurde, leistete er den Eid, dass er bei einem Sieg zum Christentum übertreten würde. Eine plötzliche Wende brachte ihm den Sieg. Er trat zum Christentum über und ließ sich in Reims taufen.

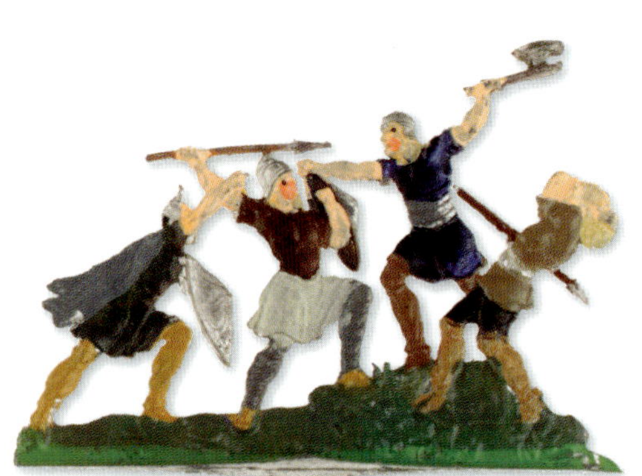

Sachsenschlacht unter Karl dem Großen
(*, gr. 1909)

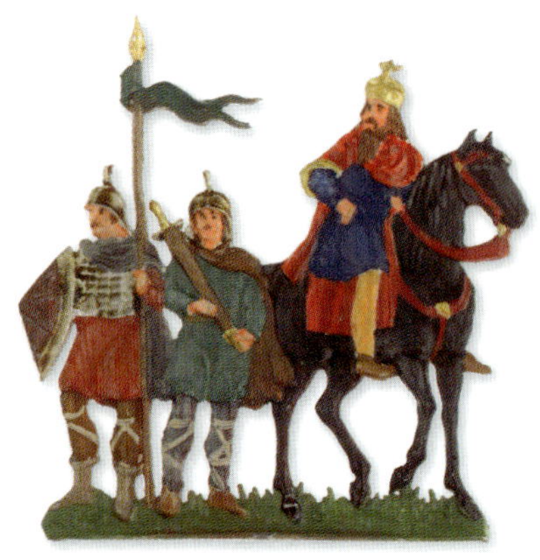

Karl der Große inspiziert auf dem Marsch nach Rom seine vorbeiziehenden Truppen
(***, gr. 1909)

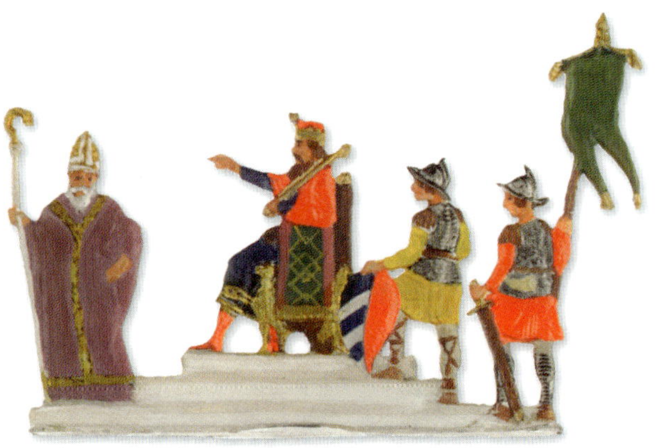

Karl der Große auf seinem Thron

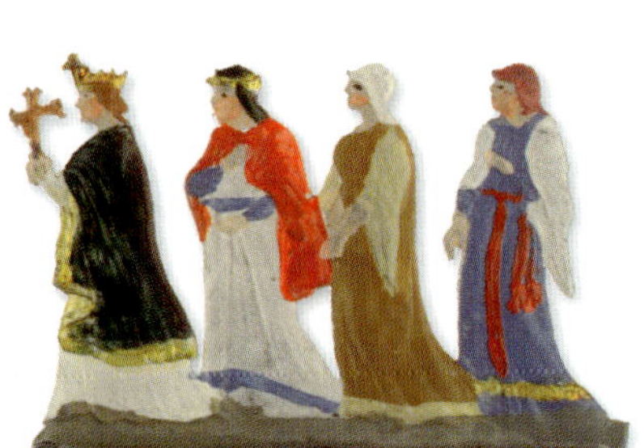

Königin mit Dienerinnen

(beide Gruppen aus der Packung „Karolinger-Hofhaltung“)
(*** u. *, gr. 1931)

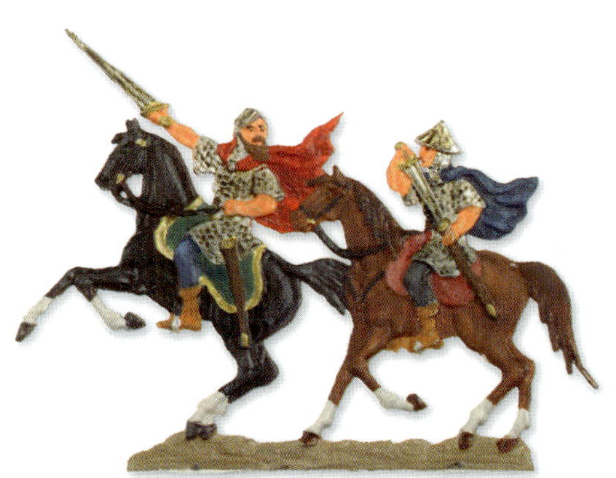

Otto I., König der Franken
in der Schlacht auf dem Lechfeld
gegen die Ungarn (Magyaren) 955 n. Chr.
(***, gr. 1912)

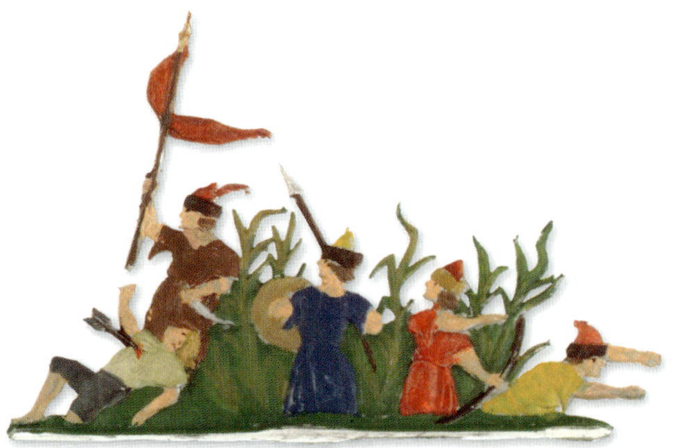

Wendenschlacht unter Otto dem Großen
(***, gr. 1926)

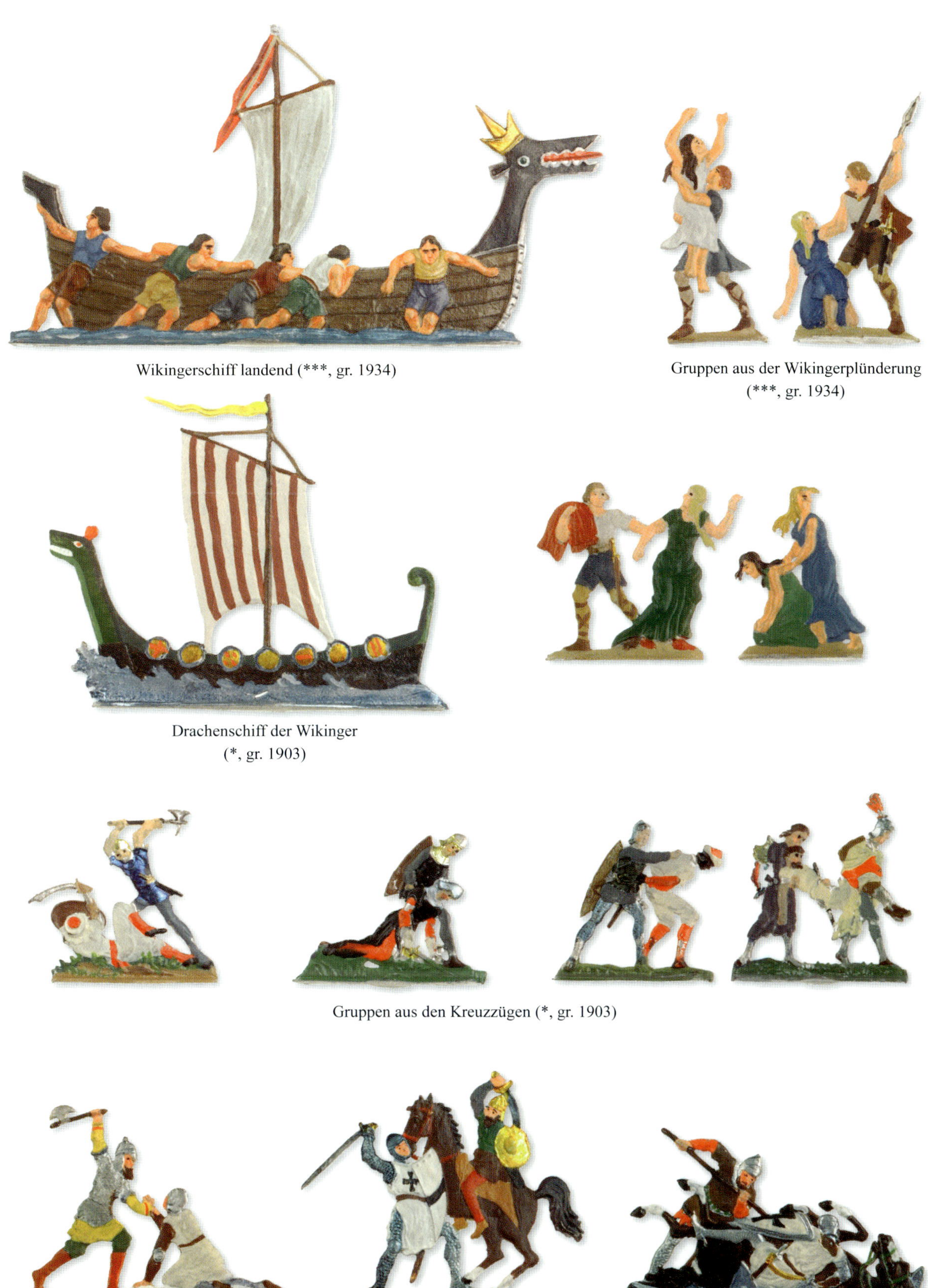

Wikingerschiff landend (***, gr. 1934)

Gruppen aus der Wikingerplünderung (***, gr. 1934)

Drachenschiff der Wikinger (*, gr. 1903)

Gruppen aus den Kreuzzügen (*, gr. 1903)

Gruppen aus der Eisschlacht am Peipussee (*, gr. 1903)

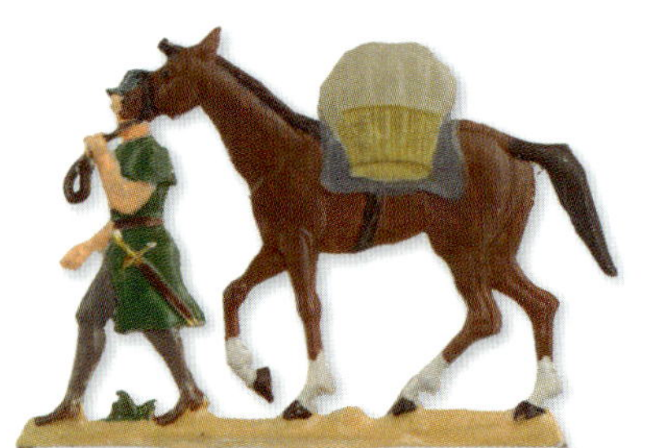

Zwei Pferdeführer
aus dem Kreuzritterzug
(***, gr. 1927)

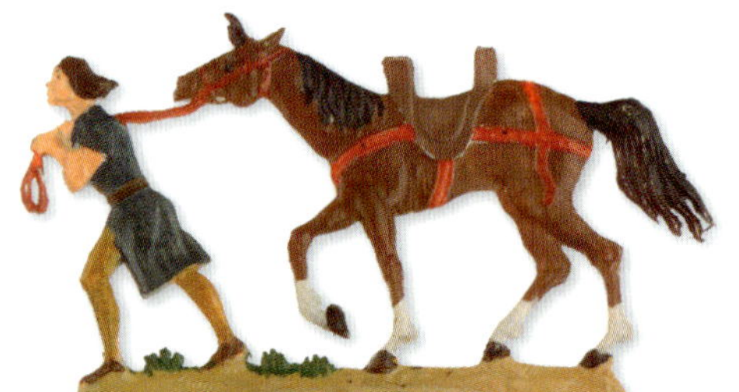

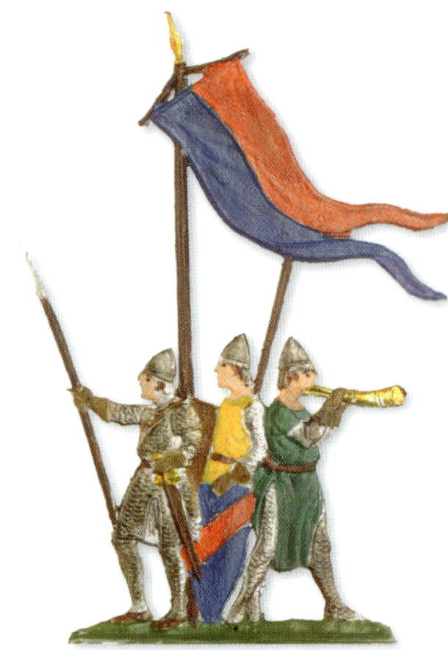

Burgbesatzung um 1100
(***, gr. 1932)

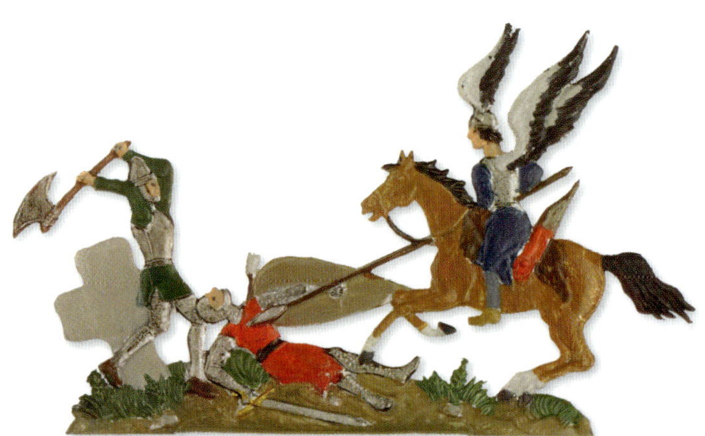

Mongolenschlacht bei Liegnitz, 1241 n. Chr.
(***, gr. 1927)

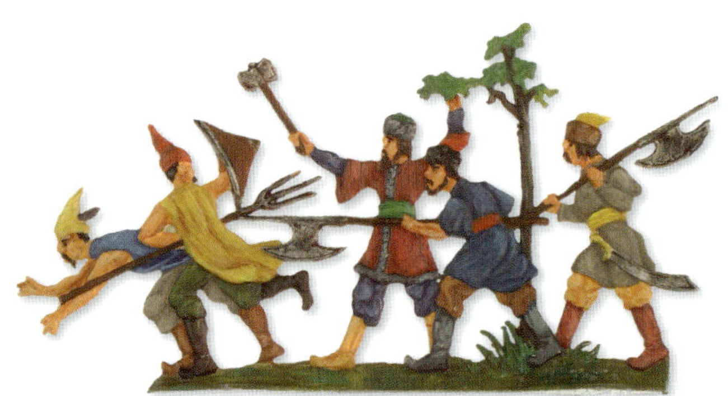

Tatarenschlacht bei Kulikowska, 1380 n. Chr.
(***, gr. 1914)

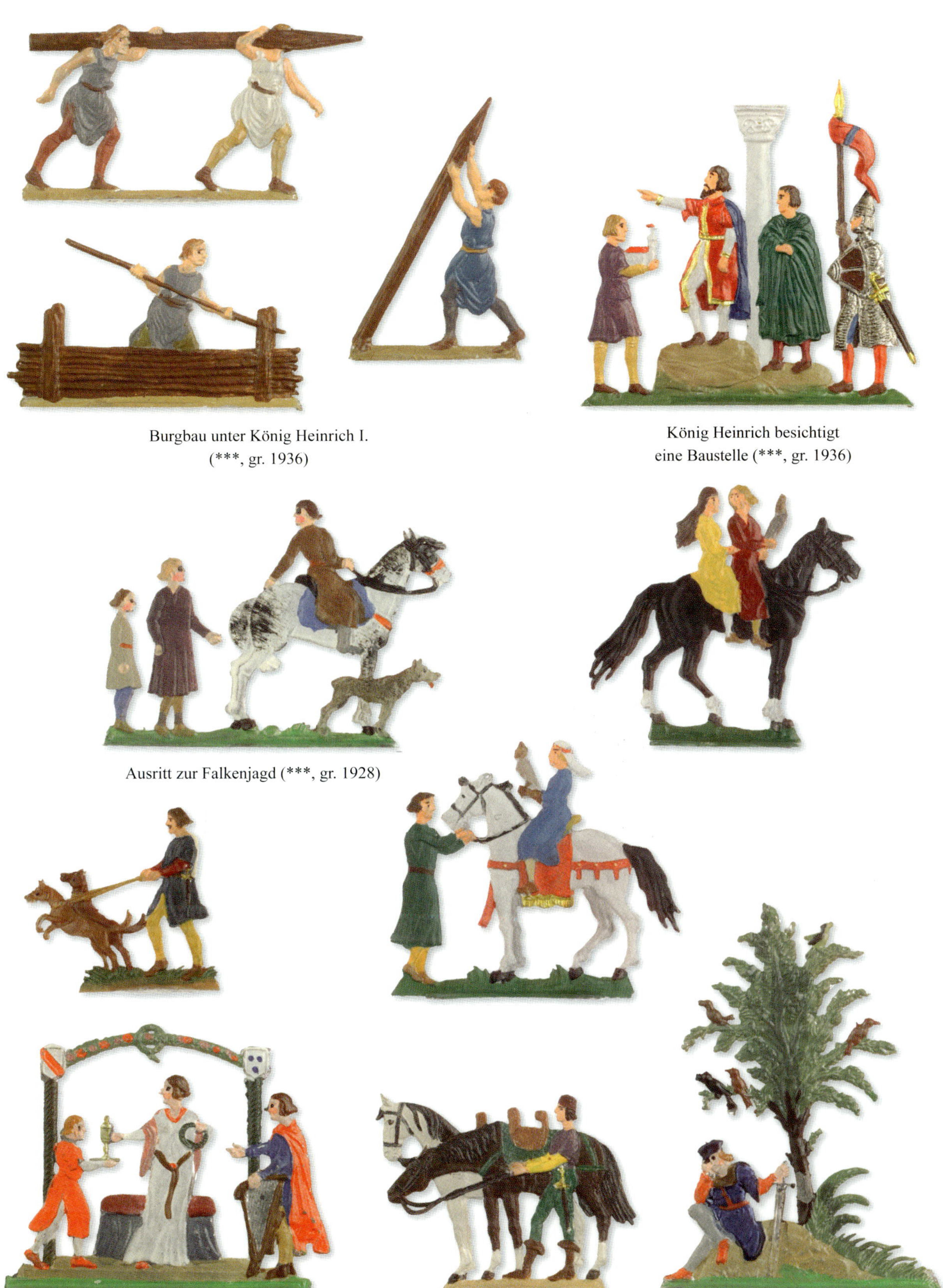

Burgbau unter König Heinrich I.
(***, gr. 1936)

König Heinrich besichtigt
eine Baustelle (***, gr. 1936)

Ausritt zur Falkenjagd (***, gr. 1928)

Minnesänger: Siegerehrung (*, gr. 1932)

Walther von der Vogelweide
(*, gr. 1932)

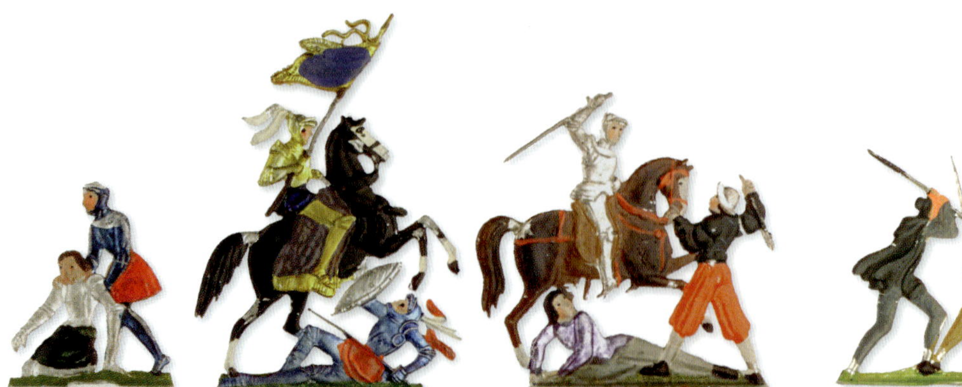

Gruppen aus der Packung: Ritterschlacht um 1300
[waren aber auch in den Packungen: Mühldorf,
Jungfrau von Orléans (*, gr. 1865)]

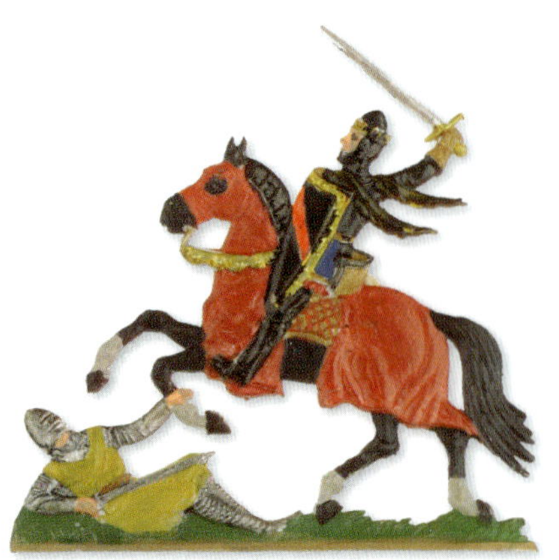

Black Prince in der Schlacht
bei Crécy (***, gr. 1938)

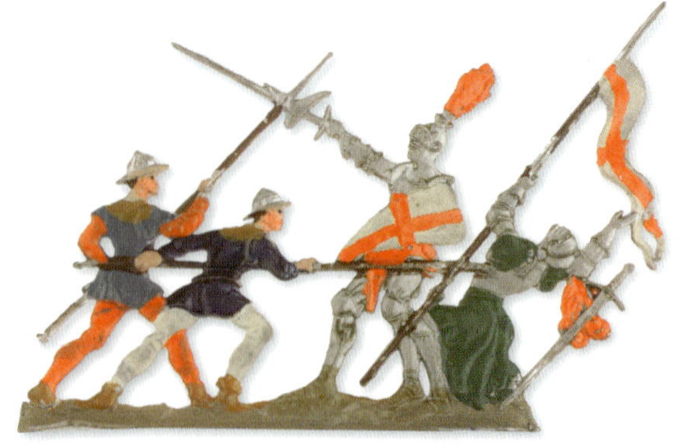

Schlacht bei Crécy 1346
(*, gr. 1911)

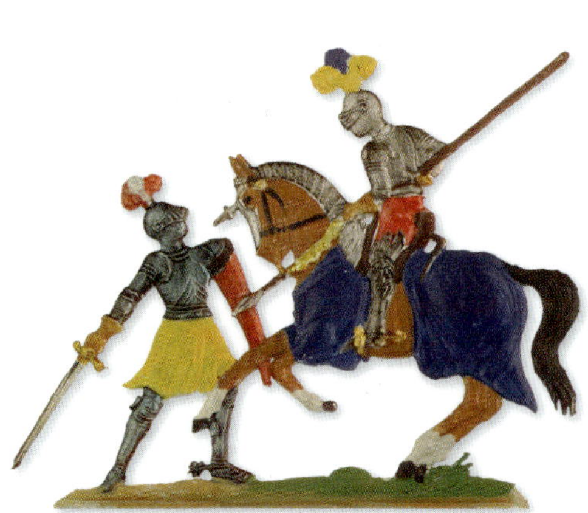

Schlacht bei Azincourt
(***, gr. 1938)

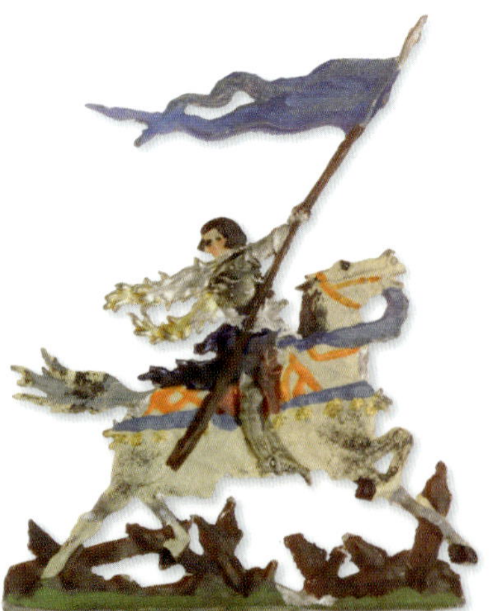

Jungfrau von Orléans
(*, gr. 1923)

2. Kapitel

Blütezeit des Mittelalters
Aus der Schweizer Geschichte

Beim Zeitabschnitt „Blütezeit des Mittelalters“ lagen die Verhältnisse ähnlich wie bei den Serien zum „Altertum“: Es gab einige Packungen mit sehr frühen, zierlichen Gravuren wie z. B. Ritterschlacht um 1300 (auch als Schlacht bei Mühldorf 1322 bezeichnet), eine Schlacht unter der Jungfrau von Orléans, das Landsknechtslager und ein Ritterturnier.

Um 1900 entstanden dann Figuren zur Schweizer Geschichte mit einer Vielzahl von Gruppen zu den Schlachtenpackungen Sempach, Morgarten, St.Jakob an der Birs und Murten. Der Absatz dieser Packungen muss riesengroß gewesen sein, trifft man sie doch heutzutage immer wieder bei Auktionen oder Sammlungsauflösungen an. Die einzelnen Gruppen stellen auch ganz exakt historische Ereignisse dar, die in diesem Kapitel ausnahmsweise unter den Figuren eingehender erklärt werden.

Nach 1920 wurden dann noch viele Gruppen im neuzeitlichen, „kulturhistorischen“ Stil graviert, beispielsweise zu den Packungen Schlacht von Pavia, Eroberung von Mexiko, Kaufmannszug, Raubritterüberfall (späte Fassung), Mittelalterliche Stadtvolk und Mittelalterliche Justiz. Die Entwürfe lieferten in vielen Fällen wieder namhafte Künstler wie beispielsweise Bombled, Krischen oder Wilke.

Burgsturm um 1300

(***, gr. 1933)

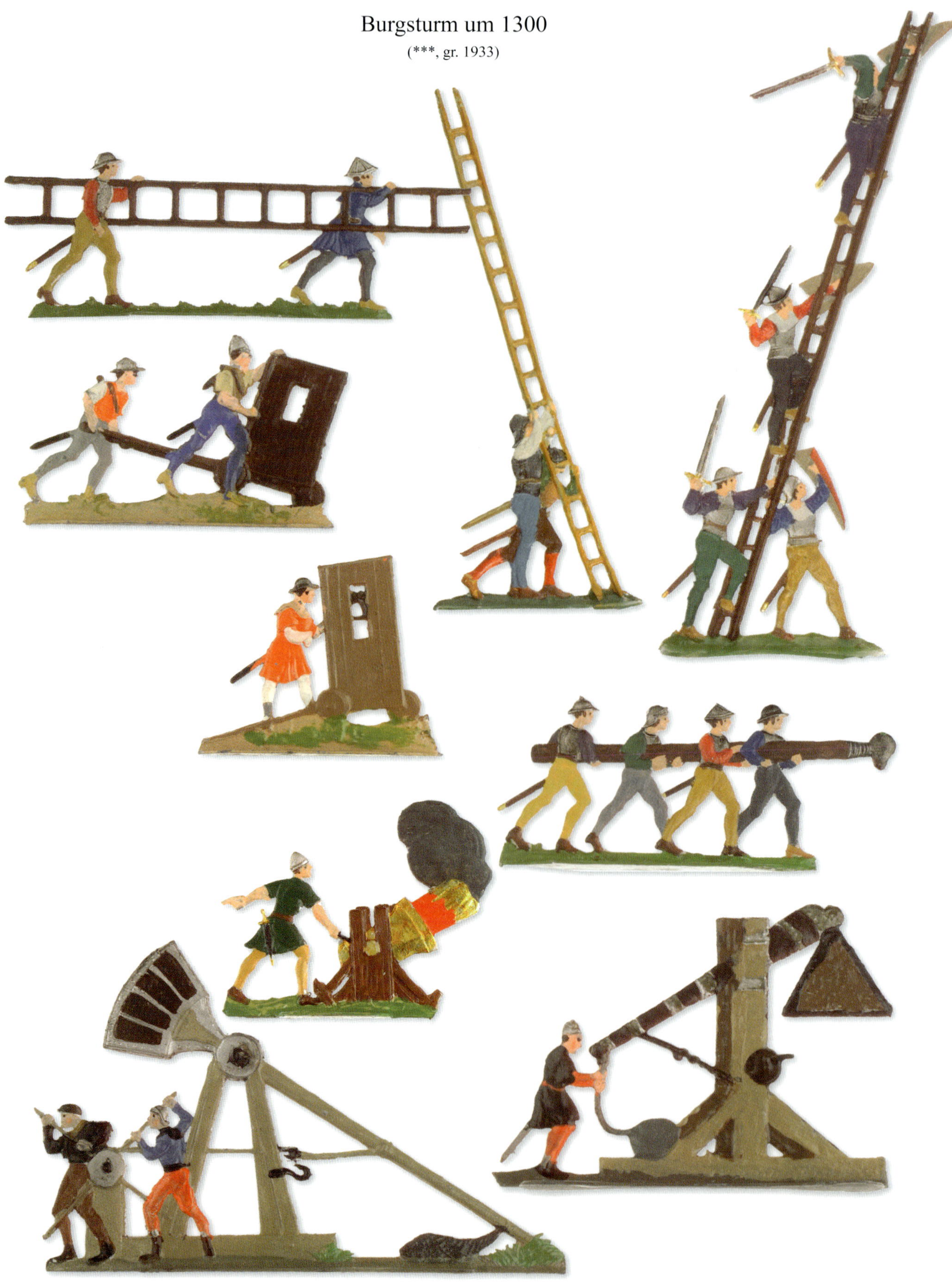

Städtebau um 1400

(**, gr. 1927)

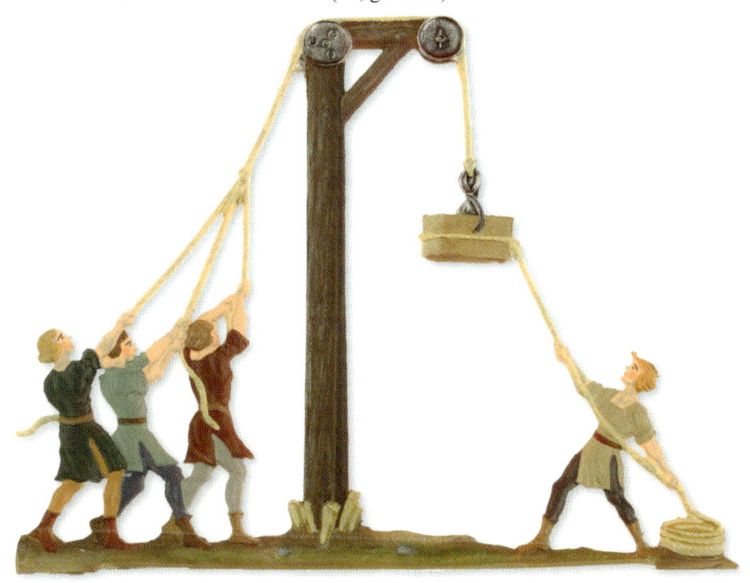

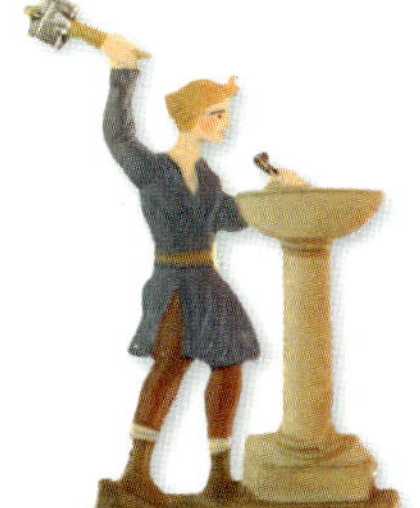

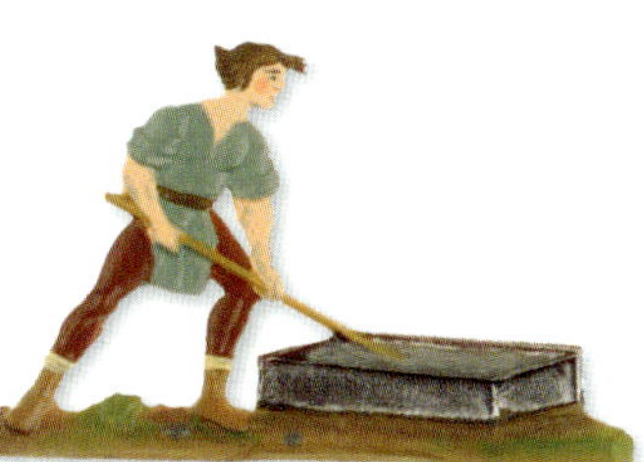

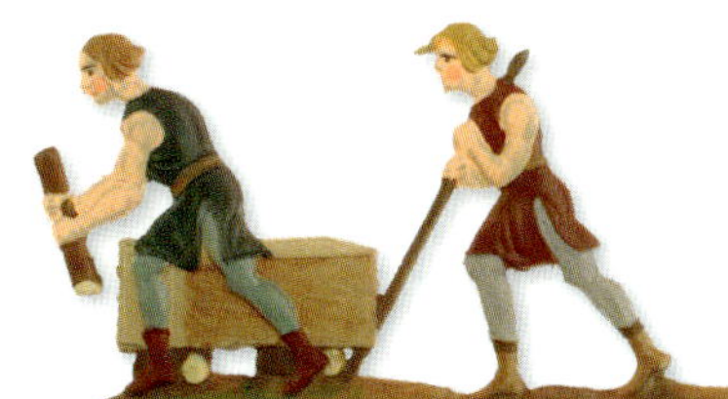

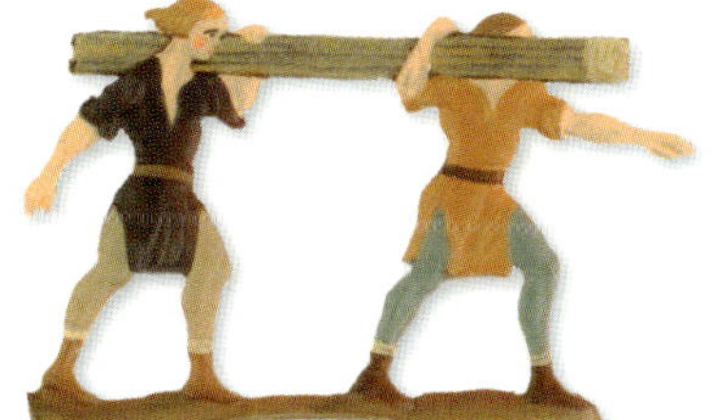

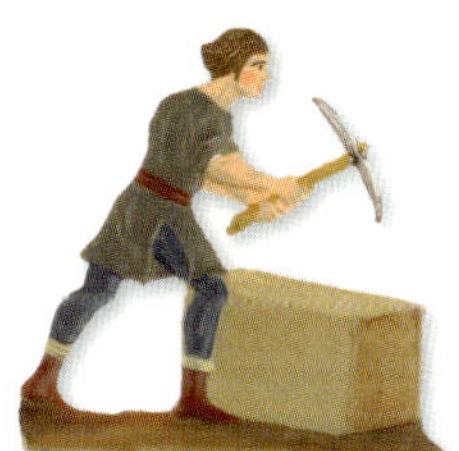

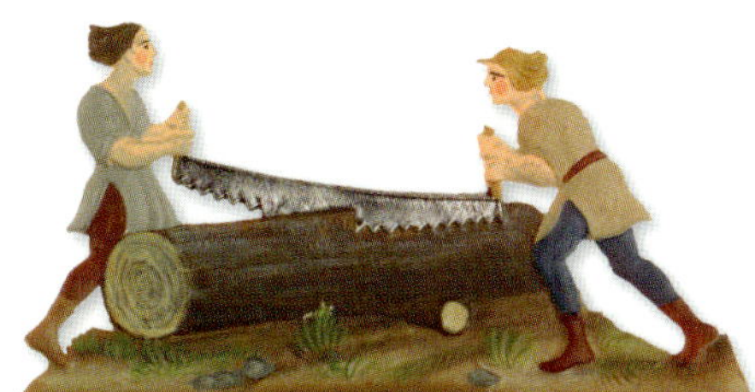

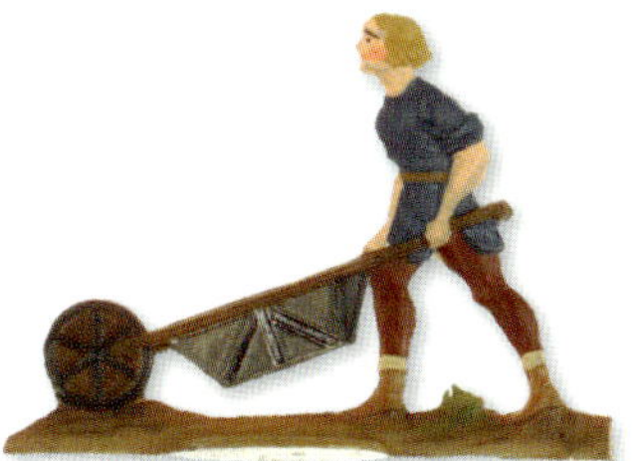

Hanse-Hafen um 1300

(**, gr. 1929)

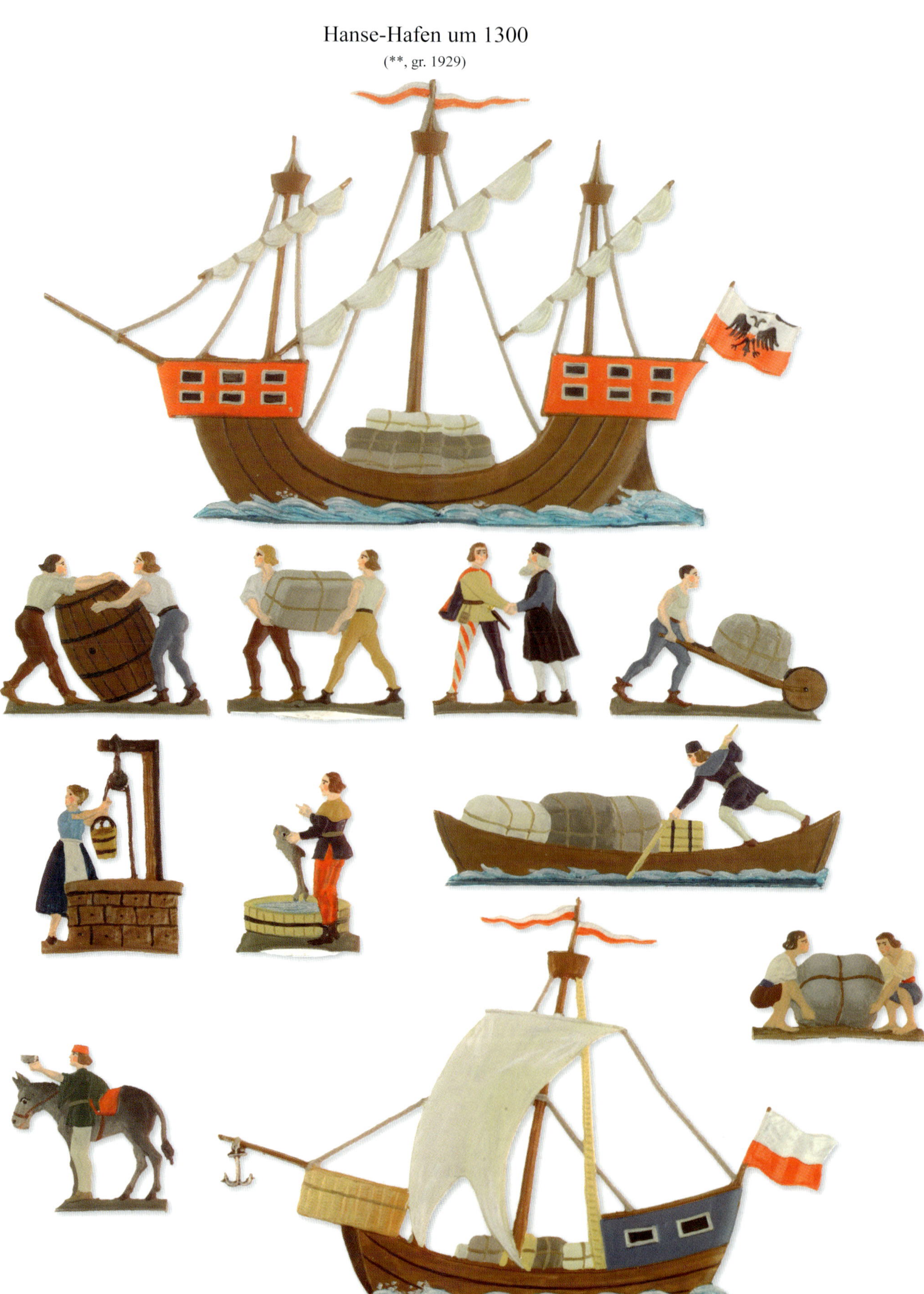

Mittelalterliche Stadt um 1500

(***, gr. 1908)

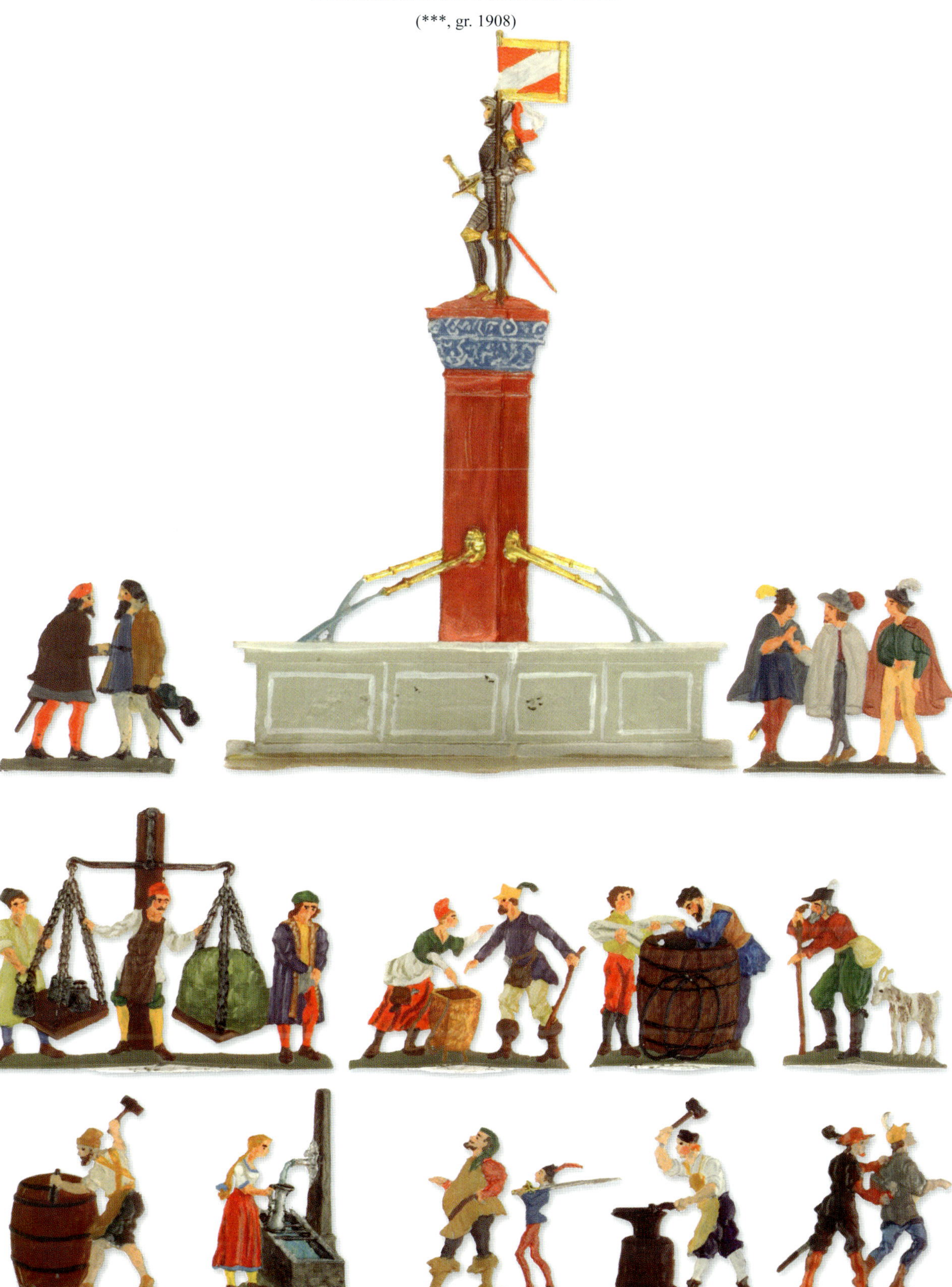

Mittelalterliche Justiz

(**, gr. 1930)

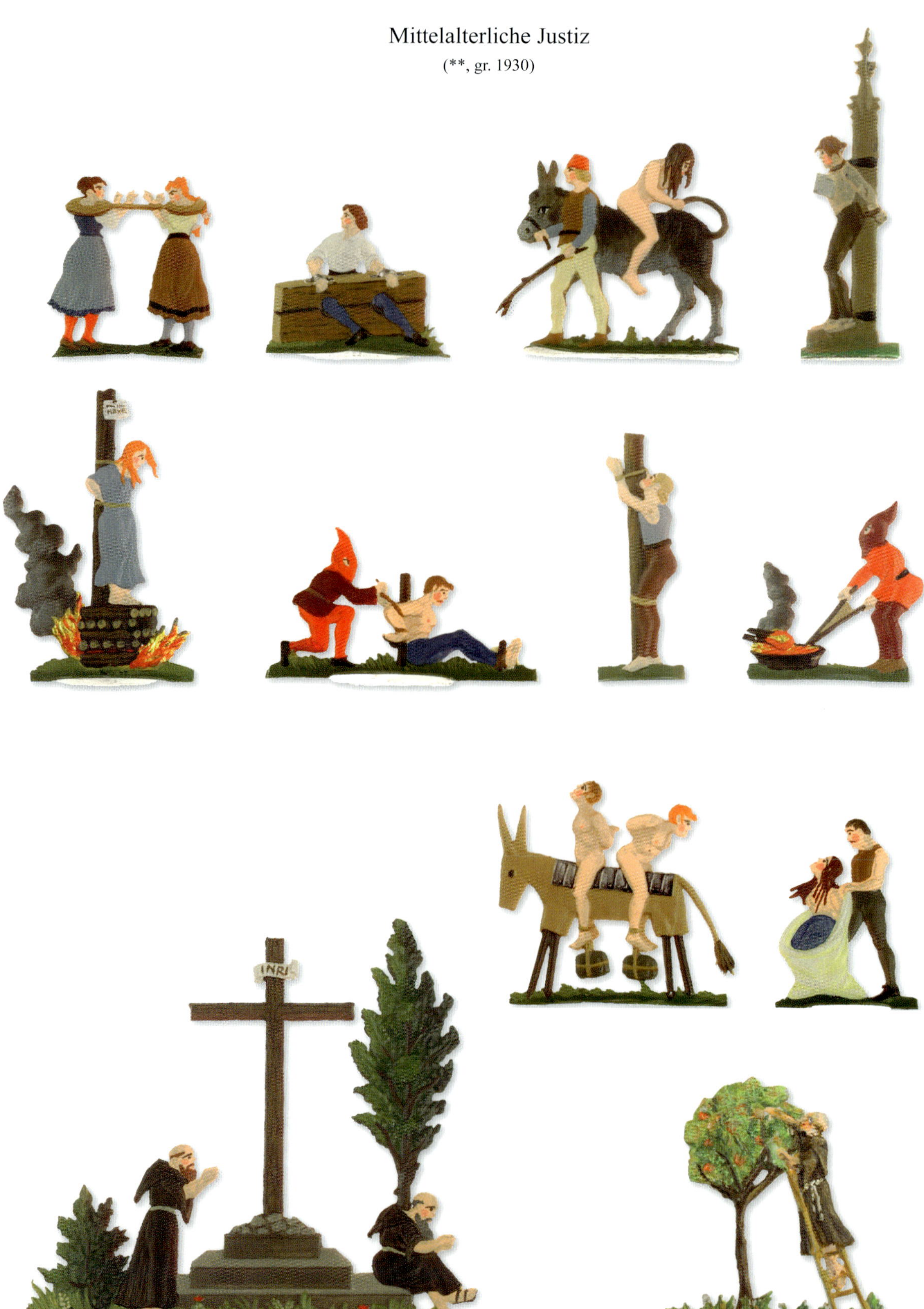

Klosterleben (**, gr. 1928)

Raubritterüberfall

(*, gr. 1896)

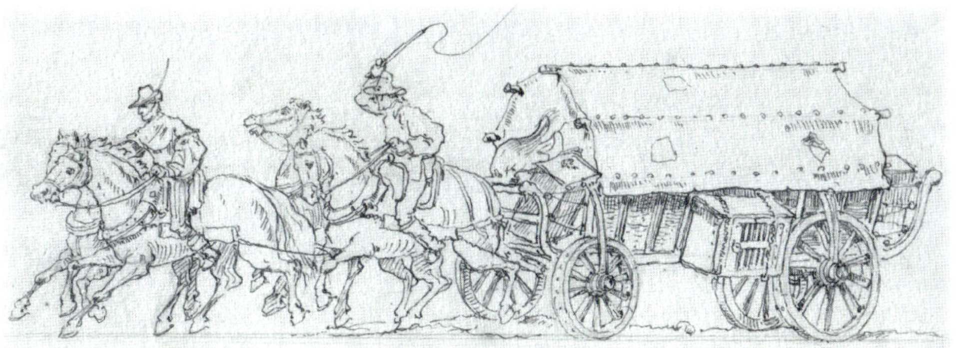

Entwurf von Wilhelm Ritter

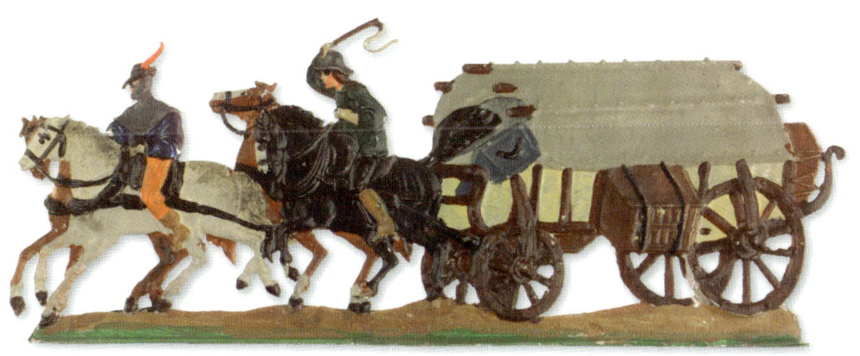

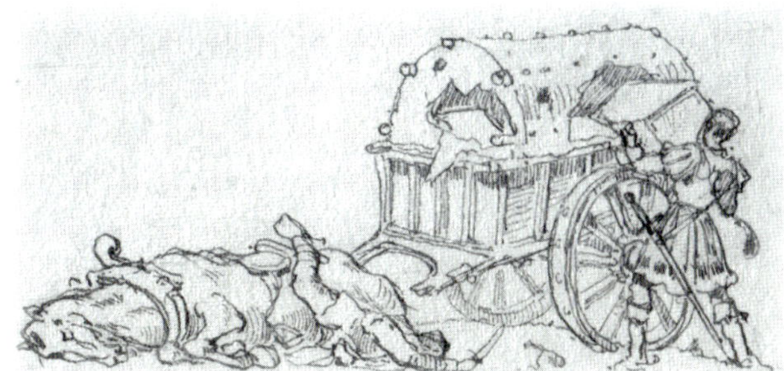

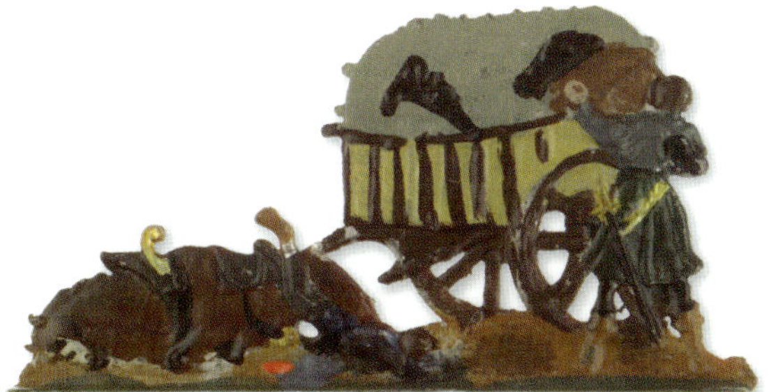

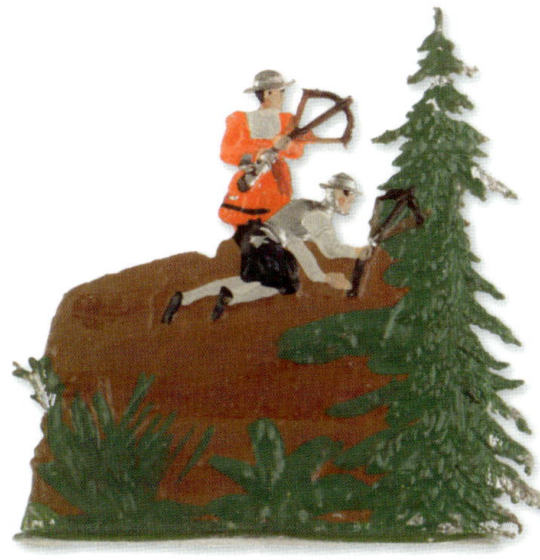

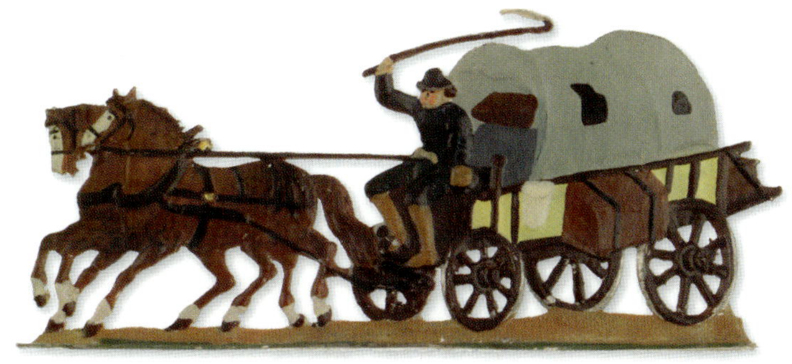

(Diese Gruppe wurde später vorwiegend für die Packung „Schlacht bei Morgarten“ verwendet)

Kaufmannszug im 15. Jahrhundert

(**, gr. 1928)

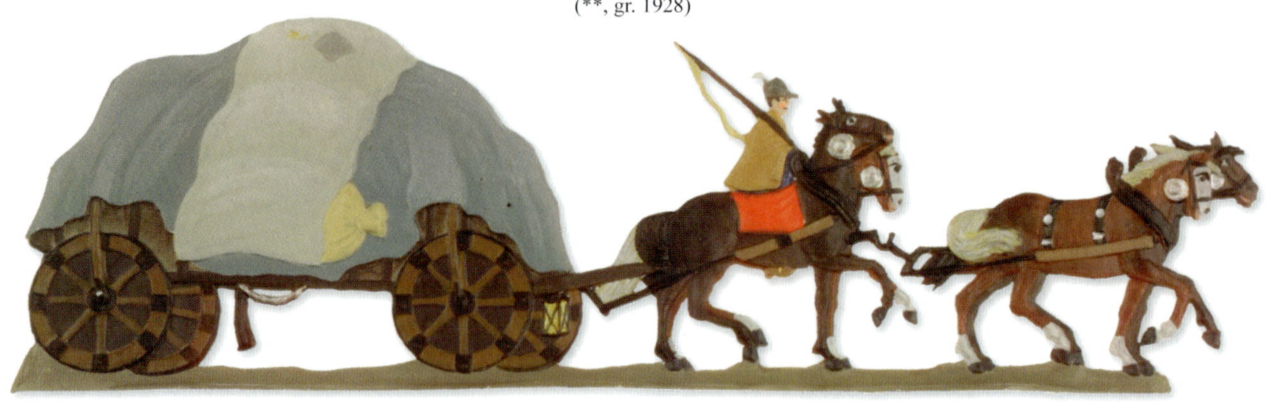

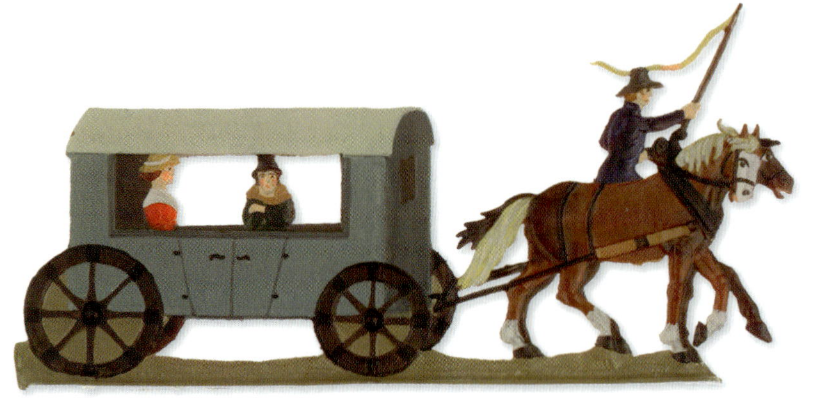

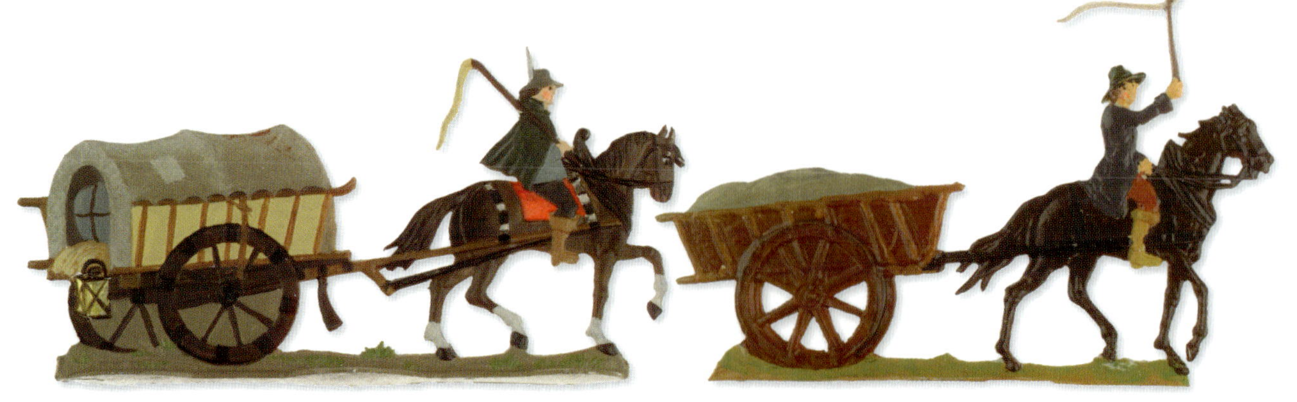

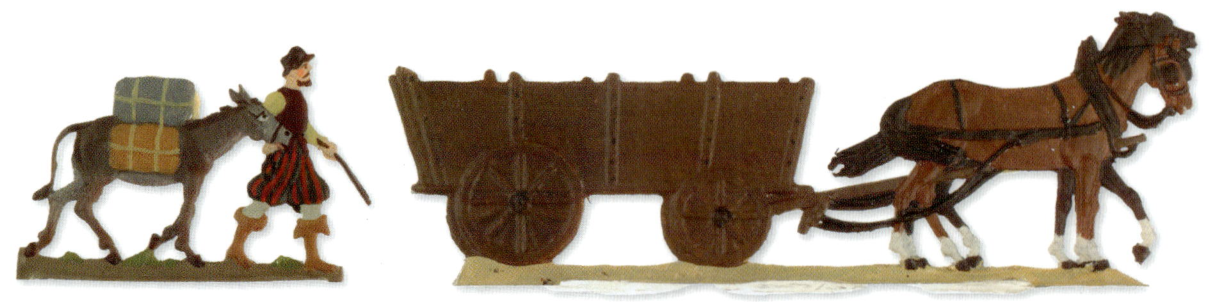

Kaufmannszug im 15. Jahrhundert

(**, gr. 1928)

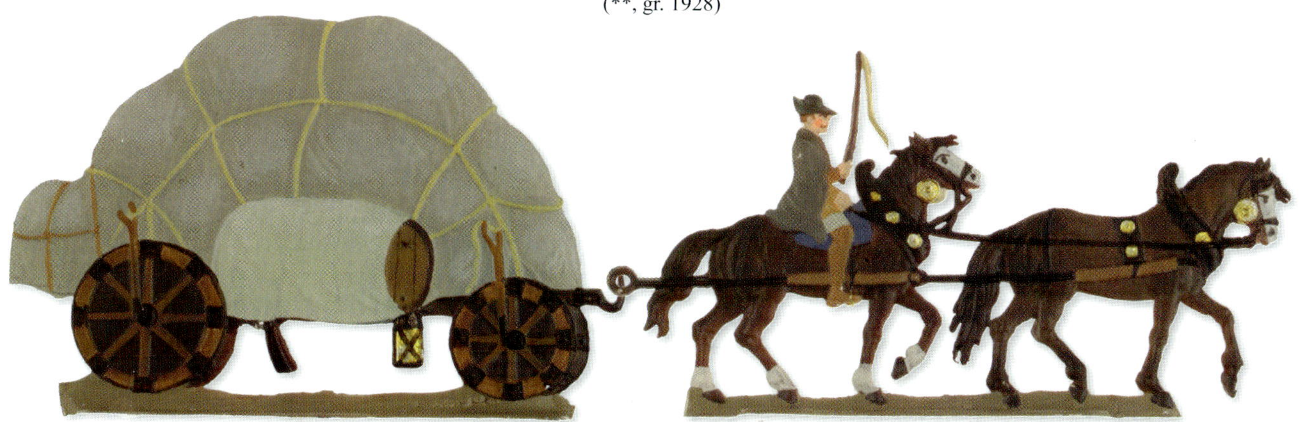

Kaufmannszug mit zusätzlichem Vorspann (**, gr. 1928)

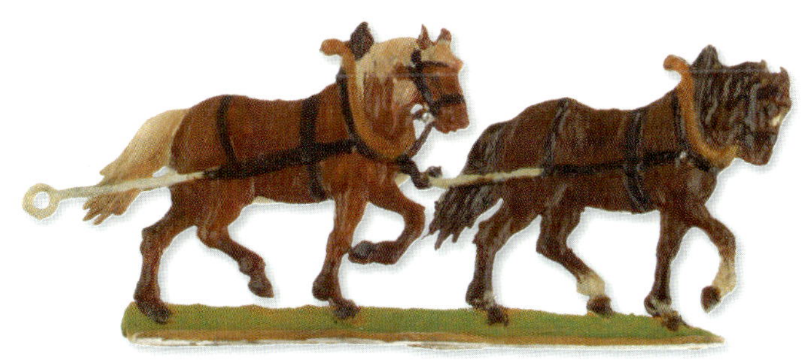

Raubritterüberfall um 1400

(***, gr. 1928, späte Fassung)

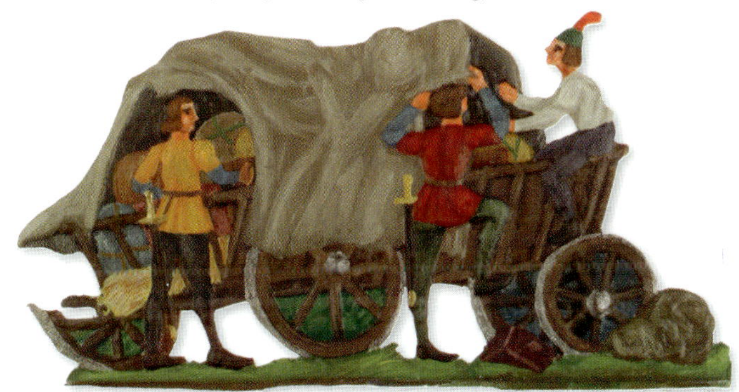

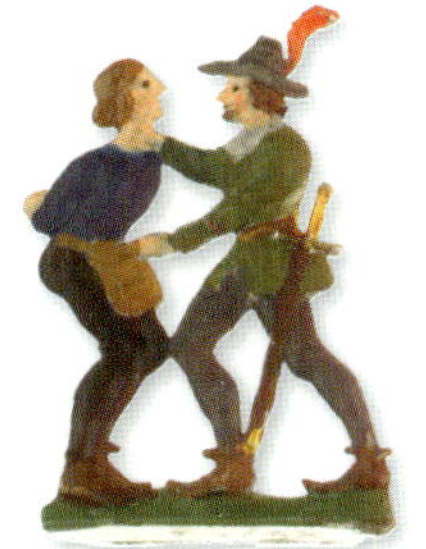

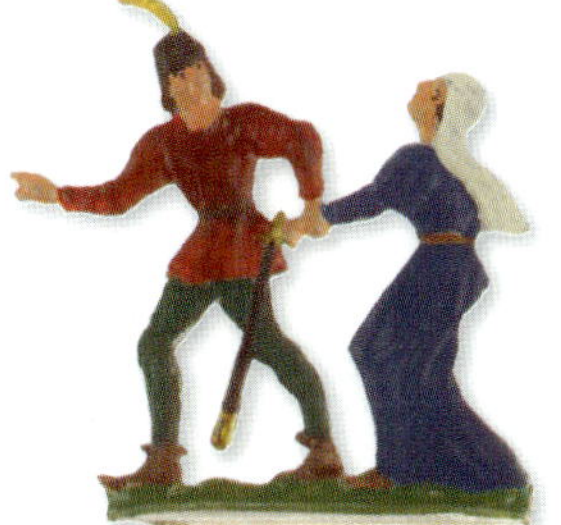

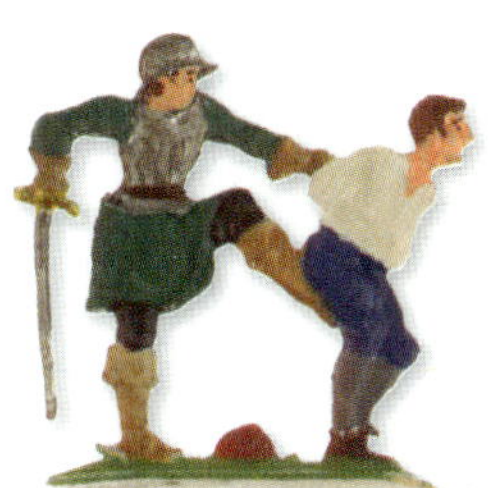

Gesellenstechen (Ritterturnier)

(*, gr. 1894)

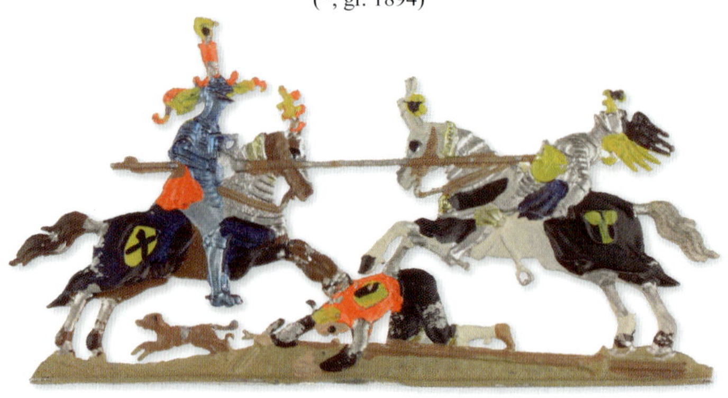

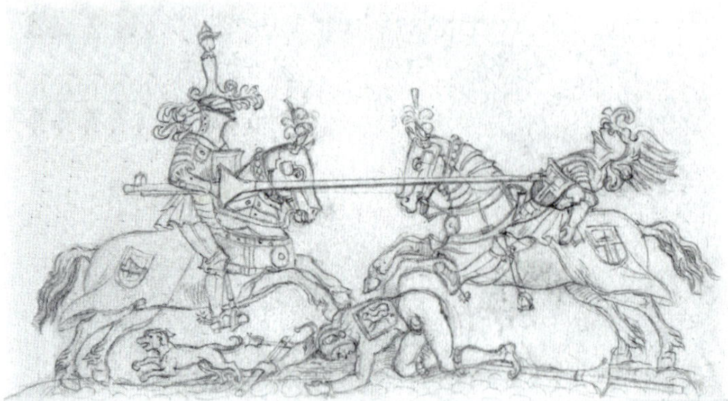

Bleistift-Gravurzeichnungen von Wilhelm Heinrichsen

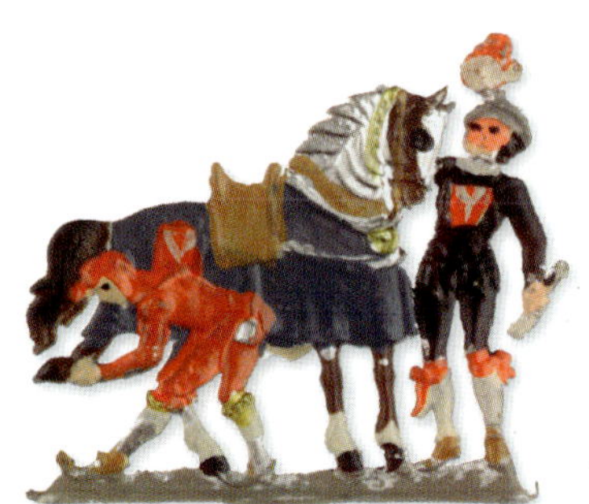

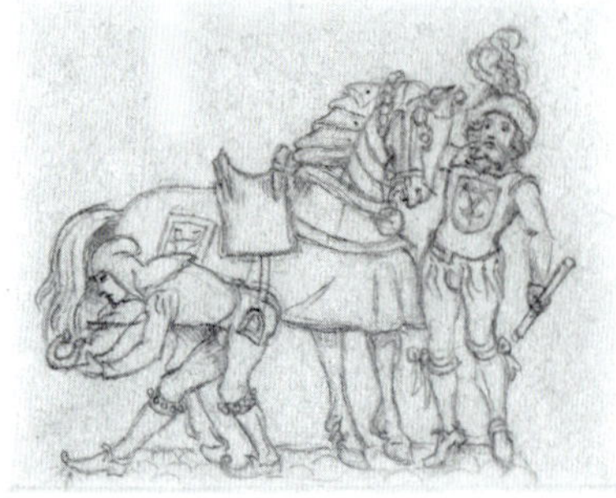

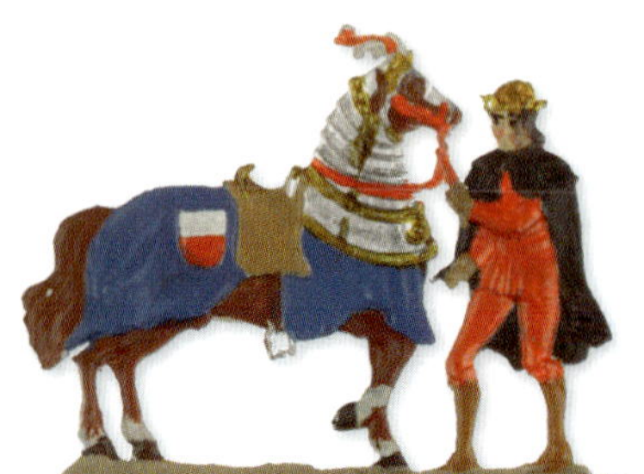

Gravurzeichnungen

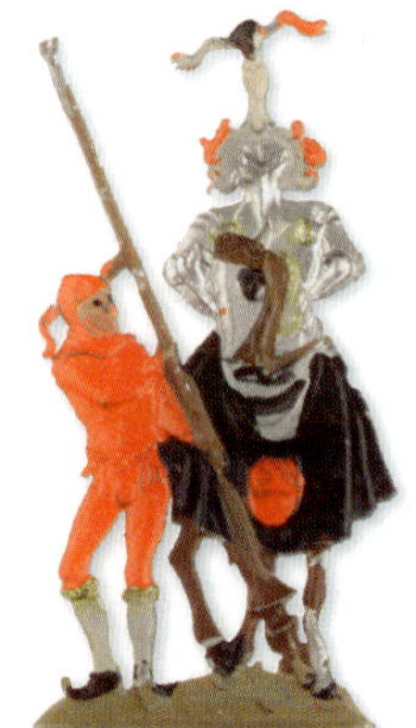

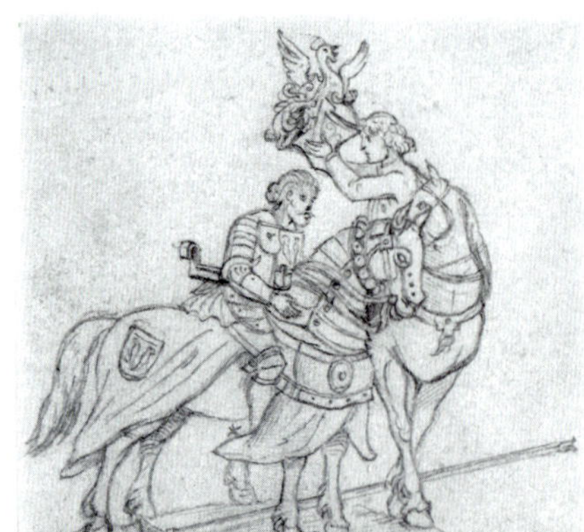

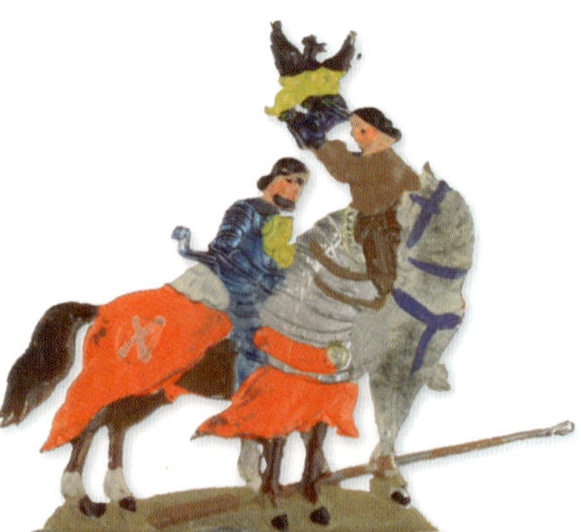

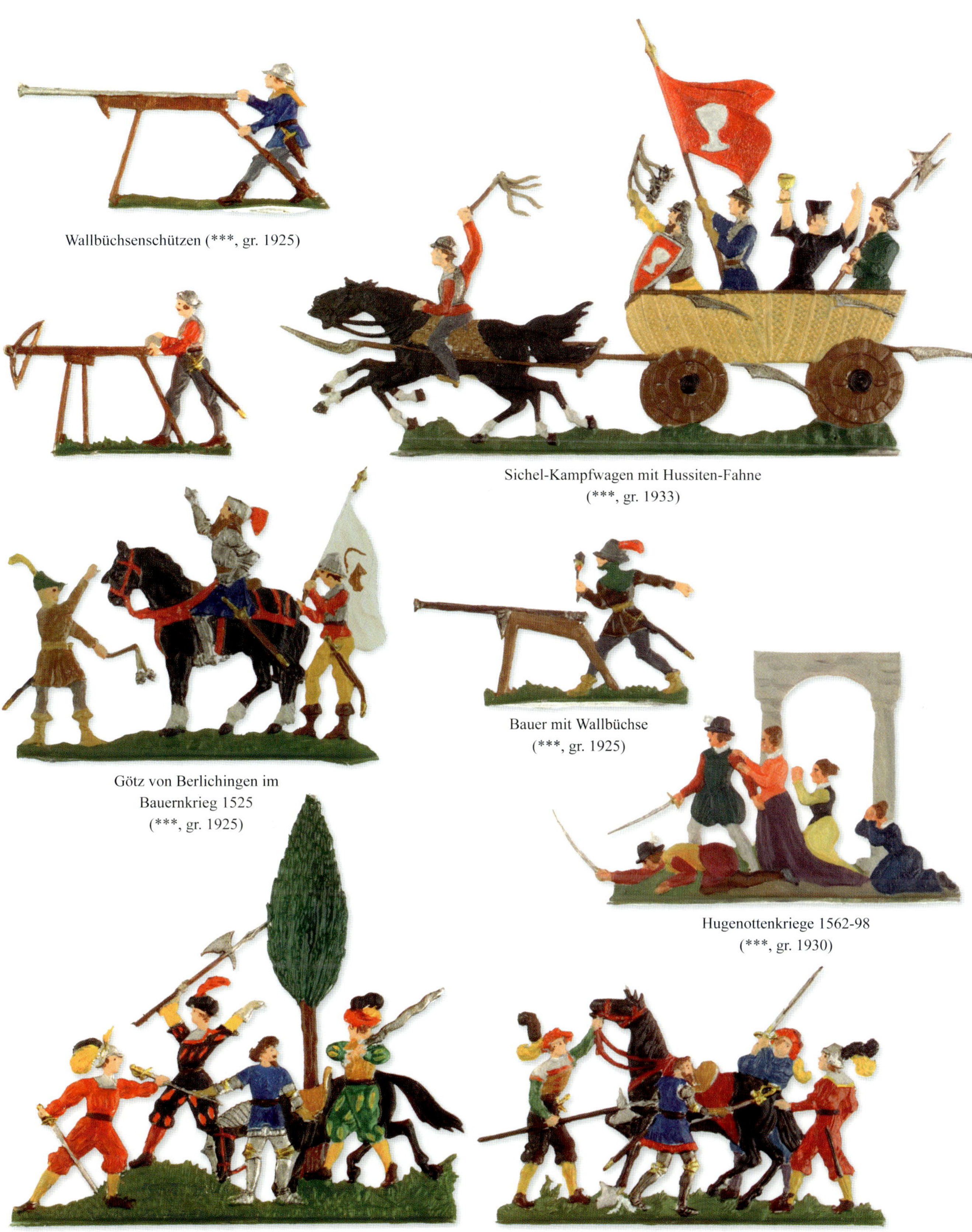

Wallbüchsenschützen (***, gr. 1925)

Sichel-Kampfwagen mit Hussiten-Fahne
(***, gr. 1933)

Götz von Berlichingen im
Bauernkrieg 1525
(***, gr. 1925)

Bauer mit Wallbüchse
(***, gr. 1925)

Hugenottenkriege 1562-98
(***, gr. 1930)

Zwei Darstellungen von der Gefangennahme des französischen Königs Franz I.
in der Schlacht bei Pavia 1525 (***, gr. 1928)

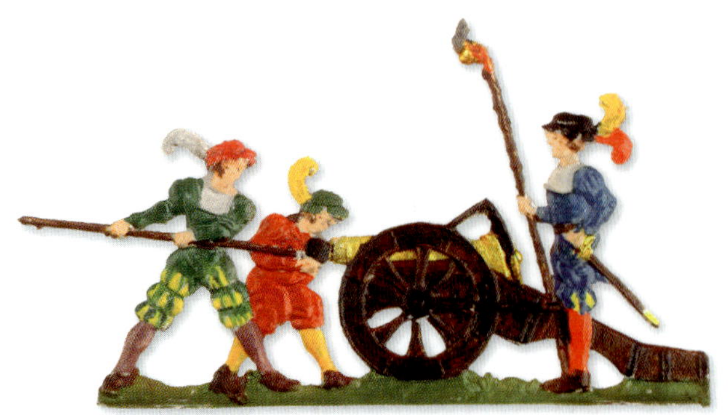

Geschützgruppe aus der Packung:
Eroberung von Mexiko
(***, gr. 1925)

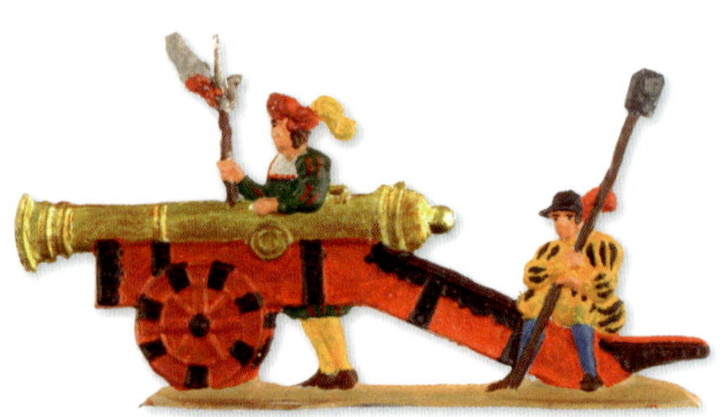

Landsknechtgeschütz
(***, gr. 1925)

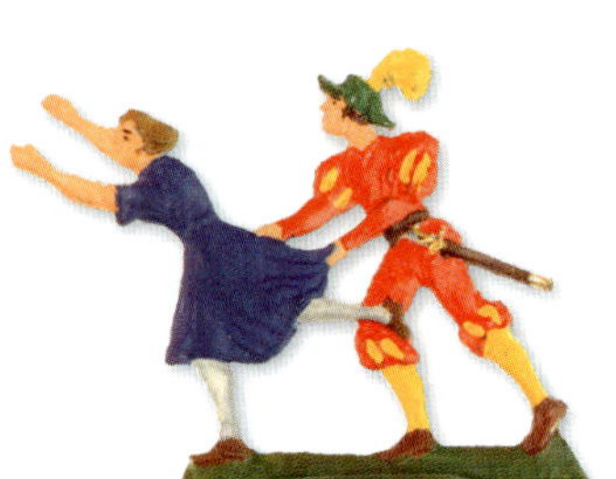
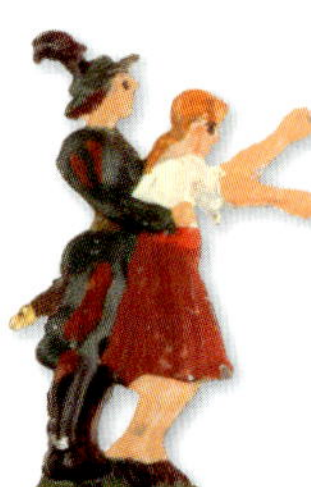
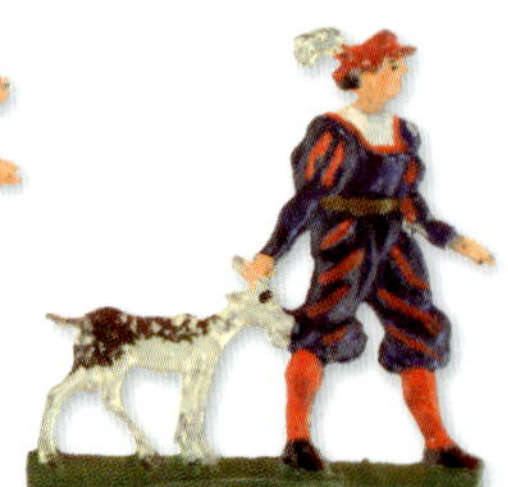
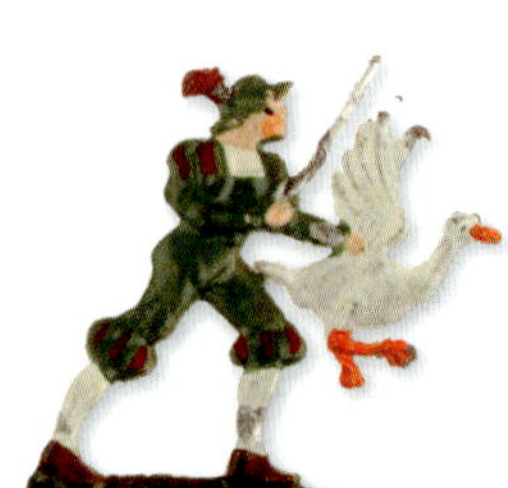
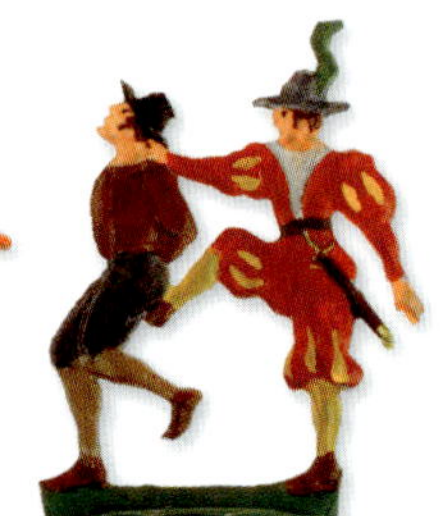

Plündernde Landsknechte
(*, gr. 1929)

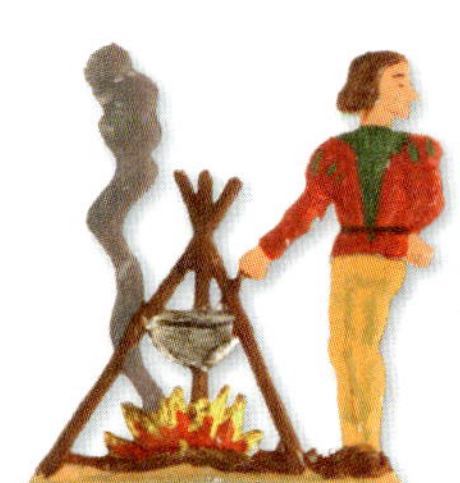
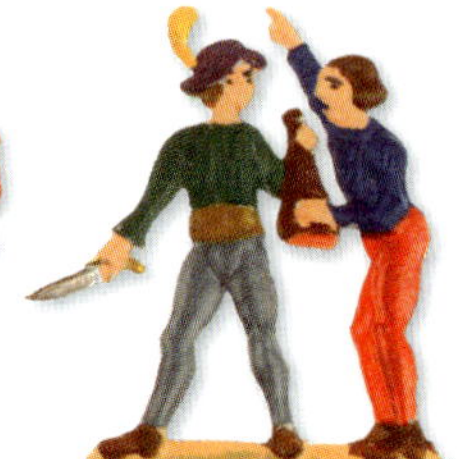

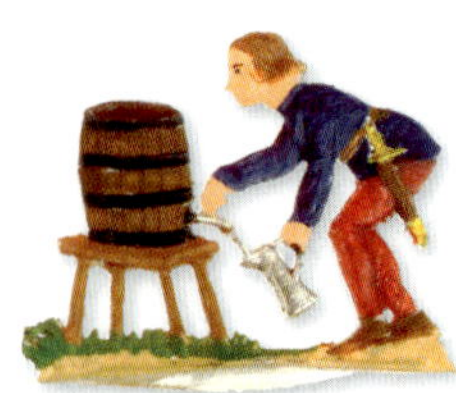

Lager um 1400
(***, gr. 1924)

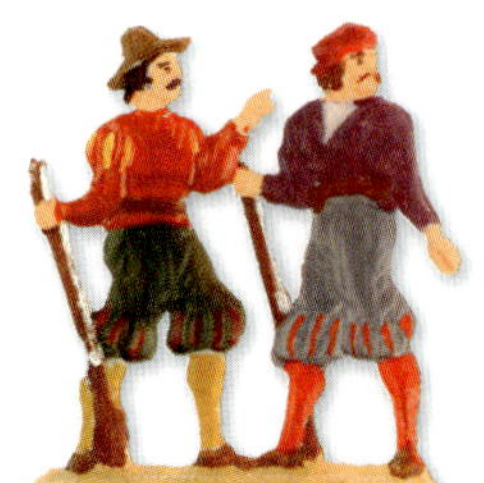
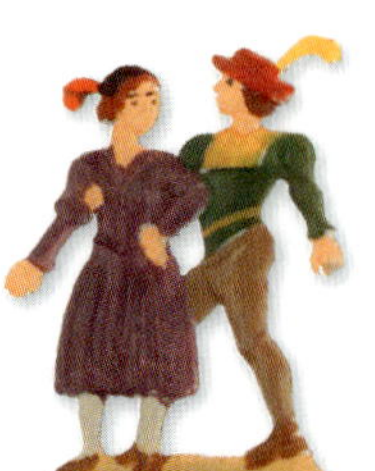
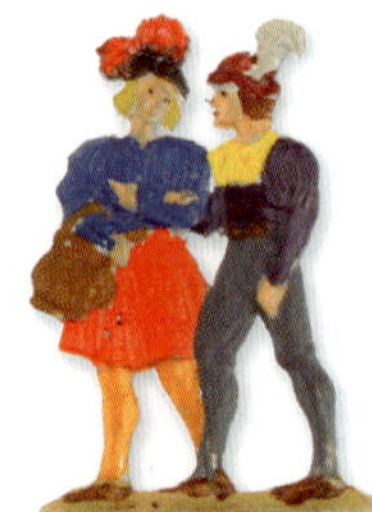

Landsknechtlager im 15. Jahrhundert

(*, gr. 1901)

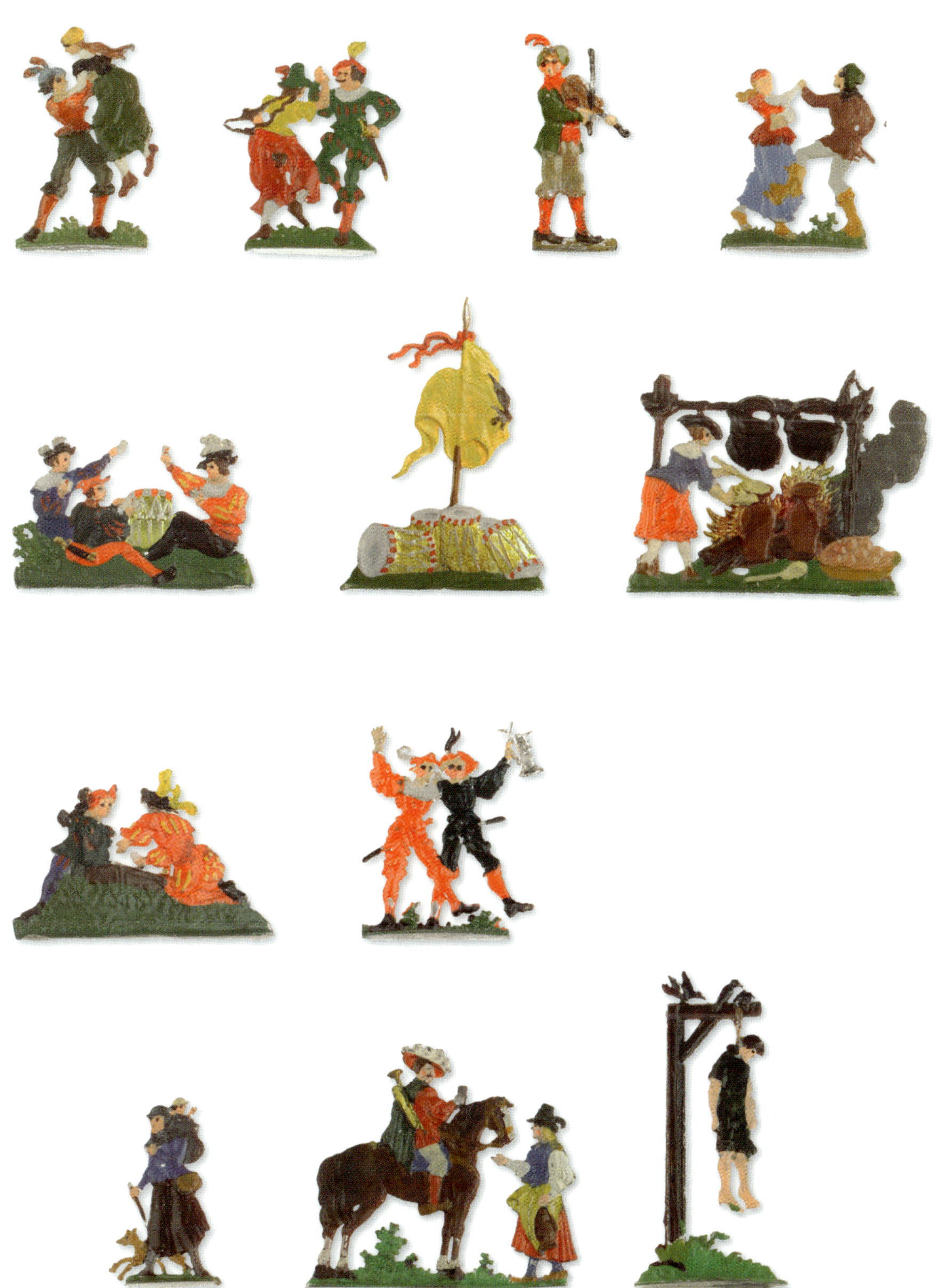

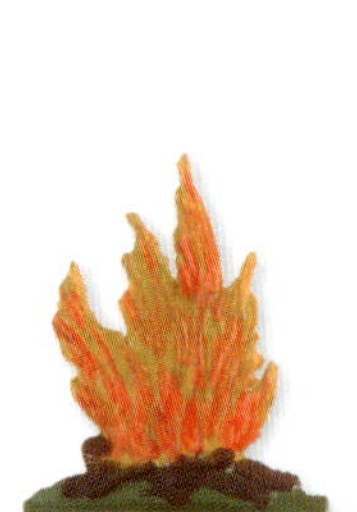
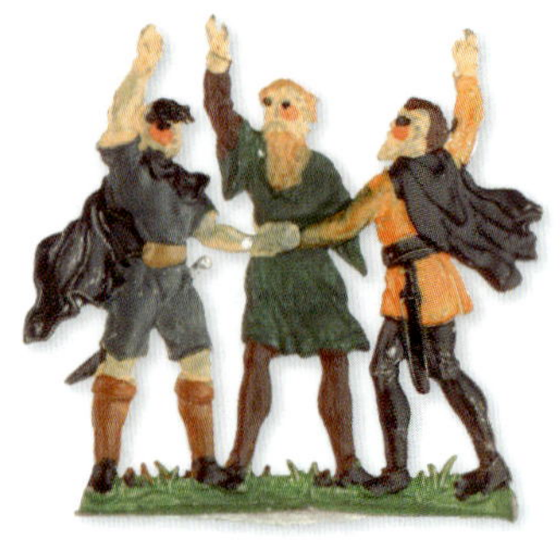
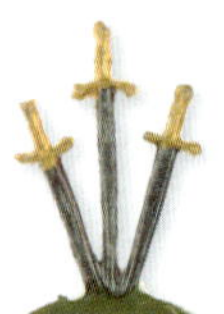

Rütli - Schwur (Gründung der Eidgenossenschaft 1291)

Tell fährt Baumgarten über den Vierwaldstättersee

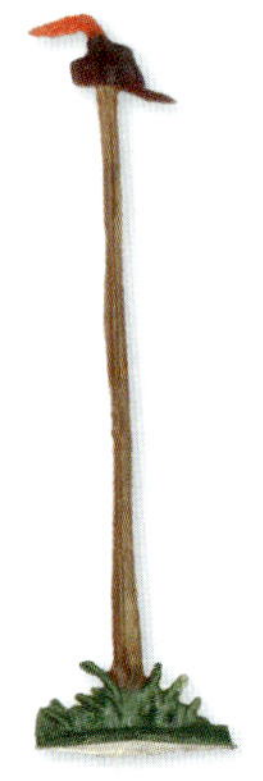

Gesslers Hut

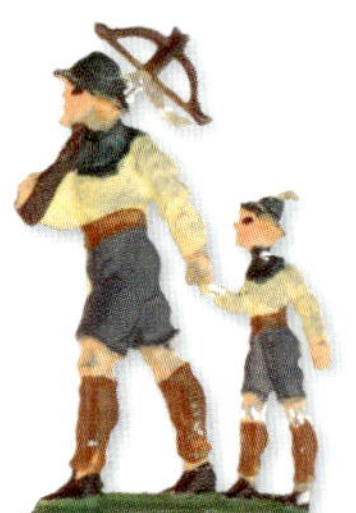

Tell mit Sohn Walter in Altdorf

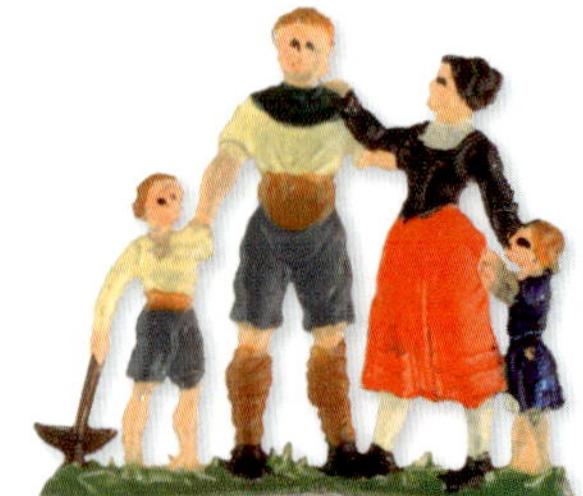

Tell nimmt Abschied von seiner Familie

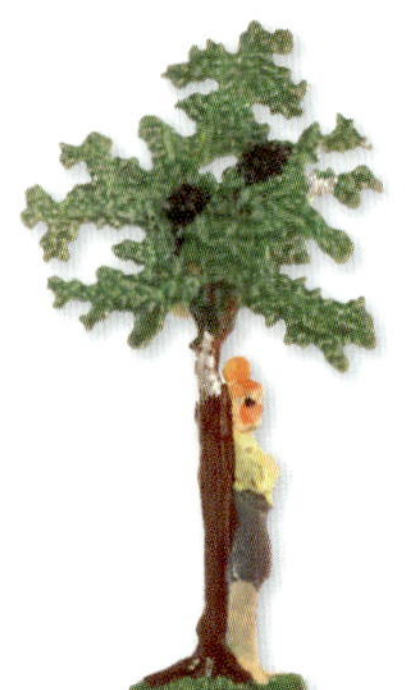
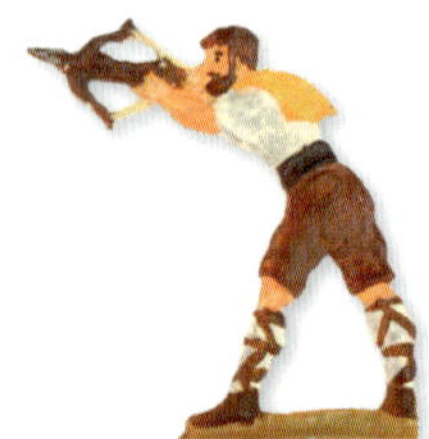
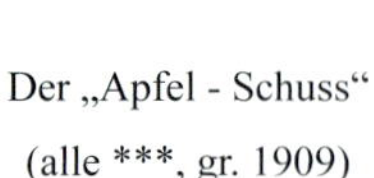

Der „Apfel - Schuss“
(alle ***, gr. 1909)

„Die Hohle Gasse bei Küssnacht“

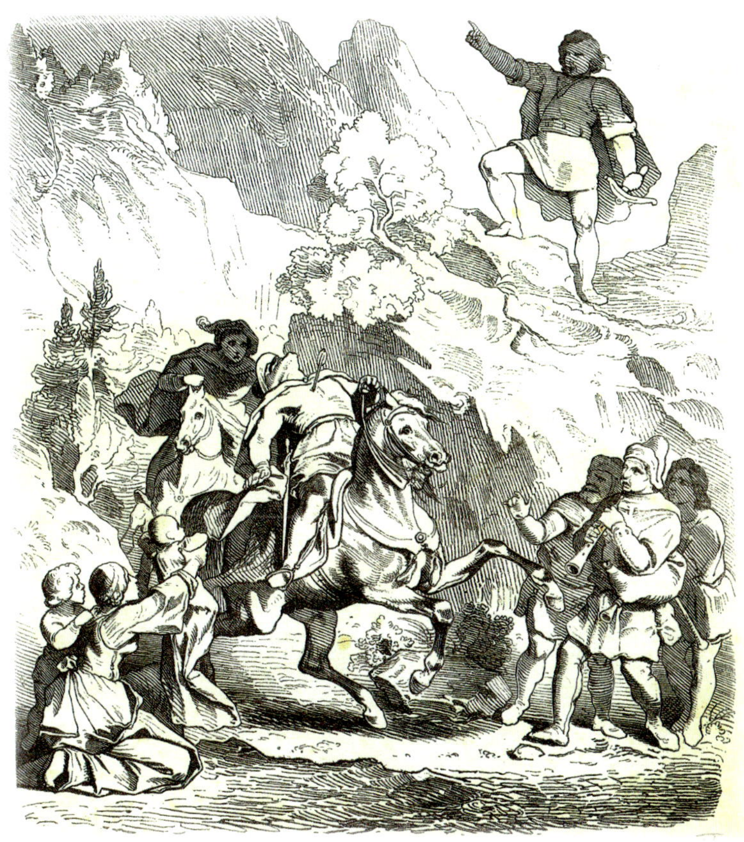

Zeichnungsvorlage aus Münchener Bilderbogen Nro. 3.

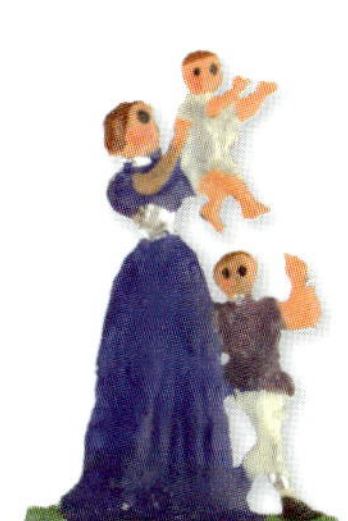

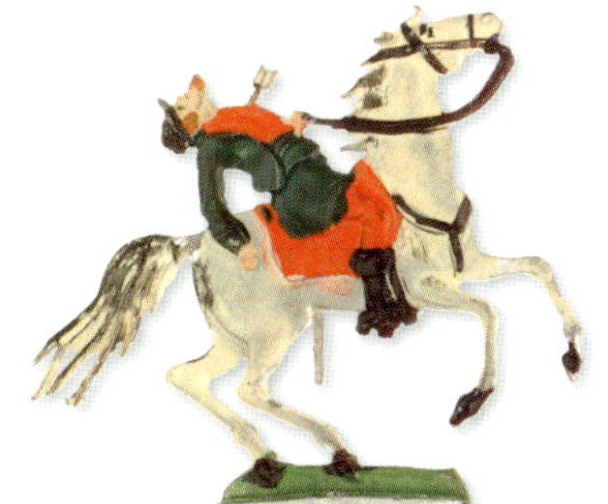

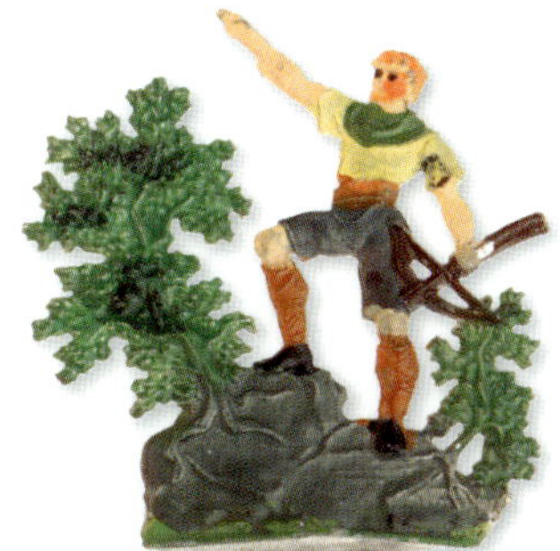

Wilhelm Tell erschießt den Landvogt Gessler in der Hohlen Gasse
(***, gr. 1909)

Schlacht bei Sempach 1386

(*, gr. 1891)

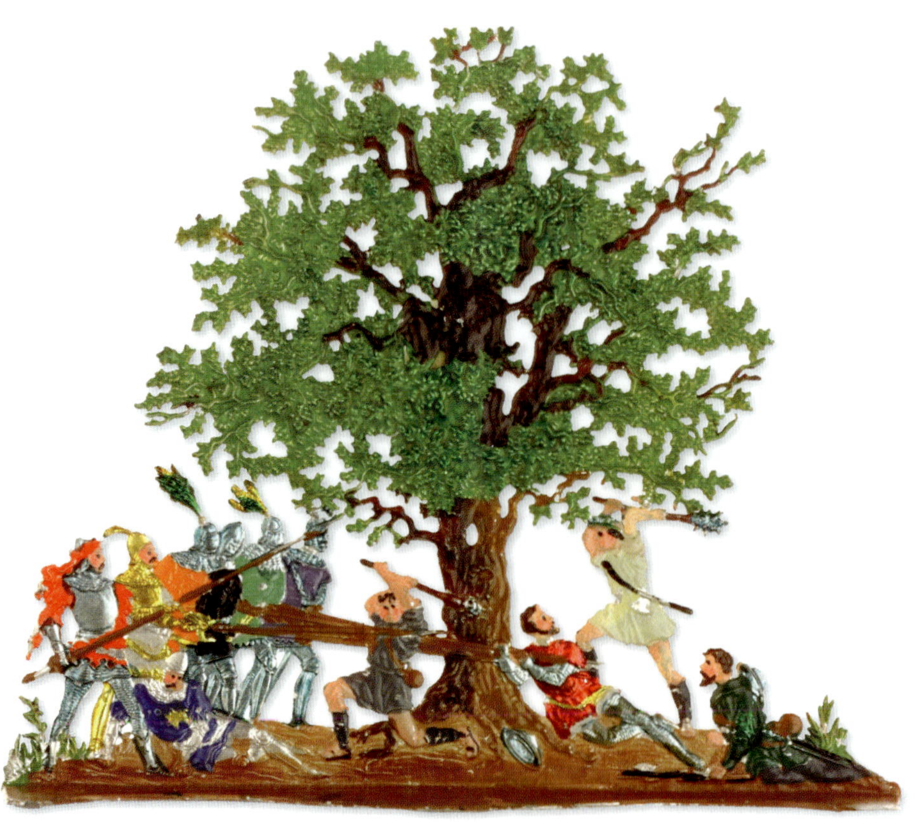

Diese Gruppe stellt folgendes Ereignis in der Schlacht dar: Die Eidgenossen konnten mit ihren kurzen Waffen den dichten Speerhag der österreichischen Ritter nicht durchbrechen und hatten schon große Verluste. Da opferte sich ein Unterwaldner, Arnold Winkelried, indem er einen Arm voll Speere zusammenraffte und sie in sich bohrend zu Boden drückte. Durch diese kleine Bresche drangen die Eidgenossen in die dichten Reihen der österreichischen Ritter ein. Da sich diese in ihren schweren Rüstungen nicht bewegen konnten, wurden die meisten von ihnen erschlagen.

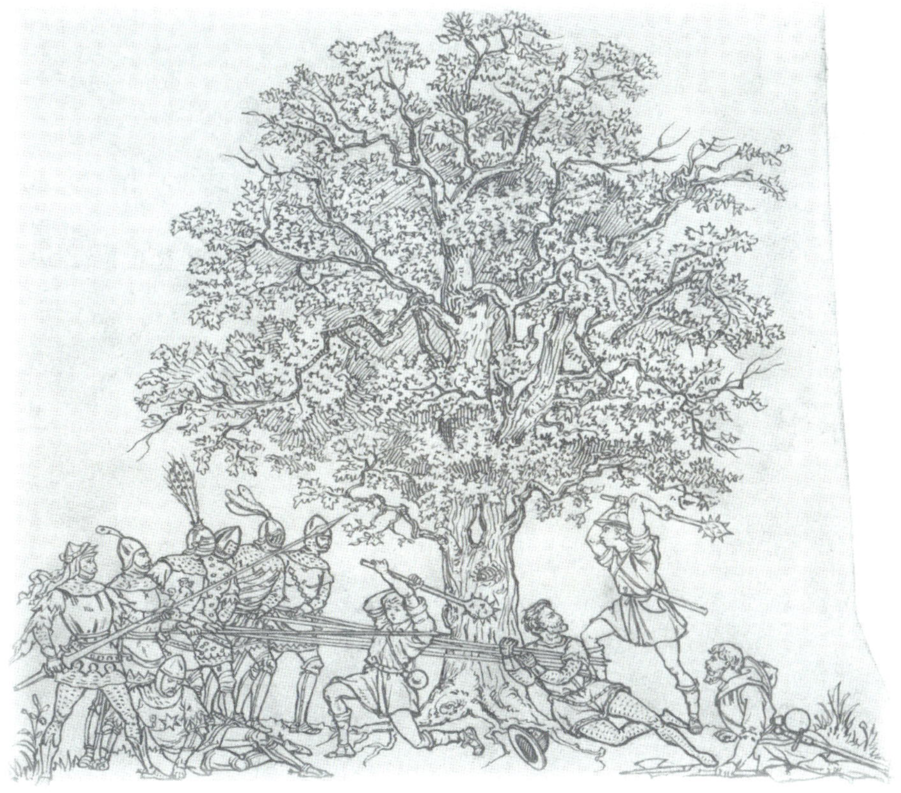

Gravurzeichnung

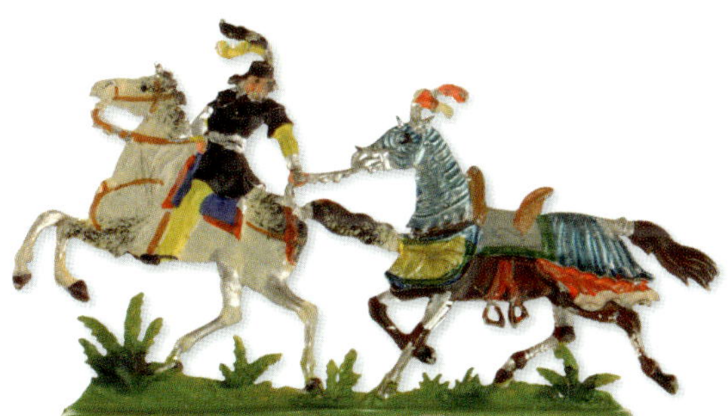

Fliehender Pferdehalter

Als die Knappen im Hintergrund sahen, wie ihre Herren von den Eidgenossen erschlagen wurden, flohen sie mit deren Pferden davon.

Schlacht bei St.Jakob an der Birs 1444

(*, gr. 1895/96)

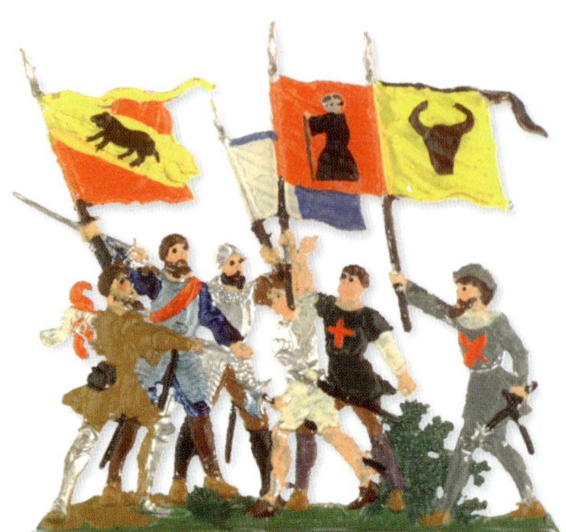

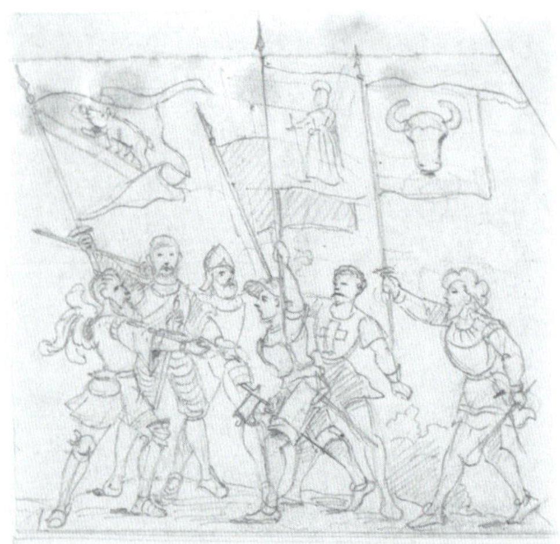

Gravurzeichnung

Diese Gruppe stellt folgendes Ereignis vor der Schlacht dar: Als die Besatzung von Basel sah, mit welch riesiger Übermacht die Armagnaken von Frankreich her heranrückten, sandten sie einen Boten aus der Stadt Basel zu den Eidgenossen, um diese aufzuhalten und zur Rückkehr zu bewegen. Aber die Eidgenossen glaubten dem Boten nicht und töteten ihn als vermeintlichen Verräter. Außerhalb von Basel bei St.Jakob am Flüsschen Birs prallten dann die beiden Heere aufeinander.

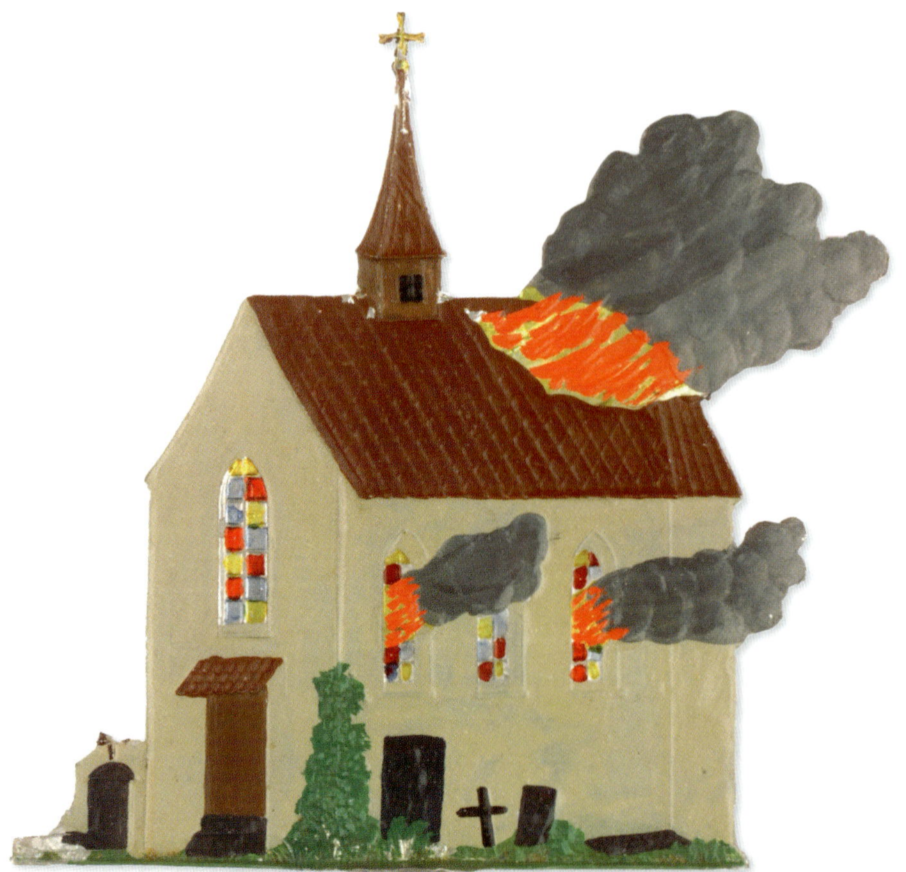

Die brennende Kirche von St.Jakob (sie ist heute noch erhalten).

Schlacht bei St.Jakob an der Birs 1444

(*, gr. 1895/96)

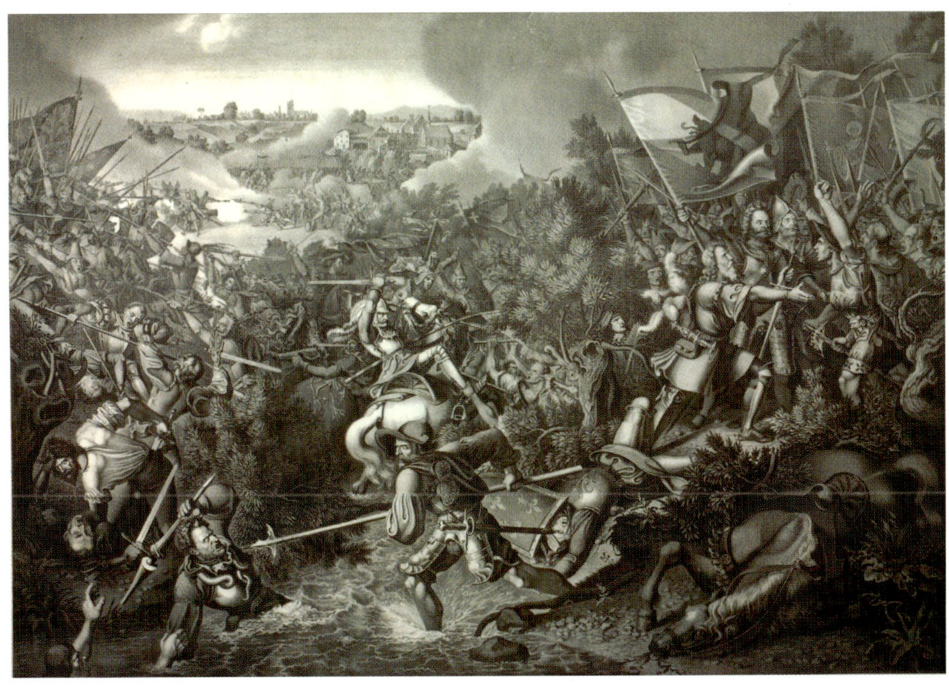

Als Vorlage für die Gravurzeichnungen diente diese Lithographie
des Basler Künstlers Hieronymus Hess um 1844

Die unten abgebildeten Gruppen sind alle auf dieser Lithographie ersichtlich und wurden 1895 graviert.
Originalbemalung

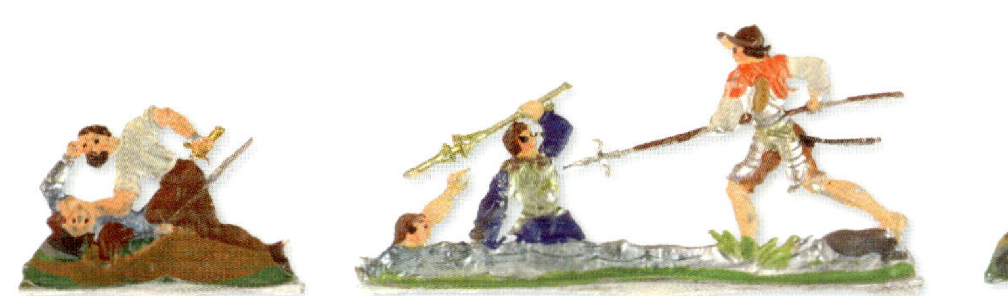

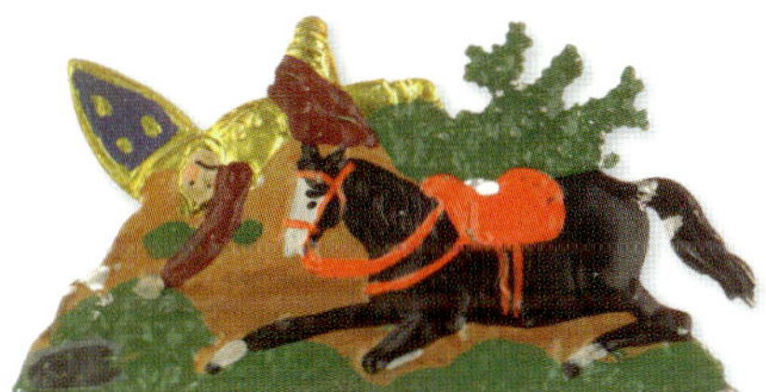

Verschiedene Szenen aus den erbitterten Kämpfen beim kleinen Fluss Birs

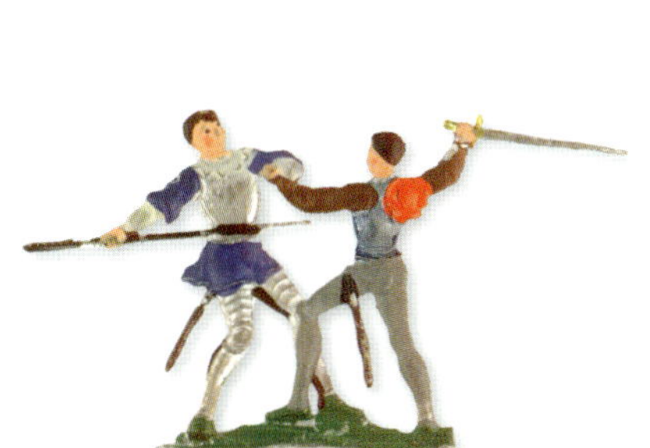

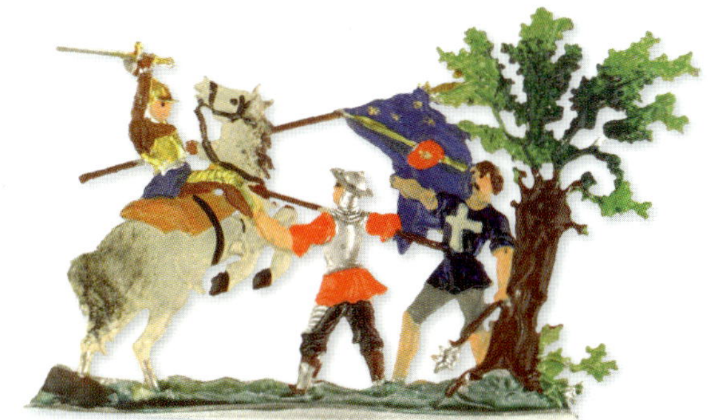

Schlacht bei St.Jakob an der Birs 1444

(*, gr. 1896)

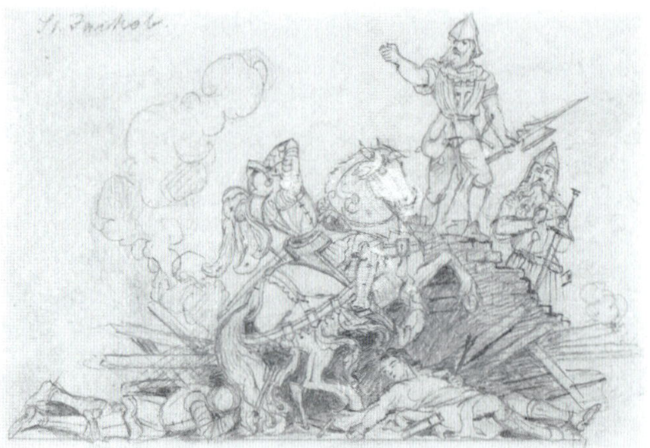

Gravurzeichnung

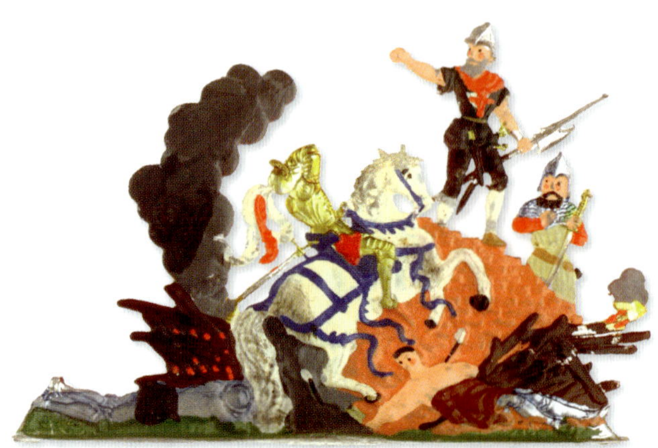

Diese Gruppe hält folgende Schlachtenszene fest:
Bei der zerstörten Friedhofmauer von St.Jakob erschien ein österreichischer Ritter, Burkhart Münch von Landskron, als Unterhändler und forderte die Eidgenossen zur Übergabe auf, dabei verhöhnte er sie mit den Worten: ich seh‘ in einen Garten voll roter Rosen. Da erhob sich ein schwer verwundeter Eidgenosse, Arnold Schick von Uri, und schleuderte dem Ritter einen großen Stein ins Gesicht mit den Worten: da friss eine von diesen Rosen. Mit zerschmettertem Gesicht sank der Ritter vom Pferd.

Zug der Zürcher nach Murten 1476

(*, gr. 1893)

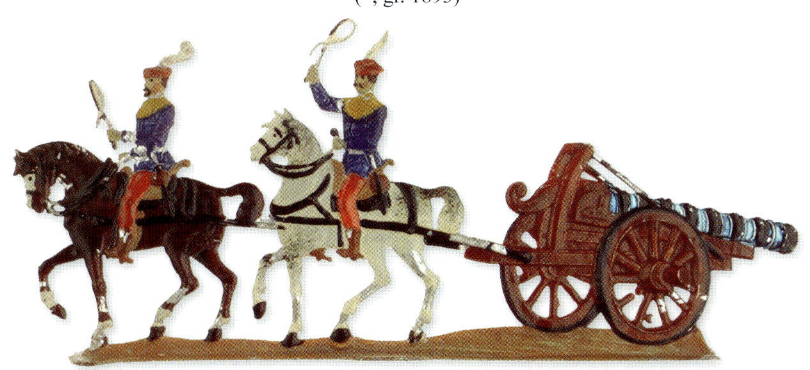

(als Vorlage diente das im Mai 1876 gedruckte
Leporello-Album zur 400-Jahr-Feier in Zürich von Karl Jauslin)

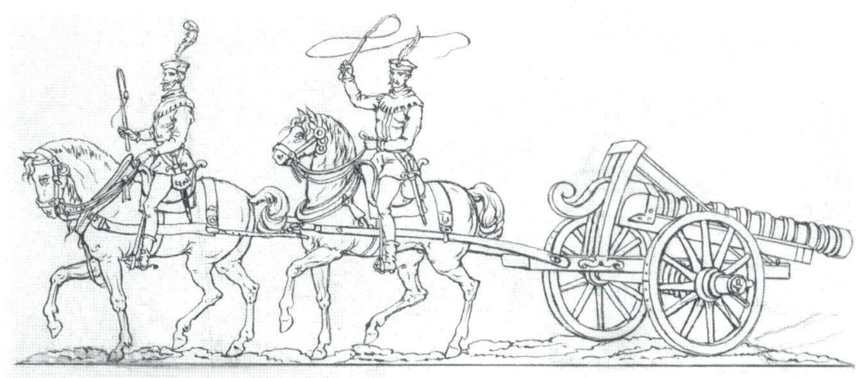

Gravurzeichnung

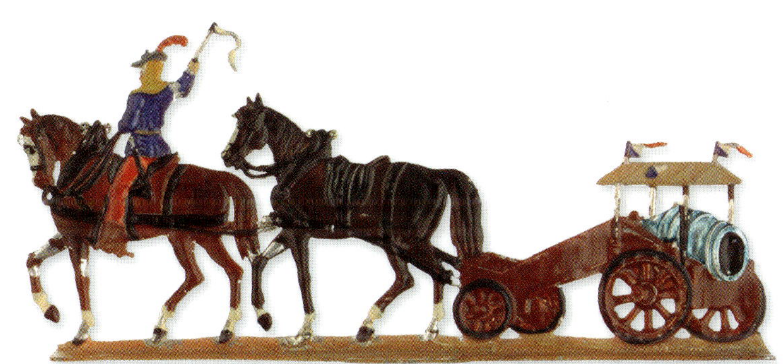

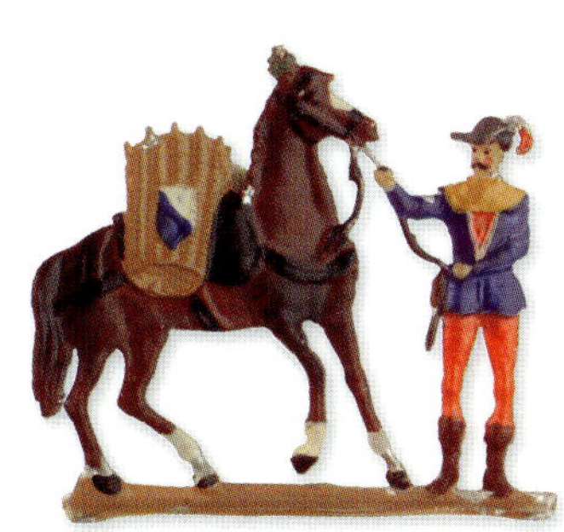

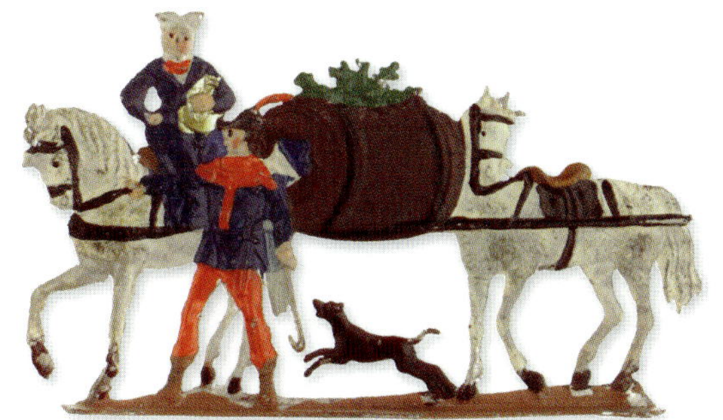

Schlacht bei Murten 1476

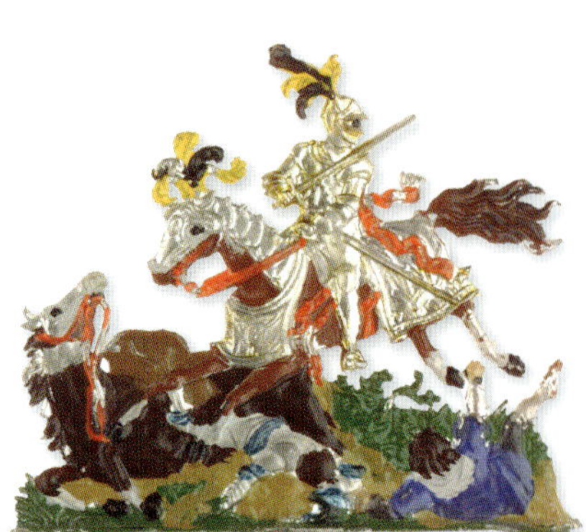

Karl der Kühne auf der Flucht
(*, gr. 1893)

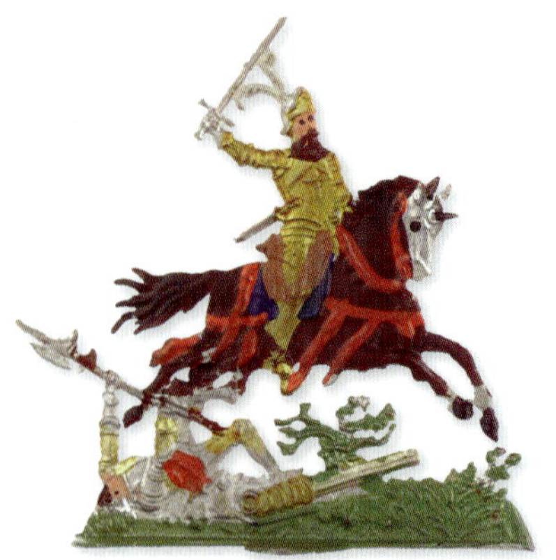

Hans Waldmann
Anführer der Eidgenossen
(*, gr. 1893)

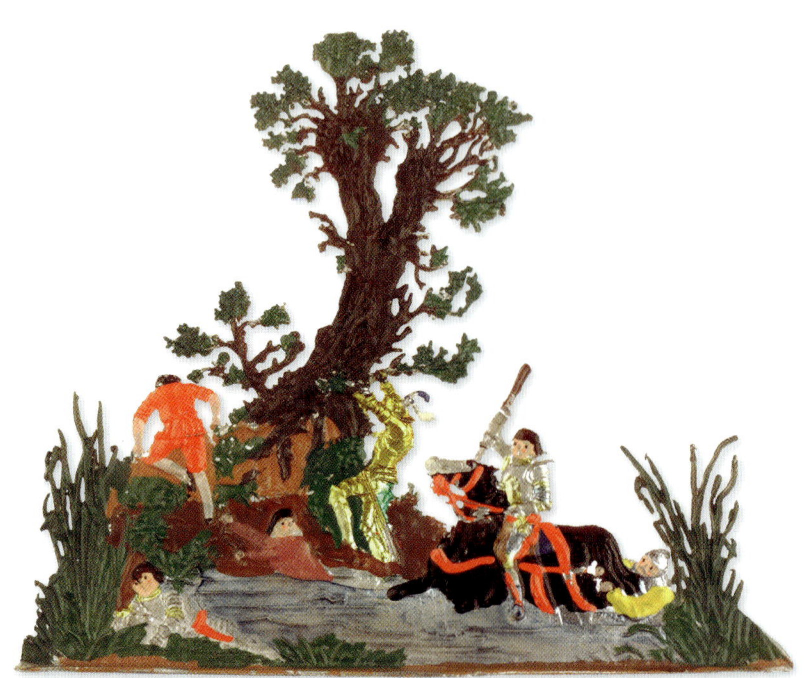

Flucht der Burgunder in den Murtensee
(*, gr. 1895)

3. Kapitel

Der 30-jährige Krieg 1618-1648

Epoche 1650 bis 1750:

- Türkenkriege
- Schlacht von Poltawa
- Schlacht von Höchstädt
- Schlacht von Fontenoy
- Schlacht von Plassey

Der 7-jährige Krieg 1756-1763

Ziviles aus dieser Epoche:

- Venetianer Hafenvolk
- Niederländische Bauernkirmes
- Rokoko Gartenfest

Im Jahr 1885 zeichnete und gravierte Wilhelm Heinrichsen zwei Gruppen zur Schlacht bei Lützen, den fallenden Gustav Adolf und eine große Kartaune. Erst im Jahr 1903 folgte Wallensteins Lager und 1909 kaiserliche Arkebusiere für die Schlacht bei Breitenfeld. Die übrigen Schlachtengruppen, der kaiserliche Tross und die plündernden Marodeure kamen 1926/27 heraus, die niederländische Bauernkirmes erst im Jahr 1932.

Die historisch wichtige Epoche des 30-jährigen Krieges ist nicht besonders reich mit Gruppen ausgestattet, wohingegen die Zeit von 1650 bis 1750 mit einer Vielzahl von gut gelungenen Gruppen versehen wurde. An erster Stelle sei hier die Packung zu „1683", der Belagerung von Wien durch die Türken, genannt, bei der Wilhelm Heinrichsen seiner schöpferischen Fantasie freien Lauf ließ. Außer diesen Belagerungsgruppen erschienen 1896 zwei Kampfgruppen zur Türkenschlacht bei Belgrad. Im Jahr 1899 folgten drei Stücke für die Schlacht bei Poltawa und 1905 die Gruppen für die Schlachten von Höchstädt und Fontenoy.

Für die Epoche des 7-jährigen Krieges gab es zunächst nur Gruppen zu den Packungen Schlacht von Rossbach und Schlacht bei Freiberg, welche 1885 von Wilhelm Heinrichsen nach Vorlagen von Adolph von Menzel gezeichnet und graviert wurden. Erst im Jahr 1925 entstanden dann unter Ernst Wilhelm Heinrichsen die zahlreichen Gruppen für die Schlachten von Leuthen, Zorndorf, Kolin etc. im neuzeitlichen, „kulturhistorischen" Stil, während die Gruppen zum preußischen Lager noch aus der Zeit stammen, in der Ludwig Frank bei Heinrichsen arbeitete (1910).

Schlacht bei Lützen 1632

(gezeichnet und graviert von Wilhelm Heinrichsen 1885, *)

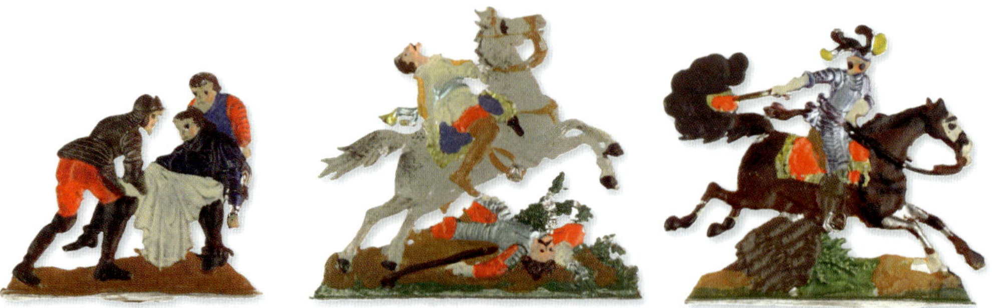

König Gustav Adolf von Schweden fällt bei Lützen

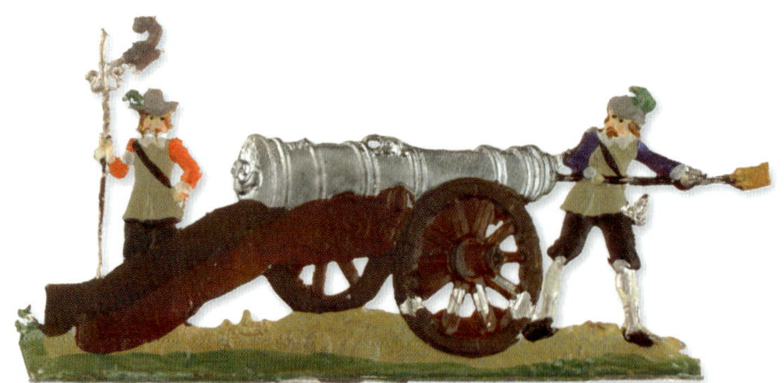

Großes Geschütz für die Schlacht von Lützen

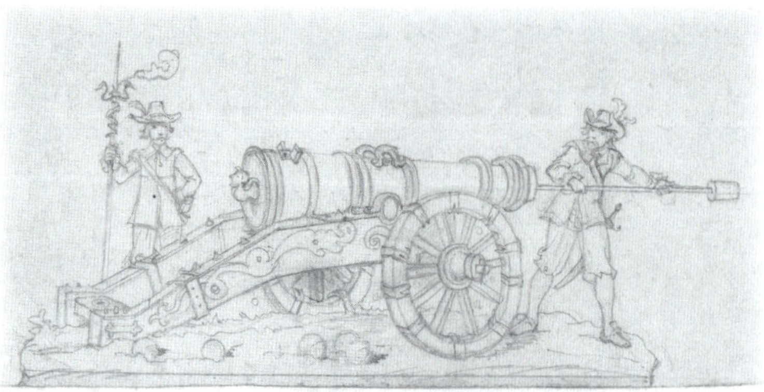

Gravurzeichnung

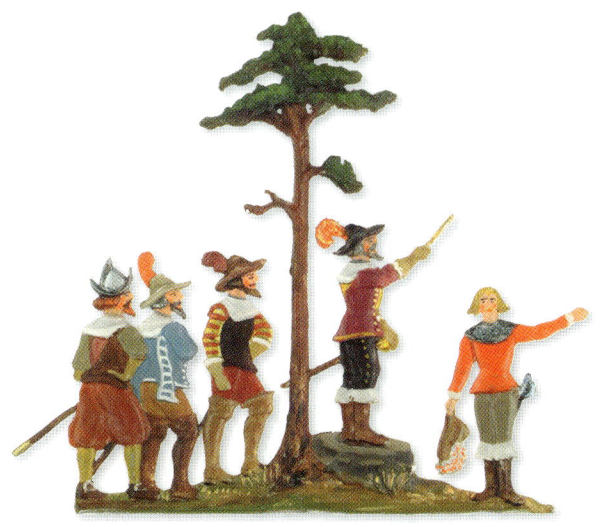

Wallenstein mit seinen Generälen
vor Nürnberg (gr. 1926)

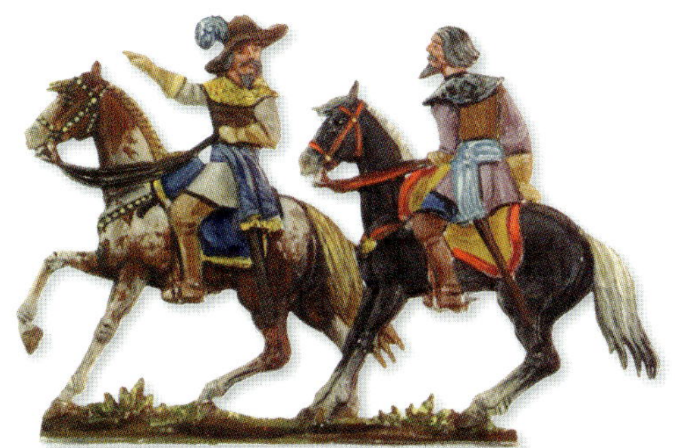

König Gustav Adolf von Schweden
und ein General bei Nürnberg (gr. 1926)

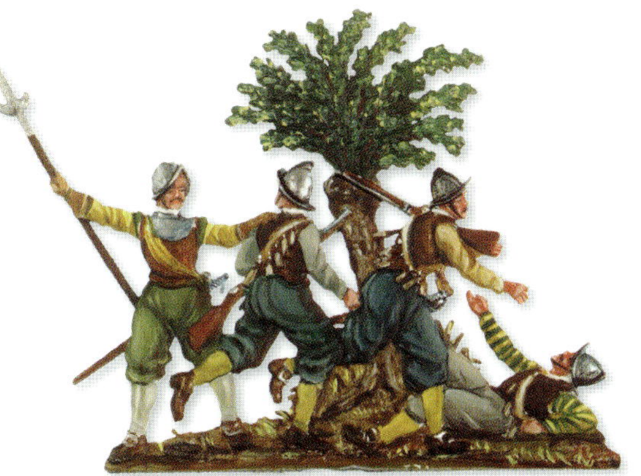

Kaiserliche Arkebusiere bei Breitenfeld
(gr. 1909)

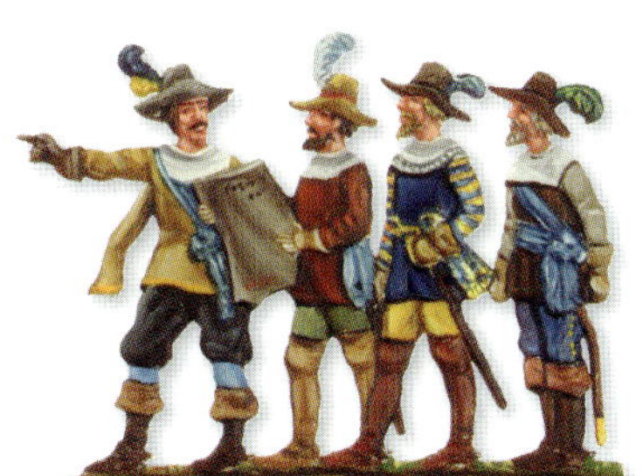

Lagebesprechung (gr. 1927)

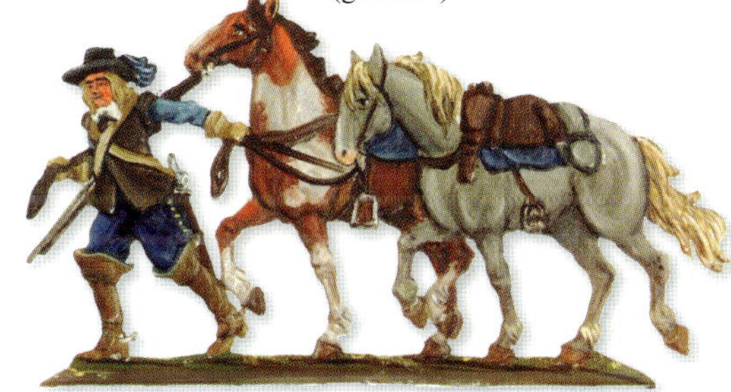

Spanische Pikeniere bei Rocroy
(gr. 1906)

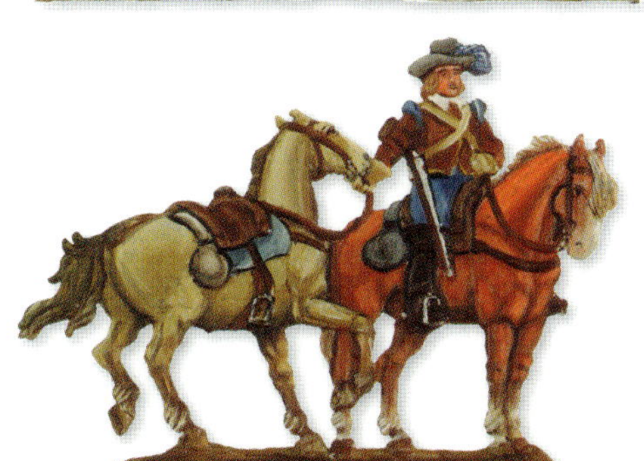

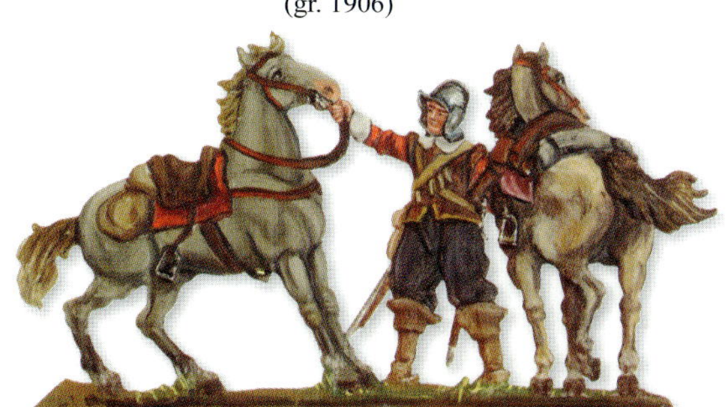

Pferdehalter bei Breitenfeld (gr. 1923)

(Alle Gruppen auf dieser Seite sind von H.D. Weiland bemalt)

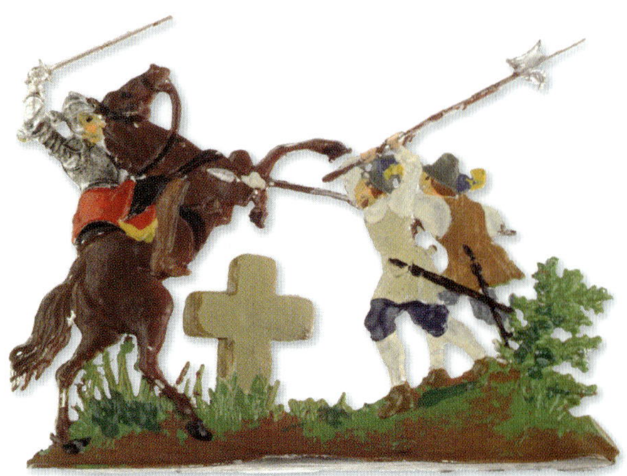

Kaiserlicher Kürassier im Kampf mit schwedischen Pikenieren bei Nördlingen
(*, gr. 1902)

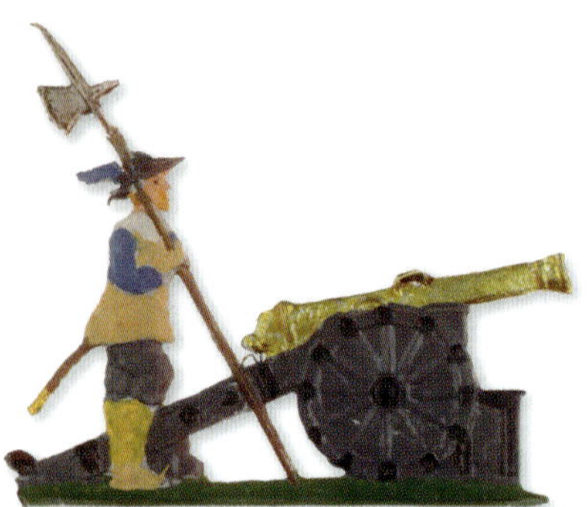

Schwedischer Wachposten
(***, gr. 1927)

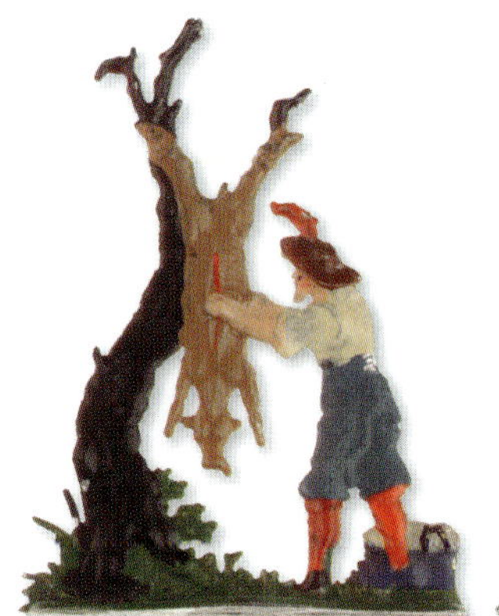

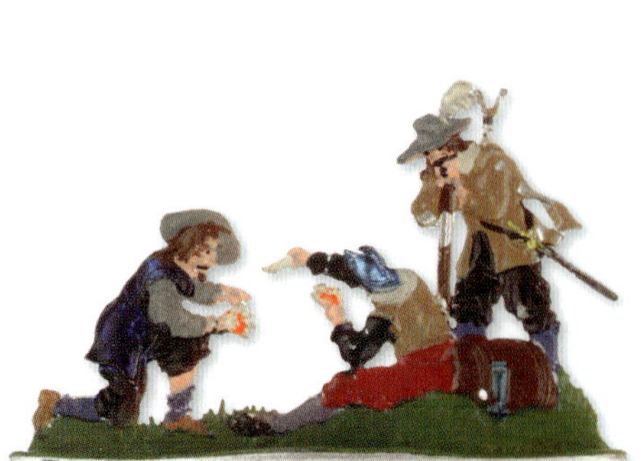

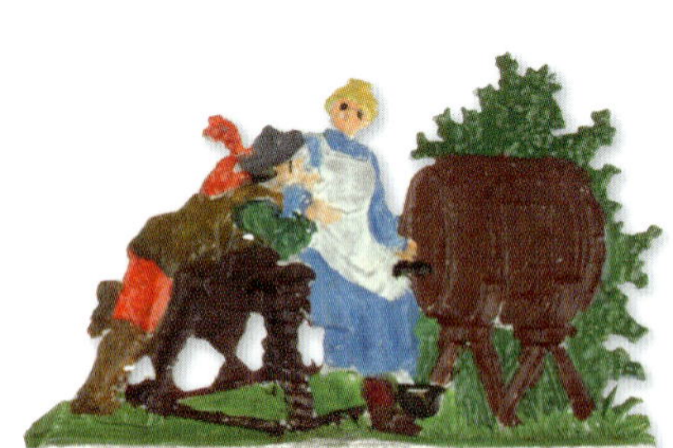

Wallensteins Lager
(*, gr. 1903)

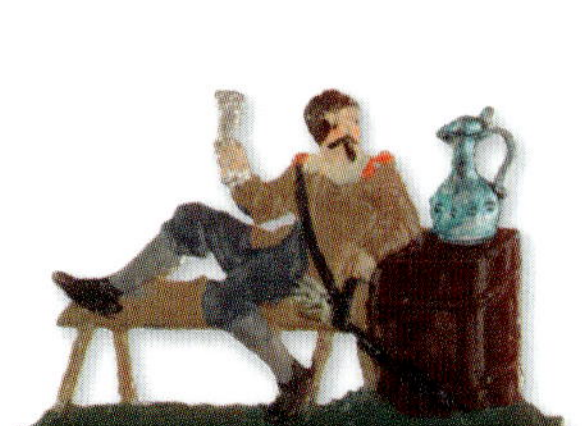

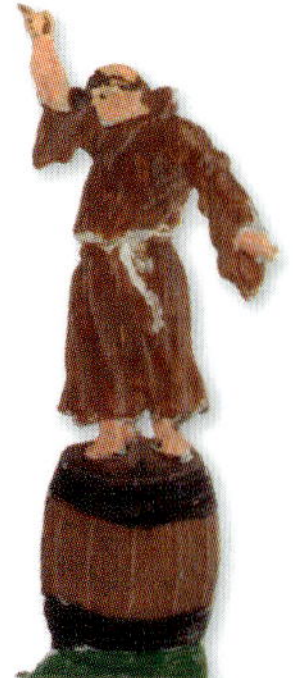

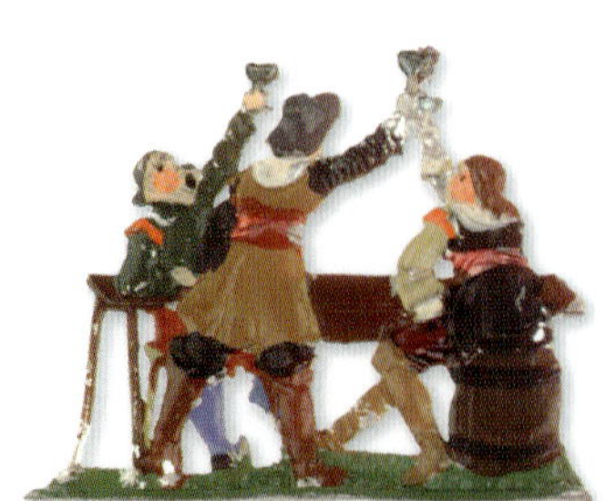

Kaiserlicher Tross

(***, gr. 1938)

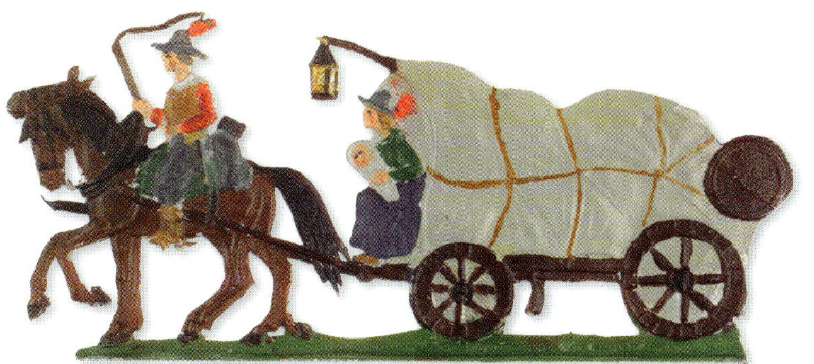

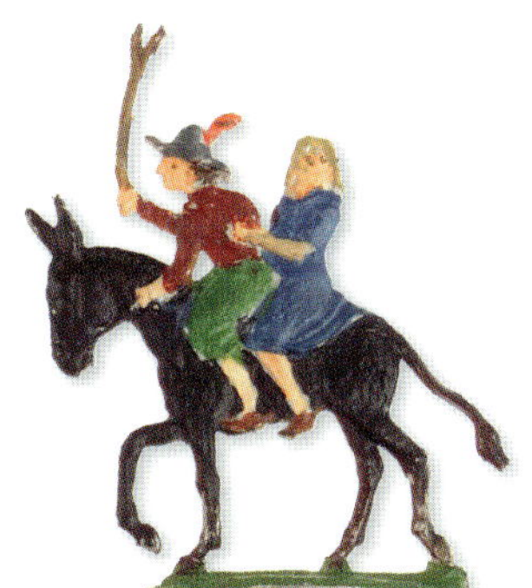

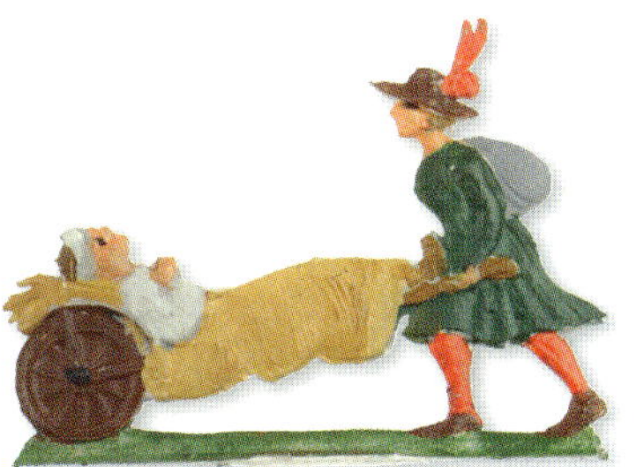

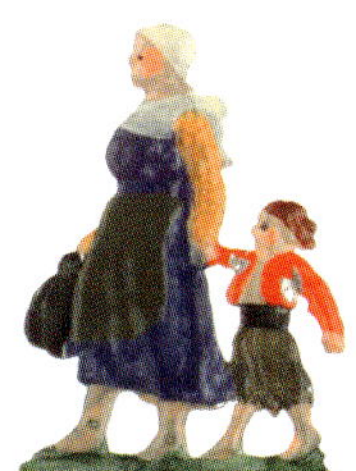

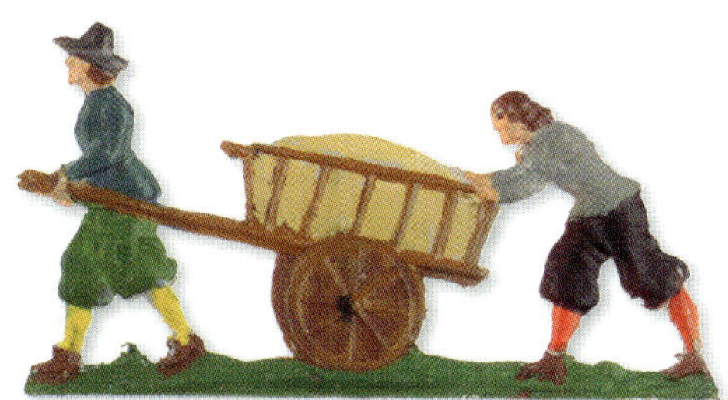

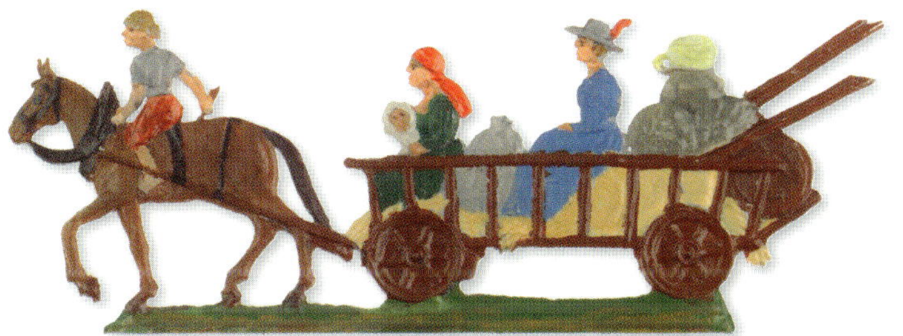

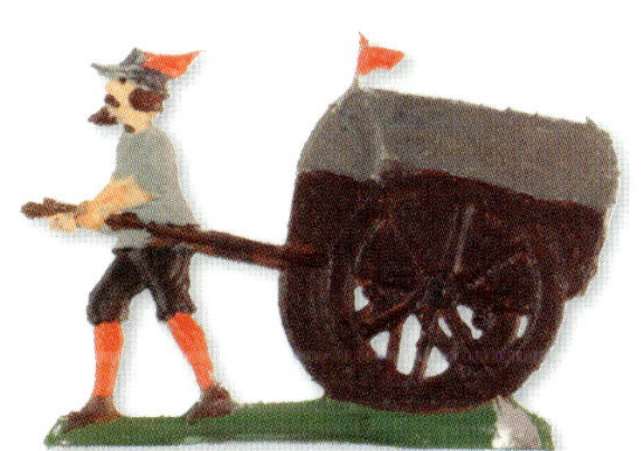

Kaiserliche Plünderer

(***, gr. 1927)

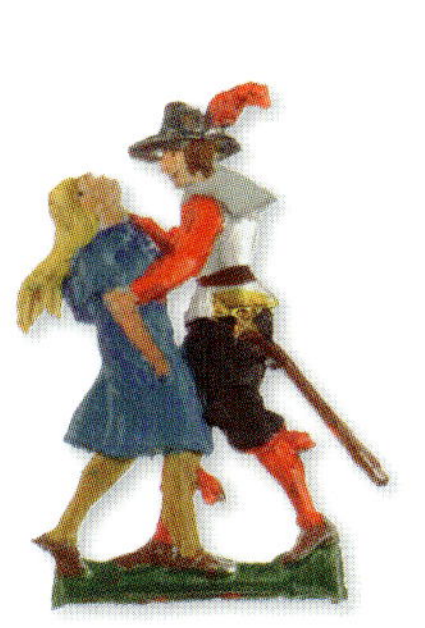

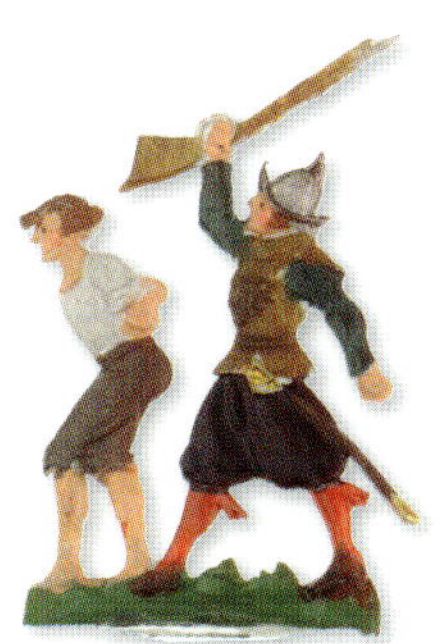

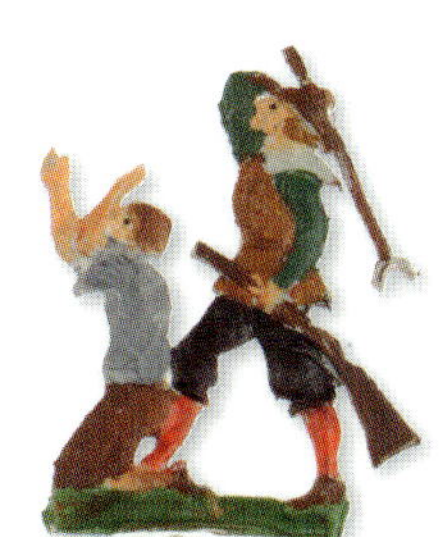

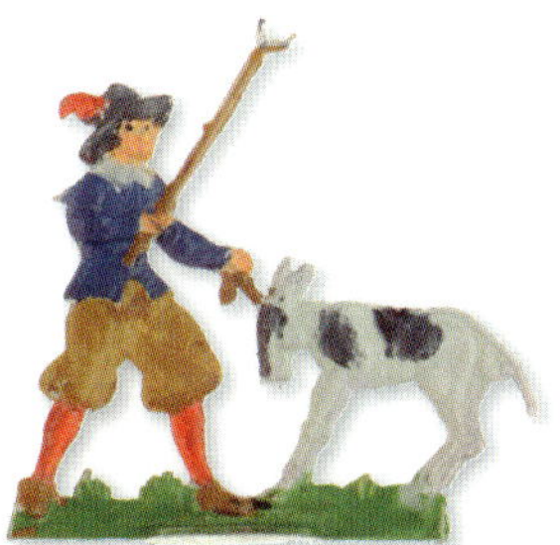

Venetianer Hafenvolk um 1600

(**, gr. 1929)

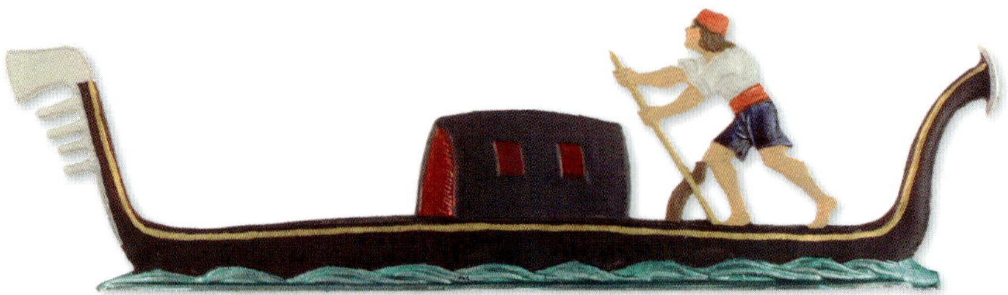

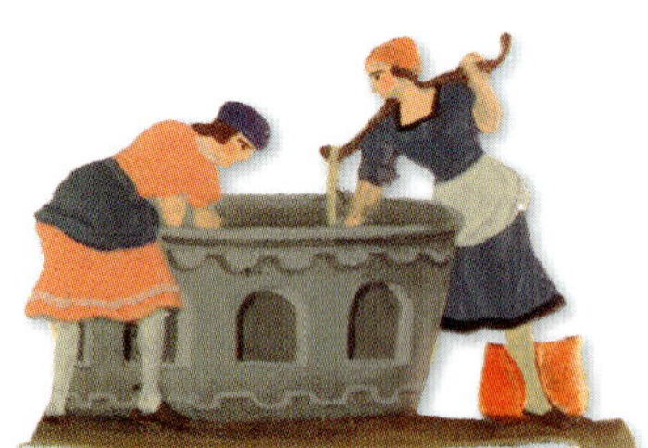

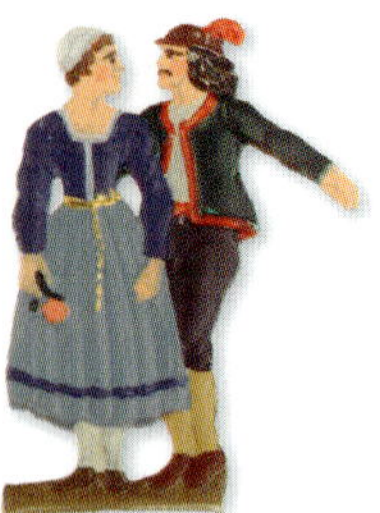

Stadtvolk um 1650

(***, gr. 1927)

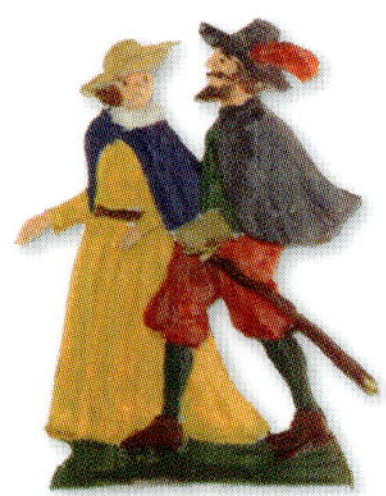

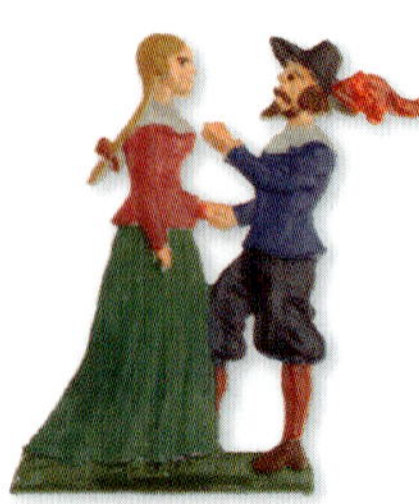

Niederländische Bauernkirmes um 1650

(*, gr. 1932)

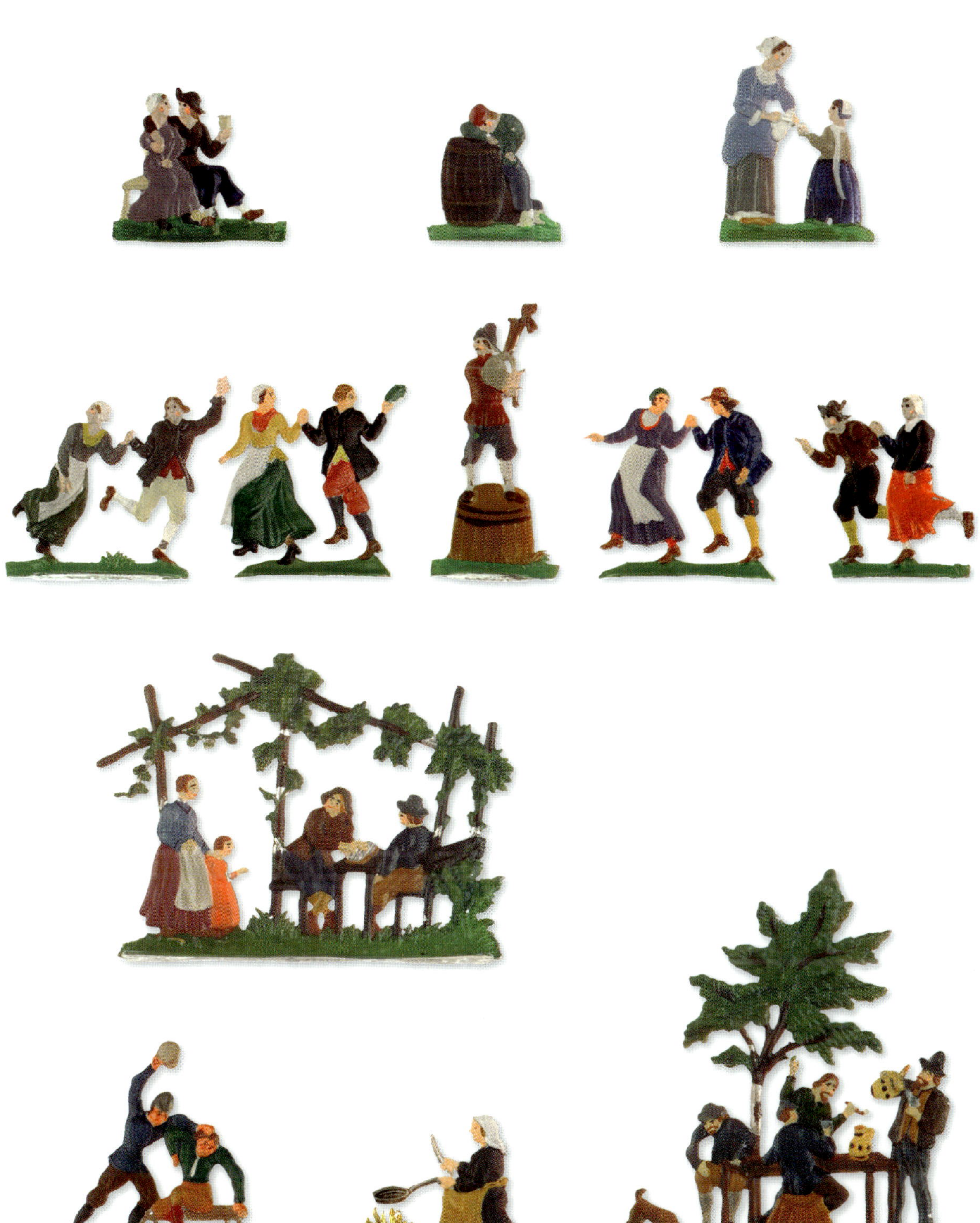

Belagerung von Wien durch die Türken 1683

(*, gr. 1896)

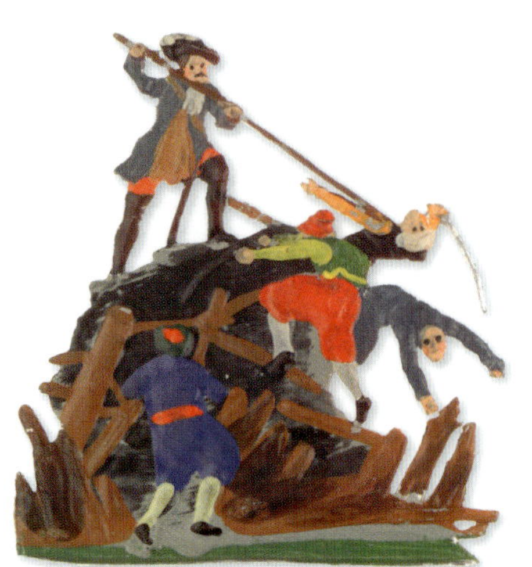

Österreichischer Pikenier verteidigt den Wall gegen die anstürmenden Türken

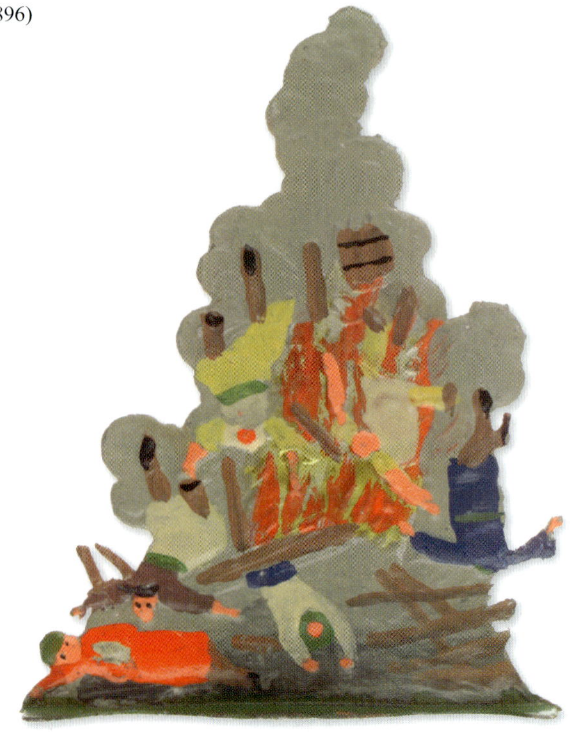

Explodierende Mine mit Türken

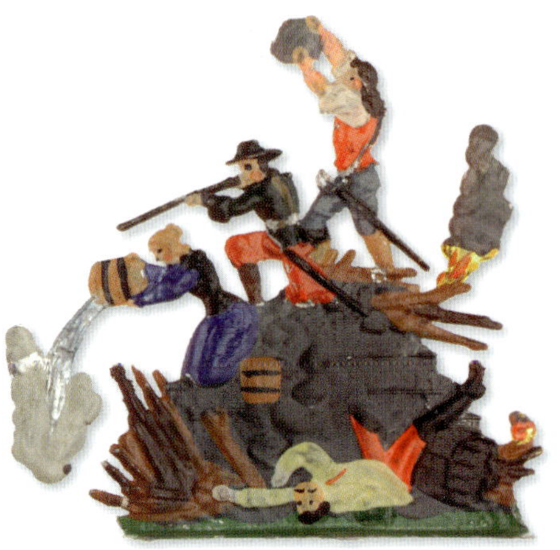

Verteidigung des Wiener Walls gegen die Türken

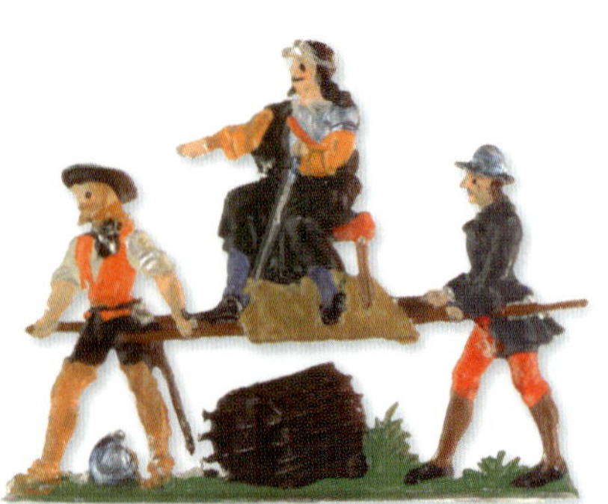

Der verwundete Graf von Starhemberg bei der Belagerung von Wien

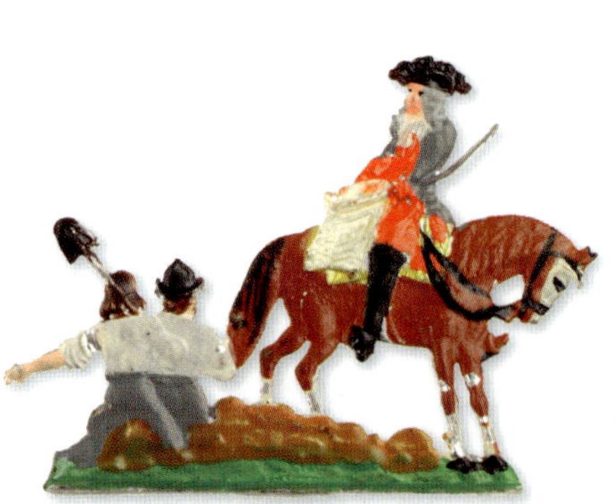

Österreichischer General mit Plan gibt Schanzarbeitern Anweisungen

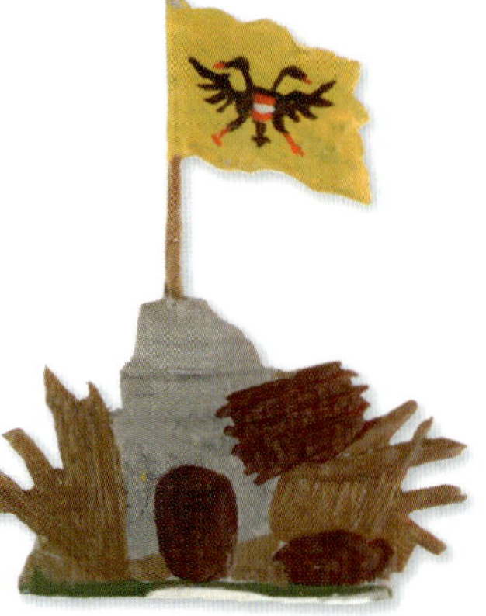

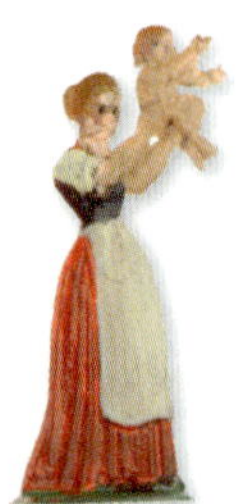

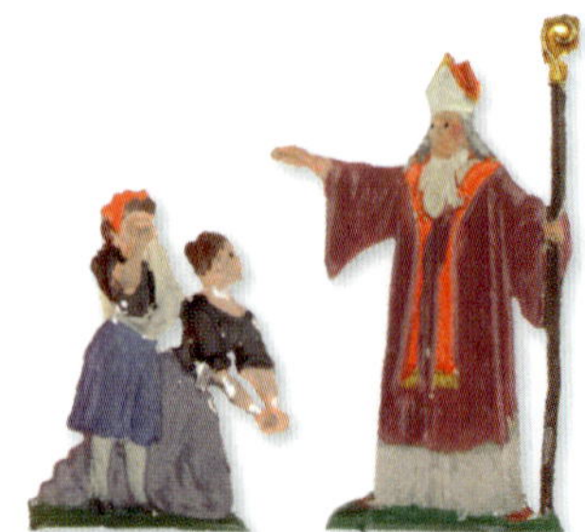

Kolonitz, der Bischof von Wien tröstet die verzweifelte Bevölkerung

Gravurzeichnungen zur Belagerung von Wien

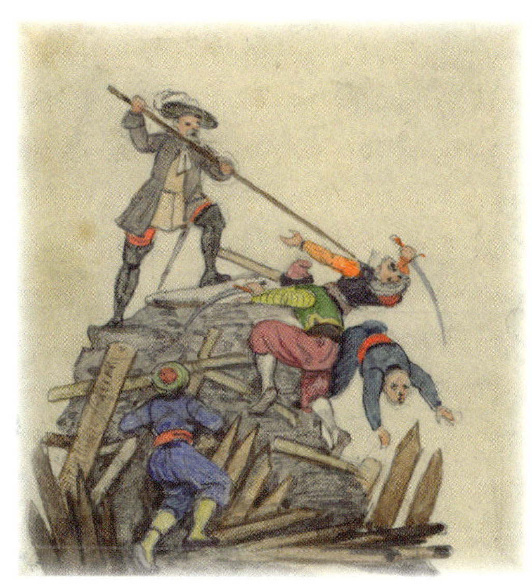

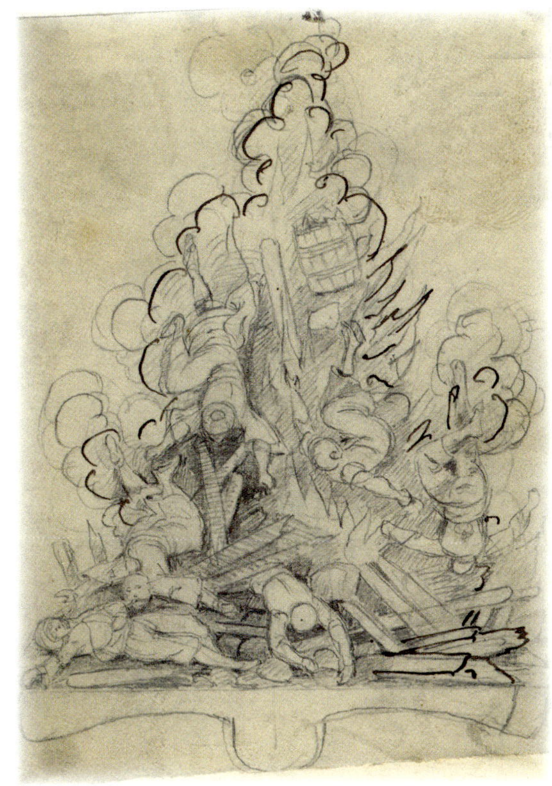

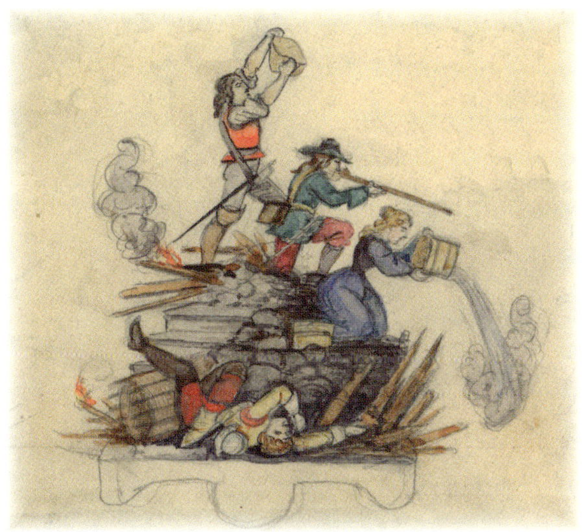

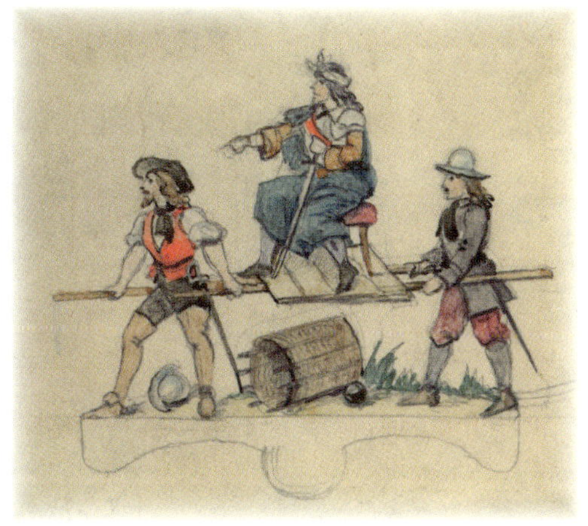

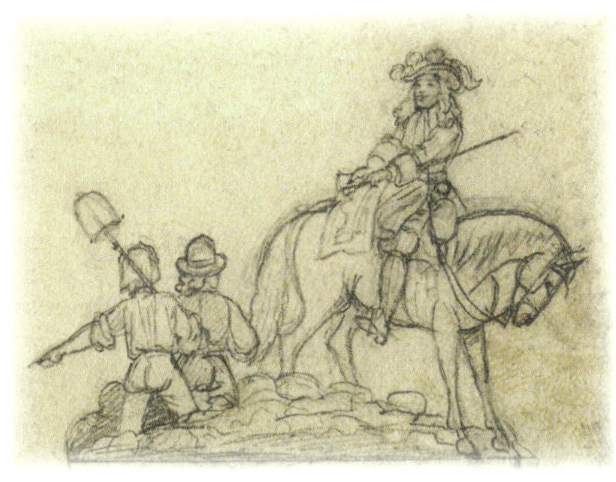

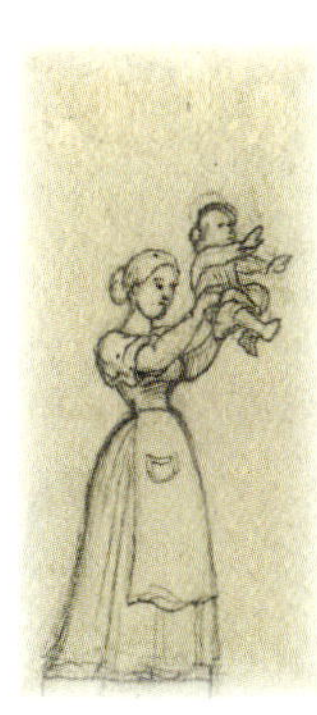

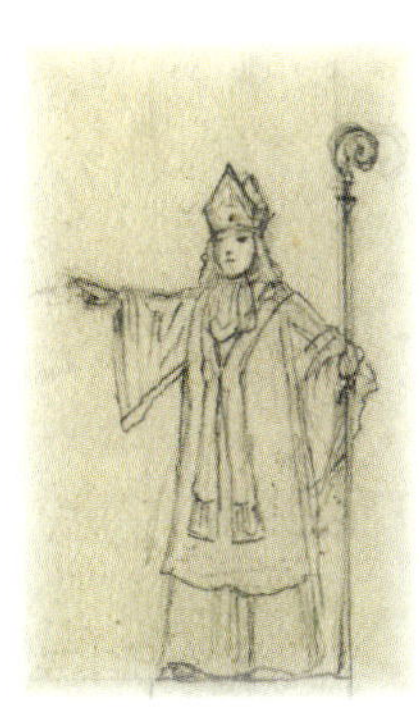

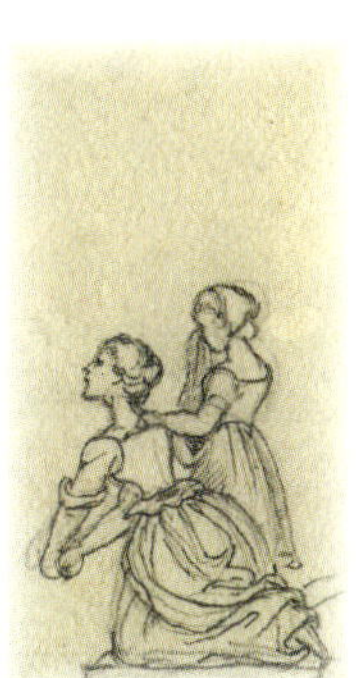

Schlacht bei Poltawa 1709

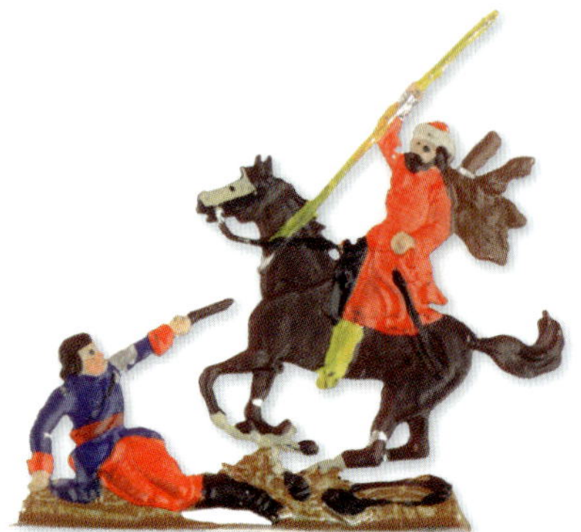

Schwedischer Kavallerist im Kampf mit Kosaken bei Poltawa (*, gr. 1900)

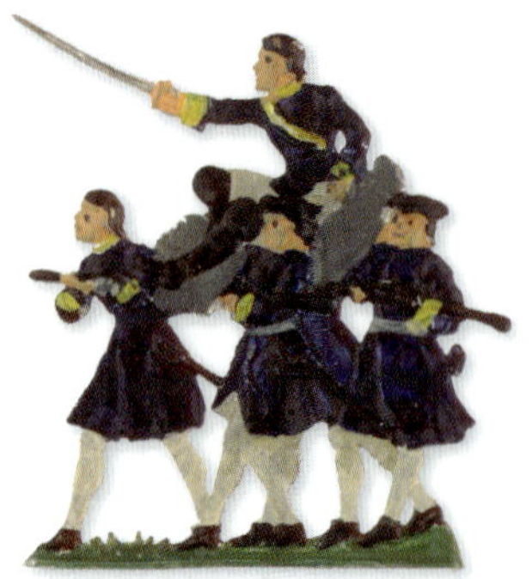

König Karl XII von Schweden bei Poltawa (*, gr. 1899)

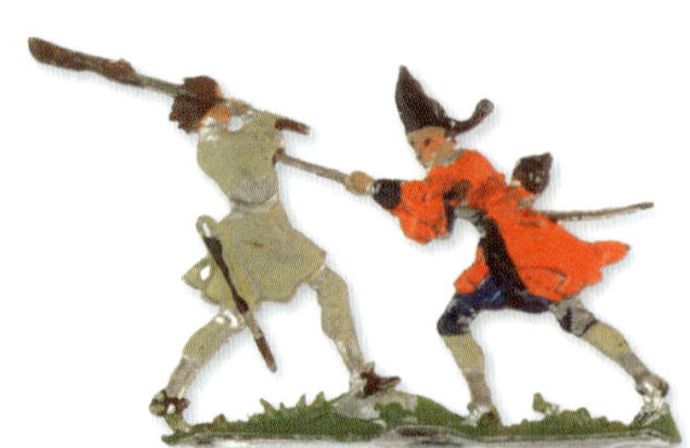

Schwedischer Grenadier ersticht russischen Infanteristen bei Poltawa (*, gr. 1899)

Schlacht bei Belgrad 1717

(*, gr. 1895)

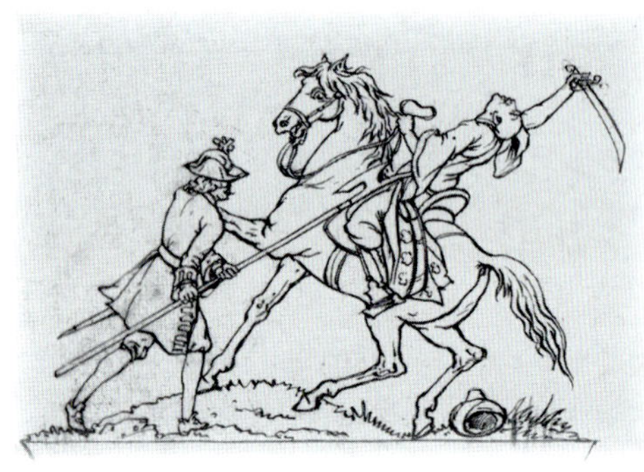

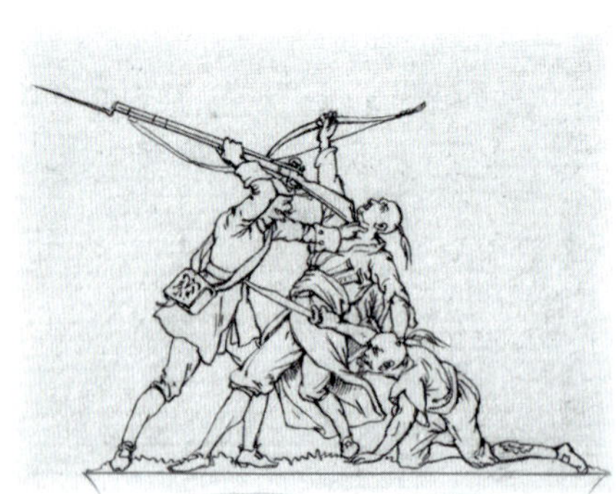

Tusche-Gravurzeichnungen

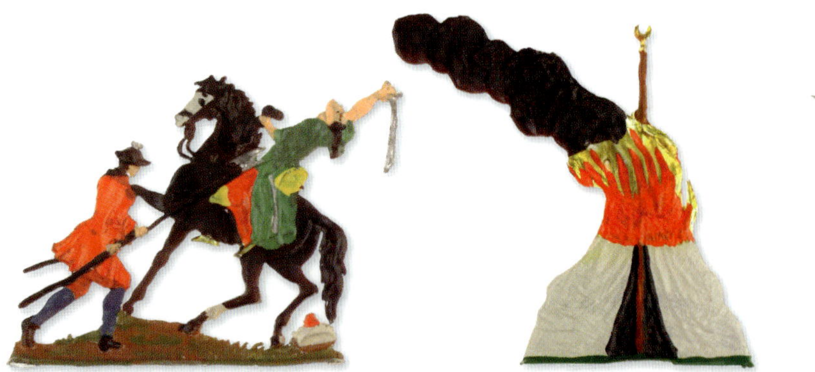

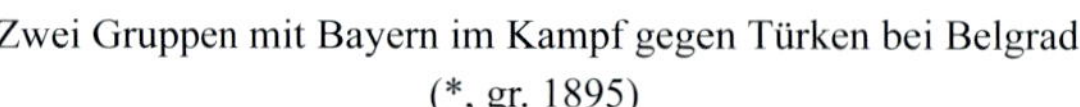

Zwei Gruppen mit Bayern im Kampf gegen Türken bei Belgrad (*, gr. 1895)

Spanischer Erbfolgekrieg 1701-13

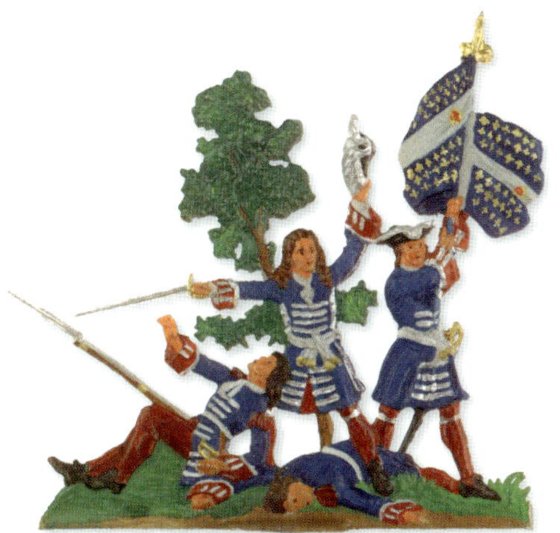

Französische Garde bei Höchstädt
(wurde auch für Fontenoy und Denain
verwendet, ***, gr. 1905)

Österreichischer Erbfolgekrieg 1740 - 48

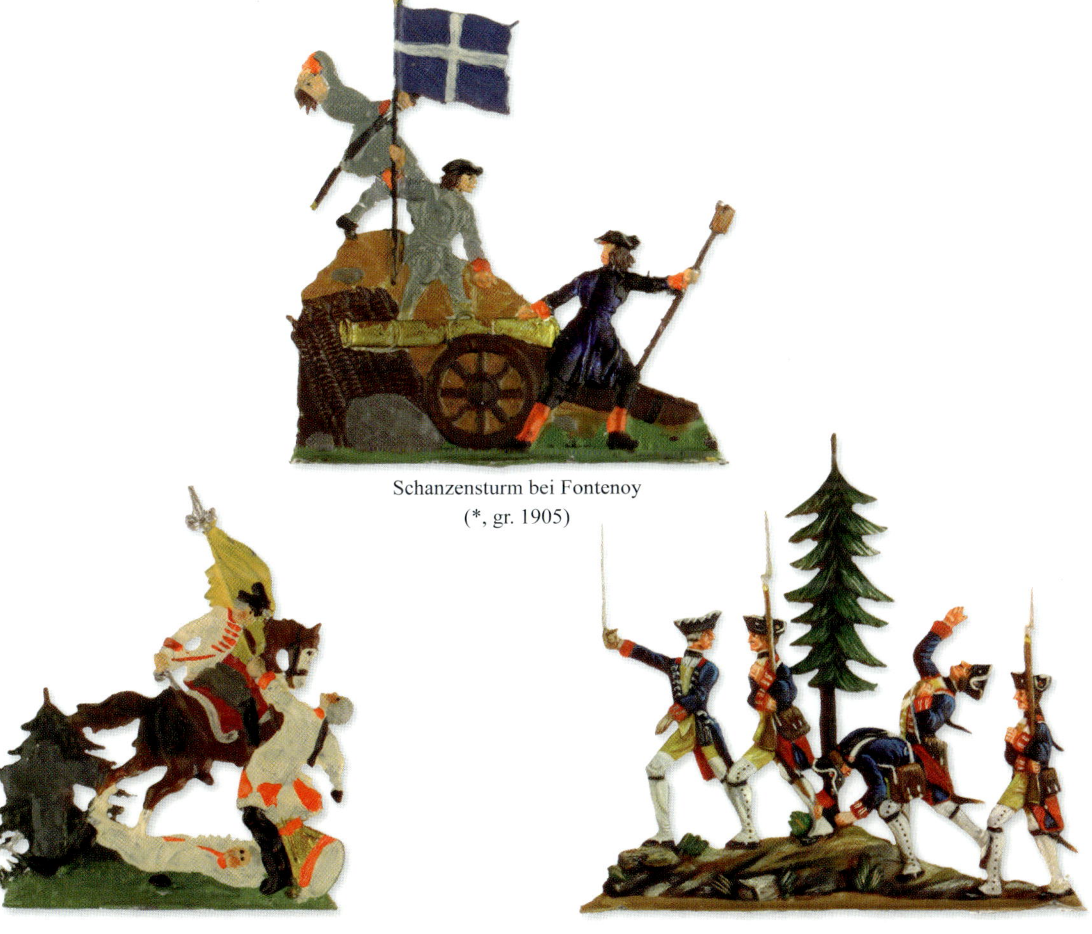

Schanzensturm bei Fontenoy
(*, gr. 1905)

Preußischer Bayreuth-Dragoner erobert
österreichische Fahne bei
Hohenfriedberg (*, gr. 1885)

Preußische Infanterie bei Soor
(Bemalung H. D. Weiland, gr. 1925)

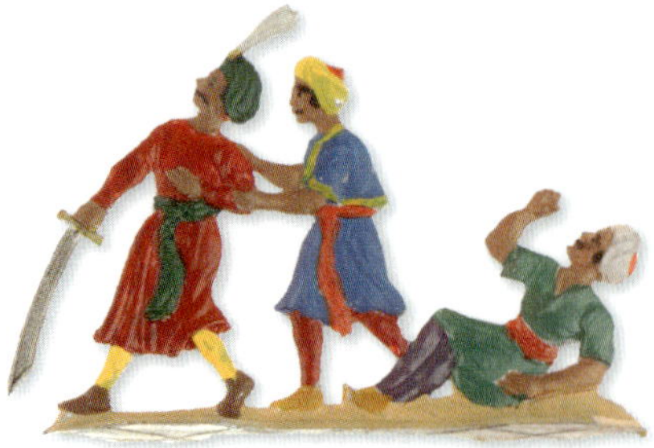

Nabob von Bengalen fällt
bei Plassey 1757
(***, gr. 1938)

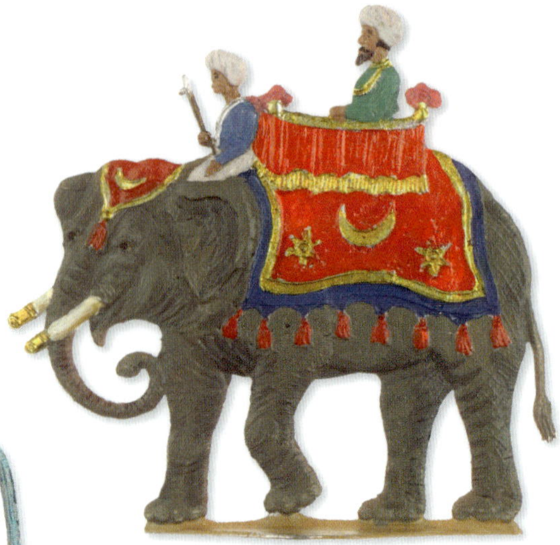

Indischer Fürst aus dem Festzug 1750
(***, gr. 1938)

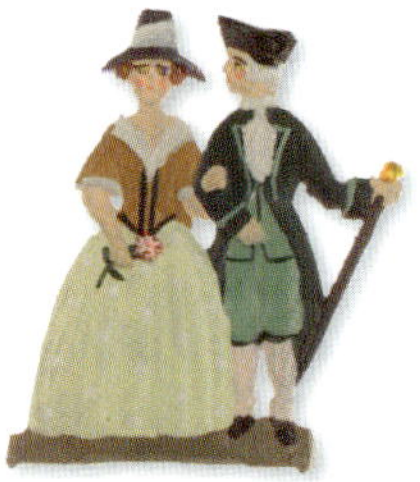

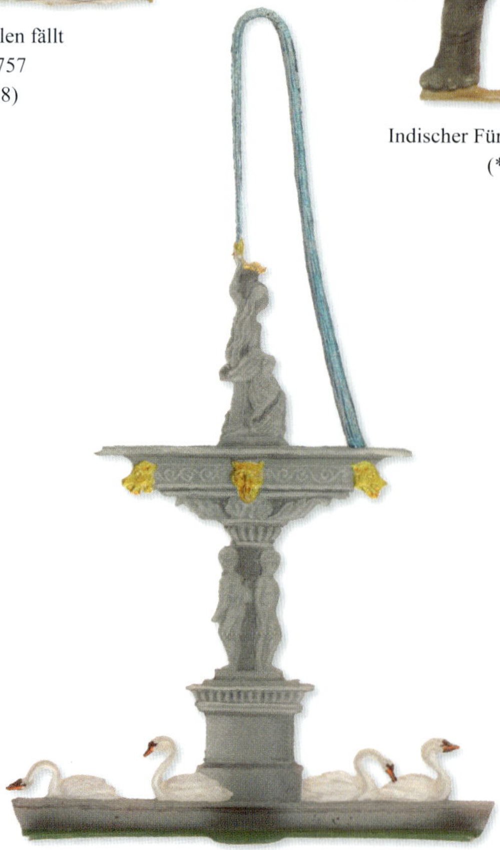

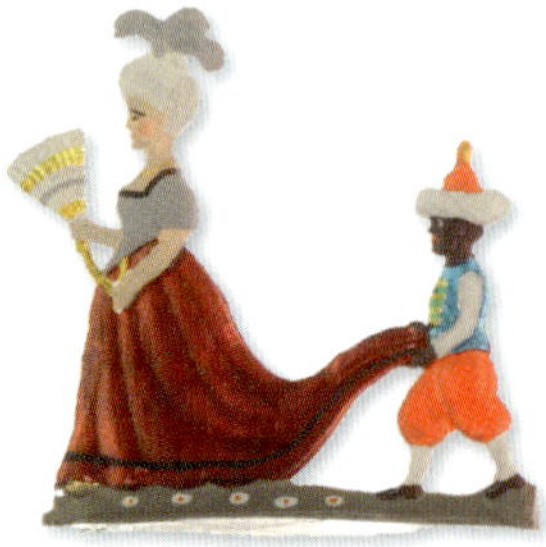

Rokoko - Gartenfest

(**, gr. 1927)

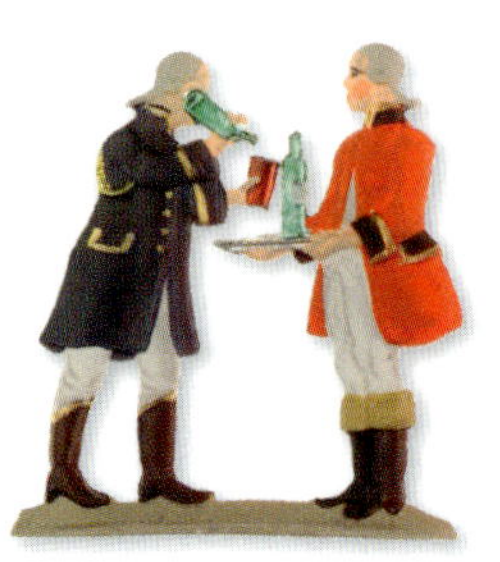

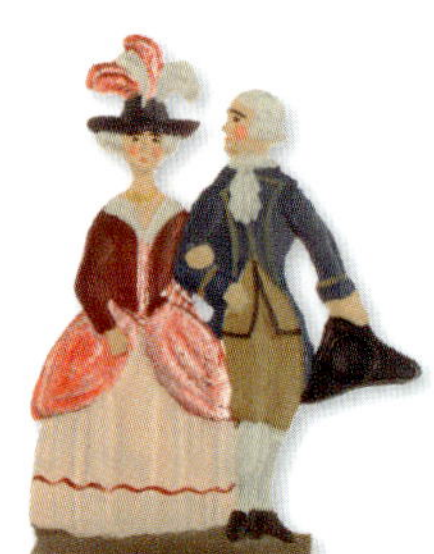

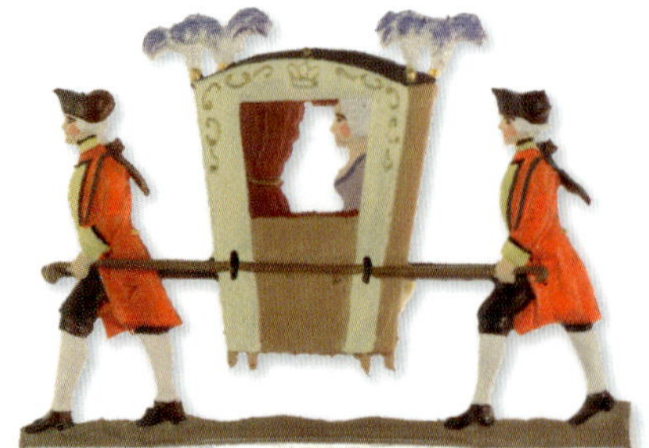

Kutschen und Fuhrwerke der Rokokozeit

(**, gr. 1927)

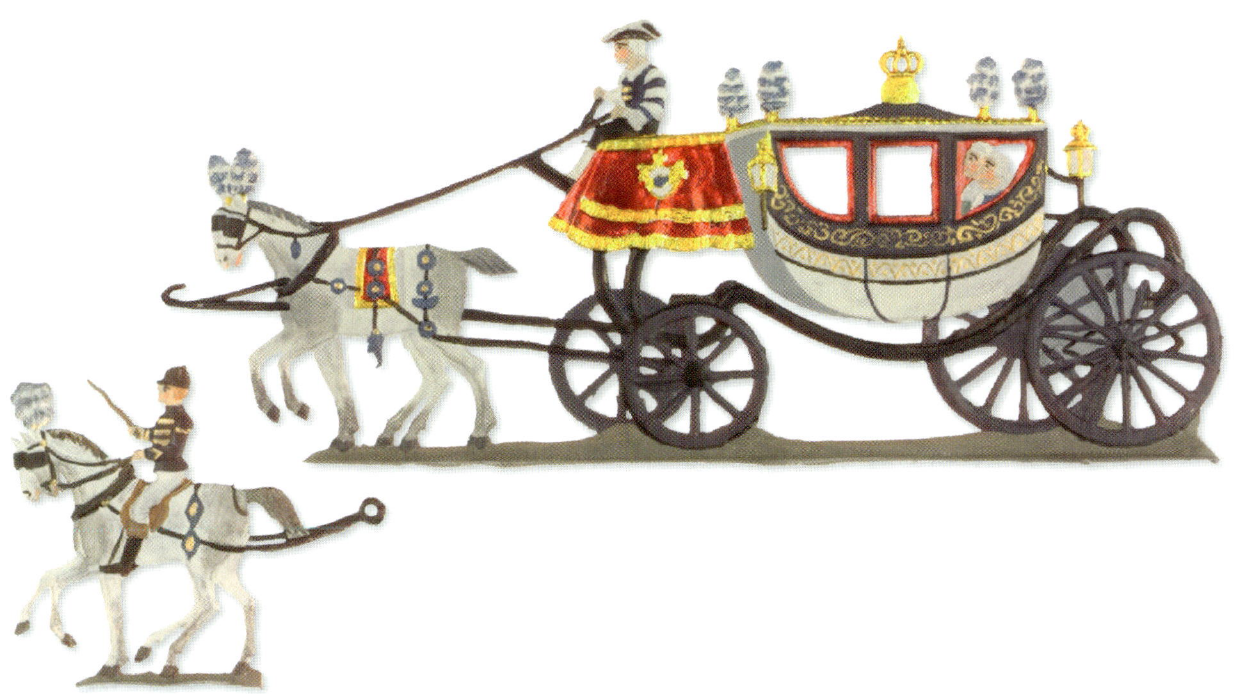

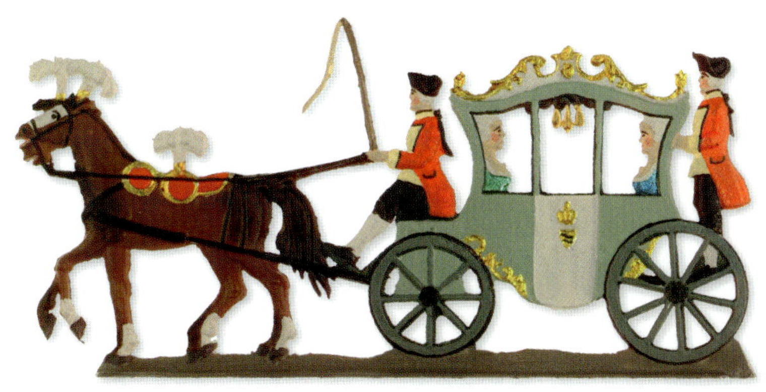

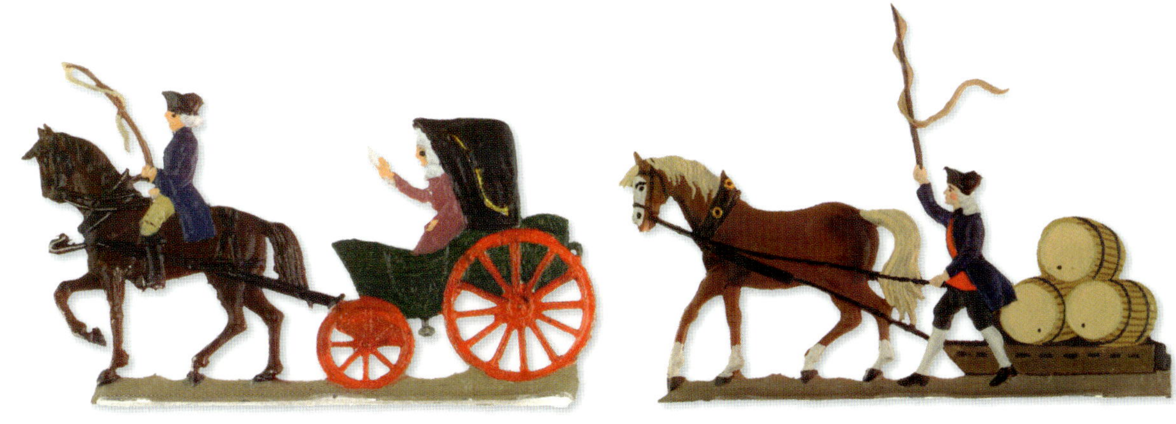

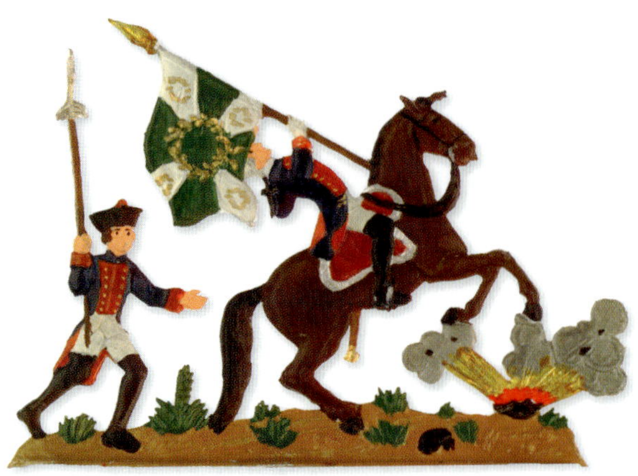

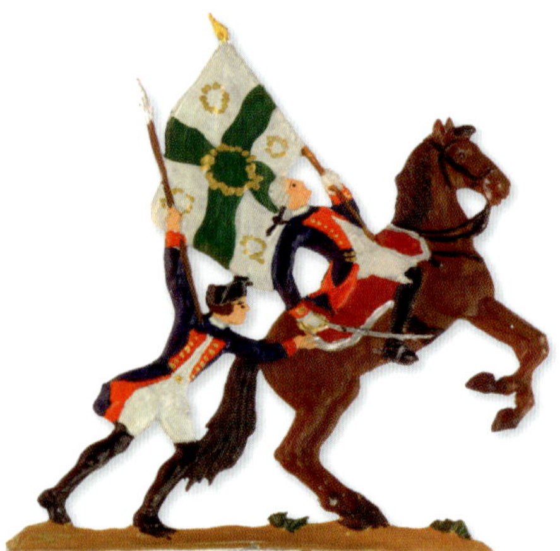

Zwei Darstellungen vom Tod des preußischen Generals von Schwerin bei Prag
(***, gr. 1925)

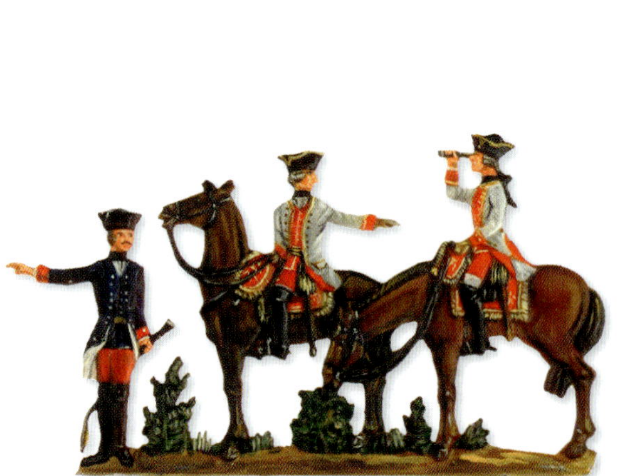

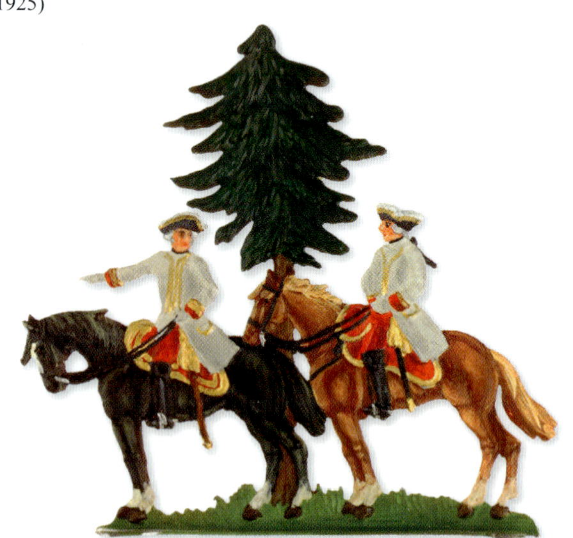

Zwei Darstellungen der österreichischen Generäle Daun und Laudon bei Kolin
(** und ***, gr. 1925)

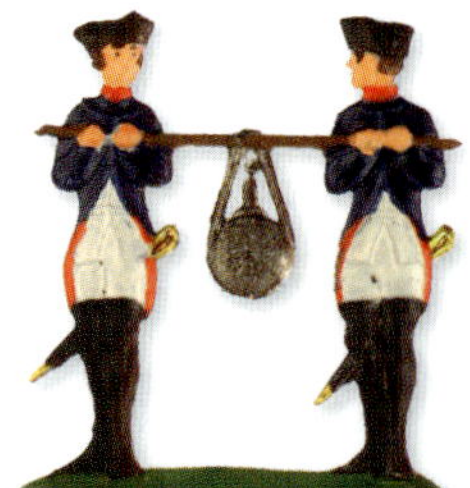

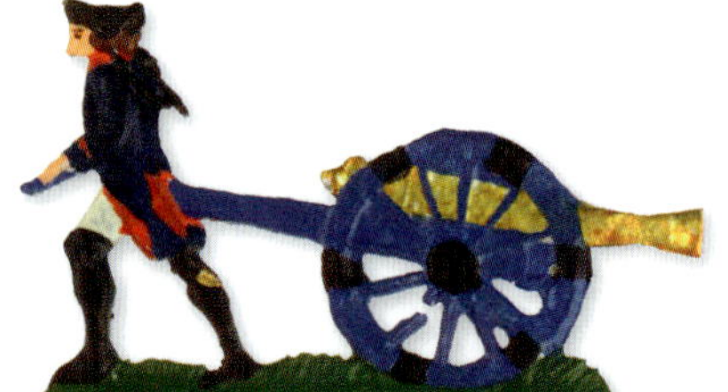

Preußische Artillerie (***, gr. 1925)

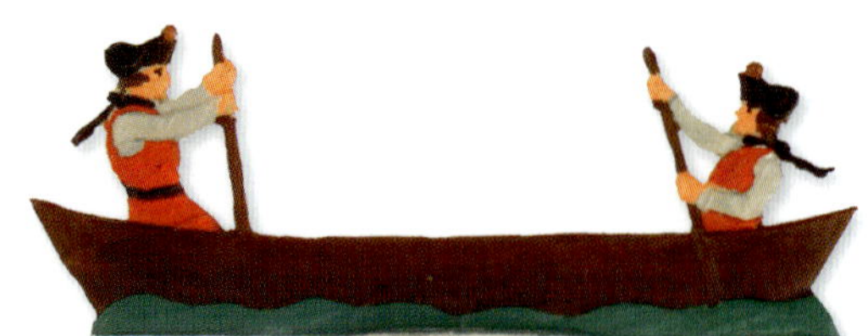

Preußische Pontoniere (***, gr. 1925)

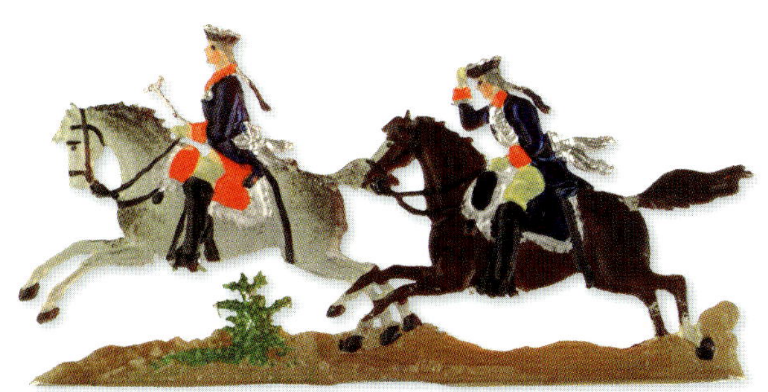

König Friedrich II. mit Adjutanten bei Rossbach
(nach einer Grafik von Menzel, * gr. 1885)

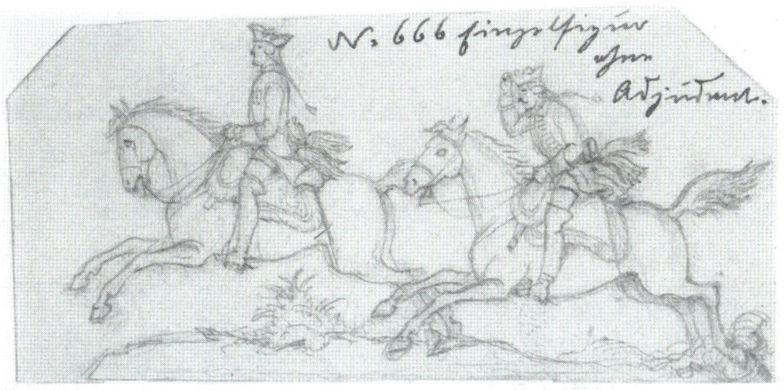

Gravurzeichnung
von Wilhelm Heinrichsen

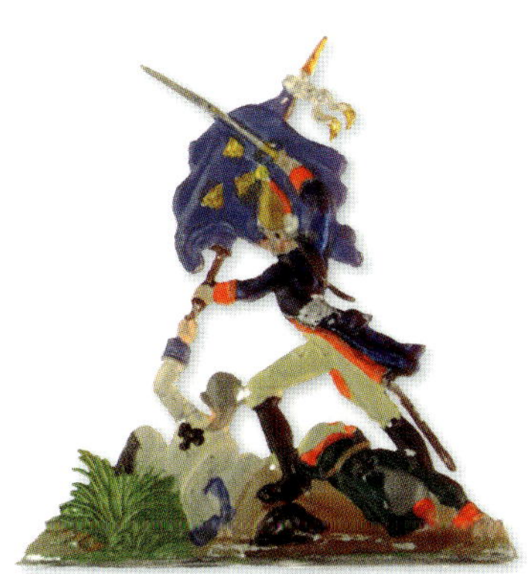

Preußischer Grenadier erobert
französische Fahne bei Rossbach
(*, gr. 1885)

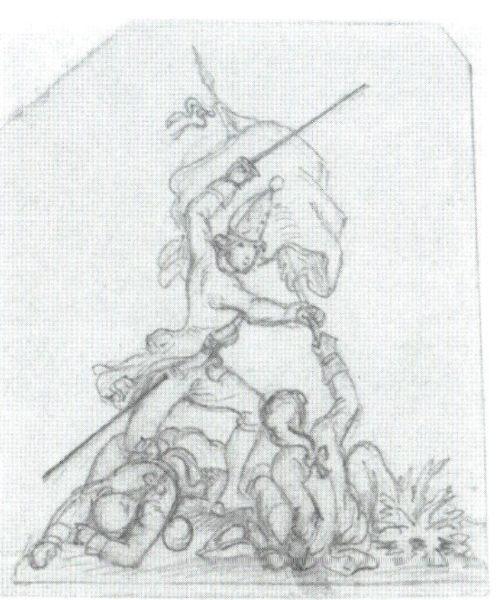

Gravurzeichnung von Wilh. Heinrichsen

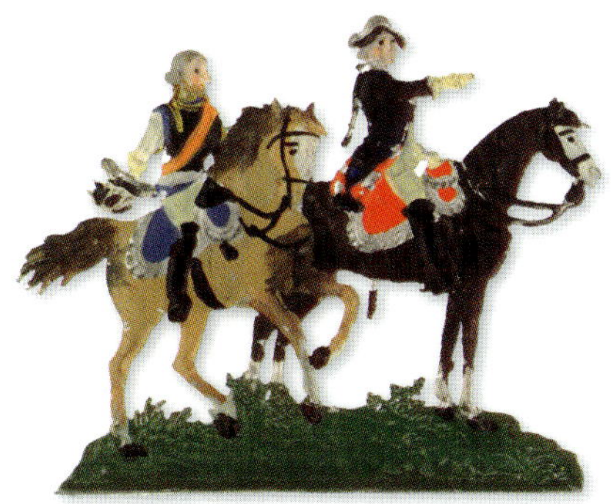

Prinz Heinrich von Preußen
bei Freiberg (*, gr. 1885)

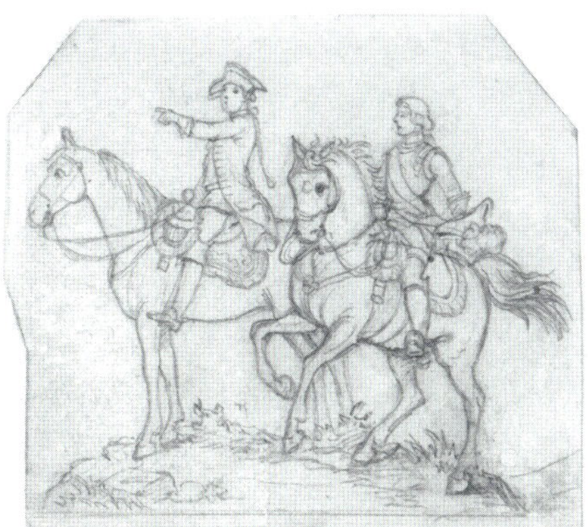

Gravurzeichnung von Wilh. Heinrichsen

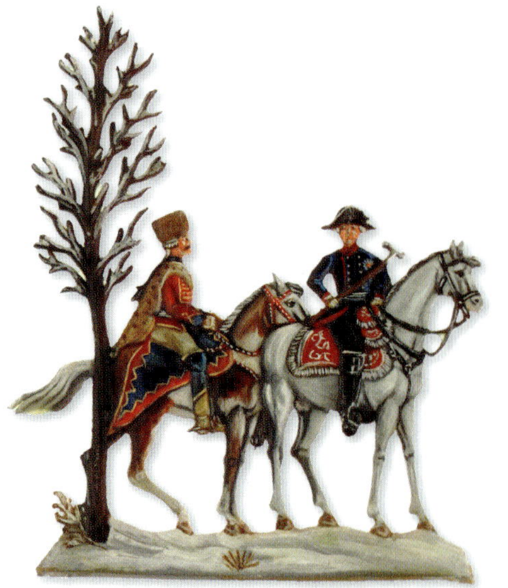

König Friedrich II. bei Leuthen mit
Husaren-General (wahrscheinlich Ziethen)
(***, gr. 1927)

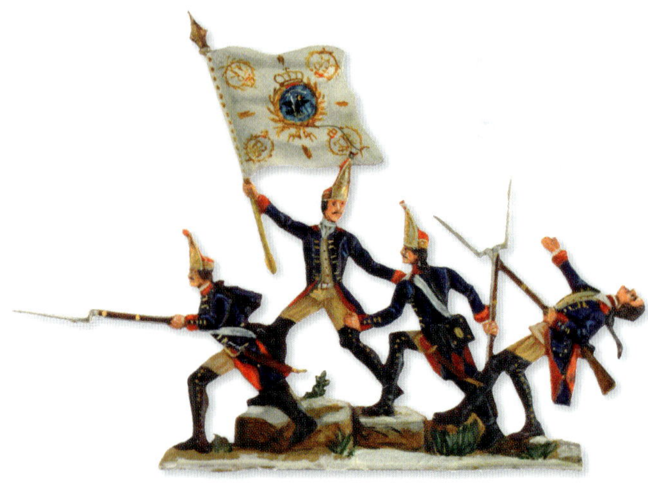

Preußische Gardeinfanterie
bei Leuthen
(***, gr. 1925)

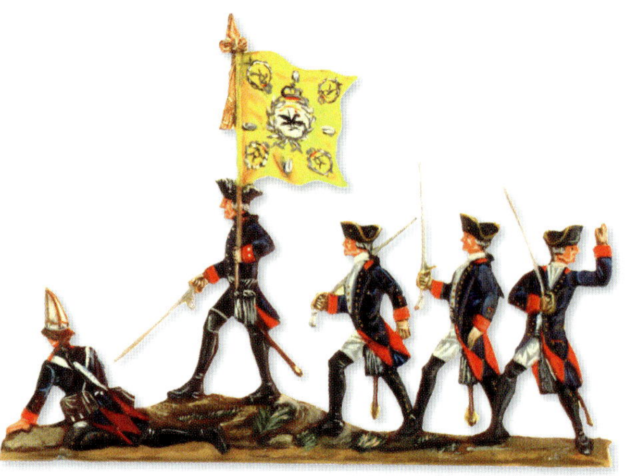

(***, gr. 1925)

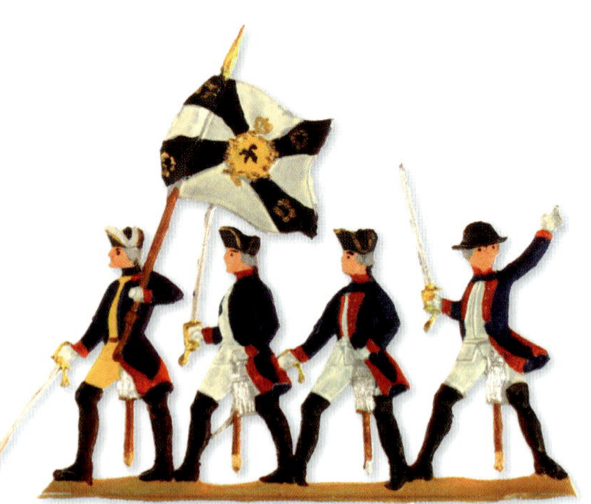

(***, gr. 1925)

Zwei gleiche Darstellungen einer Episode aus der Schlacht bei Zorndorf:
König Friedrich II. ergreift selber die Fahne, als sein Leibregiment zu
weichen beginnt, und stürmt dem Feind entgegen.

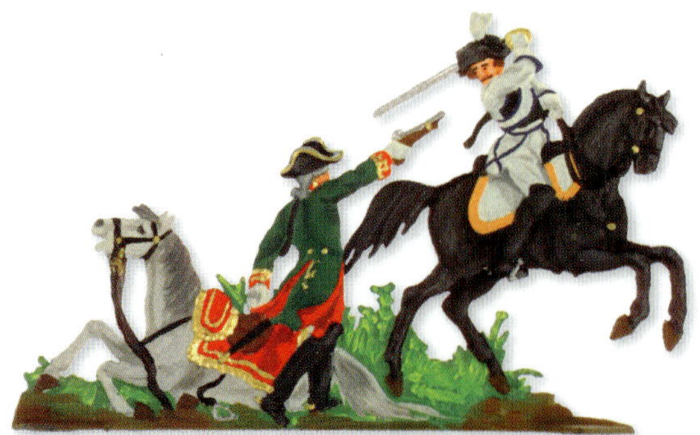

Preußischer Kürassier im Kampf mit russischem Offizier
bei Zorndorf (***, gr. 1912)

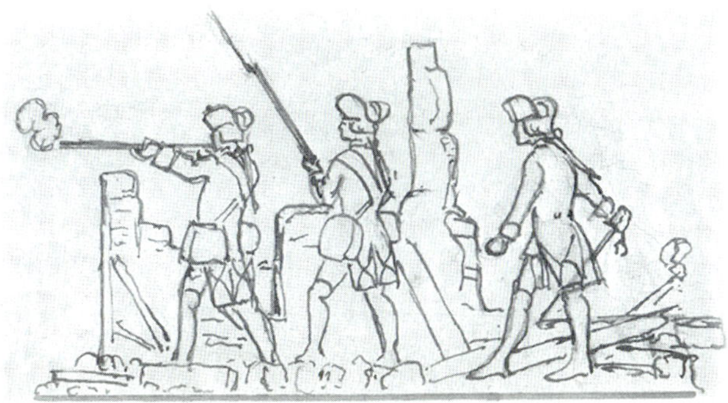

Gravurzeichnung

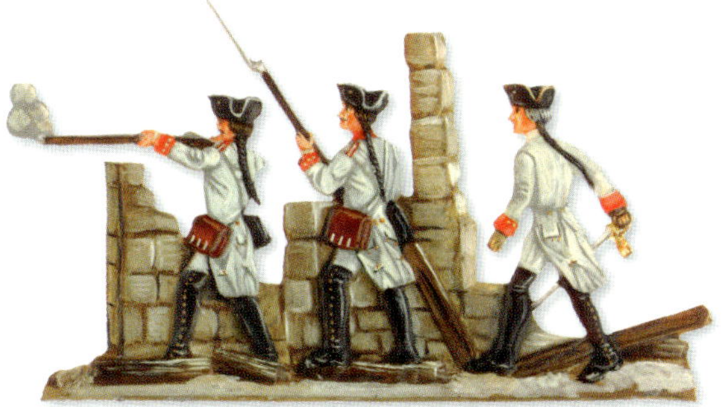

Österreichische Infanterie bei Hochkirch
(gr. 1925)

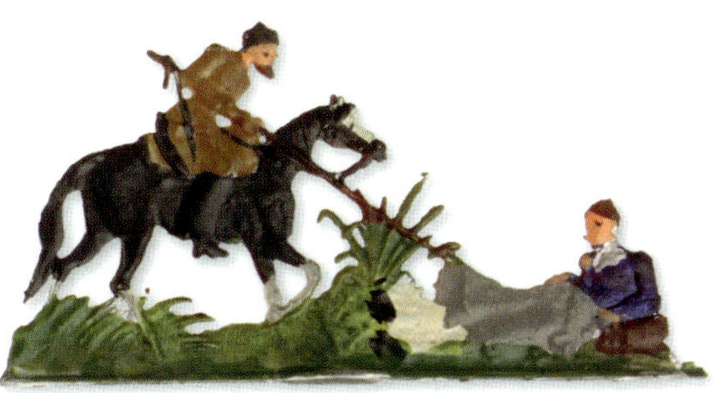

Kosake sticht den preußischen Major Ewald von Kleist
(Dichter der deutschen Poesie) nieder bei Kunersdorf
(*, gr. 1898, war auch oft in Packung Rückzug aus Russland)

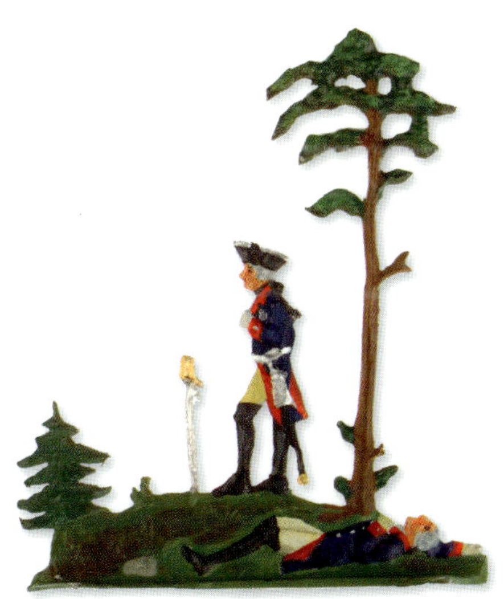

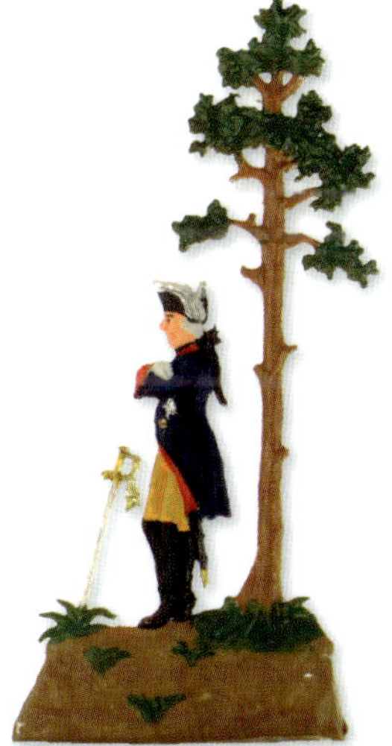

Zwei gleiche Darstellungen des folgenden, historischen Ereignisses:
Am Abend nach der Niederlage bei Kunersdorf stand König Friedrich II.
ganz allein, nachdenklich dahinsinnend, auf dem Schlachtfeld und wäre
den Österreichern beinahe in die Hände gefallen, als eine zufällig vorbeireitende preußische
Husarenpatrouille den König aufforderte, mit
ihnen ins Hauptquartier zurückzureiten. (***, gr. 1925 u. 1932)

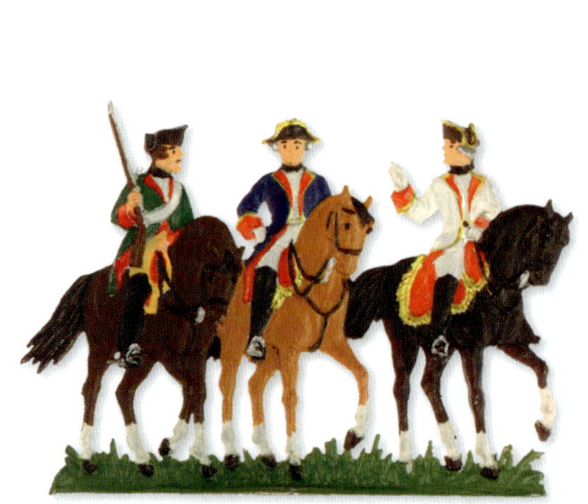

Gefangennahme des preußischen Generals Fink
bei Maxen (***, gr. 1909)

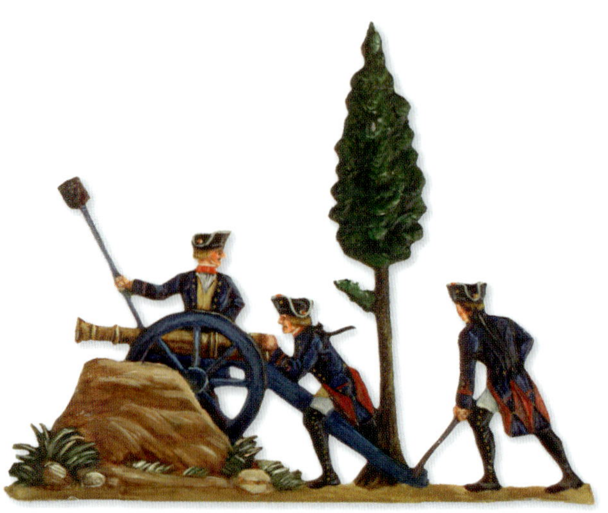

Preußische Artillerie bei Liegnitz
(***, gr. 1925)

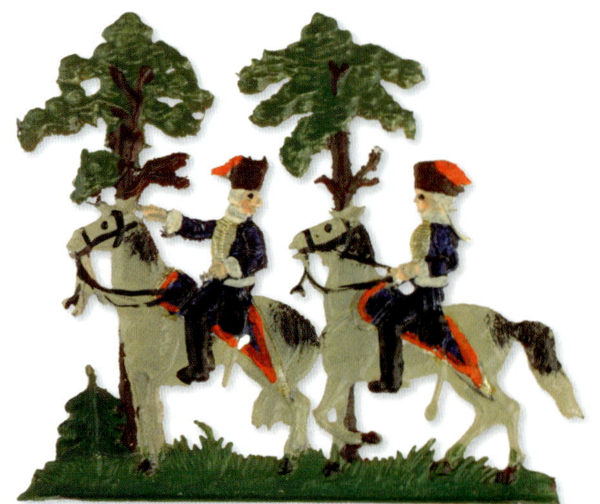

Preußischer General Ziethen, zeigend, mit
Offizier bei Torgau (*, gr. 1925)

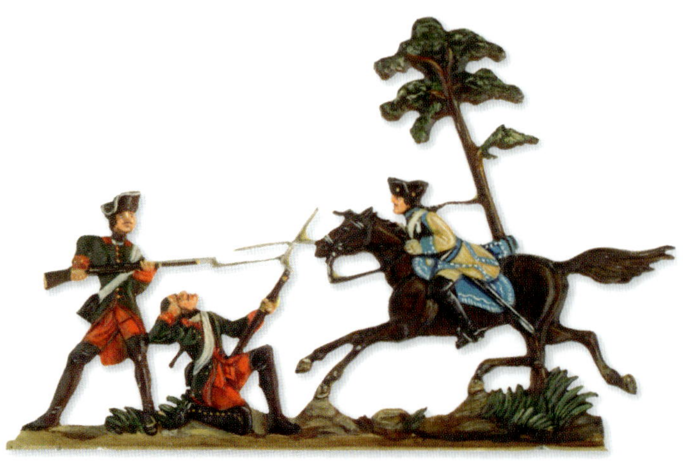

Österreichische Infanterie im Kampf
mit preußischem Kürassier bei Burkersdorf
(***, gr. 1925)

Preußisches Infanterie- und Kavallerielager

(**, gr. ab 1910)

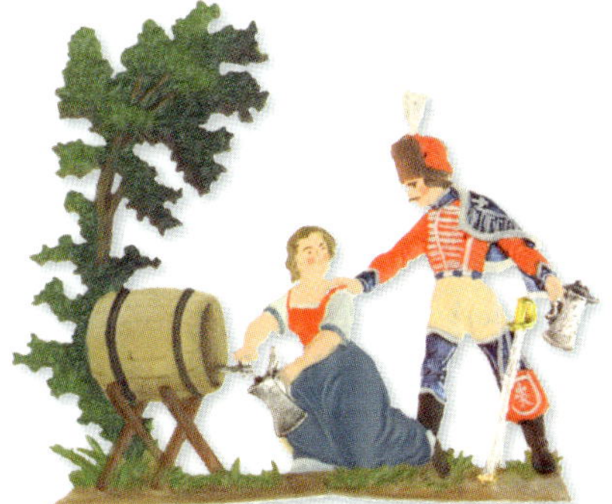

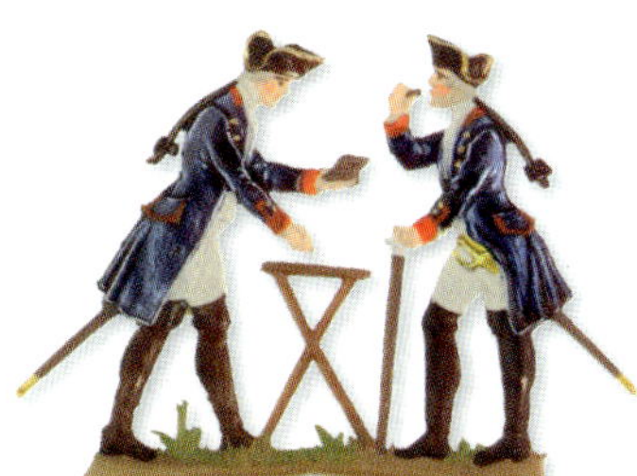

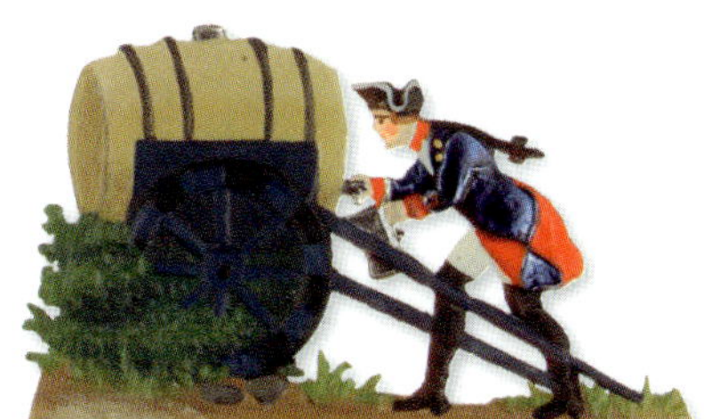

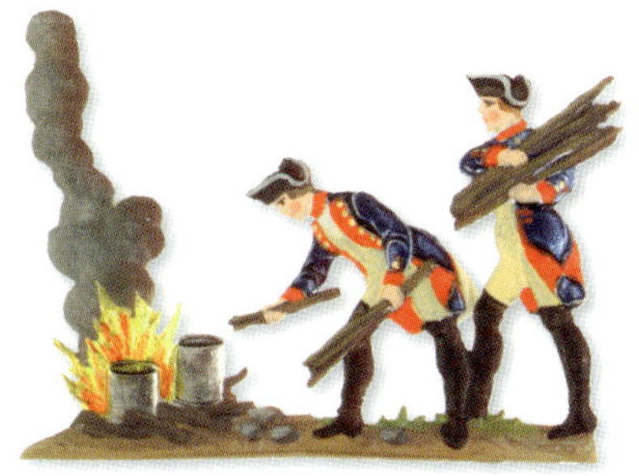

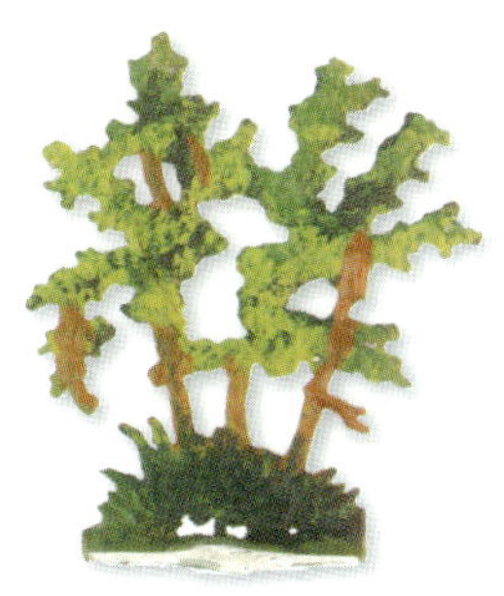

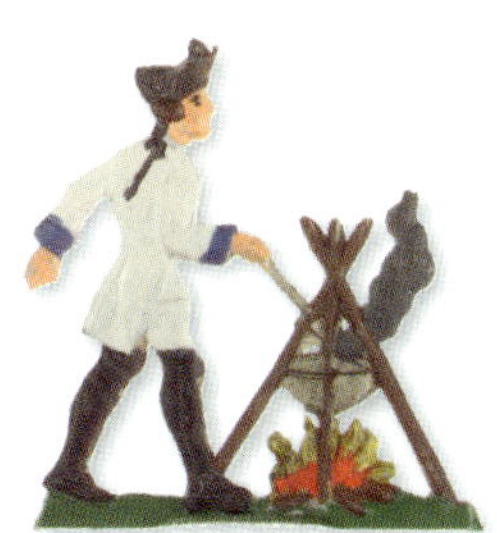

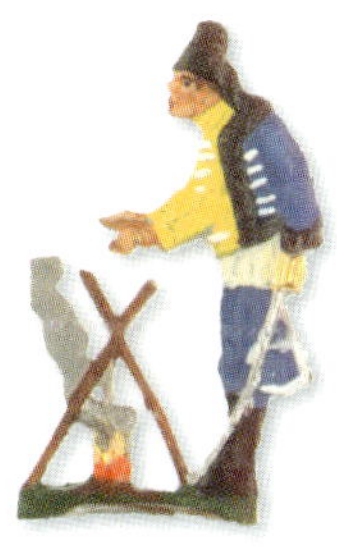

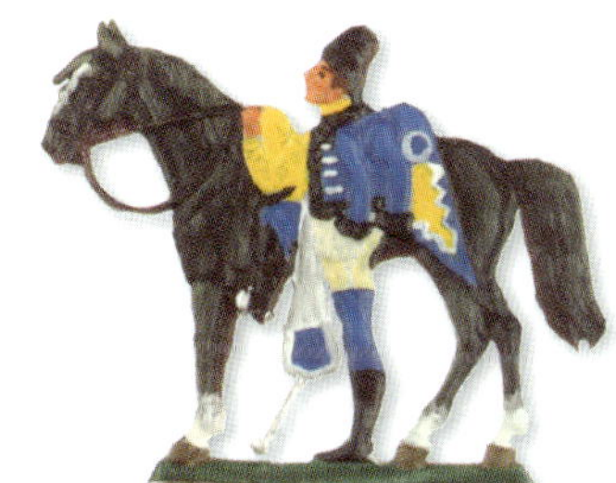

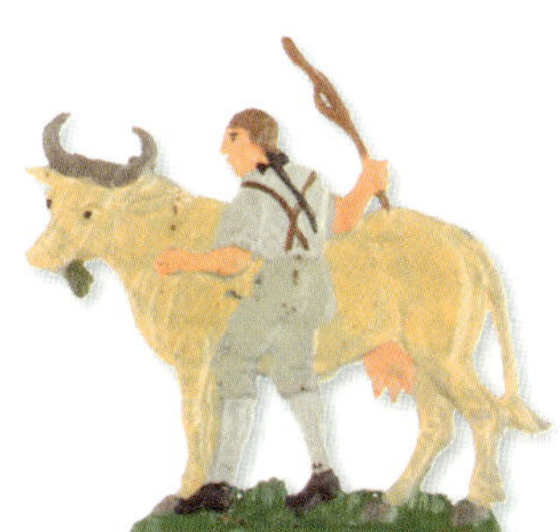

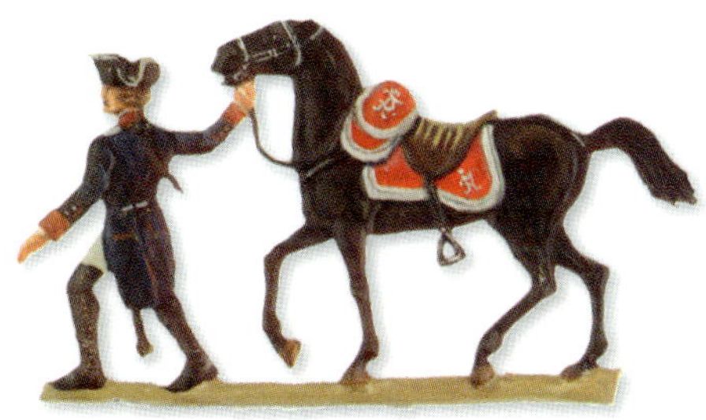

Empire - Volk
(**, gr. 1931)

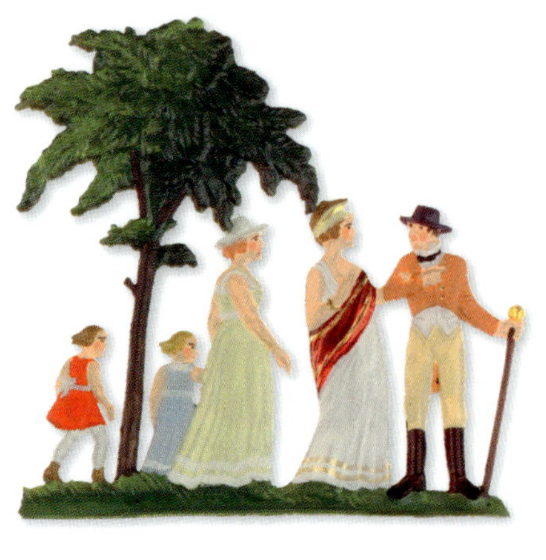
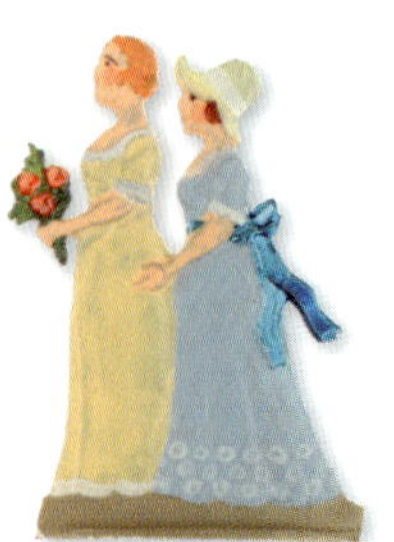
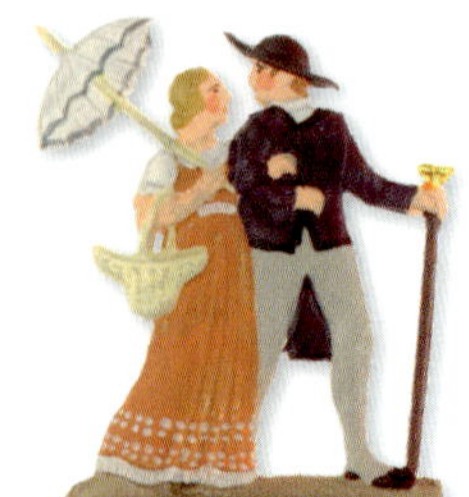
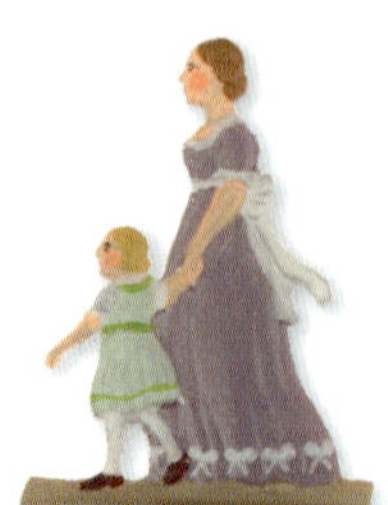
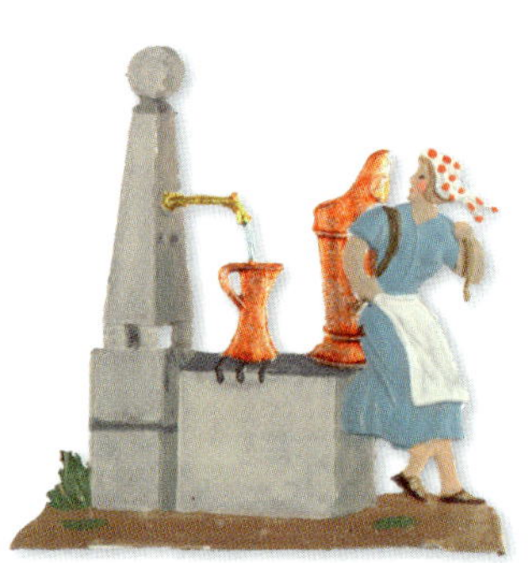
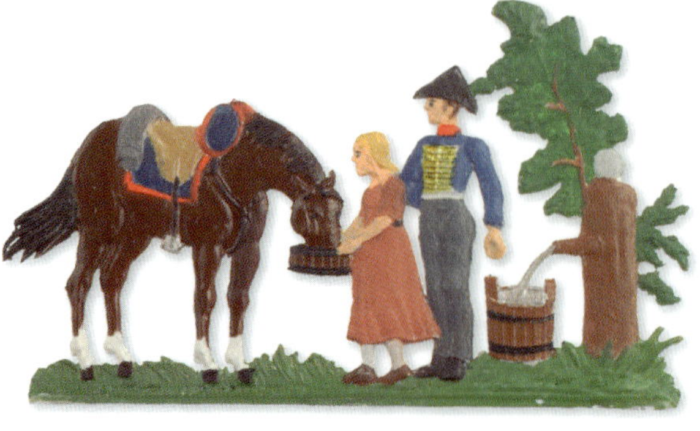
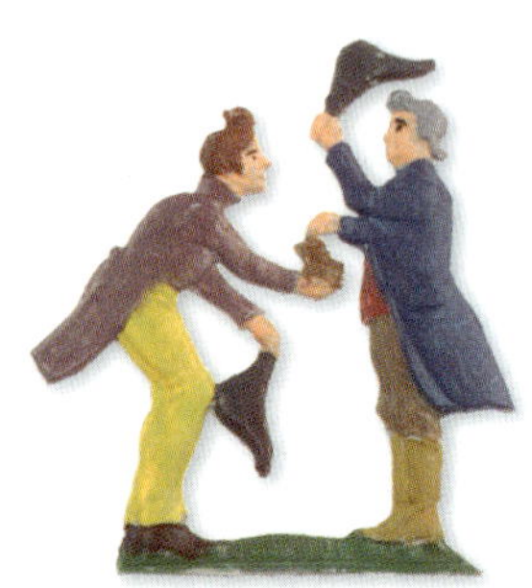

Landvolk um 1800
(**, 1928)

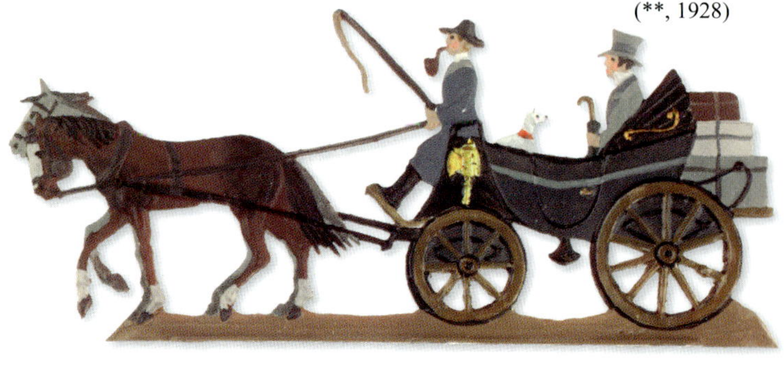
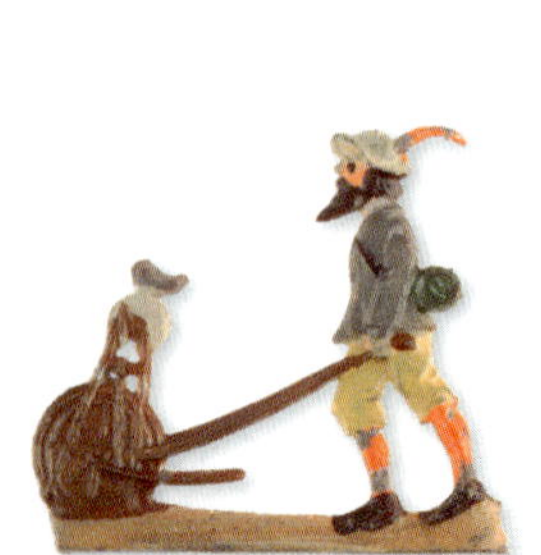
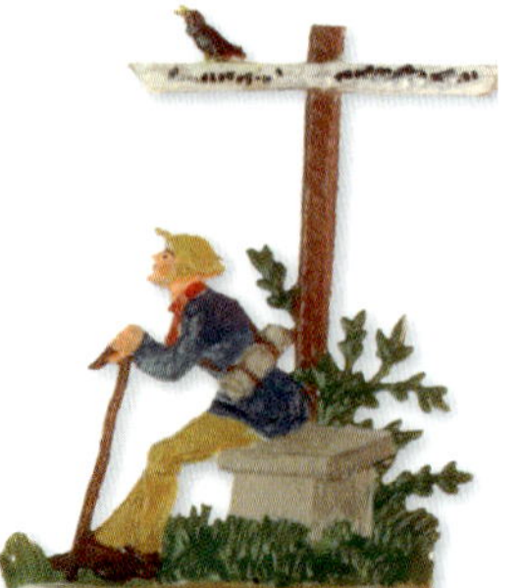
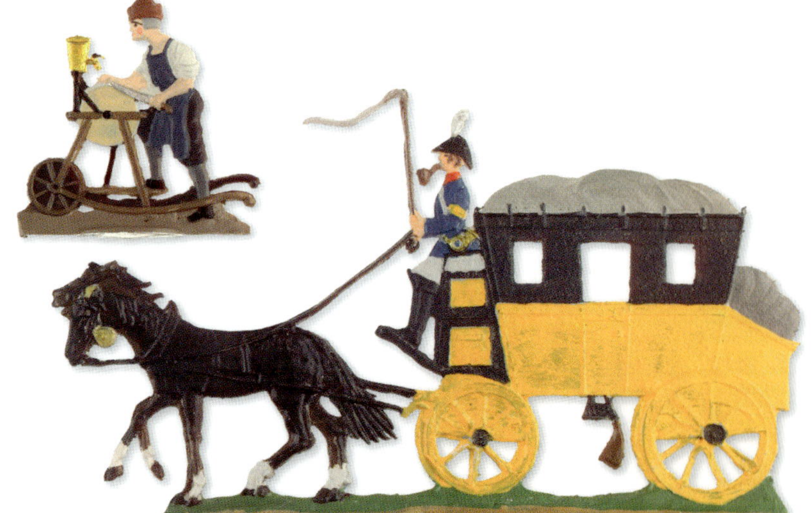
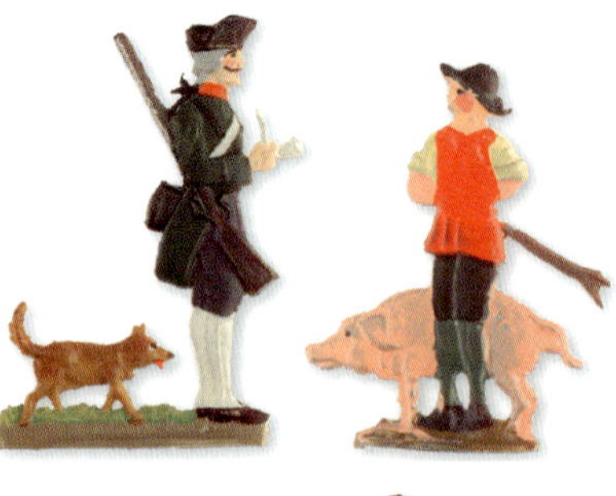
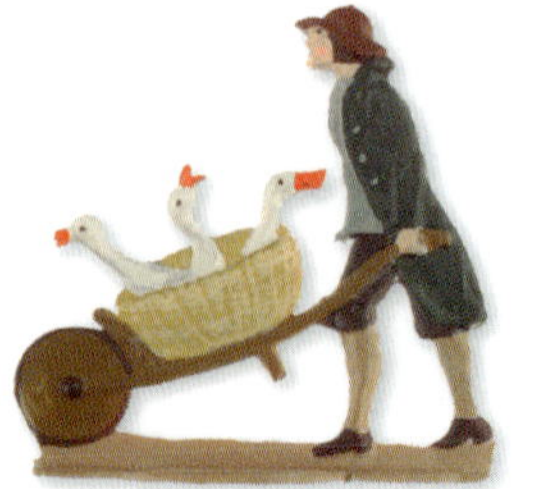

4. K a p i t e l

Die Napoleonischen Kriege 1789 - 1815

In den Jahren vor 1900 waren Gruppen nur für die Packungen von Arcole, Pyramiden, Jena, Tirol, Rückzug aus Russland, Leipzig und Waterloo im Angebot. Zum 50-jährigen Jubiläum der Schlacht bei Leipzig (1863) zeichnete und gravierte Wilhelm Heinrichsen die Gruppe „Schwarzenberg meldet den Alliierten den Sieg über Napoleon", und zum 50-jährigen Jubiläum der Schlacht bei Waterloo (1865) erschienen drei weitere große Gruppen.

Alle übrigen Gruppen zu dieser Epoche sind hauptsächlich in zwei Zeiträumen entstanden. Eine erste - zahlenmäßig größere - Produktionsserie war im Jahr 1903. Die Typen haben fast ausschließlich diese Fußbrettform und stellen Ereignisse aus den Kriegsjahren 1789 - 1812 dar. Das 100-jährige Jubiläum der Völkerschlacht bei Leipzig war dann der Anlass für eine weitere Produktionsserie im Jahr 1913, in welchem für die Befreiungskriege 1813/14 insgesamt 43 Gruppen graviert wurden. Da zu dieser Zeit Ludwig Frank als Graveur bei Heinrichsen arbeitete, weisen viele der Figuren dessen perfekten Gravurstil auf und sind durch die folgenden beiden Formen des Fußbretts charakterisiert: und .

Schlacht bei den Pyramiden 1798

(*, gr. 1893)

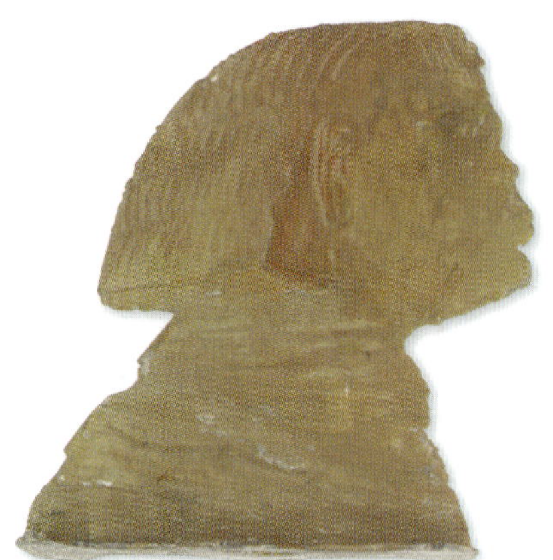

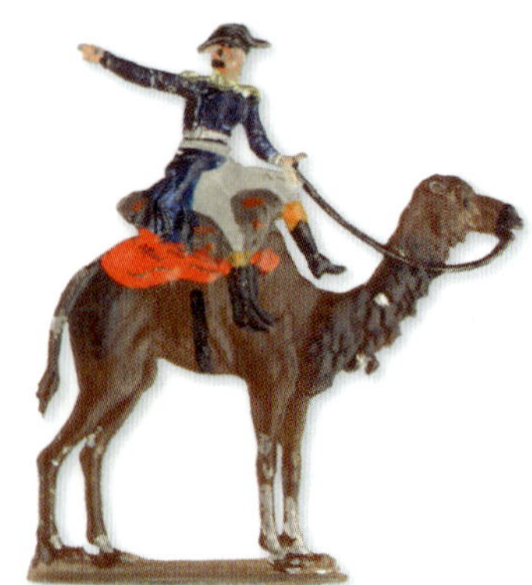

Bonaparte in der Schlacht
bei den Pyramiden (*)

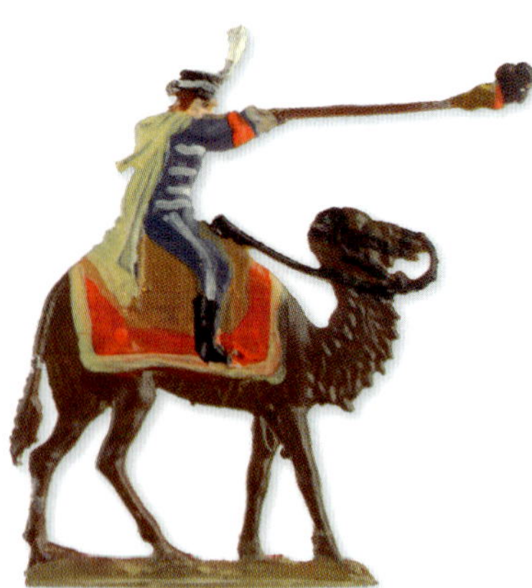

Französischer Dromedarreiter

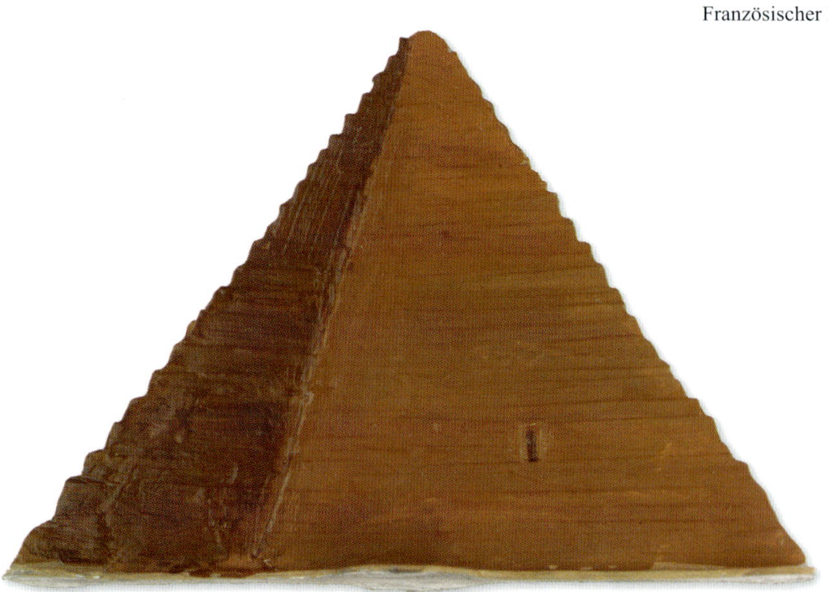

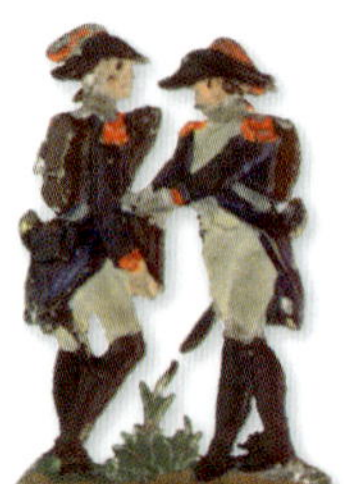

Französische Artilleristen

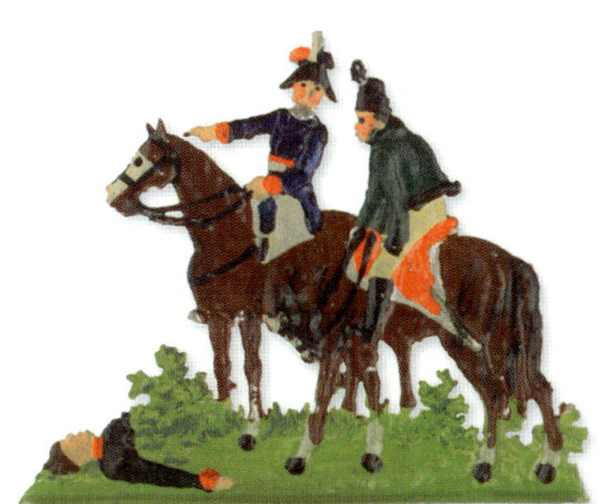

Französischer General und
Adjutant bei Jemappes
(*, gr. 1903)

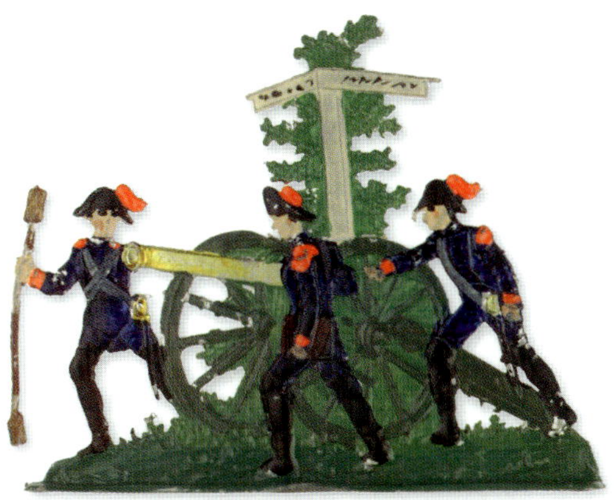

Französische Artillerie bei Valmy
(*, gr. 1903)

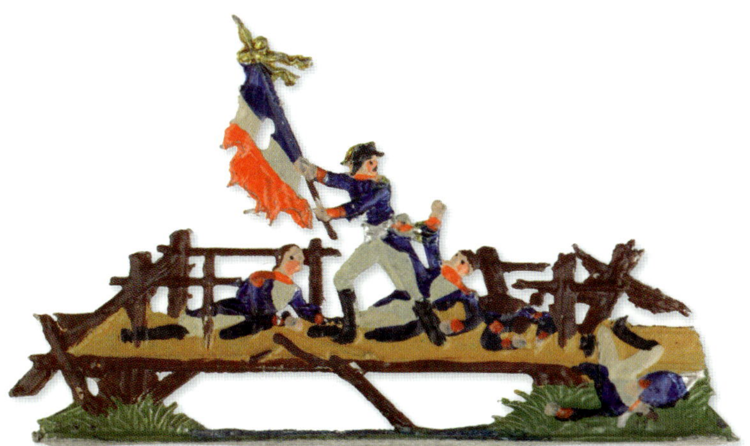

Bonaparte auf der Brücke von Arcole
(*, gr. 1893)

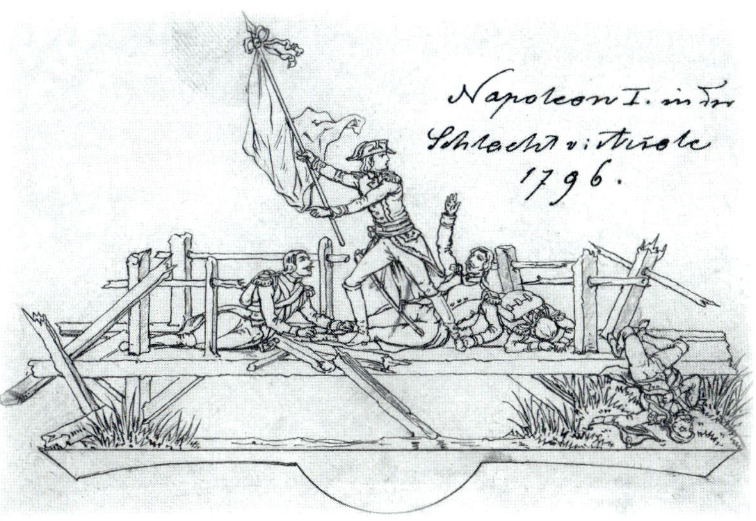

Gravurzeichnung

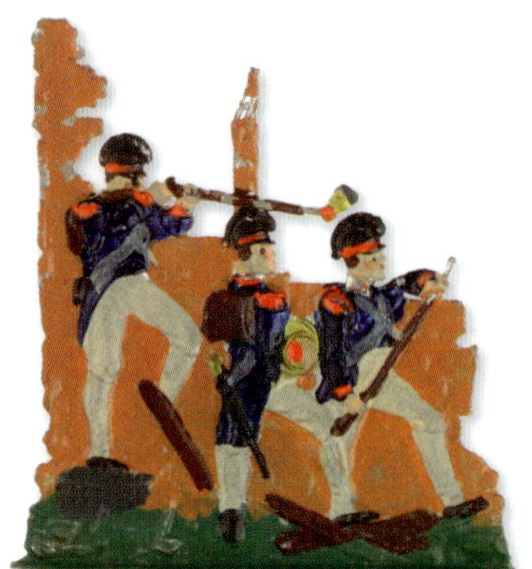

Französische Jäger bei Fleurus
(*, gr. 1903)

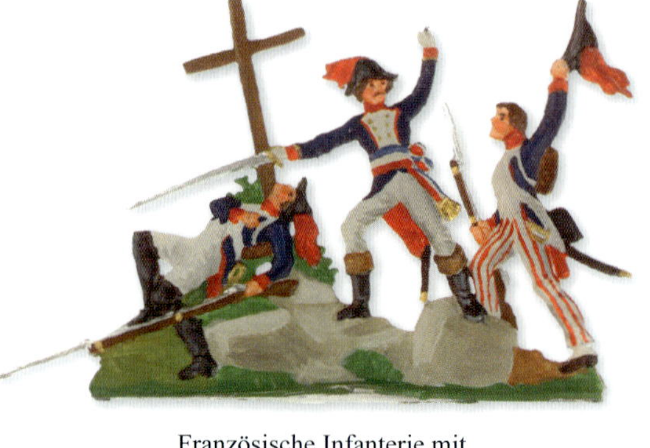

Französische Infanterie mit
General bei Lodi (***, gr. 1913)

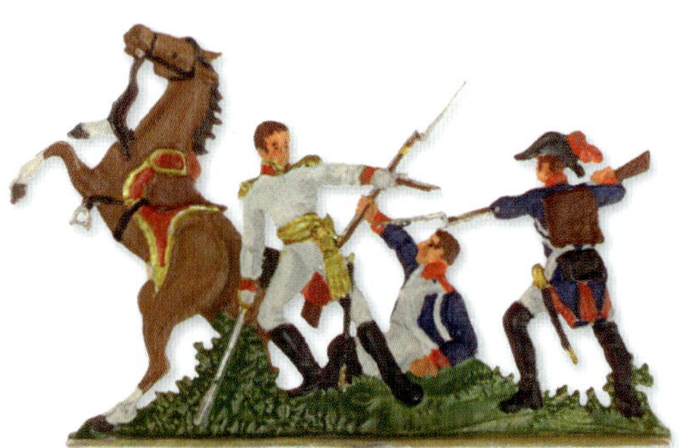

Österreichischer Offizier gegen
französische Infanterie bei Rivoli
(***, gr. 1903)

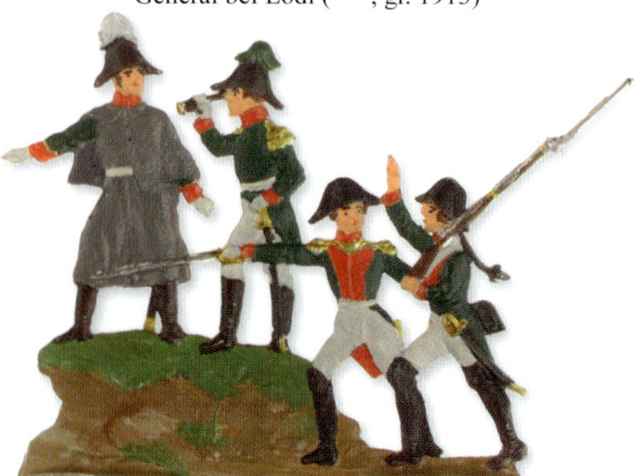

Russischer General Suworow beim
Übergang über den St. Gotthard
(***, gr. 1913)

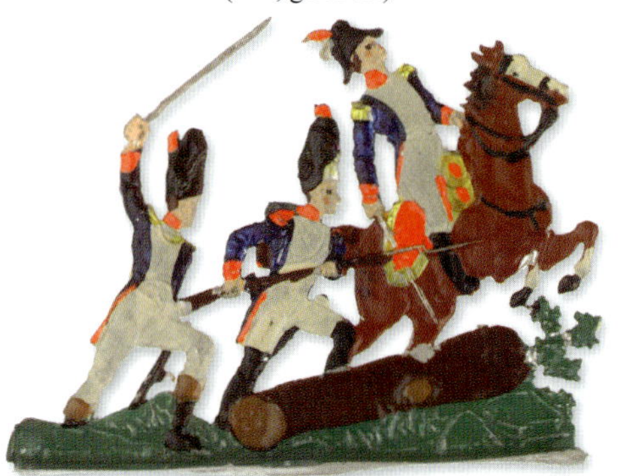

Französischer General Désaix
fällt bei Marengo (*, gr. 1903)

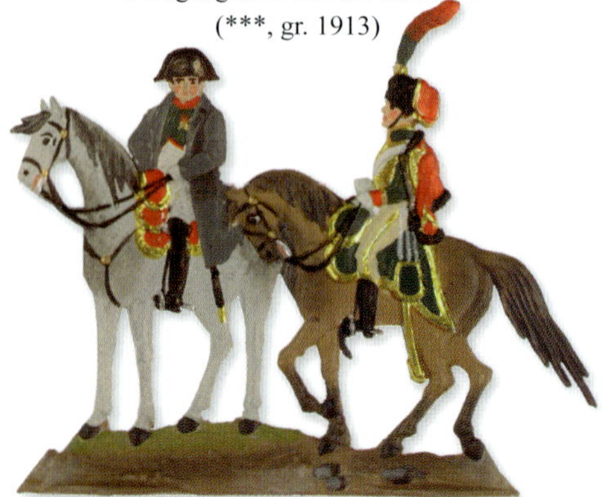

Napoleon mit Gardejäger-Offizier
bei Austerlitz (**, gr. 1913)

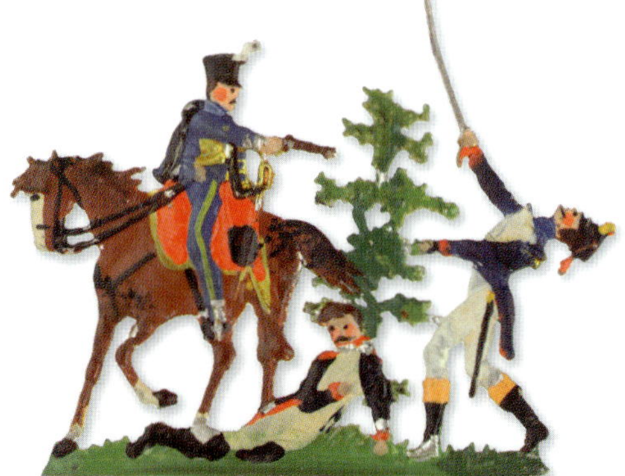

Österreichischer Husar gegen
französische Infanterie bei Ulm (*, gr. 1908)

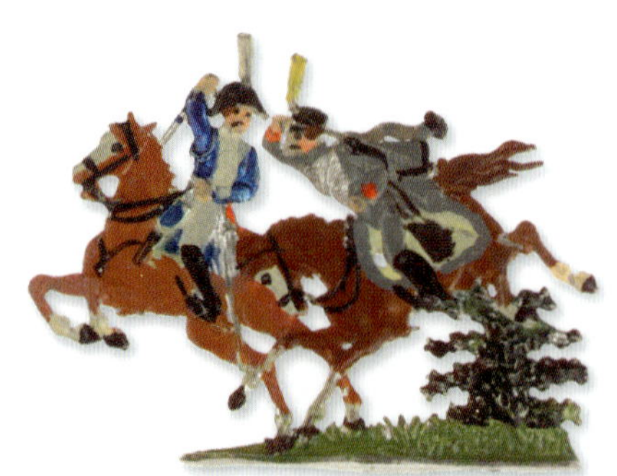

Prinz Louis Ferdinand von Preußen
wird bei Saalfeld von französischem Husar getötet
(*, gr. 1903)

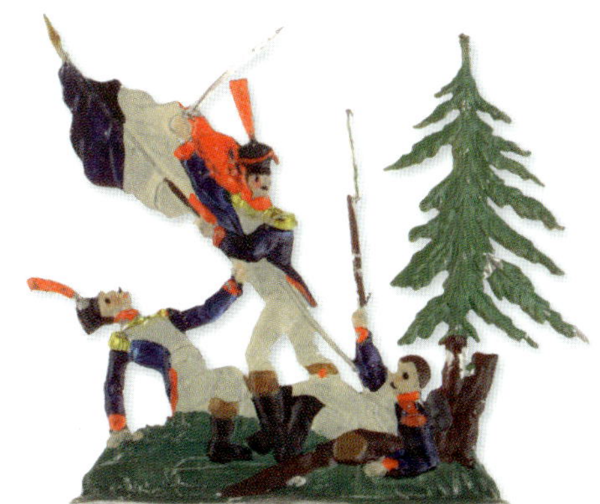

Französische Infanterie
bei Friedland (*, gr. 1903)

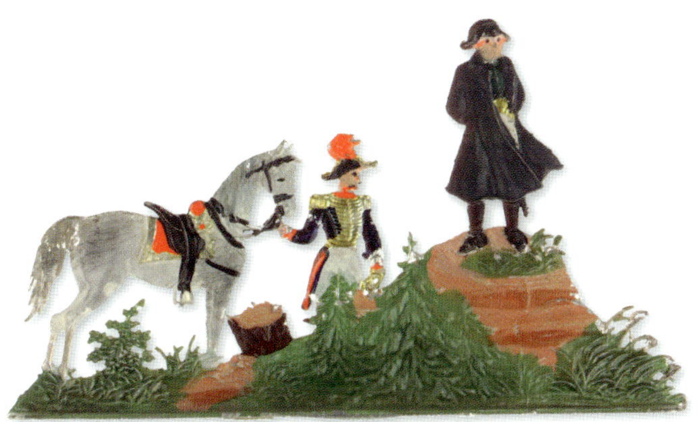

Napoleon und Adjutant bei Jena
(*, gr. 1890)

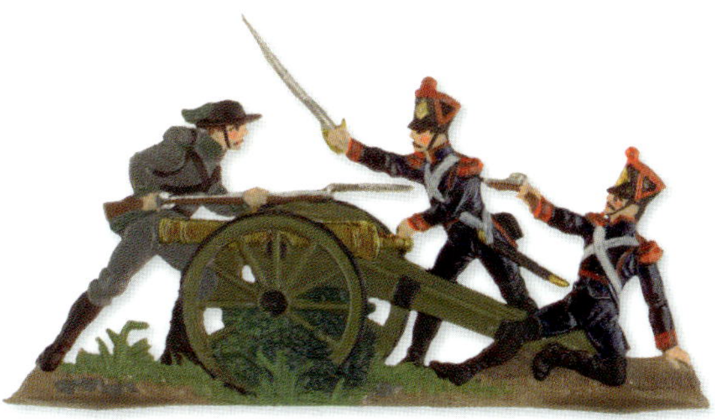

Österreichischer Jäger erstürmt französisches Geschütz
bei Abensberg (***, gr. 1913)

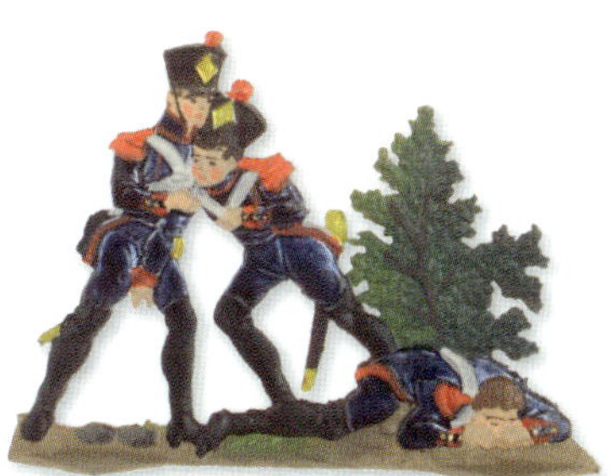

Französische Artillerie bei Abensberg
(***, gr. 1913)

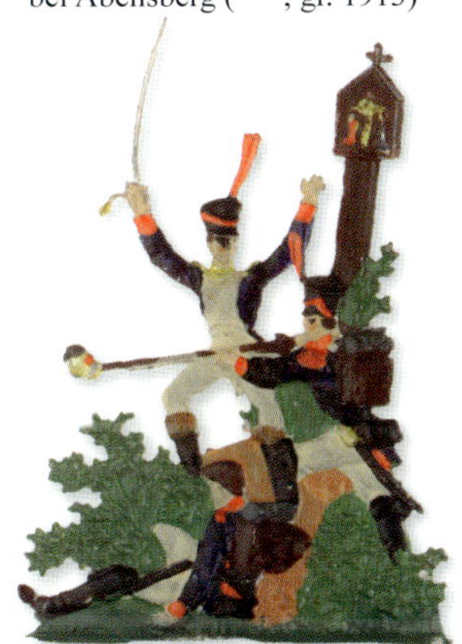

Französische Infanterie
bei Essling (*, gr. 1903)

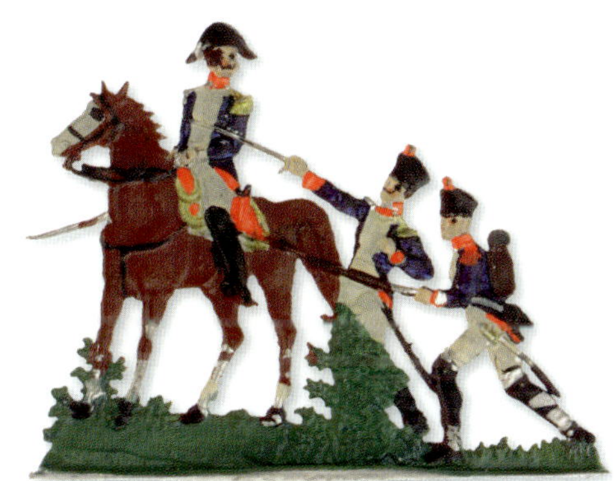

Französische Infanterie mit Offizier
bei Essling (*, gr. 1903)

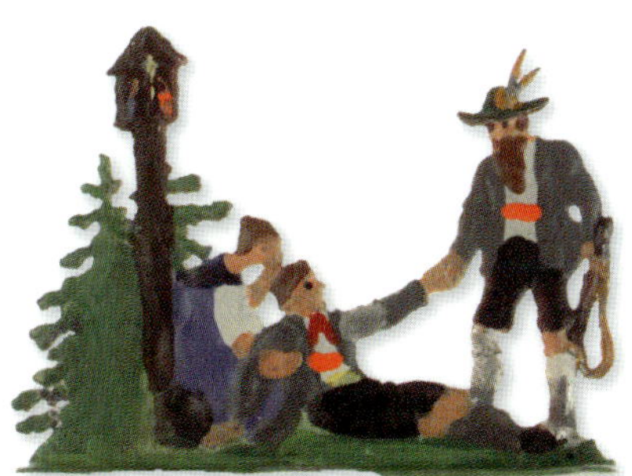

Tiroler - Aufstand 1809
Sterbender Tiroler nimmt Abschied von einem
Kameraden (*, gr. 1892)

Tiroler Holzkanone
(*, gr. 1892)

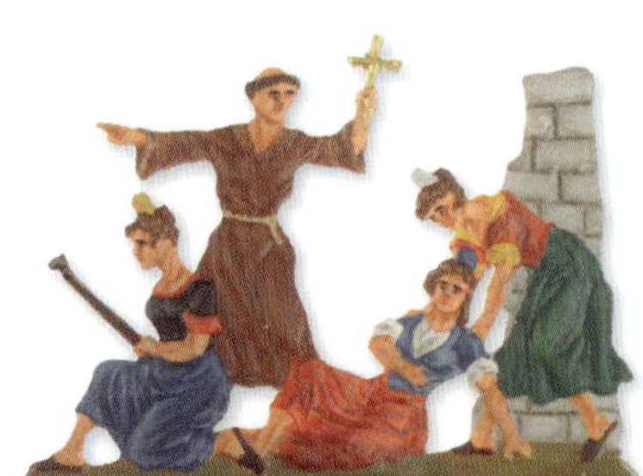

Spanische Partisaninnen mit
Mönch bei Saragossa (***, gr. 1905)

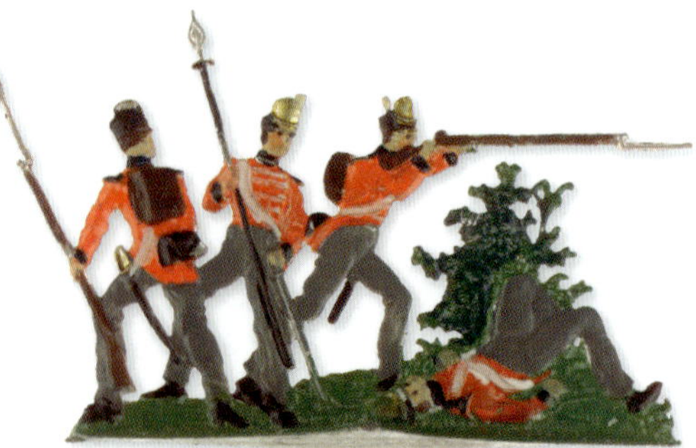

Englische Infanterie bei La Coruña
(*, gr. 1908)

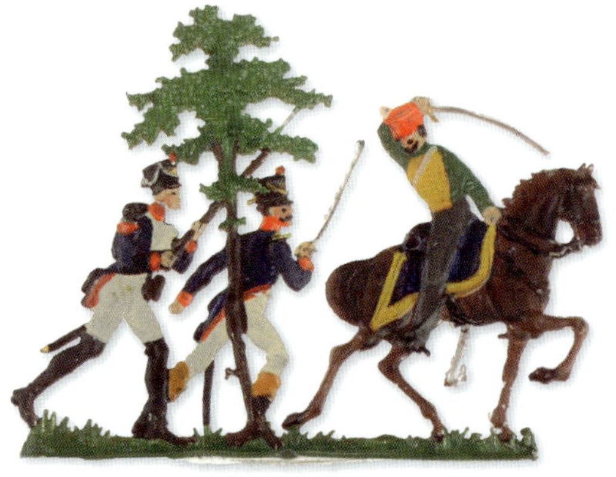

Russischer Husar kämpft bei Smolensk gegen
französische Infanterie (*, gr. 1908)

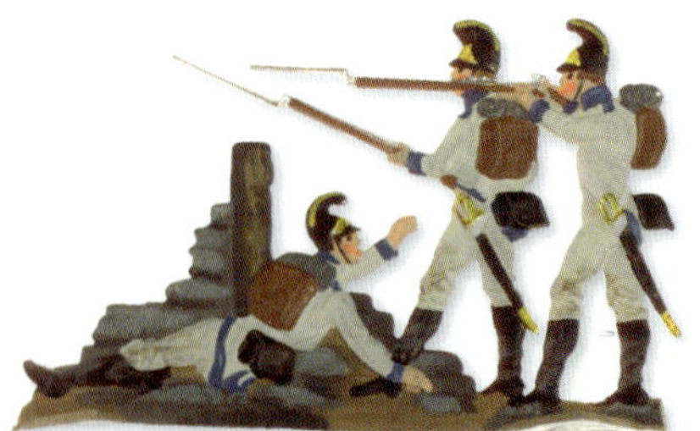

Österreichische Infanterie
bei Wagram (**, gr. 1913)

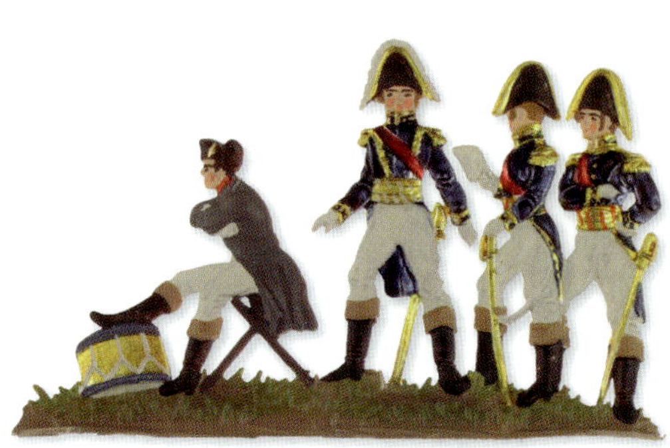

Napoleon mit Stab bei Borodino
(**, gr. 1913)

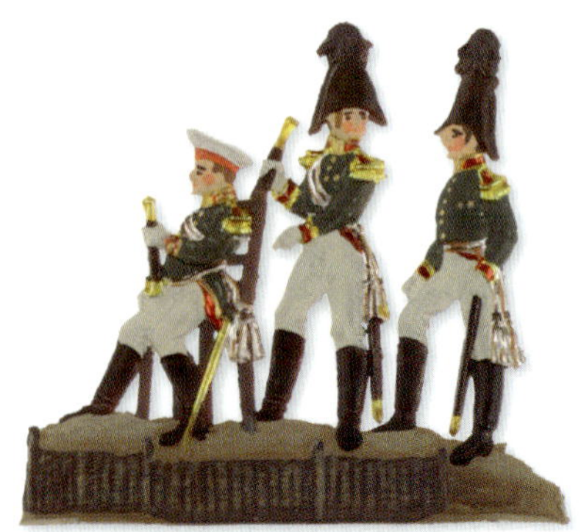

Russischer General Kutusow
mit Stab bei Borodino (**, gr. 1913)

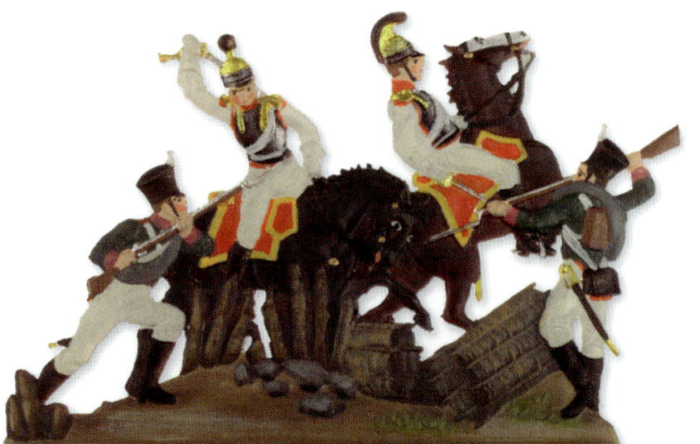

Sächsische Kürassiere erobern die russischen Schanzen
bei Borodino (**, gr. 1903)

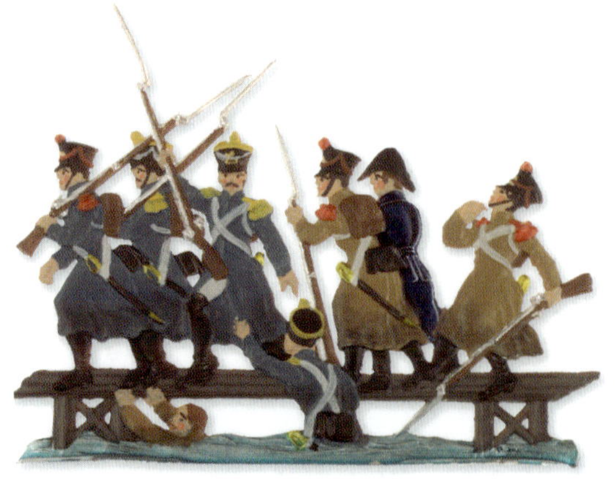

Übergang über die Beresina (**, gr. 1912)

Rückzug der Großen Armee aus Russland 1812

(*, gr. 1898)

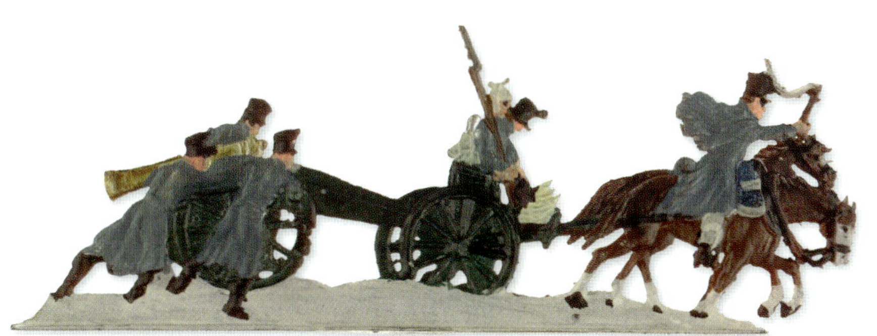

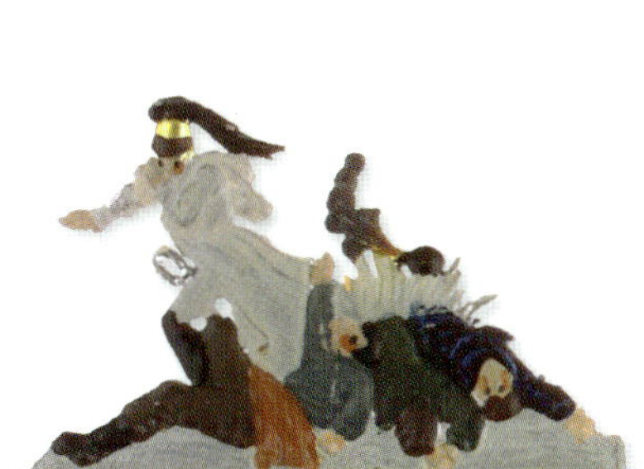

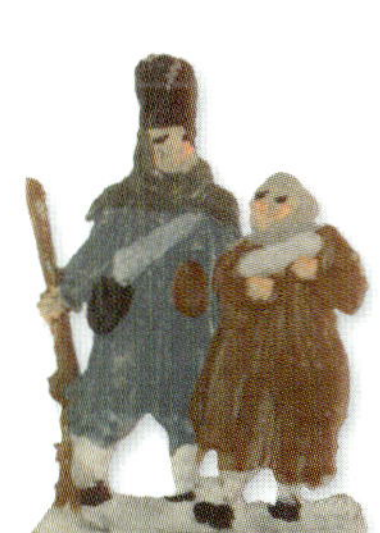

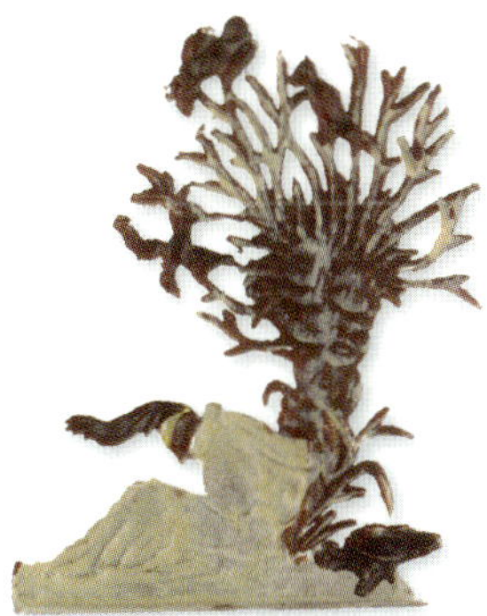

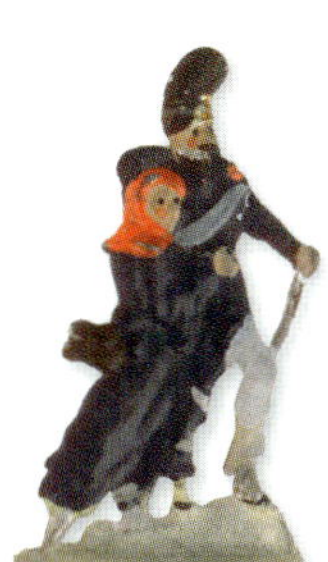

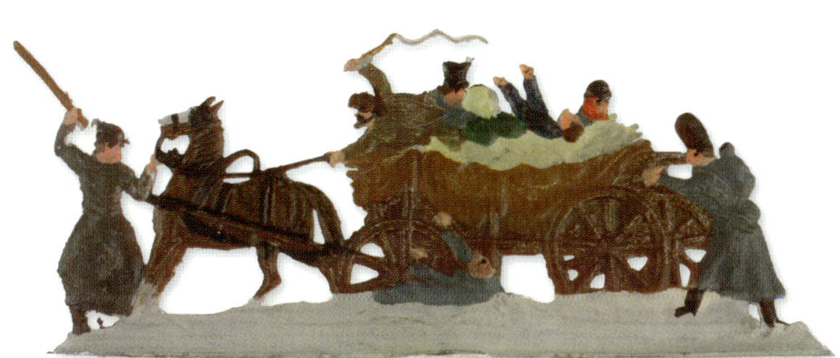

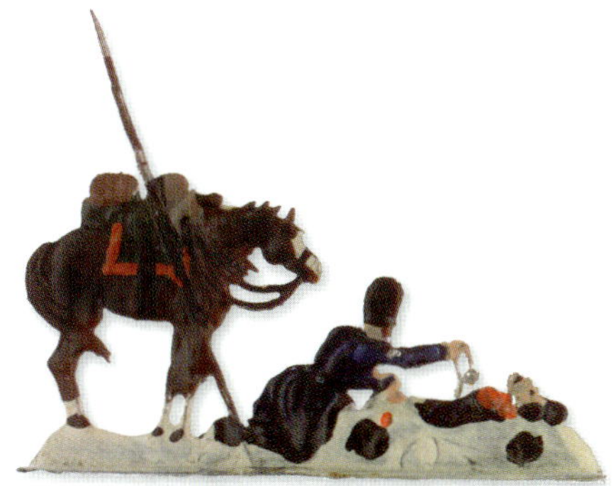

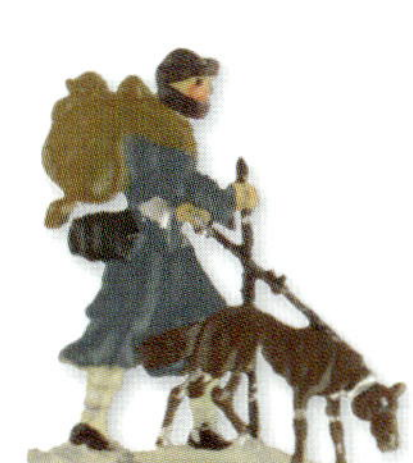

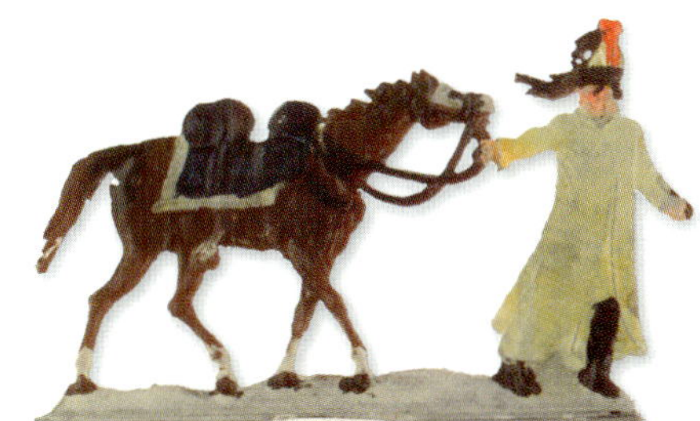

Die Gruppen auf dieser Seite wurden ursprünglich 1853 für den Krim-Krieg herausgegeben.
Sie wurden aber später in vielen, besonders Napoleonischen Schlachtenpackungen als Franzosen (wie hier) oder in anderer Bemalung als Engländer für den Indischen Aufstand 1860 verwendet.

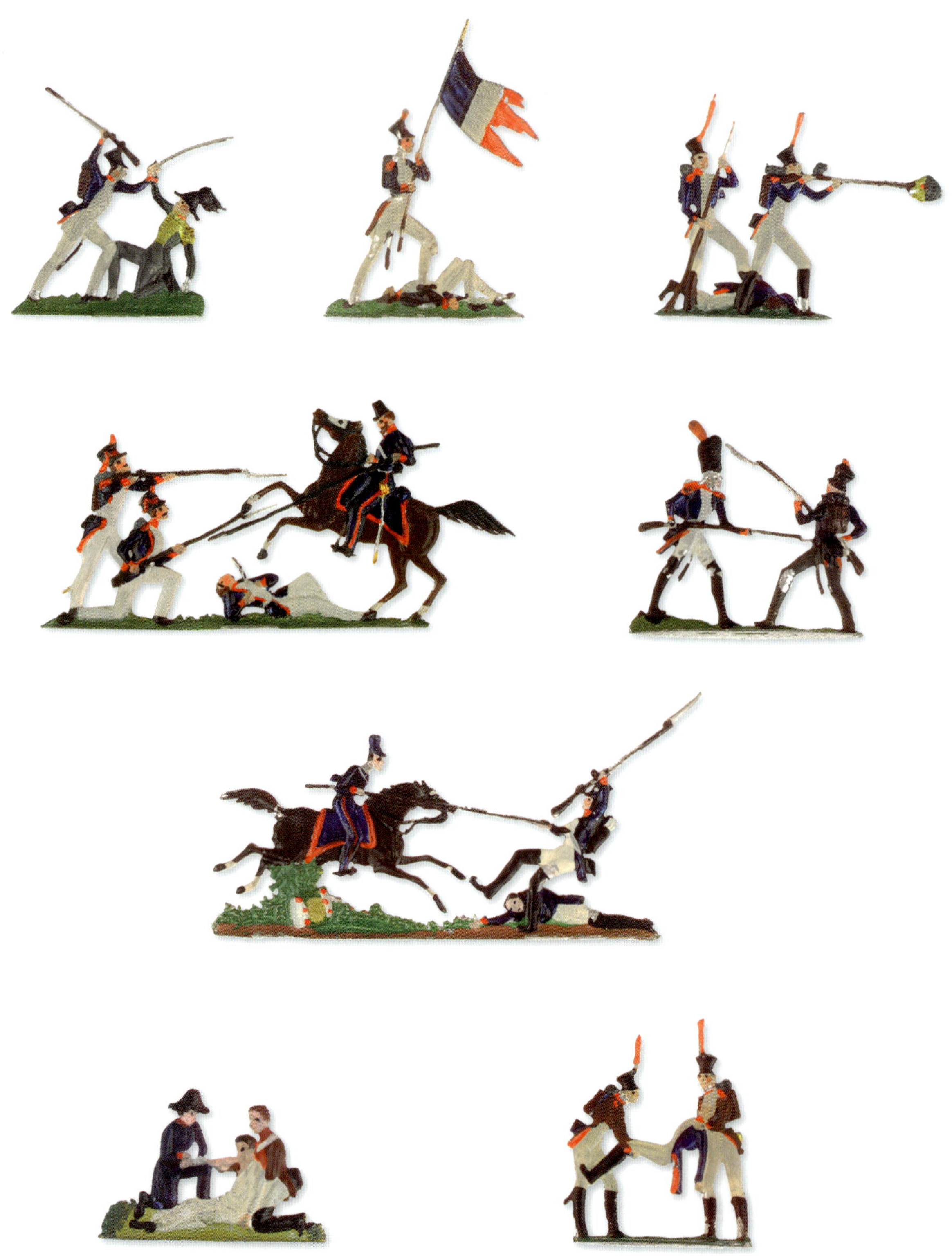

Aus dem Befreiungskrieg 1813/14

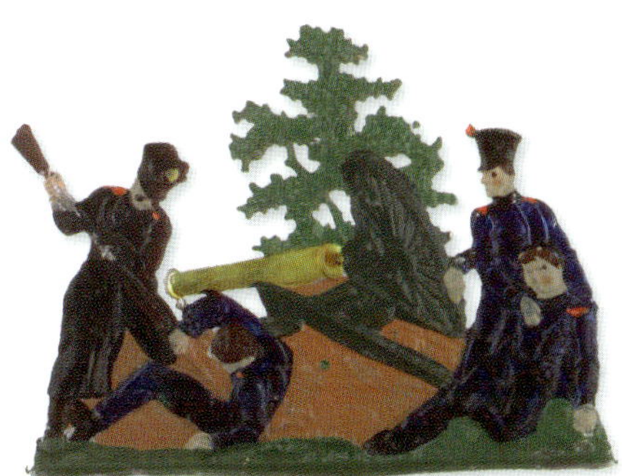

Russische Infanterie erobert französisches Geschütz bei Großgörschen (*, gr. 1903)

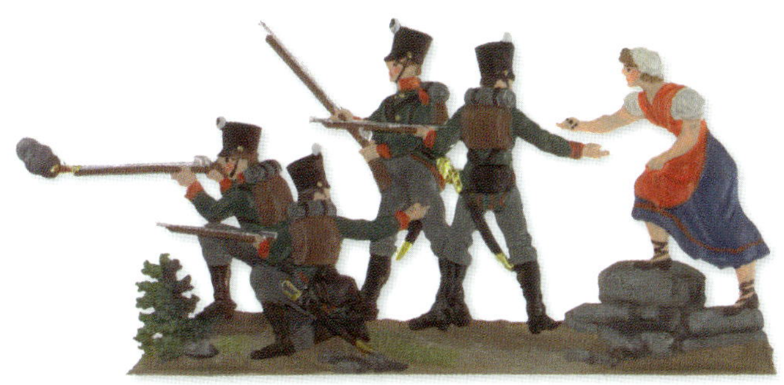

Johanna Stegen bringt preußischen Jägern bei Lüneburg neue Munition, da diese ausgegangen war (**, gr. 1913)

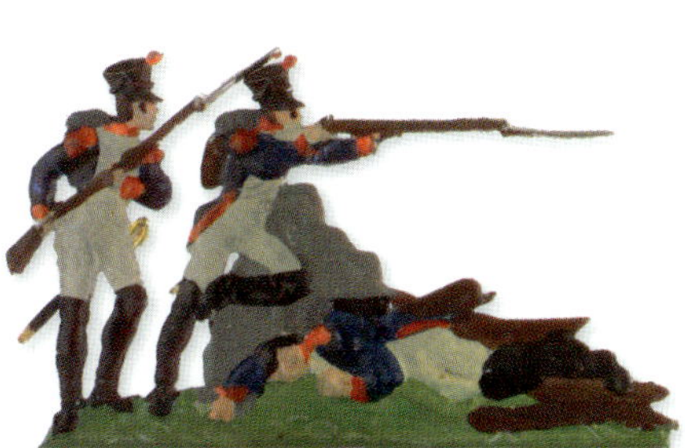

Französische Infanterie bei Dresden (*, gr. 1907)

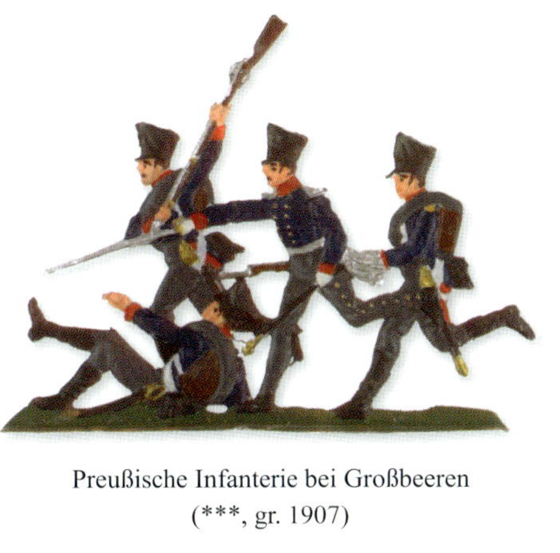

Preußische Infanterie bei Großbeeren (***, gr. 1907)

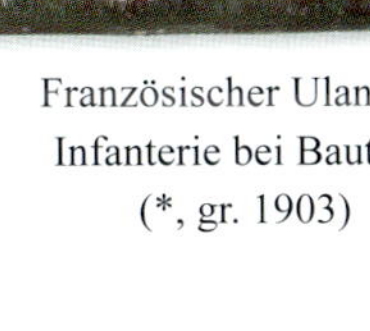

Französischer Ulan und Infanterie bei Bautzen (*, gr. 1903)

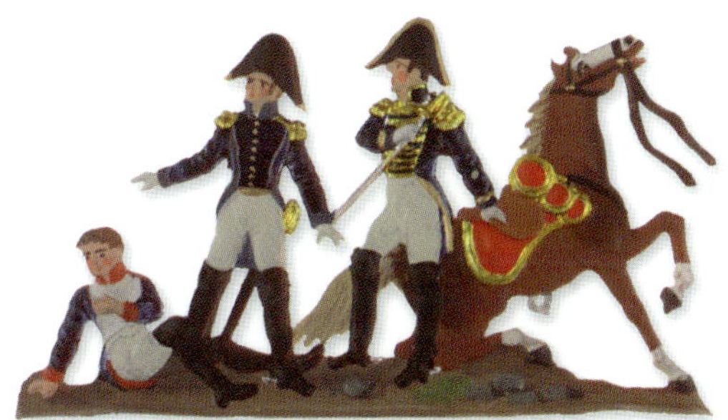

Der französische General Vandamme wird bei Kulm gefangen genommen (**, gr. 1913)

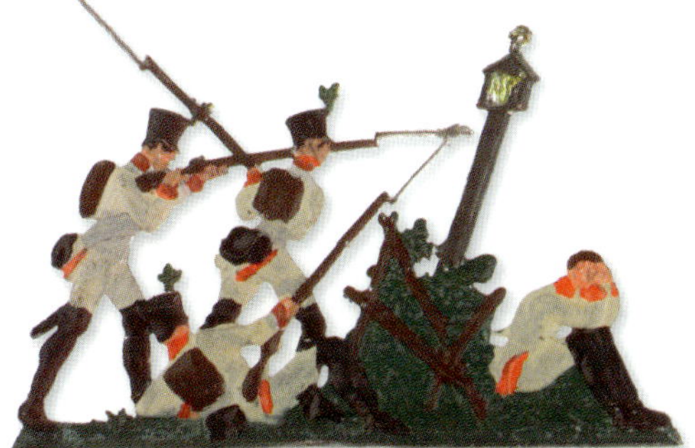

Österreichische Infanterie bei Kulm (*, gr. 1908)

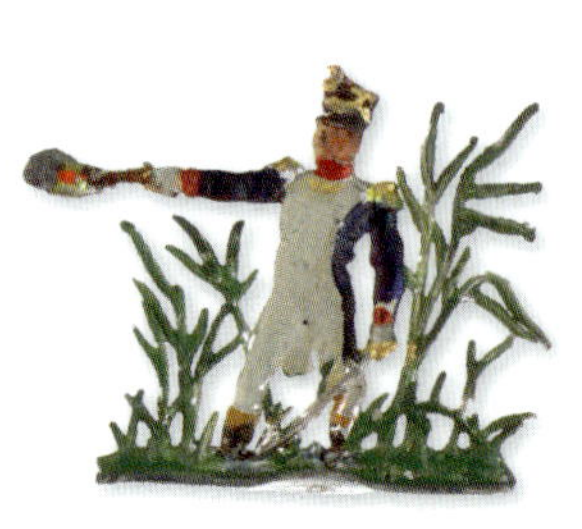
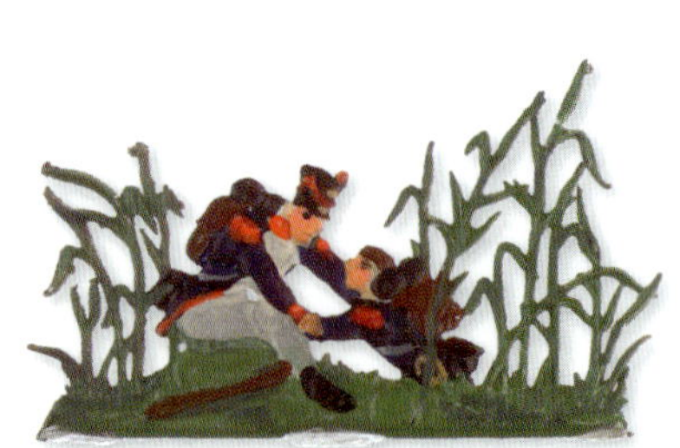
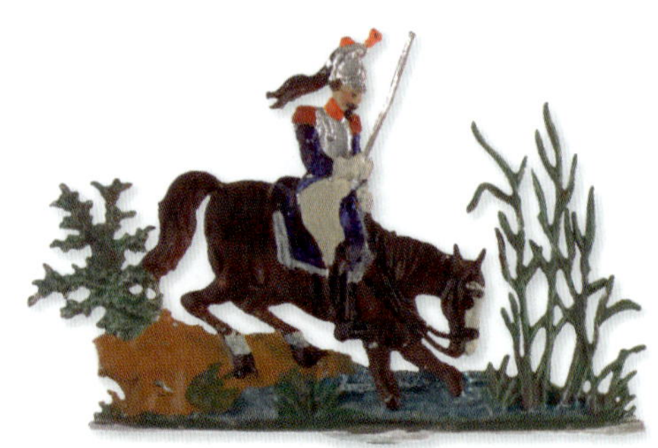

Schlacht an der Katzbach (*, gr. 1907)

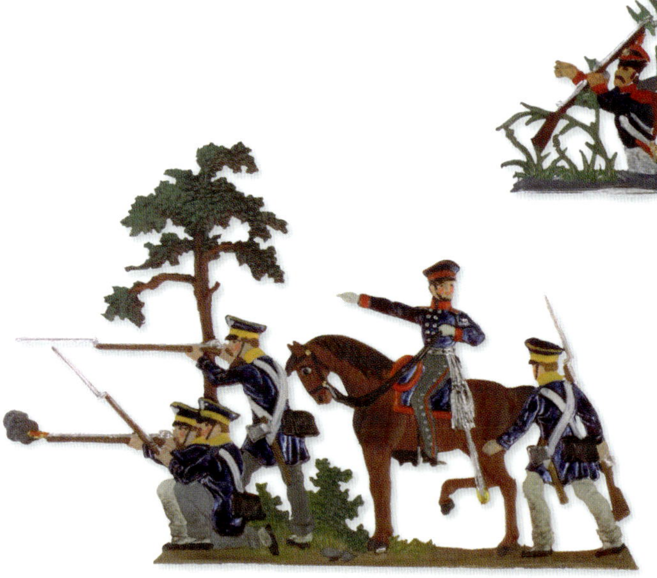

General Bülow mit preußischer Landwehr
bei Dennewitz (**, gr. 1913)

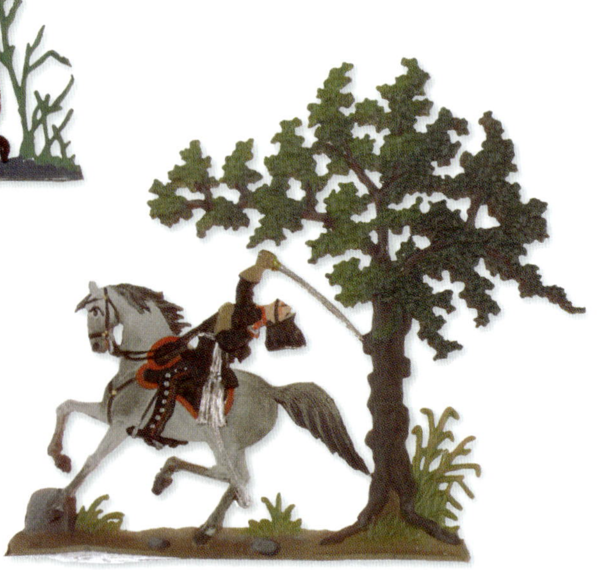

Theodor Körner fällt bei Gadebusch
(**. 1912)

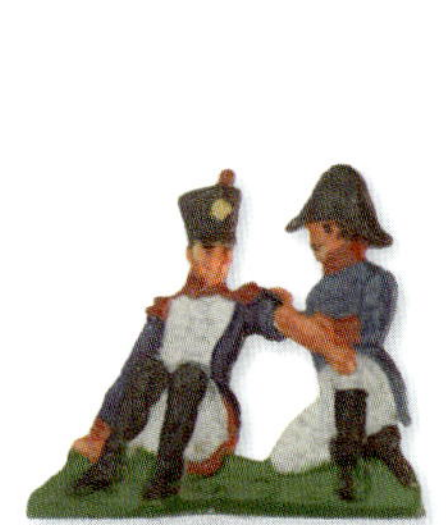
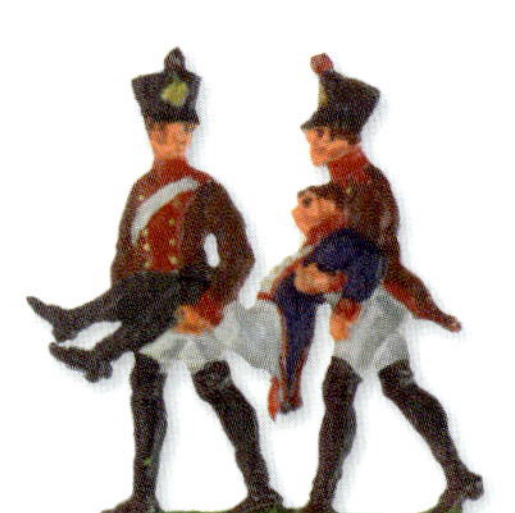
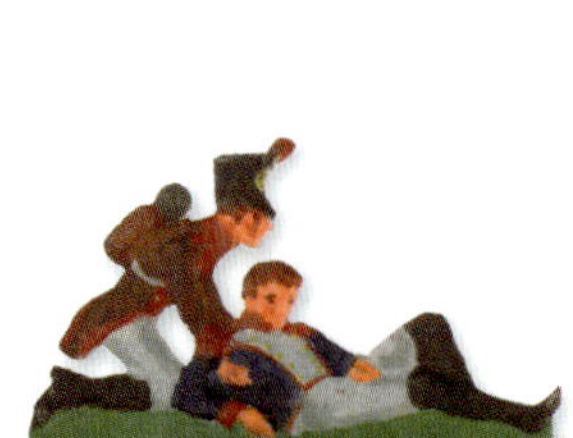
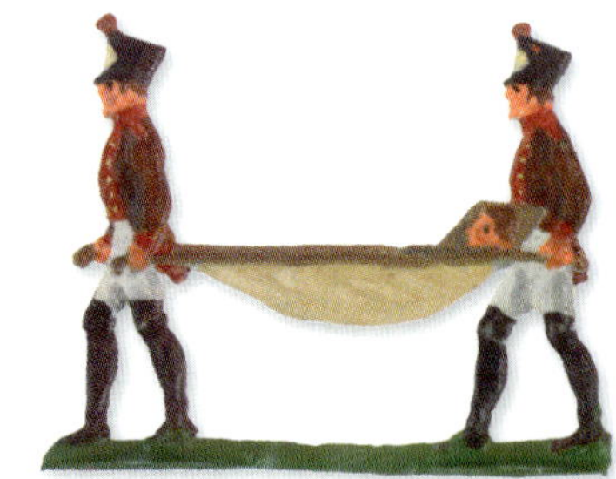

Französische Sanität (***, gr. 1913)

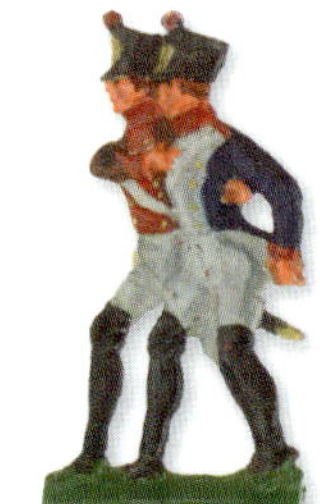
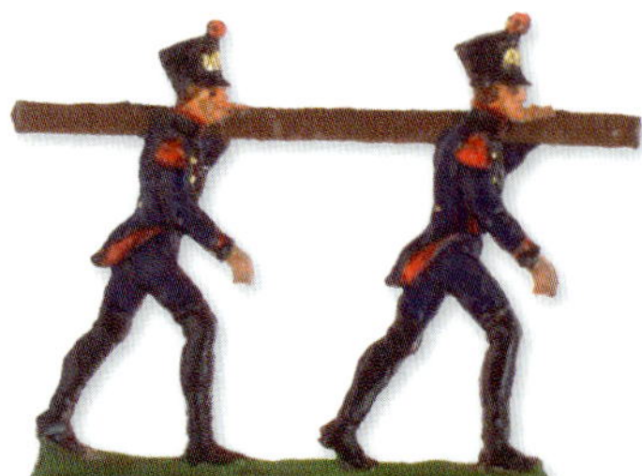
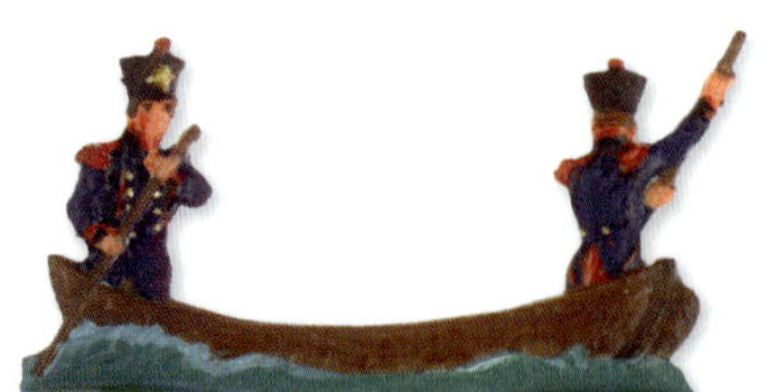

Französische Pontoniere (***, gr. 1913)

Französisches Infanterie- und Kavallerie-Lager

(***, gr. 1913)

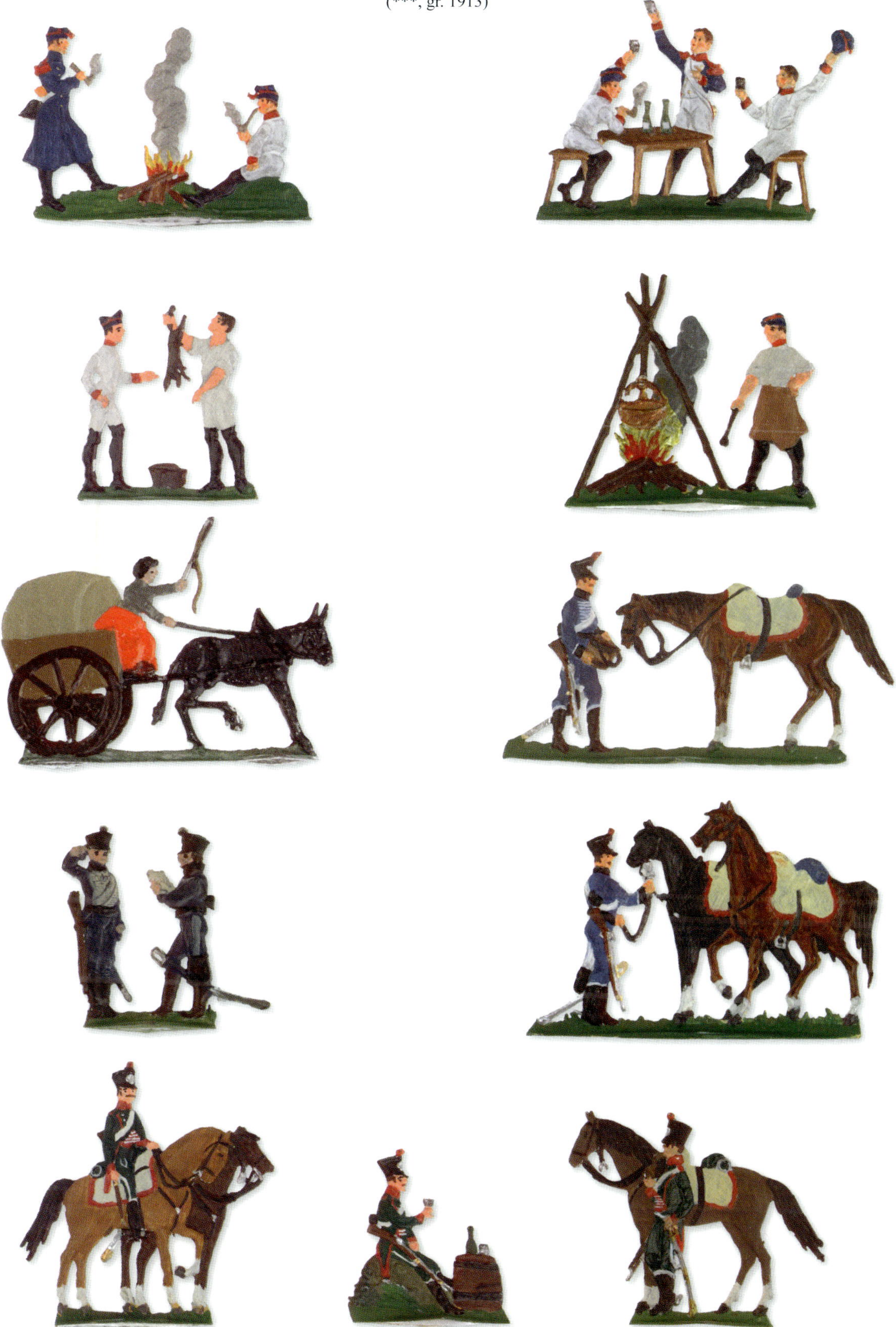

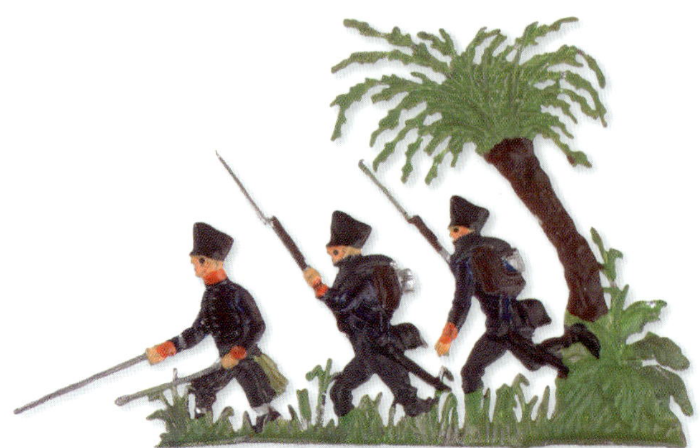

Preußische Infanterie in den Sümpfen
bei Wartenburg (*, gr. 1913)

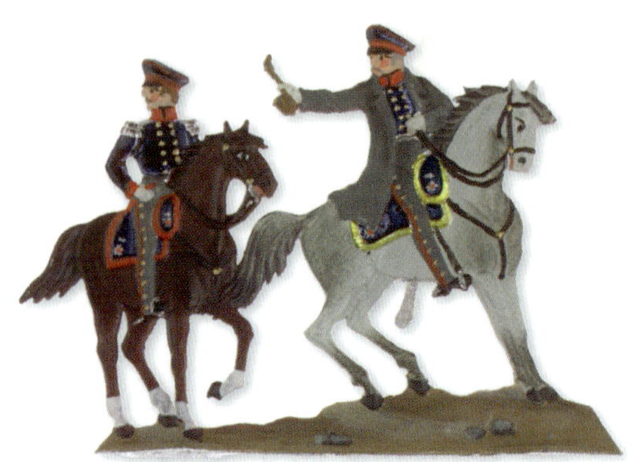

Blücher mit Pfeife zeigend
und Stabsoffizier bei Möckern
(**, gr. 1913)

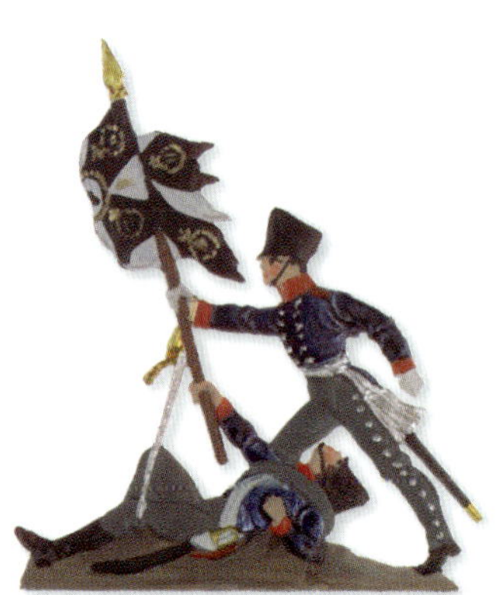

Preußische Infanterie bei Möckern
(**, gr. 1913)

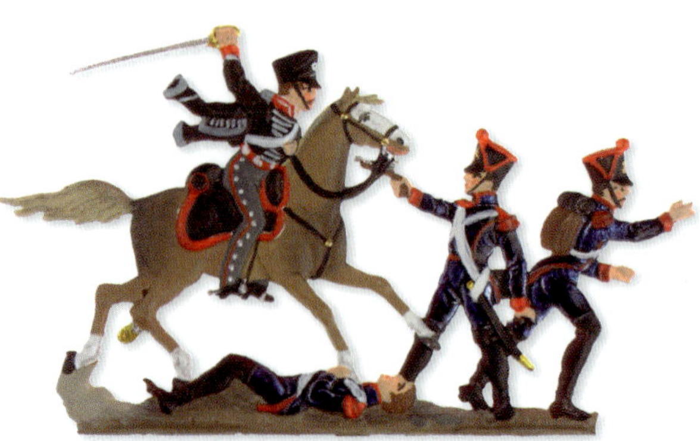

Preußischer Leibhusar gegen französische
Artillerie bei Möckern (**, gr. 1913)

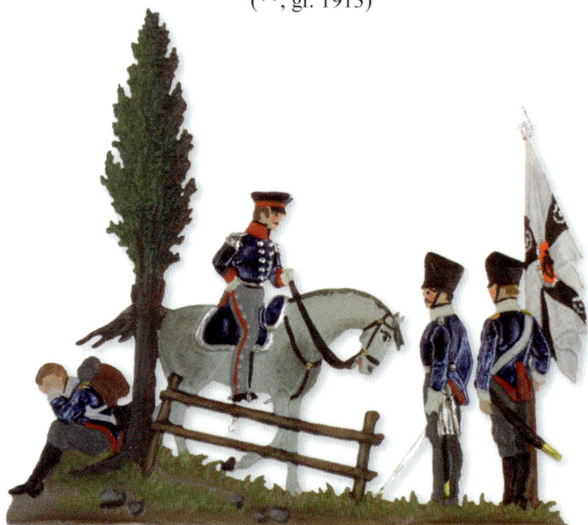

General Kleist mit preußischer Infanterie
bei Wachau (**, gr. 1913)

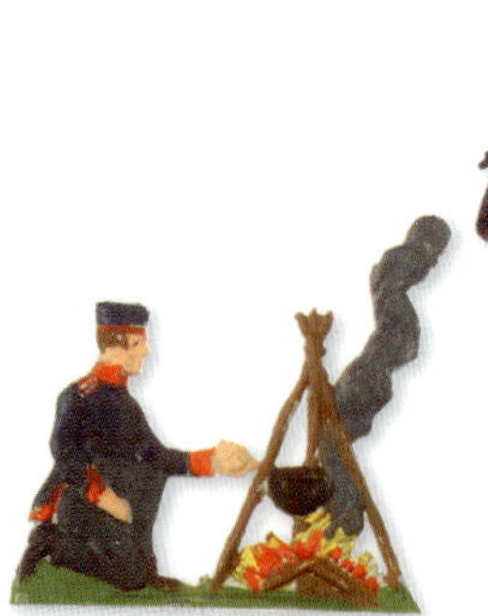

Preußischer Infanterist
um 1813 (*** gr. 1937)

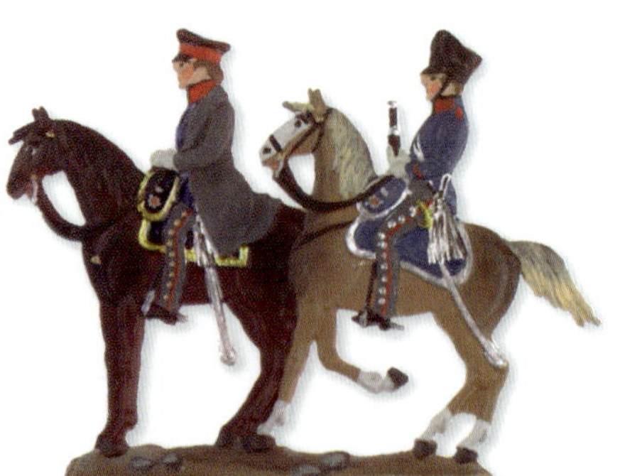

General York mit Dragoneroffizier
bei Möckern (**, gr. 1913)

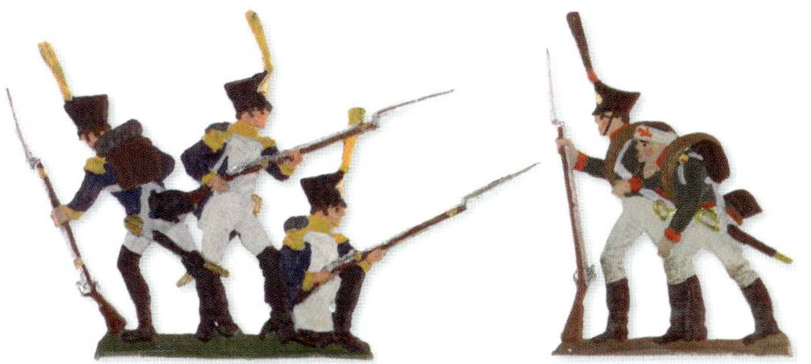

Französische Gardeinfanterie bei Lösnitz (***, gr. 1913)

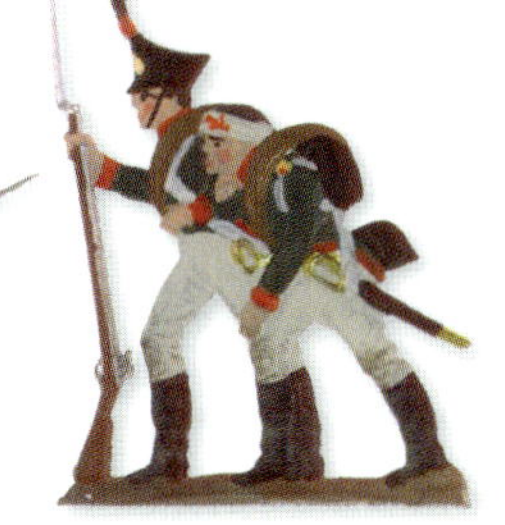

Russischer Gardeinfanterist mit Verwundetem bei Schönefeld (***, gr. 1913)

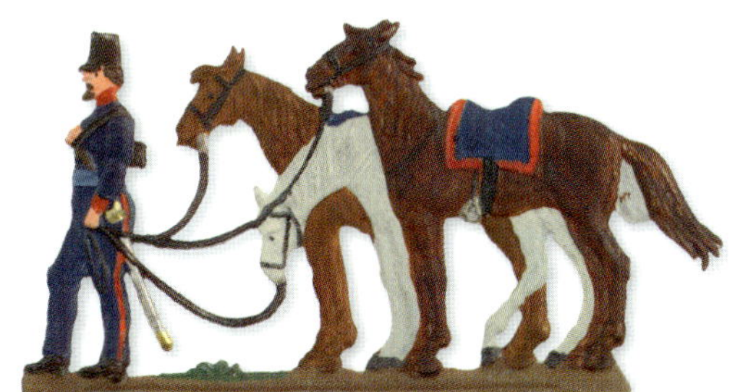

Russischer Kosaken-Pferdehalter

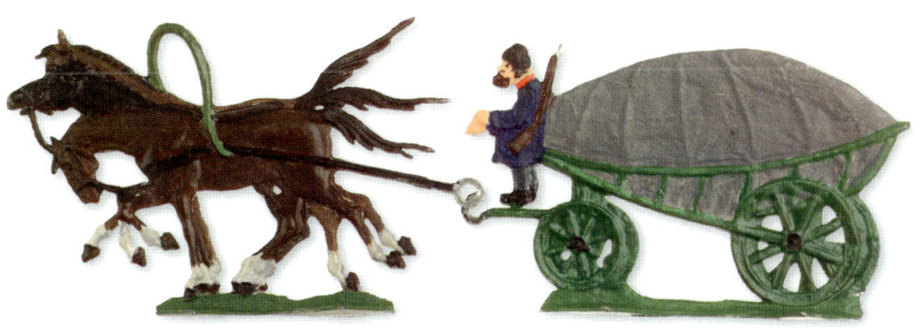

Kosaken-Troika (***, gr. 1913)

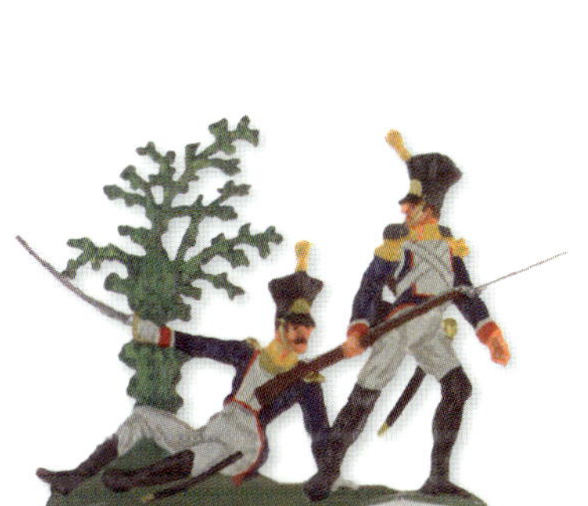

Polnische Infanterie bei Stötteritz (***, gr. 1913)

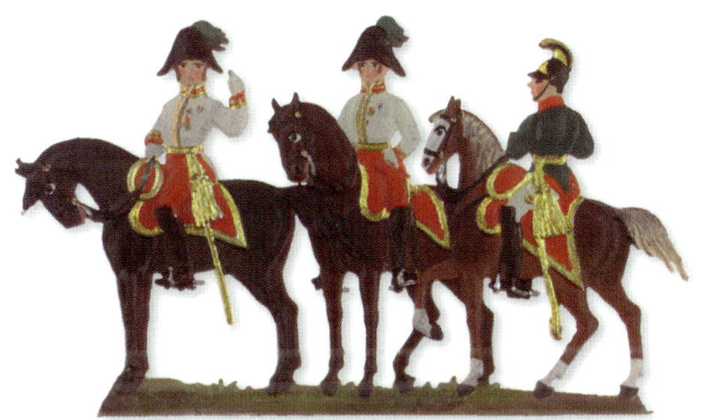

Fürst Schwarzenberg mit österreichischem General und Kürassierobersten bei Stötteritz (**, gr. 1913)

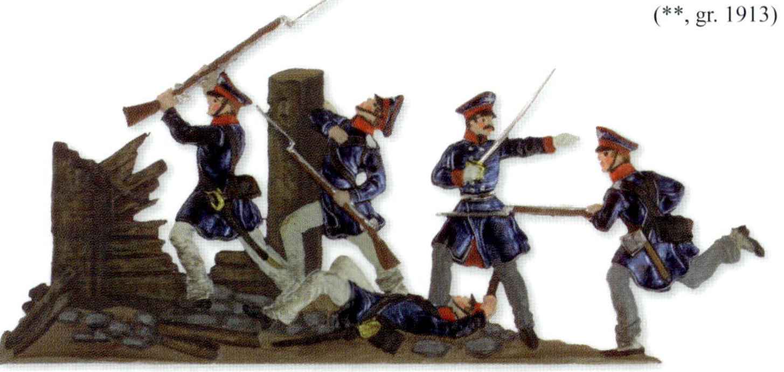

Preußische Landwehr beim Sturm auf das Grimma‘sche Tor (**, gr. 1913)

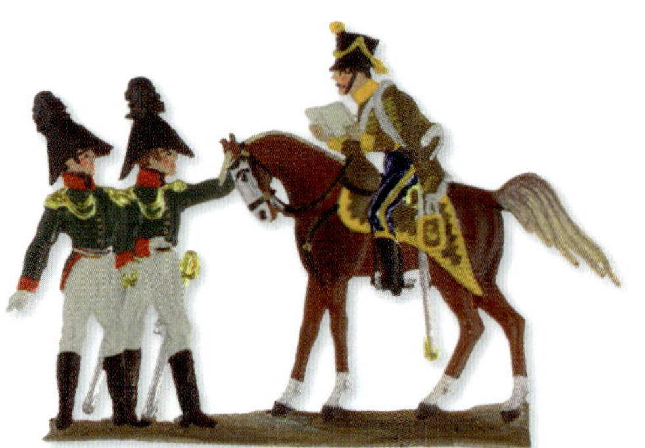

Russische Generäle erteilen Husaren einen
Befehl bei Schönefeld (**, gr. 1913)

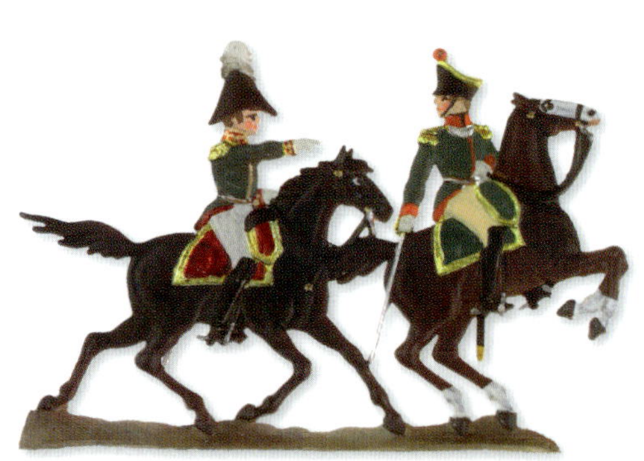

Russischer General Langeron und Infanterieoberst
bei Probsthaida
(**, gr. 1913)

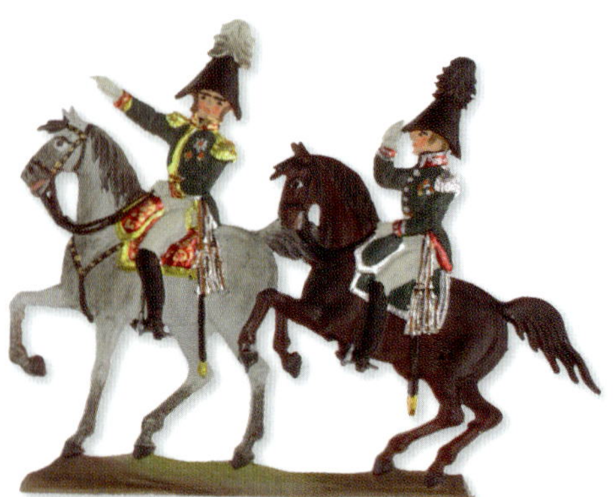

Zar Alexander von Russland und Adjutant
bei Probsthaida
(**, gr. 1913)

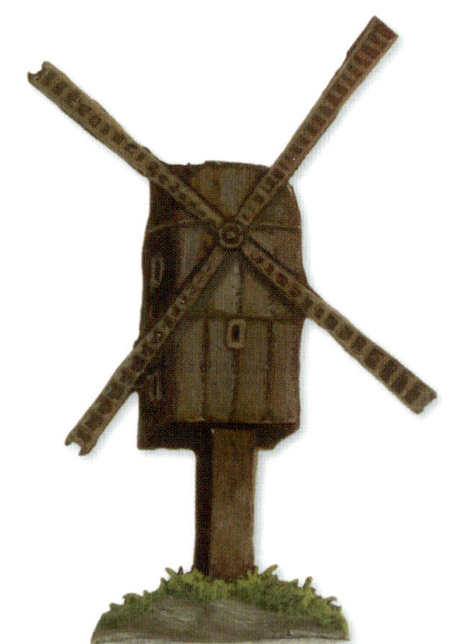

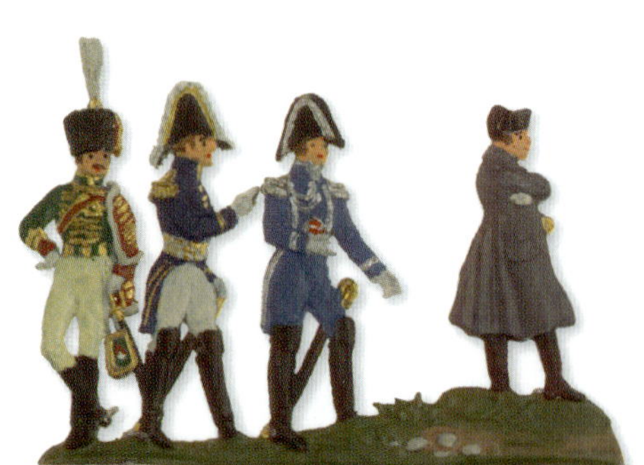

Napoleon mit Stab bei Probsthaida
(**, gr. 1913)

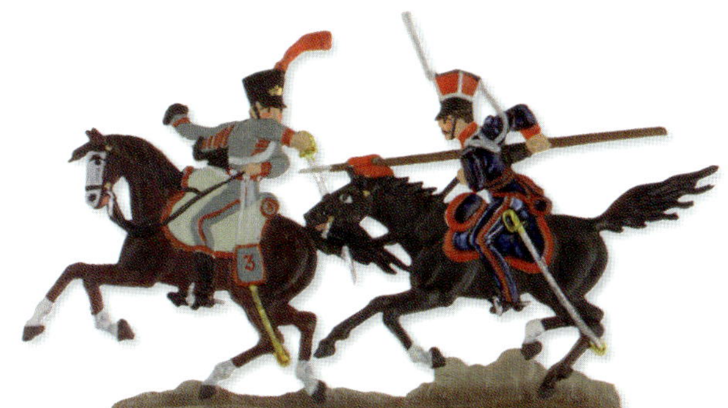

Reitergefecht zwischen russischem Ulanen und französischem Husaren bei Liebertwolkwitz (**, gr. 1913)

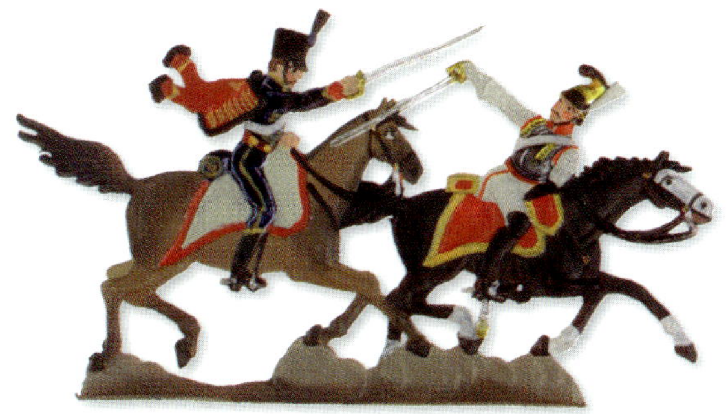

Reitergefecht zwischen französischem Husaren und österreichischem Kürassier bei Markkleeberg (**, gr. 1913)

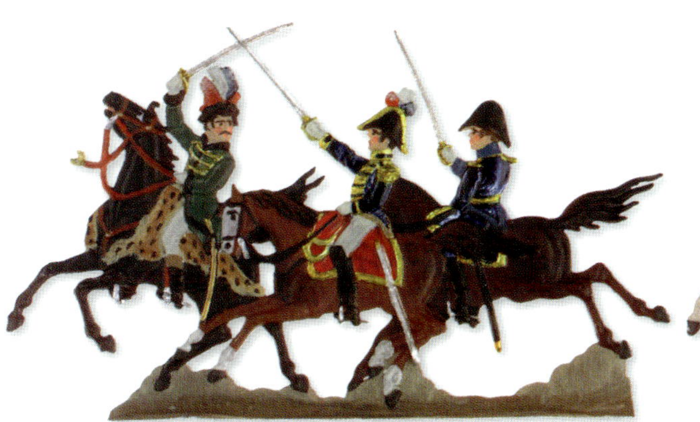

Marschall Murat mit General und Stallmeister bei Liebertwolkwitz (**, gr. 1913)

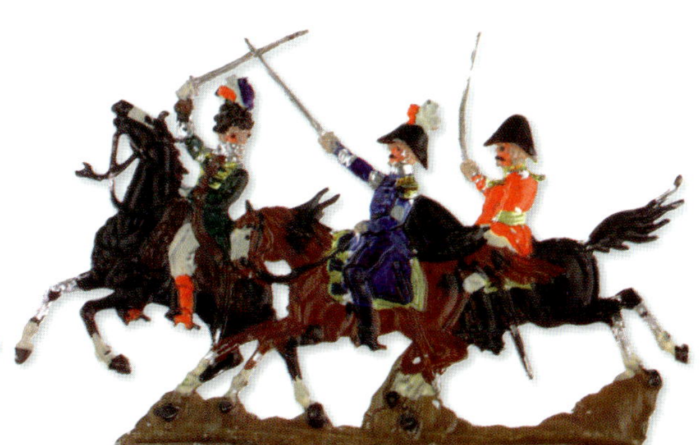

Die gleiche Gruppe in Originalbemalung

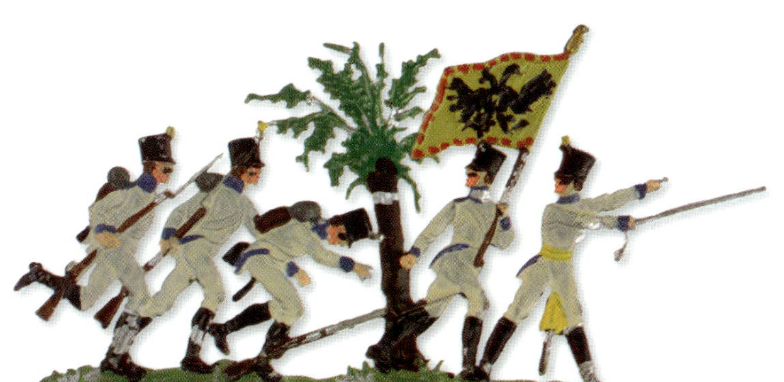

Österreichische Infanterie bei Dölitz (*, gr. 1913)

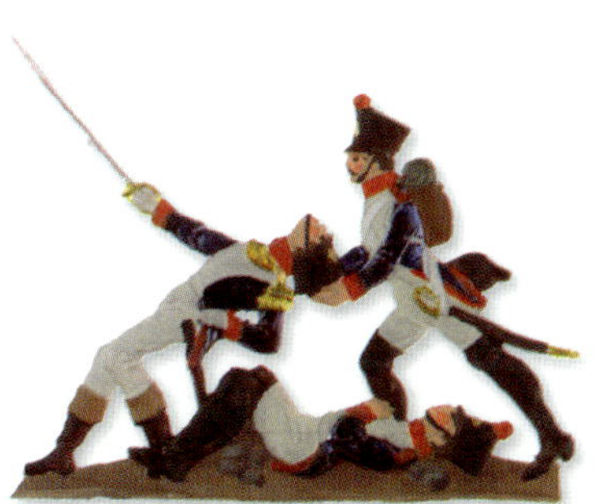

Französische Infanterie bei Dölitz (**, gr. 1913)

Zum 50-jährigen Jubiläum der Schlacht bei Leipzig
1863 entworfen und graviert von Wilhelm Heinrichsen

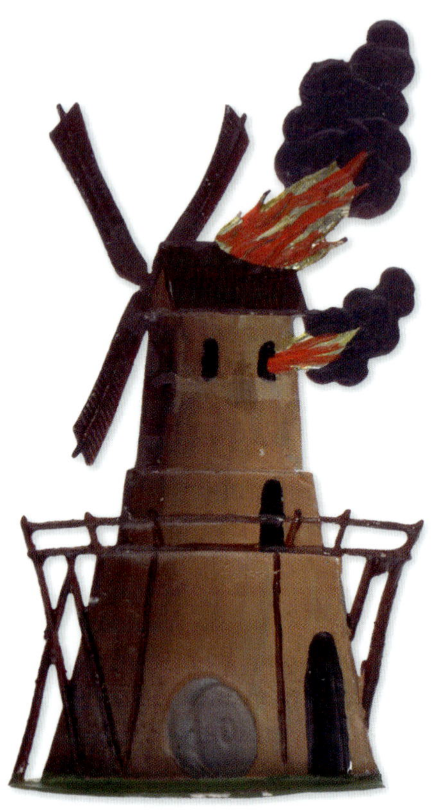

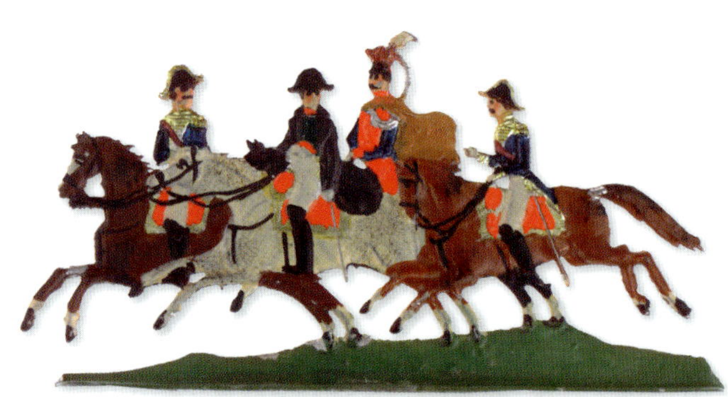

Napoleon mit Poniatowski und Generälen
in der Völkerschlacht bei Leipzig
(*, die beiden Namen sind auf dem
Fußbrett eingraviert)

Gravurzeichnung

Zum 50-jährigen Jubiläum der Schlacht bei Leipzig
1863 entworfen und graviert von Wilhelm Heinrichsen

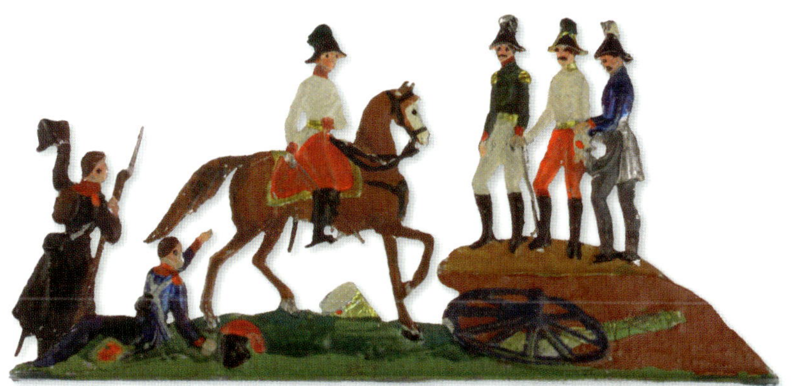

Fürst Schwarzenberg (zu Pferd) teilt den
drei Monarchen den Sieg über Napoleon mit
(*, gr. 1863)

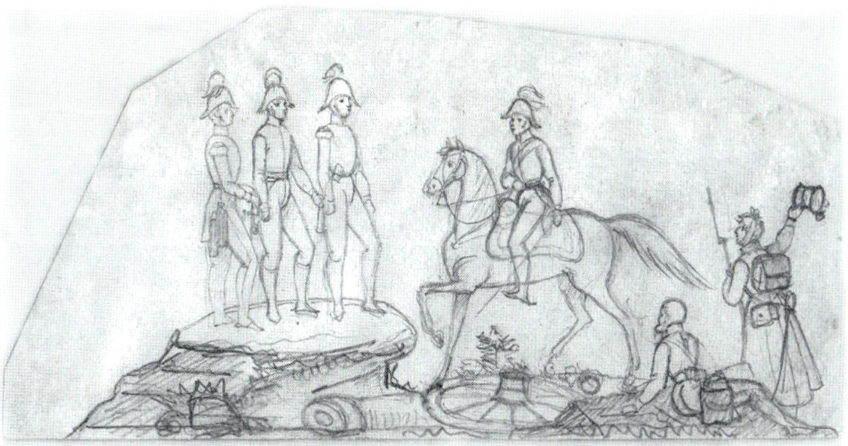

Gravurzeichnung

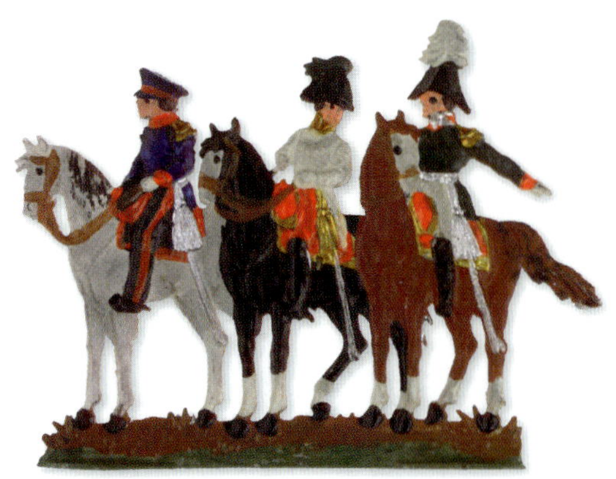

Die drei Monarchen bei Leipzig
(*, gr. 1913)

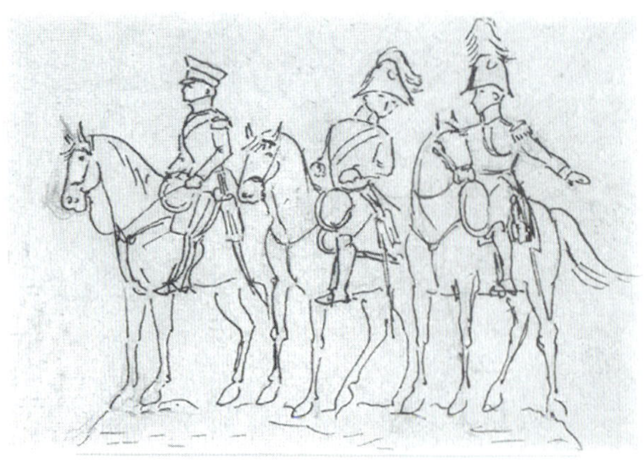

Gravurzeichnung

Schlacht bei Waterloo 1815

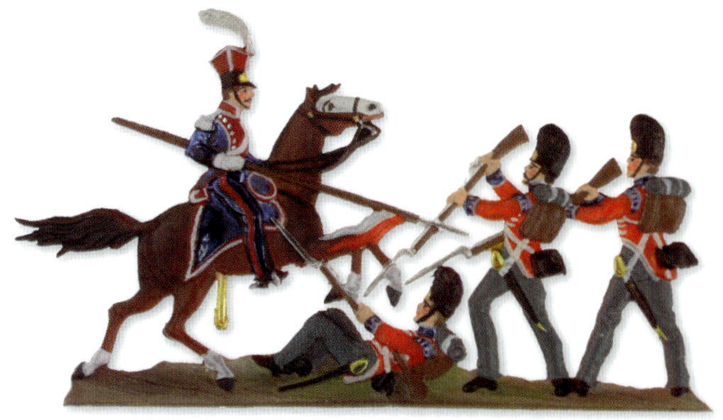

Angriff der französischen Garde-Lanciers gegen
die Karrées der englischen Grenadiere
(**, gr. 1913)

Französische reitende Gardeartillerie bei Waterloo

(Bemalung Leopold Rieche, gr. 1910/11)

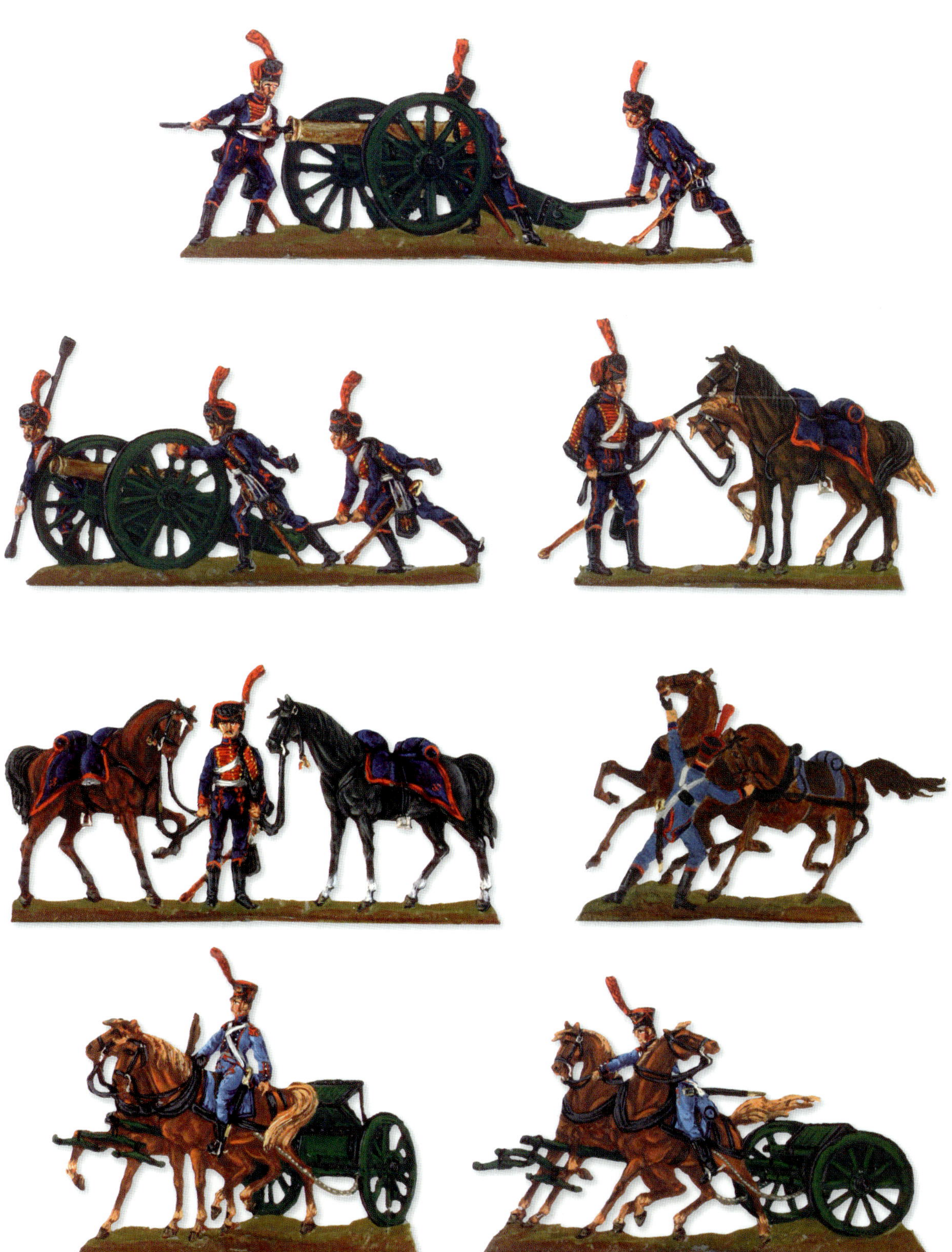

Zum 50-jährigen Jubiläum der Schlacht bei Waterloo
1865 entworfen und graviert von Wilhelm Heinrichsen

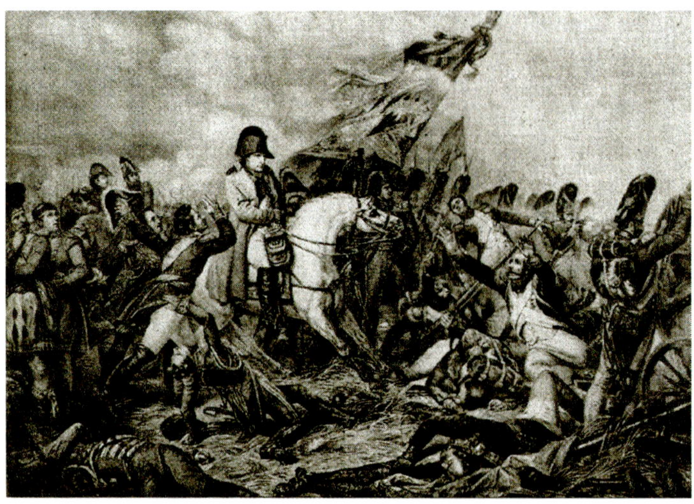

Napoleon in der Schlacht von Waterloo, Gemälde von Charles Louis de Steuben
Zeichnungsvorlage

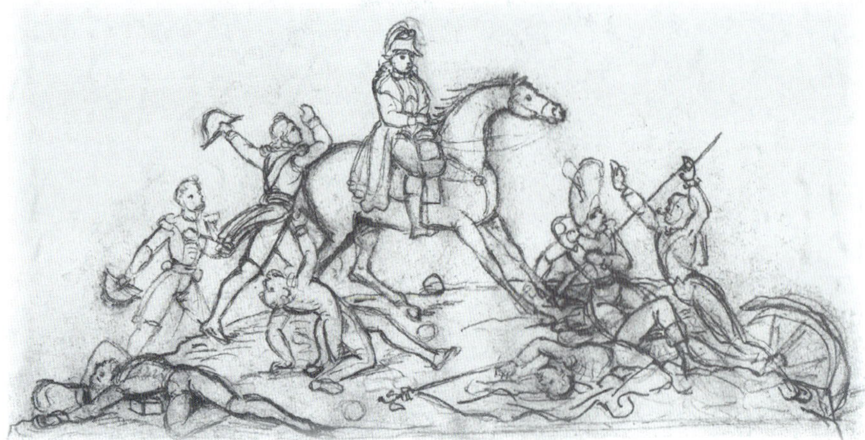

Gravurzeichnung

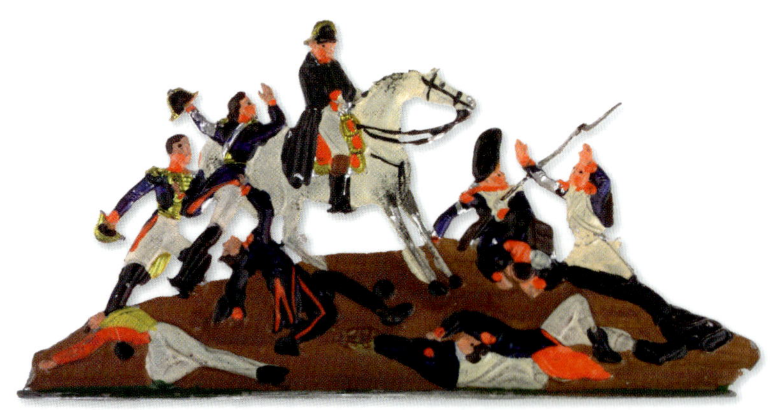

Napoleon wird von seinen Generälen gedrängt,
das Schlachtfeld zu verlassen (*, gr. 1865)

Zum 50-jährigen Jubiläum der Schlacht bei Waterloo
1865 entworfen und graviert von Wilhelm Heinrichsen

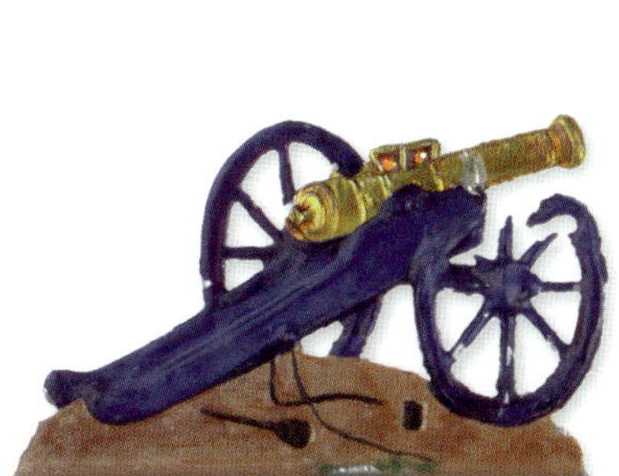

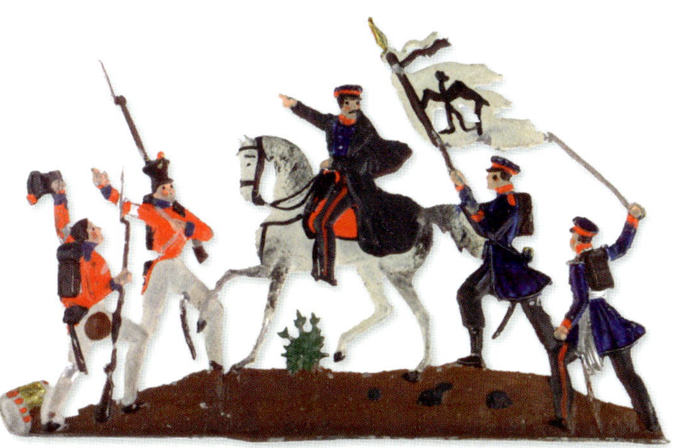

Der preußische General Blücher trifft auf dem Schlachtfeld von Waterloo mit den Engländern zusammen (*,gr,1865)

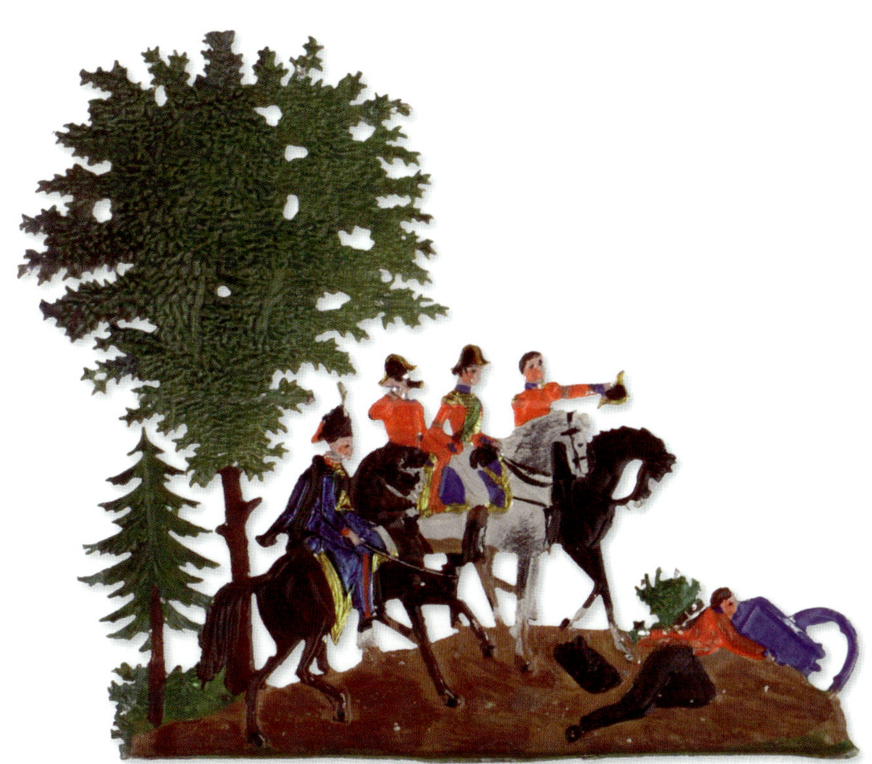

Der englische General Wellington (auf Schimmel) mit seinem Stab auf dem Schlachtfeld von Waterloo (*, gr. 1865)

5. Kapitel

Epoche von 1840 - 1880

Krim-Krieg 1853-55: Alma, Inkerman, Tschernaja
Krieg in Oberitalien 1859: Magenta, Solferino
Deutsch-Dänischer Krieg: Düppel
Deutsch-Österreichischer Krieg: Königgrätz, Lissa
Russisch-Türkischer Krieg: Schipka-Pass, Plewna

In diesem Kapitel finden sich viele sehr früh gravierte Gruppen, die eine unerhörte Lebendigkeit ausstrahlen. Die in den Jahren 1850 bis 1853 gravierten Figuren zu den Opiumkriegen (Engländer gegen Chinesen) sind die frühesten Gruppen in 30mm-Größe, die bei Heinrichsen produziert wurden. Zeitgleich erschienen auch die Figuren zum Krim-Krieg mit den dazu gehörenden englischen und türkischen Lagern von Balaklawa.

Zeitungen und Bilderbogen lieferten die Vorlagen, und die Ereignisse wurden recht zeitnah als Zinnfiguren herausgebracht. Die Form der Darstellung war wohl ein Novum zur damaligen Zeit, und die Nachfrage nach den Schlachtenpackungen war entsprechend groß.

Ernst und Wilhelm Heinrichsen haben viele dieser Gruppen selbst entworfen und graviert, daneben stcuerten auch Manfred Heideloff, die Professoren Wanderer und Jäger und der Lithograph Gräter Zeichnungen für Figuren bei.

Aufstand auf Kreta 1866

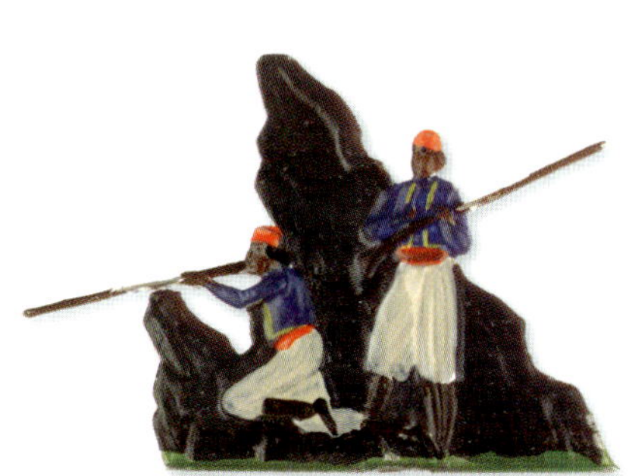

Griechische Aufständische im Hinterhalt
(*, gr. 1862)

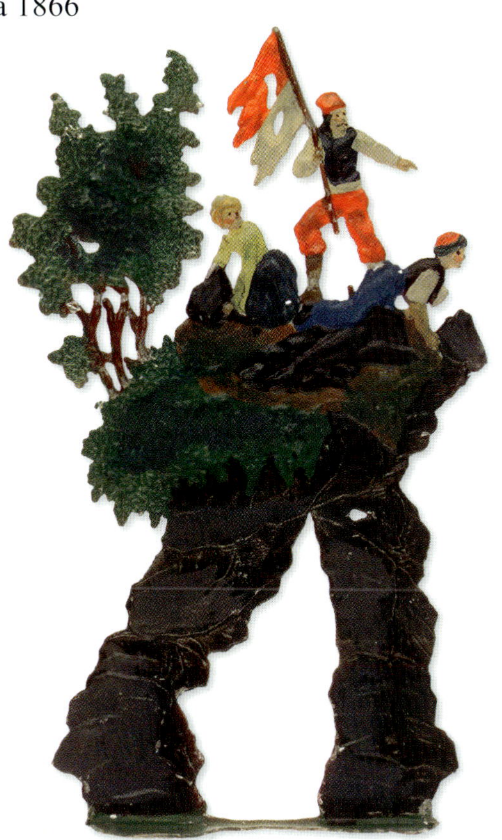

Griechische Aufständische auf Felsentor (wurde auch für den Bosnien-Aufstand 1878 verwendet)
(*, gr. 1878)

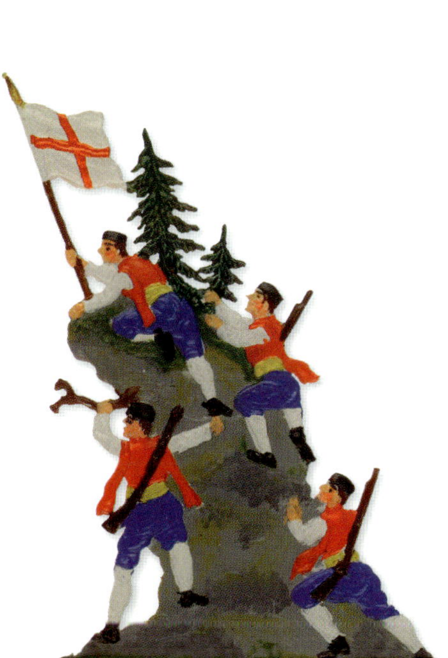

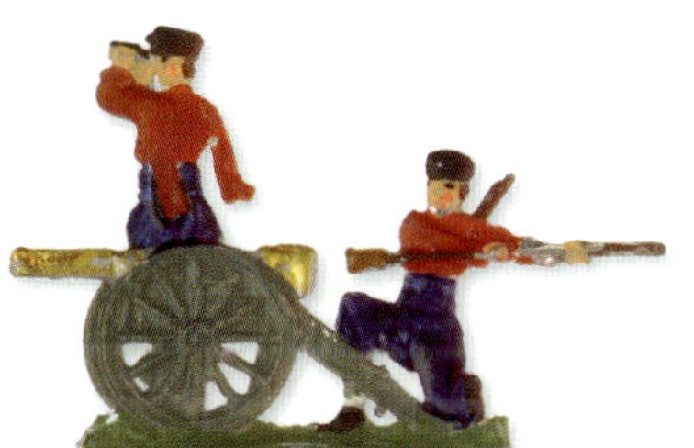

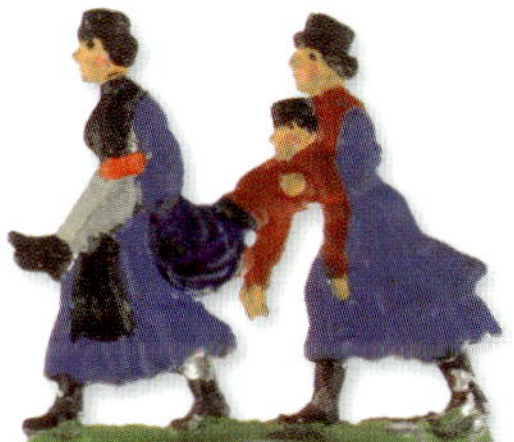

Montenegriner im Befreiungskrieg gegen die Türken (***, gr. 1912)

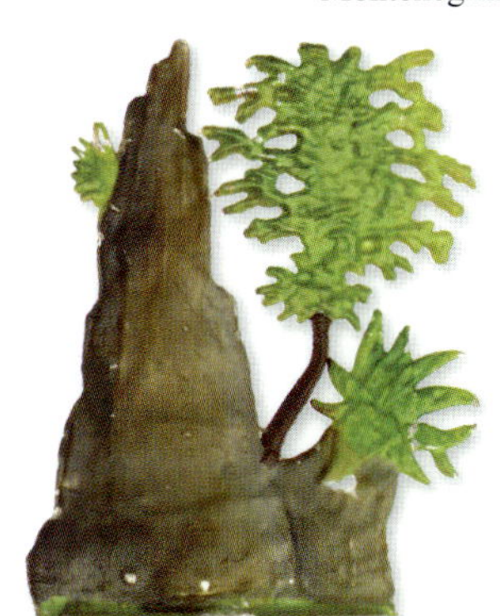

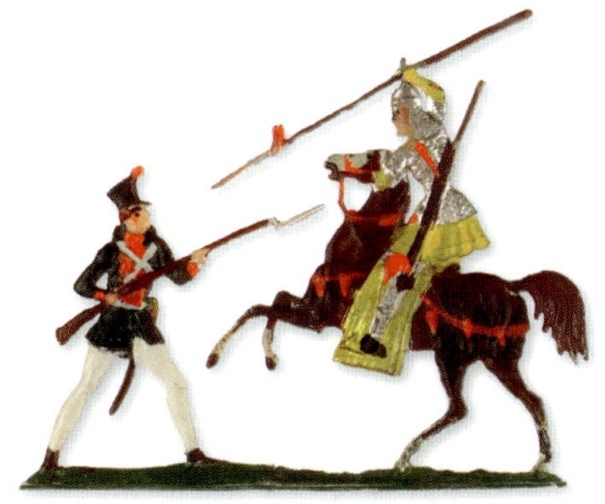

Gruppe aus der Tscherkessenschlacht gegen die Russen
1853-56 (*, gr. 1853)

Krimkrieg: Türkisches Lager bei Balaklawa

(*, gr. 1860)

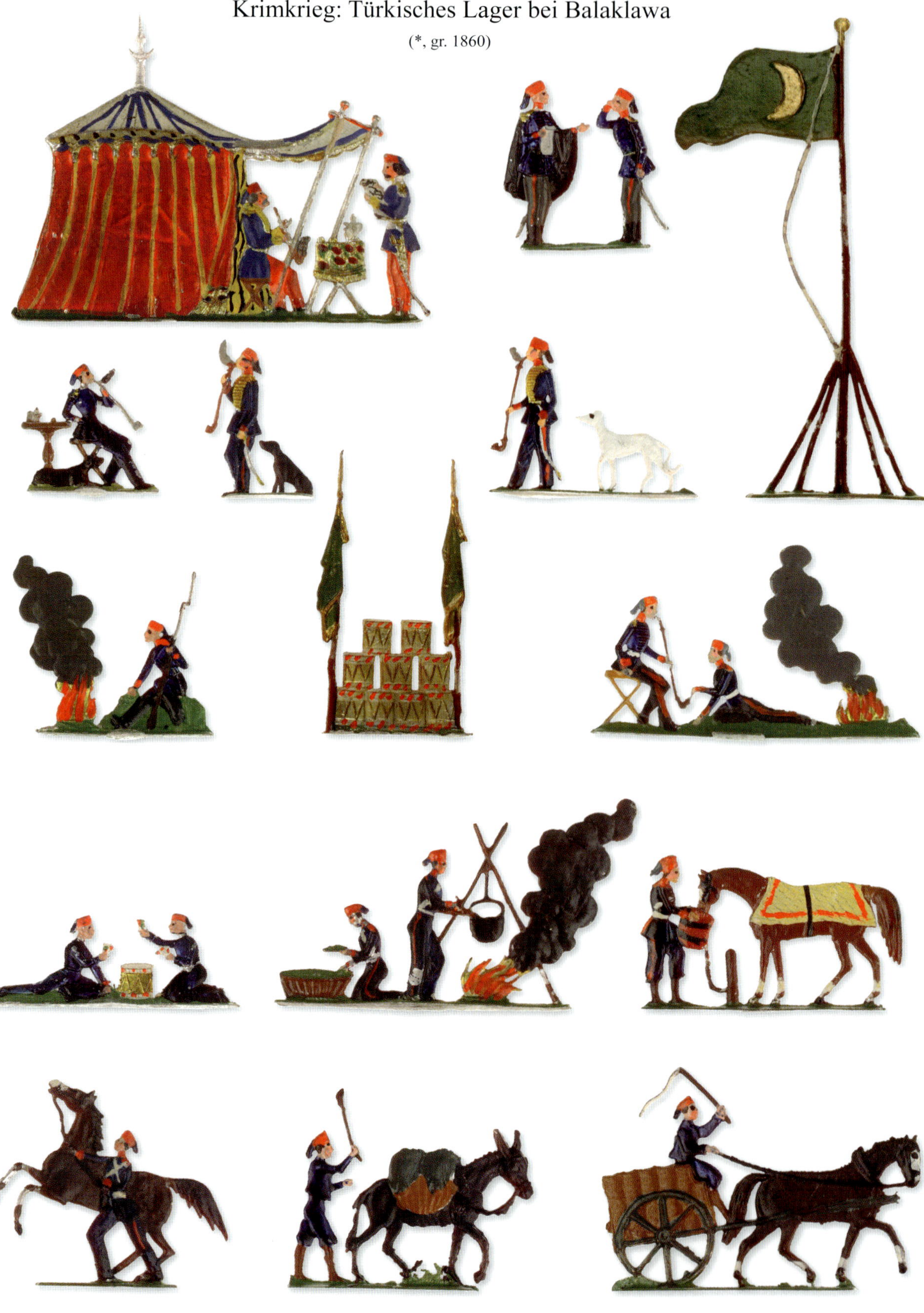

Krimkrieg: 1853-1856

(* u. ***, gr. 1853)

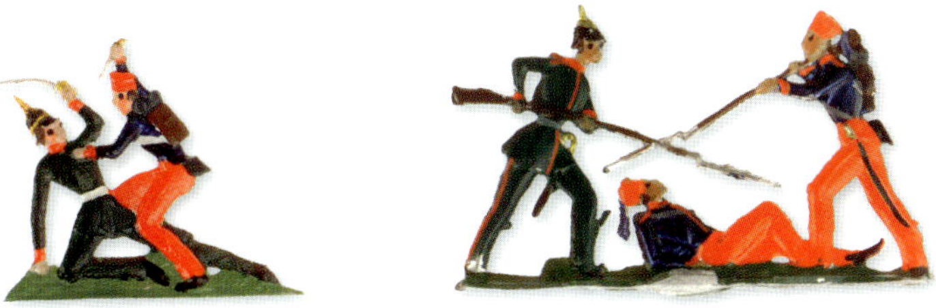

Kampfszenen aus der Schlacht an der Alma

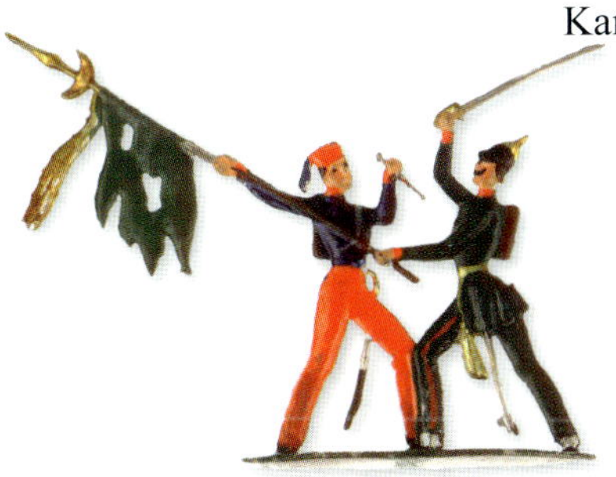

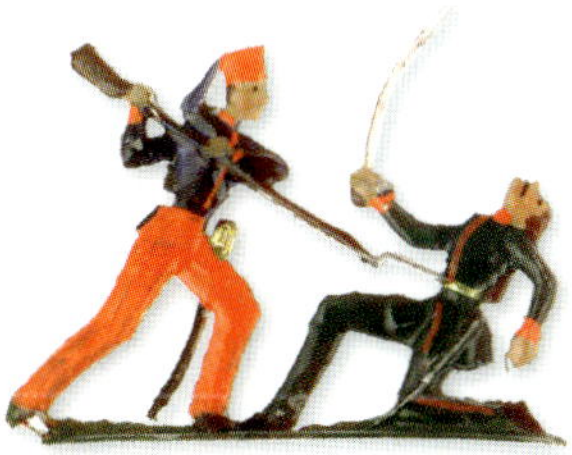

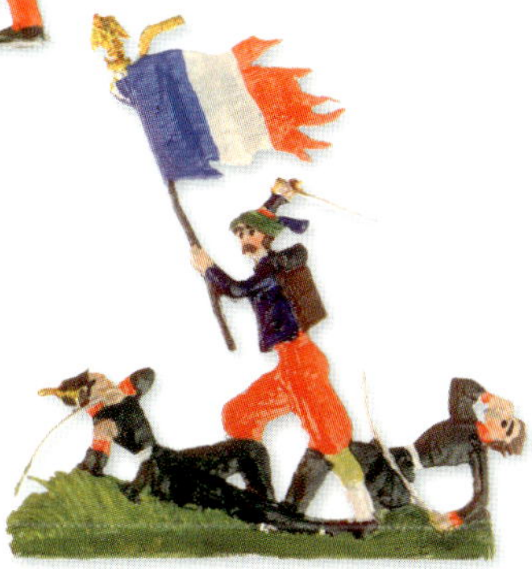

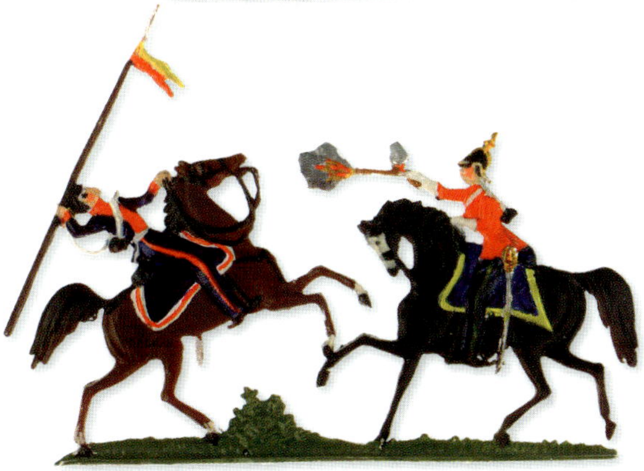

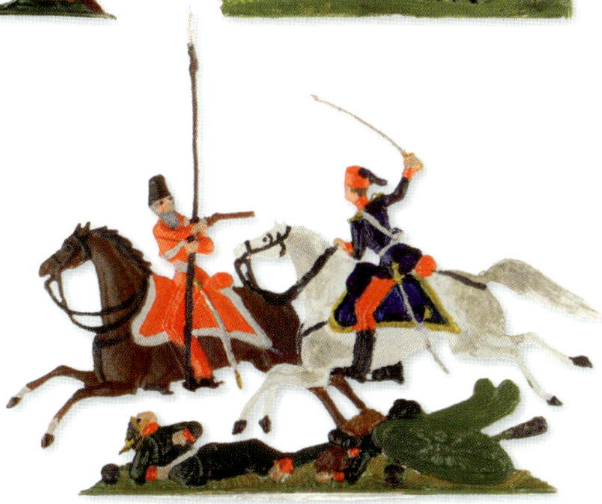

Gruppen zu den Kavallerie-Attacken bei Inkerman

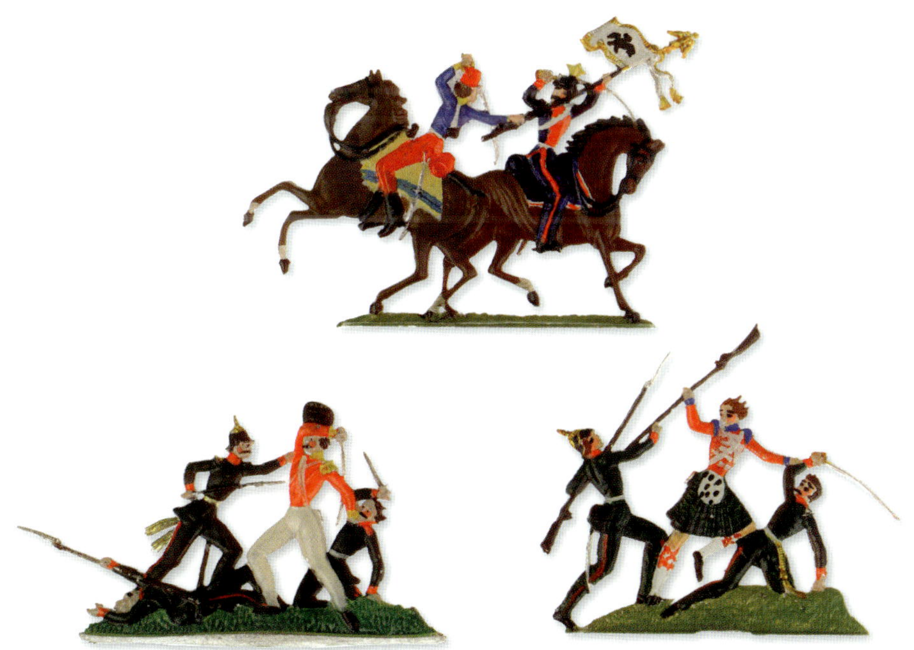

Gefecht an der Tschernaja

Englisches Lager um 1850

(***, gr. um 1850)

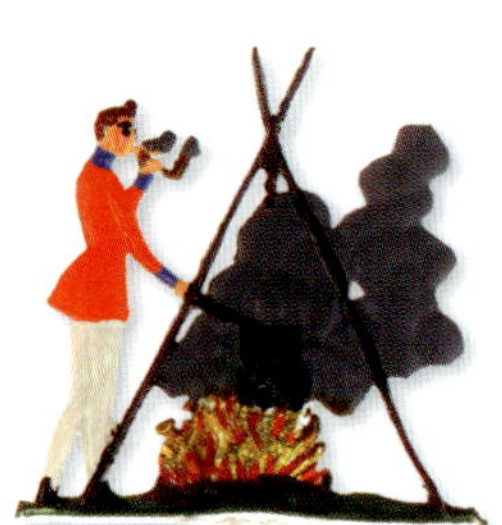

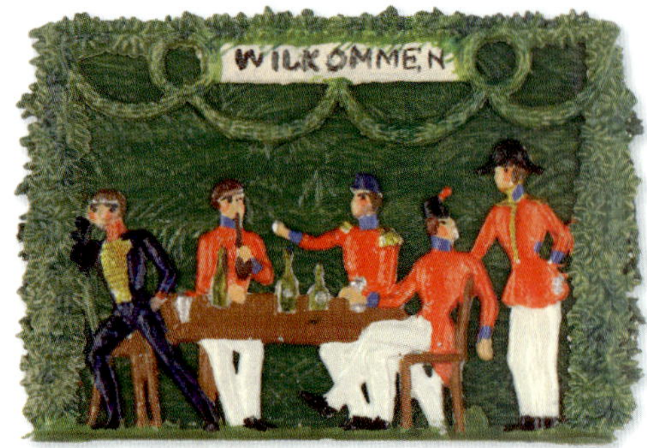

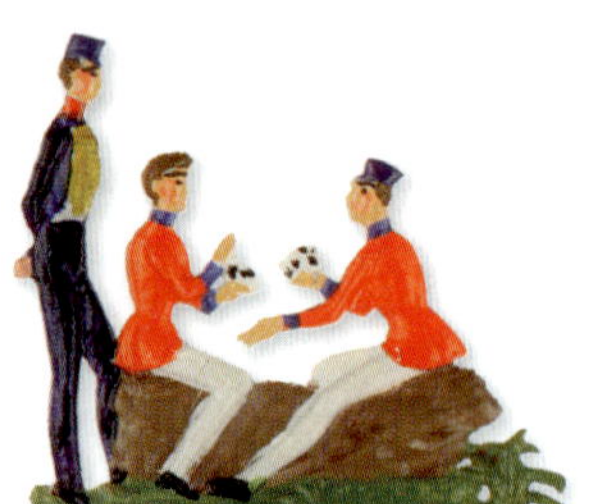

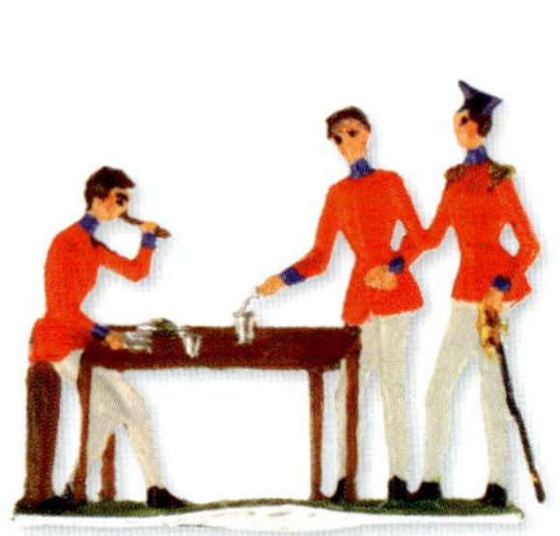

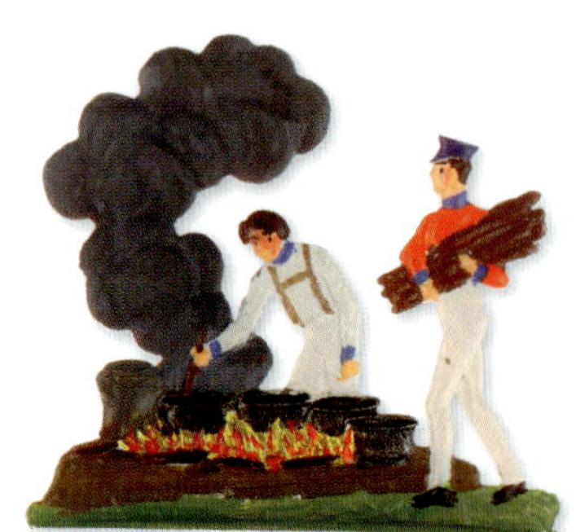

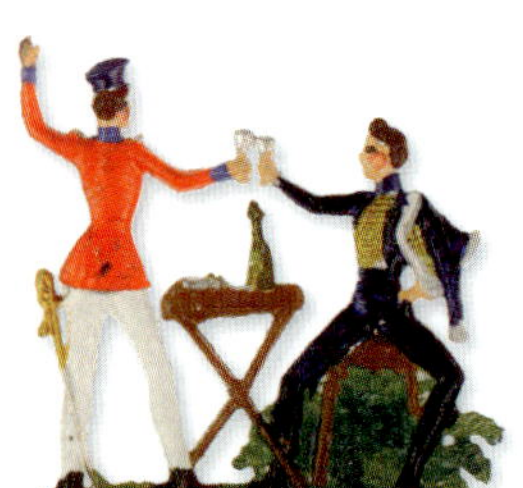

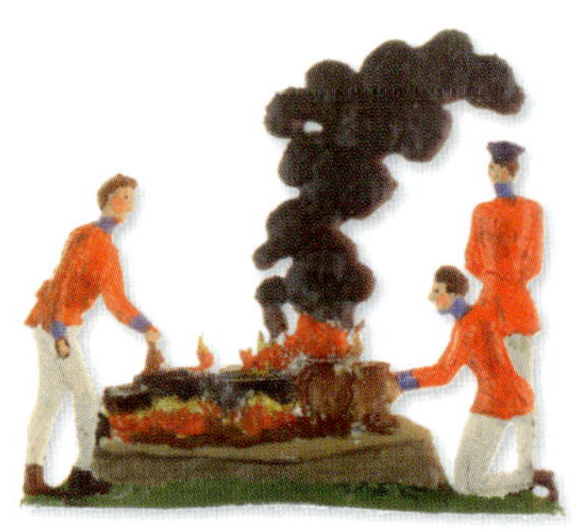

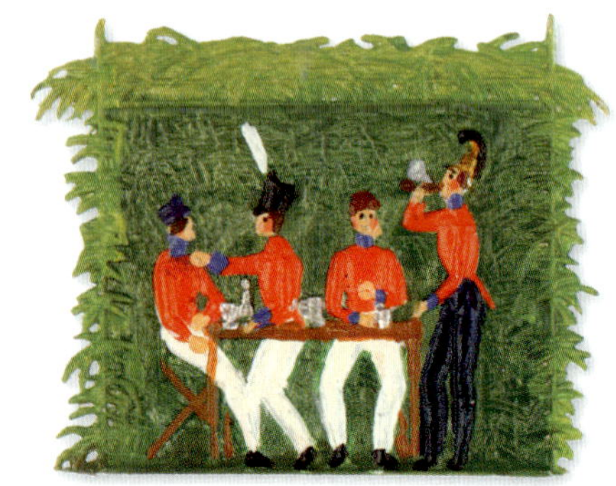

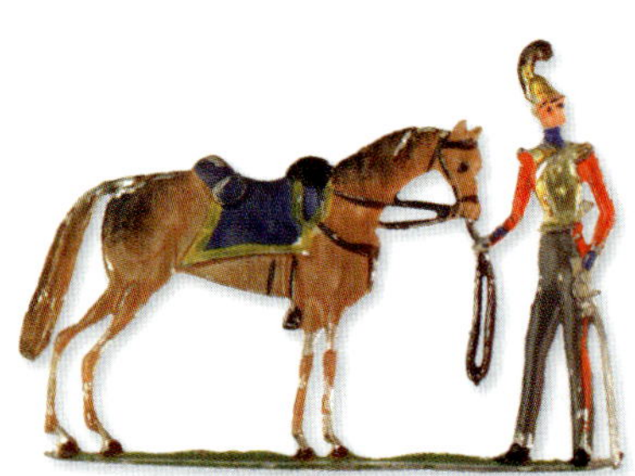

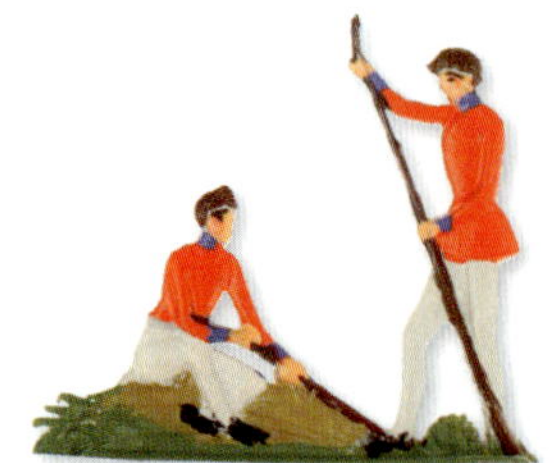

Französisches Lager um 1860

(*, gr. 1861)

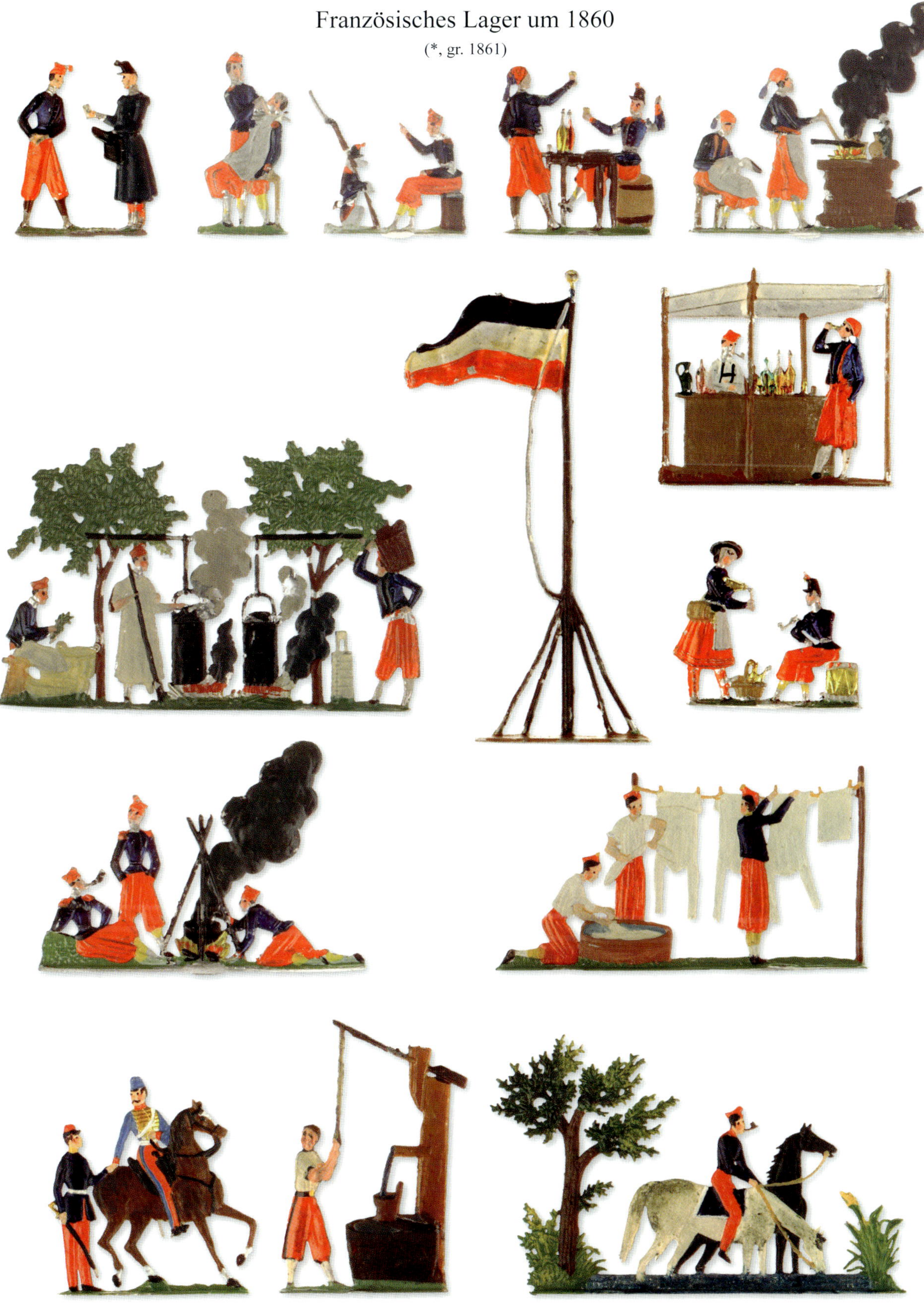

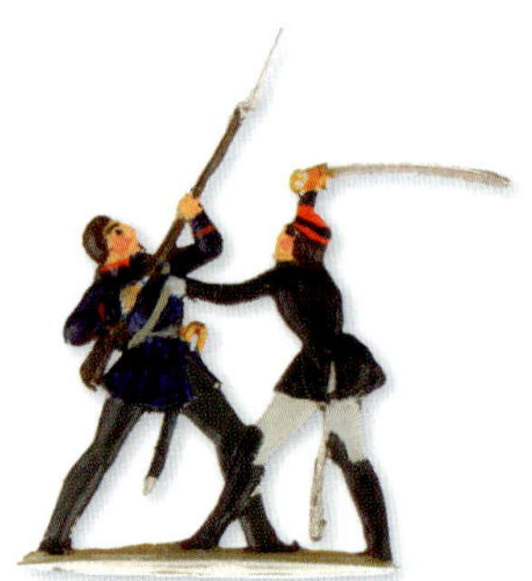

Revolution 1848 in Deutschland
Preußischer Infanterist
im Kampf mit einem Studenten
(***, gr. 1850)

Krieg in Oberitalien 1859

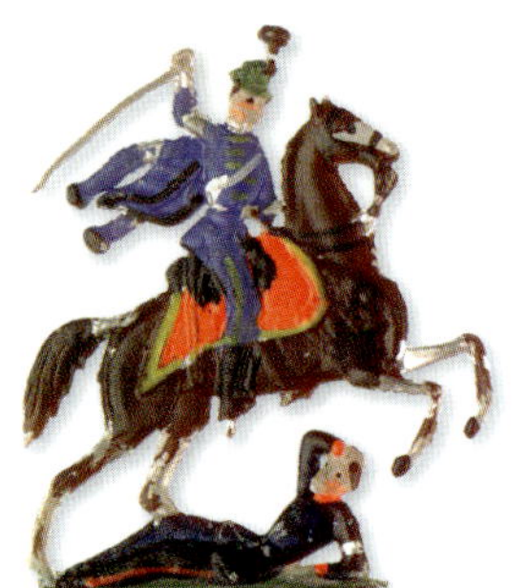

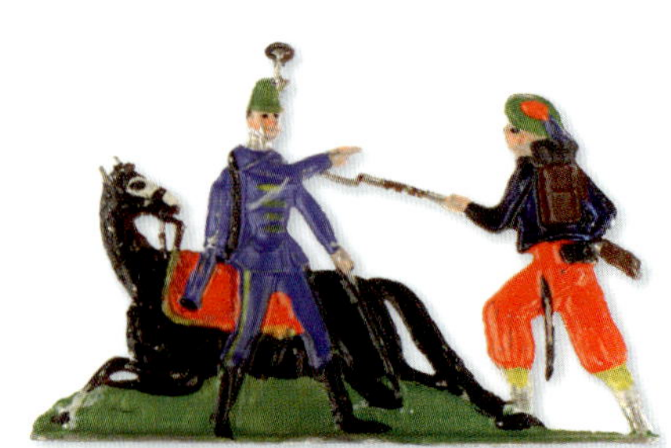

Schlacht bei Magenta
(*, gr. 1858)

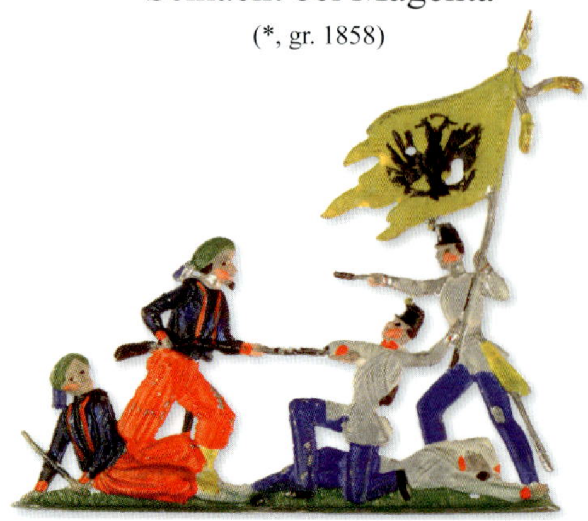

Schlacht bei Solferino
(*, gr. 1859)

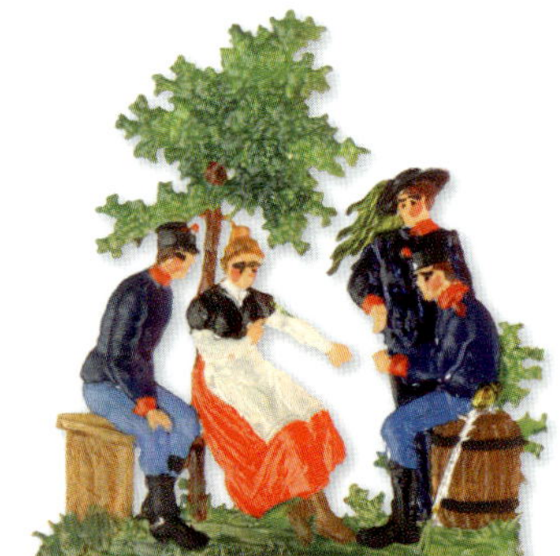

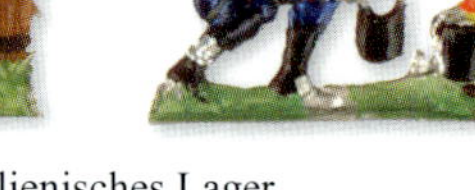

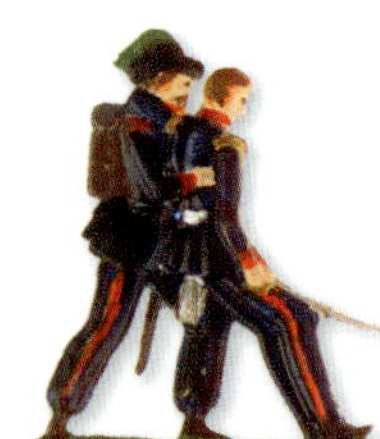

Italienisches Lager

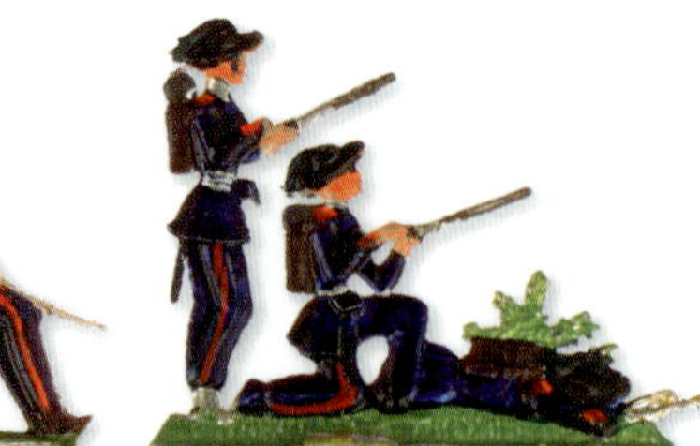

Bersaglieri-Kampfgruppen
(*, gr. 1858)

Österreichisches Lager um 1860

(***, gr. um 1860)

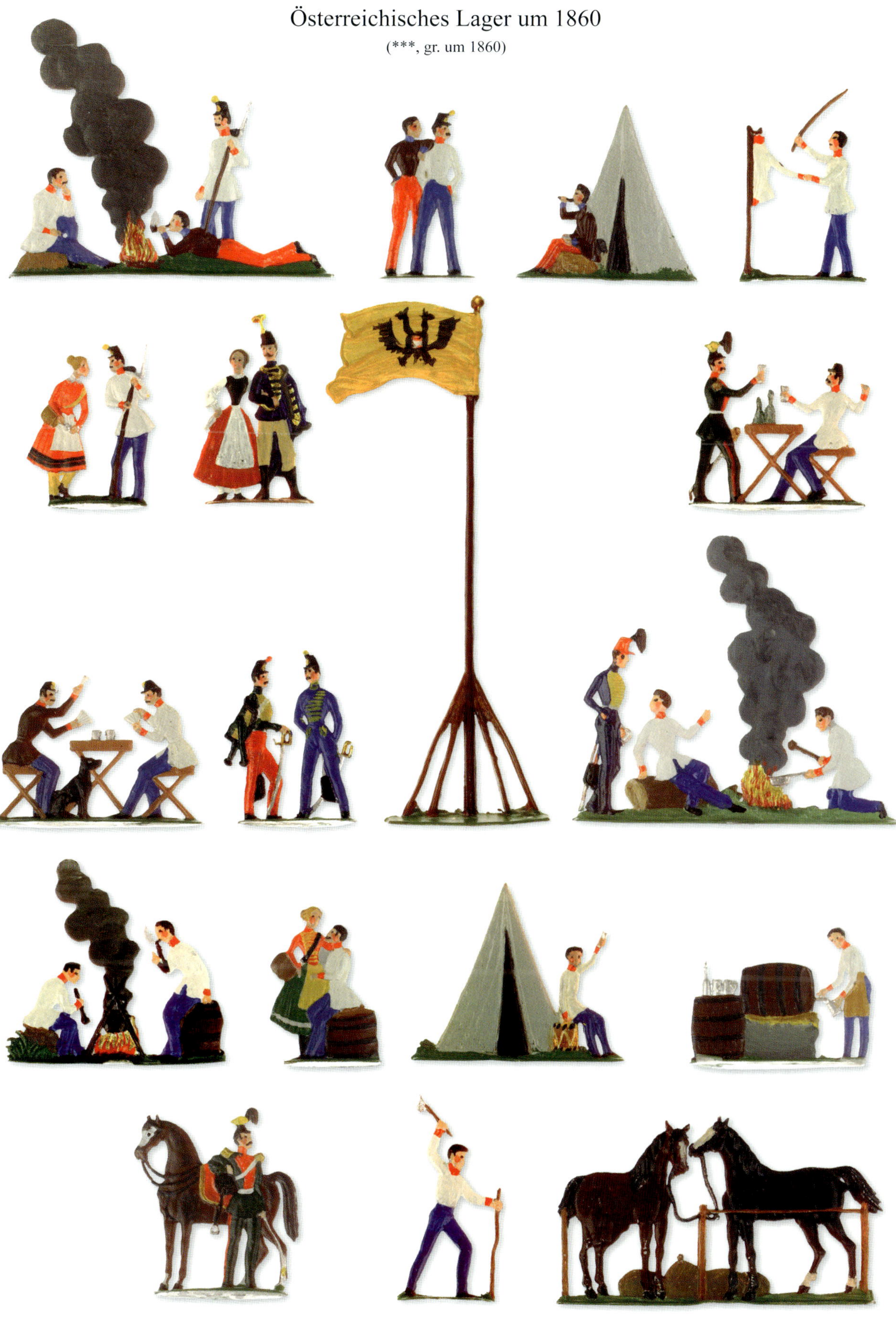

Deutsch-Dänischer Krieg 1864

Sturm auf die Düppeler Schanzen

(*, gr. 1864)

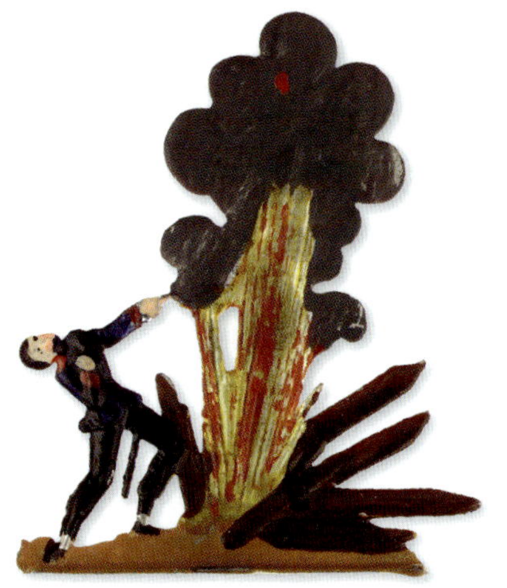

Pionier Klinke sprengt sich
und Schanzenstück in die Luft

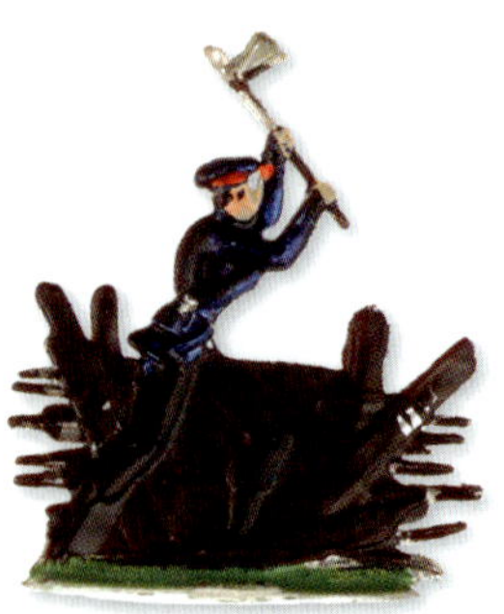

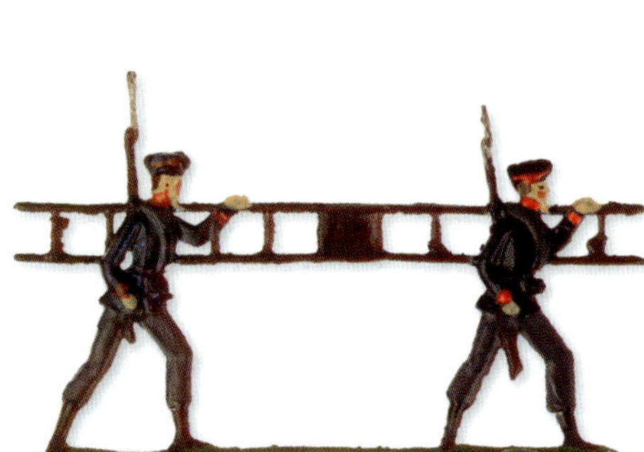

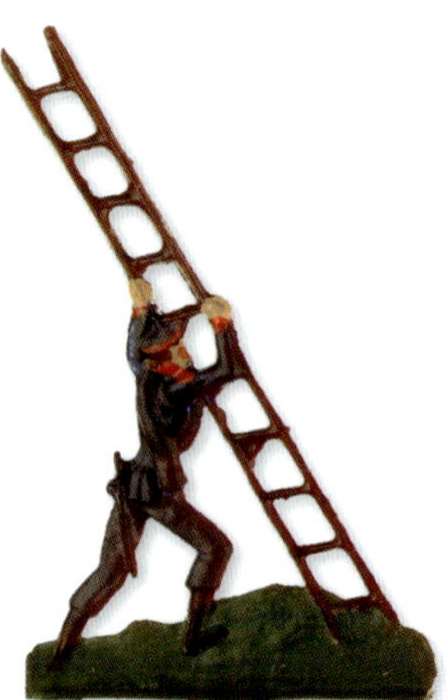

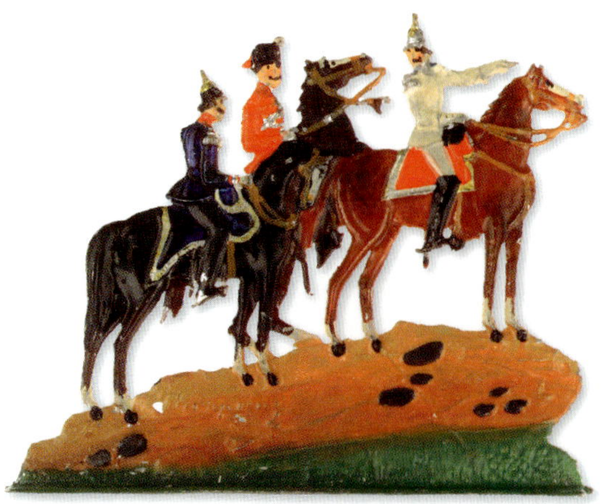

Feldherrenhügel mit Kronprinz, General Wrangel zeigend,
und dahinter Prinz Friedrich Karl in Husarenuniform
(die Namen sind auf dem Hügel eingraviert)

Preußisches Lager um 1860

(*, gr. 1860-64)

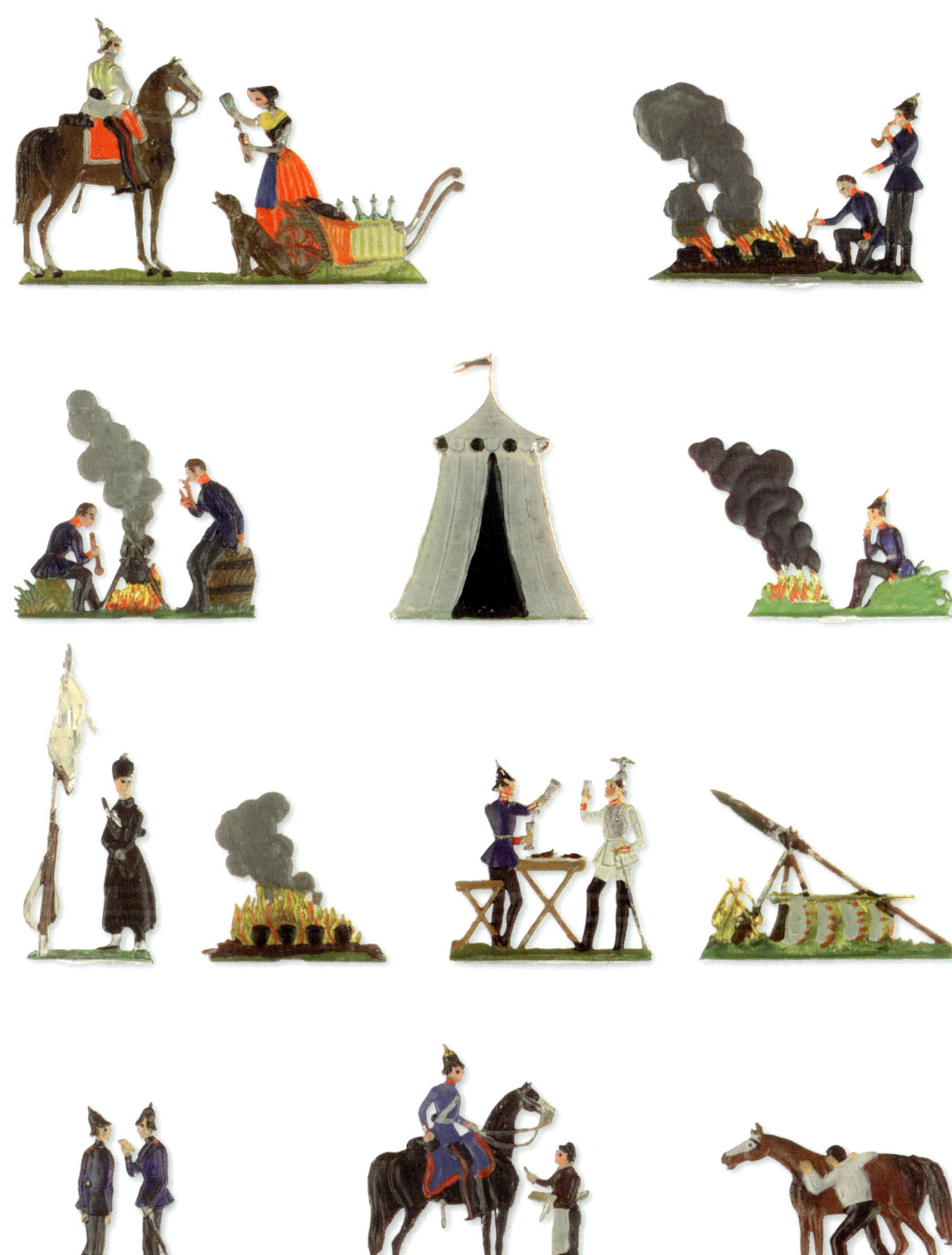

Preußische Sanität auf dem Schlachtfeld um 1860

(*, gr. 1868/69)

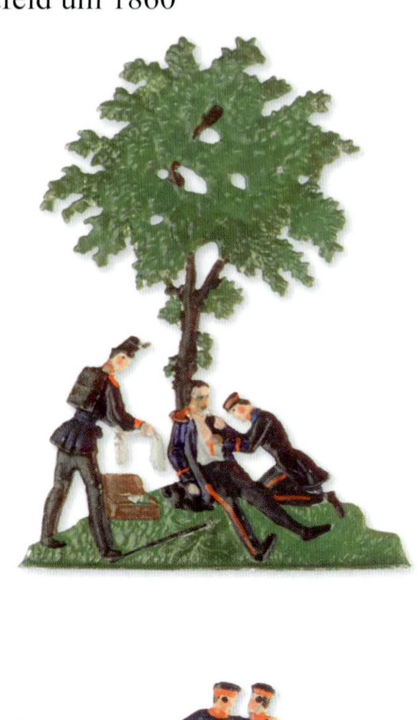

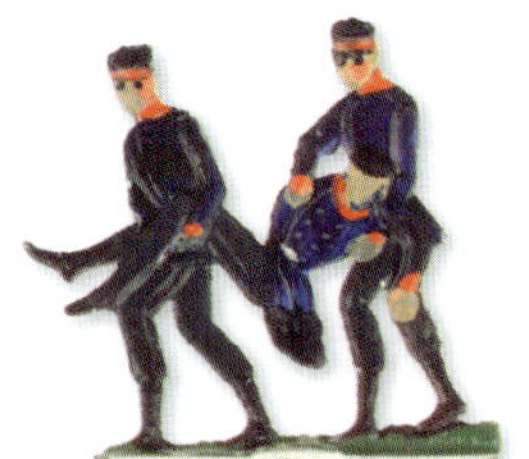

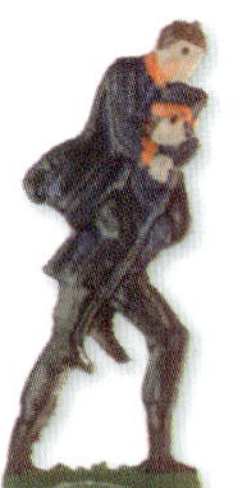

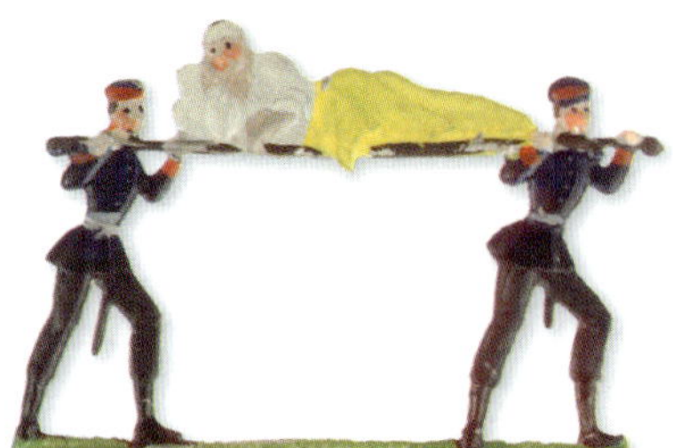

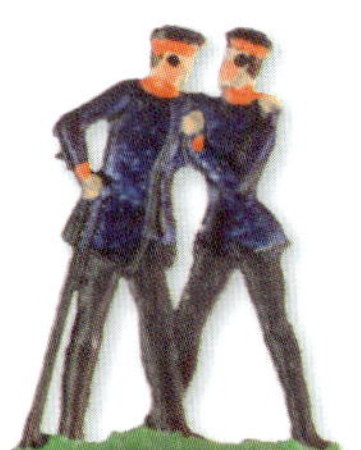

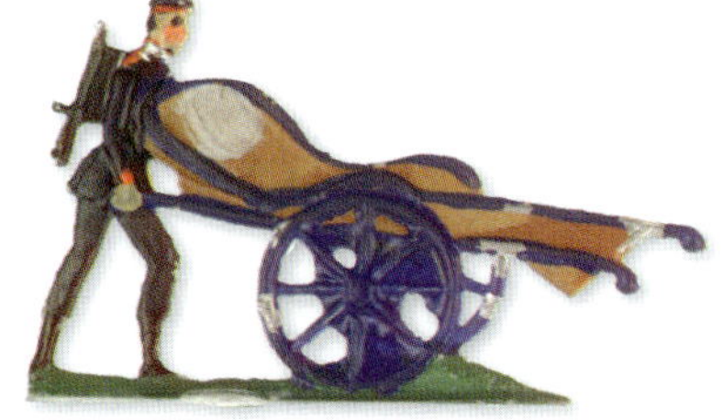

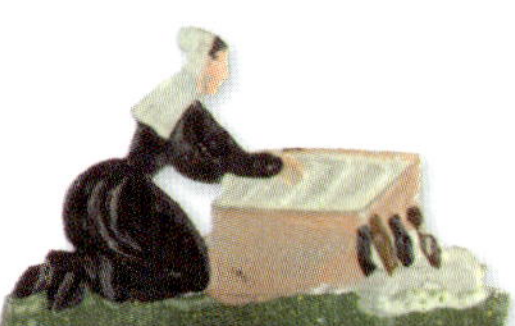

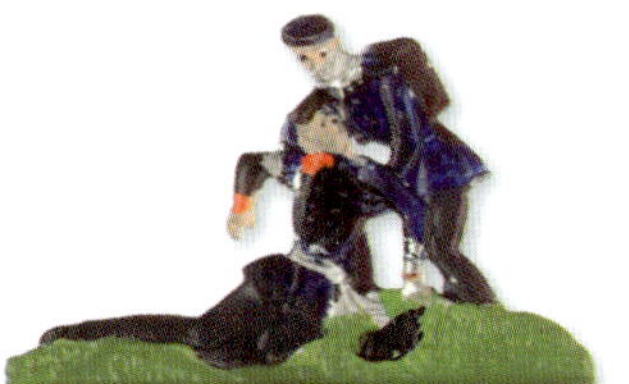

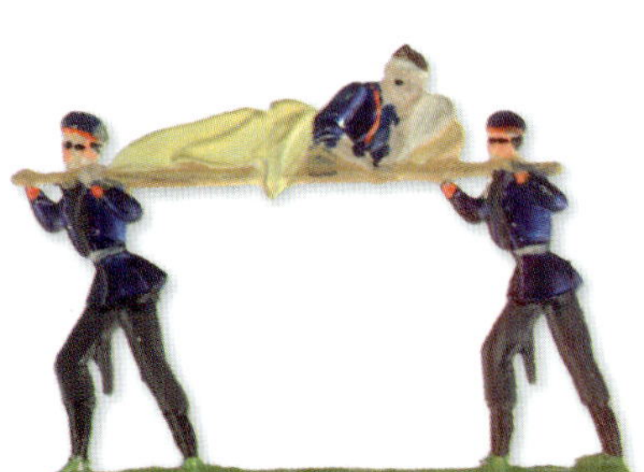

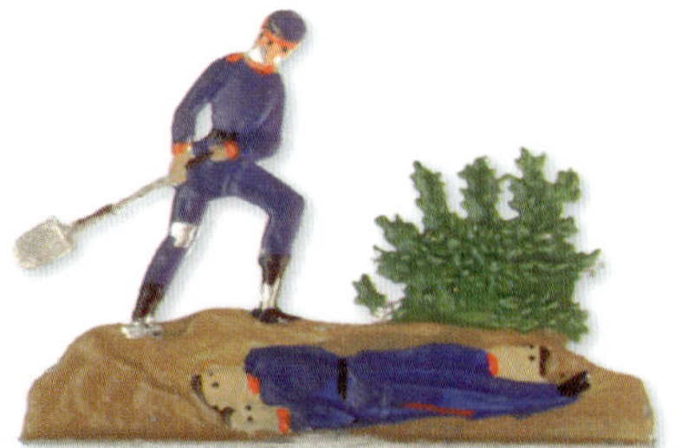

Schweiz um 1900

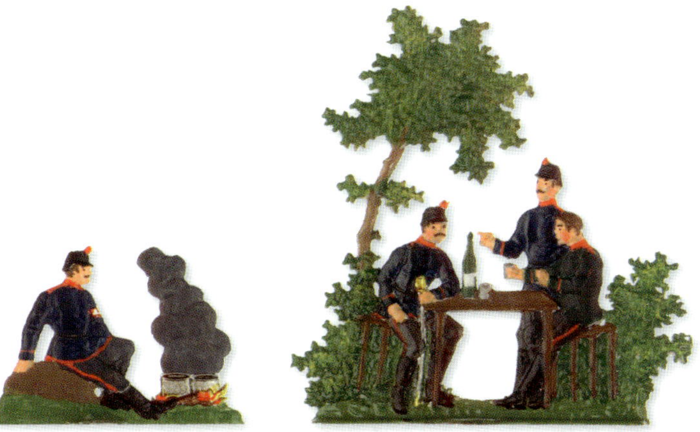
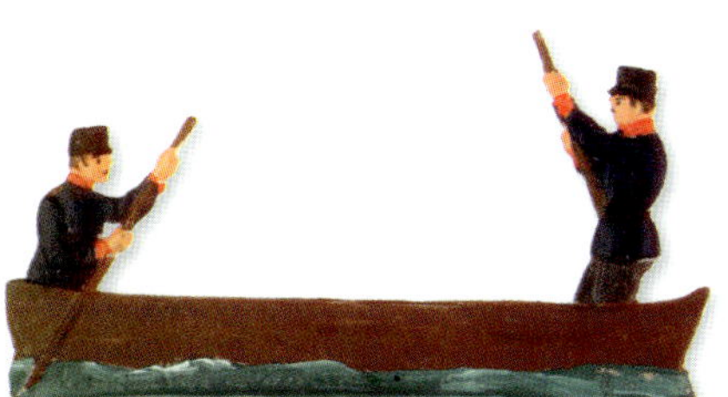

Lager um 1900 (***, gr. 1910)

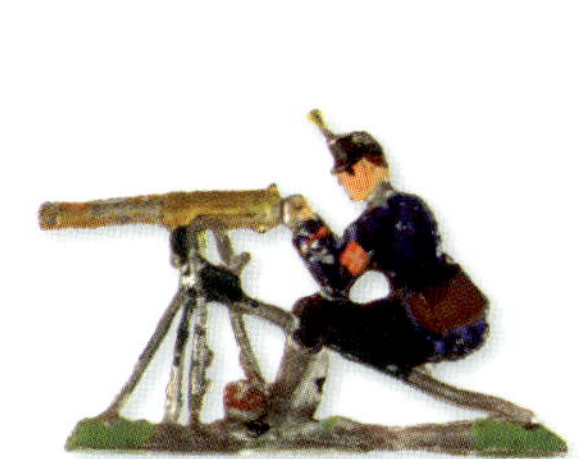
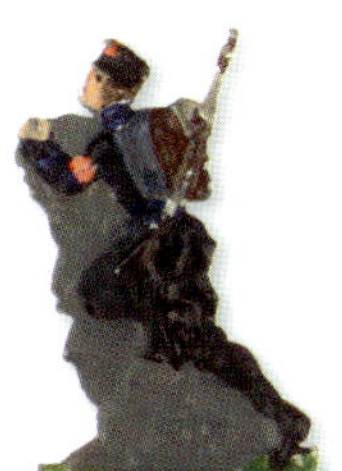
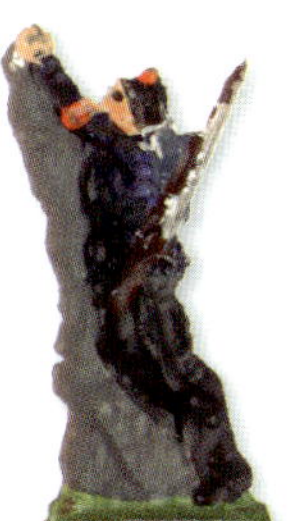
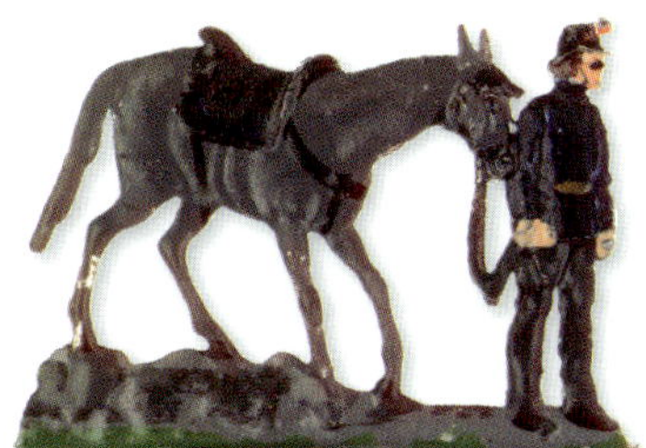

Gebirgsmanöver um 1900 (*, gr. 1910)

Spanien um 1880

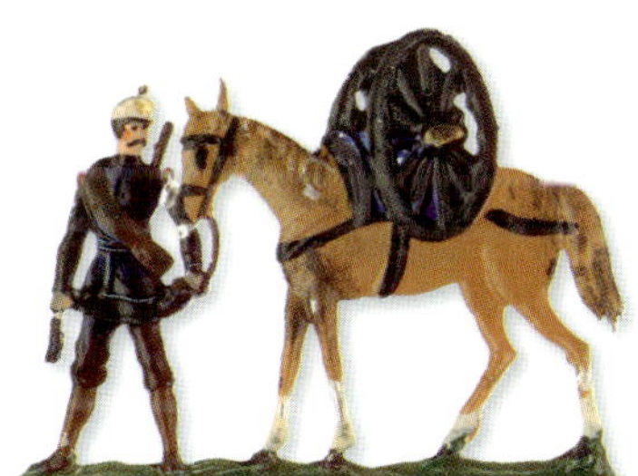
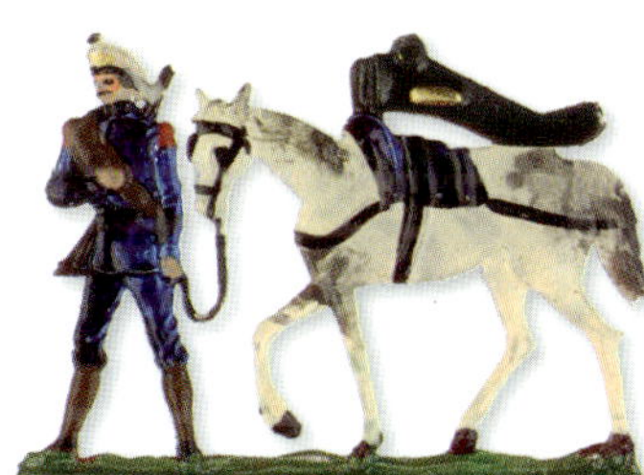
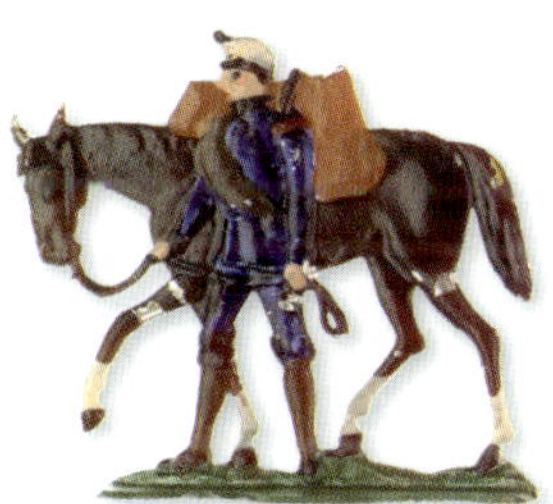

Spanische Gebirgsartillerie: Kanonentransport mit Maultieren
(*, gr. 1888)

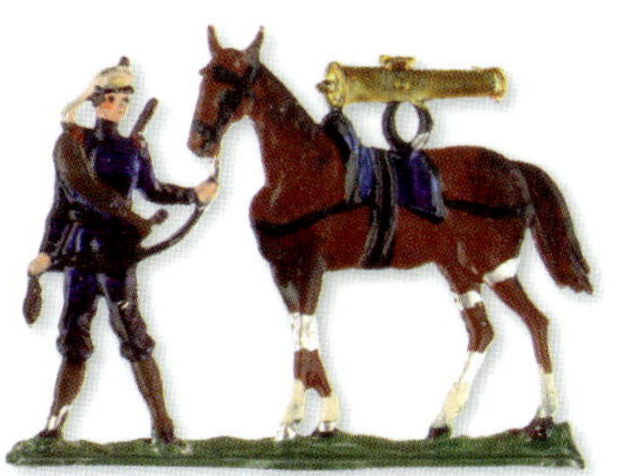

Deutsch-Österreichischer Krieg 1866

Schlacht bei Königgrätz 1866

(*, gr. 1866)

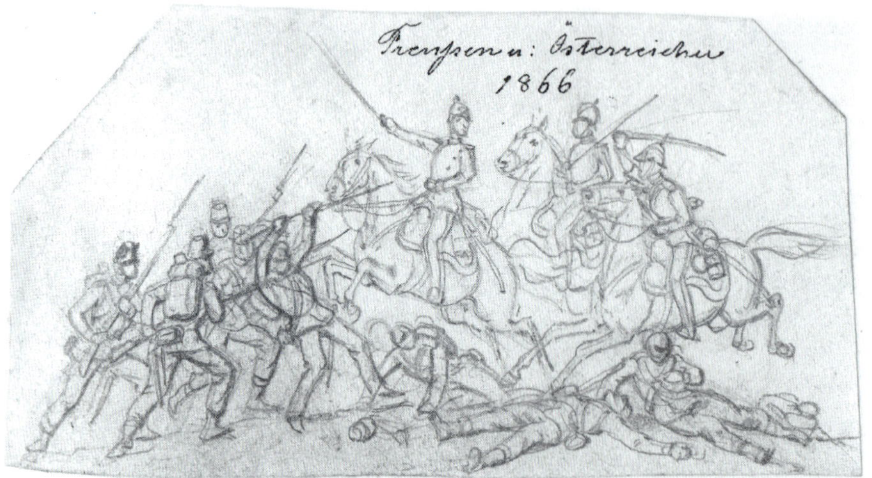

Gravurzeichnung

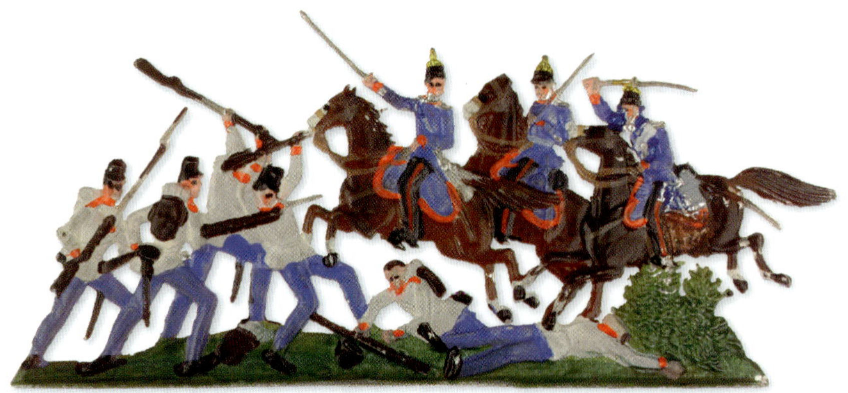

Angriff der preußischen Dragoner auf österreichische Infanterie

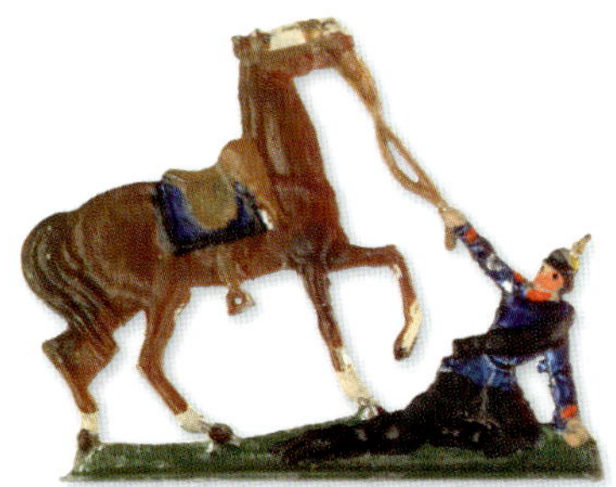

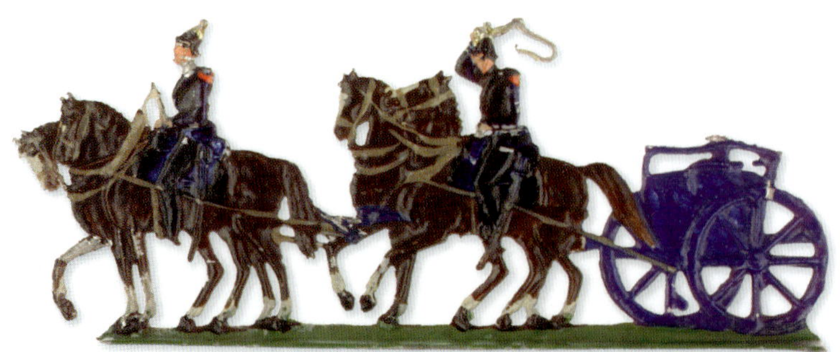

Preußisches Artillerie-Vierergespann mit Protze

Diverse Kampfgruppen aus der Schlacht bei Königgrätz

(All diese wurden auch für andere Nationen wie Russen, Engländer, Franzosen etc. verwendet)
(alle *, gr. 1866)

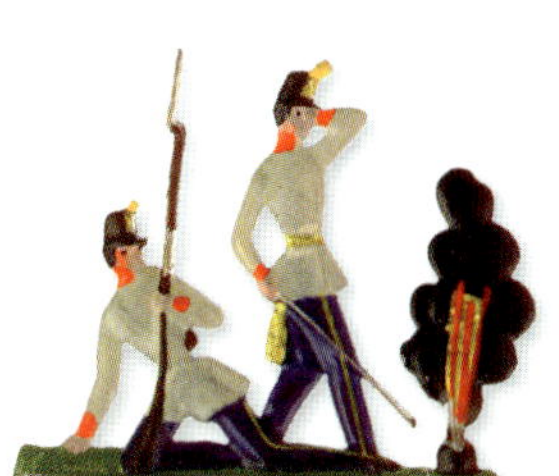

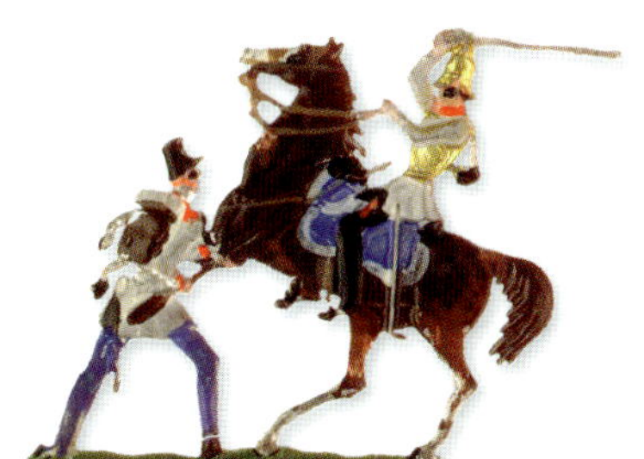

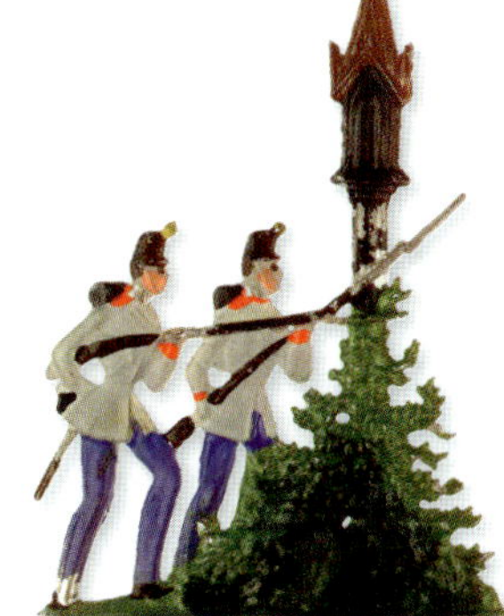

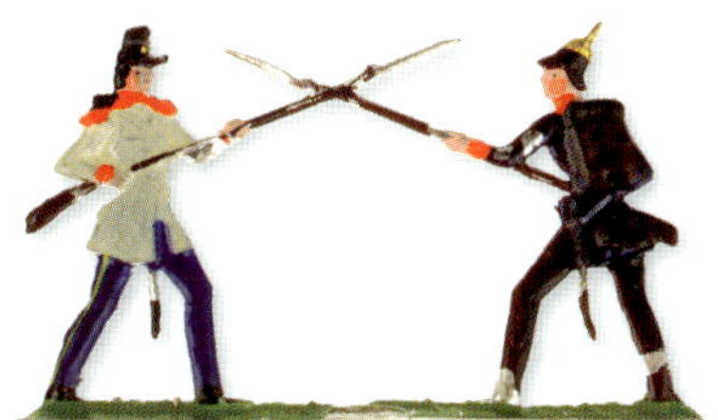

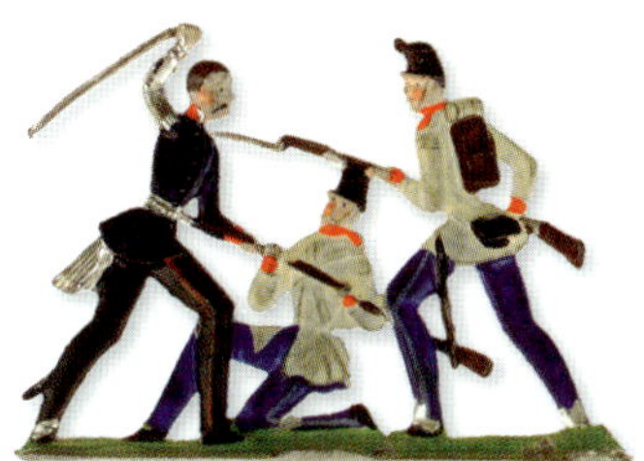

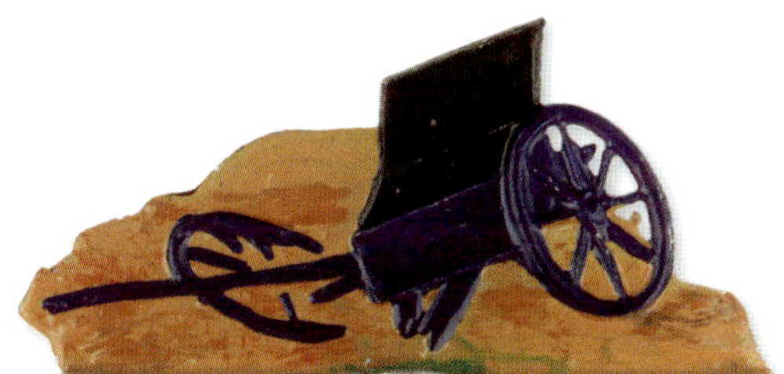

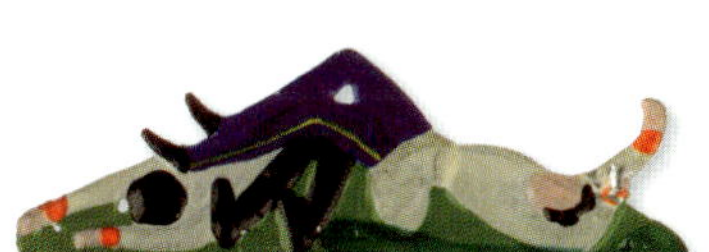

Seeschlacht bei Lissa 1866

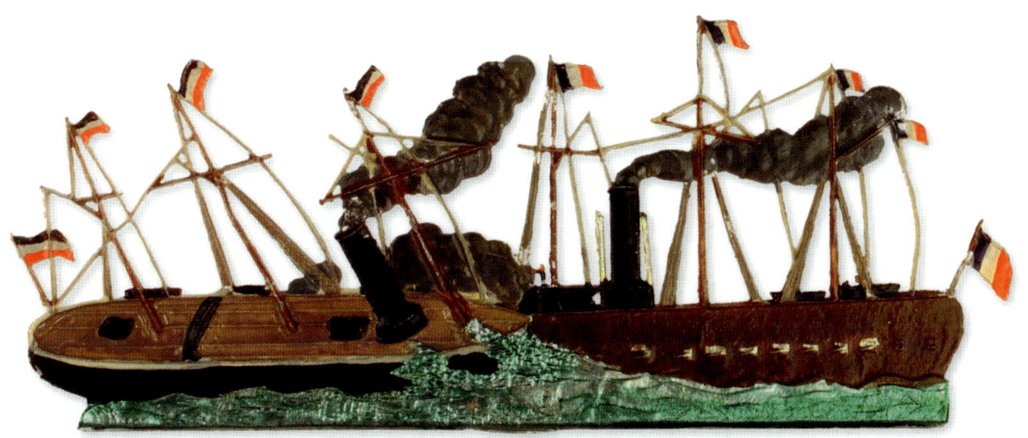

Episode aus der Schlacht: das österreichische Panzerschiff „Ferdinand Max"
rammt das italienische Panzerflaggschiff „Re d`Italia"
(*, gr. 1885)

Russisch-Türkischer Krieg 1877/78

Donauübergang der Russen (*)

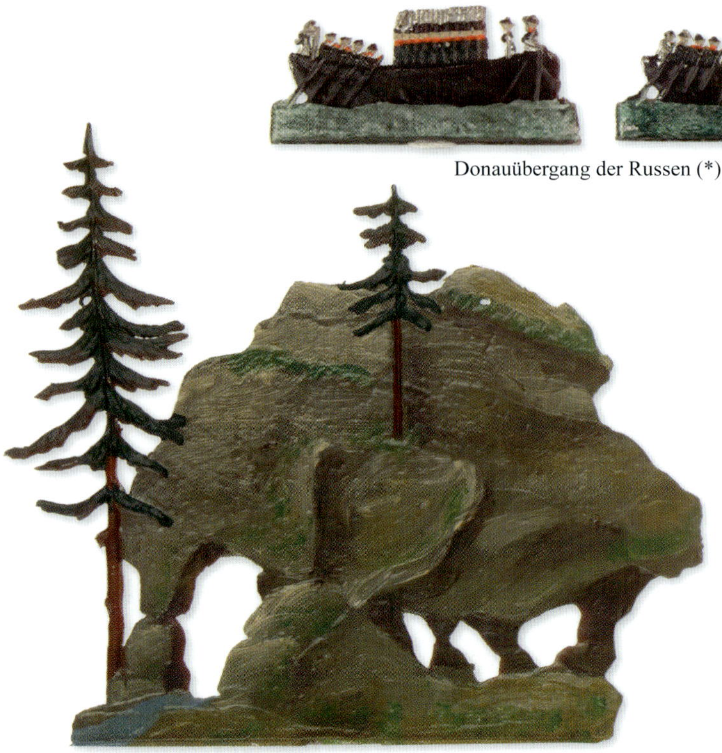

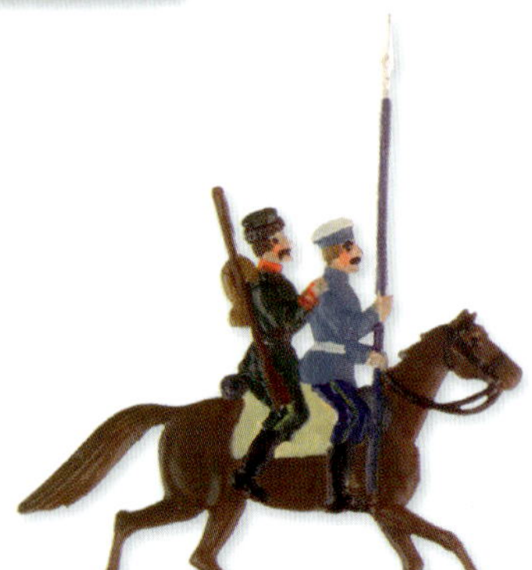

Episode am Schipkapass:
Kosaken und Scharfschützen sollten den am Pass durch die Türken arg in Bedrängnis gekommenen Russen rascheste Hilfe bringen. Für ein schnelleres Vorankommen nahmen die Kosaken die Scharfschützen hinten auf ihre Pferde. (*, gr. 1877)

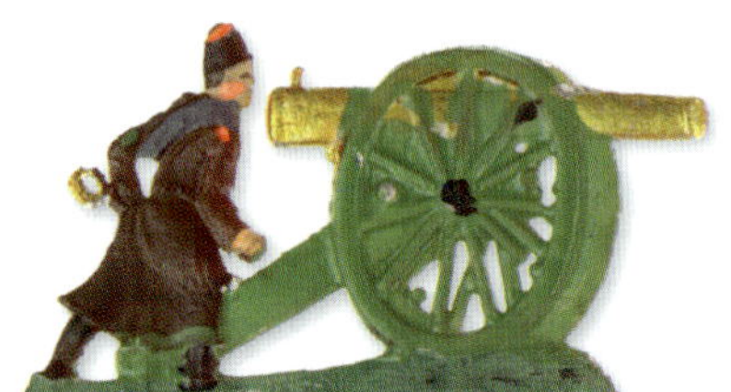

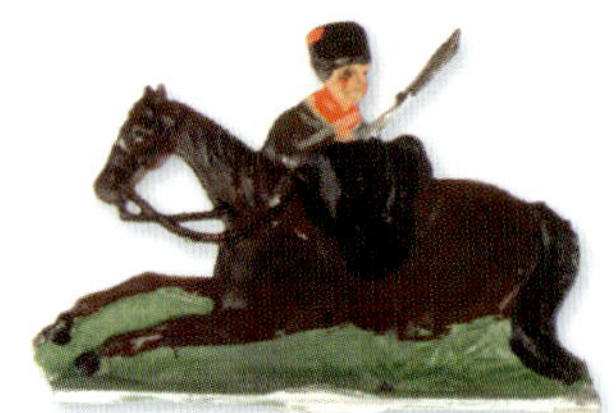

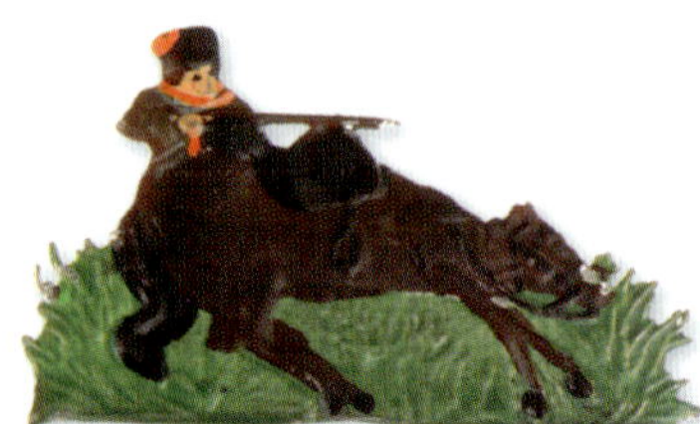

Terek-Kosaken im Hinterhalt (*, gr. 1888)

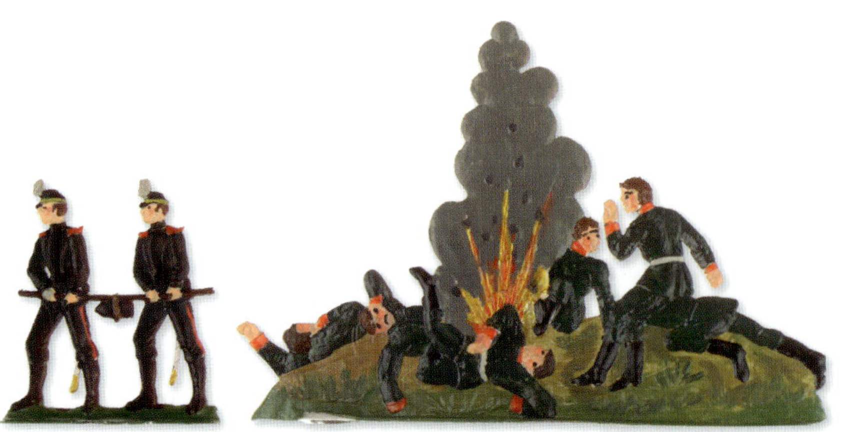

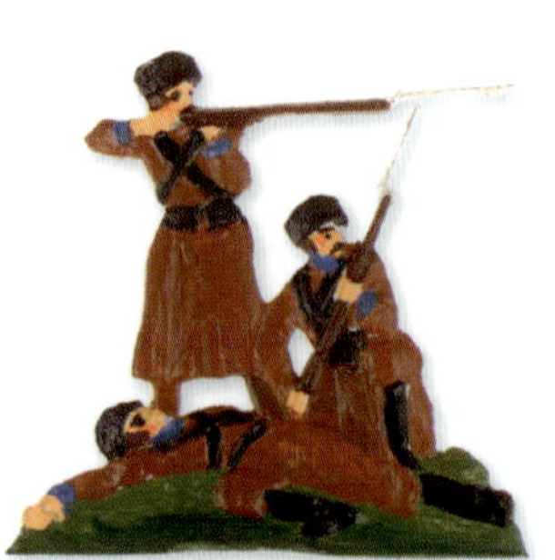

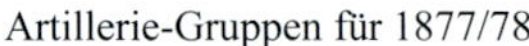

Artillerie-Gruppen für 1877/78

Sibirische Scharfschützen
(***, gr. 1904)

Russisch-Türkischer Krieg 1877/78

Schlacht bei Plewna

(*, gr. 1877)

Der russische Zar Alexander II.

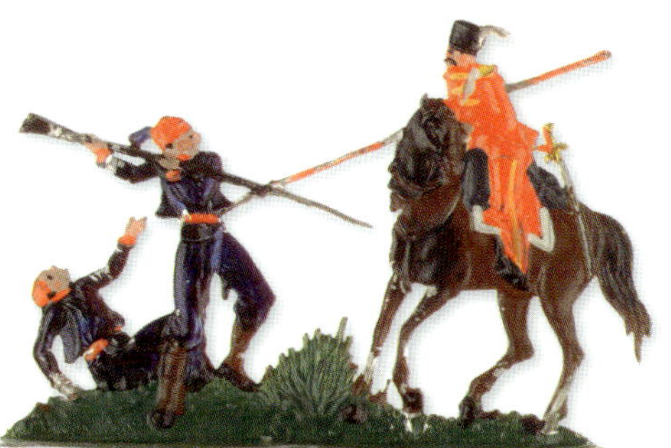

Türkische Infanterie im Kampf gegen russischen Garde-Kosaken

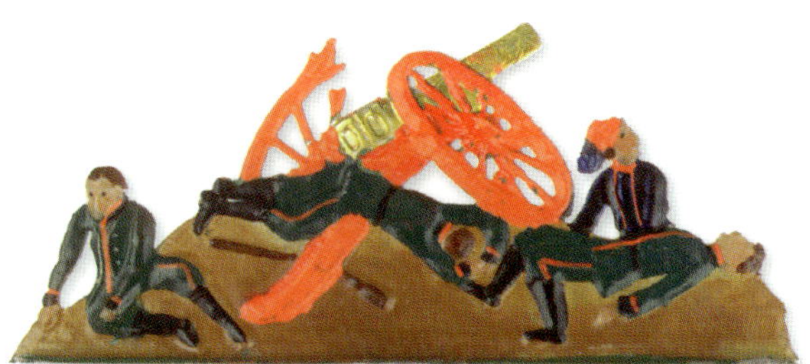

Zerschossene Artilleriestellung

Türkische Artillerie

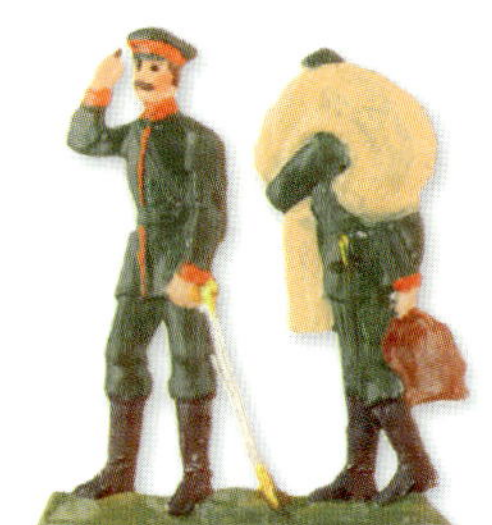

Russischer Offizier mit Gepäckträger meldet sich zum Dienst (aus dem Lager 1877/78)

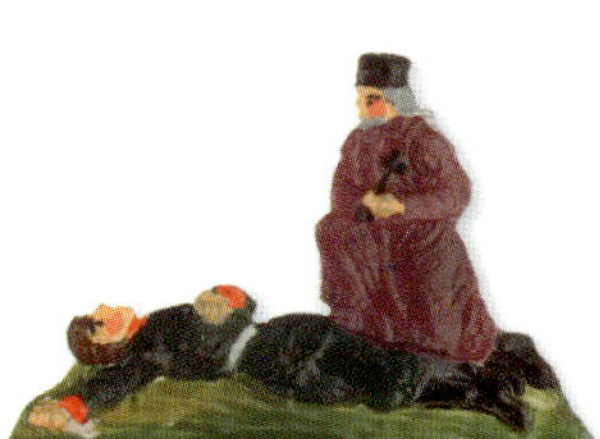

Pope bei sterbendem Russen

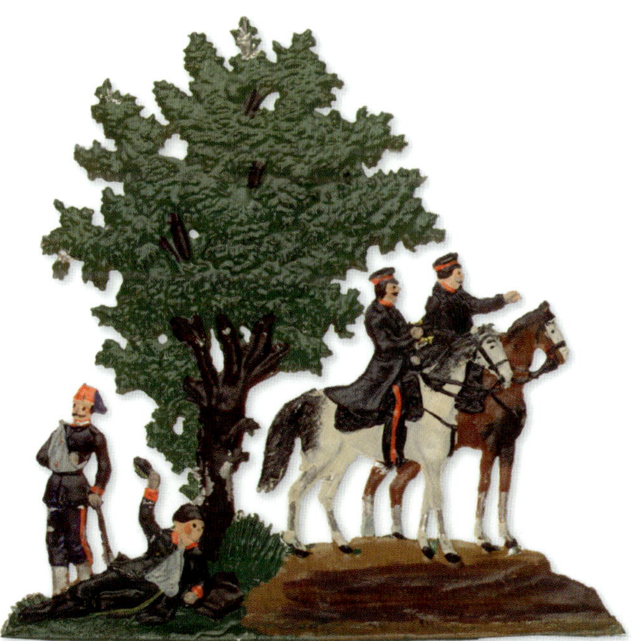

Russische Generäle auf Hügel, dahinter ein türkischer Gefangener

Plündernde Baschibosuks

(*u.***, gr. 1877)

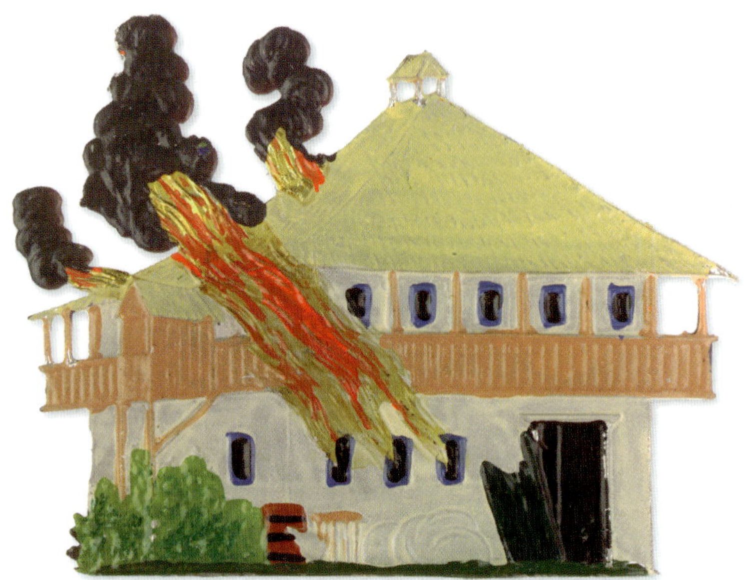

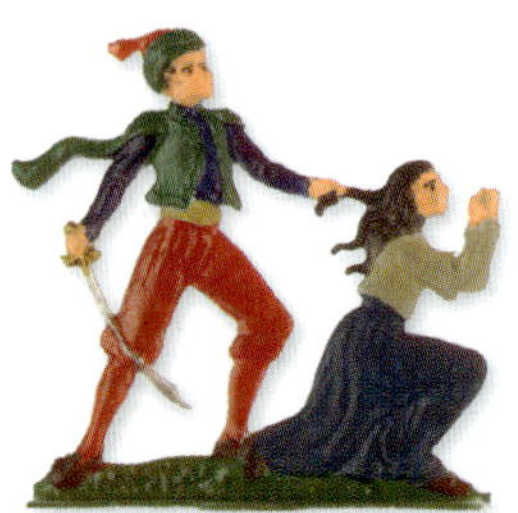

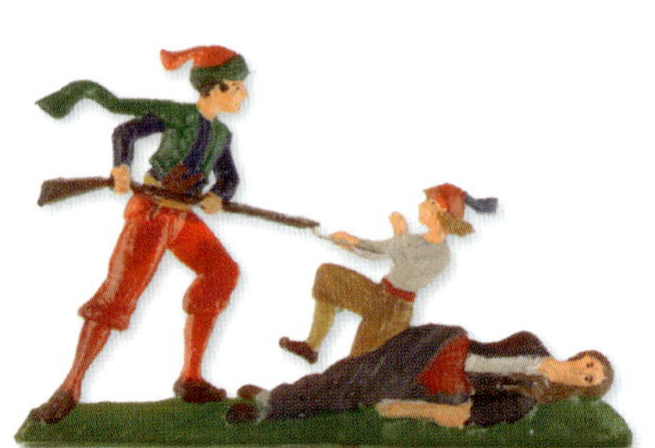

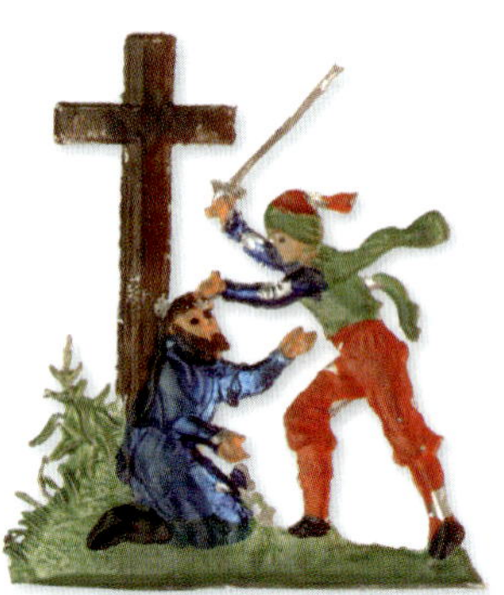

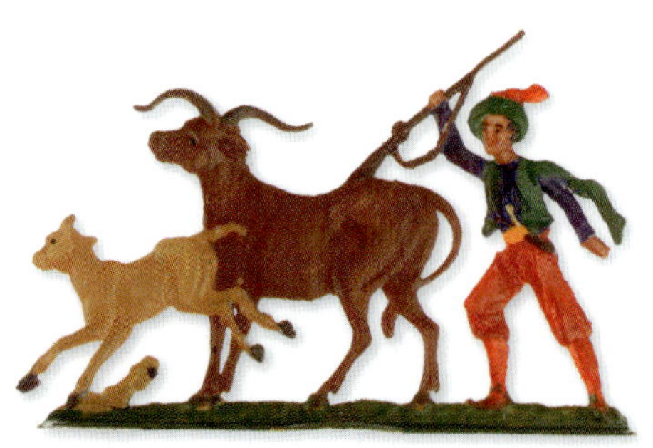

6. Kapitel

Deutsch-Französischer Krieg 1870/71 Epoche 1880 - 1910

Kein anderes Kapitel der Weltgeschichte wurde bei Heinrichsen so intensiv behandelt wie der Deutsch-Französische Krieg 1870/71; dies belegen die mehr als 60 Gruppen zu dieser Epoche.

Zeitnah wurden zu den Schlachten von Gravelotte, Sedan, Orléans und für die Belagerung von Paris bereits 12 Schlachtengruppen graviert. Die restlichen Figuren entstanden zwischen 1905 und 1911, wobei die größte Anzahl im Jahr 1911 erschien und damit wieder in die Ära Ludwig Frank fällt. Als Zeichnungsvorlagen dienten Illustrationen aus militärhistorischen Werken wie „Illustrierte Geschichte des Deutsch-Französischen Krieges 1870/71" von Wilhelm Müller oder „Die deutschen Einigungskriege" (Festausgabe zur Feier des 100-jährigen Geburtstages Kaiser Wilhelm I.) von Viktor von Strank.

Im zweiten Teil dieses Kapitels wird der Zeitraum 1880 bis 1910 behandelt, der relativ arm an kriegerischen Ereignissen war. Die Armeen verbrachten ihre Zeit mit Paraden und Manöverübungen, was 1888 Anlass gab zu vier Packungen „Generalstab auf dem Schlachtfeld" der Nationen Preußen, Frankreich, Österreich und Russland. Es spricht für den Geschäftssinn Wilhelm Heinrichsens, dass die darin enthaltenen Typen auch in Packungen zu 1870/71 und zum 1. Weltkrieg anzutreffen sind und die russischen Darstellungen darüberhinaus für den Russisch-Türkischen Krieg 1877/78 verwendet wurden.

Wie in der Wirklichkeit zu den Manöverübungen jeweils Vertreter anderer Mächte als Beobachter eingeladen wurden, so waren den Packungen bei Heinrichsen auch Offiziere aus Frankreich, England, Russland, Österreich und Italien als Gäste beigegeben. Beispielhaft ist eine Packung „Kaisermanöver unter Wilhelm II.", worin diverse Truppengattungen wie MG-Abteilungen, Eisenbahnregiment, Telegraphenabteilung, Pioniere beim Brückenbau oder Luftschifferabteilung vor diesen Gästen ihr Können demonstrieren.

Das Schwergewicht der Produktion lag bei Figuren zur preußischen Armee, während – mit Ausnahme der vielen Gruppen zum Russisch-Japanischen Krieg 1904/05 – die anderen Nationen im Sortiment nicht so zahlreich vertreten waren.

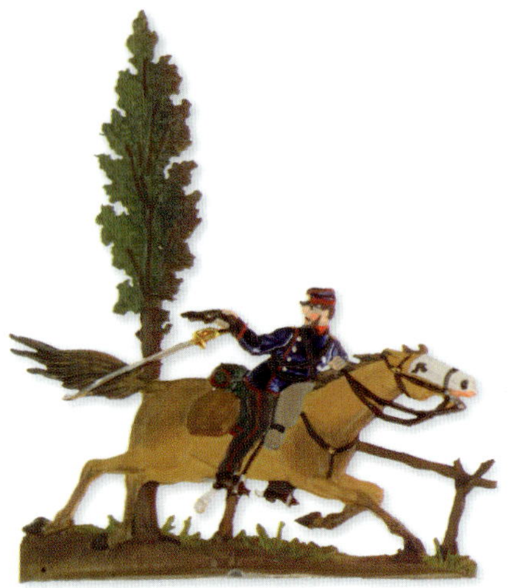

Graf Zeppelin bei Schirlenhof
(**, gr. 1908)

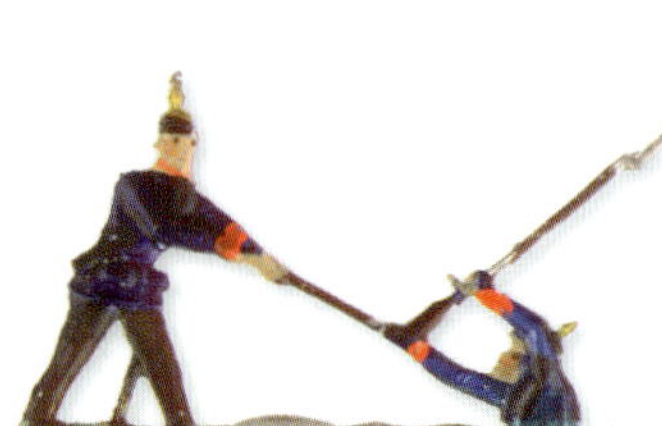

Preußische Infanterie durchquert
den Fluss Sauerbach (*, gr. 1866)

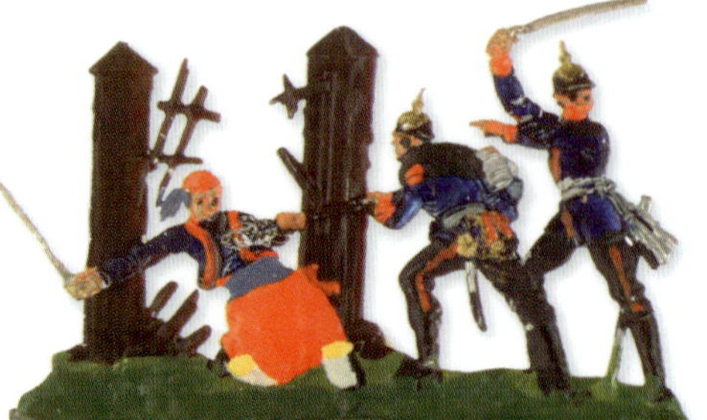

Erstürmung des Schlosses
Gaisberg oberhalb von Weissenburg
(*, gr. 1911)

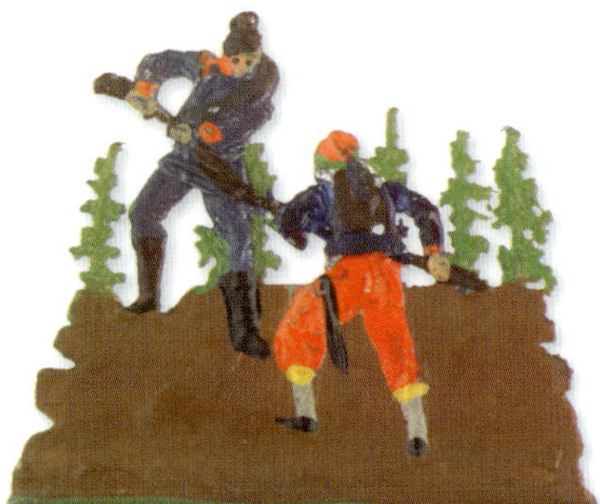

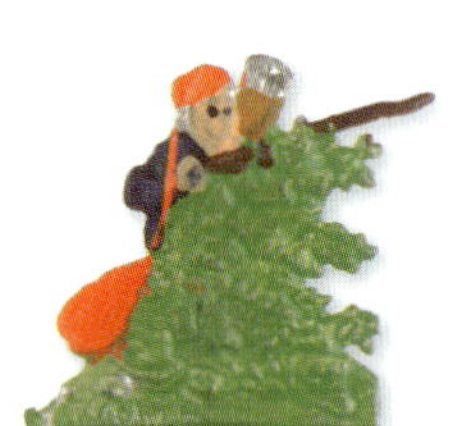

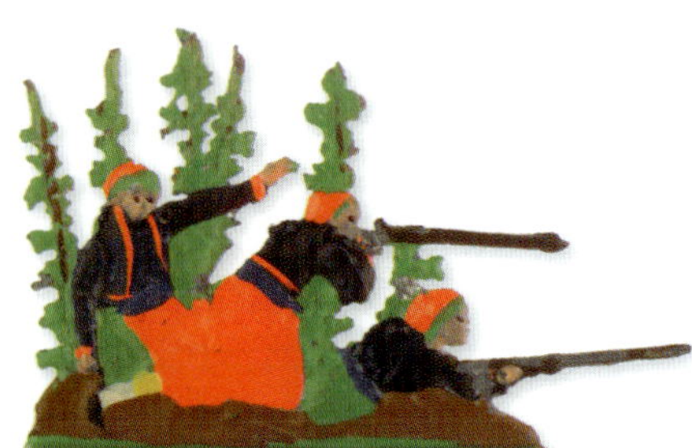

Kämpfe der Bayern mit Zuaven in den Weinbergen von Weissenburg
und Wörth (*, gr. 1907)

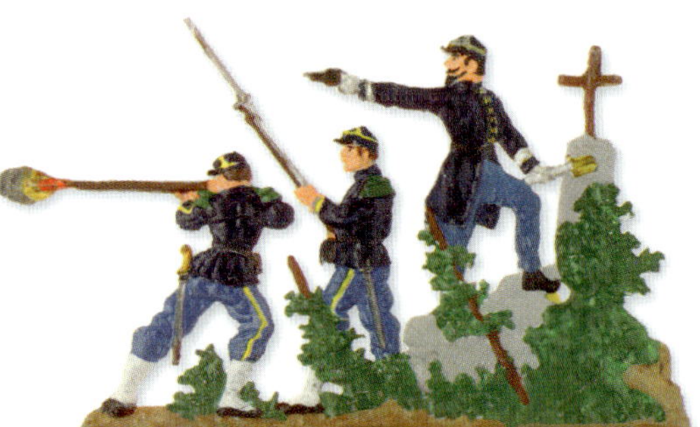

Französische Jäger bei Wörth
(***, gr. 1911)

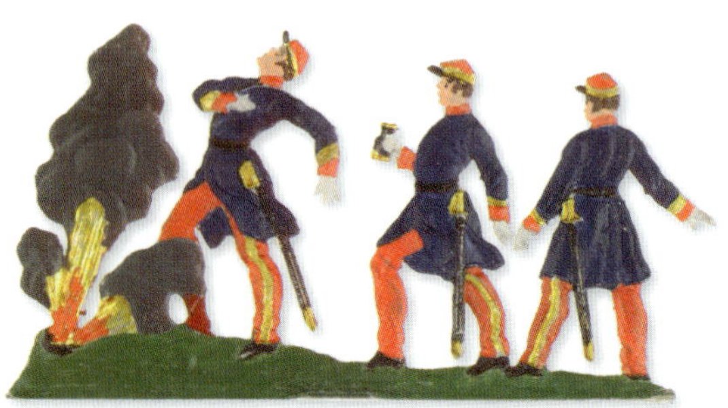

Französischer General Abel Douay fällt bei
Weissenburg (***, gr. 1911)

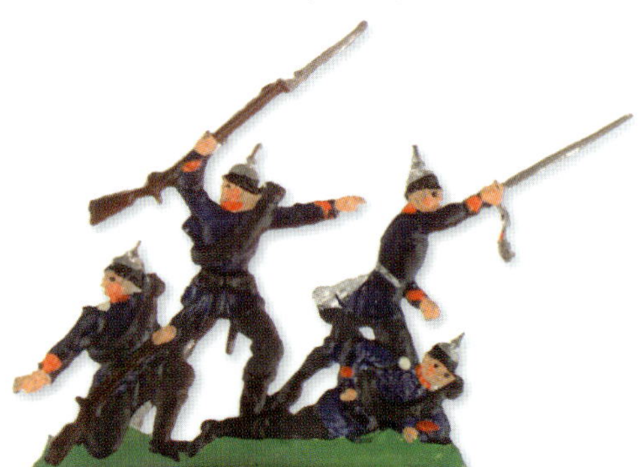

Preußische Infanterie bei Wörth
(*, gr. 1911)

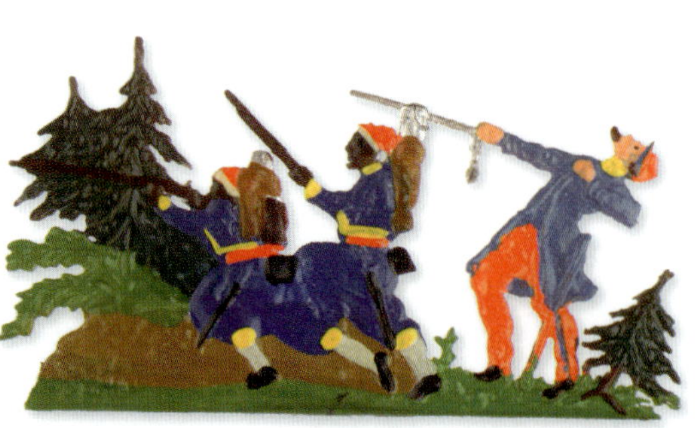

Französische Turkos bei Wörth (*, gr. 1911)

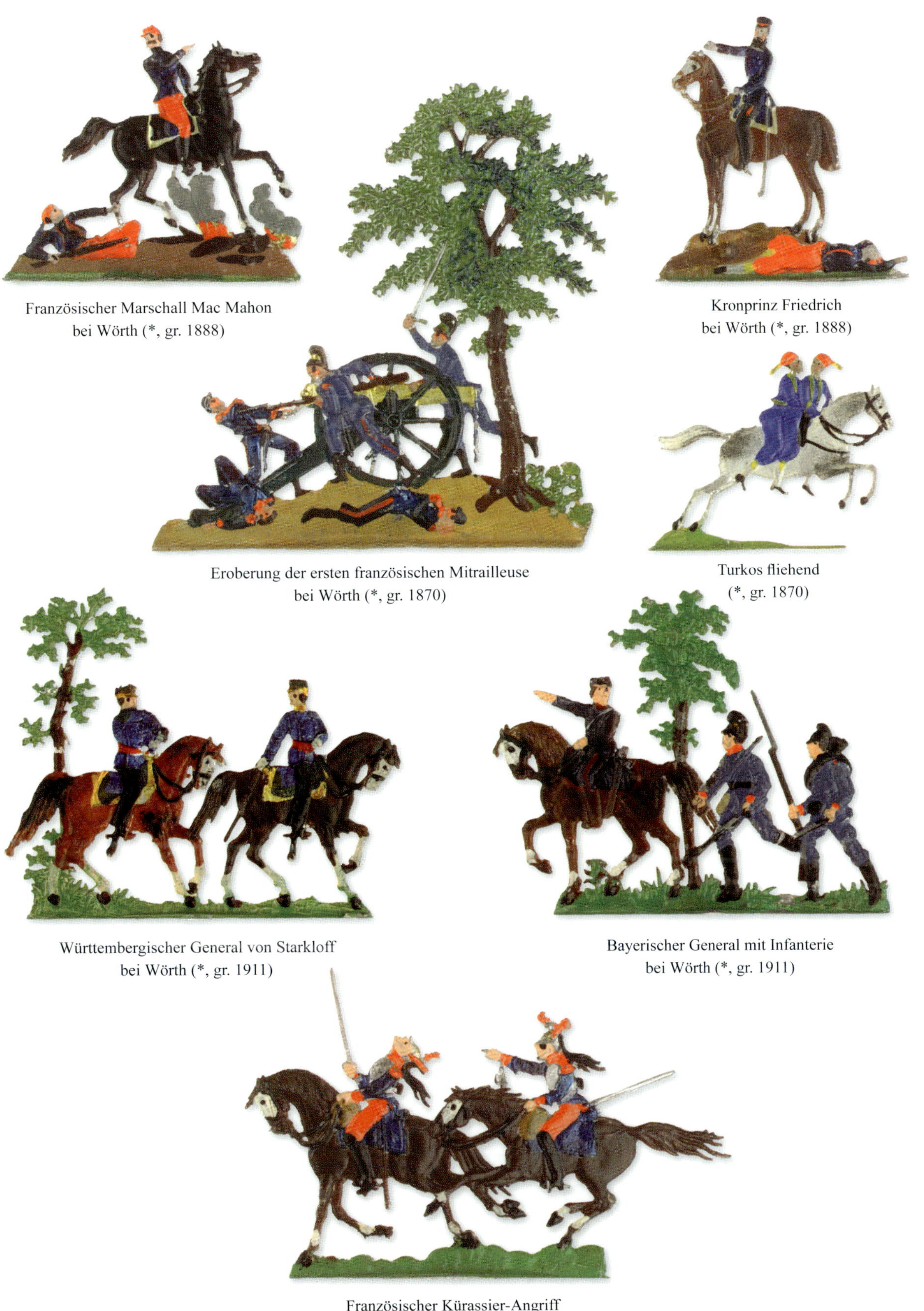

Französischer Marschall Mac Mahon
bei Wörth (*, gr. 1888)

Kronprinz Friedrich
bei Wörth (*, gr. 1888)

Eroberung der ersten französischen Mitrailleuse
bei Wörth (*, gr. 1870)

Turkos fliehend
(*, gr. 1870)

Württembergischer General von Starkloff
bei Wörth (*, gr. 1911)

Bayerischer General mit Infanterie
bei Wörth (*, gr. 1911)

Französischer Kürassier-Angriff
bei Reichshofen (*, gr. 1909)

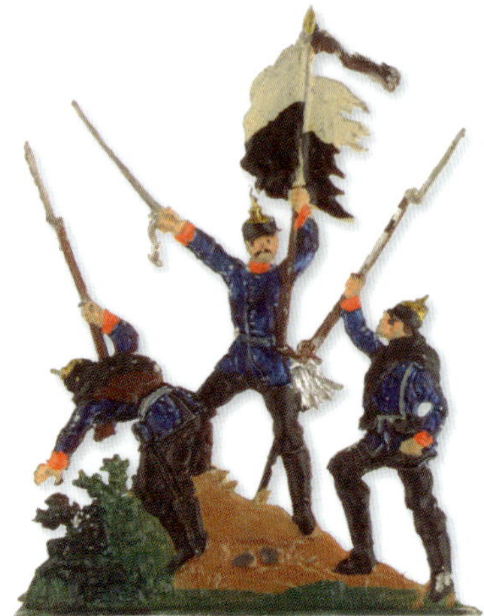

Preußischer Angriff auf die Höhen von Spichern (*, gr. 1905)

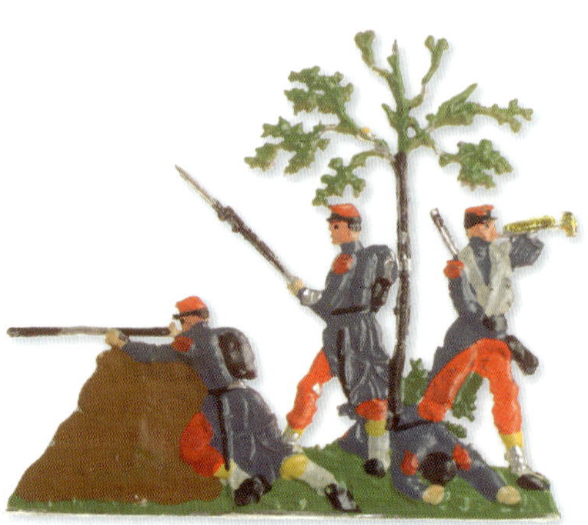

Französische Infanterie bei Metz (*, gr. 1906)

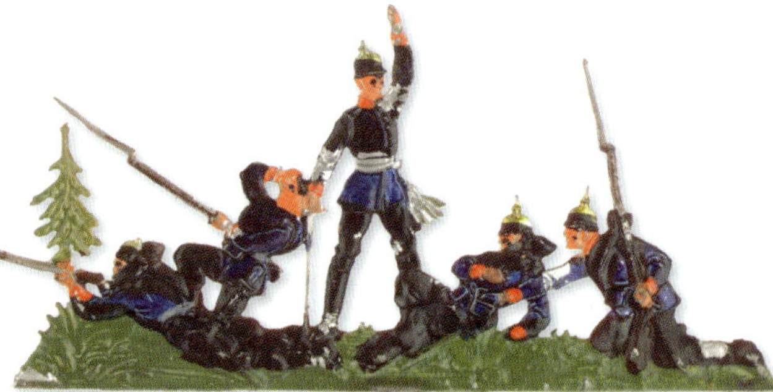

Angriff der Brandenburger bei Mars-la-Tour (*, gr. 1911)

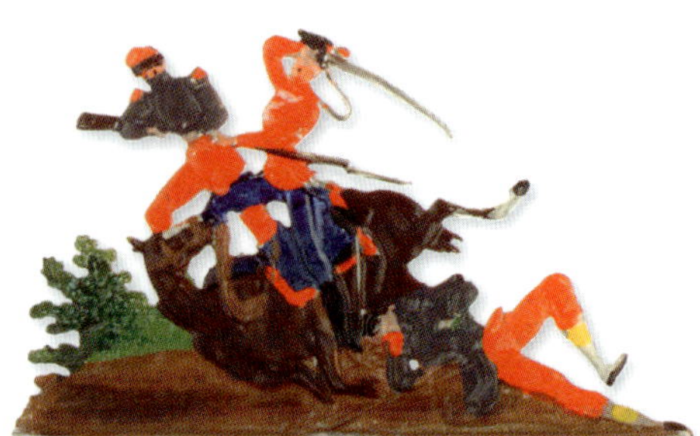

Preußisches 3. Husaren-Regiment bei Vionville (*, gr. 1870)

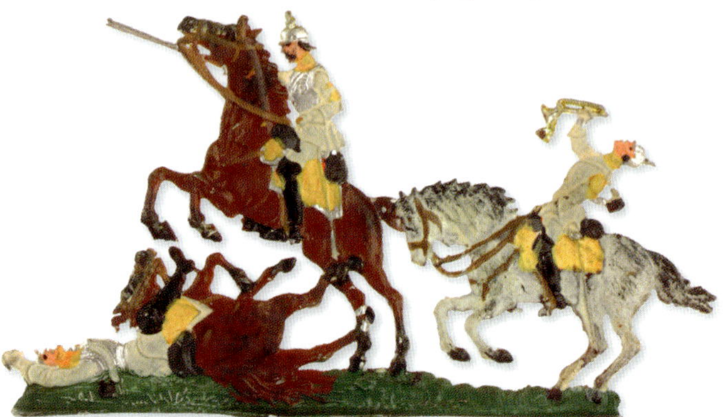

Angriff des 7. Kürassier-Regiments (Brigade-Bredow) bei Mars-la-Tour (*, gr. 1906)

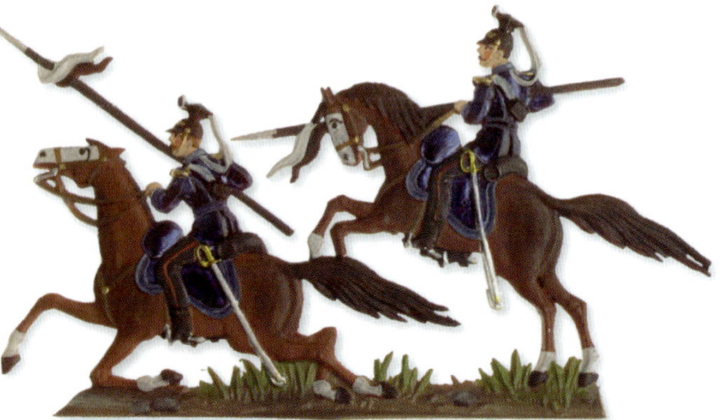

Angriff des preußischen 16. Ulanen-Regiments bei Vionville (Mars-la-Tour) (**, gr. 1909)

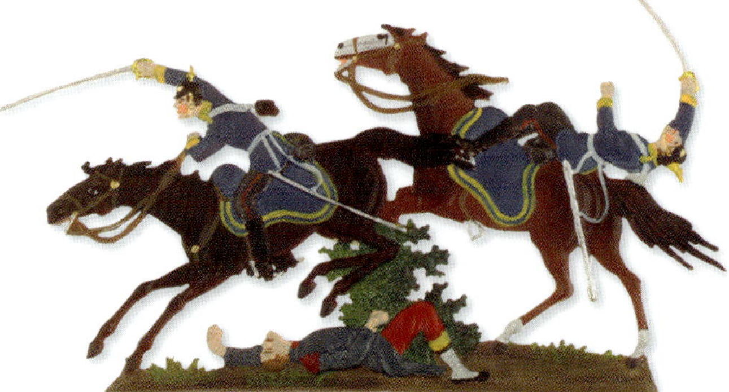

Preußische Garde-Dragoner bei Vionville (Mars-la-Tour) (**, gr. 1909)

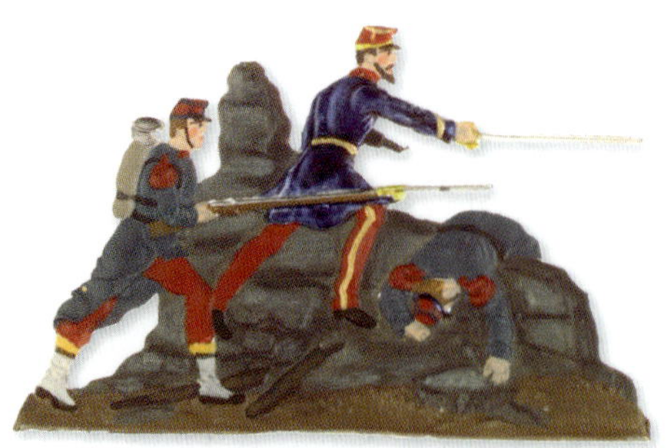

Französische Infanterie bei St. Privat (**, gr. 1906)

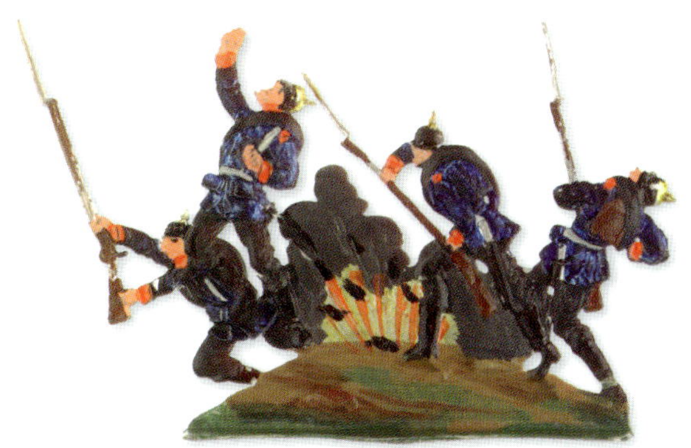

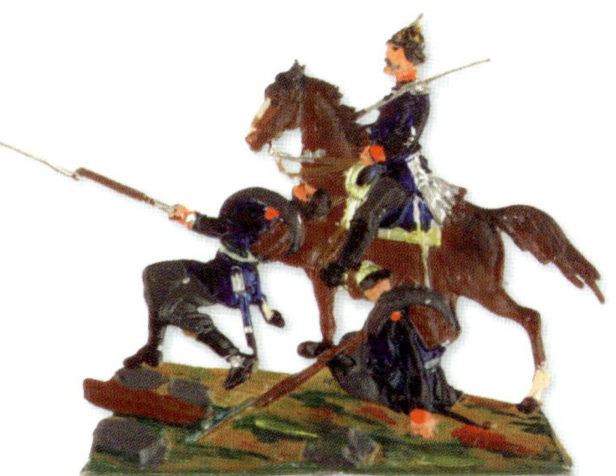

Angriff der preußischen Garde bei St.Privat
(*, gr. 1906)

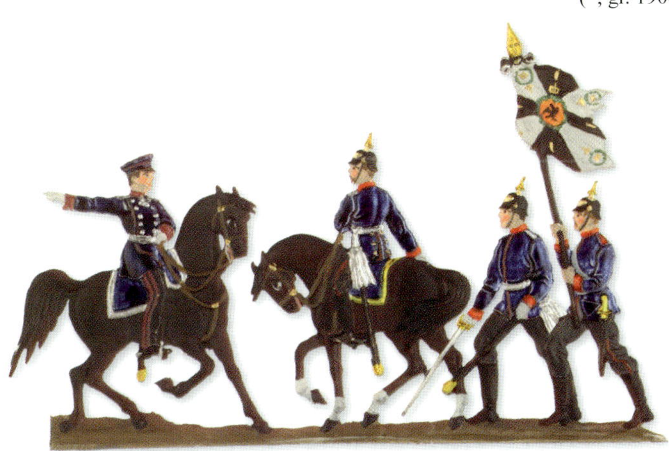

Preußischer General mit Infanterie bei Gravelotte
(**, gr. 1911)

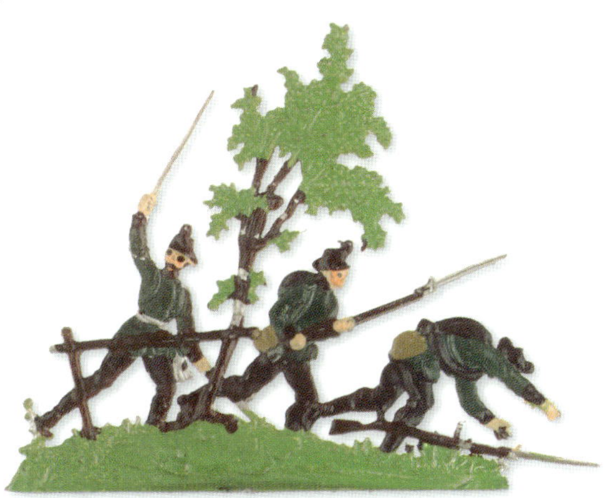

Sachsen bei St.Marie aux Chênes
(*, gr. 1910)

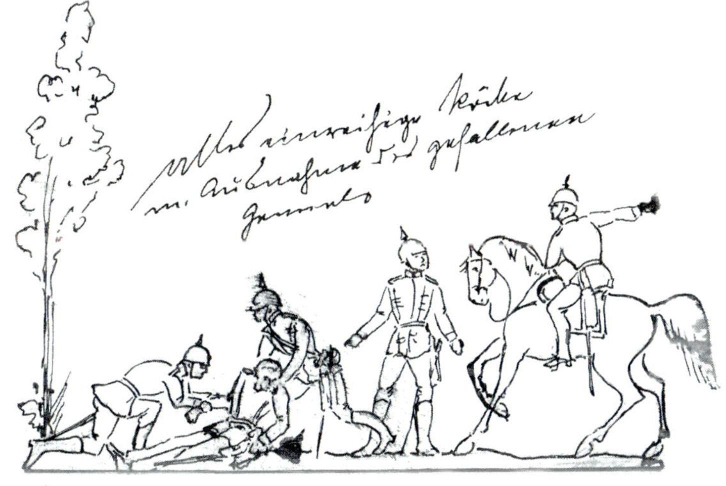

Gravurzeichnung

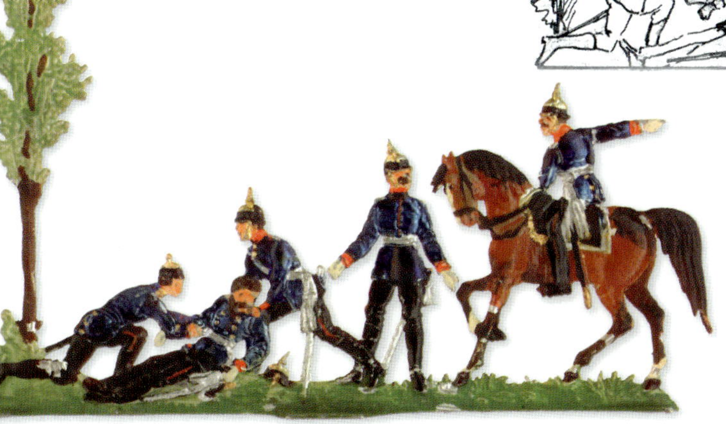

Tod des sächsischen Generals von Craushaar bei Rézonville
(*, gr. 1911)

Schlacht von Gravelotte 1870

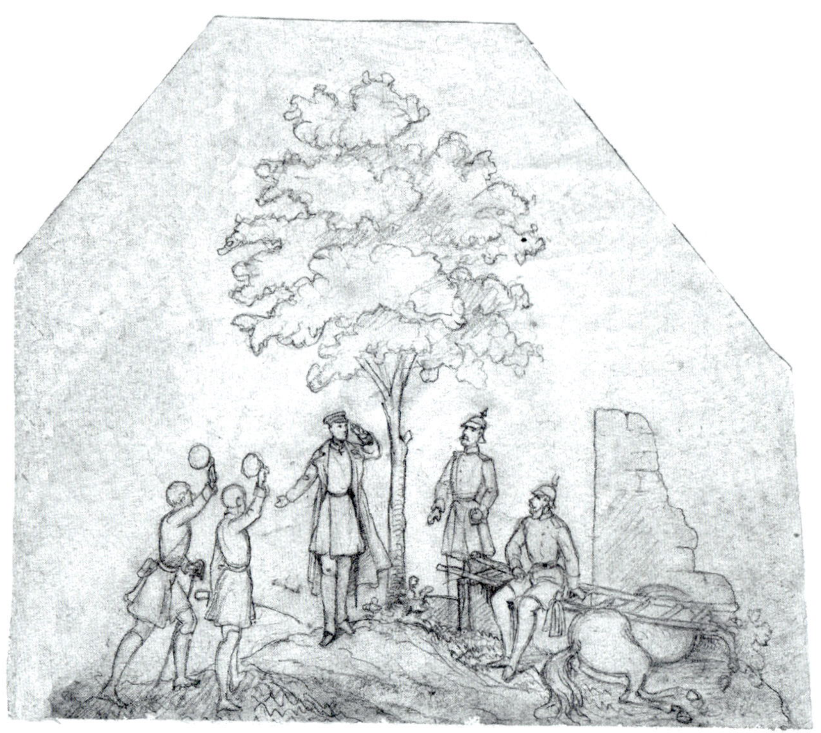

Gravurzeichnung

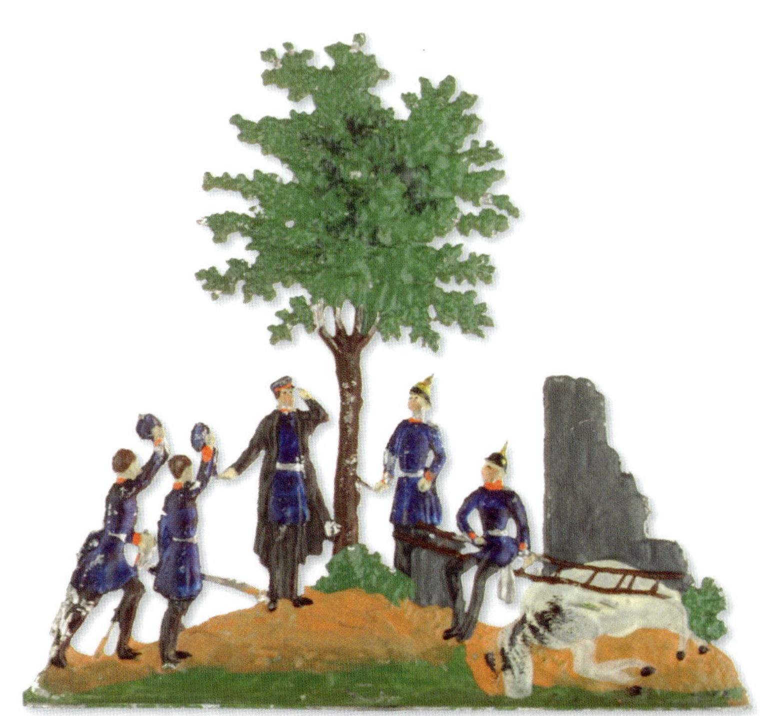

Generalfeldmarschall von Moltke meldet König Wilhelm I.
den Sieg über die Franzosen bei Gravelotte (*, gr. 1870)

Übergabe von Sedan

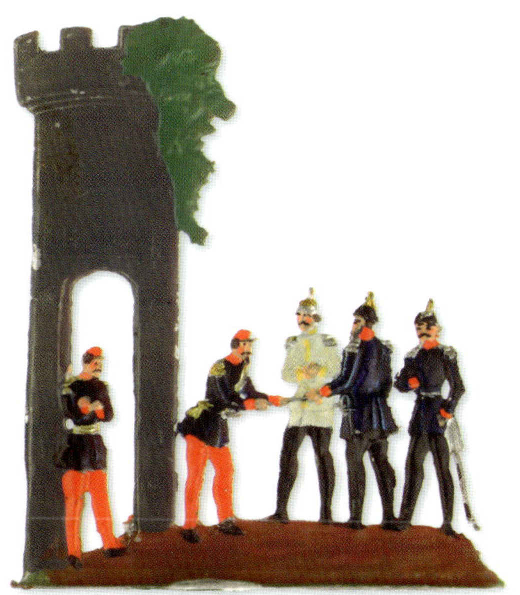

Französischer Kaiser Napoleon III. übergibt König Wilhelm I. seinen Degen (*, gr. 1870)

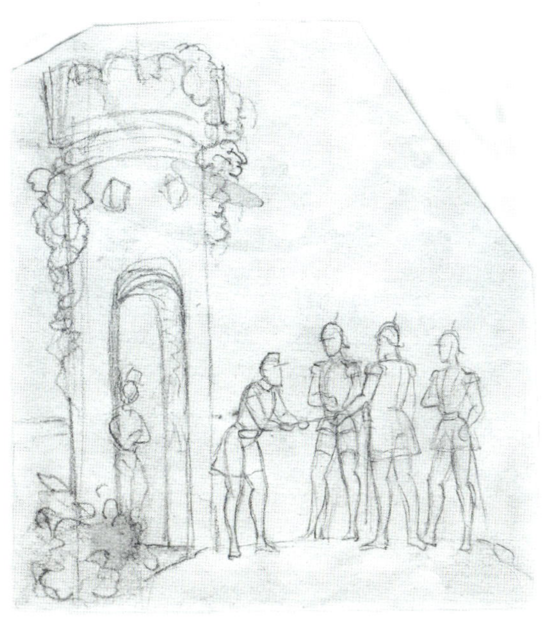

Gravurzeichnung

Die folgenden Gruppen kommen in verschiedenen Packungen vor und können keiner bestimmten Schlacht zugeordnet werden. (*, gr. 1870)

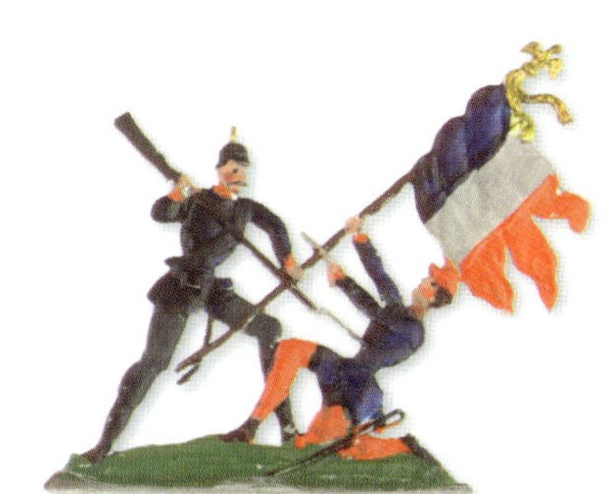

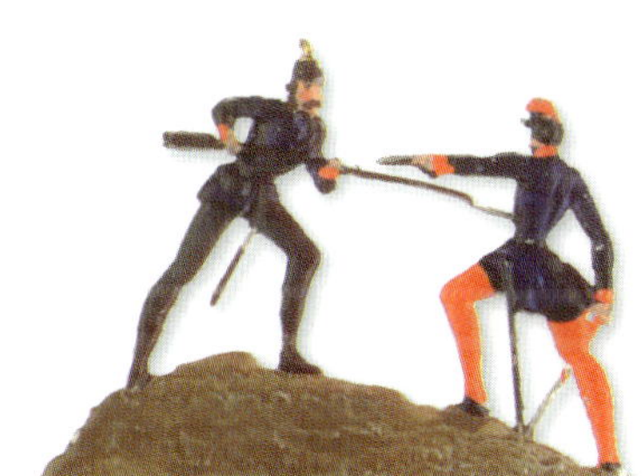

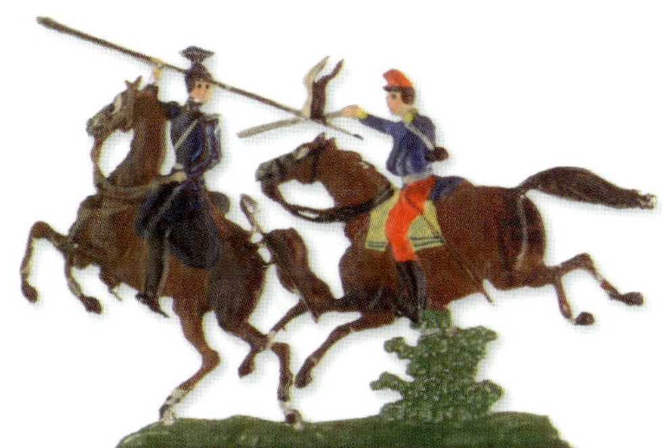

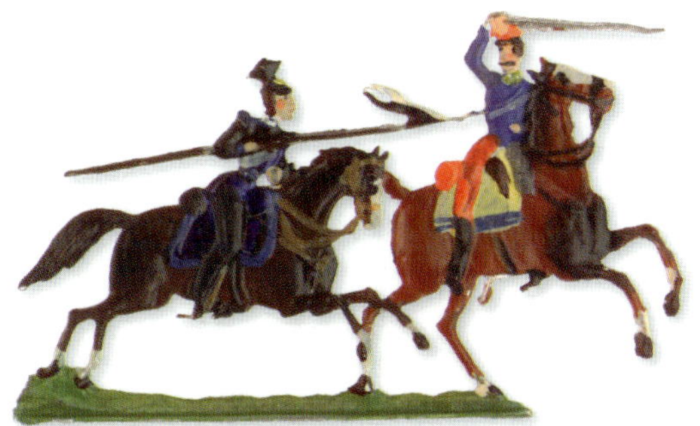

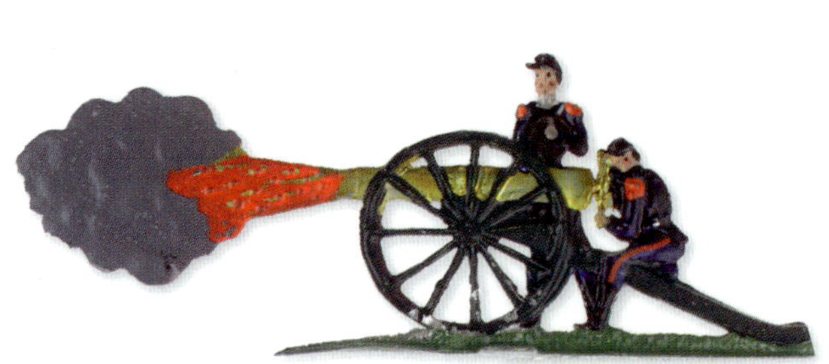

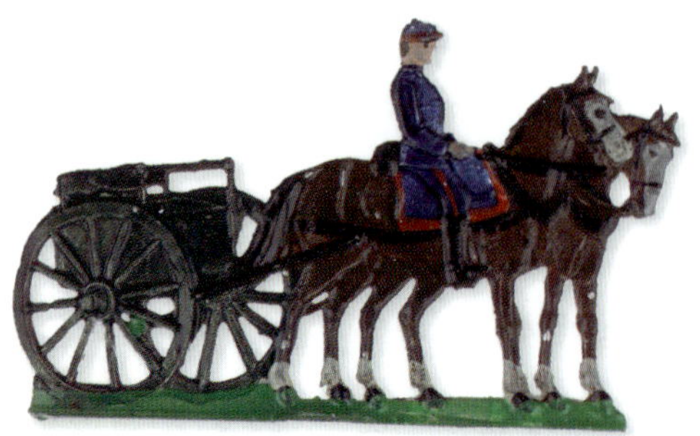

Französische Artillerie-Gruppen, welche in diversen Packungen vorkamen
(*, gr. 1870)

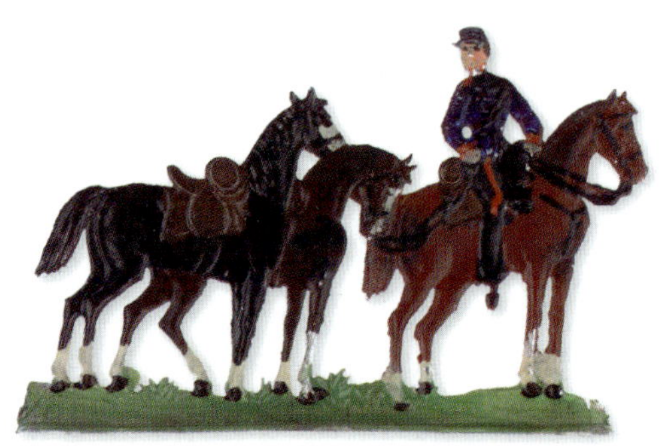

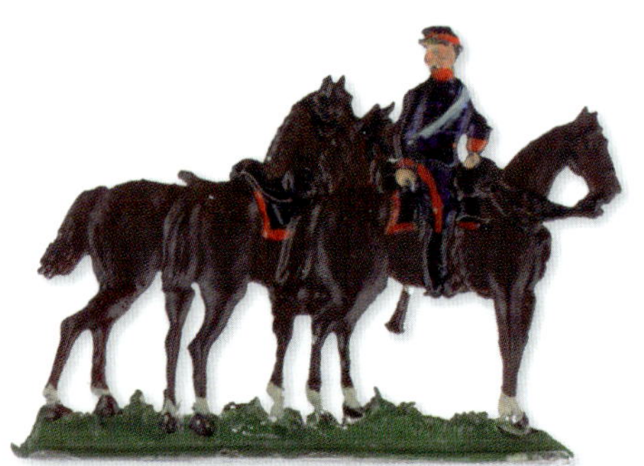

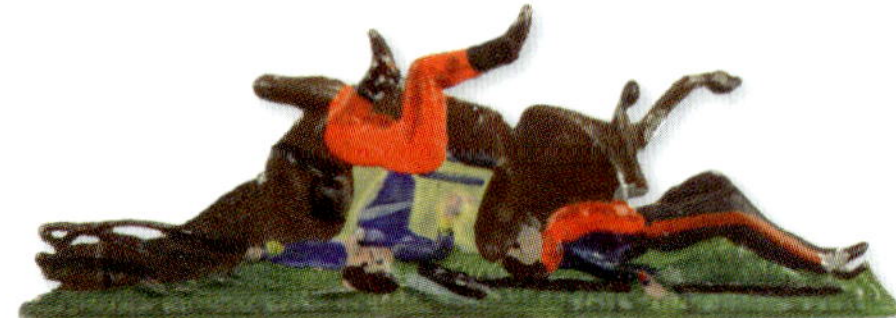

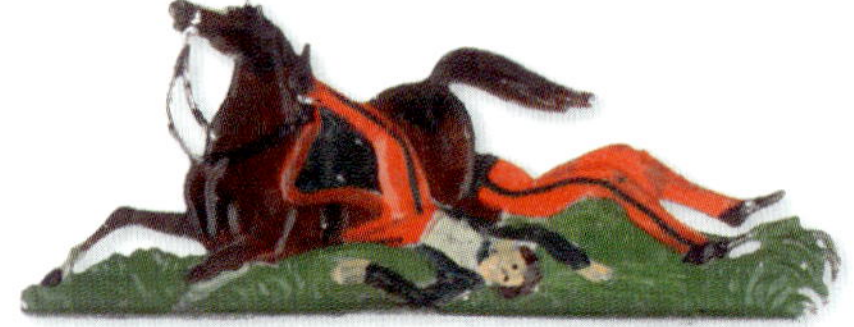

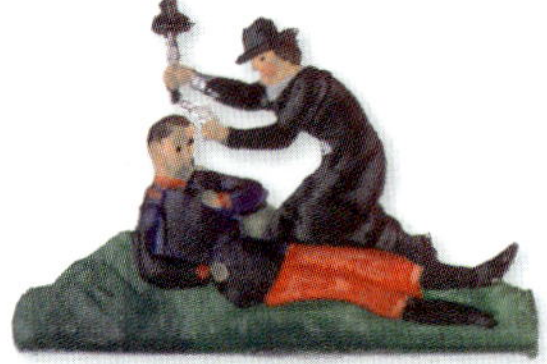

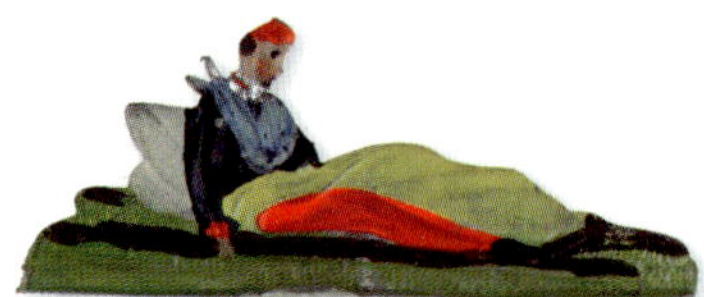

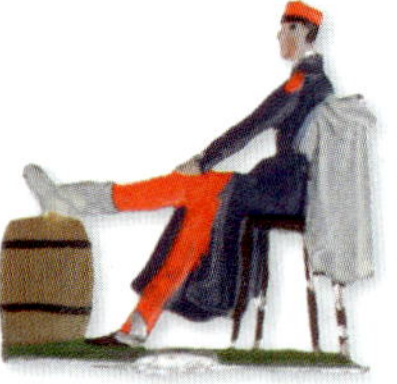

Französische Sanität auf den Schlachtfeldern von 1870/71
(*, gr. 1869)

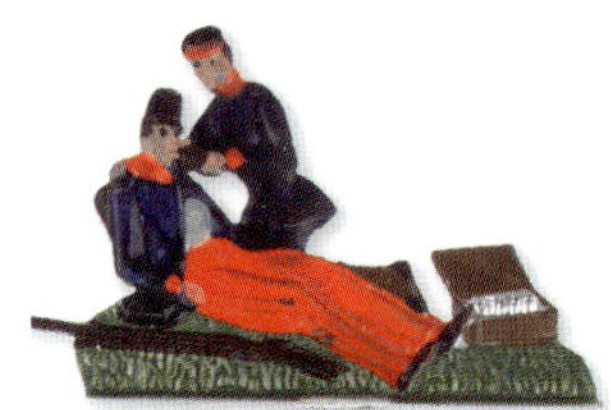

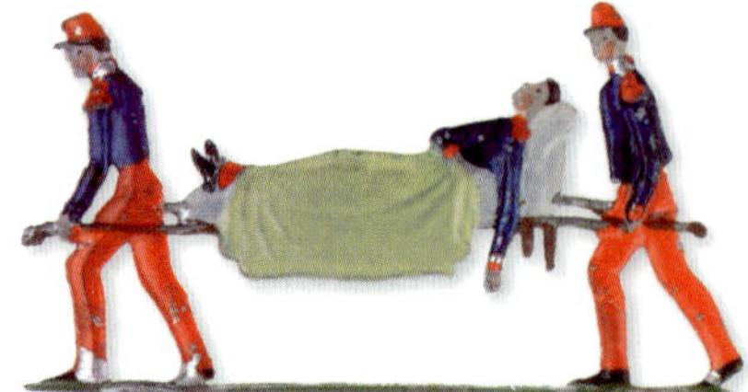

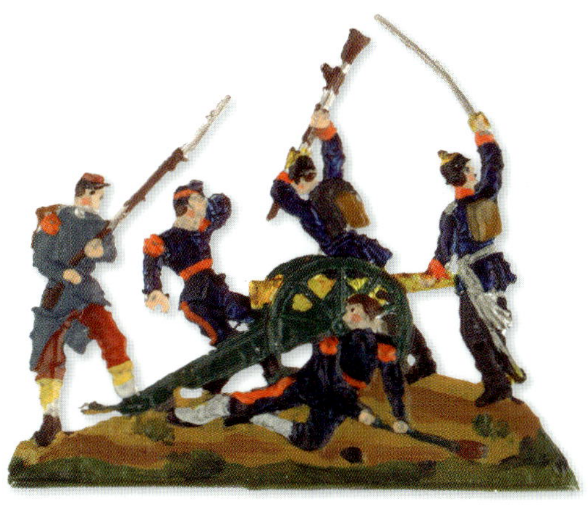

Preußische Infanterie erobert französisches Geschütz
bei Jlly (*gr. 1906)

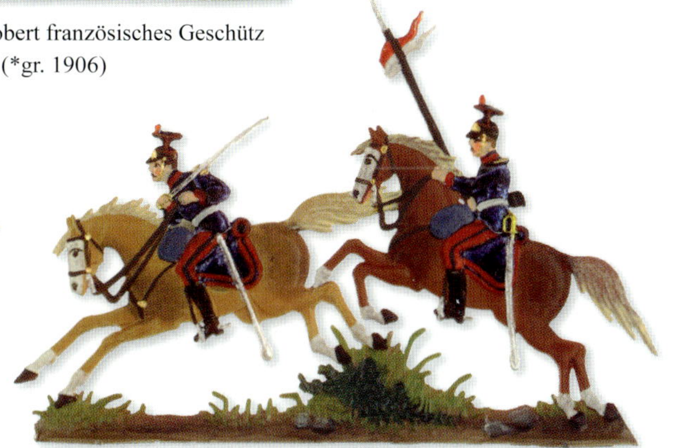

Angriff der Chasseurs d'Afrique
bei Floing (**, gr. 1909)

Angriff französischer Lanciers
bei Jlly (**, gr. 1911)

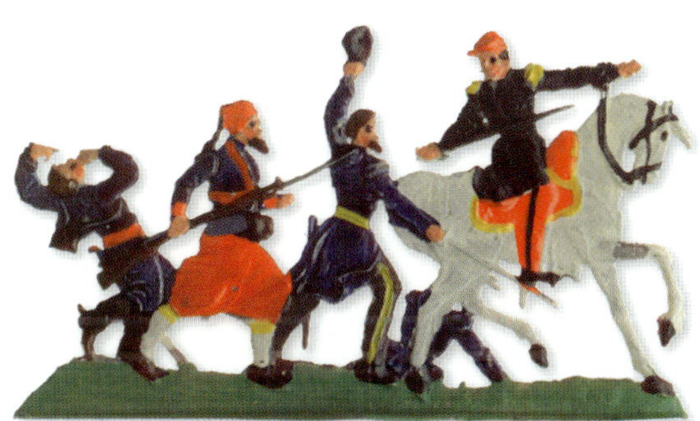

Französischer General Wimpffen bei Balan
(*, gr. 1911)

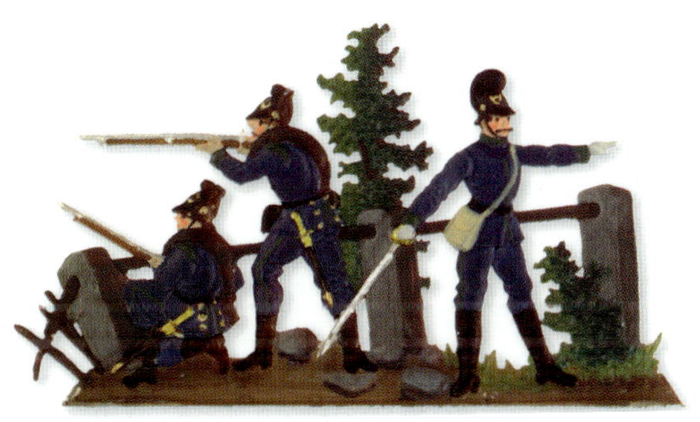

Bayerische Infanterie bei Balan
(**, gr. 1906)

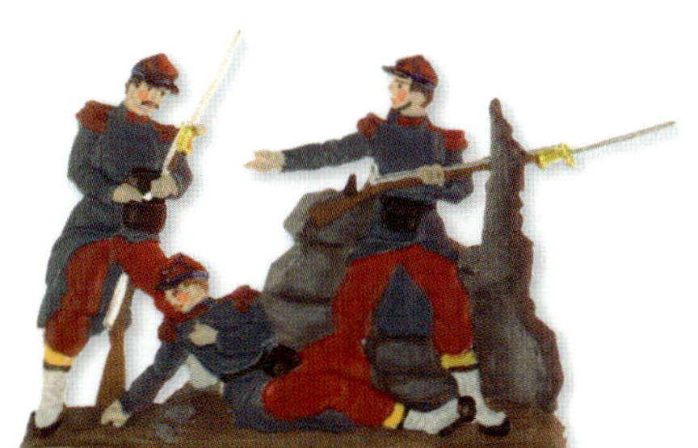

„Die letzte Patrone“
Französischer Infanterie geht bei Bazeilles
die Munition aus (**, gr. 1911)

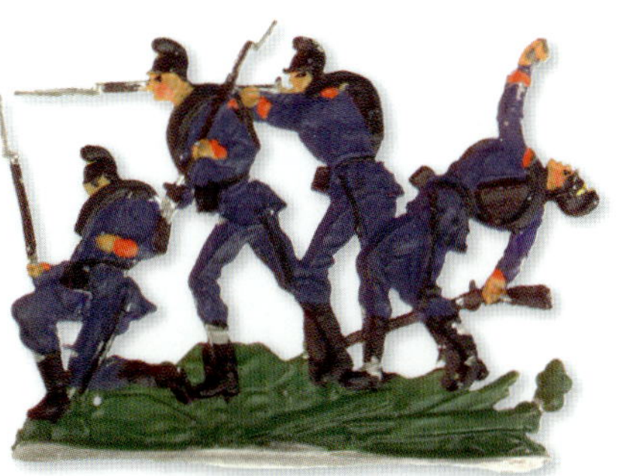

Bayerische Infanterie bei
Straßenkämpfen in Bazeilles
(*, gr. 1906)

Preußisches Infanterie-und Kavallerielager 1870

(*, gr. 1896)

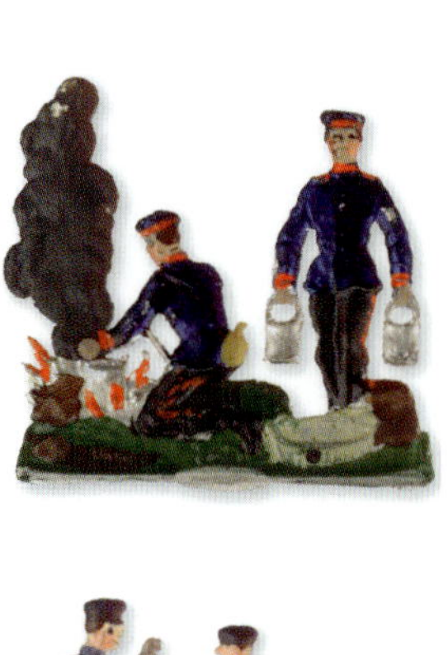

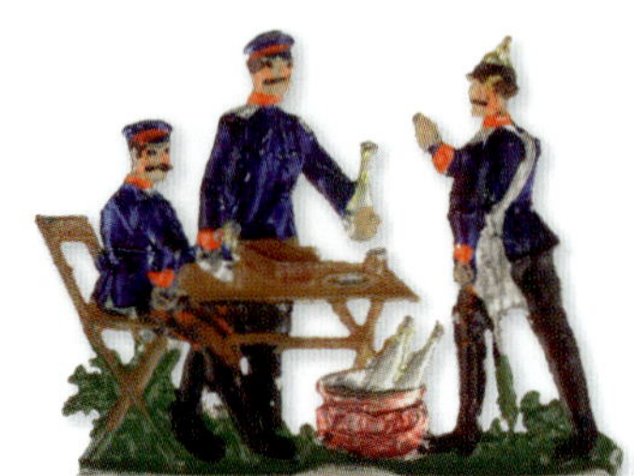

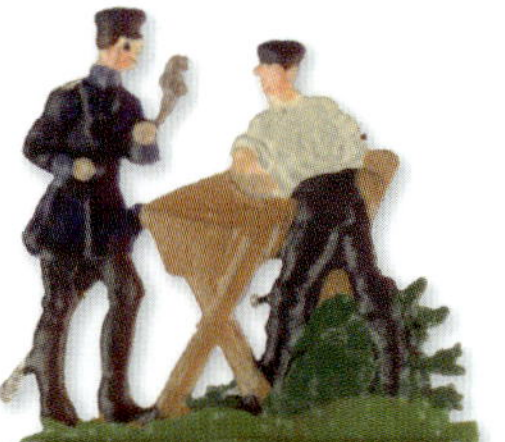

Offizier kontrolliert Brotteig

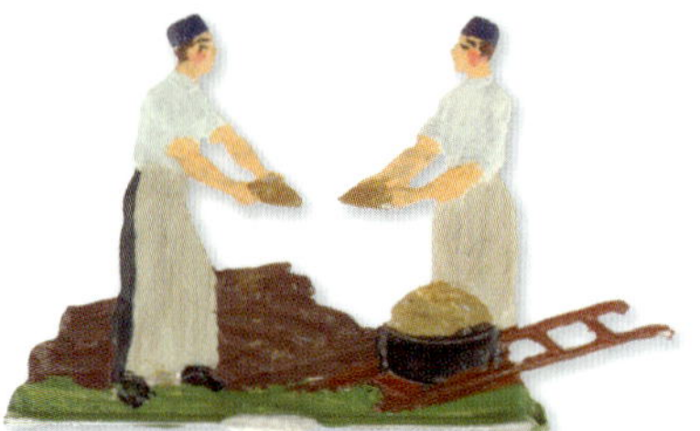

Zwei Bäcker reichen sich Brot

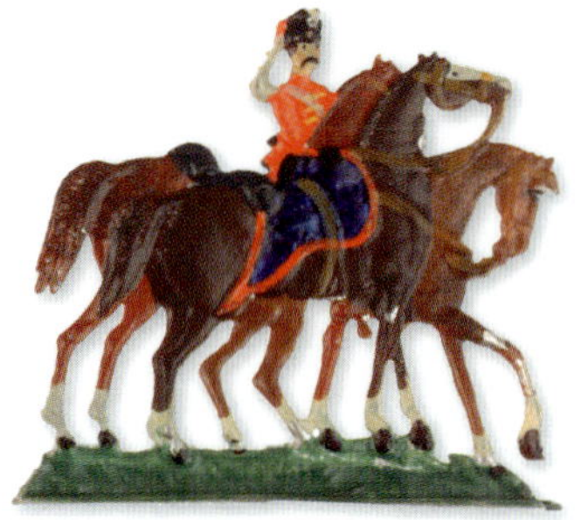

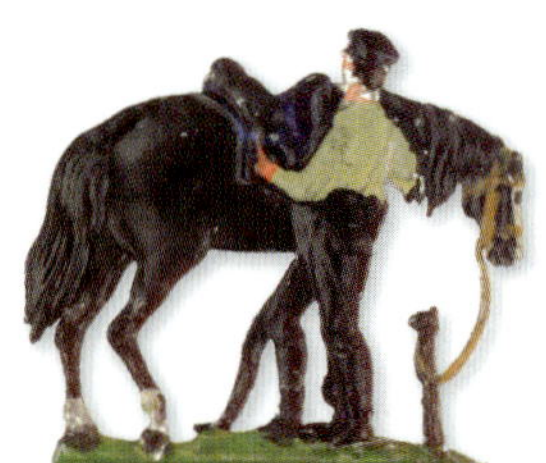

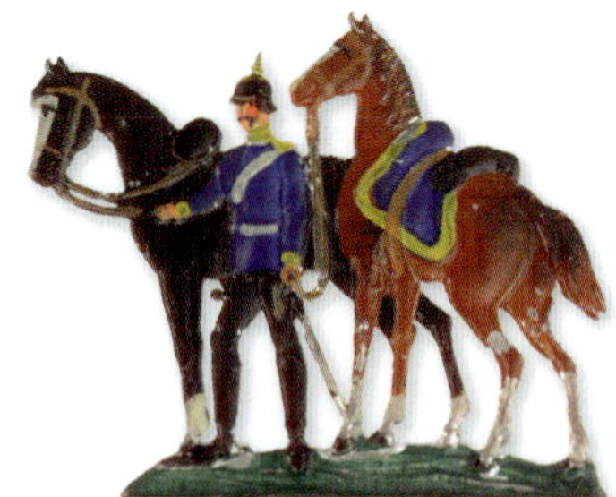

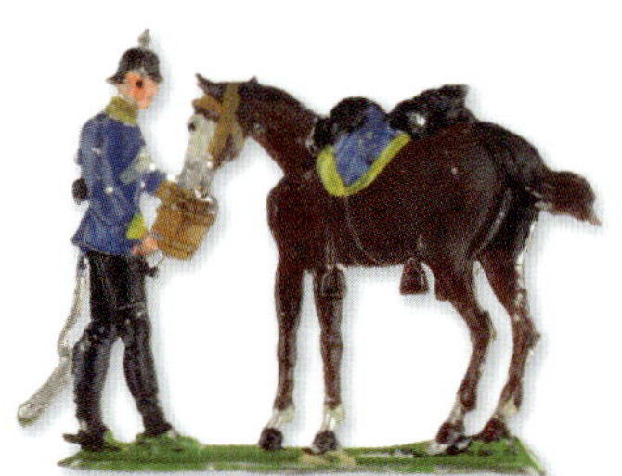

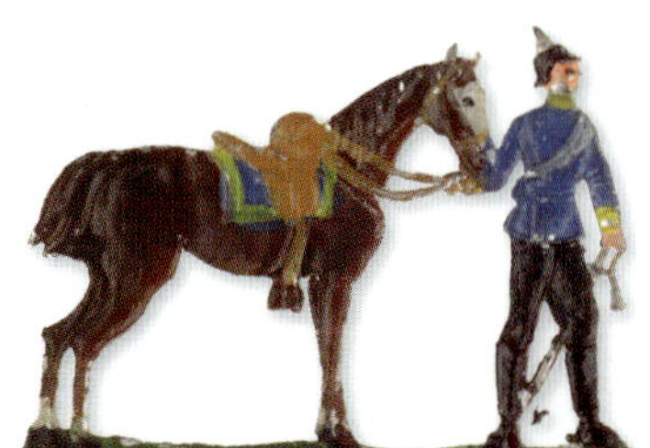

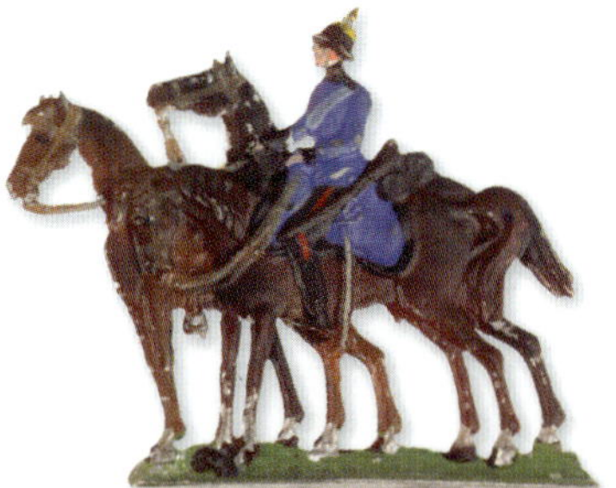

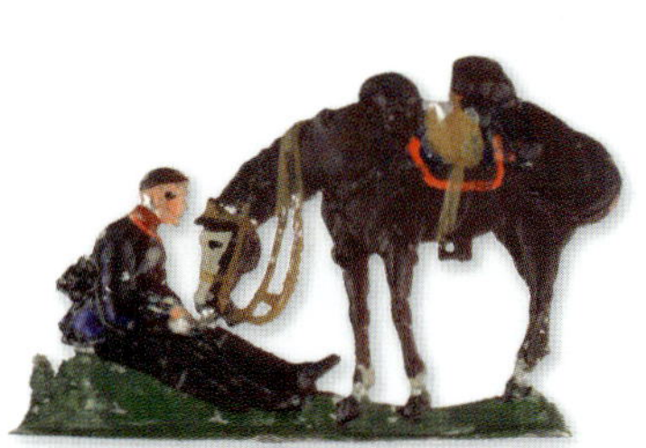

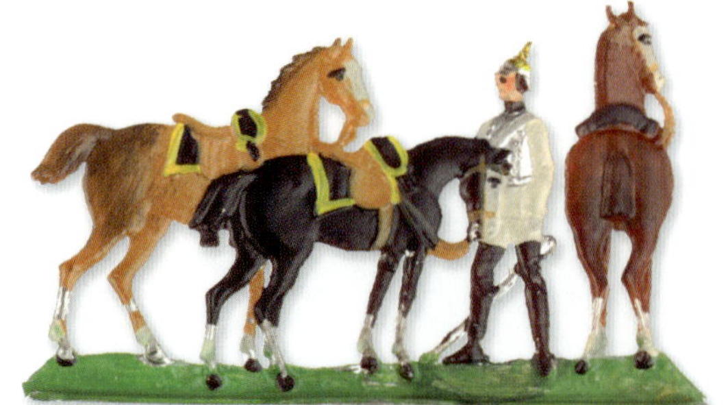

Französischer Feldposten

(*, gr. 1904/07)

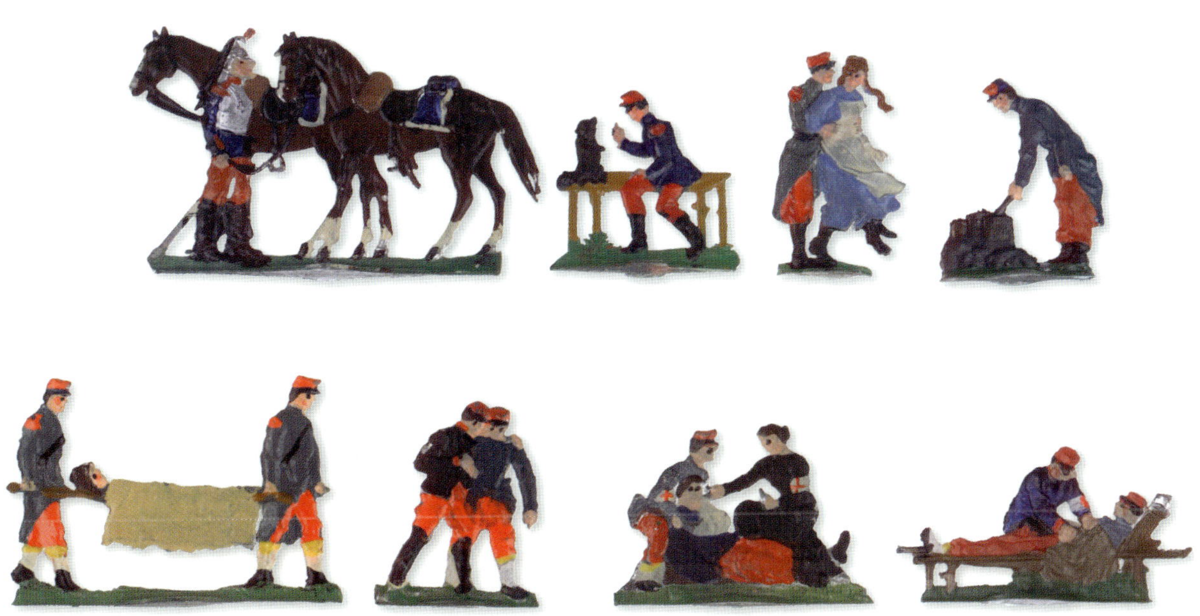

Französische Sanität auf dem Schlachtfeld 1870/71

(*, gr. 1903)

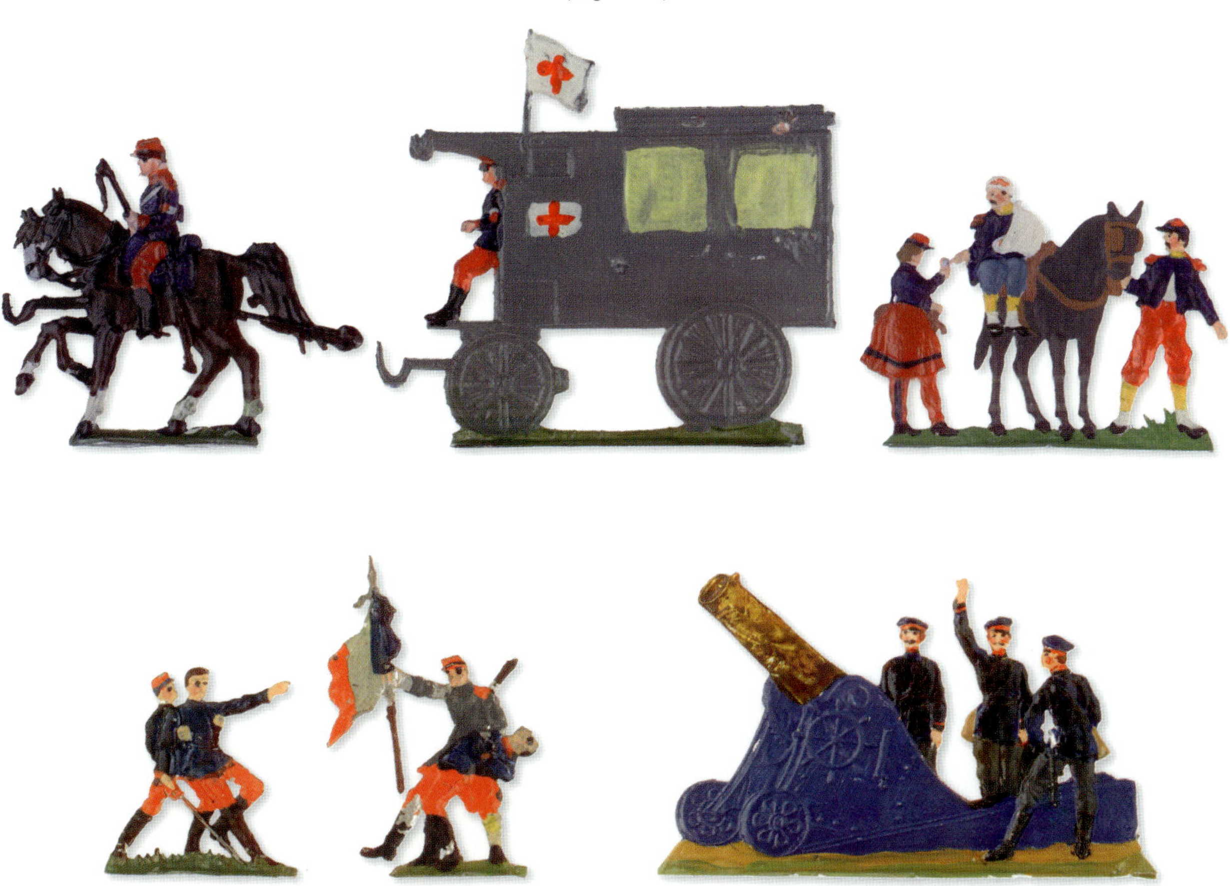

Gruppen aus der Belagerung von Strassburg 1870

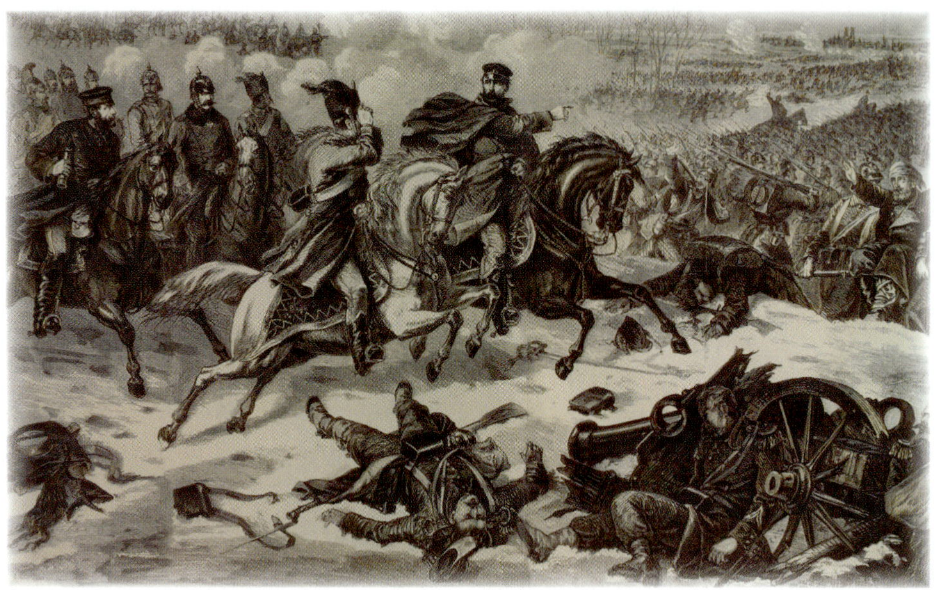

Zeichnungsvorlage aus dem Buch „Illustrierte Kriegschronik,
Festausgabe zum 100.Geburtstag von Kaiser Wilhelm I.“

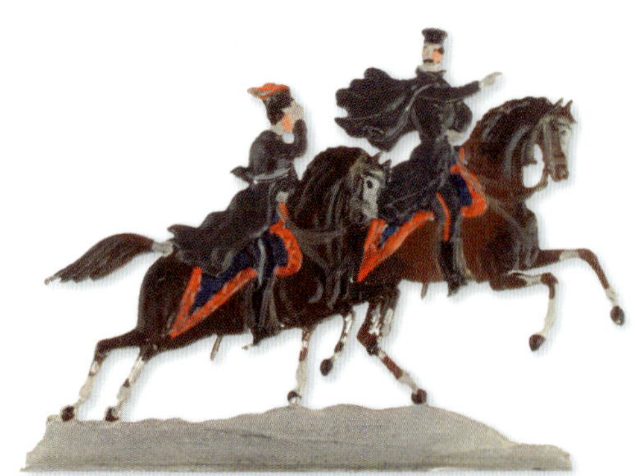

Prinz Friedrich Carl mit Husaren-Adjutanten
bei Orléans (*, gr. 1870)

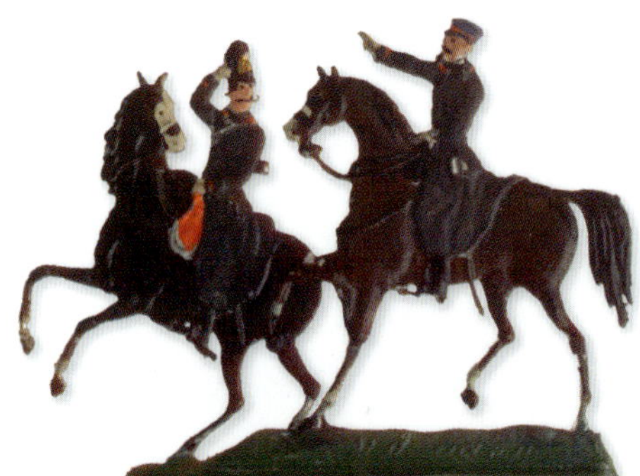

General von der Tann und
Chevaulegers-Adjutant
bei Orléans (*, gr. 1870)

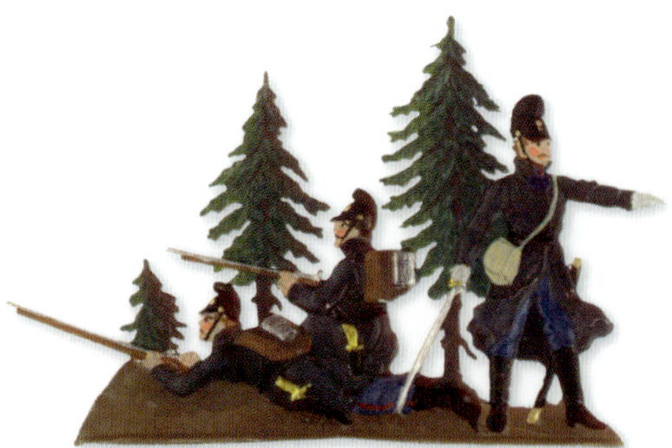

Bayerische Infanterie bei Orléans
(**, gr. 1907)

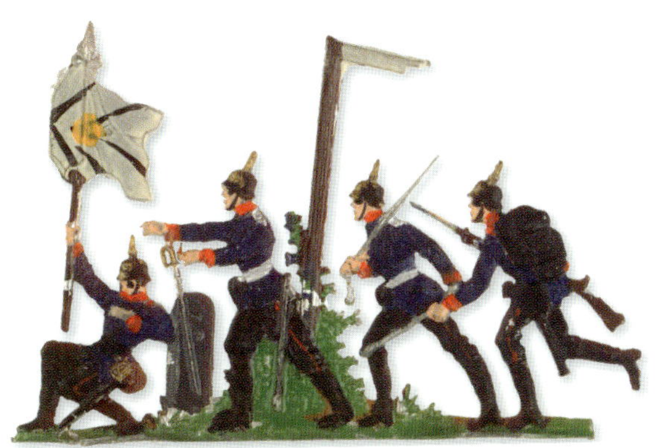

Preußische Infanterie bei Loigny
(*, gr. 1914)

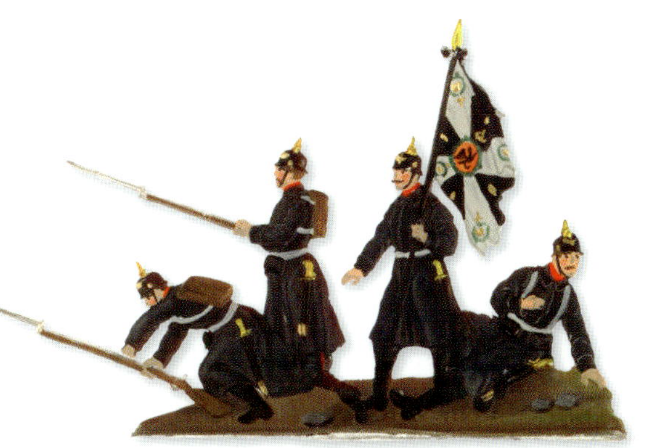

Verteidigung der Fahne des preußischen
61. Infanterie-Regimentes bei Dijon (**, gr. 1906)

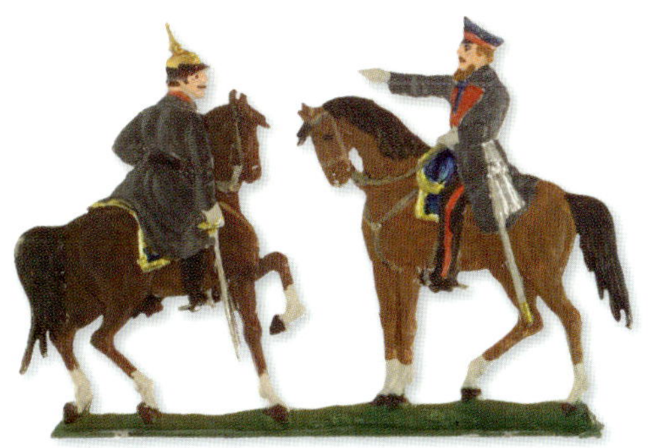

Großherzog Friedrich Franz II. von
Mecklenburg (zeigend) bei Beaune
(***, gr. 1914)

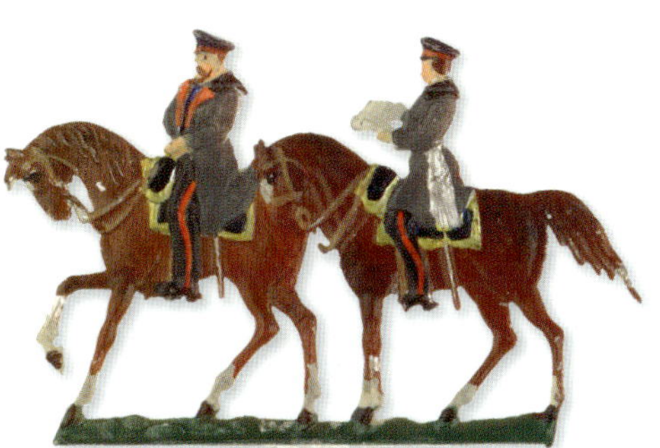

Prinz Wilhelm von Baden
bei Les Nuits (*, gr. 1914)

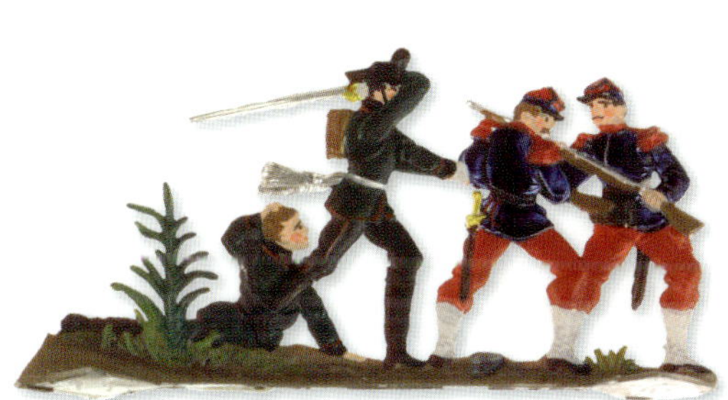

Sächsische Infanterie im Kampf mit
französischer Infanterie bei Brie (***,1911)

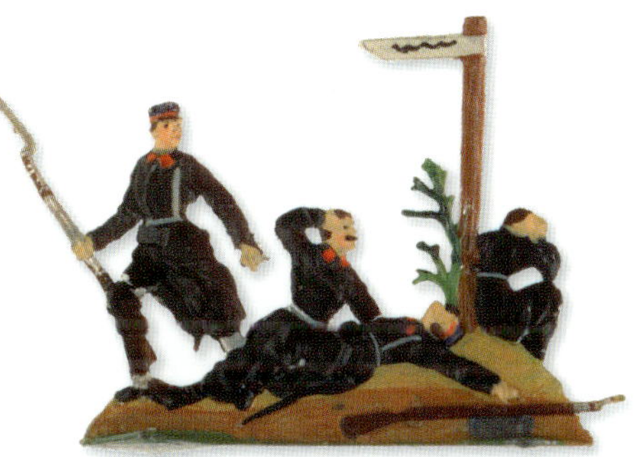

Württemberger bei Brie: toter Erich von Taube und
verwundeter Axel von Taube (*,1911)

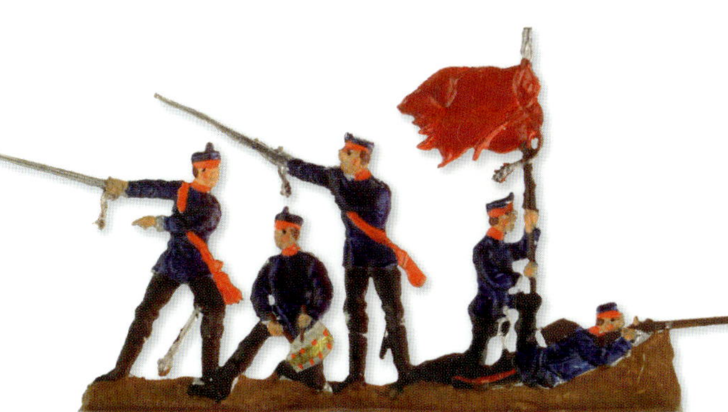

Württemberger bei Champigny
(*, gr. 1906)

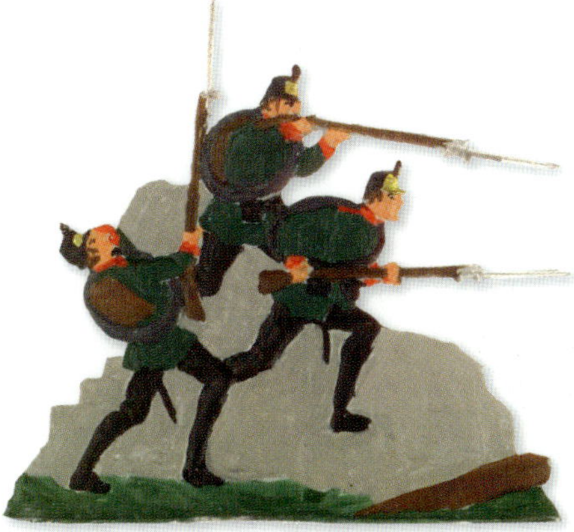

Preußische Garde-Schützen
bei Le Bourget (***, gr. 1906)

Belagerung von Paris 19.9.1870 - 28.1.1871

(*, gr. 1871)

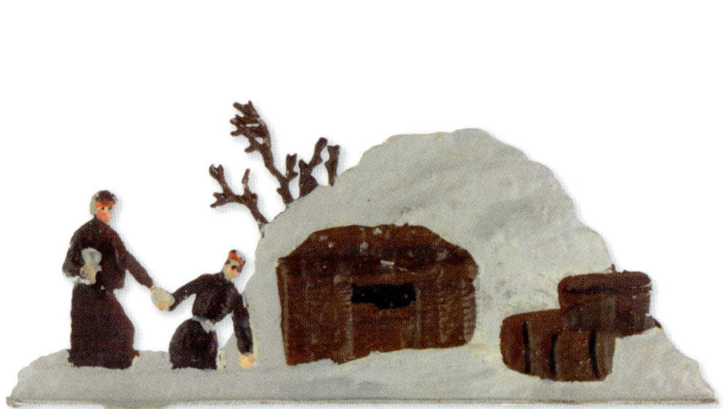

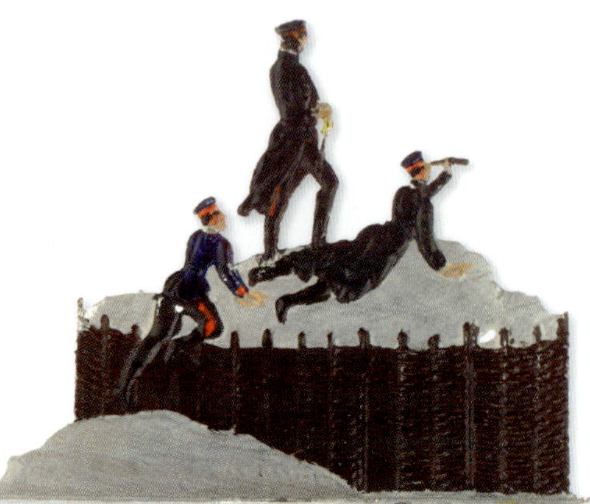

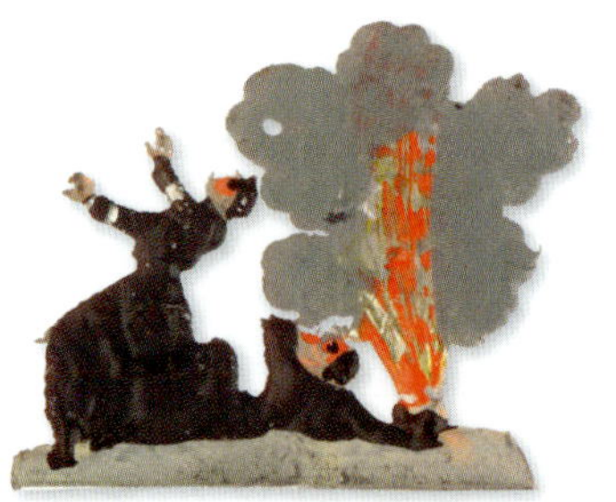

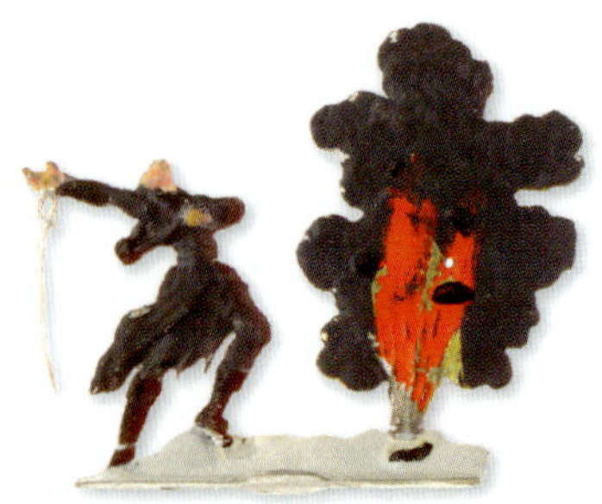

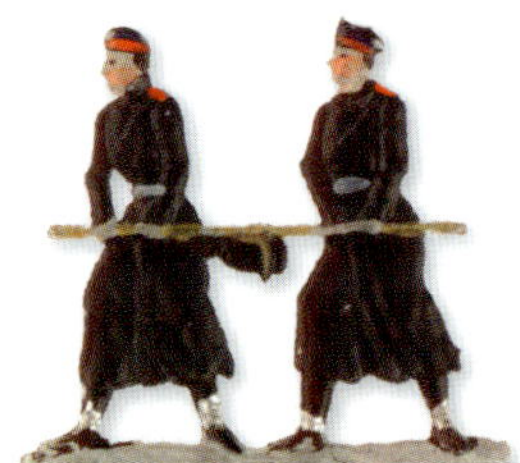

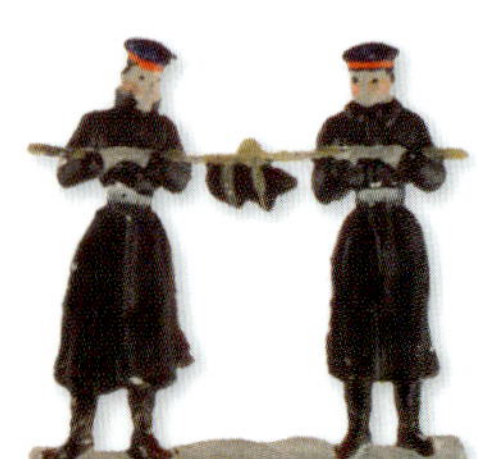

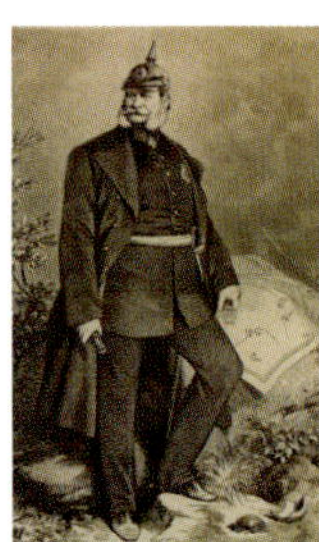

Zeichnungsvorlage

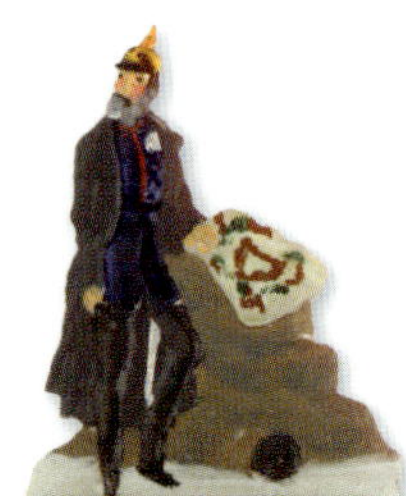

König Wilhelm I.
vor Paris

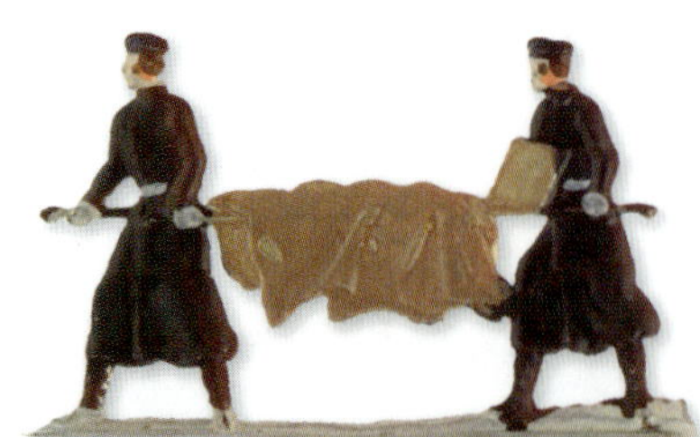

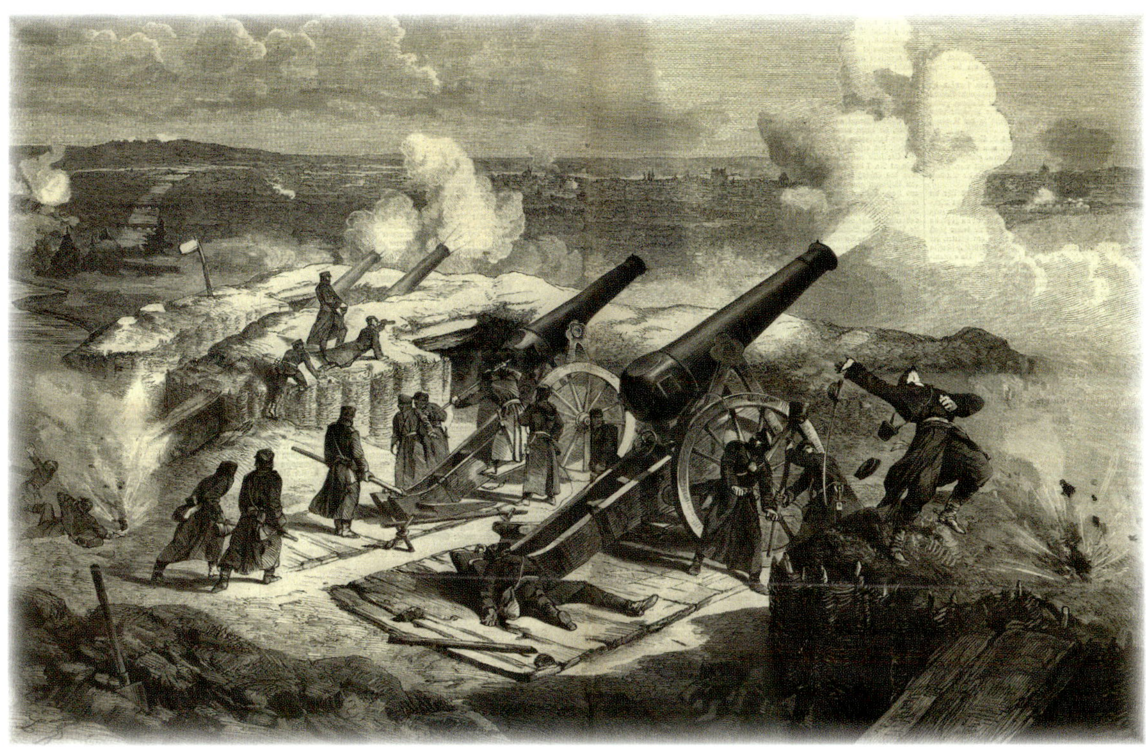

Zeichnungsvorlagen aus den Büchern „Illustrierte Kriegschronik“ und „Illustrierte Geschichte des Krieges 1870/71“

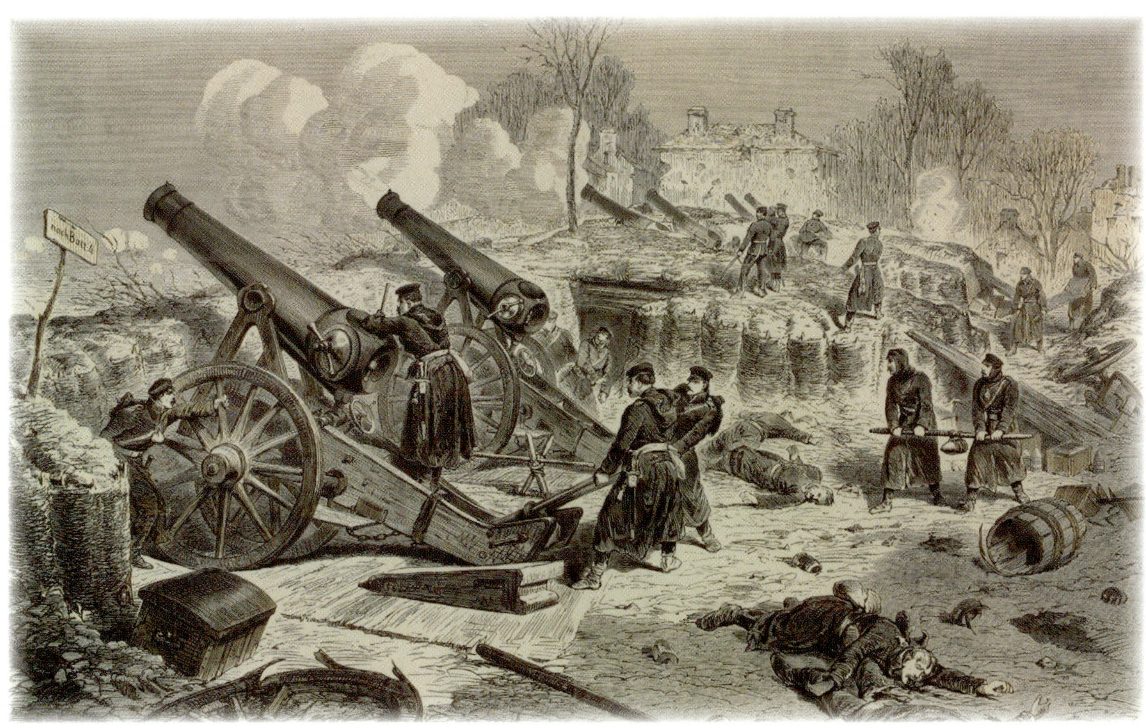

Preußischer Generalstab auf dem Schlachtfeld

(*, gr. 1888)

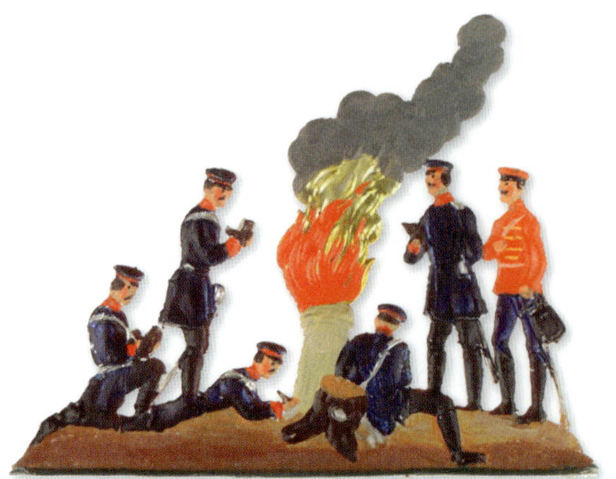

Diese Gruppe soll Prinz Friedrich Carl (in roter Husaren-Uniform) am Vorabend der Schlacht bei Gravelotte darstellen

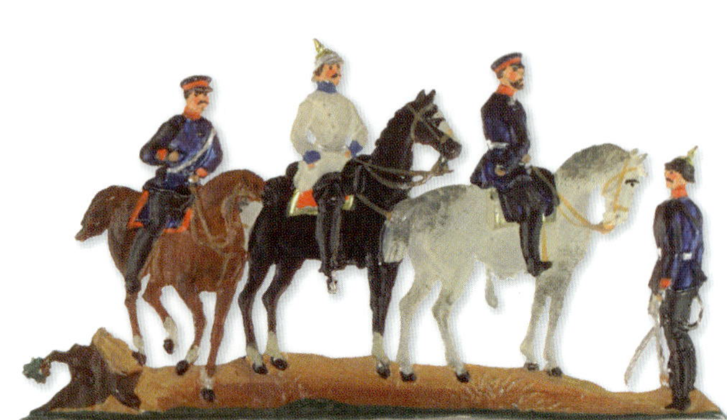

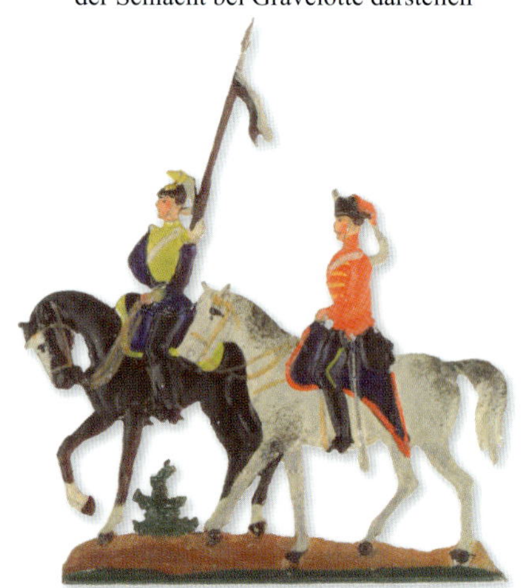

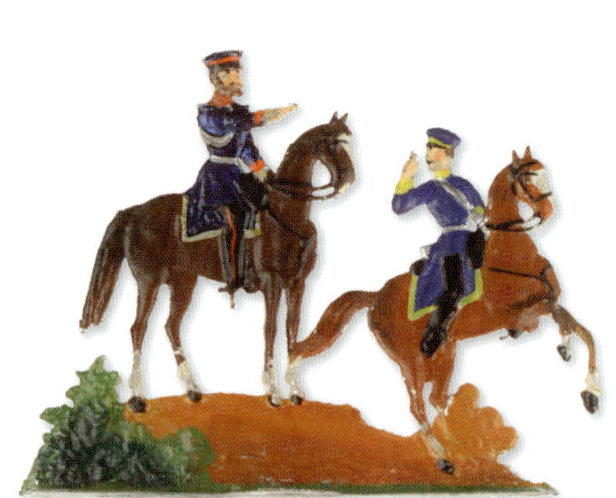

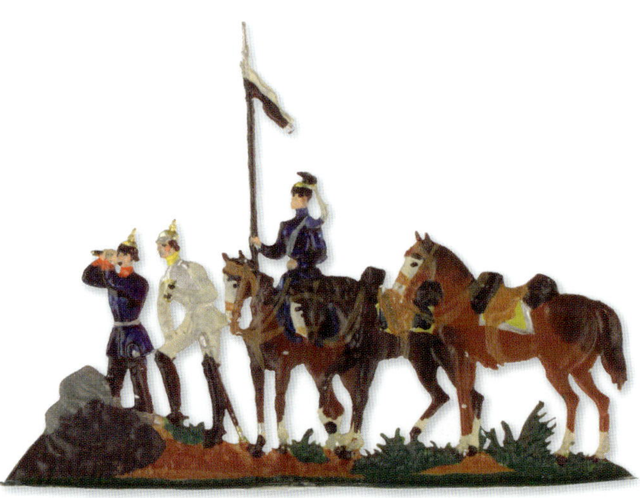

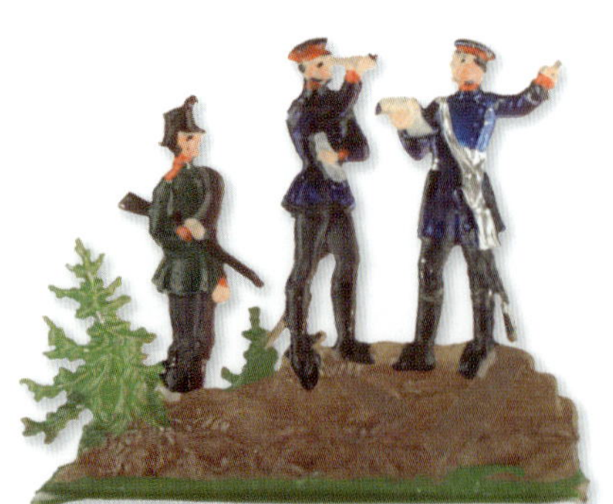

Preußischer Generalstab auf dem Schlachtfeld

(*, gr. 1888)

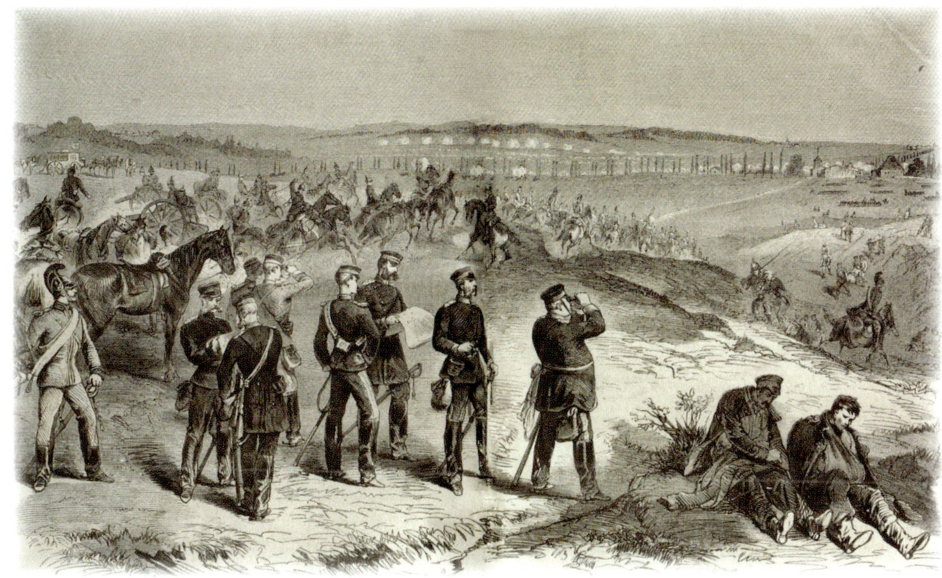

Zeichnungsvorlage aus dem Buch „Illustrierte Geschichte des Krieges 1870/71“

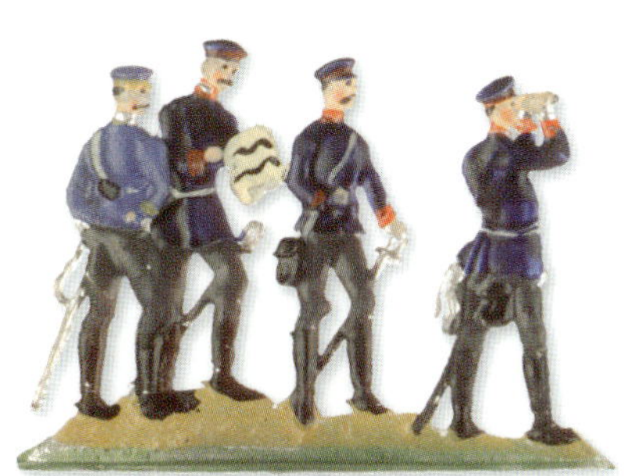

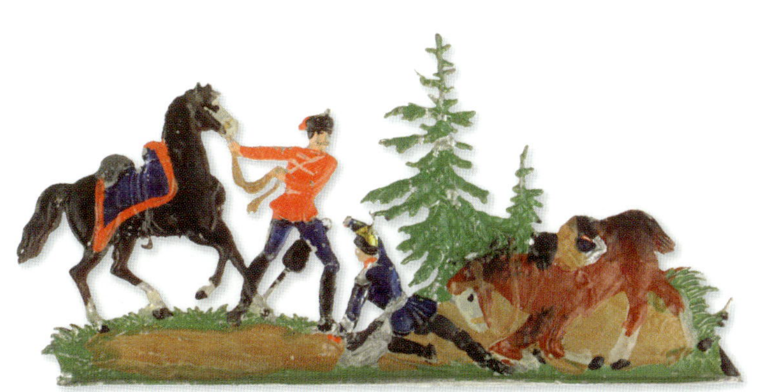

Französischer Generalstab auf dem Schlachtfeld

(*, gr. 1888)

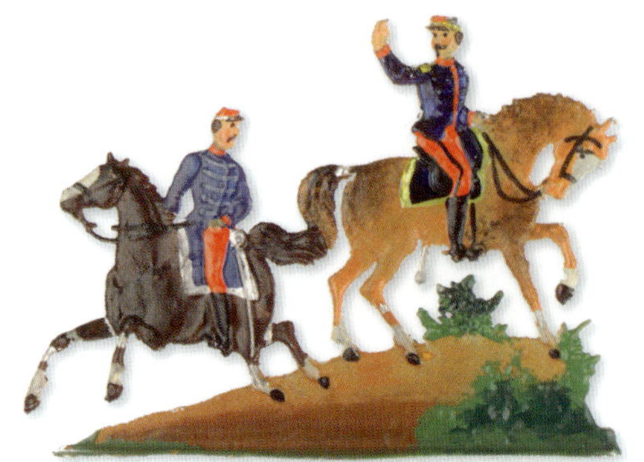

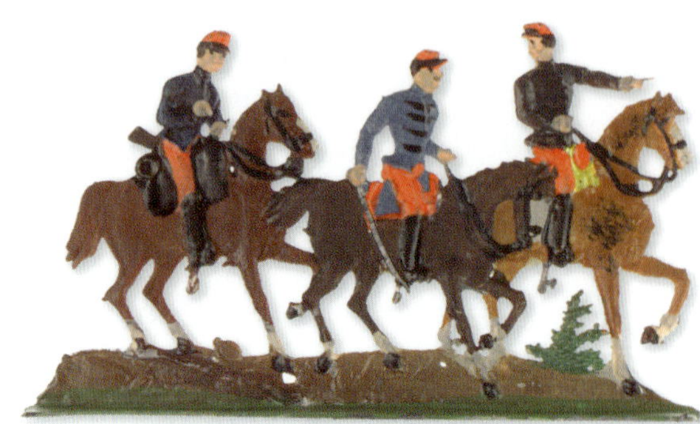

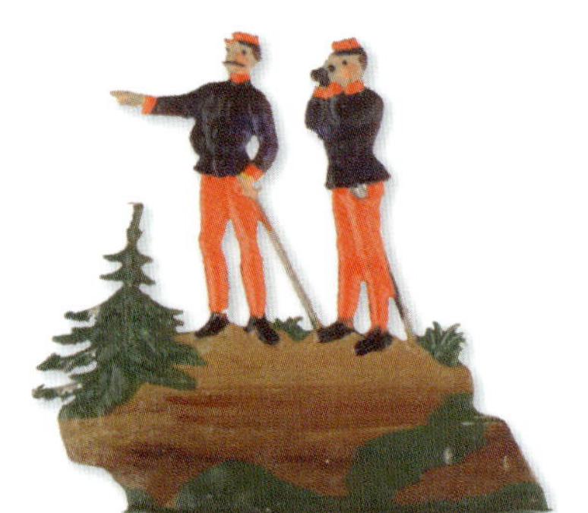

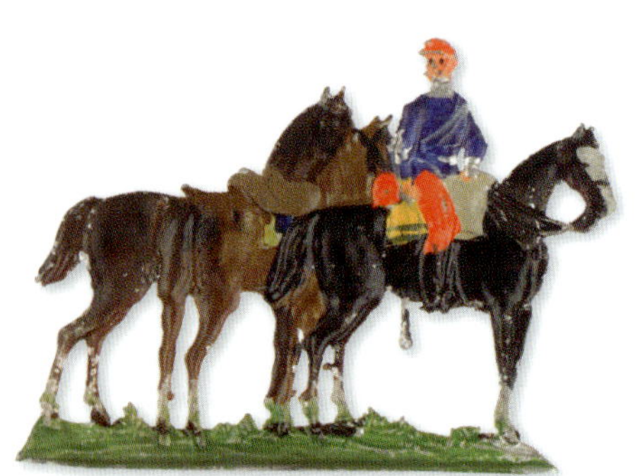

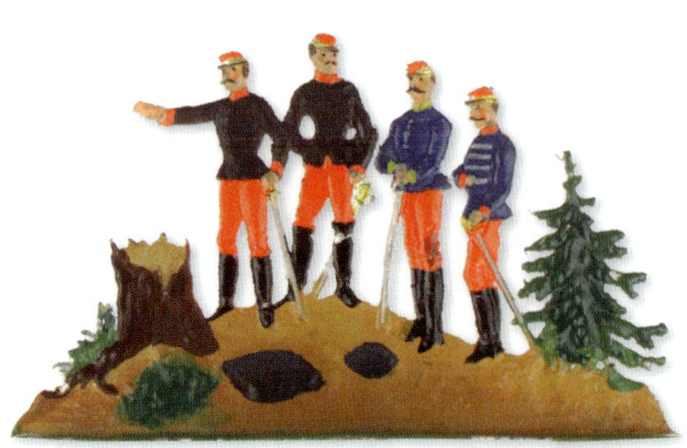

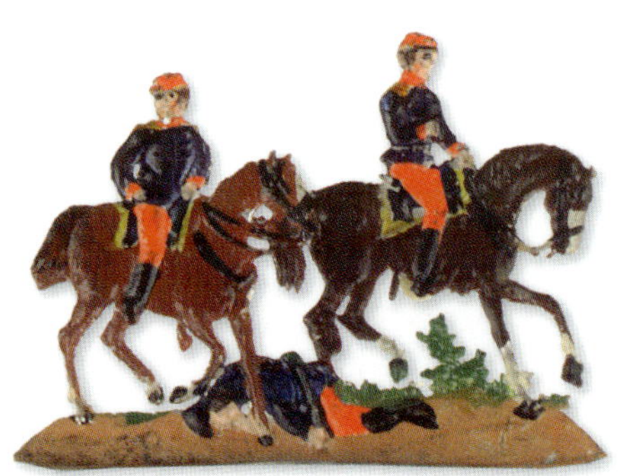

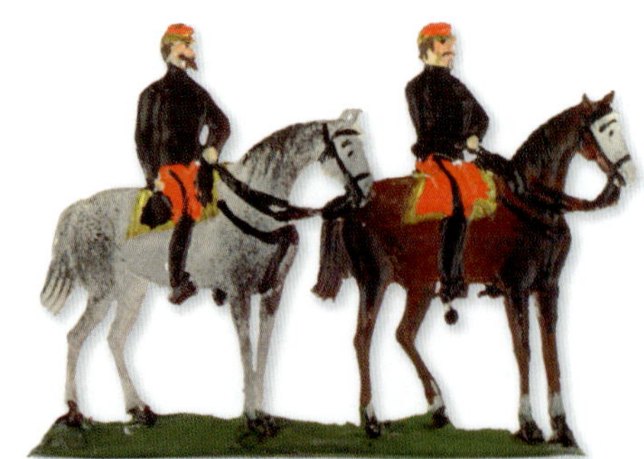

Österreichischer Generalstab auf dem Schlachtfeld

(* u. H.D. Weiland, gr. 1888)

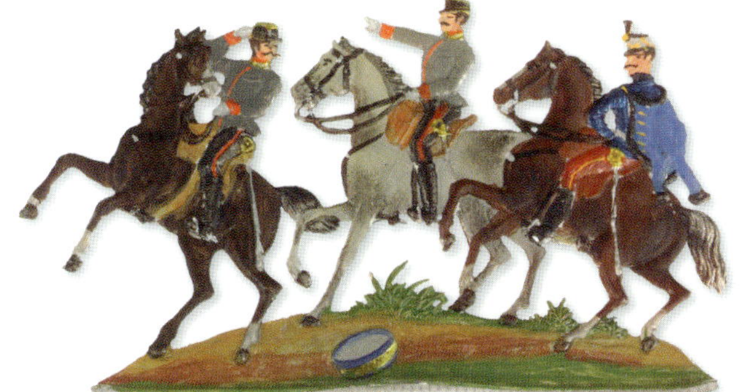

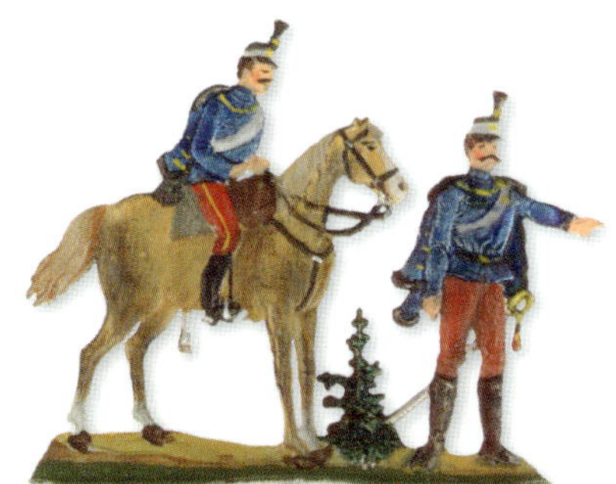

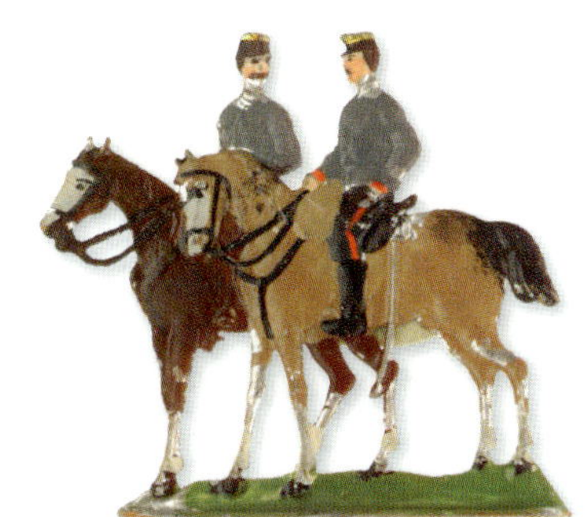

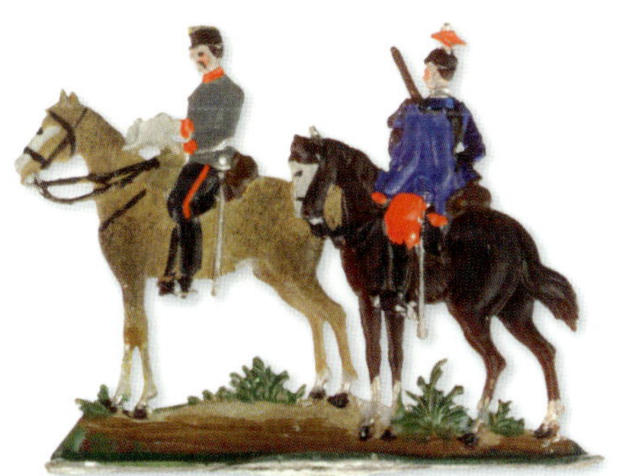

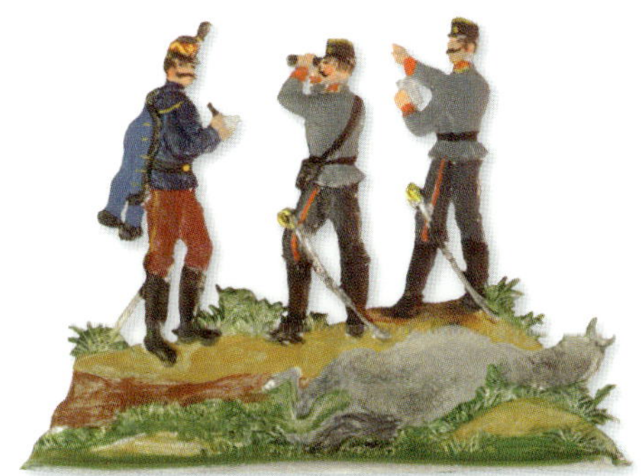

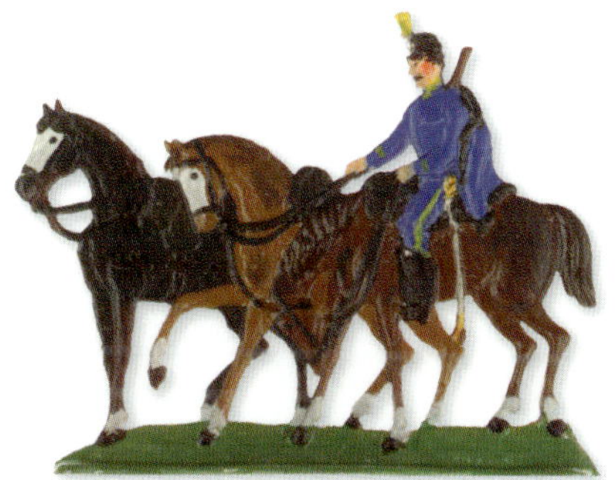

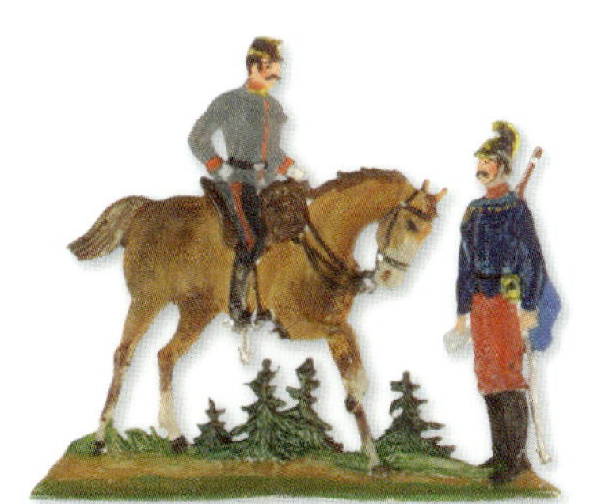

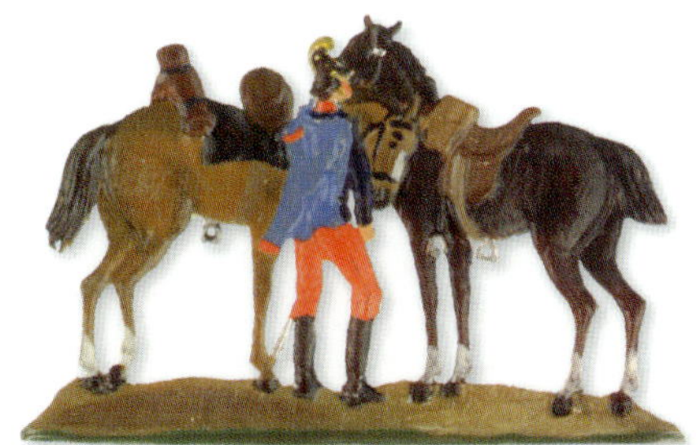

Russischer Generalstab auf dem Schlachtfeld

(*.gr. 1888)

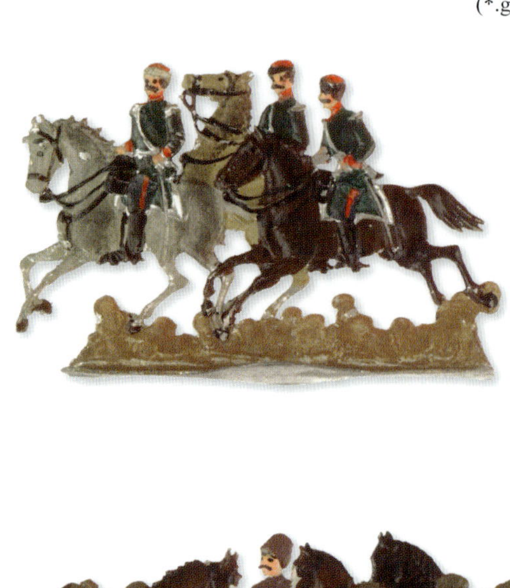

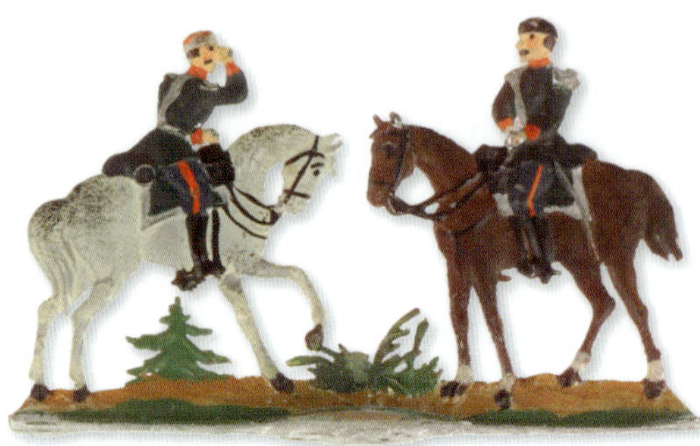

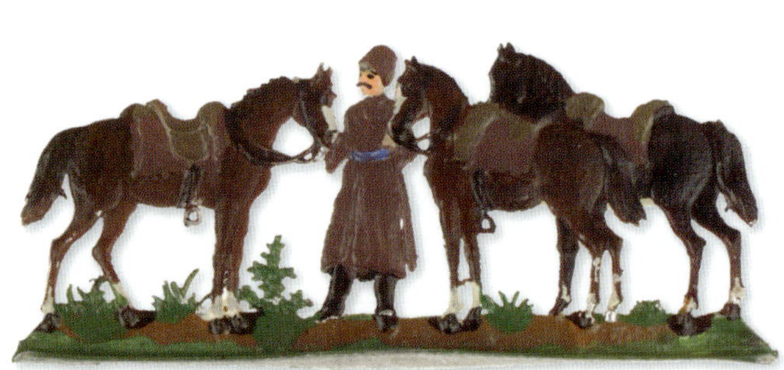

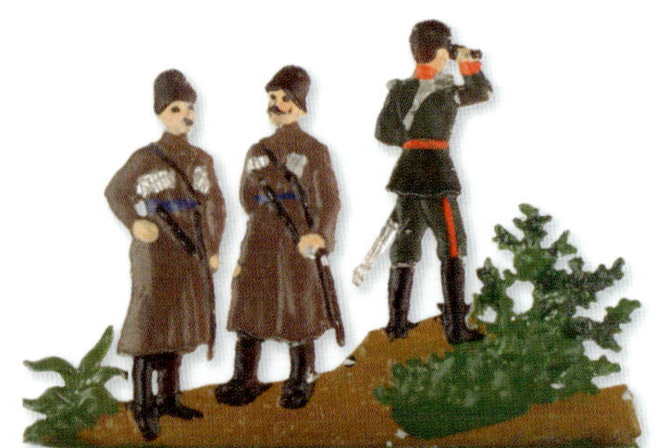

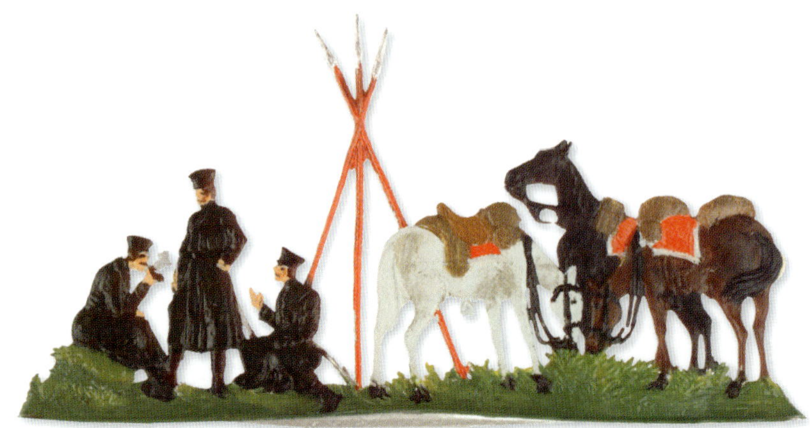

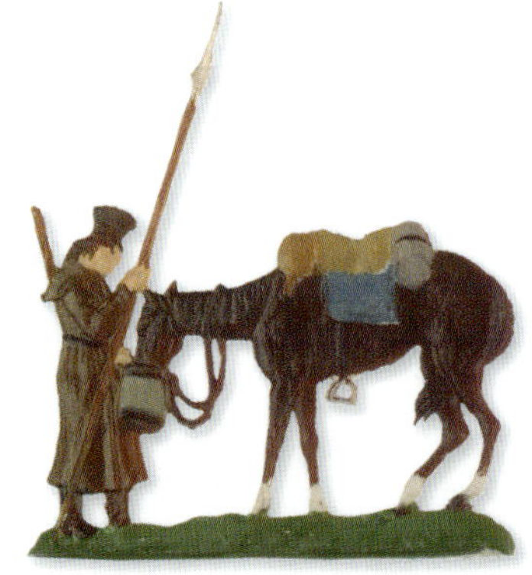

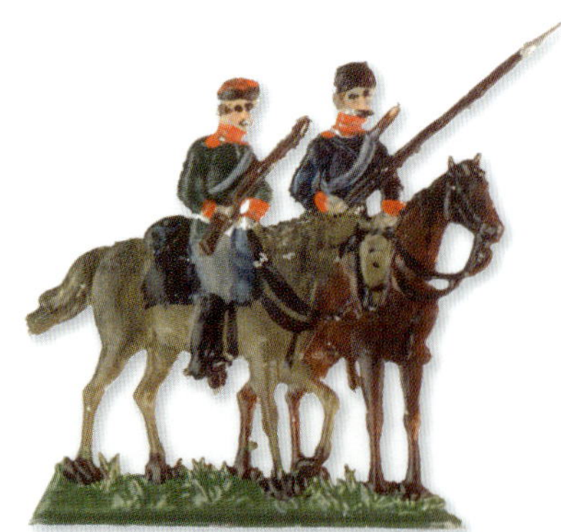

(Diverse Gruppen aus diesen vier Generalstäben waren auch in Packungen zum 1.Weltkrieg enthalten)

„Kaiser-Manöver unter Wilhelm II."

(*, gr. 1906)

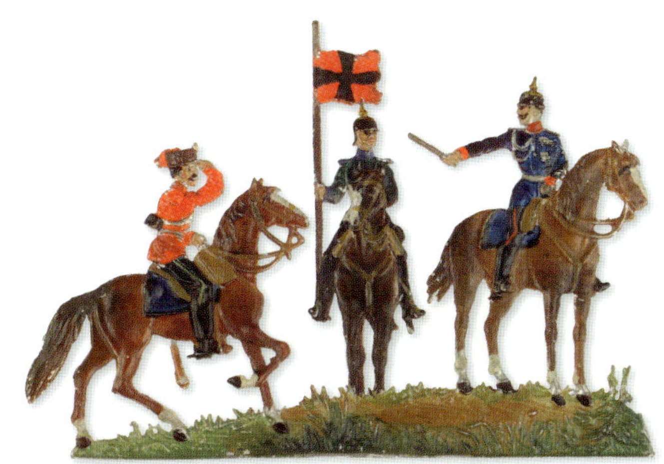

Kaiser Wilhelm mit Stabsstandarte
und grüßendem Husaren-Offizier

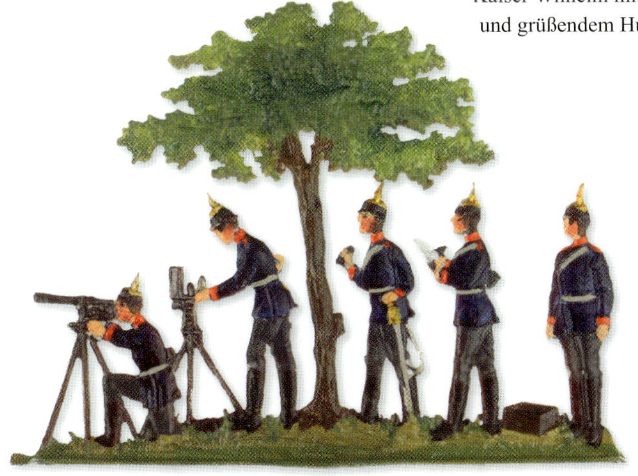

Stabs-Feldposten mit Heliographen

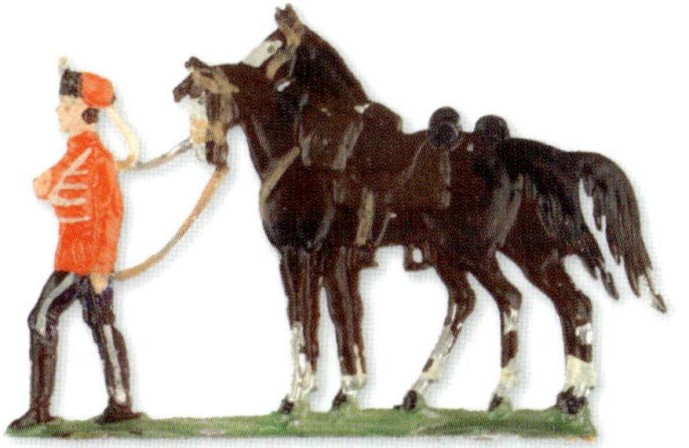

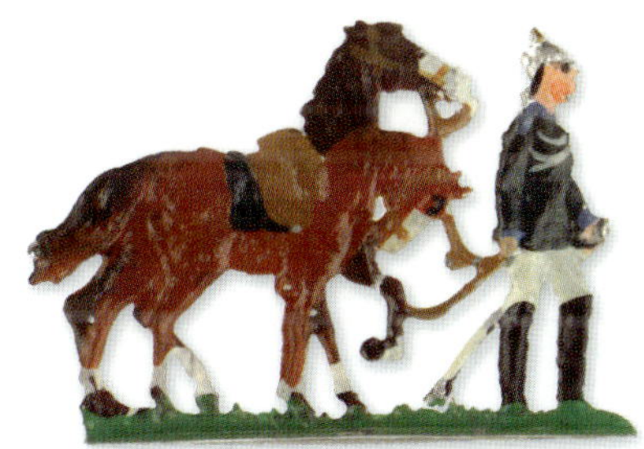

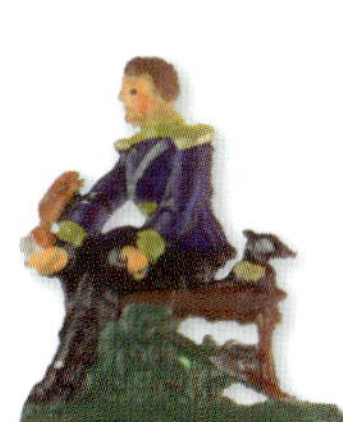

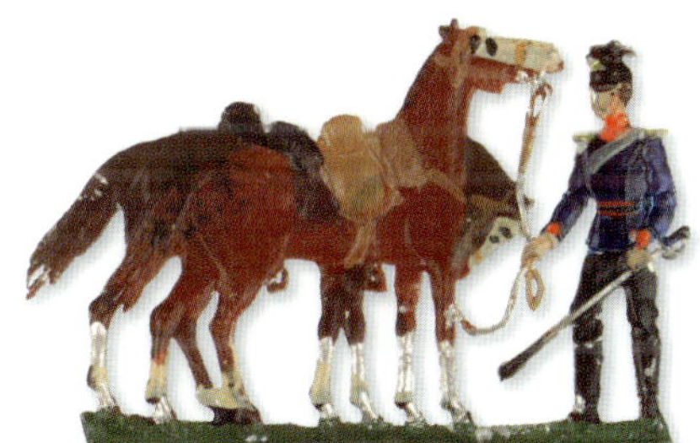

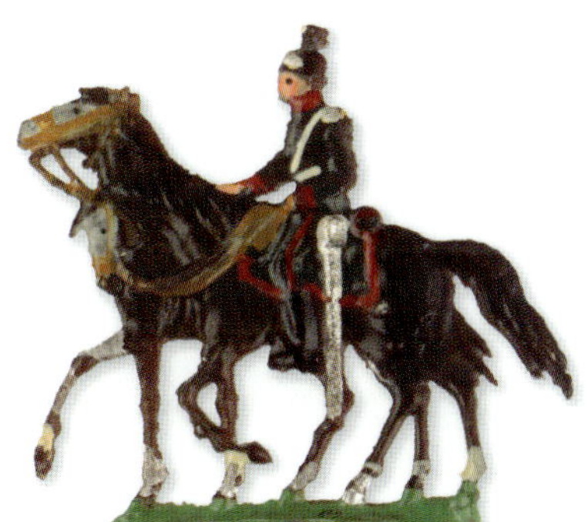

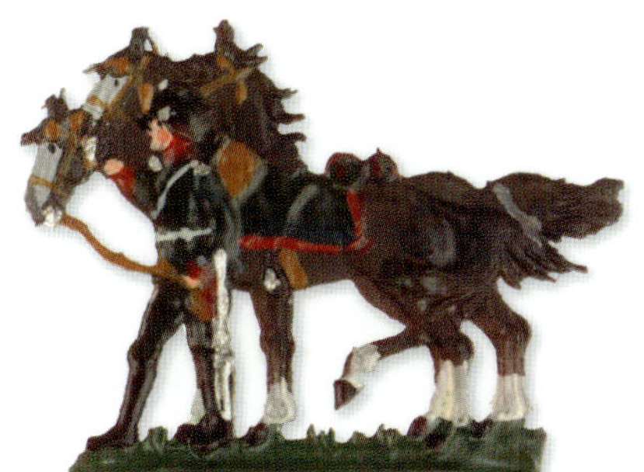

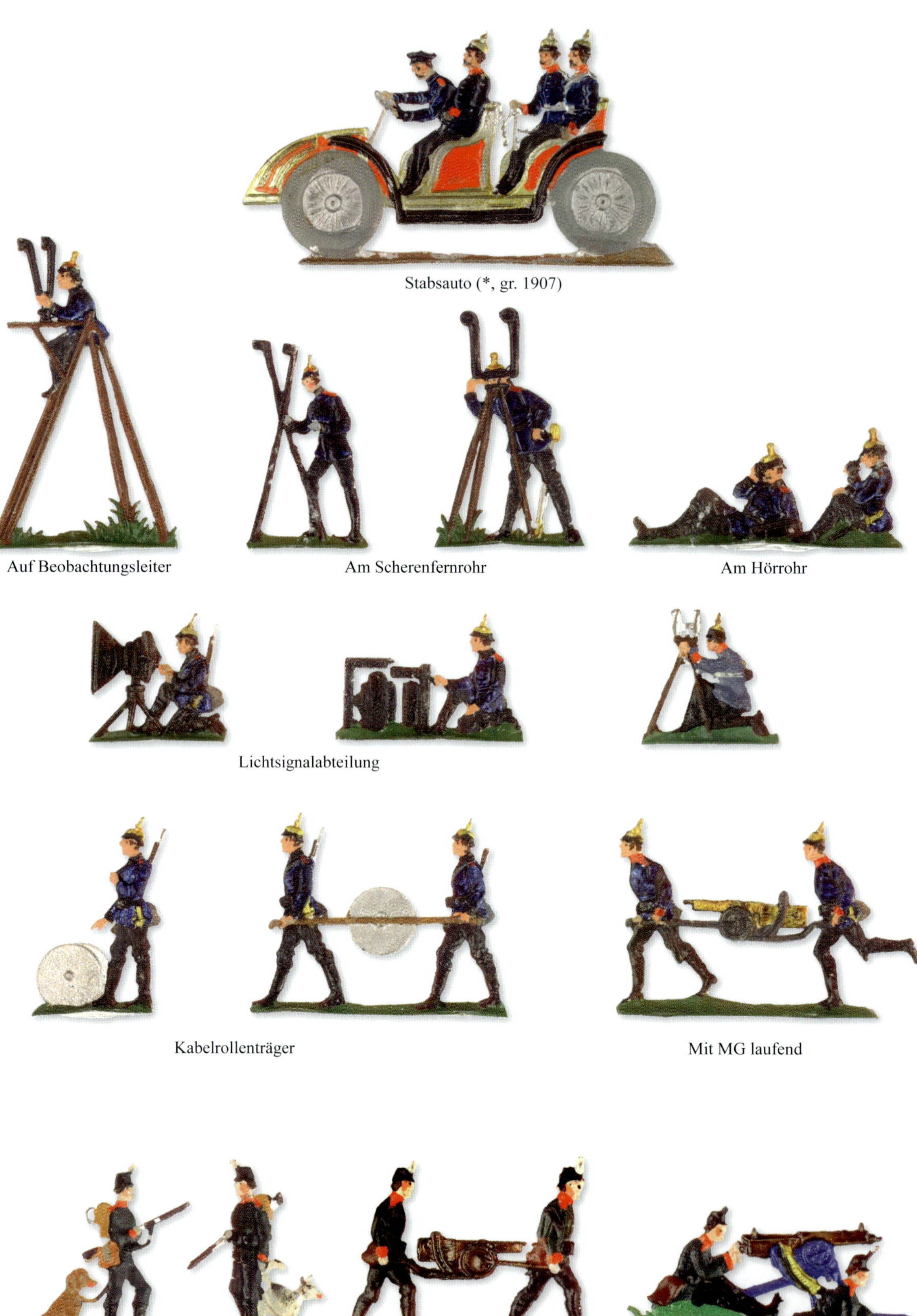

Stabsauto (*, gr. 1907)

Auf Beobachtungsleiter

Am Scherenfernrohr

Am Hörrohr

Lichtsignalabteilung

Kabelrollenträger

Mit MG laufend

Jägervorposten mit Hunden

Jäger-Maschinengewehr-Abteilung

Eisenbahn-Bau

(*, gr. 1897)

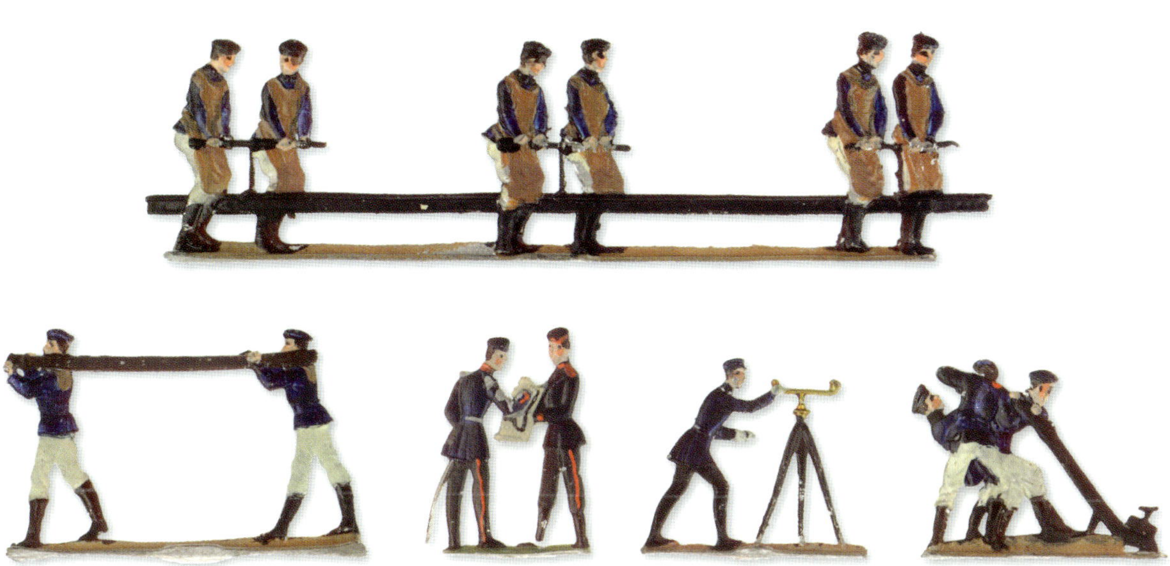

Pioniere beim Telegraphenleitungs-Bau

(*, gr. 1906)

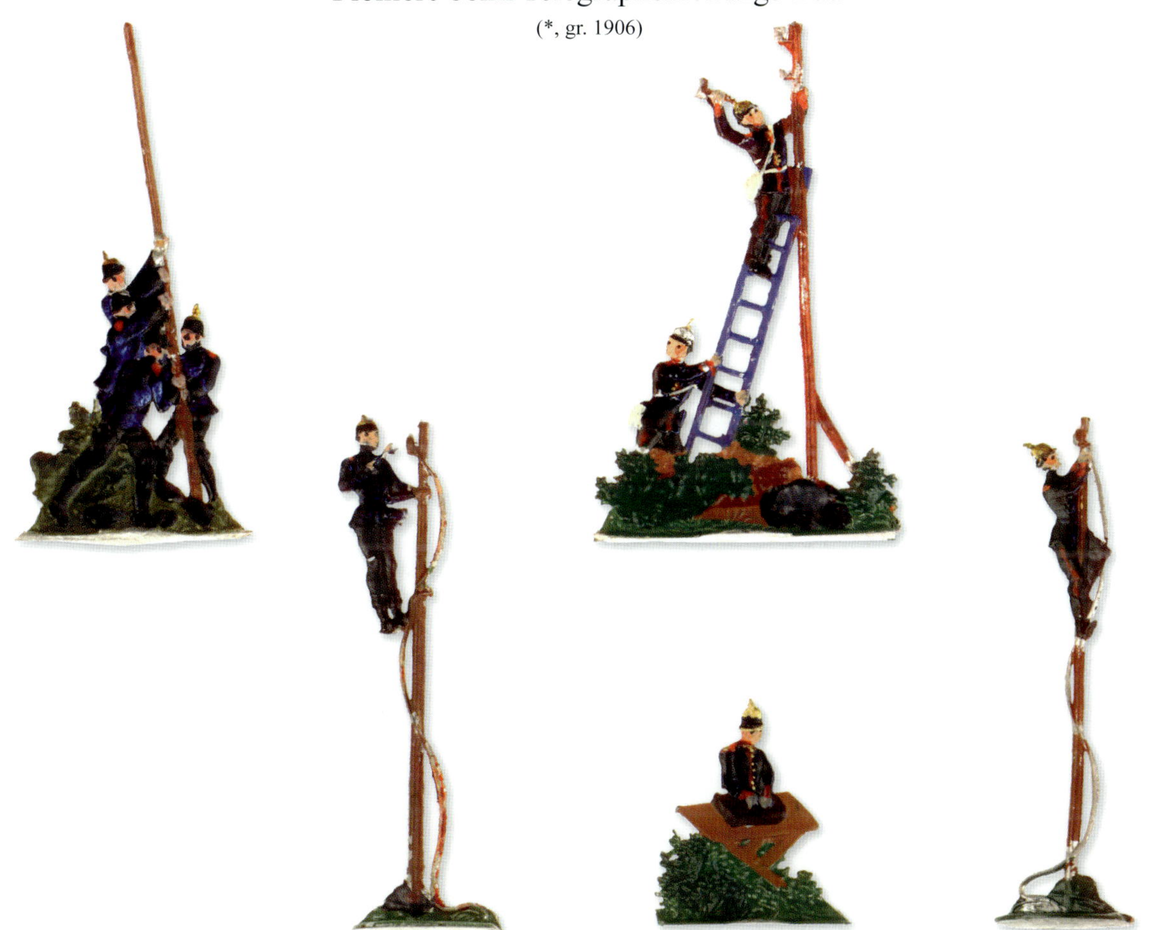

Pioniere beim Brücken-Bau

(*u. ***, gr. 1892, 1908, 1916)

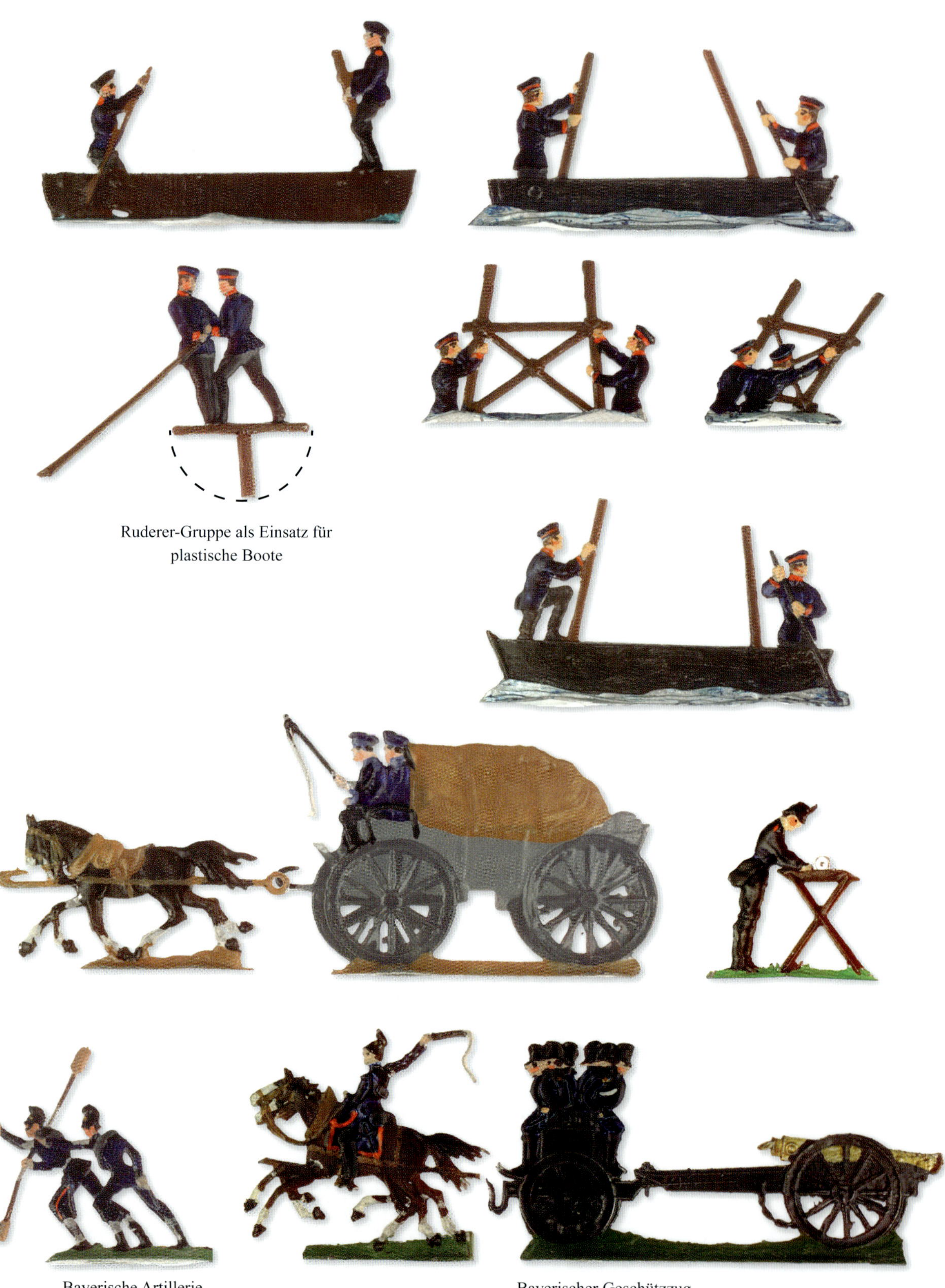

Ruderer-Gruppe als Einsatz für plastische Boote

Bayerische Artillerie Geschütz schiebend

Bayerischer Geschützzug

Preußische Artillerie um 1900

(auch für die Beschießung der Spicherner Höhen 1870 verwendet, **, gr. 1912)

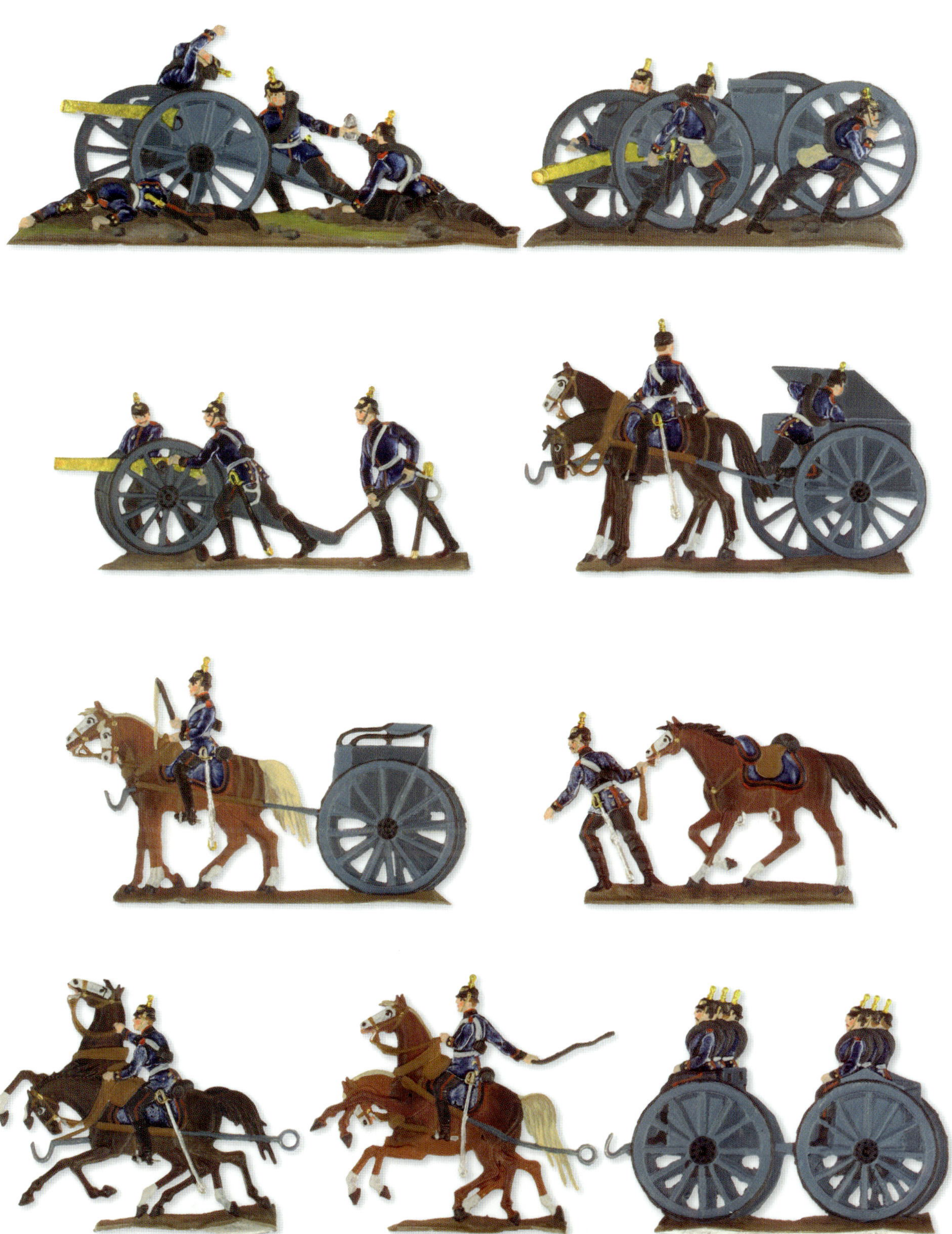

Preußische Artillerie um 1900

(*, gr. 1912)

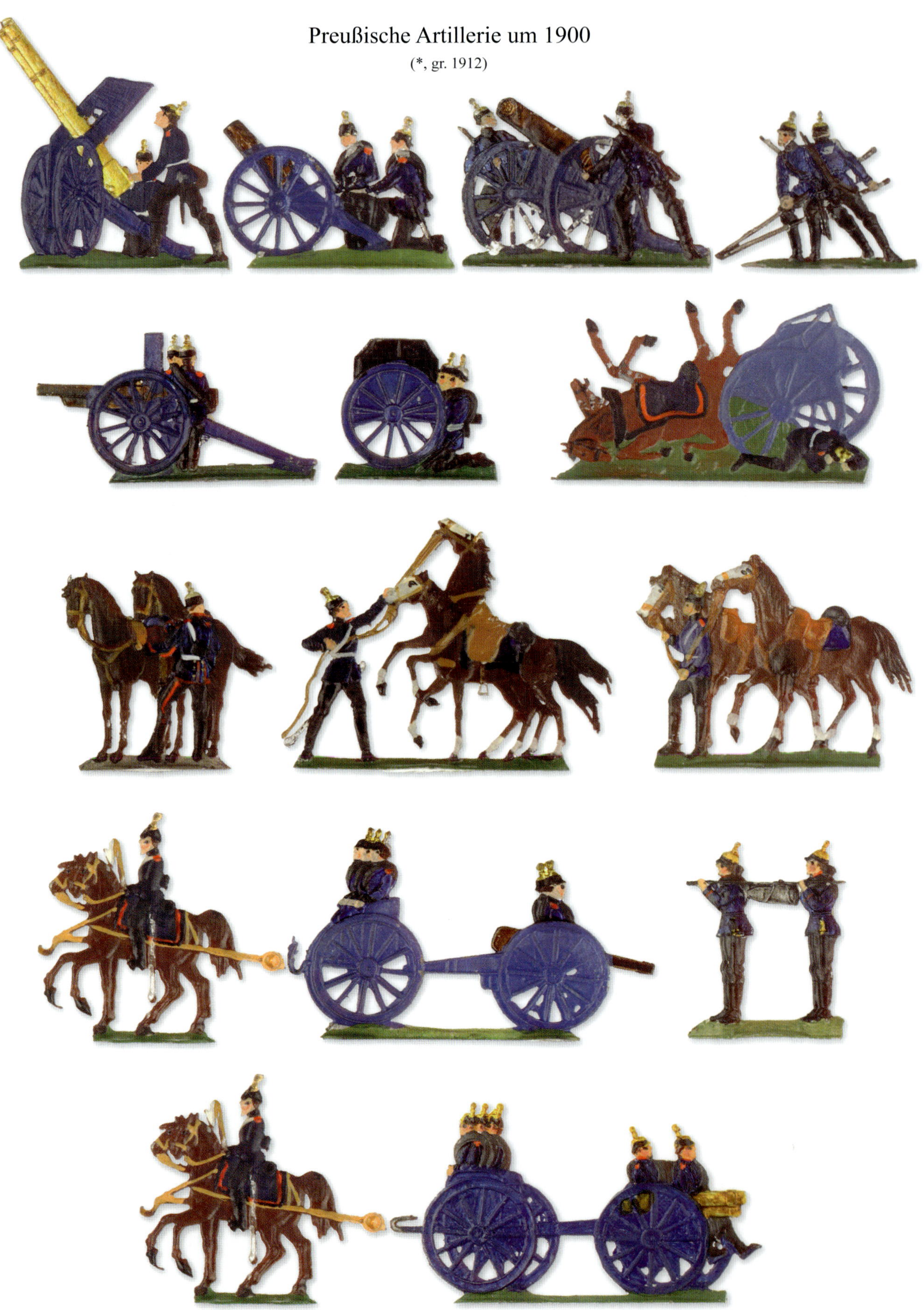

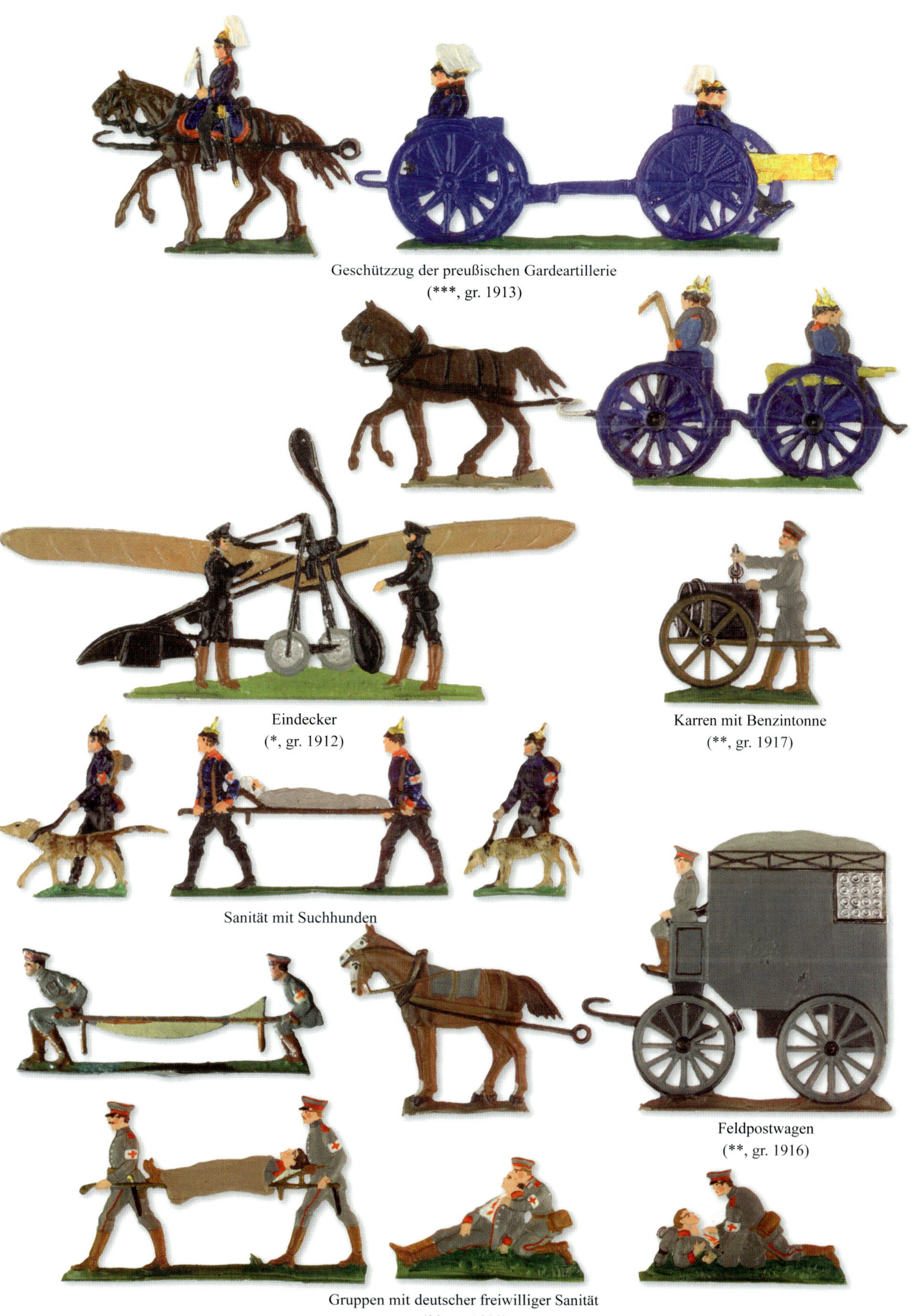

Geschützzug der preußischen Gardeartillerie
(***, gr. 1913)

Eindecker
(*, gr. 1912)

Karren mit Benzintonne
(**, gr. 1917)

Sanität mit Suchhunden

Feldpostwagen
(**, gr. 1916)

Gruppen mit deutscher freiwilliger Sanität
(**, gr. 1909)

Französische Artillerie um 1900

(waren auch in den Schlachtenpackungen zu 1870/71 enthalten, ** gr. 1908/14)

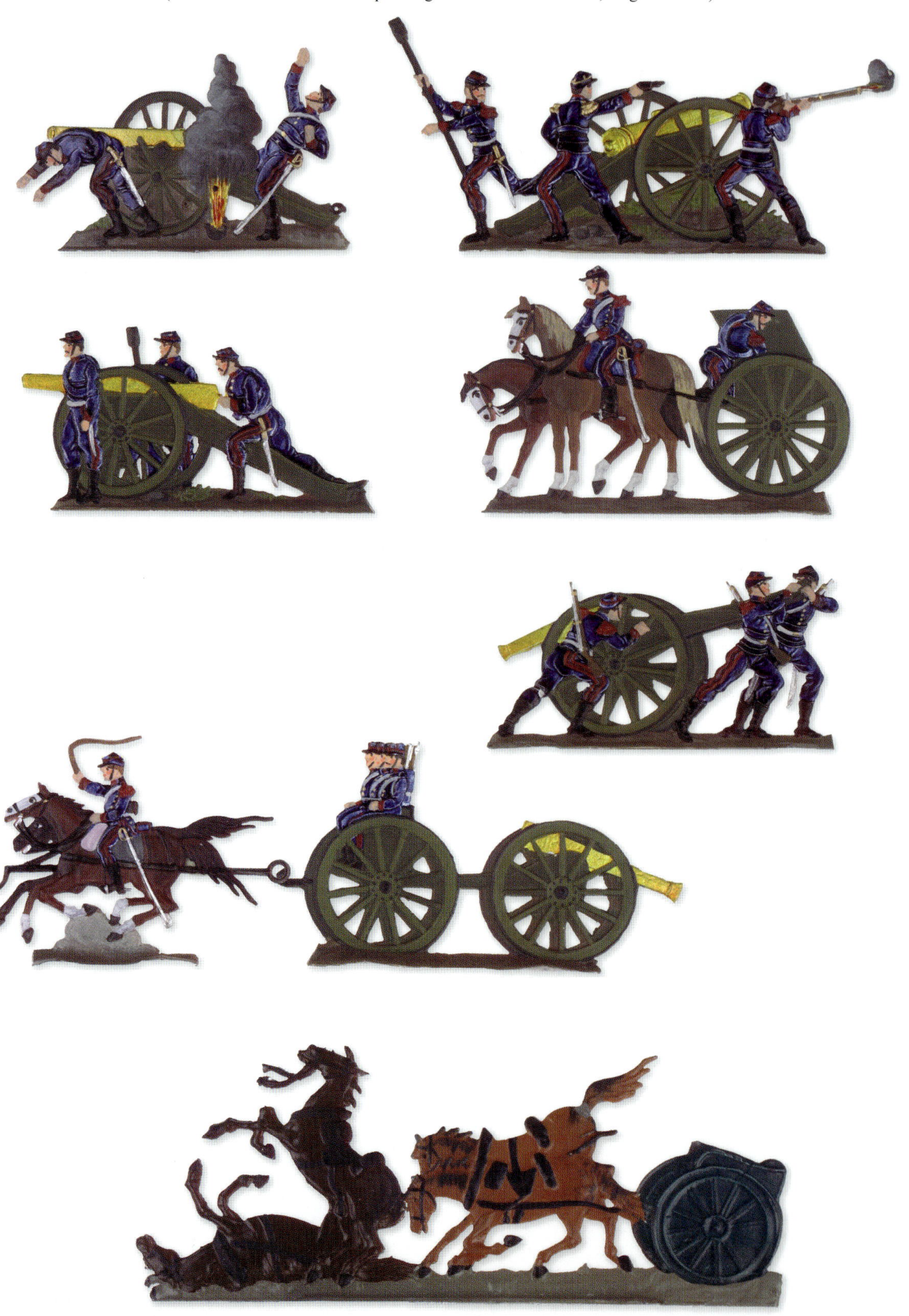

Franzosen um 1900/10

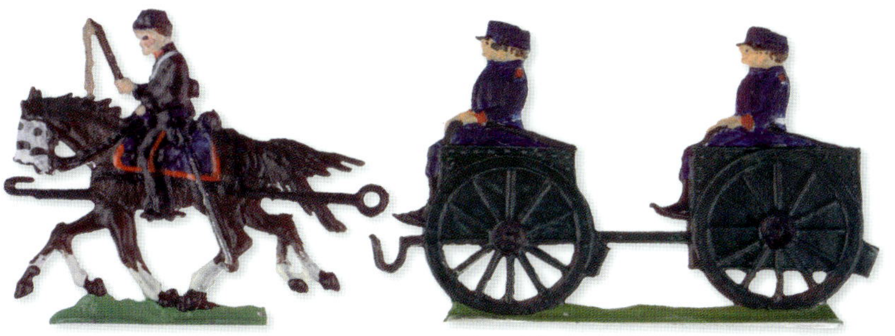
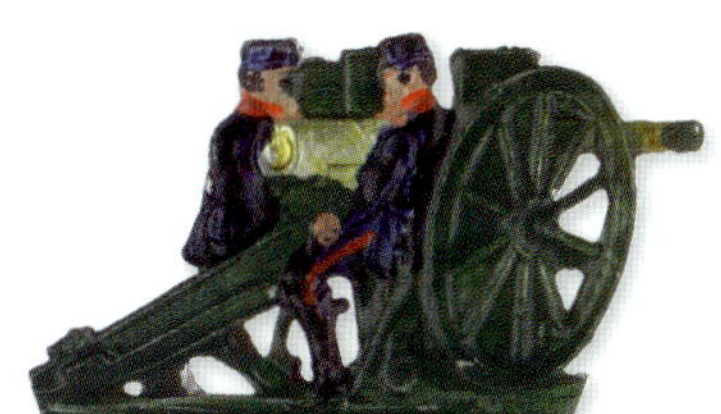

Französische Artillerie um 1910

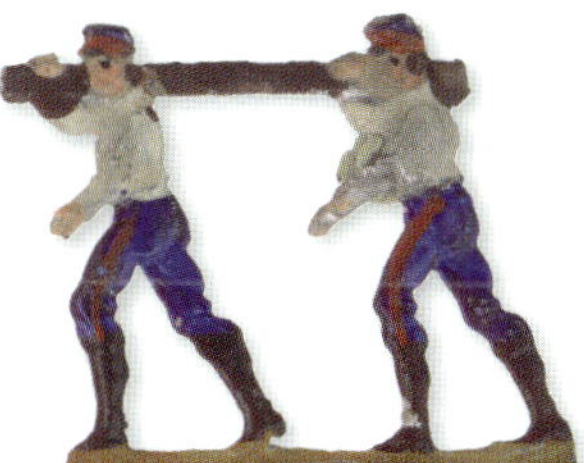

Pioniere

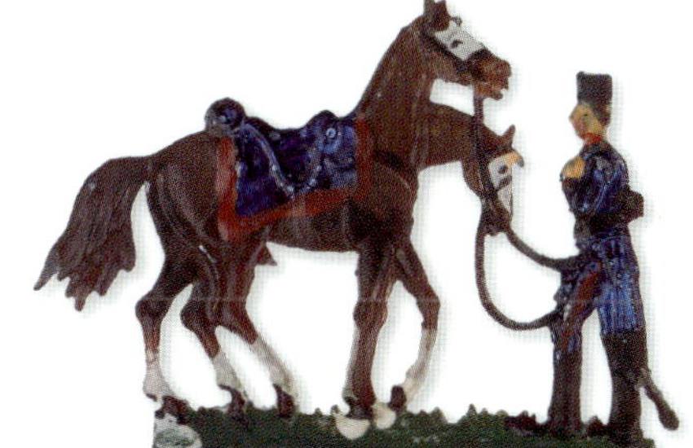

Pferdehalter der französischen reitenden Gardeartillerie

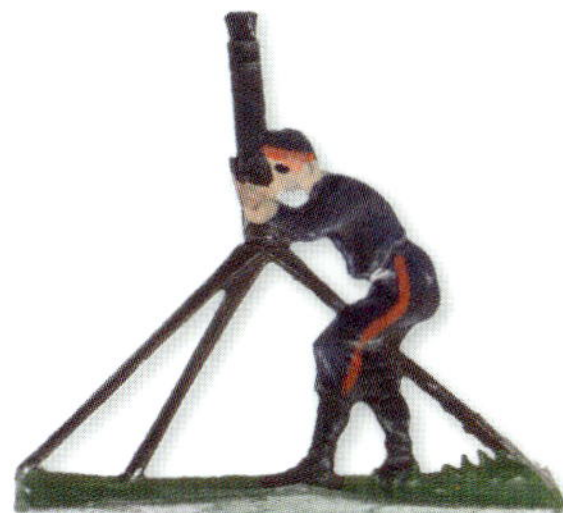
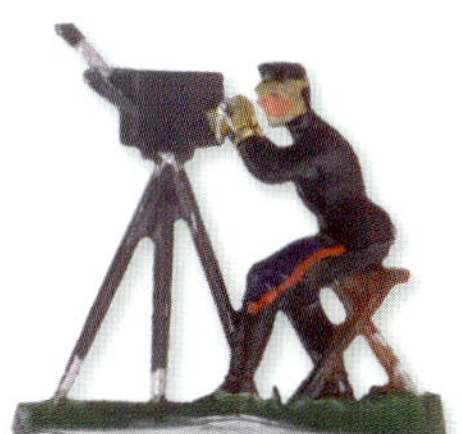

Heliographen-Station

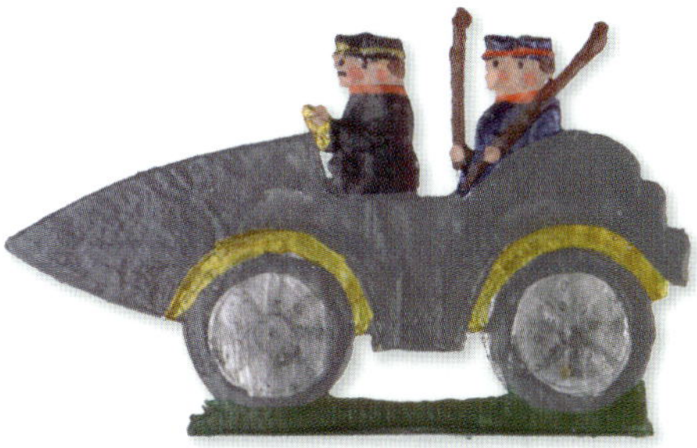

Mannschaftsauto um 1910

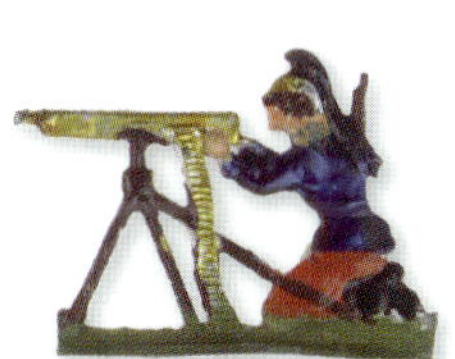

Abgesessener Dragoner am MG

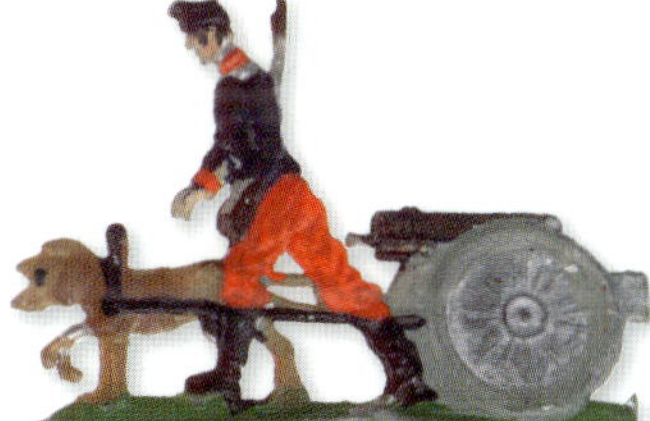

Hundegespann mit MG

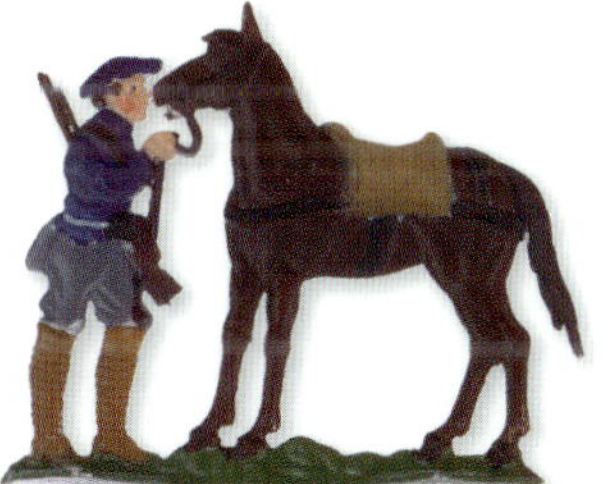

Pferdehalter der Chasseurs Alpins

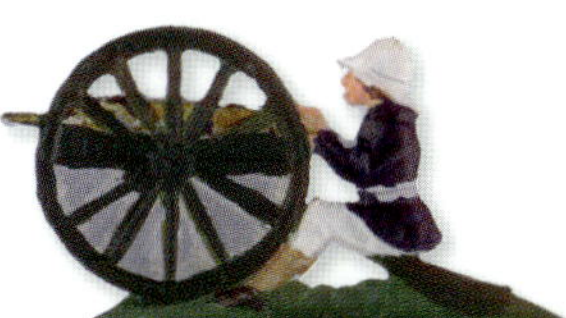
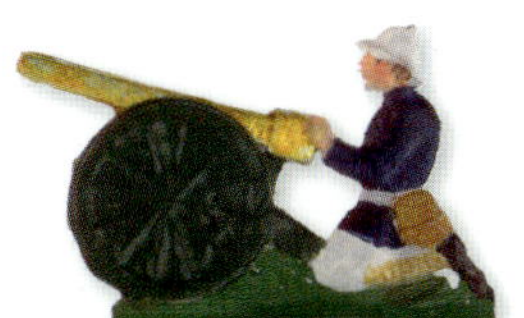
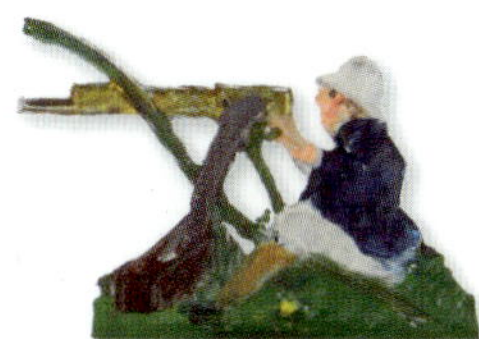

Französische Kolonial-Artillerie

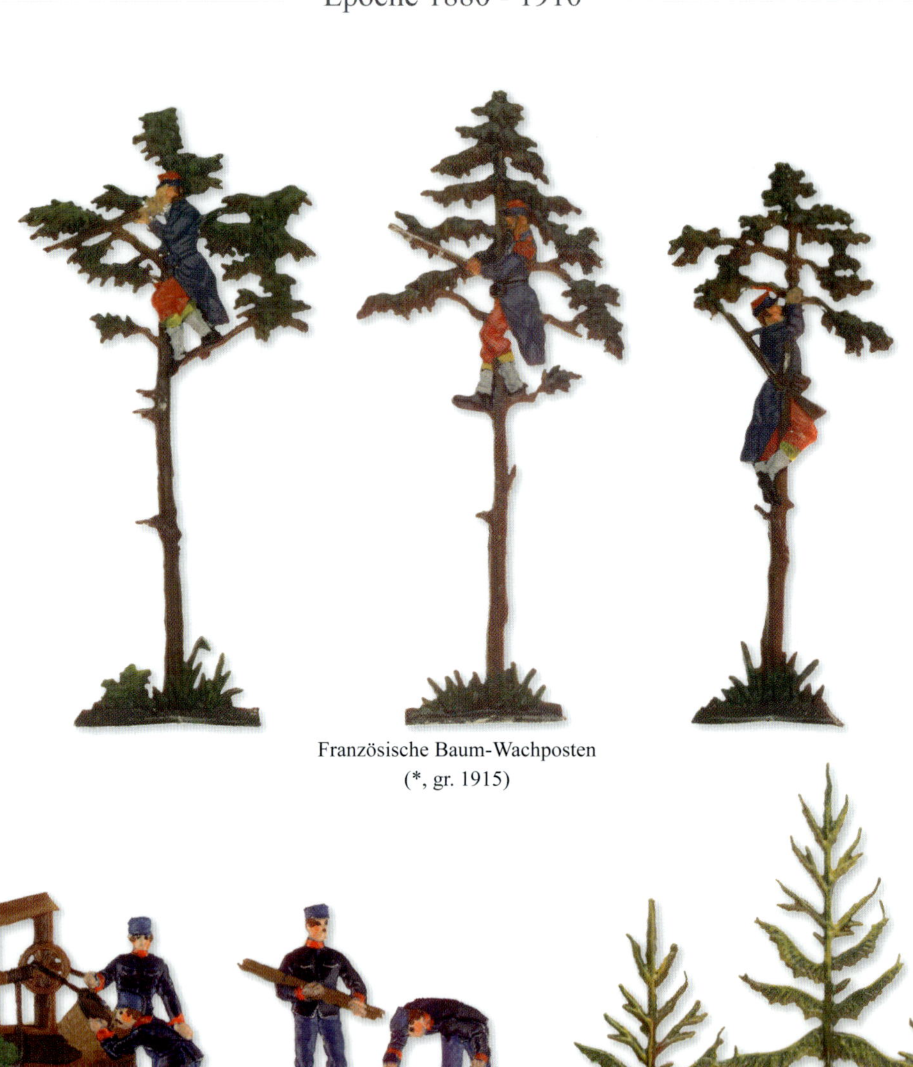

Französische Baum-Wachposten
(*, gr. 1915)

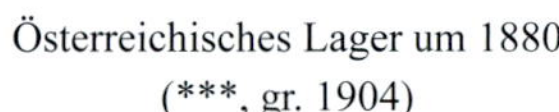

Österreichisches Lager um 1880
(***, gr. 1904)

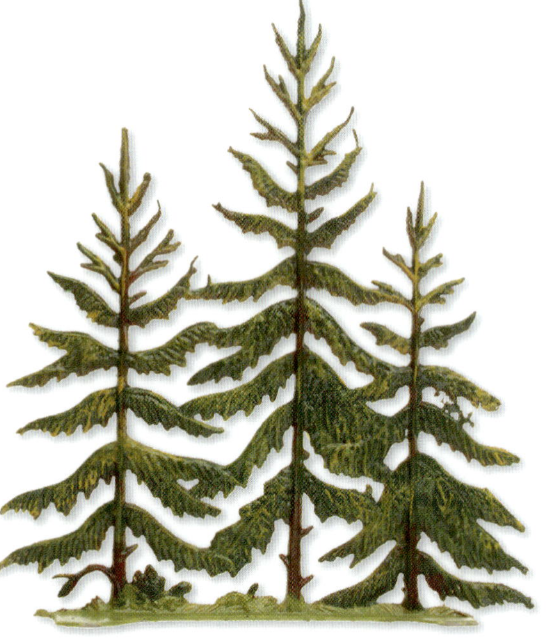

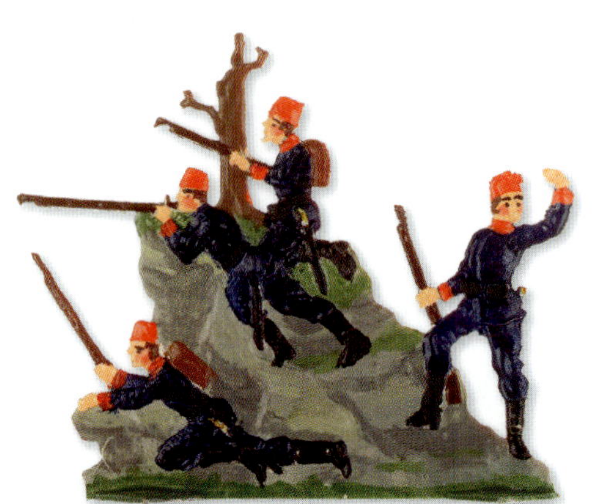

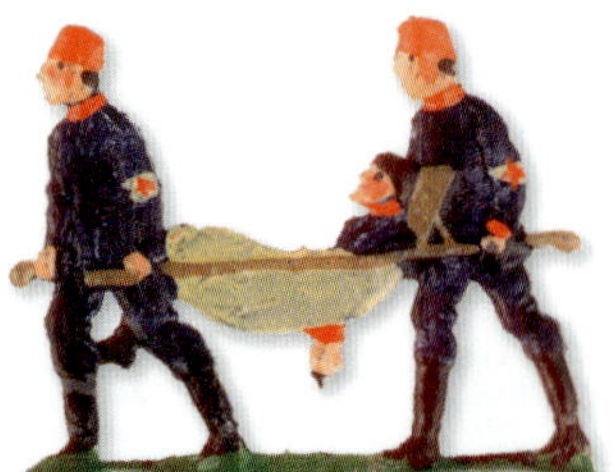

Türken um 1900
(***, gr. 1912)

Russen im Russisch-Japanischen Krieg 1905

(***, gr. 1915/16)

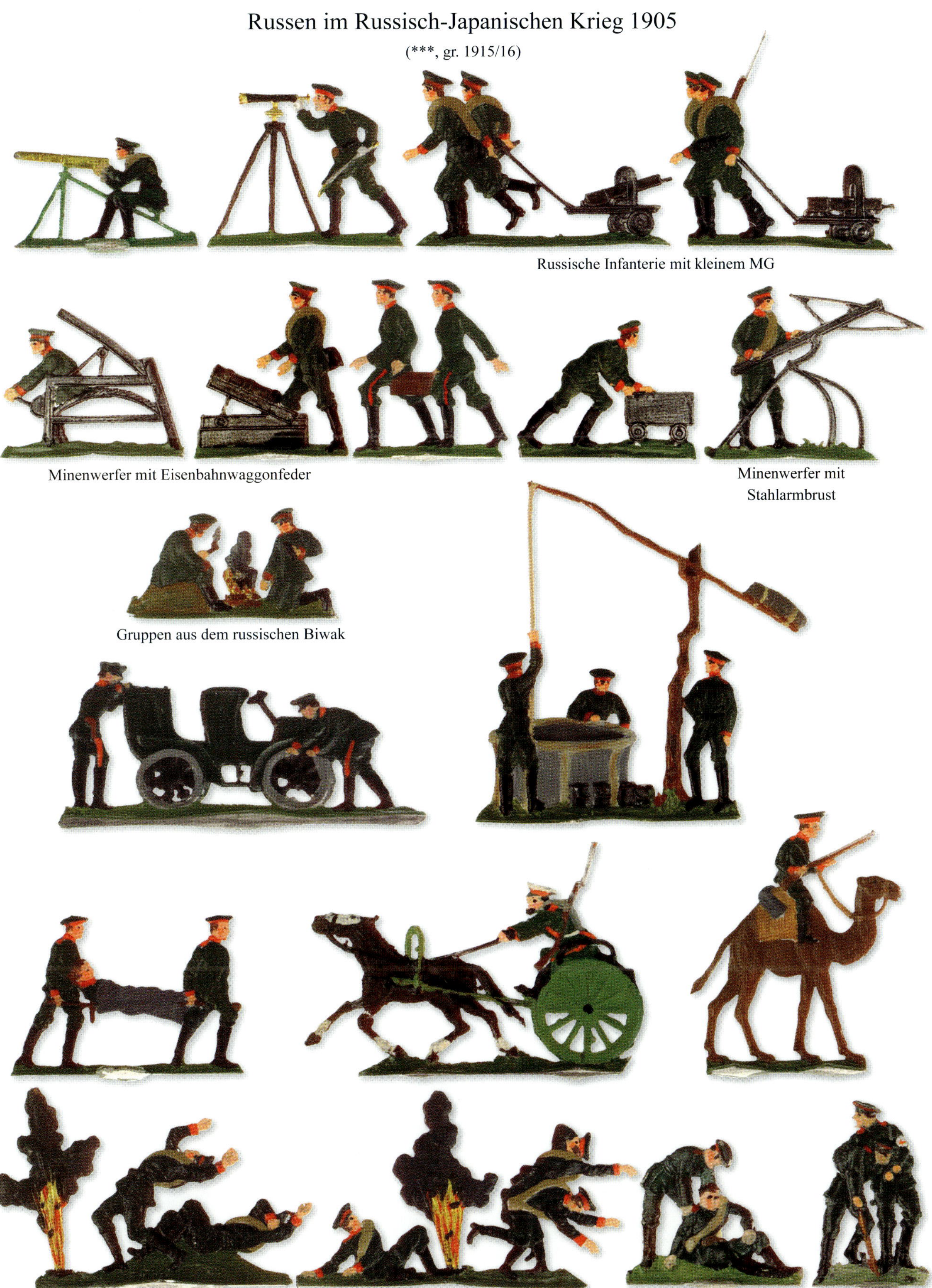

Russische Infanterie mit kleinem MG

Minenwerfer mit Eisenbahnwaggonfeder

Minenwerfer mit Stahlarmbrust

Gruppen aus dem russischen Biwak

Sanität auf dem Schlachtfeld

Russisch-Japanischer Krieg 1904/05

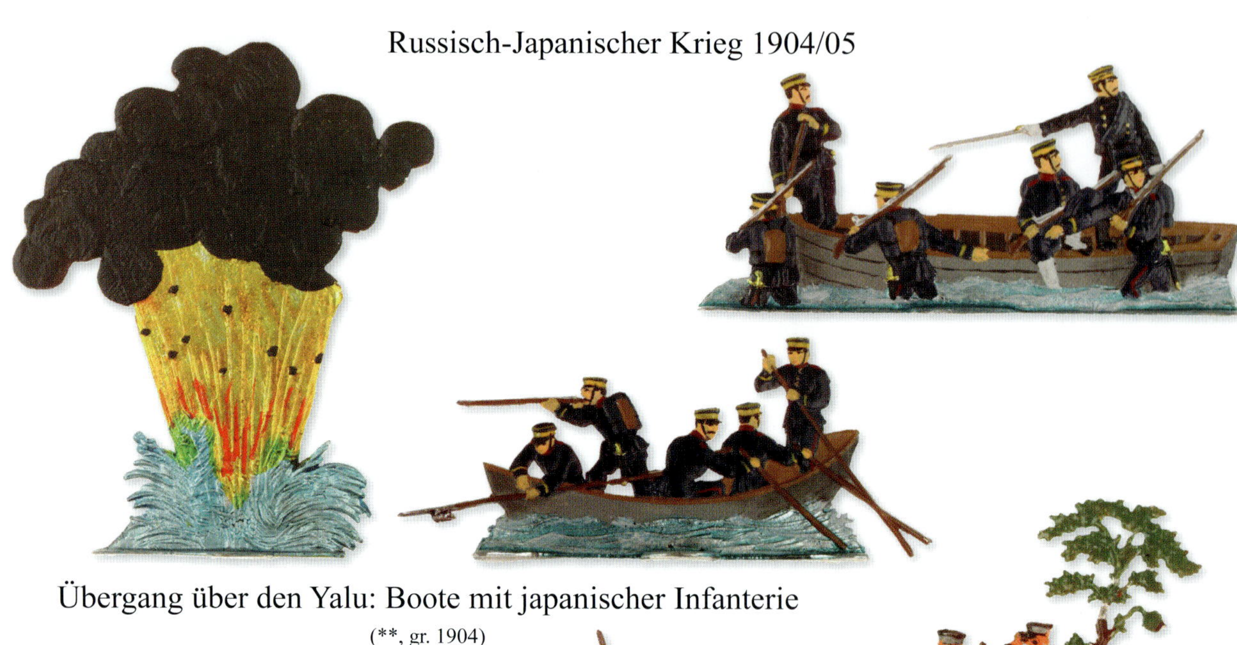

Übergang über den Yalu: Boote mit japanischer Infanterie

(**, gr. 1904)

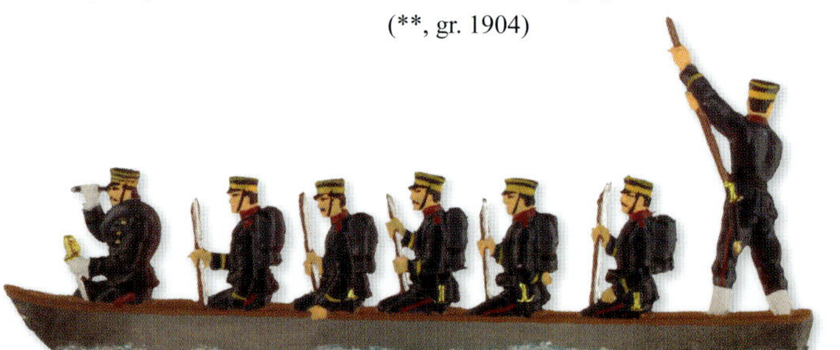

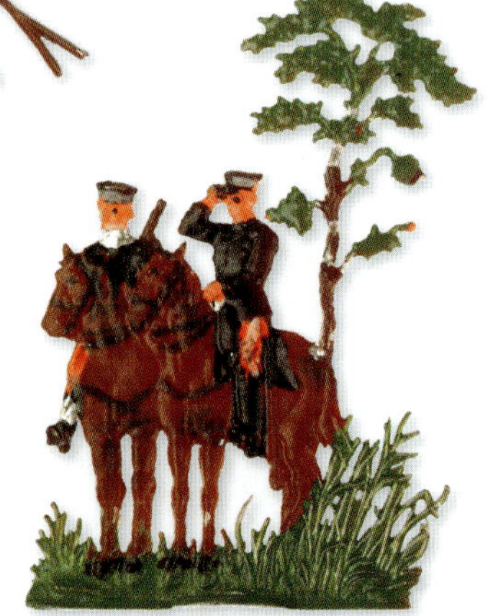

Marschall Kuroki auf Erkundungsritt

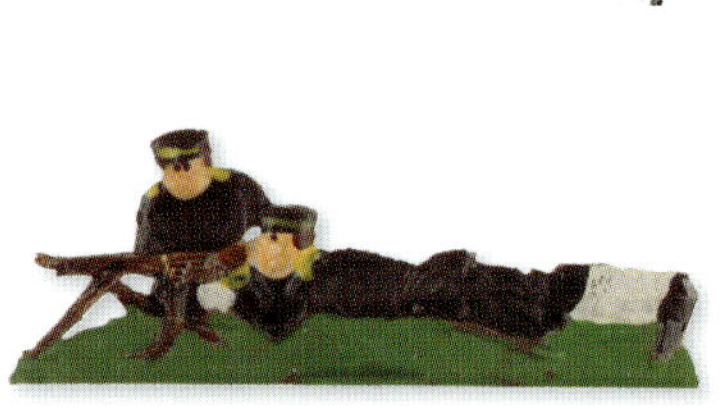

Japanisches MG

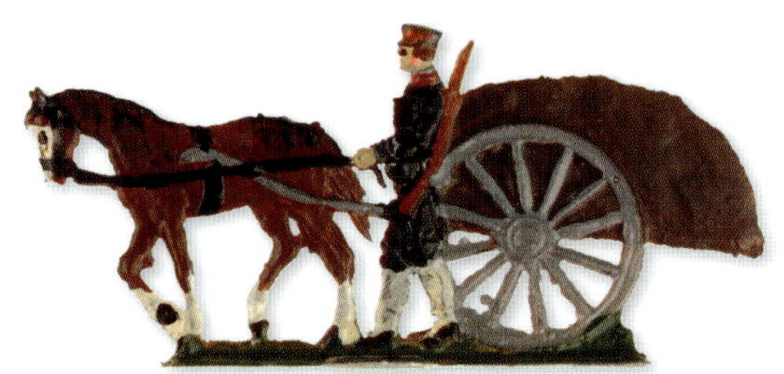

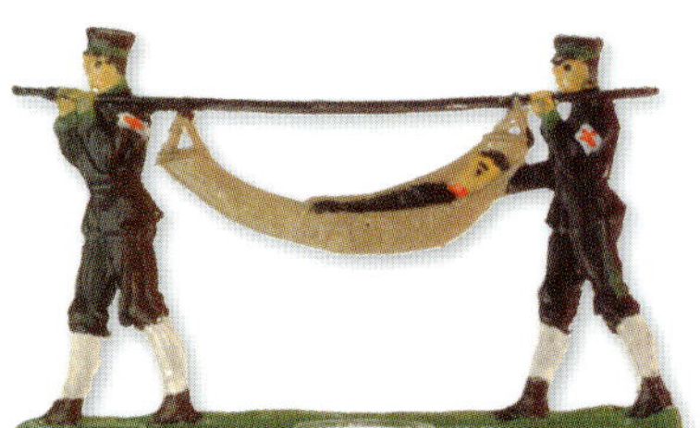

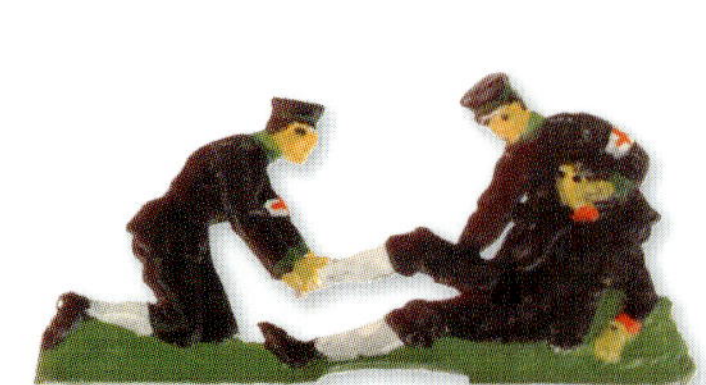

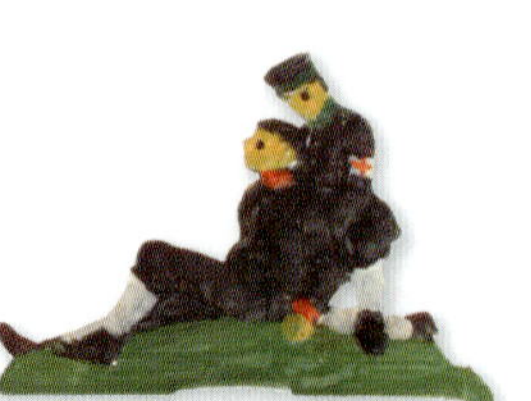

Japanische Sanität auf dem Schlachtfeld (***, gr. 1905)

7. K a p i t e l

Zivile Darstellungen aus dem 19. Jahrhundert

Die Serien, in denen das tägliche Leben im 19. Jahrhundert wiedergeben ist, werden vom Verfasser wegen ihrer zierlichen Darstellungsweise und ihres Ideenreichtums als besonders reizvoll empfunden.

Es spiegeln sich in den Figuren ganz exakt die Lebensgewohnheiten der damaligen Zeit wider: Der aufkommende Tourismus in den bayerischen, österreichischen oder schweizerischen Alpen findet in den Serien „Reise ins Gebirge“ oder „Bauernhof“ ebenso sein Abbild wie in der Serie „Hafen“ das Bestreben auszuwandern, um sein Glück in Übersee zu suchen. Auch Jahrmärkte mit ihren reichhaltigen Marktständen oder Wintervergnügungen mit Schlittschuhlaufen, Schneeballschlachten und Schlittenfahrten sind liebevoll - wenn auch der Zeit entsprechend idealisierend - dargestellt.

Neben Wilhelm Heinrichsen, der sich zum Teil an Ludwig Richters Holzschnitten orientierte, waren später auch namhafte Zeichner für originelle Entwürfe verantwortlich. Die zwischen 1860 und 1890 zahlreich herausgebrachten zivilen Darstellungen geben ein authentisches Abbild ihrer Entstehungszeit.

Markt um 1860

(**, gr. um 1860)

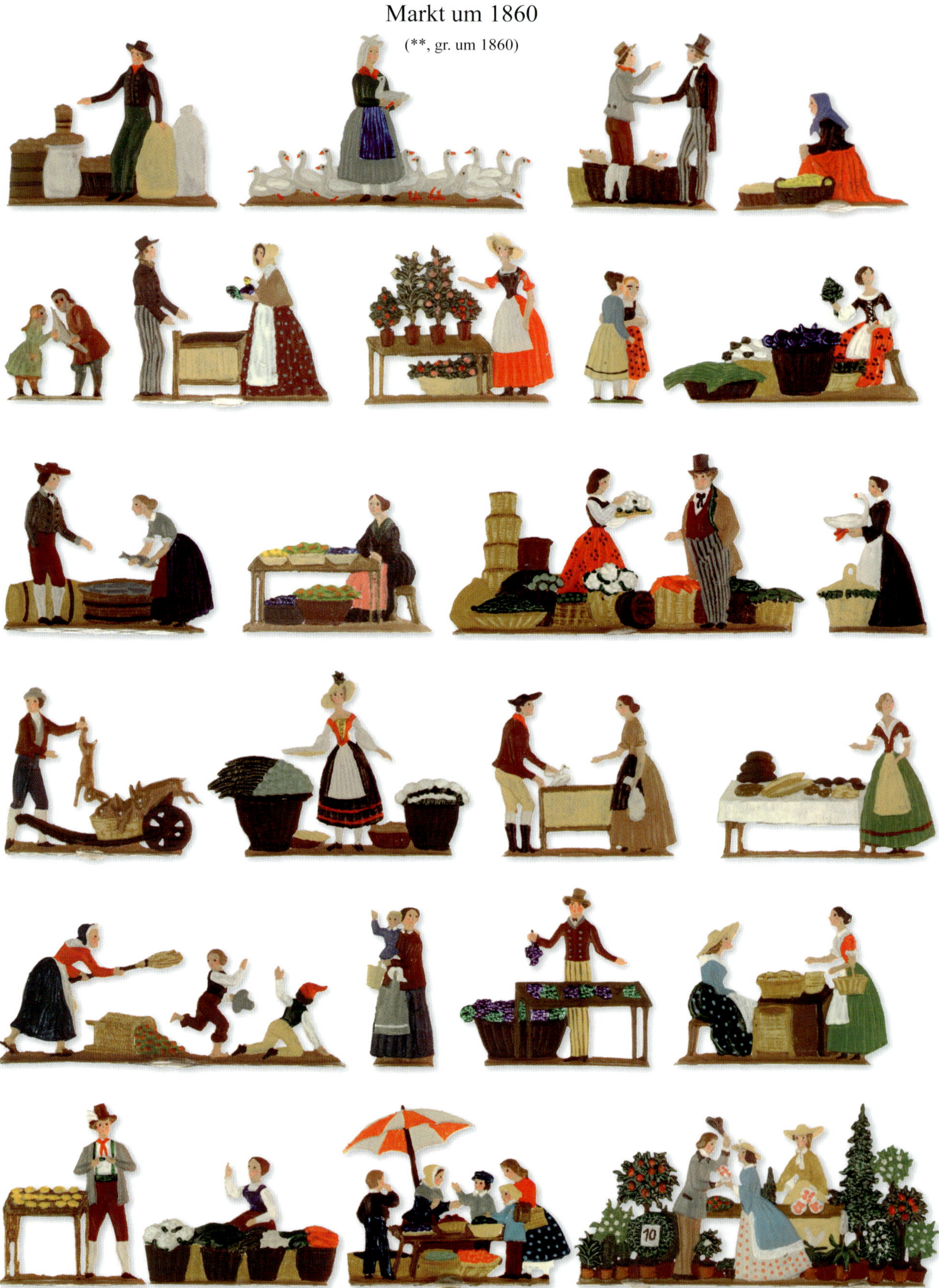

Markt um 1860

(*, gr. um 1860)

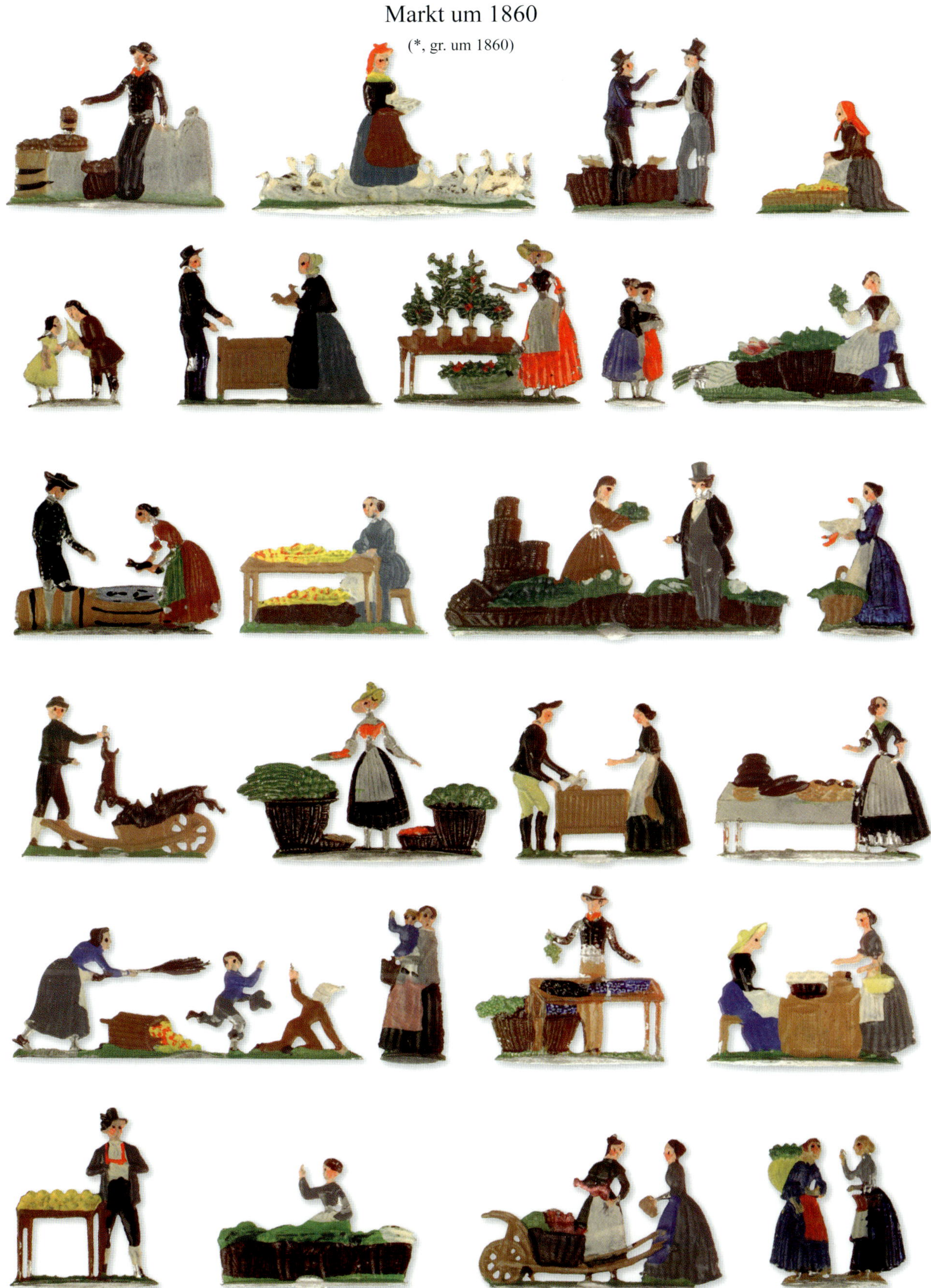

Die gleiche Serie wie auf der vorherigen Seite, aber in Originalbemalung

Jahrmarkt

(**, gr. um 1860)

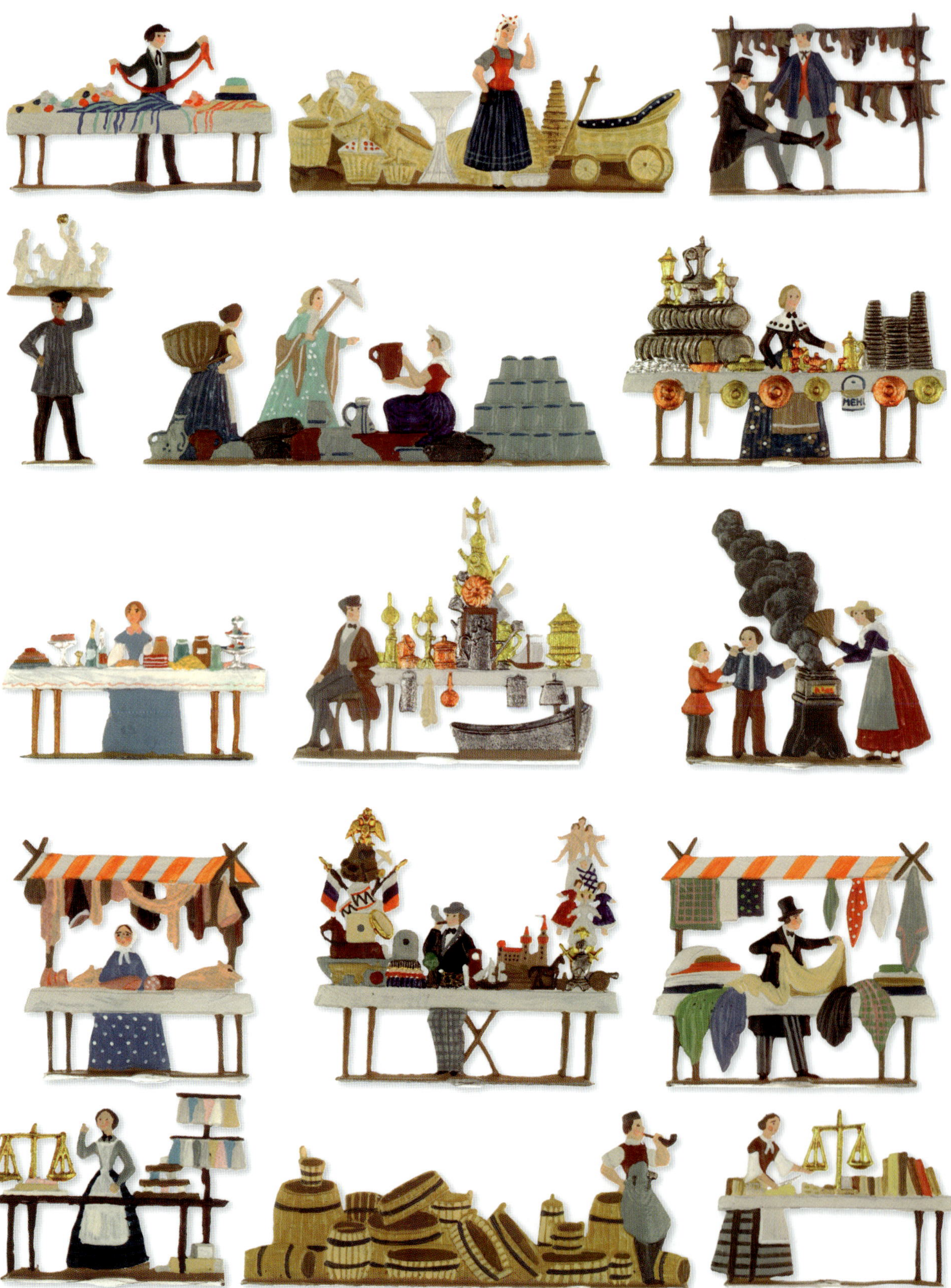

Jahrmarkt

(**, gr. um 1860)

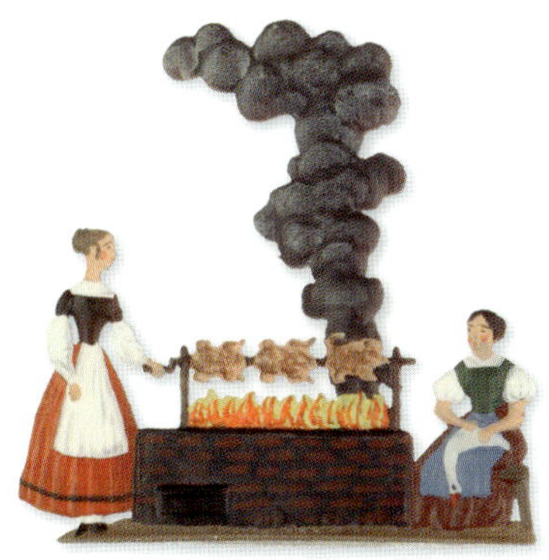
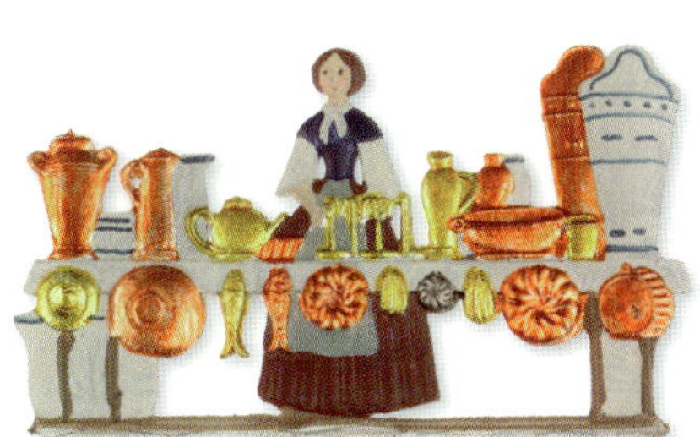
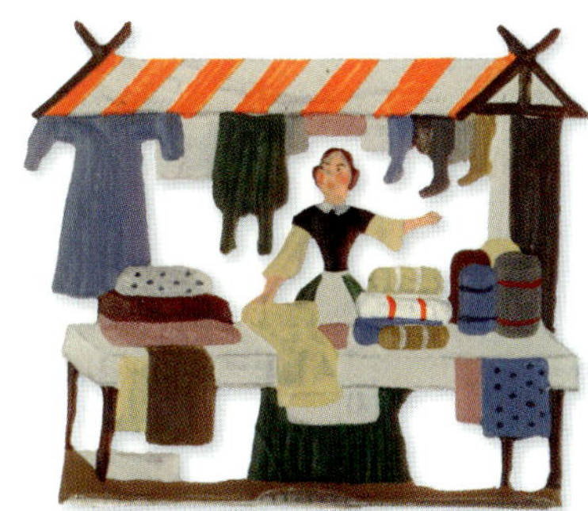
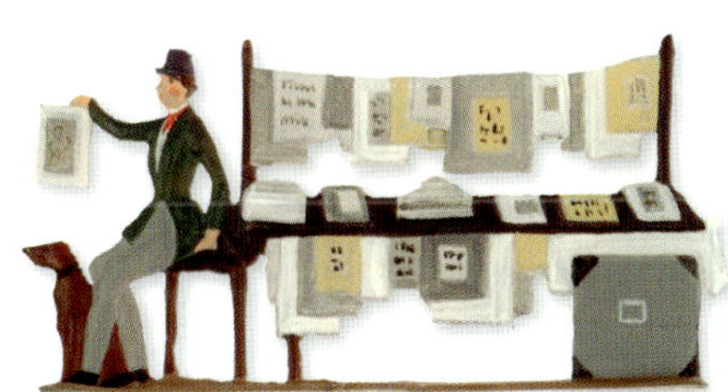
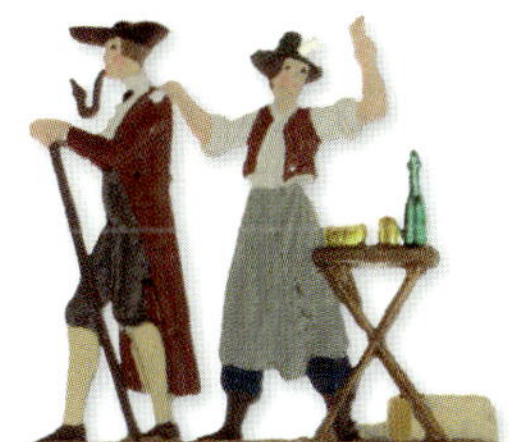
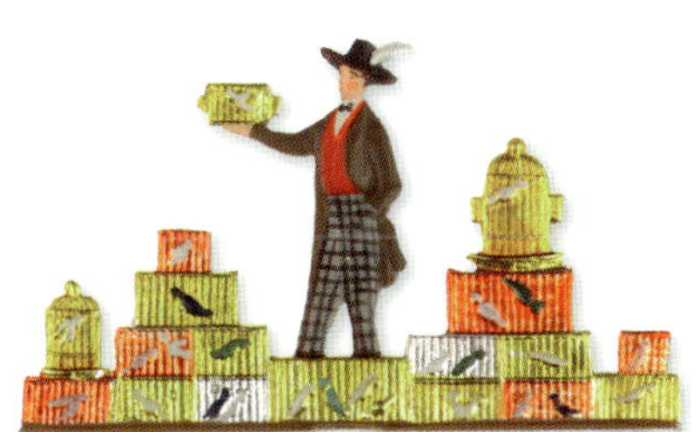
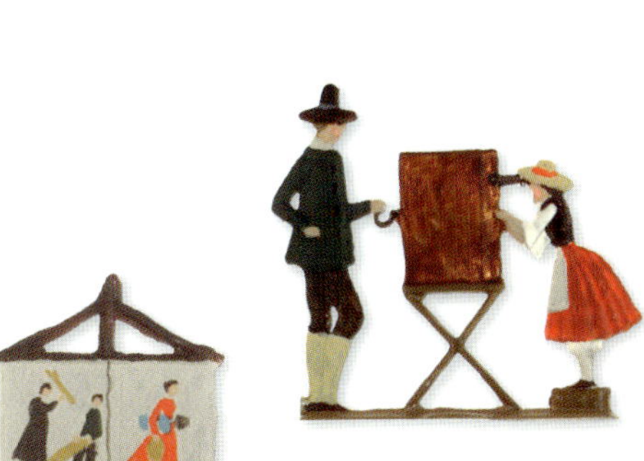
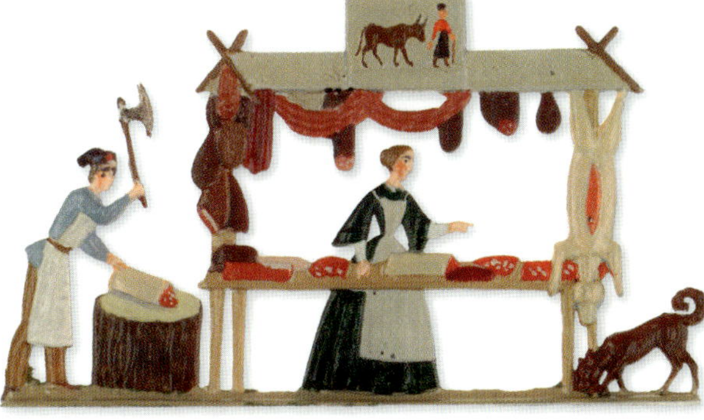
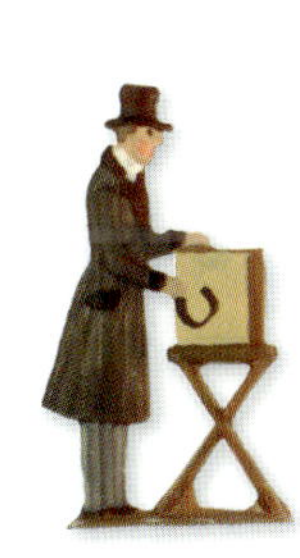
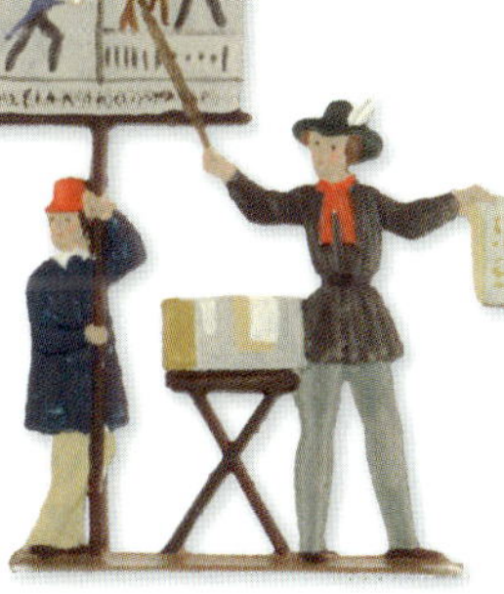
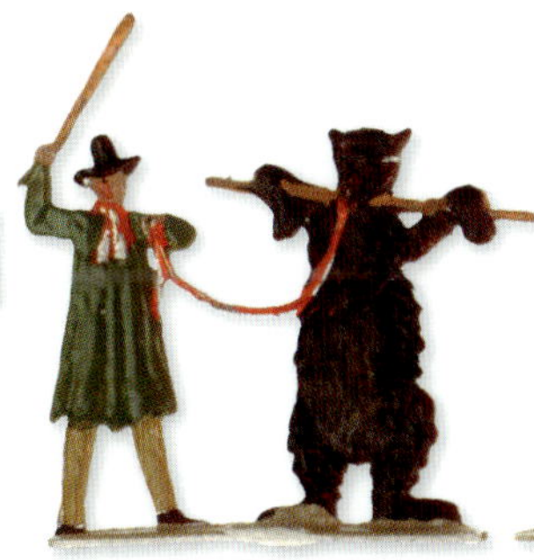
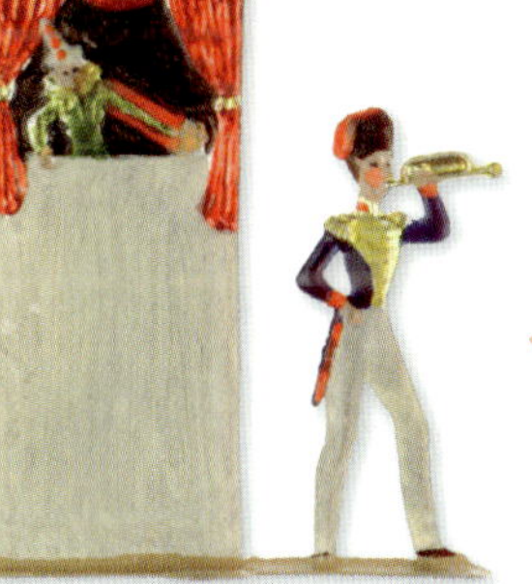
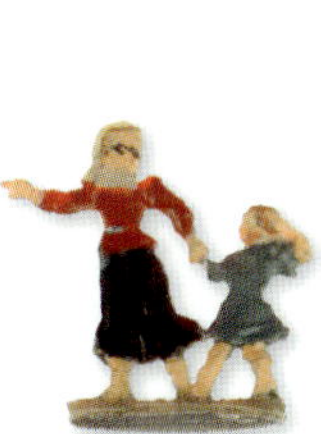
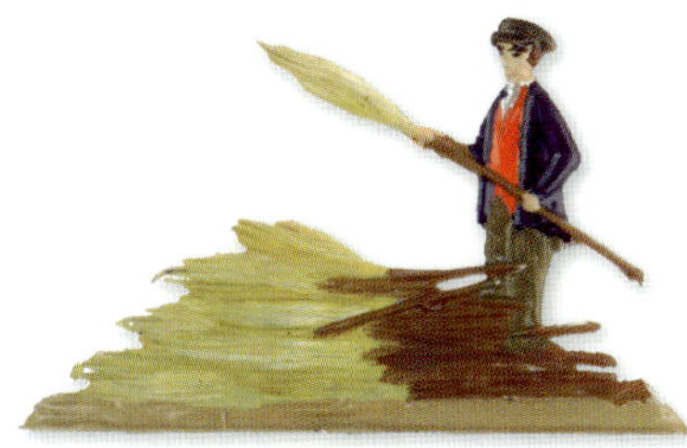
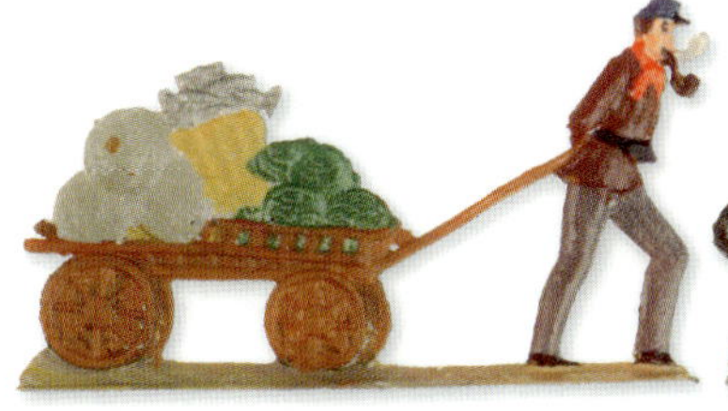
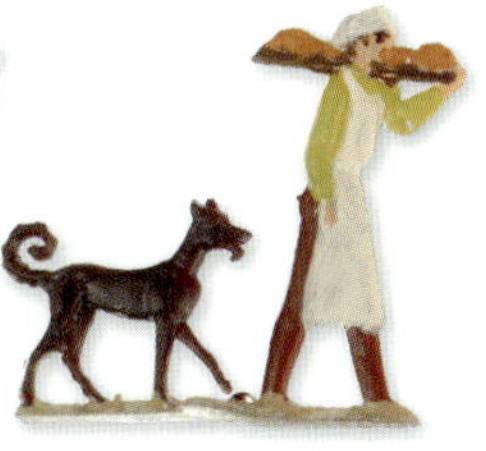
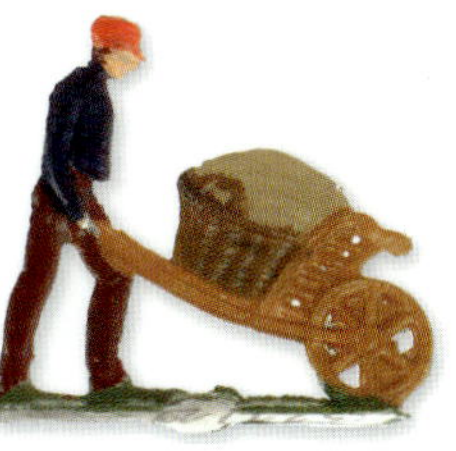

Stadtpark, Promenade

(*, 1. Teil, gr. um 1850)

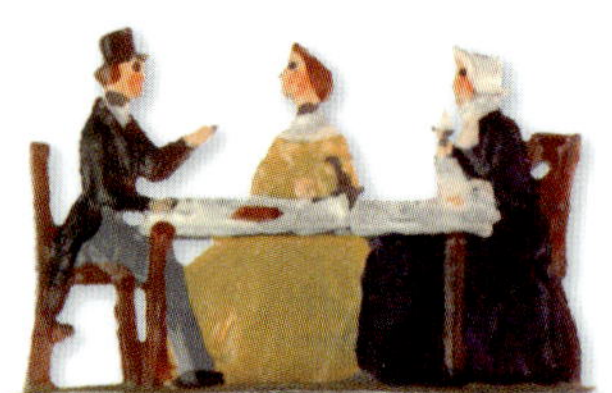
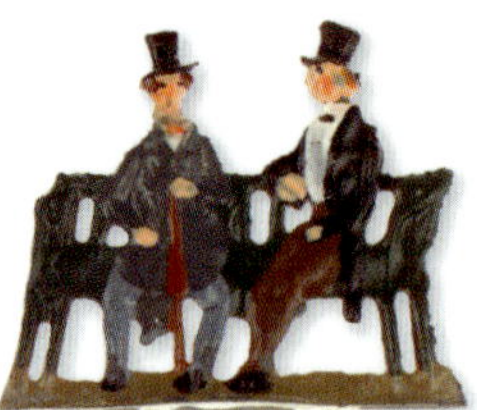
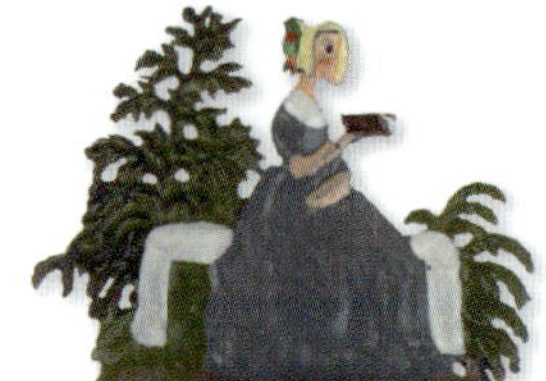
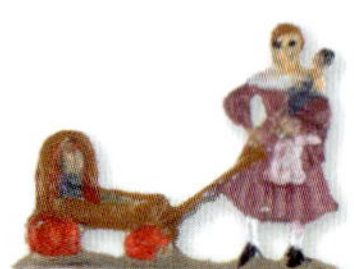
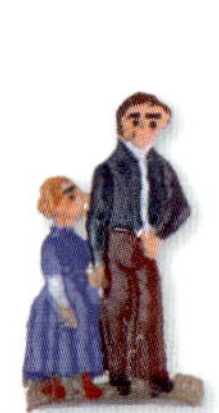
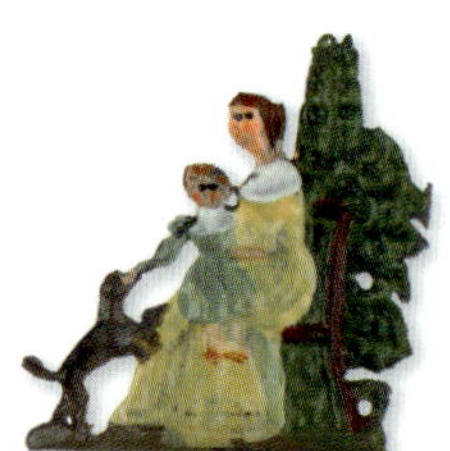
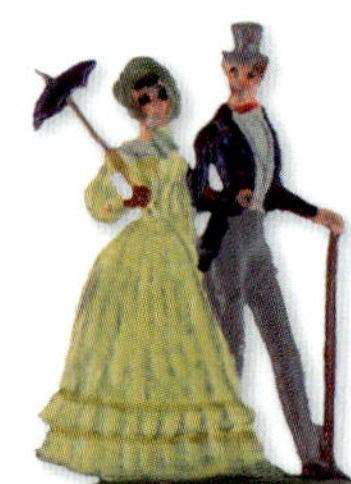
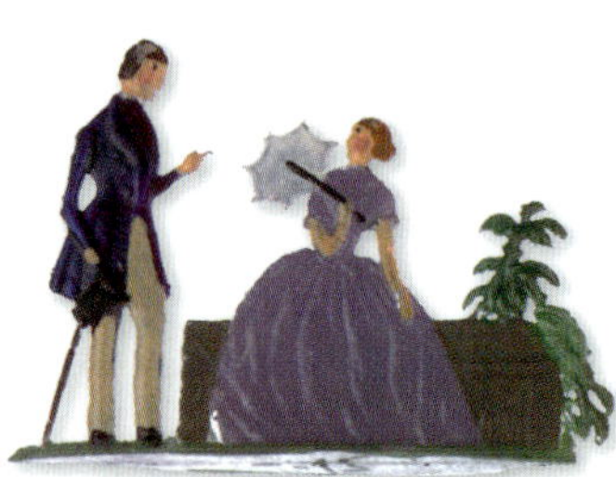
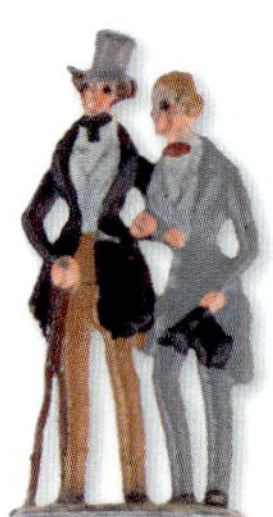
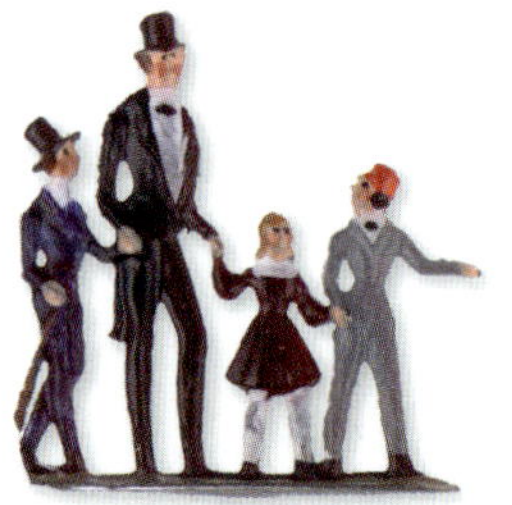
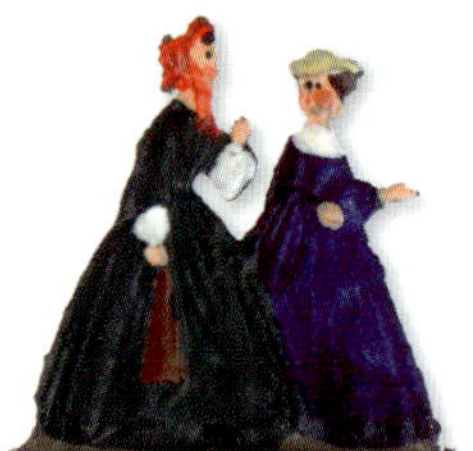
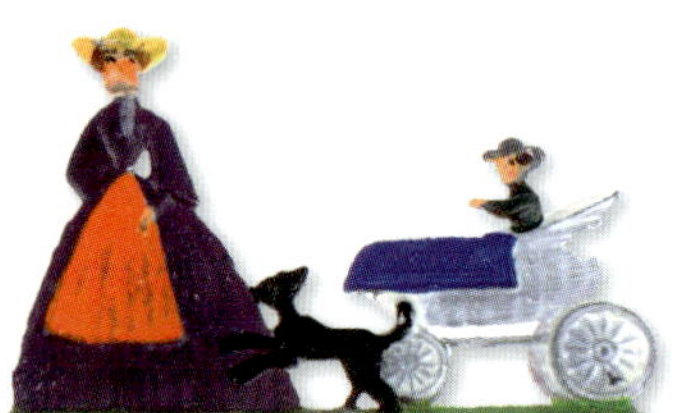
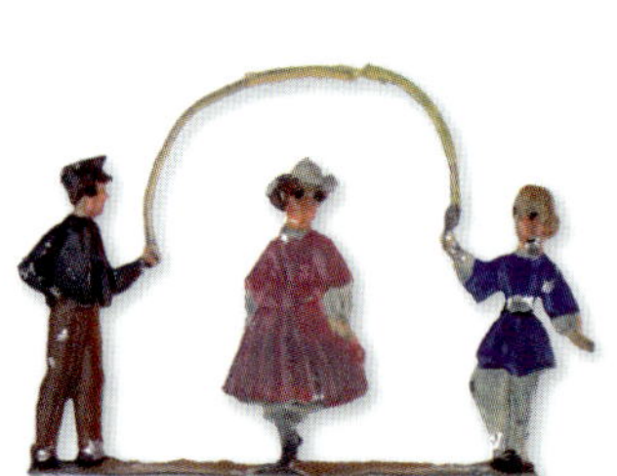
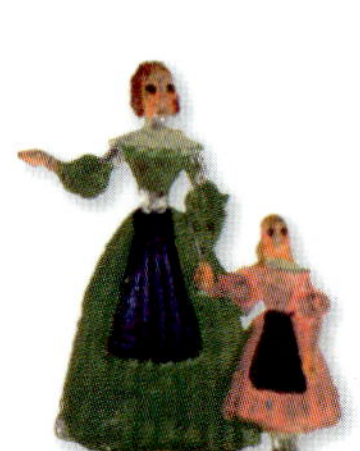
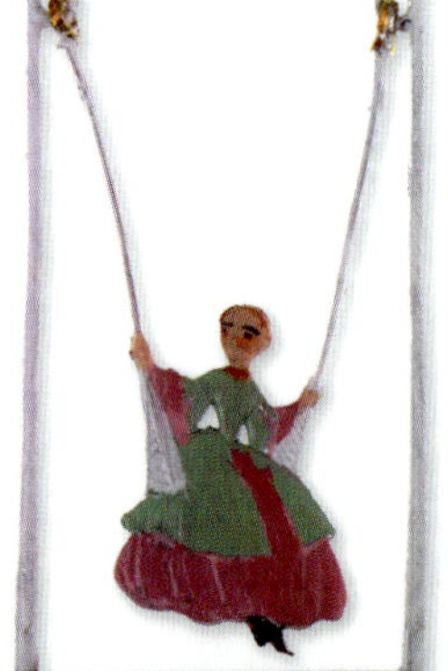
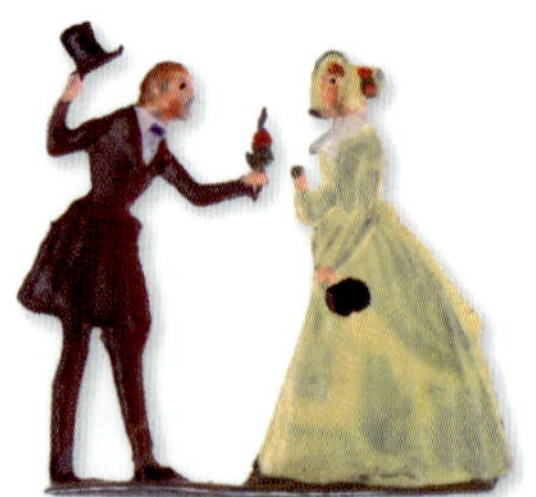

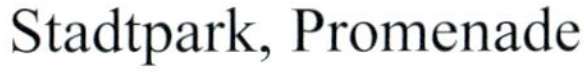

Stadtpark, Promenade

(*, 2. Teil, gr. ab 1862)

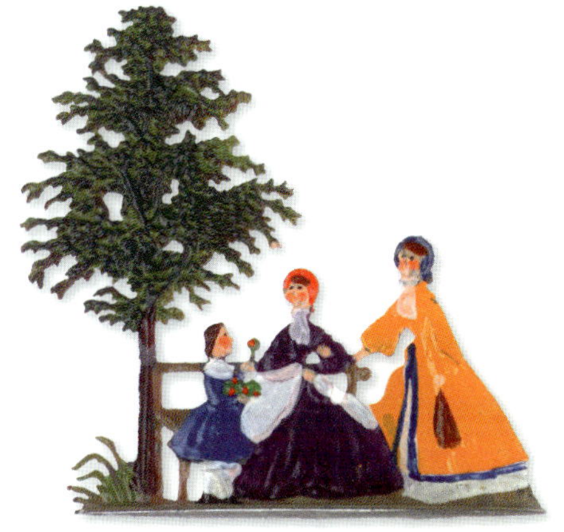

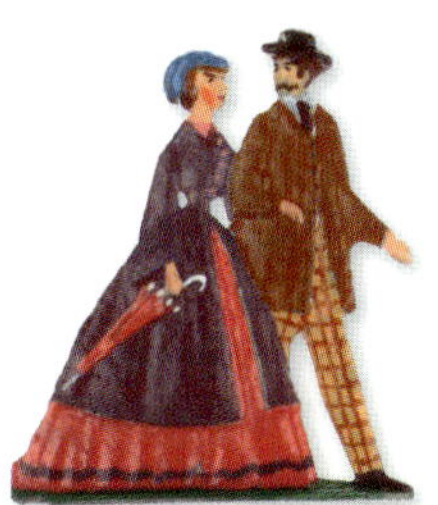

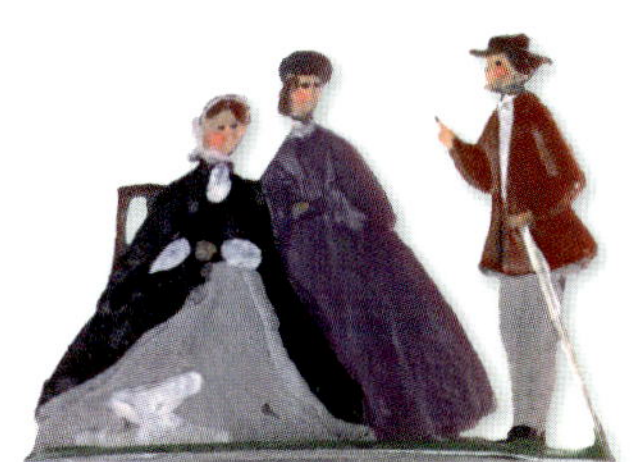

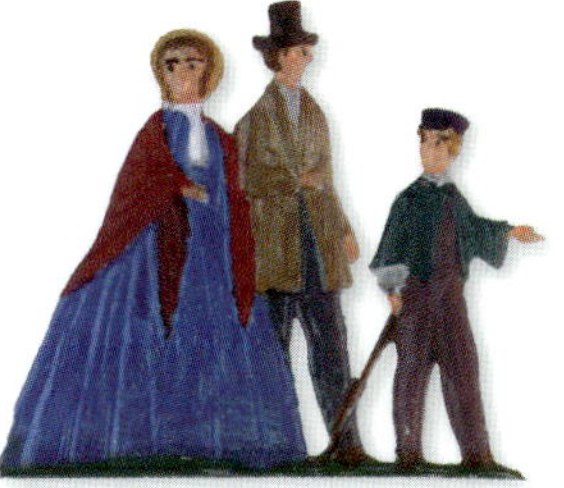

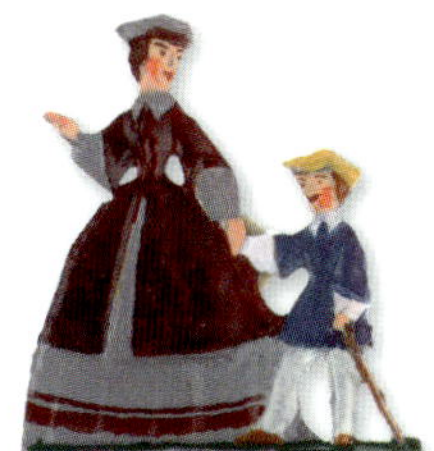

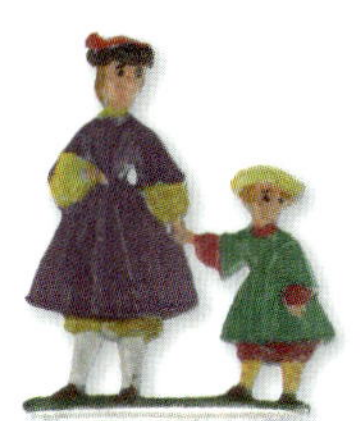

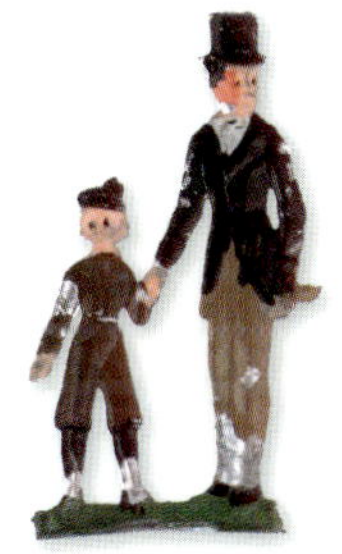

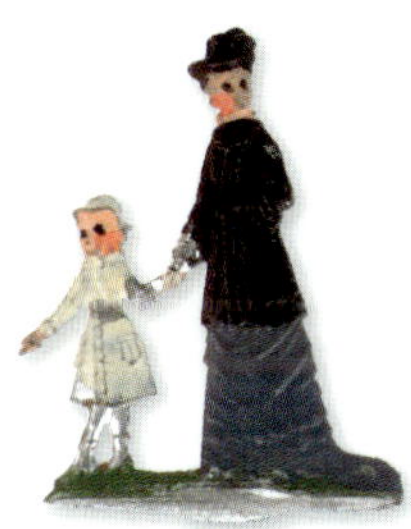

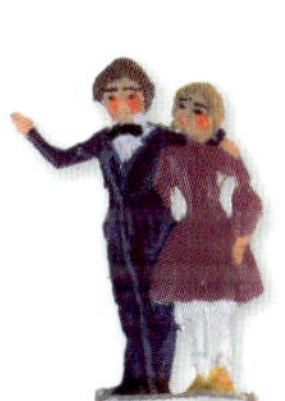

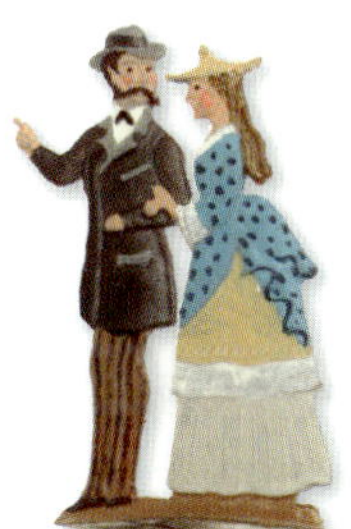

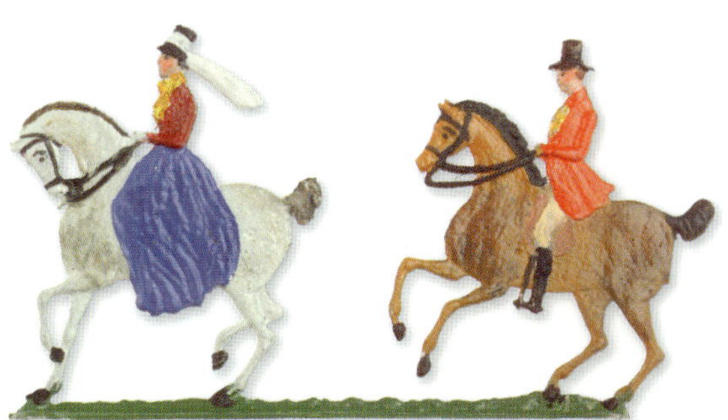

Kaiserin Eugenie beim Ausritt
(gemäß Vermerk im Formenbuch)
(***, gr. um 1850)

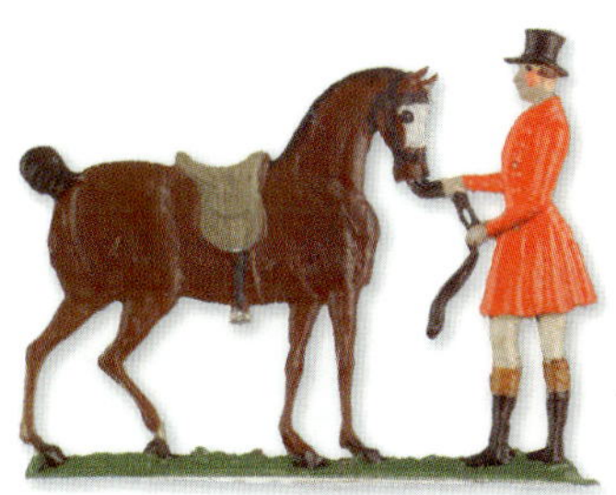

Pferdehalter
(***, gr. um 1850)

Gartengesellschaft

(**, gr. 1887)

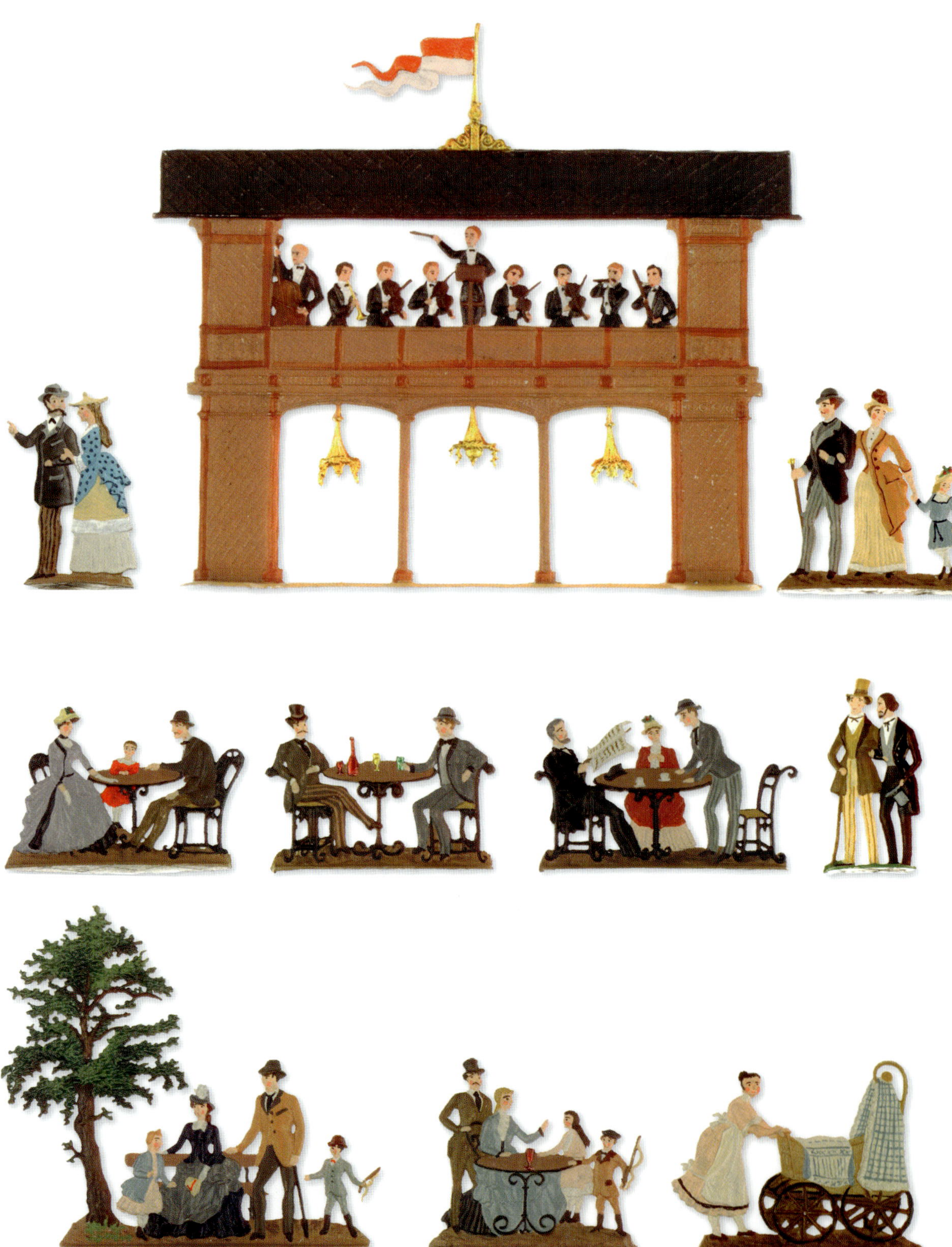

„Schöne Aussicht“

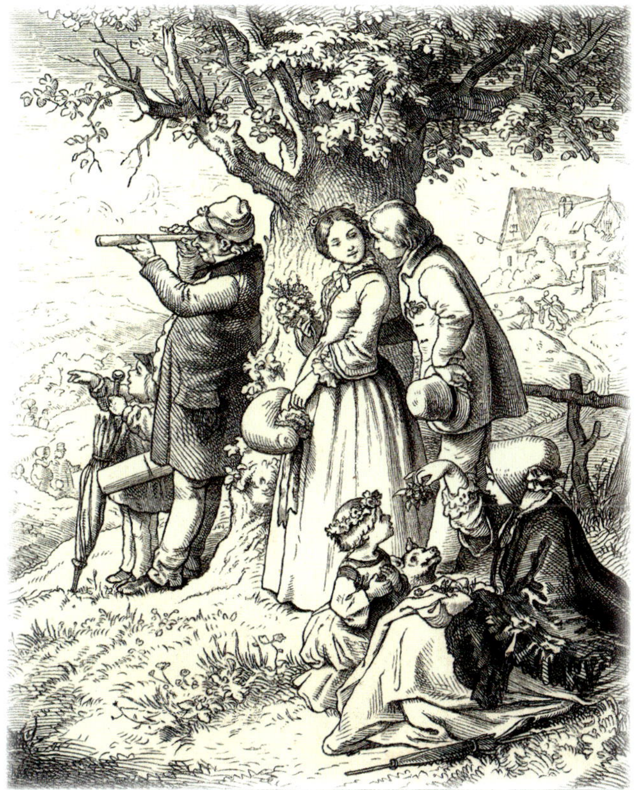

Zeichnungsvorlage
von Ludwig Richter

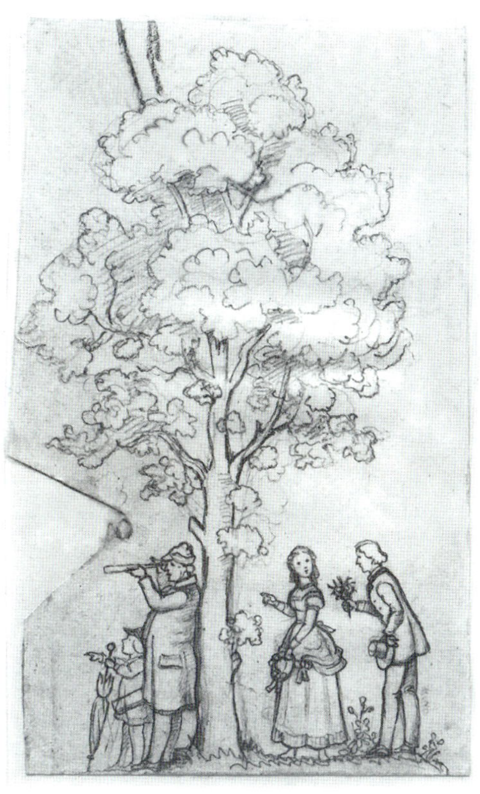

Gravurzeichnung
von Wilhelm Heinrichsen

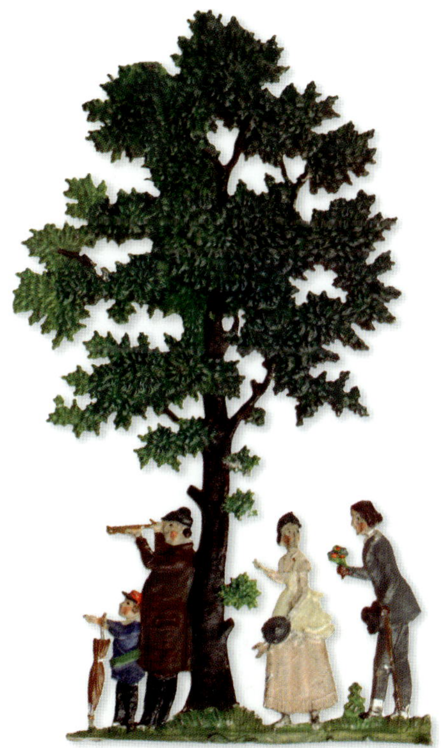

Das Resultat in Zinn (*, gr. 1875)

Reise ins Gebirge 1875

(**, gr. 1872)

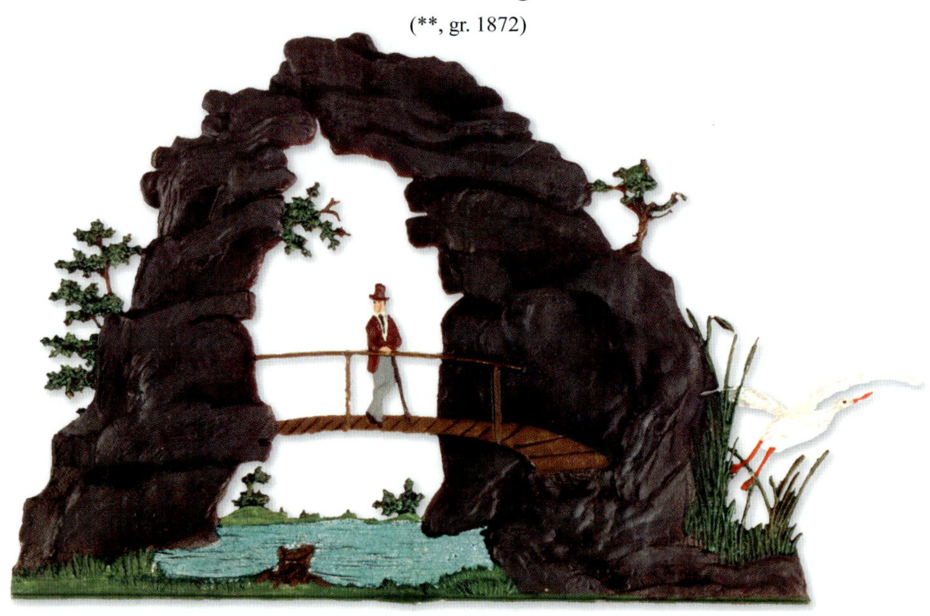

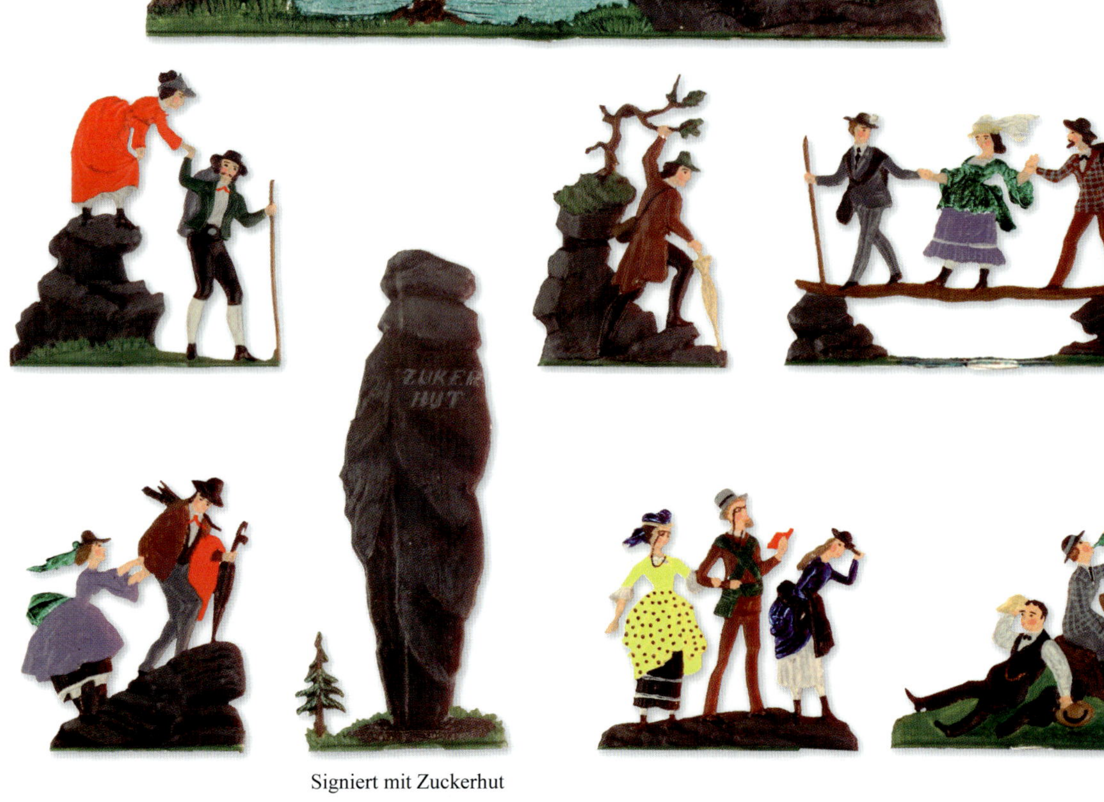

Signiert mit Zuckerhut

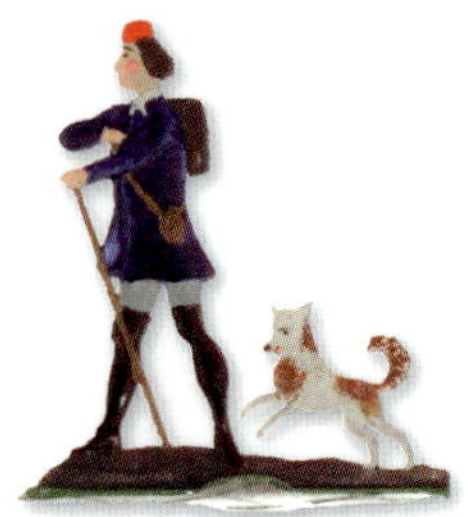

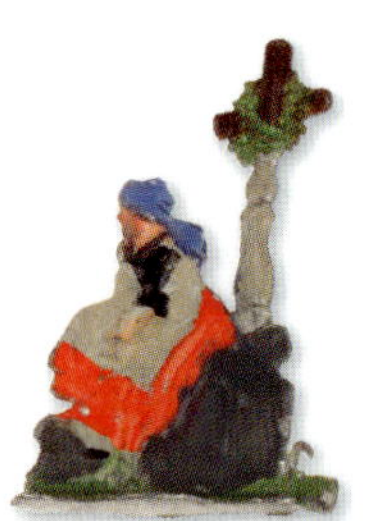

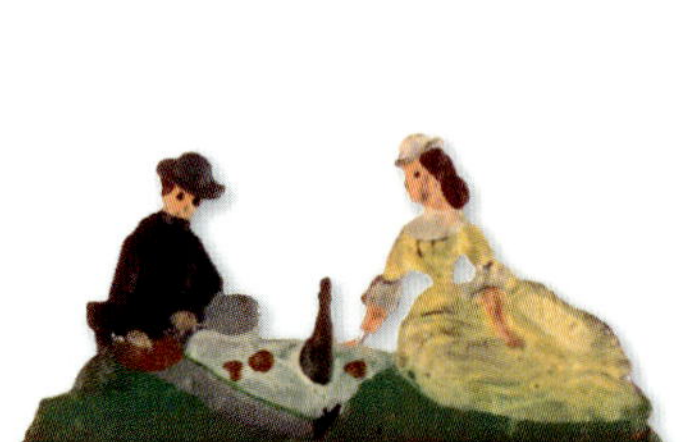

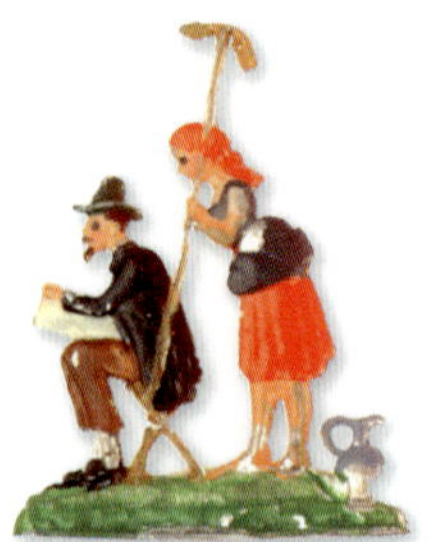

Reise ins Gebirge 1875

(2.Teil)

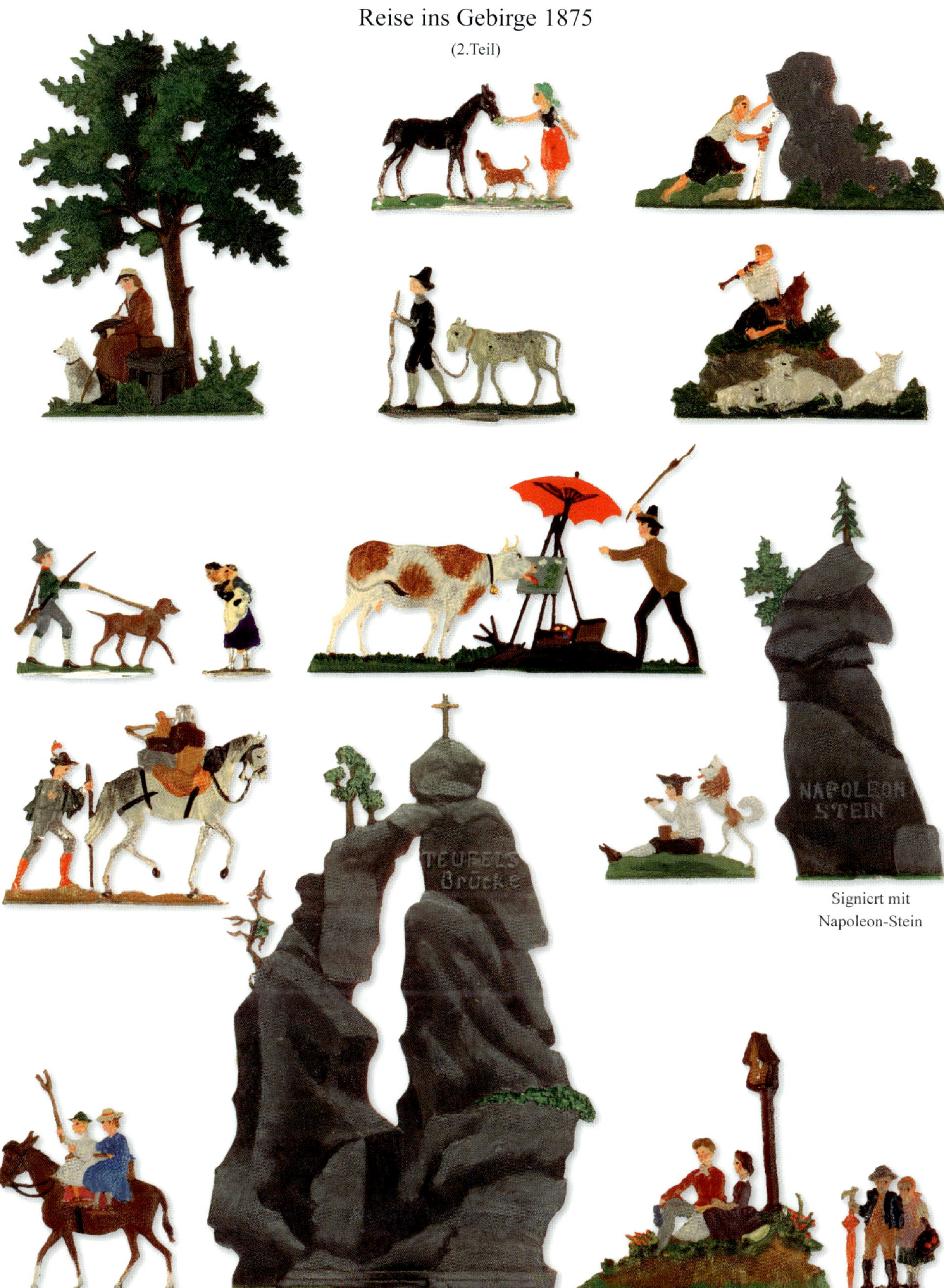

Signiert mit Napoleon-Stein

Signiert mit Teufelsbrücke

Bauernhof

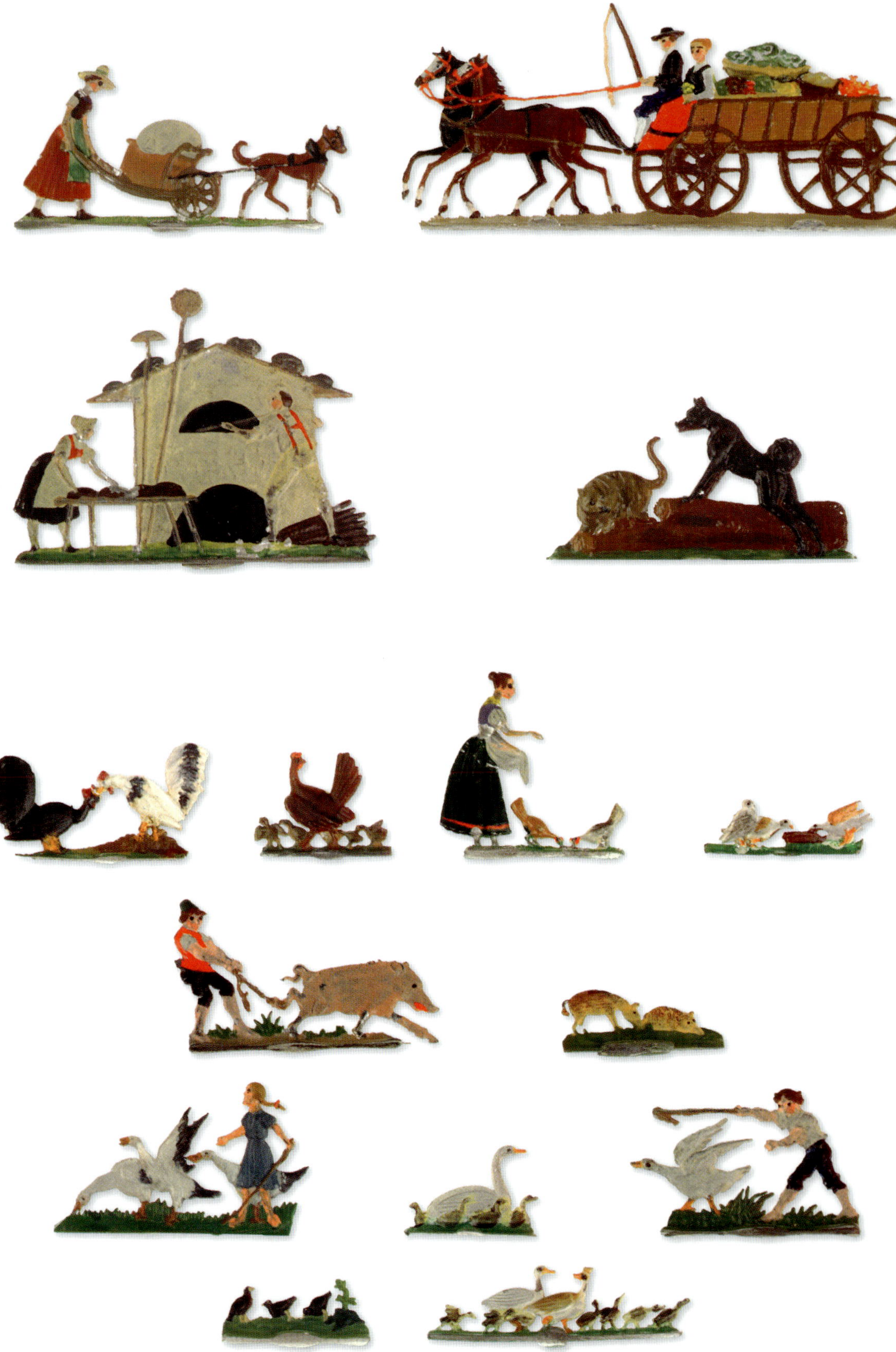

Pferdeweide

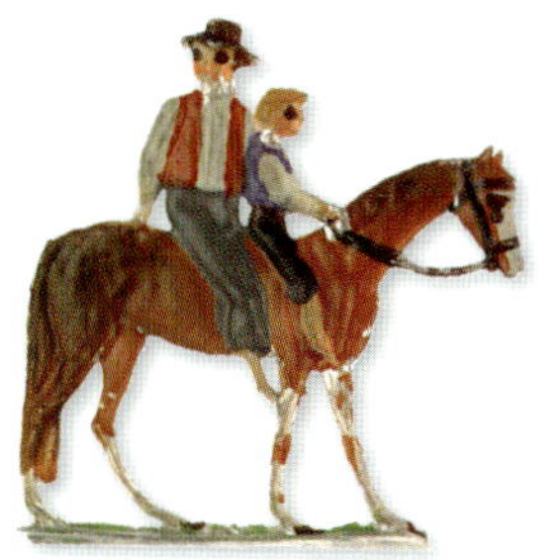
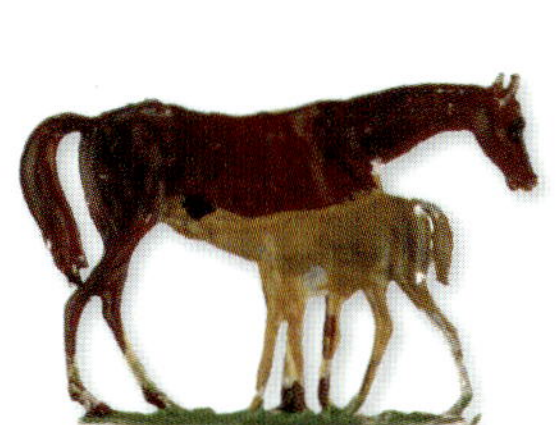
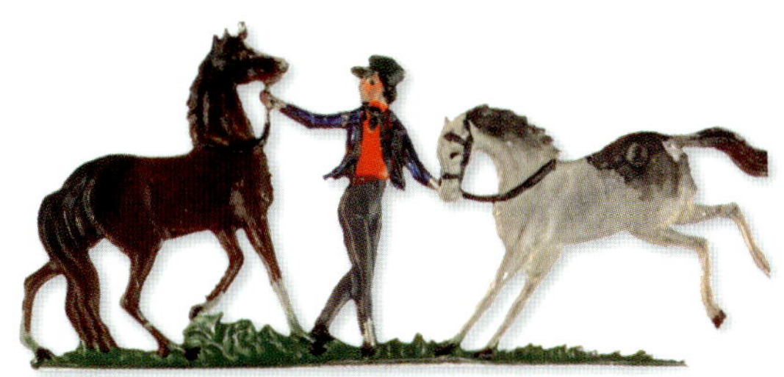

Schafweide

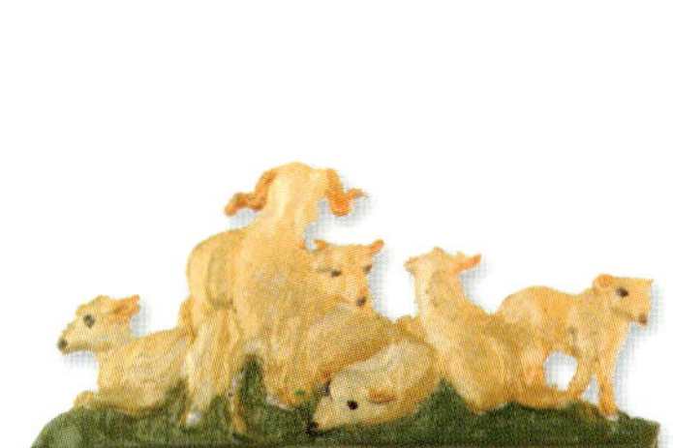
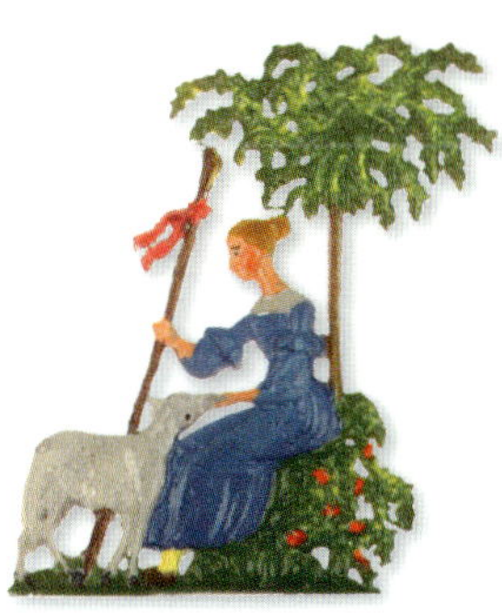
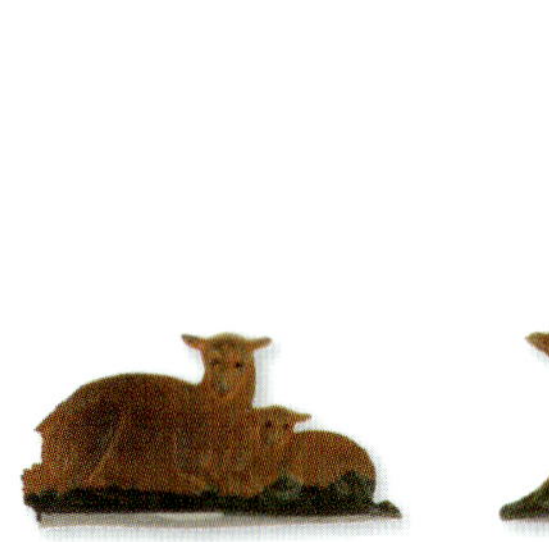
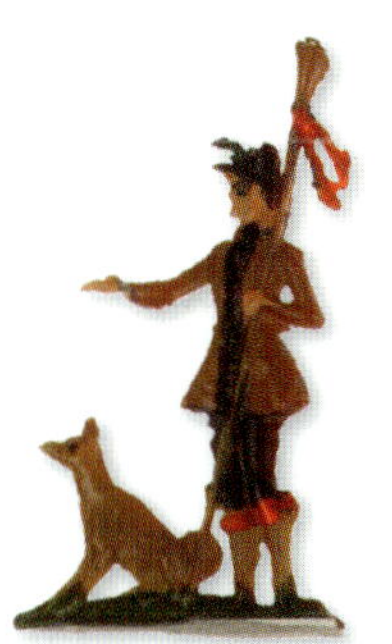

Ziegenweide

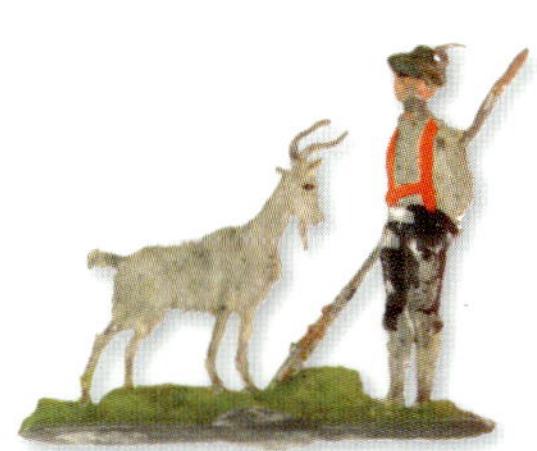
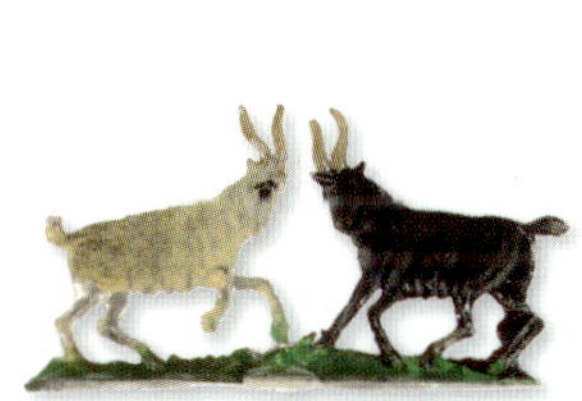
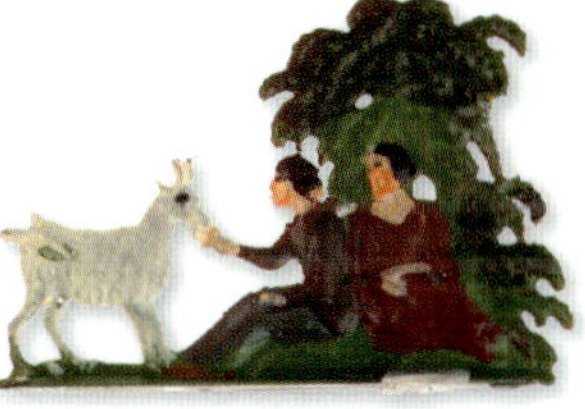

Kuhweide

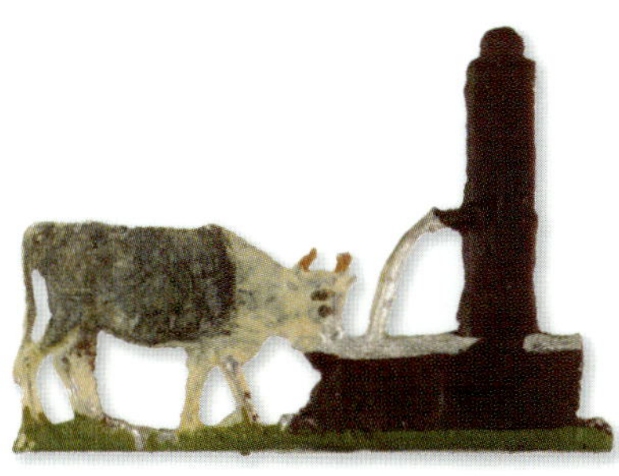
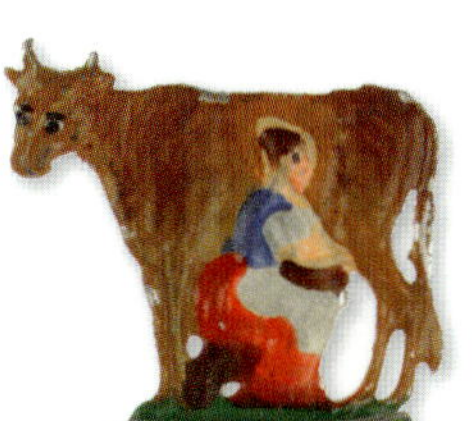

(alle in Originalbemalung)

Ländliches Fest

(*, gr. um 1860)

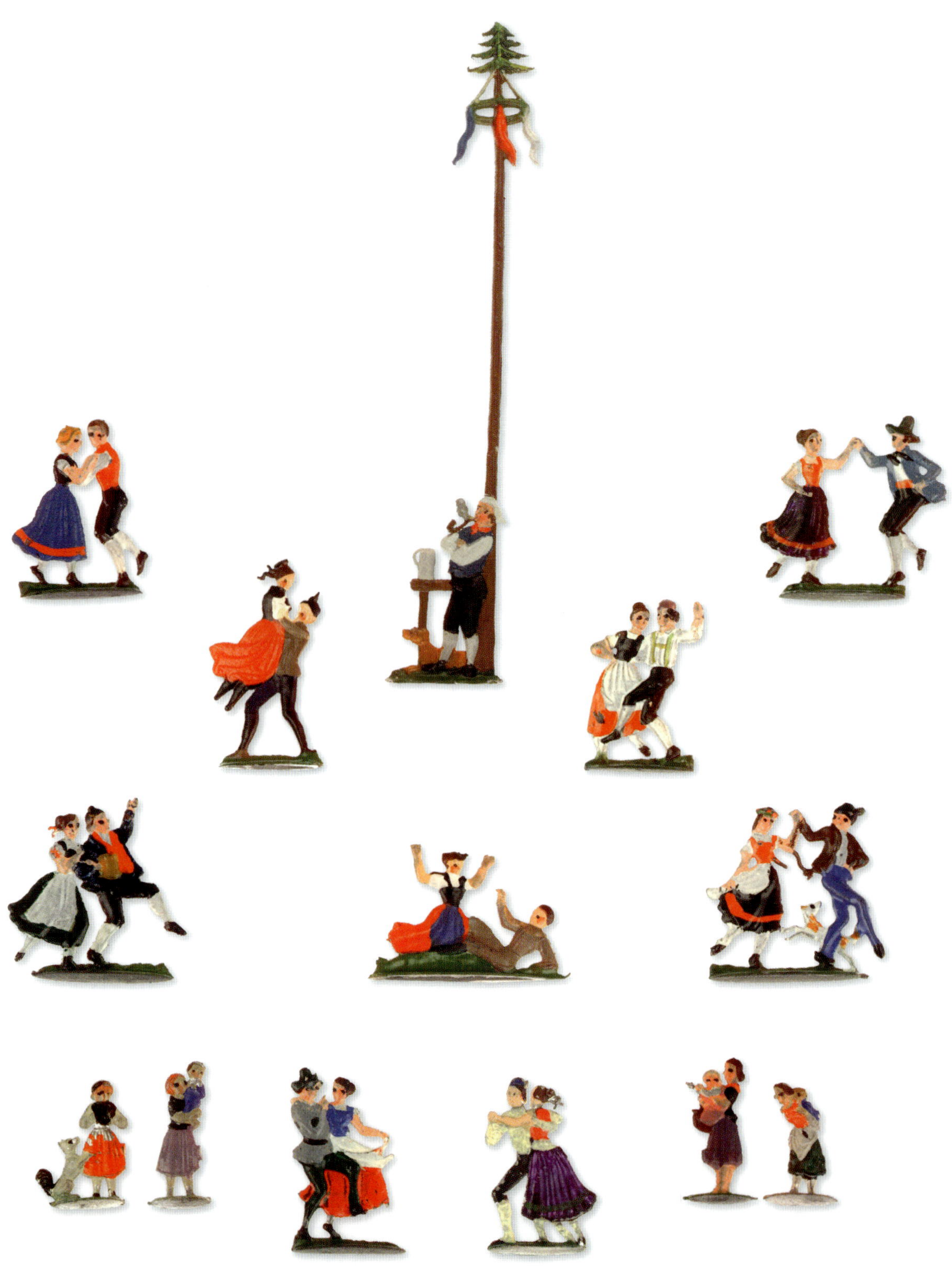

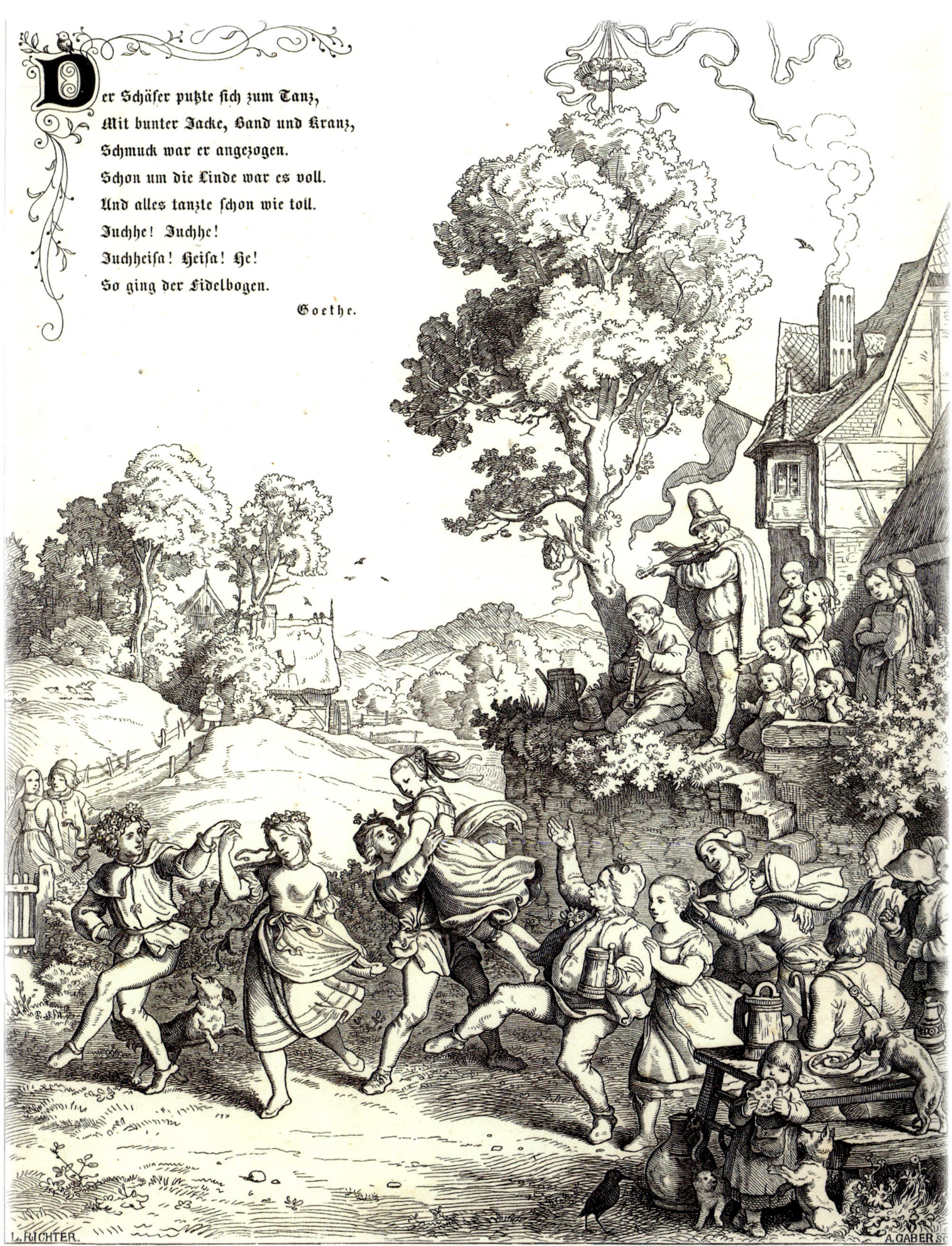

Zeichnungsvorlage von L. Richter

Dorfkirchweih beim Schwanenwirt

(***, gr. um 1860)

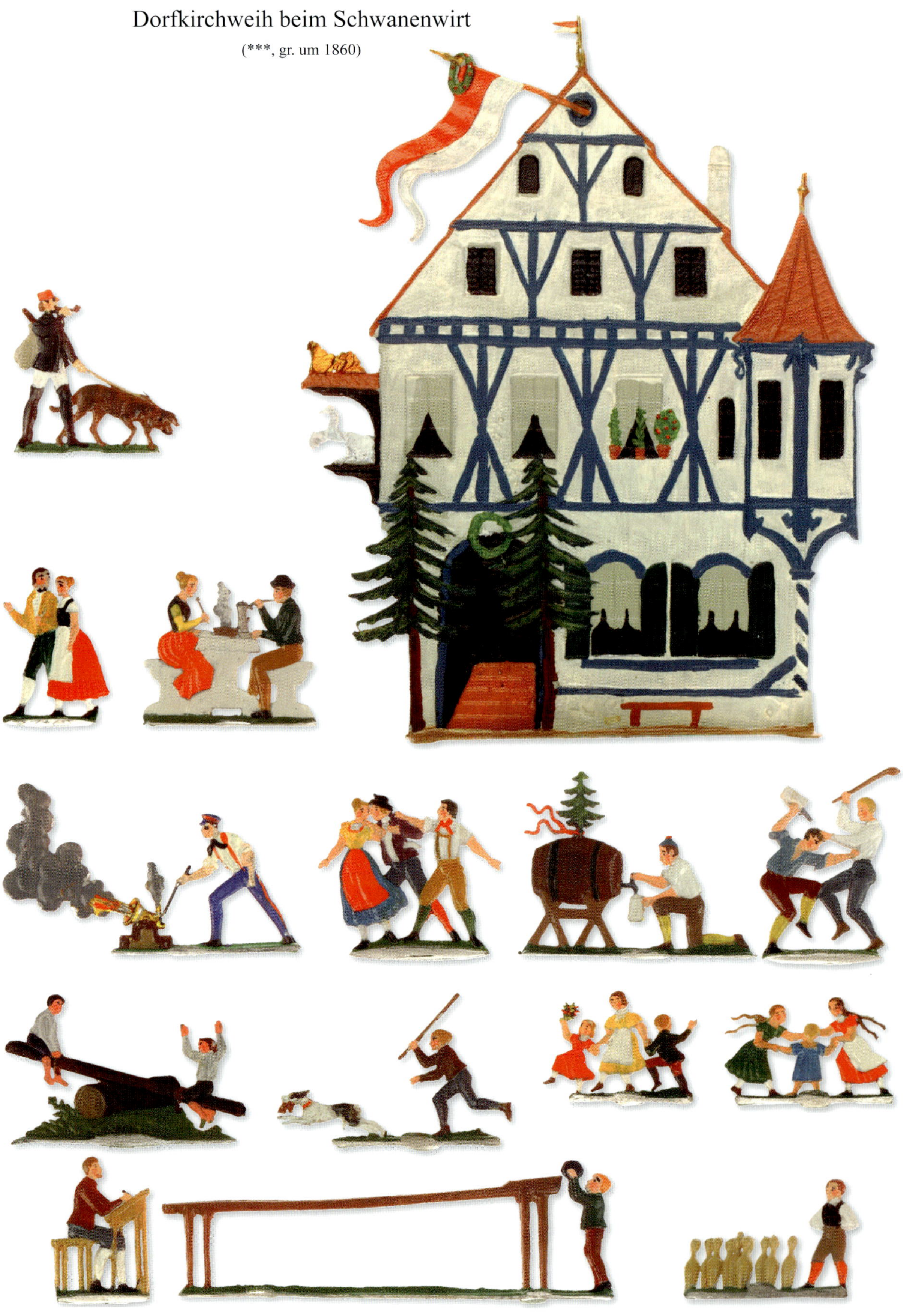

Hochgebirgs-Jagd

(* und ***, gr. um 1902)

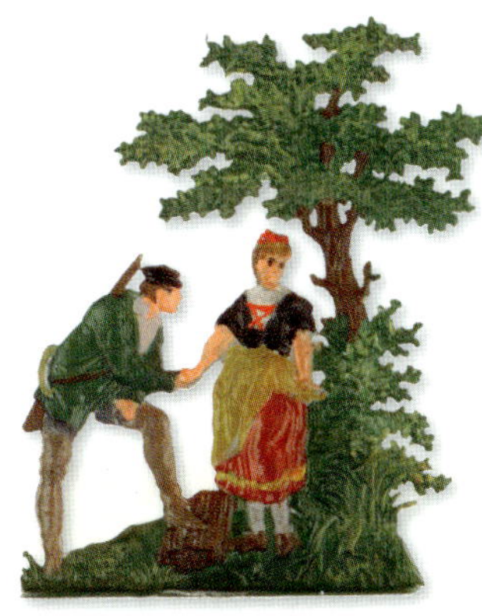

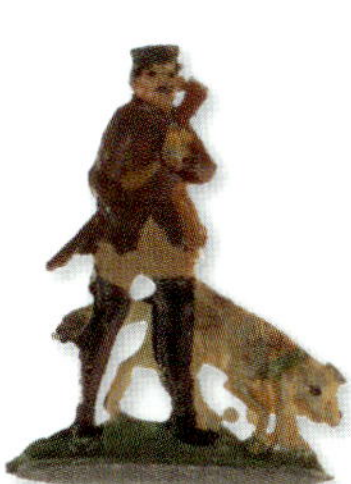

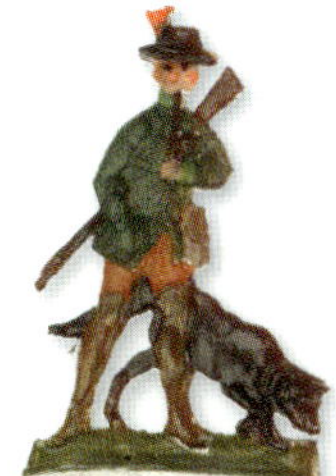

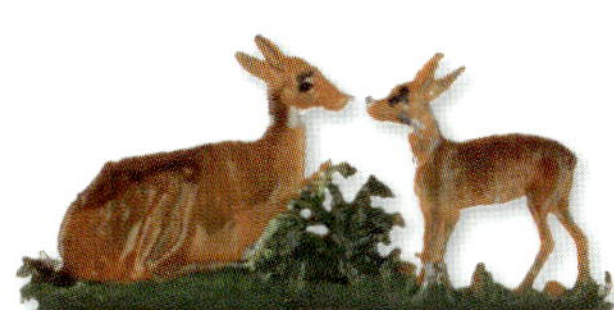

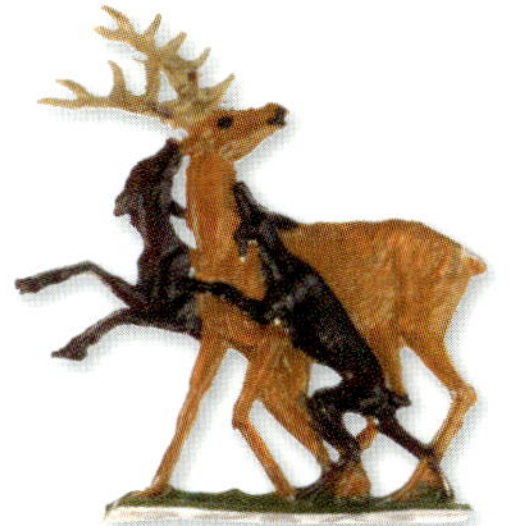

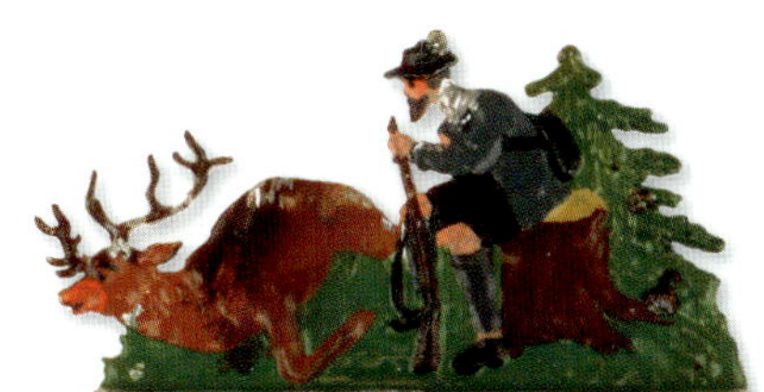

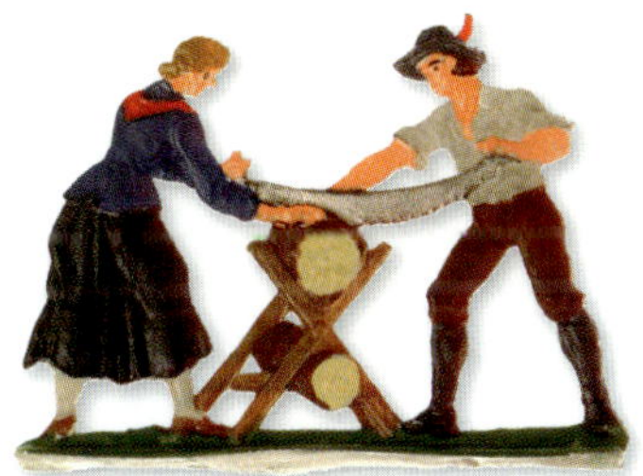

Aus Packung: Försterei

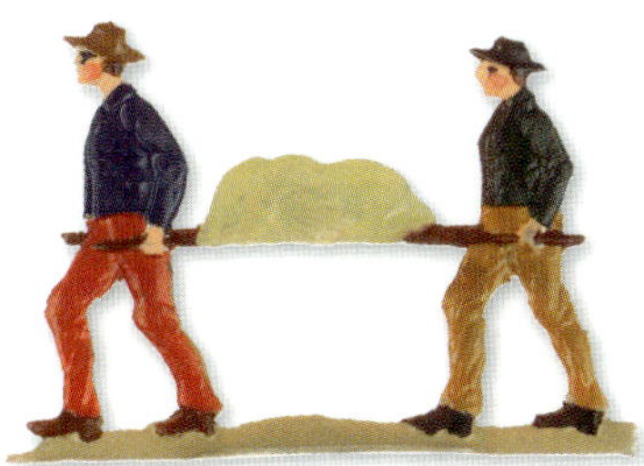

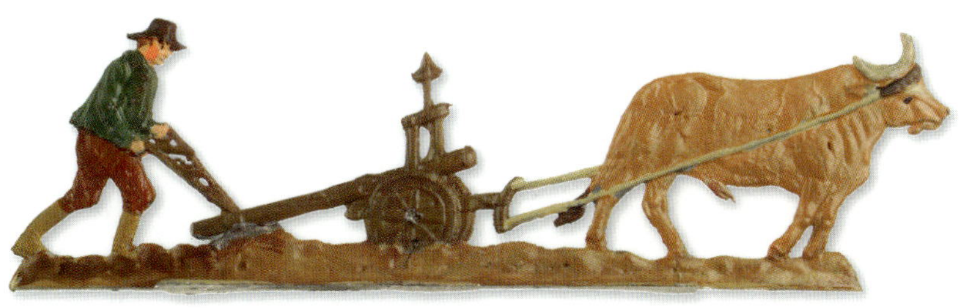

Aus Packung: Französischer Bauernhof
(***, gr. 1930)

Prozession

(*, gr. 1863)

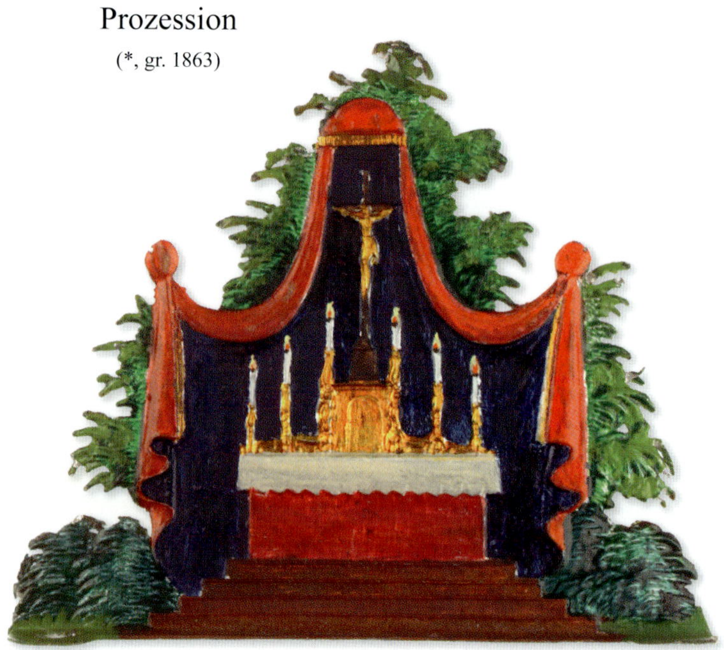

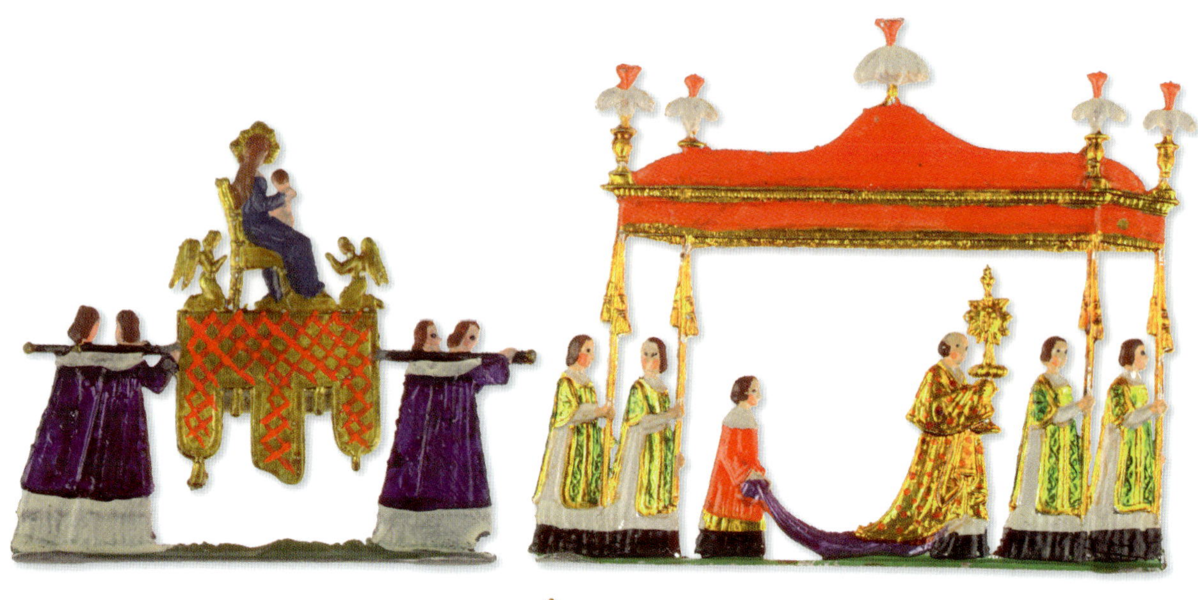

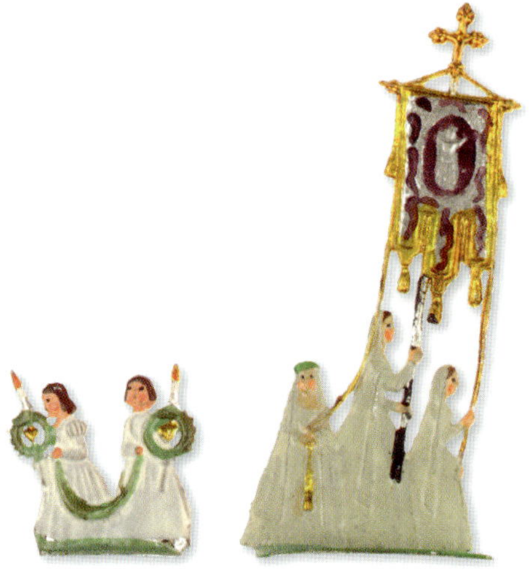

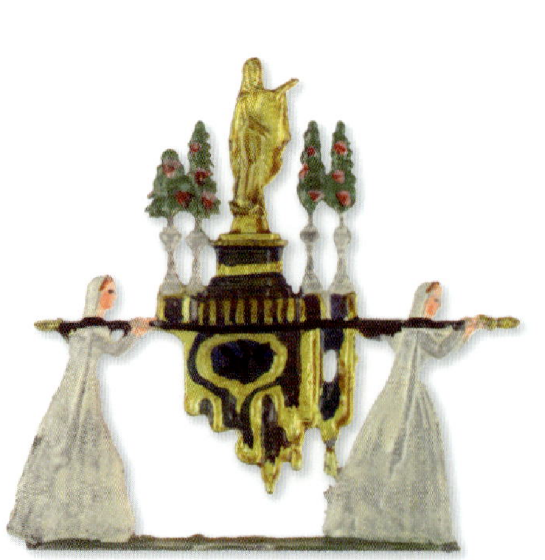

Berliner Feuerwehr

(**, gr. 1880)

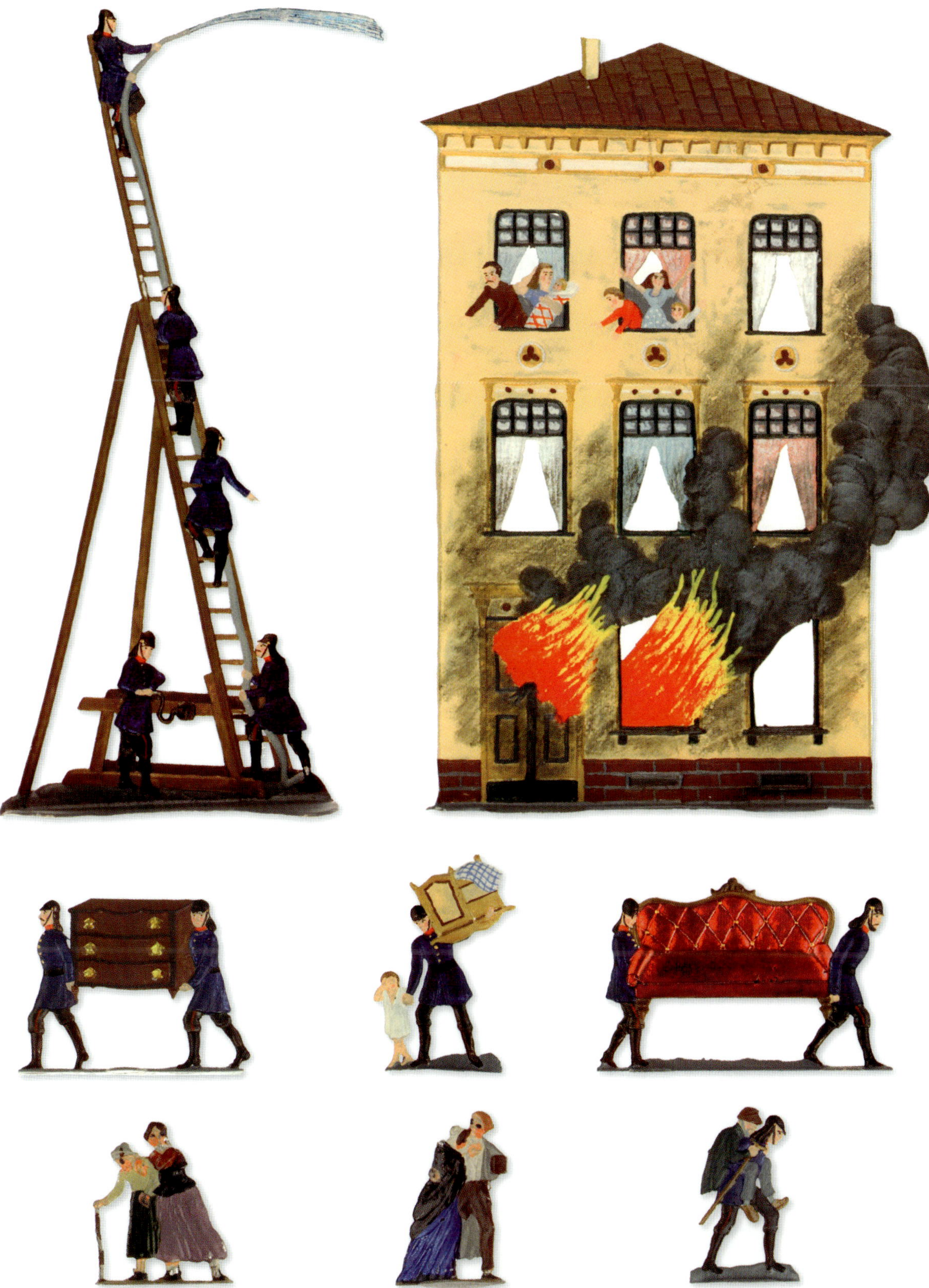

Zirkus und Akrobaten

(**)

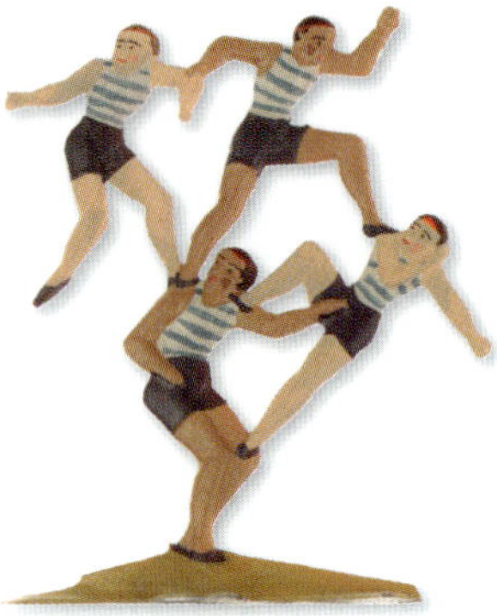

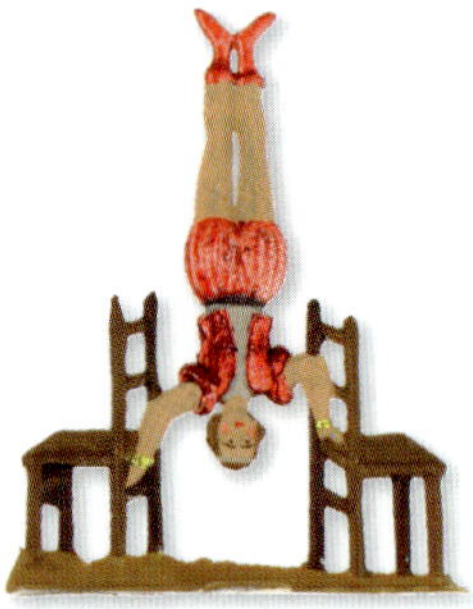

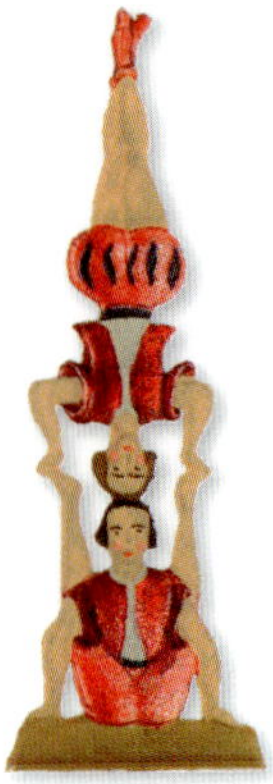

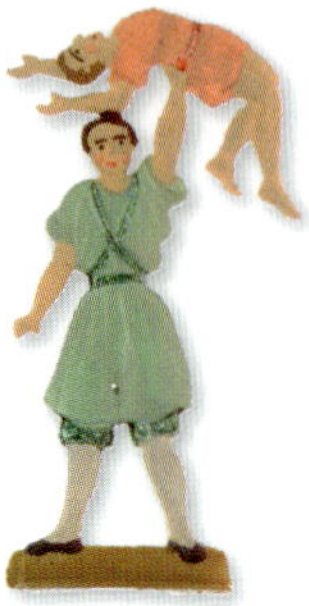

(gr. 1880)

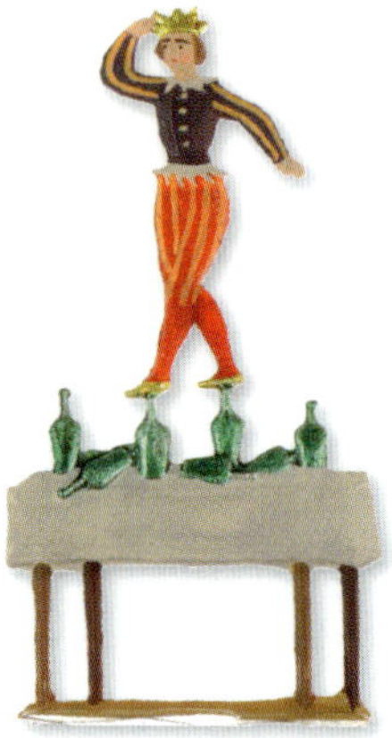

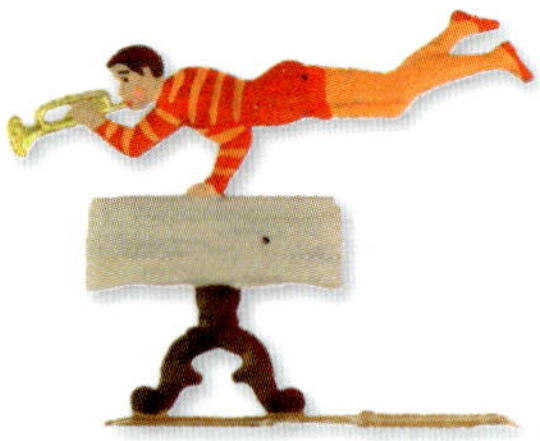

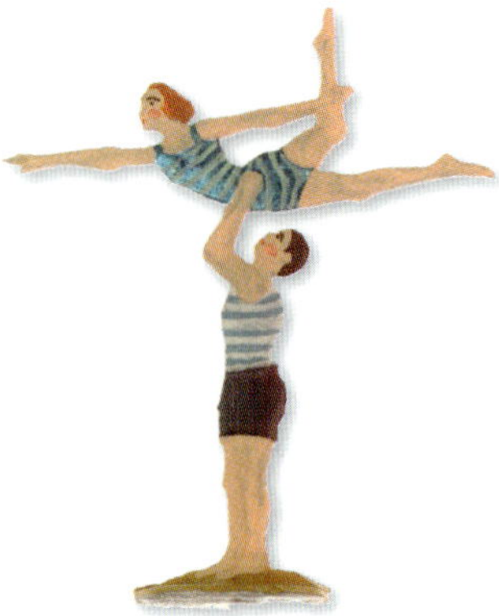

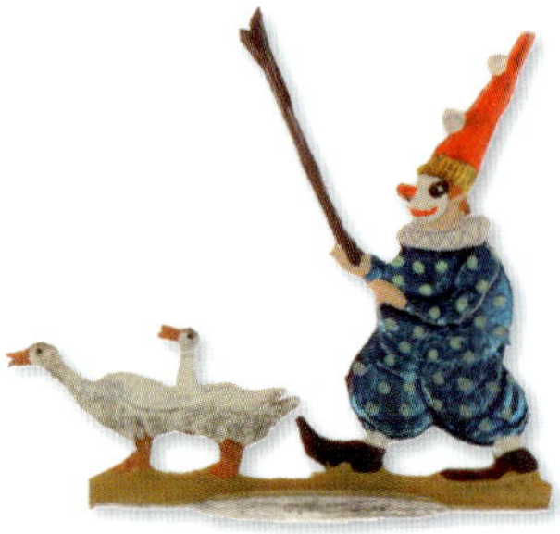

(gr. 1930)

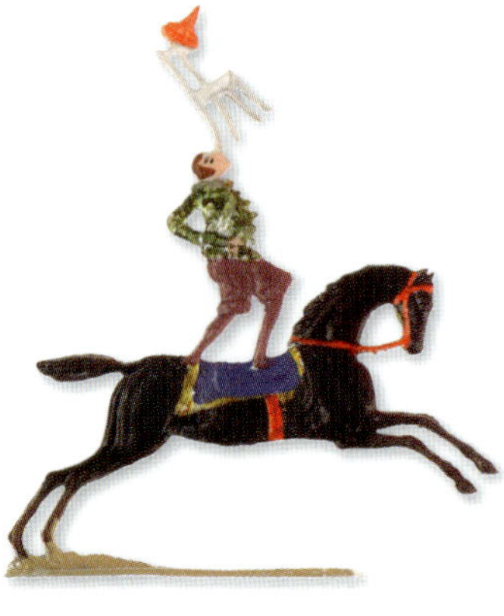

(gr. um 1845)

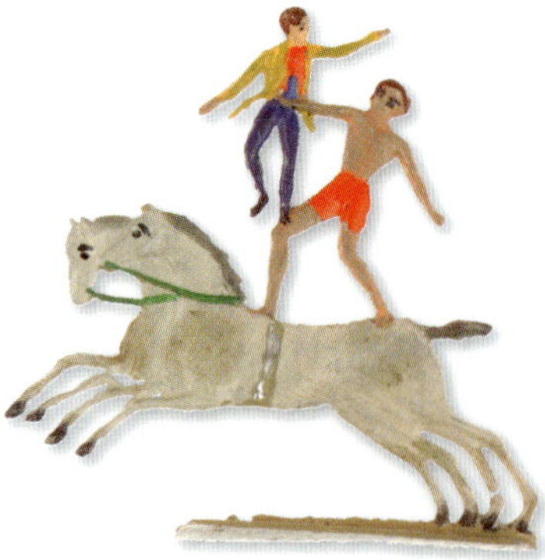

(gr. um 1845)

Akrobaten und Seiltänzer

(**)

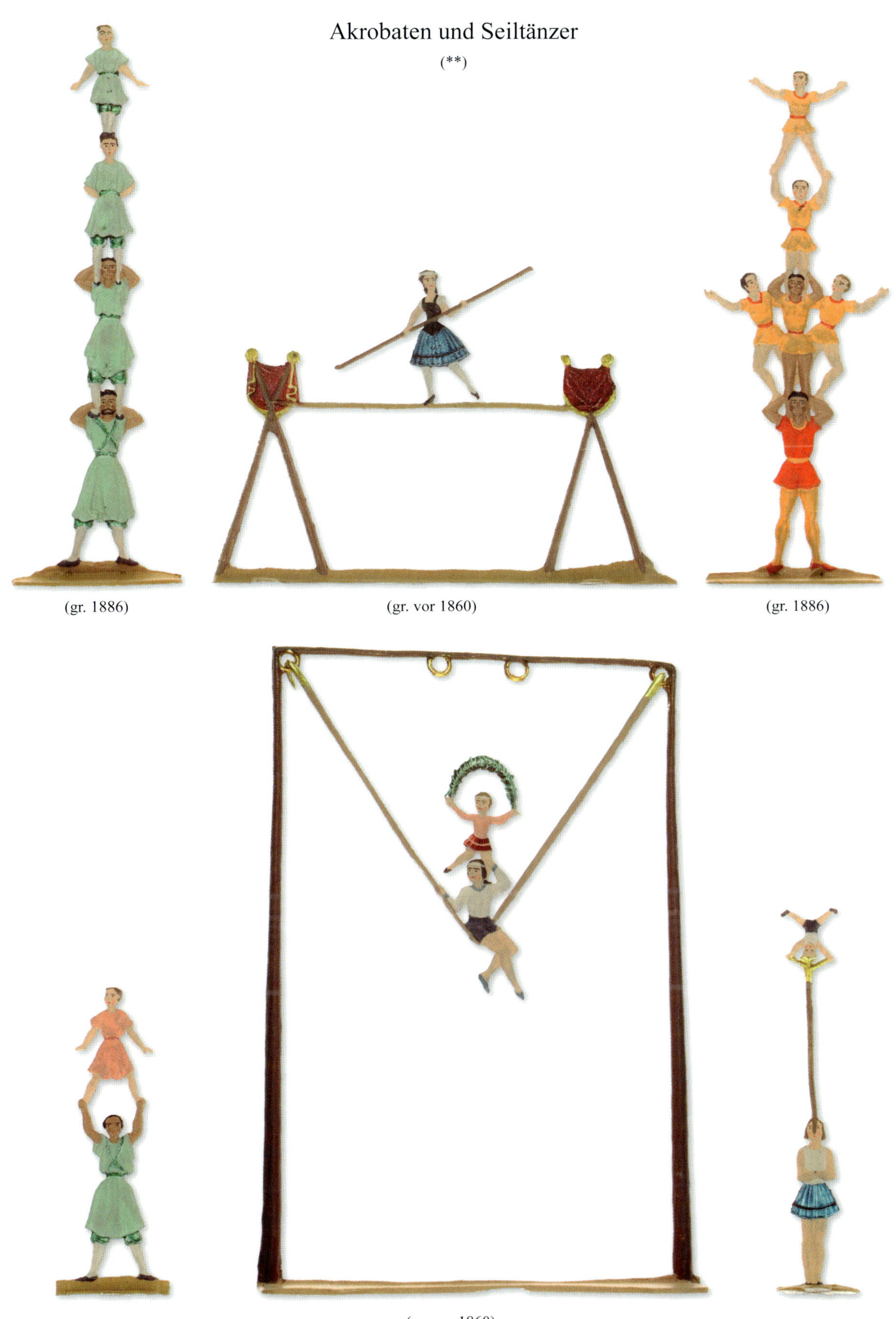

(gr. 1886)

(gr. vor 1860)

(gr. 1886)

(gr. vor 1860)

Menagerie

(**, gr. um 1868)

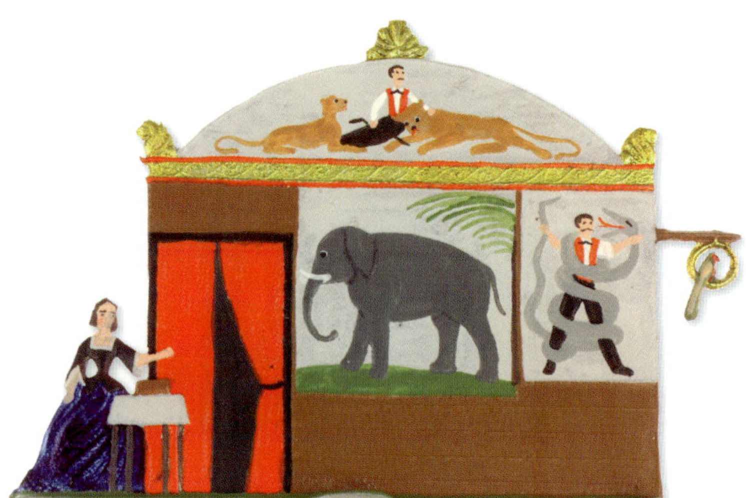

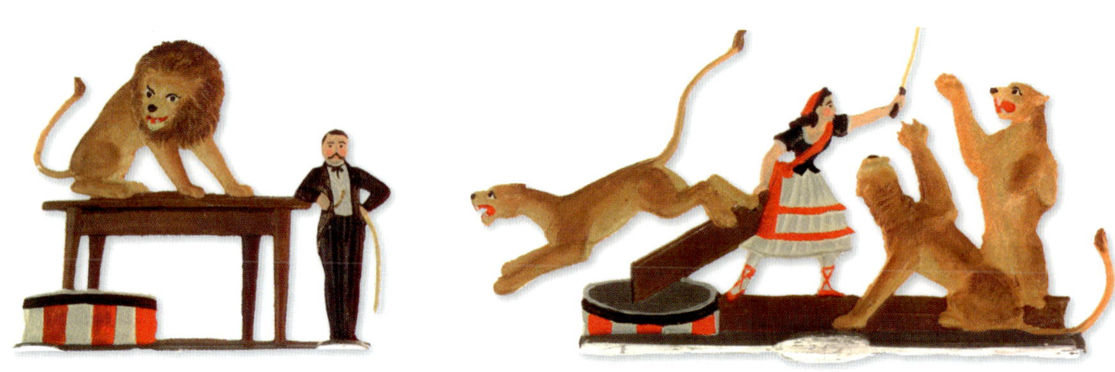

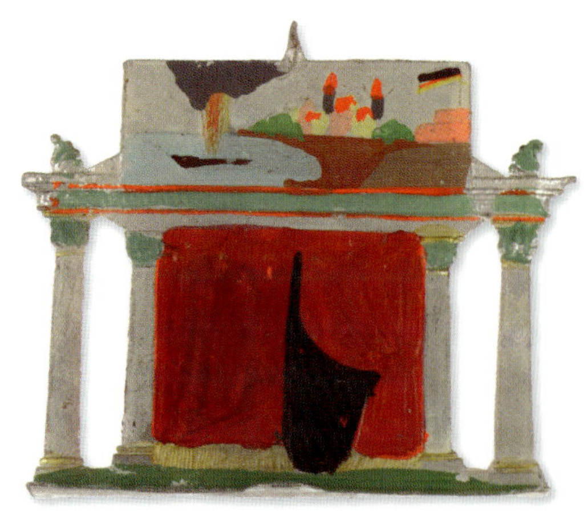

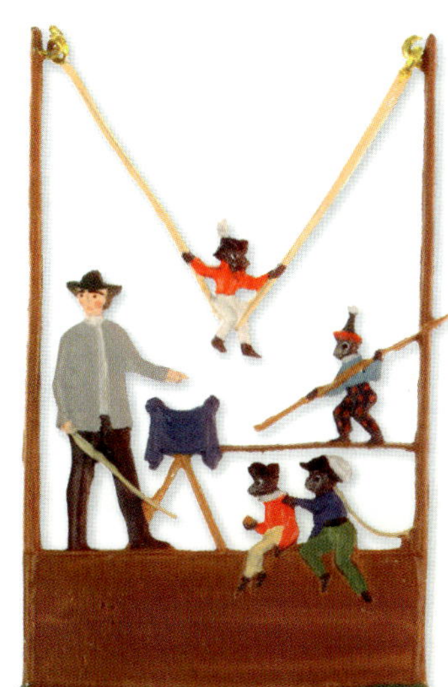

Affen- und Hundetheater

(**, gr. um 1858)

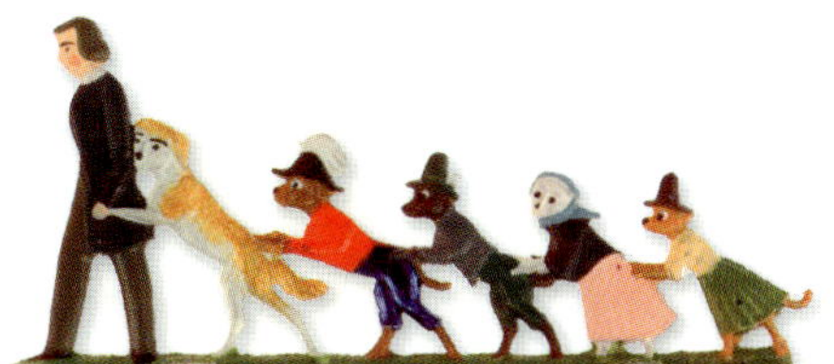

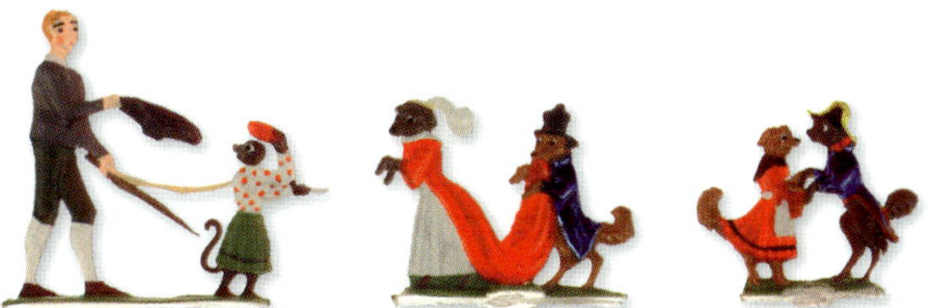

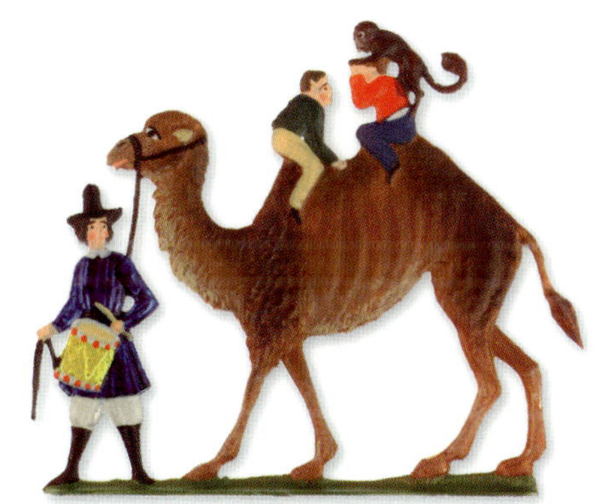

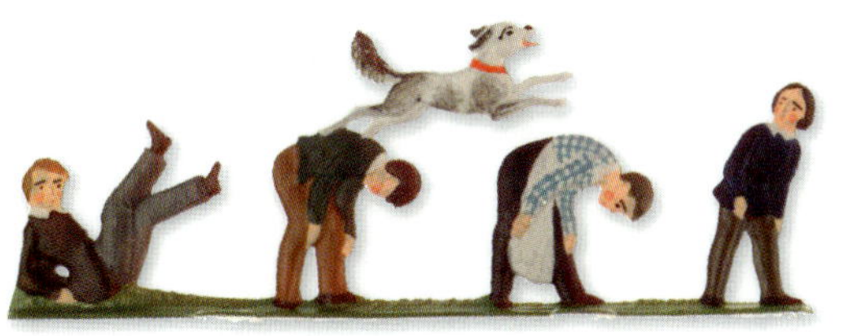

Seebad

(**, gr. 1903)

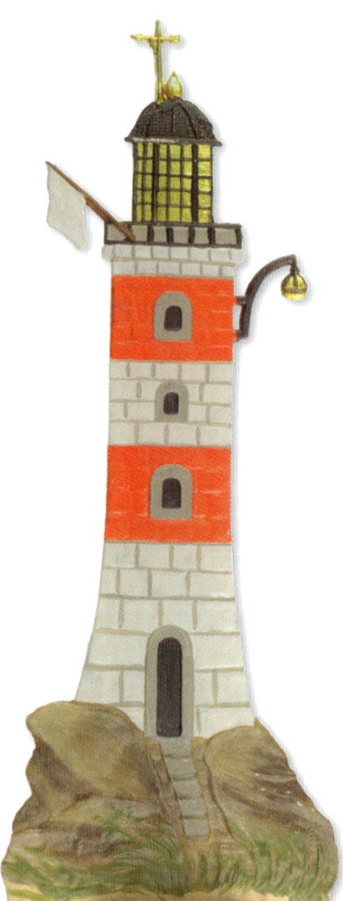

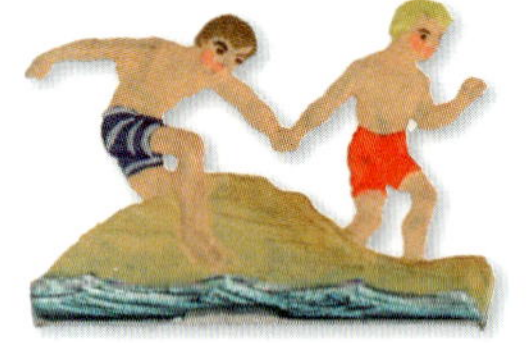

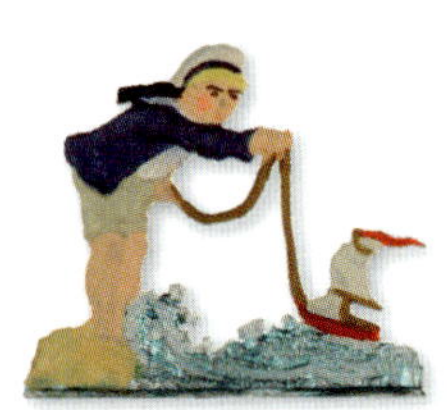

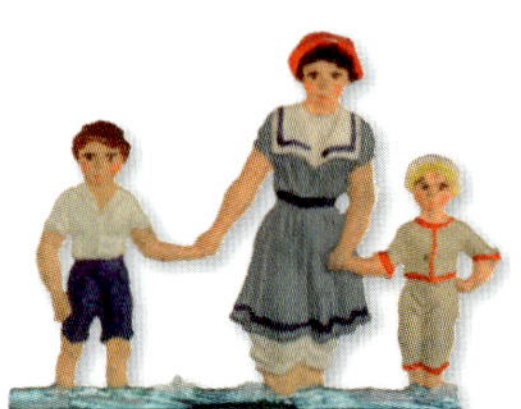

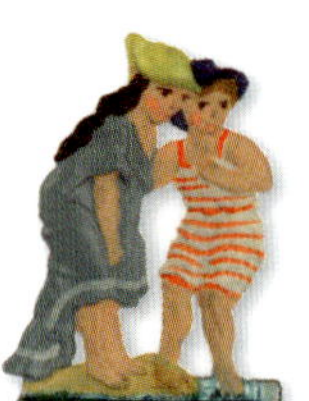

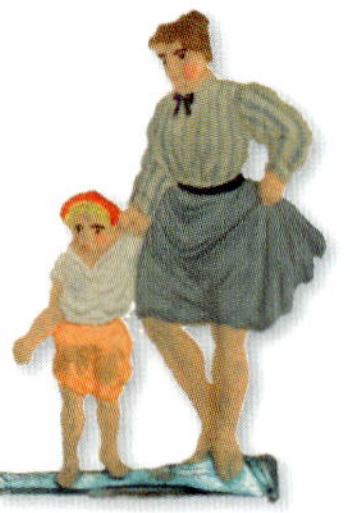

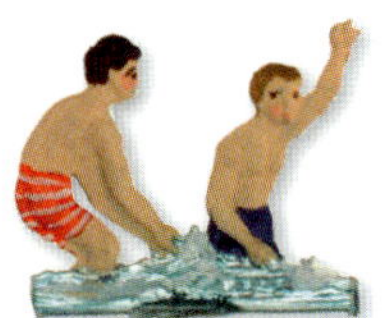

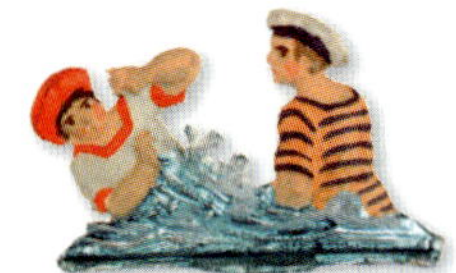

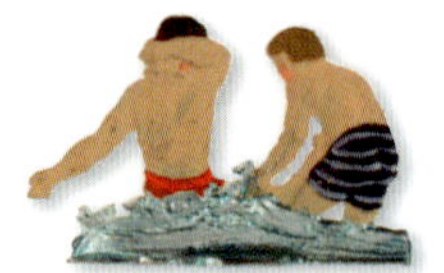

Hafen

(**, gr. 1887)

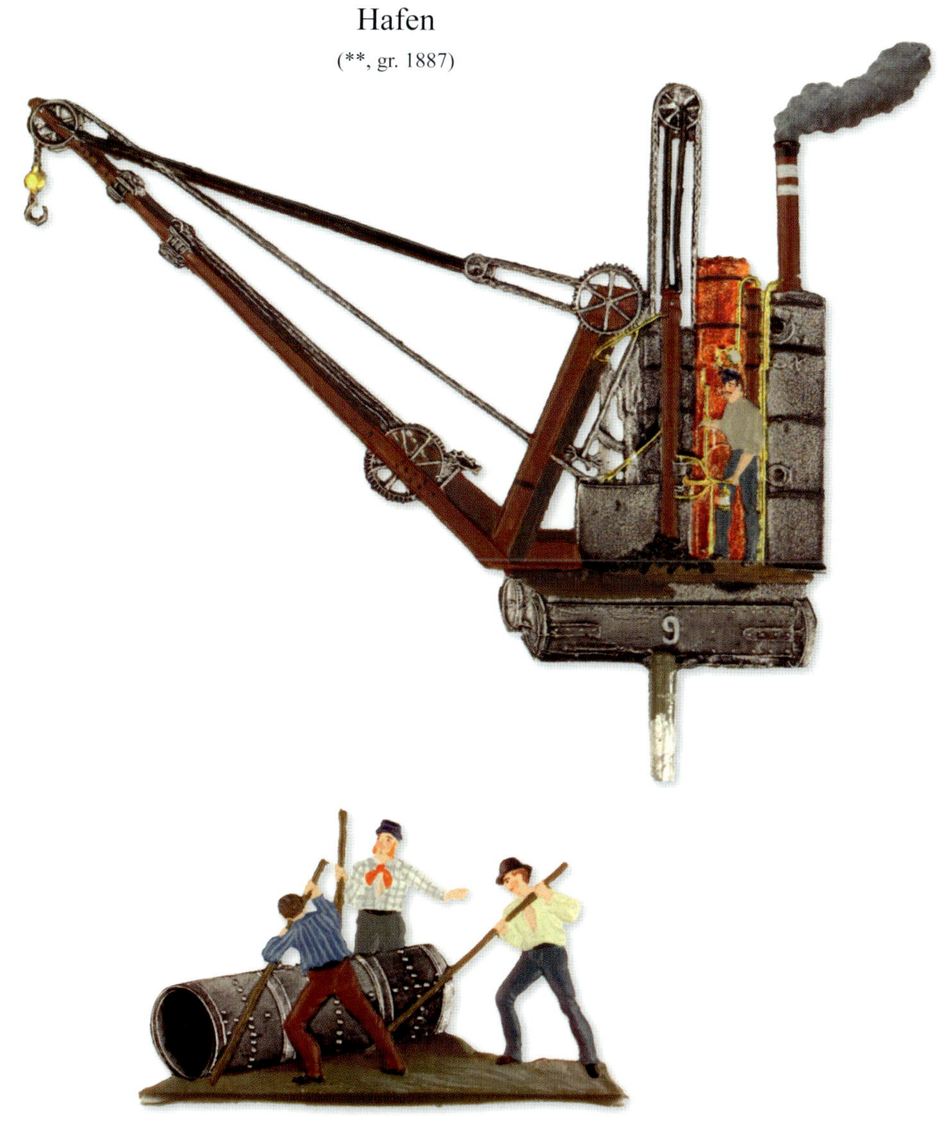

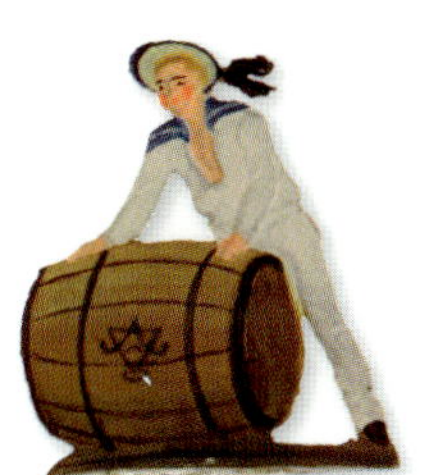

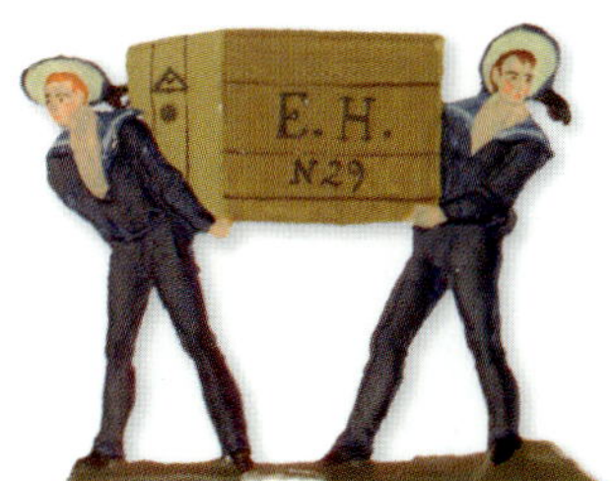

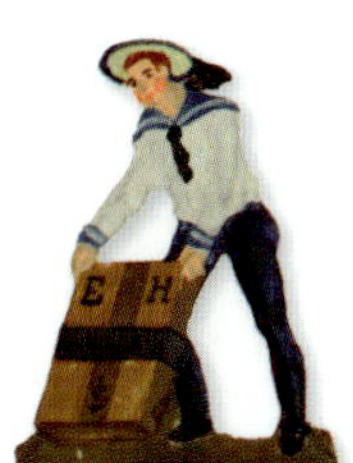

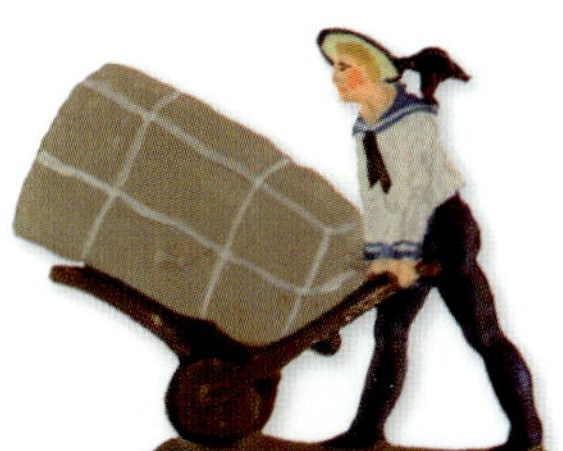

Seehafen. Zeichnungen von Gräter. 1887.

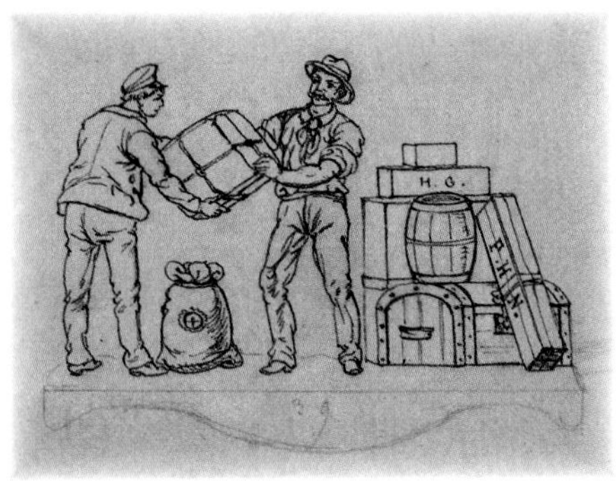

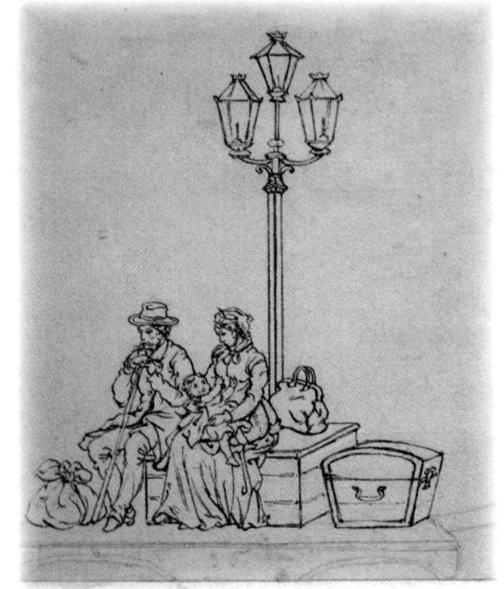

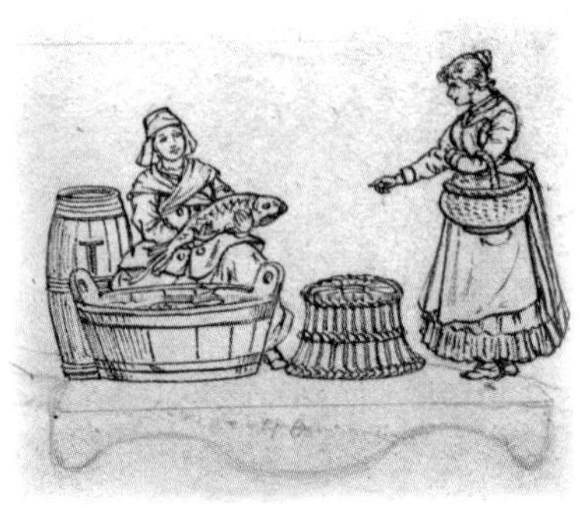

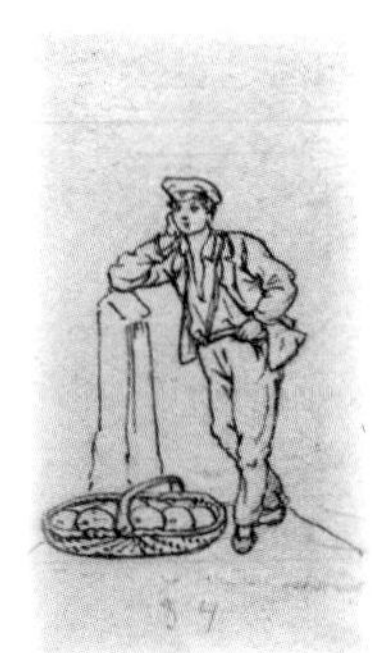

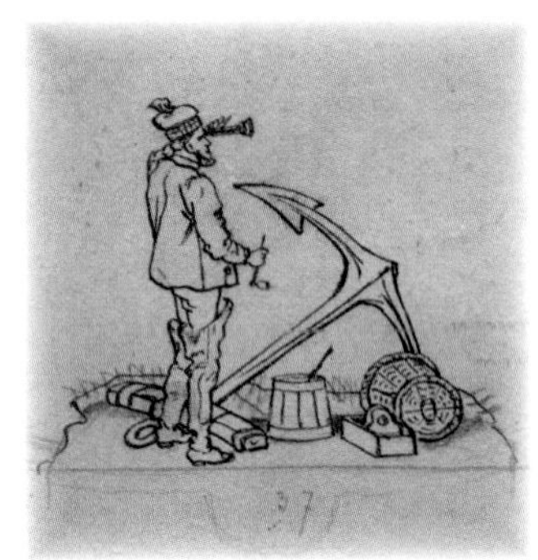

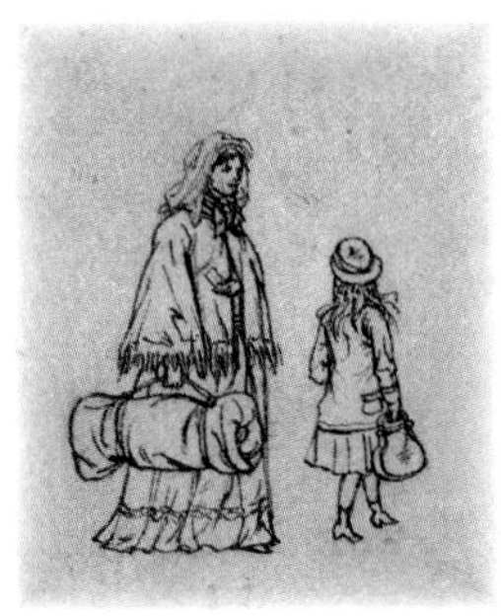

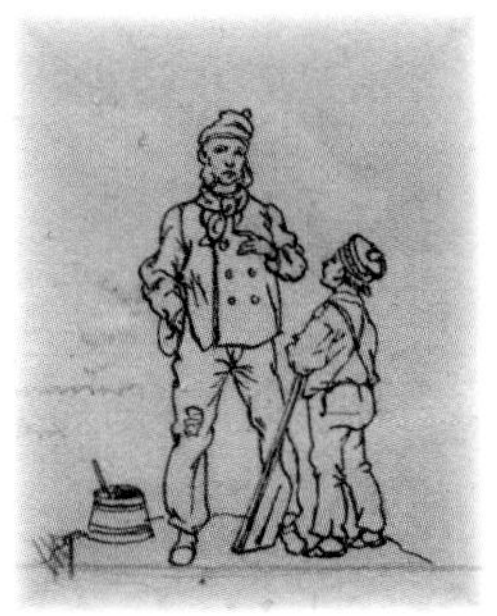

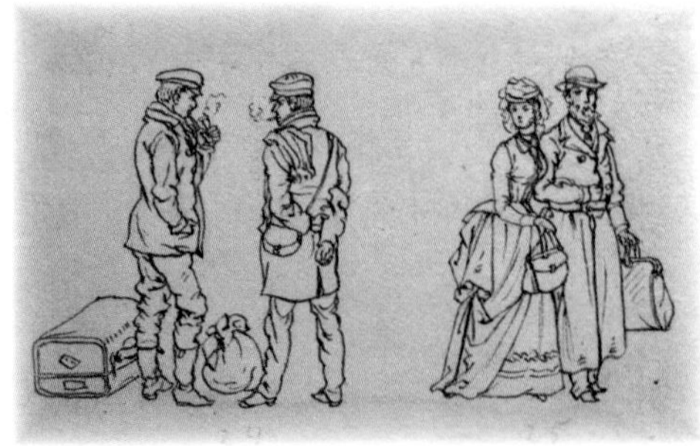

Hafen

(2.Teil,**, gr. 1887)

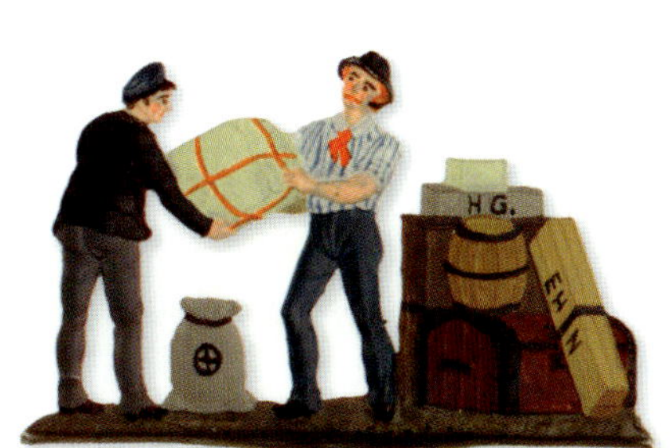

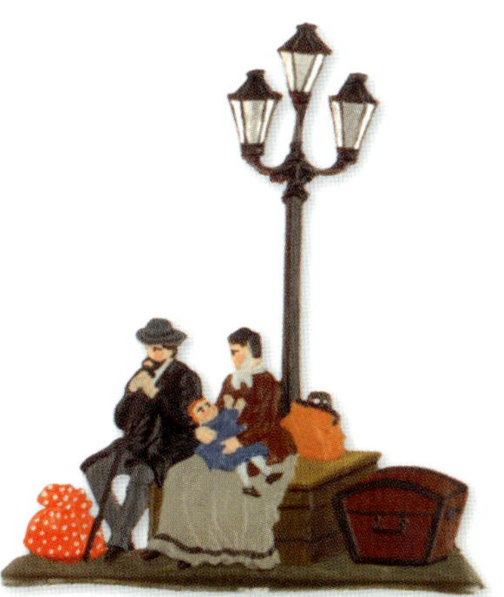

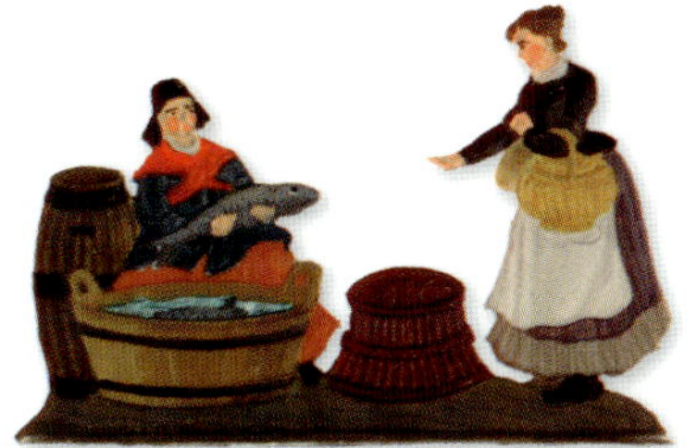

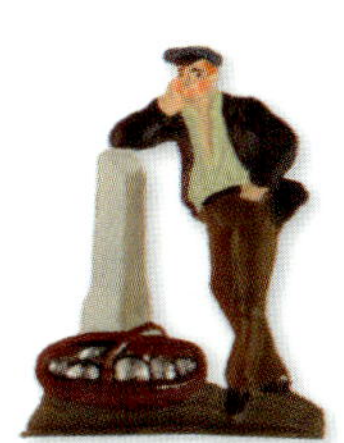

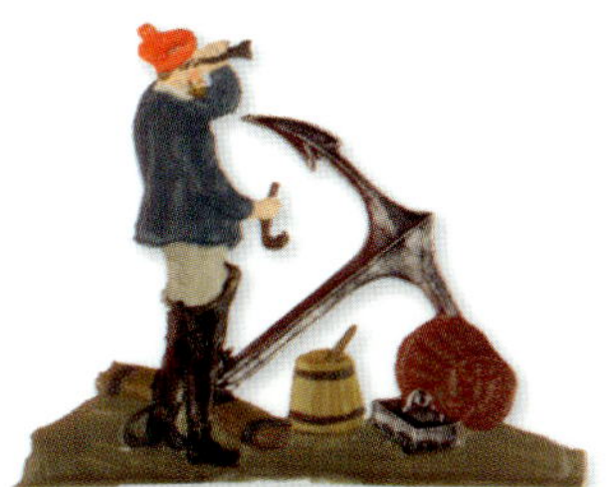

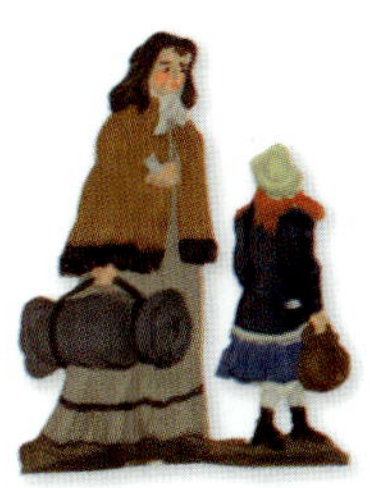

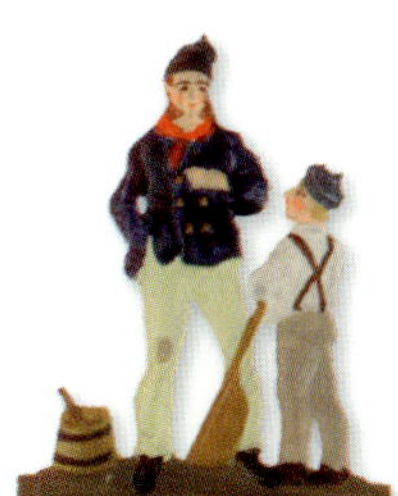

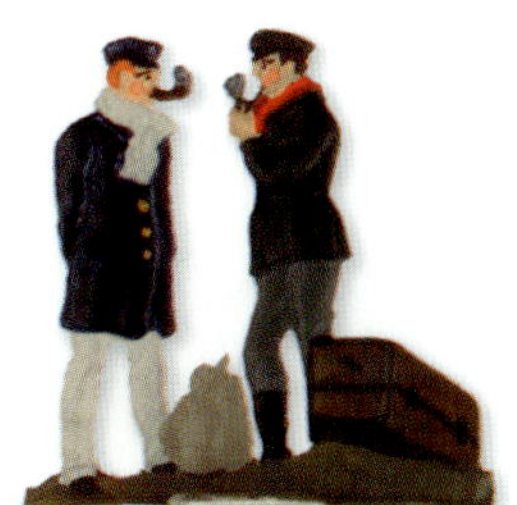

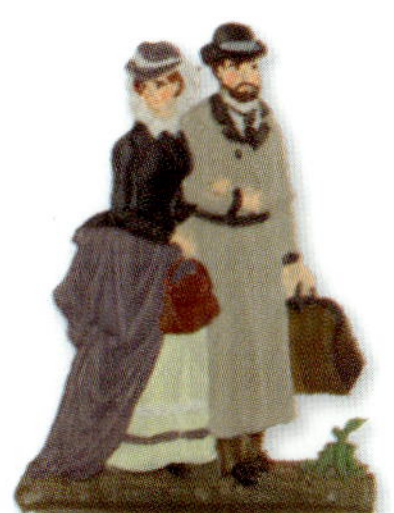

Winter-Vergnügen

(*, gr. 1865)

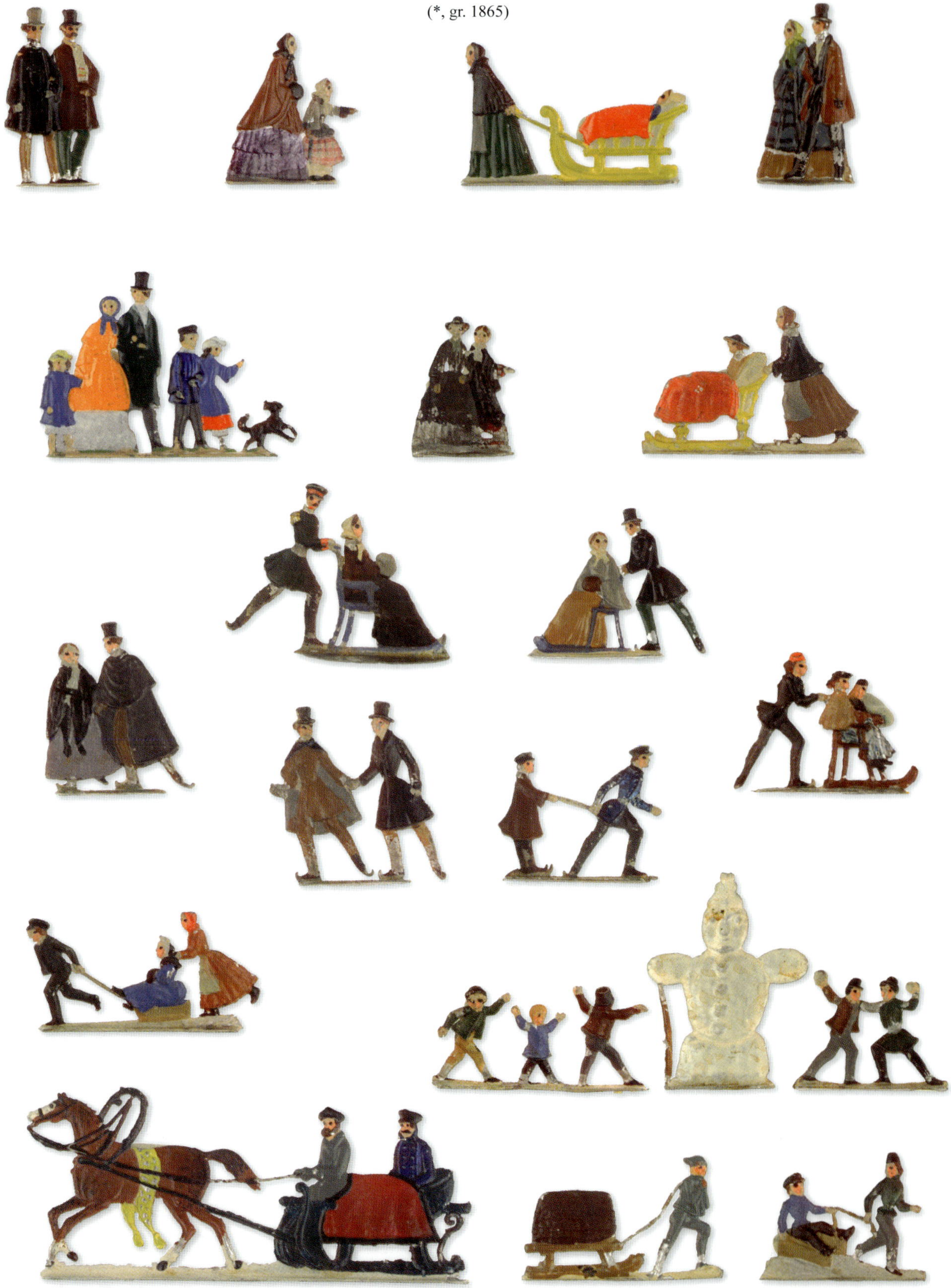

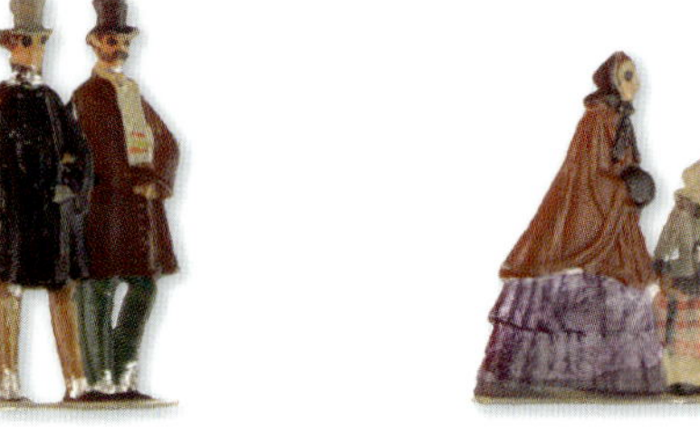

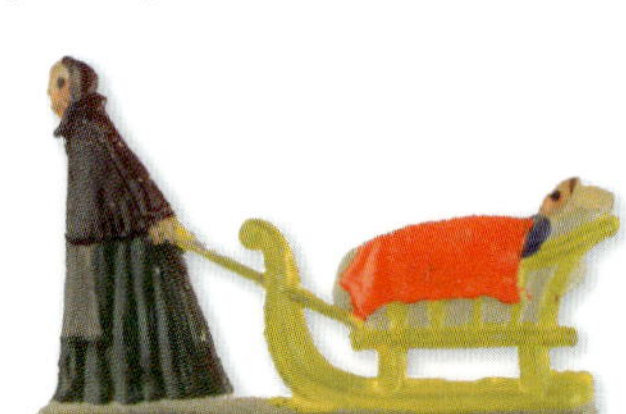

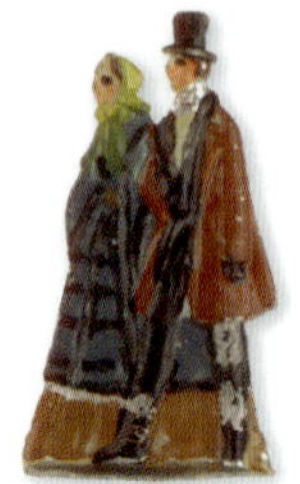

Schlittenfahrt

(*, gr. 1865)

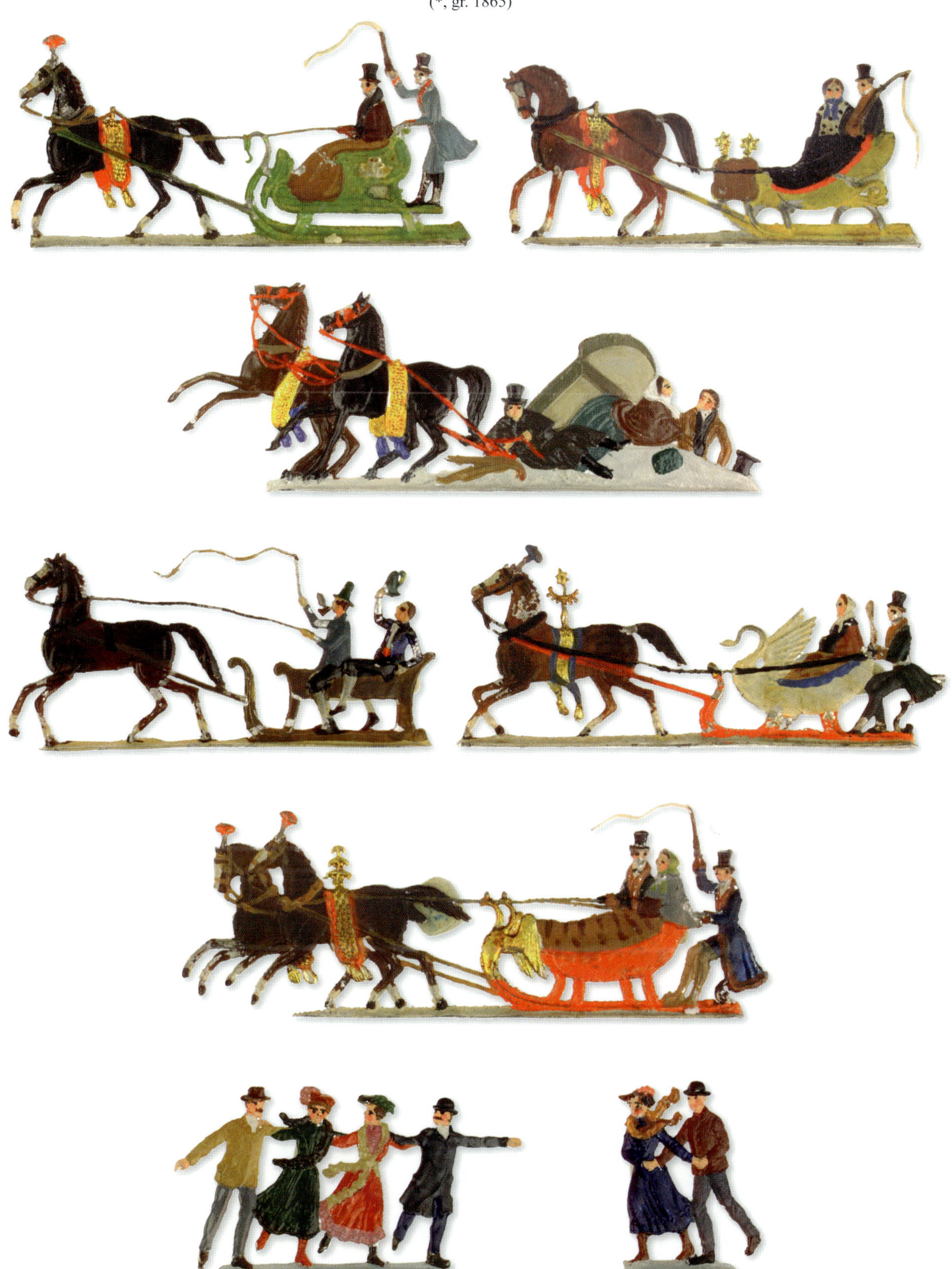

Aus Packung Wintersport 1907
(***, gr. 1907)

Butterwoche in St. Petersburg

(auch Maslanitza genannt = Ostermarkt, *, gr. 1873)

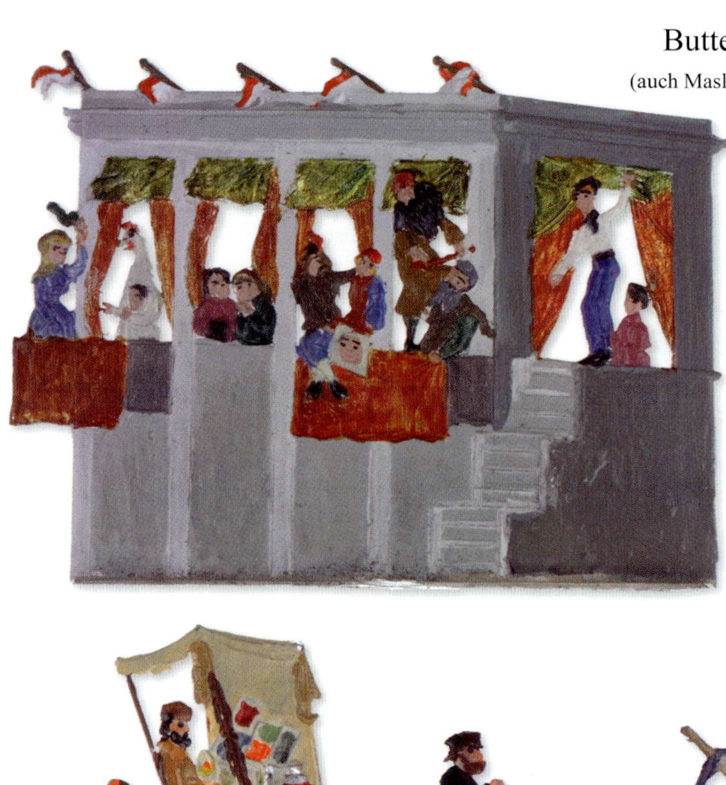
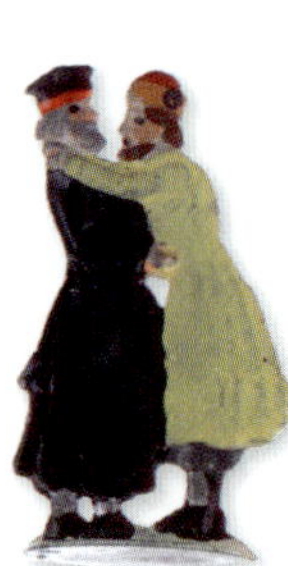
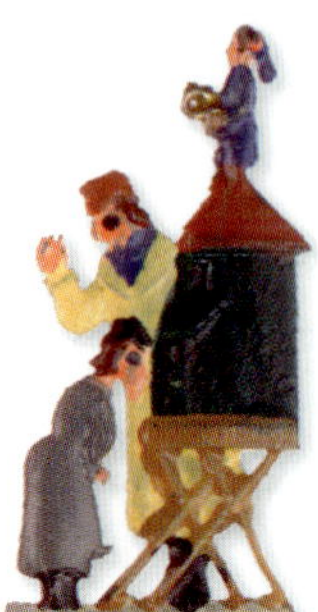
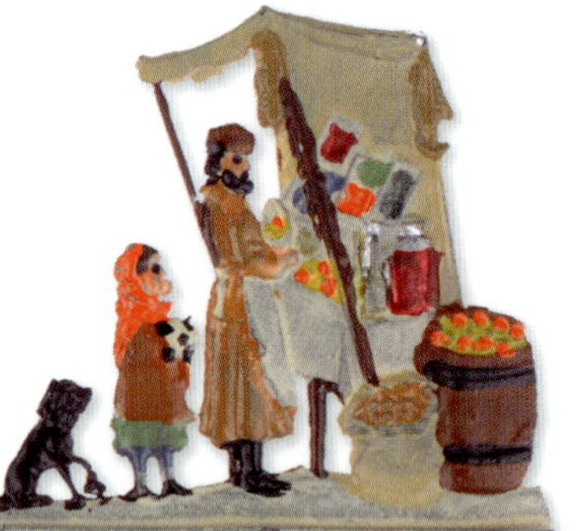
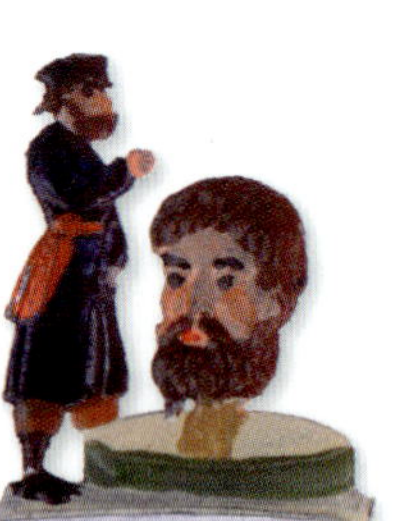
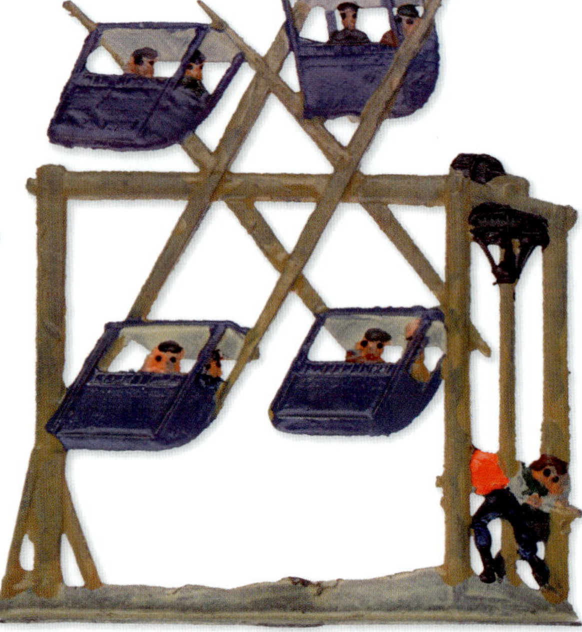
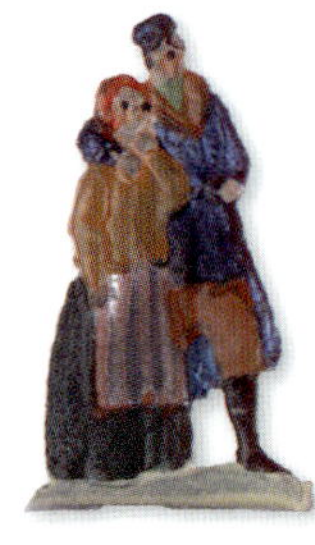
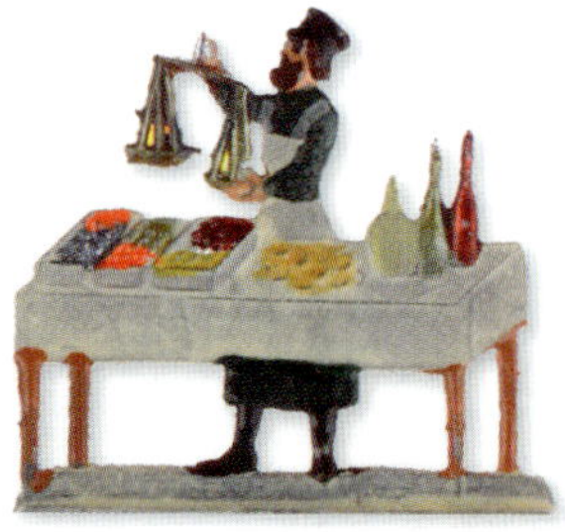
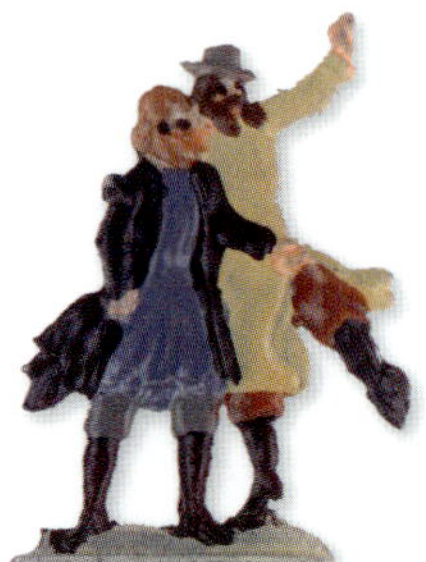
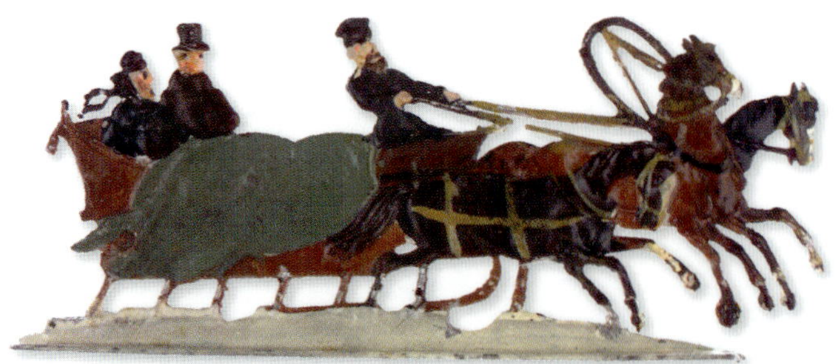

(auf gegenüberliegender Seite die Zeichnungsvorlage)

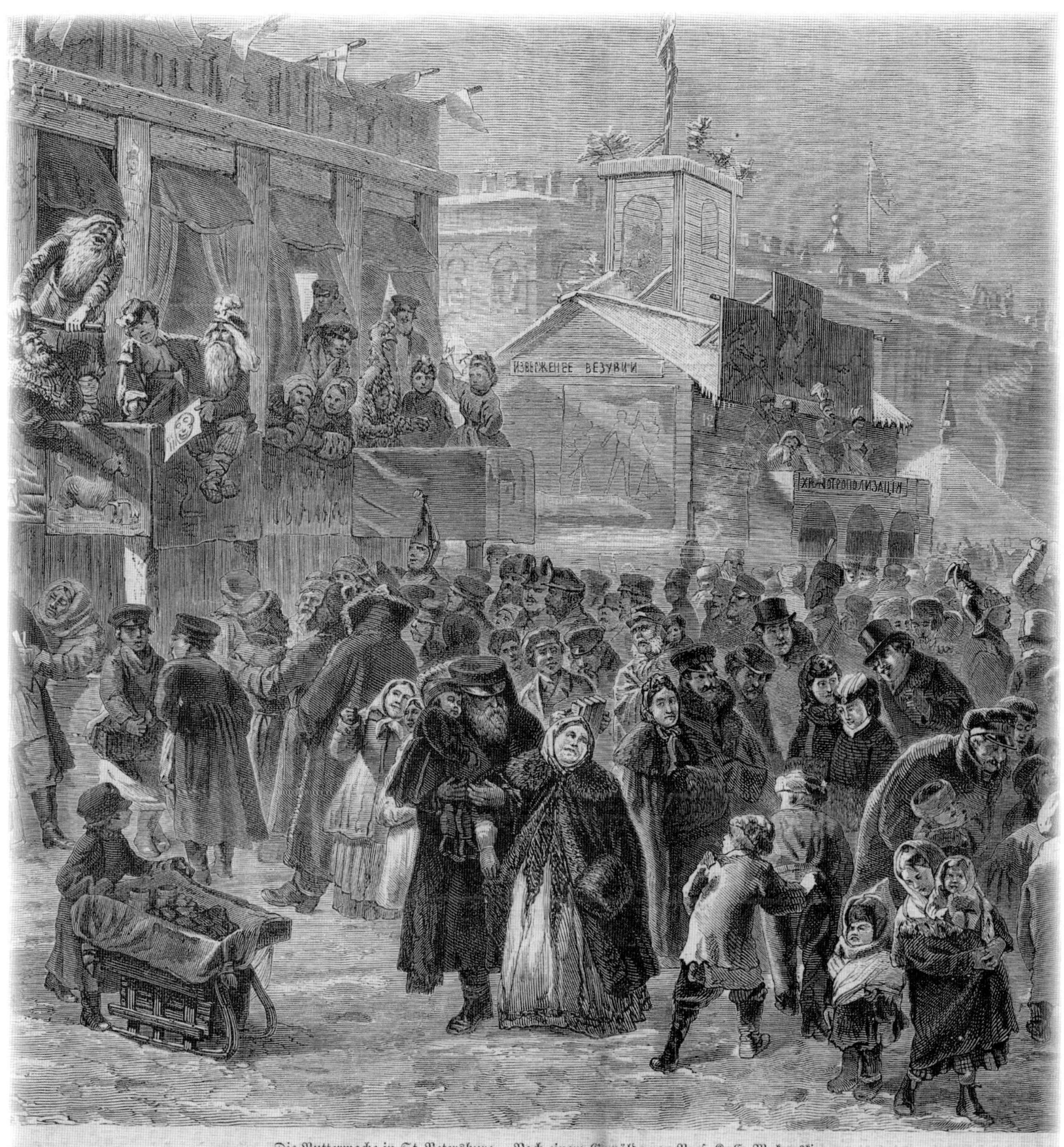

Die Butterwoche in St. Petersburg. Nach einem Gemälde von Prof. K. E. Makowski.

Butterwoche in St. Petersburg

(2.Teil,*, gr. 1873)

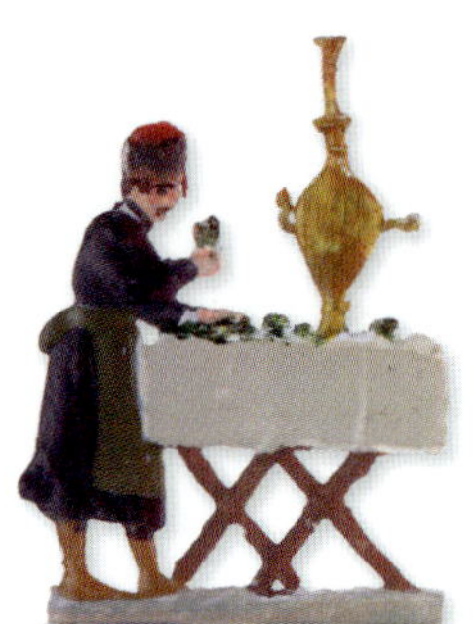
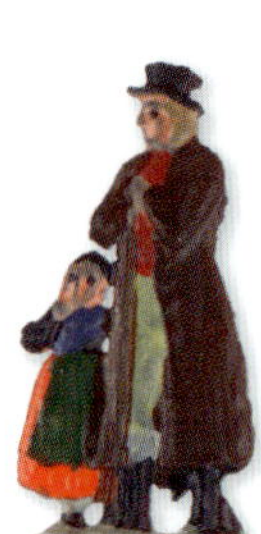
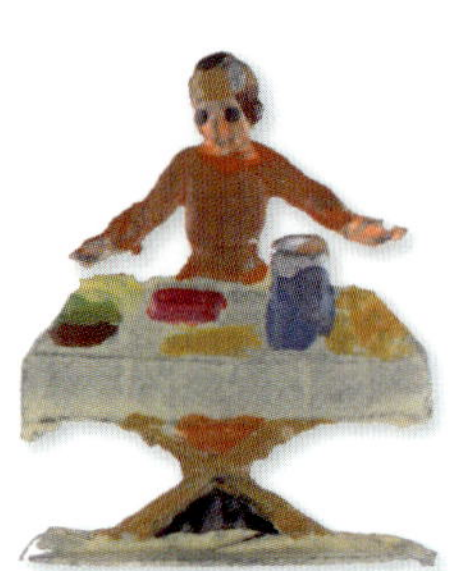
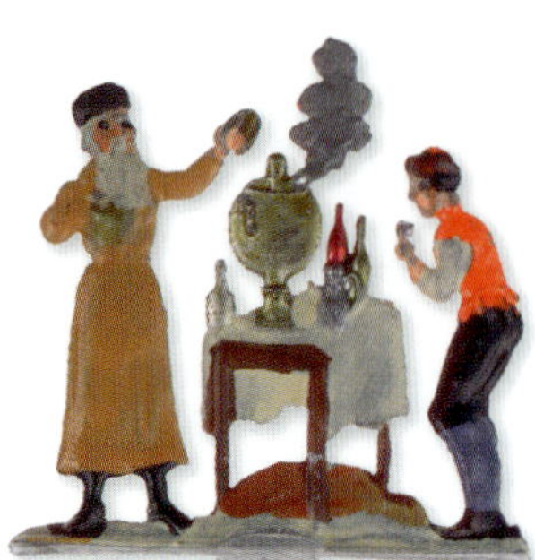
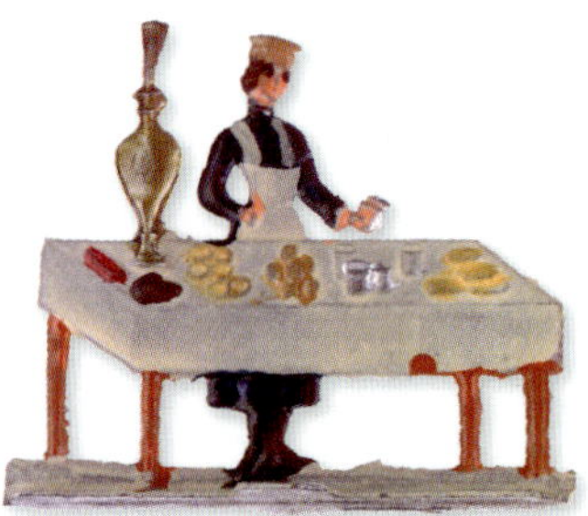
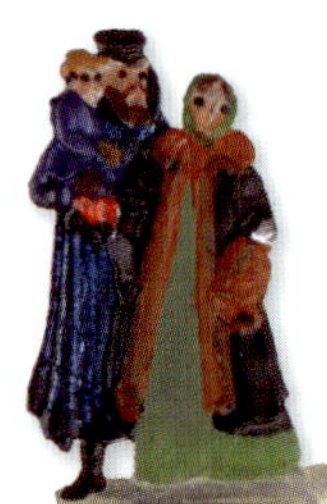
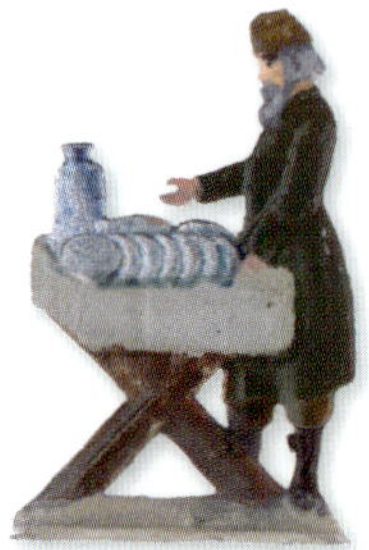
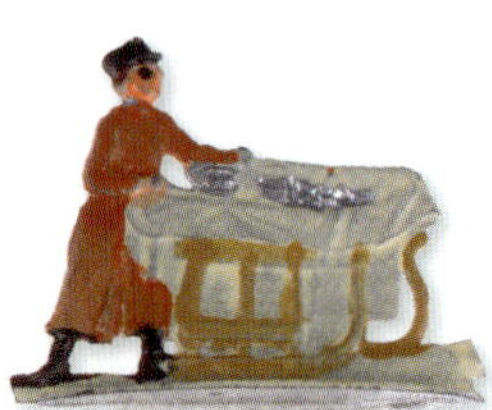

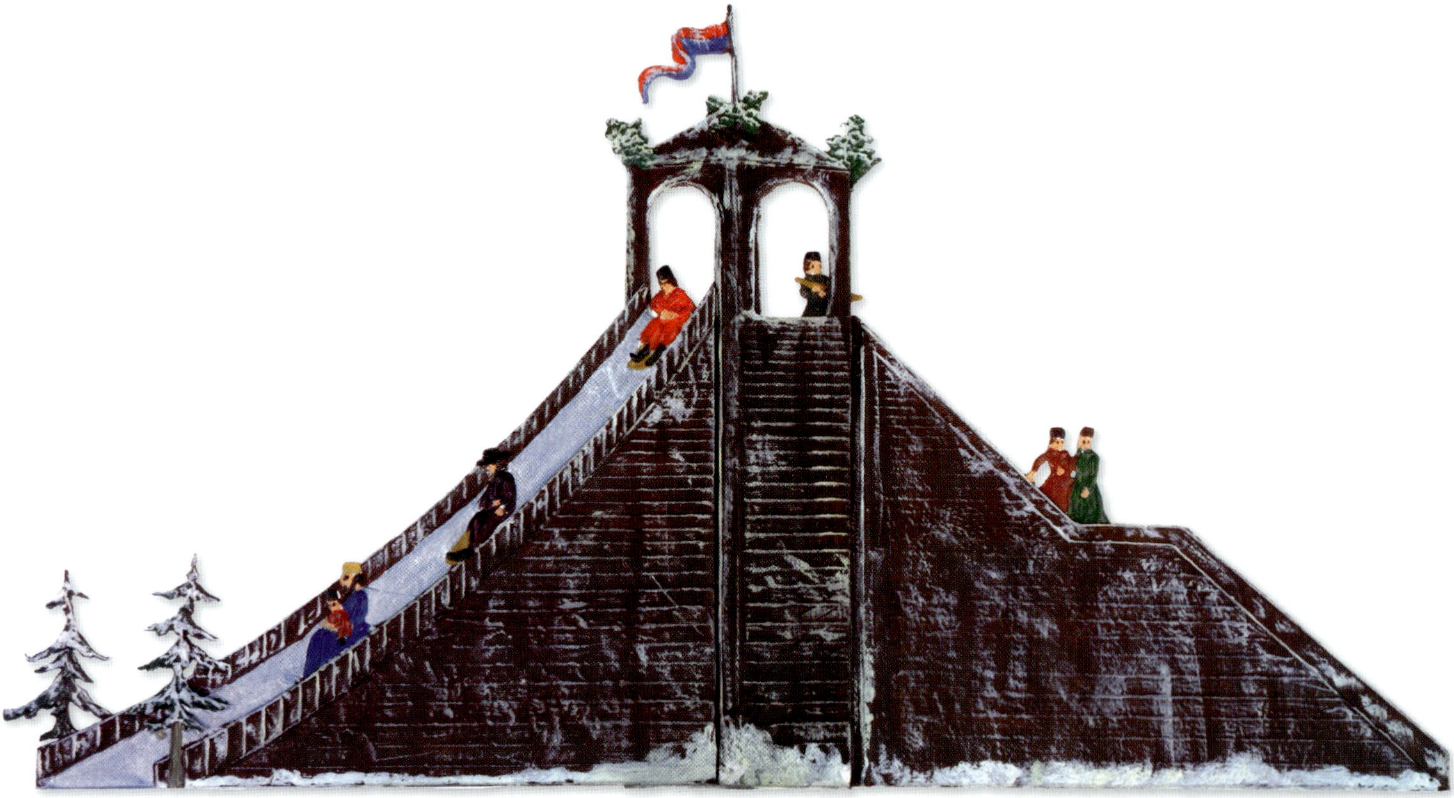

Russische Bärenjagd

(*, gr. 1905)

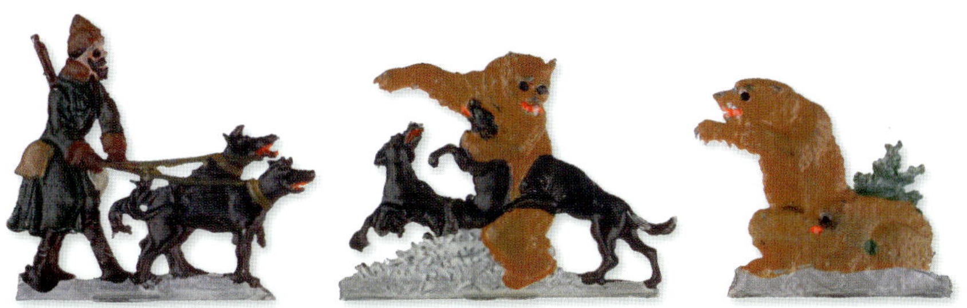

Russischer Bauernhof

(***, gr. 1907)

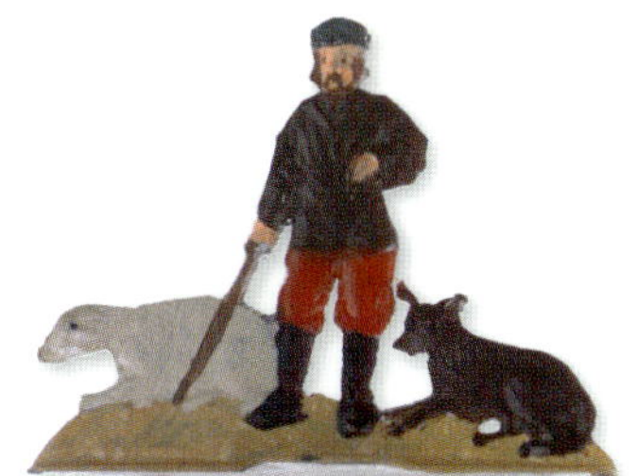

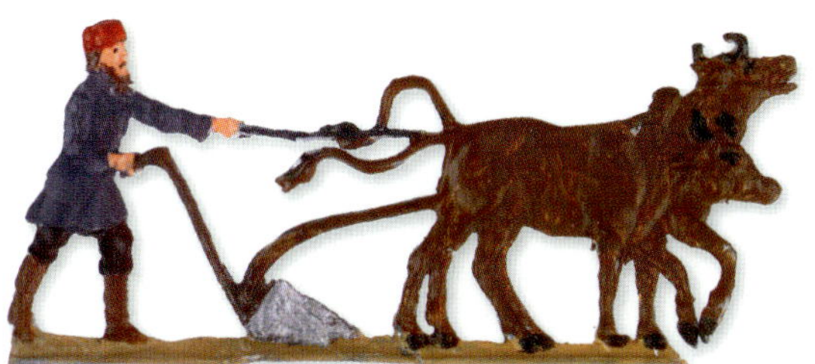

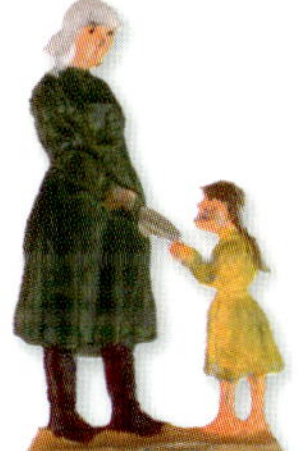

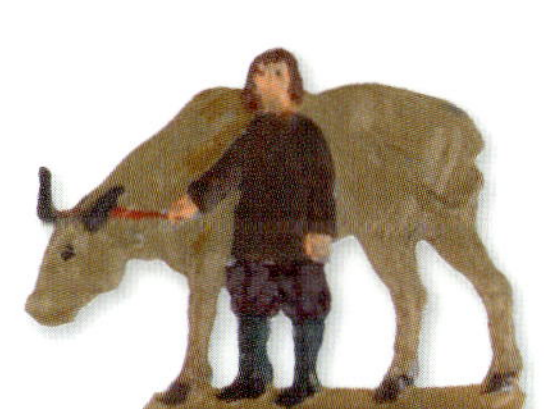

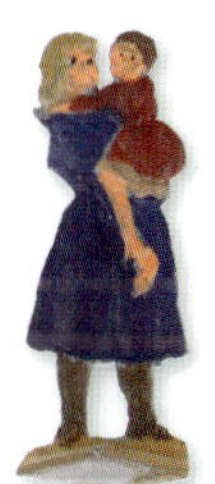

Eskimo-Leben

(*, gr. 1919)

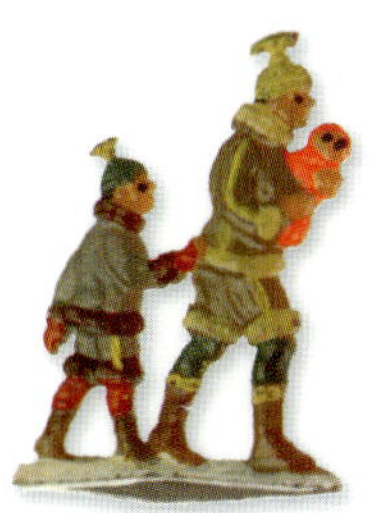

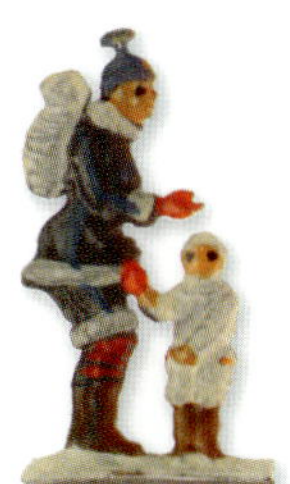

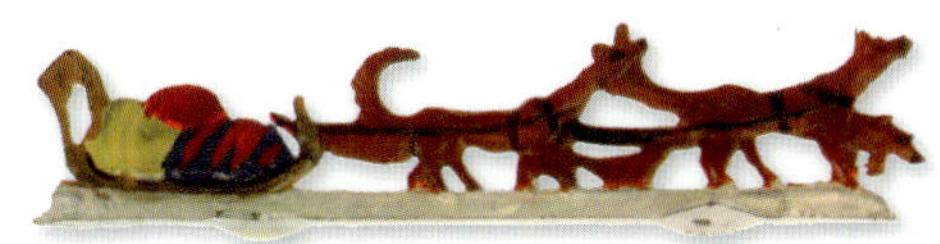

Zoologischer Garten

(**, gr. um 1863)

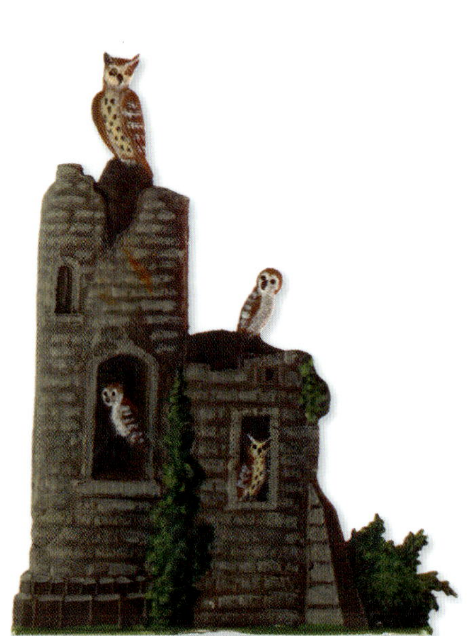

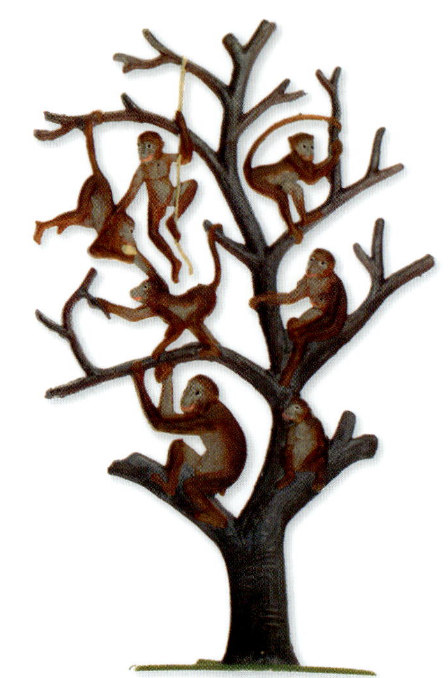

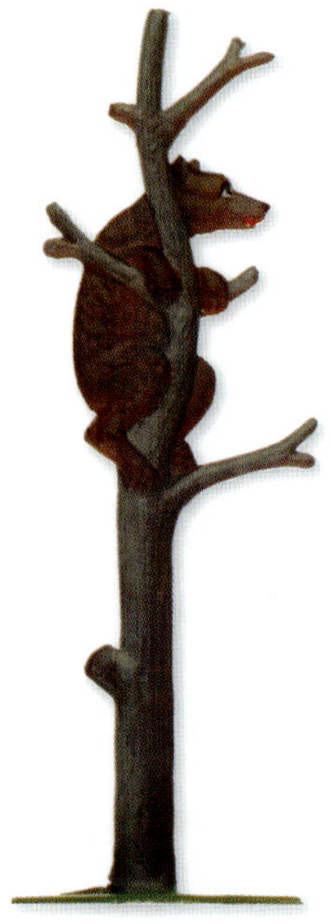

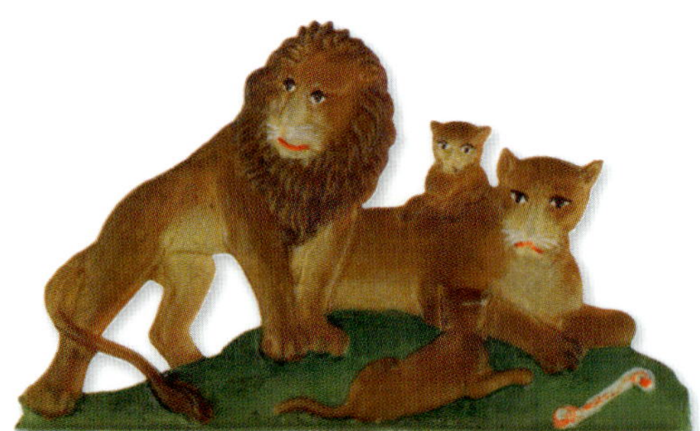

Verschiedene Darstellungen graviert ab 1902

(alle ***)

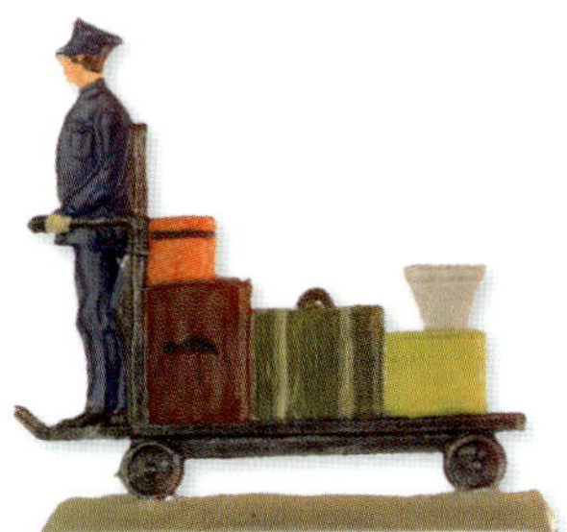

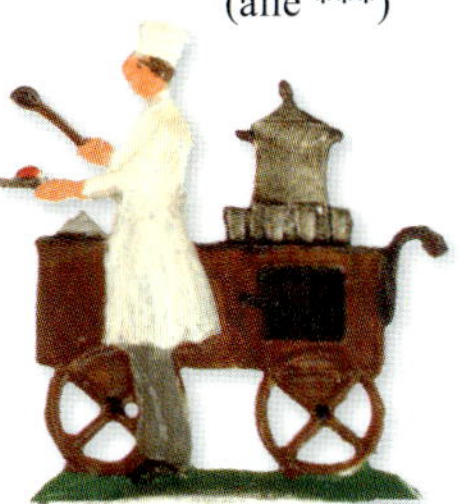

Gepäckfahrer und Wurstverkäufer aus Packung: Bahnhof

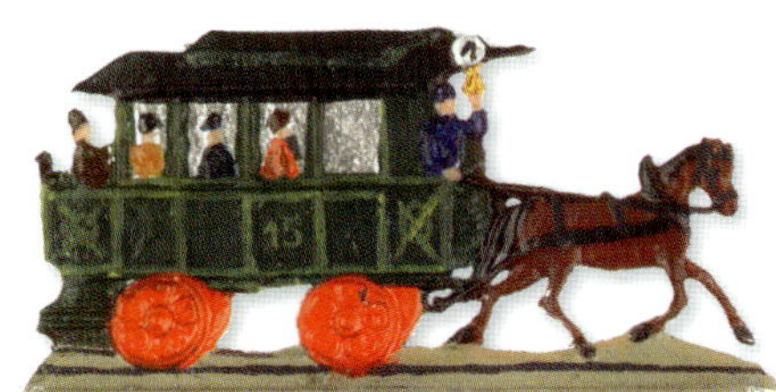

Pferdestraßenbahn

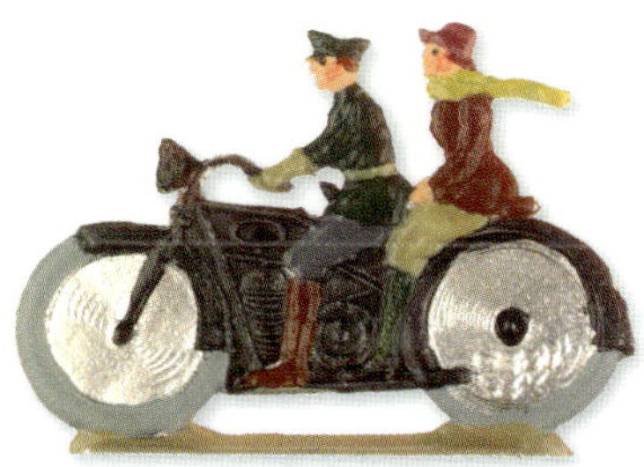

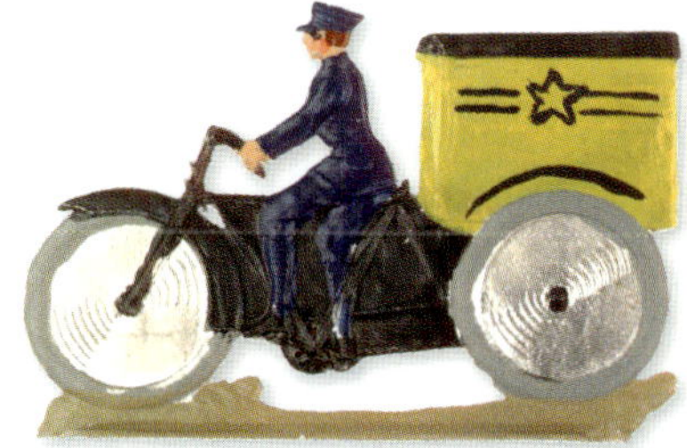

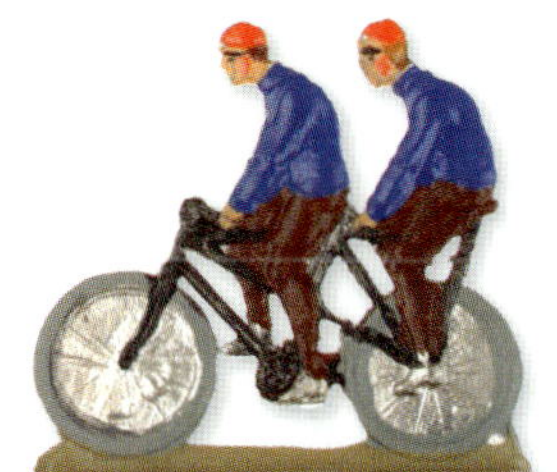

Gruppen aus der Packung: Stadtverkehr

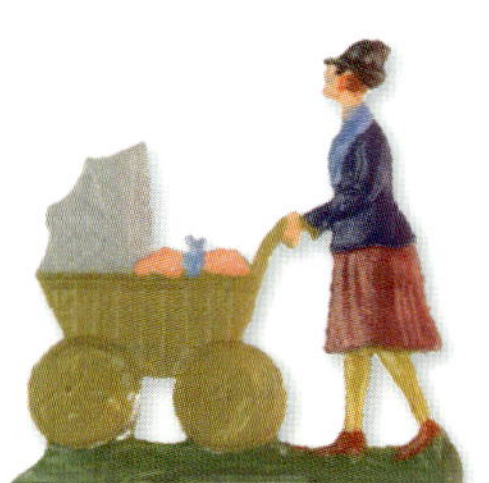

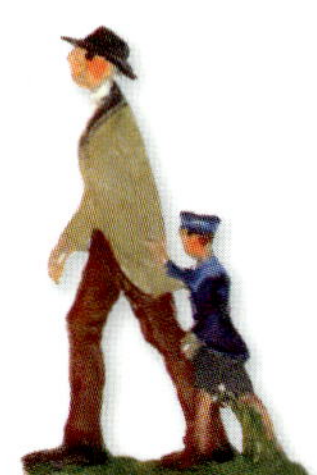

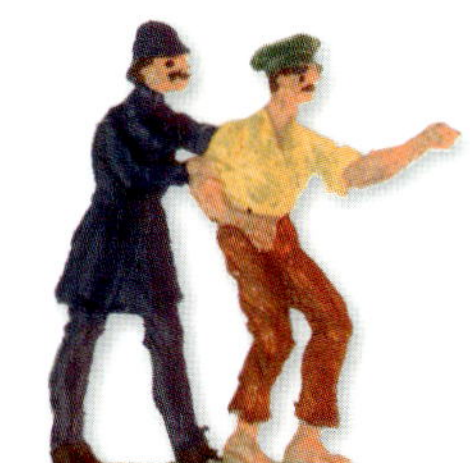

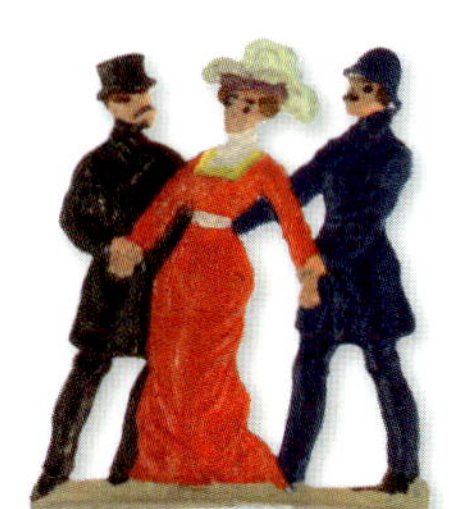

Verhaftungen

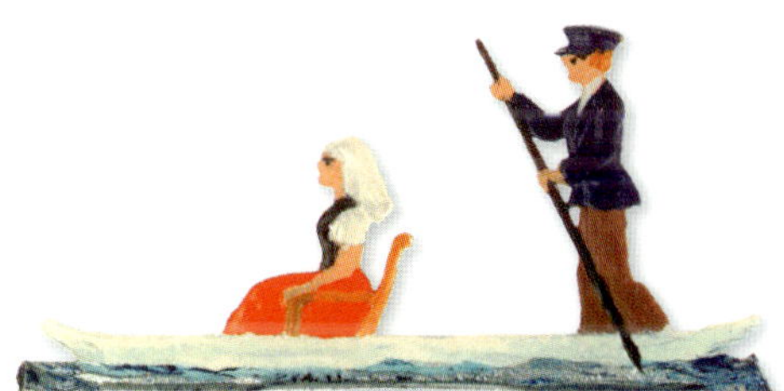

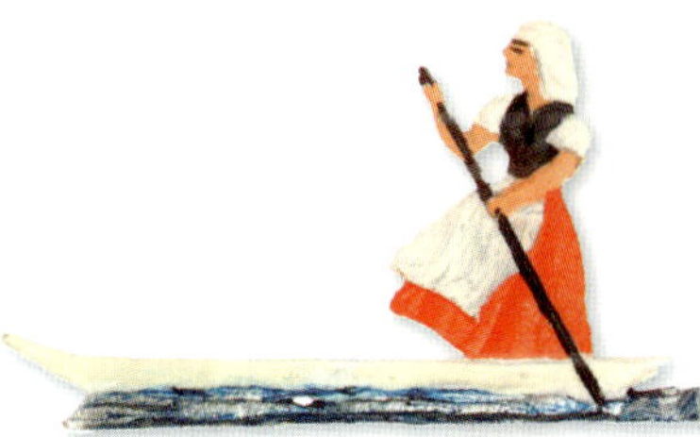

Spreewälderinnen auf Flussfahrt

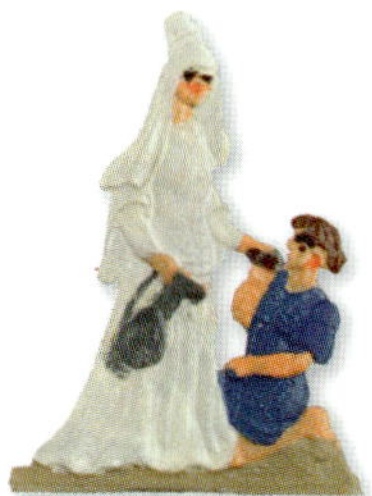

Heilige Elisabeth
verpflegt Bettler

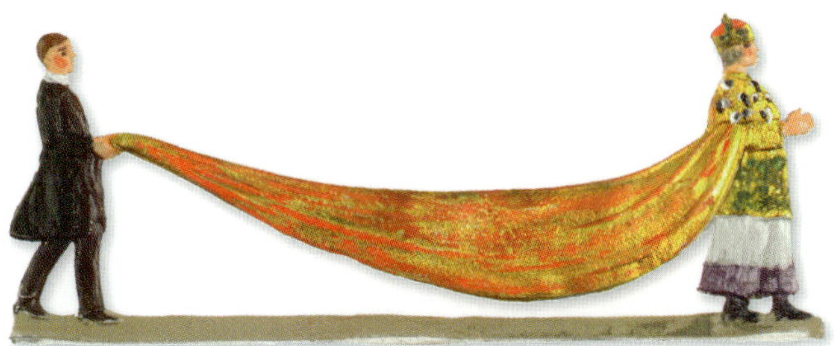

Kardinal mit Schleppenträger aus Packung:
Begräbnis Marschall Foch
(***, gr. 1929)

Erlanger Bergkirchweih

(***, gr. 1933)

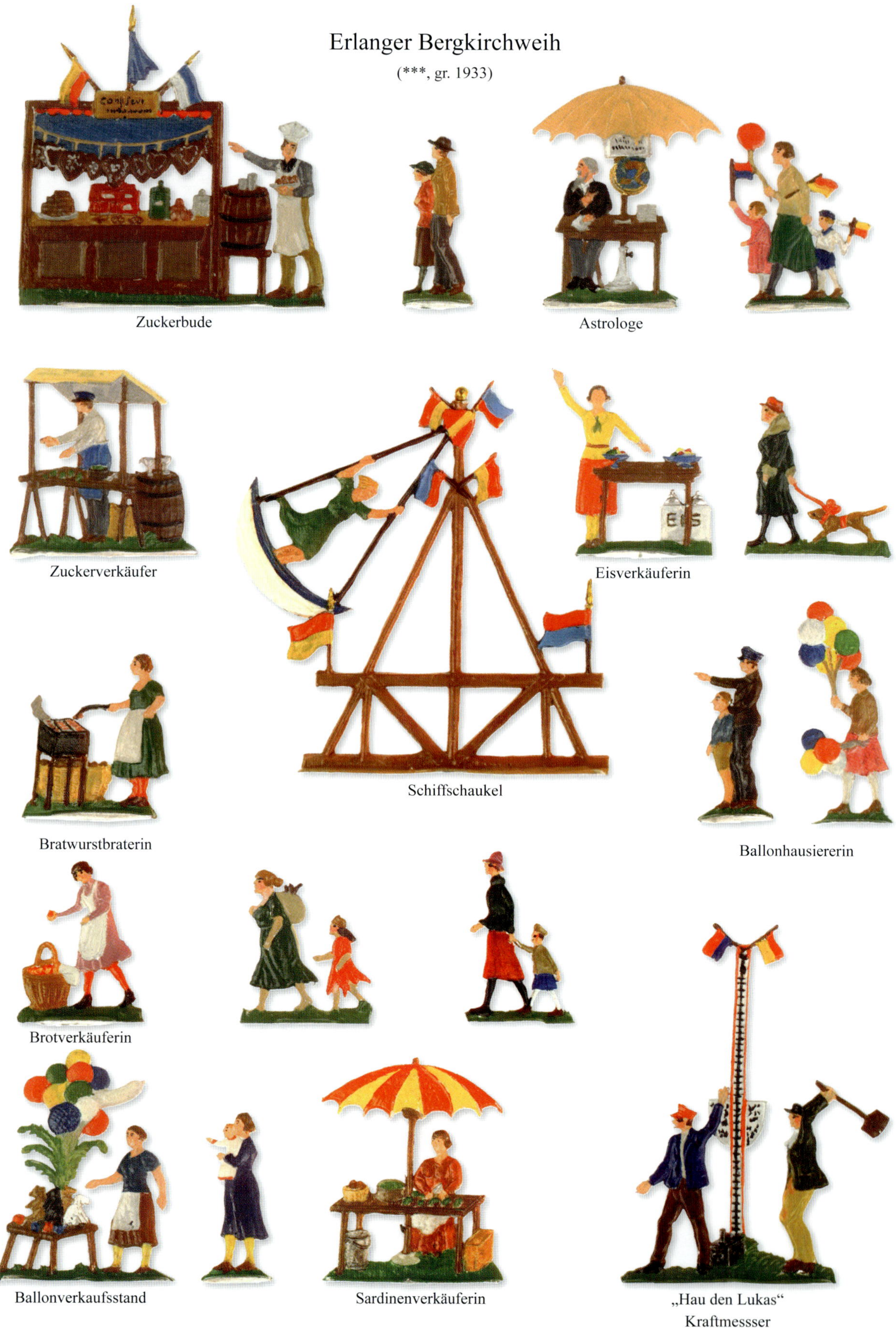

Zuckerbude

Astrologe

Zuckerverkäufer

Eisverkäuferin

Schiffschaukel

Bratwurstbraterin

Ballonhausiererin

Brotverkäuferin

Ballonverkaufsstand

Sardinenverkäuferin

„Hau den Lukas“
Kraftmessser

8. Kapitel

Kolonialzeit des 19. Jahrhunderts

Im 19. Jahrhundert fassten viele europäische Länder in Afrika und Asien Fuß und gründeten - meist mit militärischen Aktionen - ihre Kolonien. Zahlreiche Expeditionen, tief in den Urwald hinein, brachten Schilderungen über die Lebensgewohnheiten der dortigen Bevölkerung nach Europa.

Zeitungsberichte, vor allem aus England, lieferten Wilhelm Heinrichsen genügend Anregungen für seine Serien zu dieser Zeit. Die Gravuren stützen sich auf Bildmaterial aus „The Illustrated London News“ oder „The Graphic“ und wurden zeitnah umgesetzt, wie die Gravurdaten zu Mahdi-Aufstand, Expedition Wissmann gegen Buschiri, Feldzug nach Afghanistan und dem Kaffernkrieg zeigen.

Besonders lebendige Gruppen spiegeln das Leben der Bevölkerung in den außereuropäischen Ländern wider, hier seien die Serien Negerdorf, Araber-Karawane oder das Leben im Wilden Westen mit dem Indianer-Lager genannt. In den Gruppen der Löwen- und Tigerjagd (im Original-Formenbuch als „Afrikanische Jagd“ bezeichnet) wurde den Kindern die Gefährlichkeit solcher Unternehmungen eindrücklich nahegebracht. Ähnlich spektakuläre Figuren sind auch im Sortiment anderer Offizinen wie Allgeyer, Ammon oder Ramm anzutreffen.

Die meisten dieser Gruppen zur Kolonialzeit wurden - mit Ausnahme einiger Indianer - bereits vor 1900 graviert. Ein großer Teil dieser Entwürfe stammt aus der Hand von Lithograph Gräter. Die originellen Darstellungen nach dem Karl-May-Buch „Der Schatz im Silbersee“ entstanden zwischen 1906 und 1907. In den Jahren 1926 und 1927 wurde das Araberlager und eine neuere Version der arabischen Karawane durch die Wüste graviert.

Aus Packung: Engländerschlacht gegen Chinesen

(Zeit 1. Opiumkrieg 1840-42)

(*, gr. 1850)

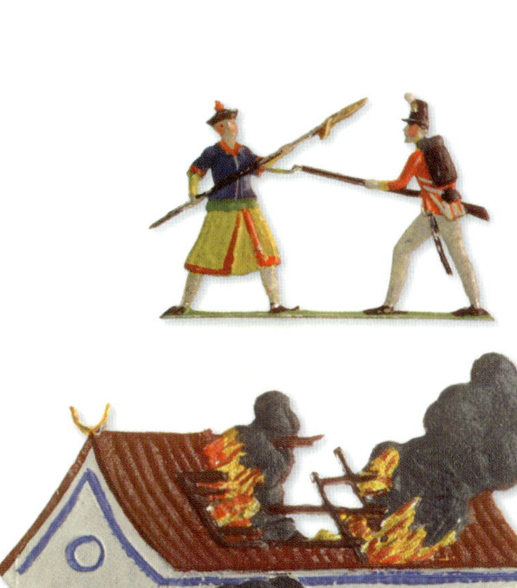

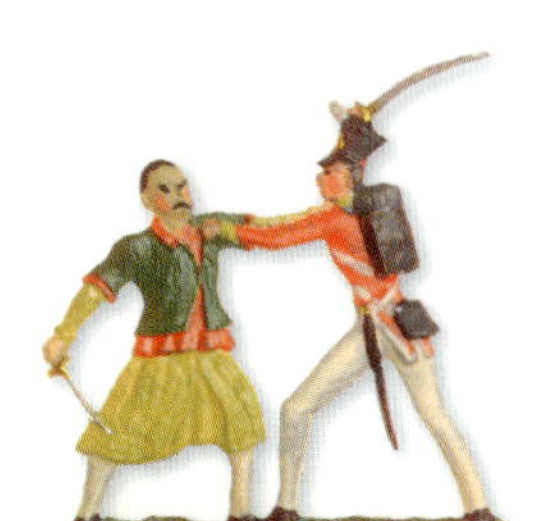

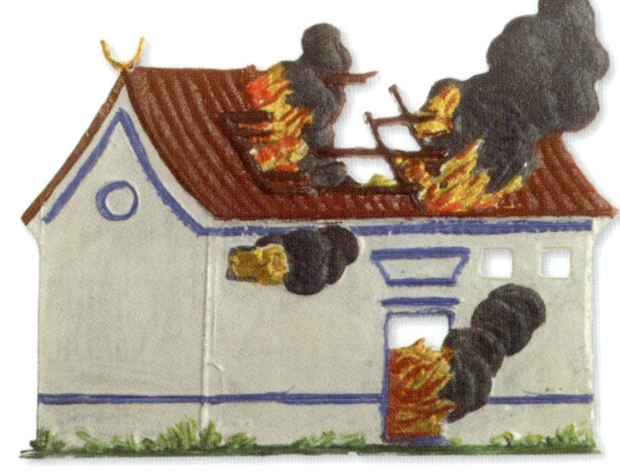

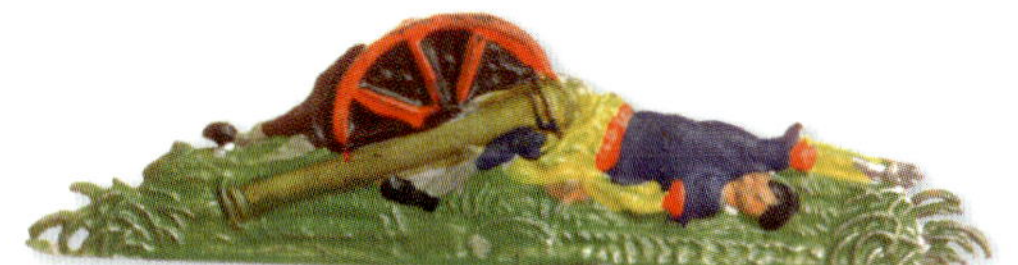

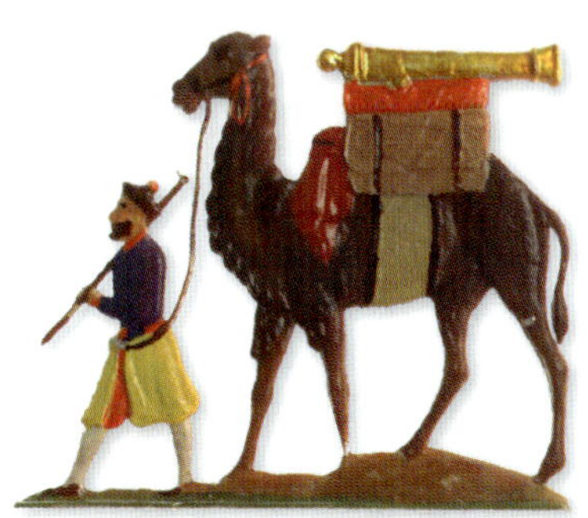

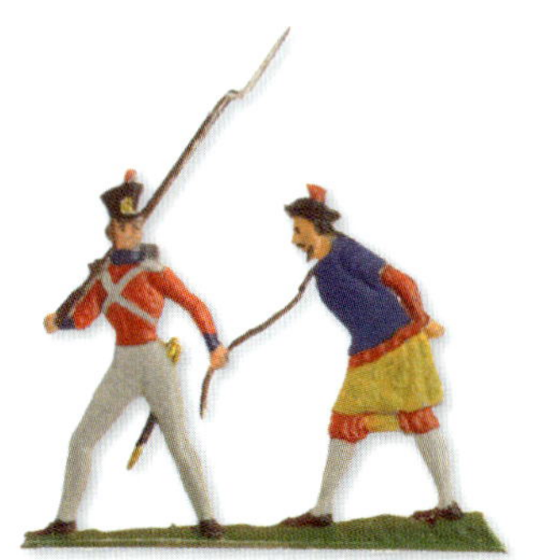

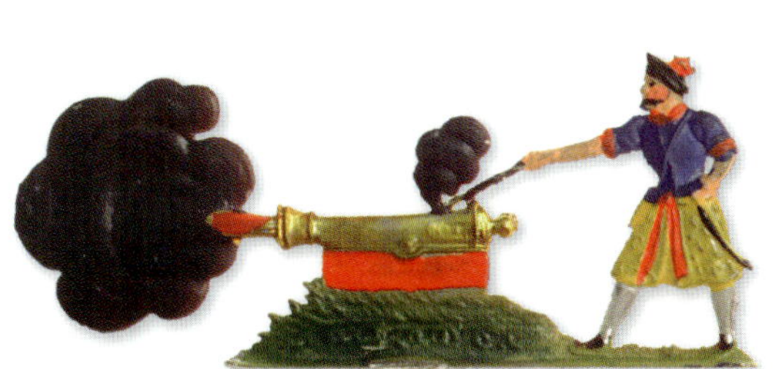

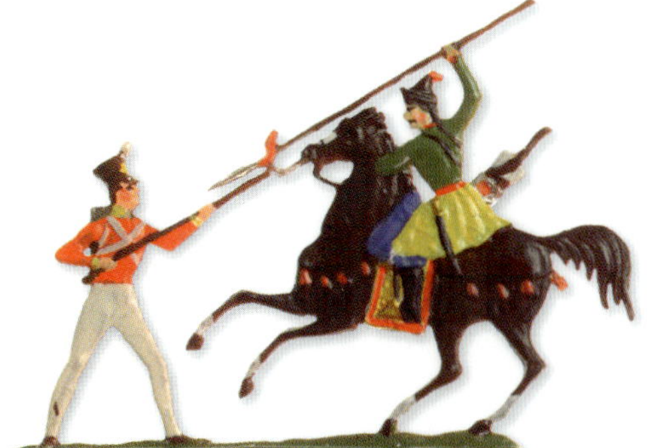

Zeichnungen von Manfred Heideloff 1842-1847.

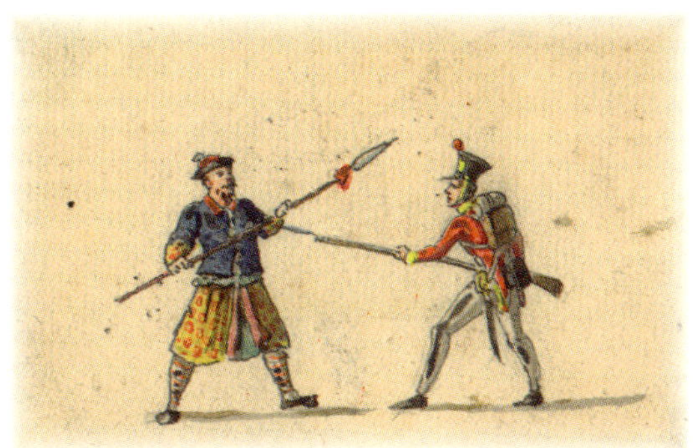

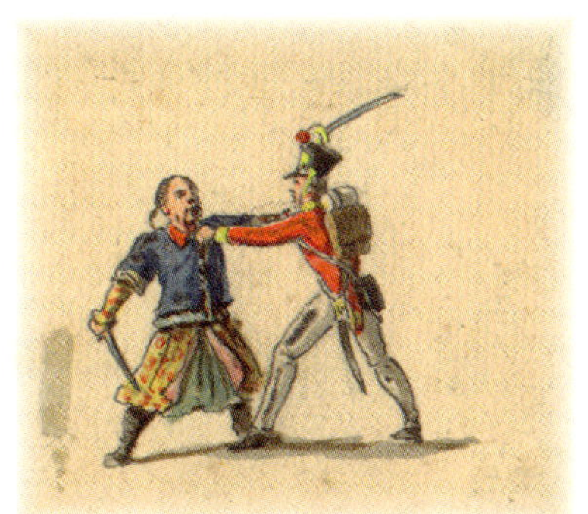

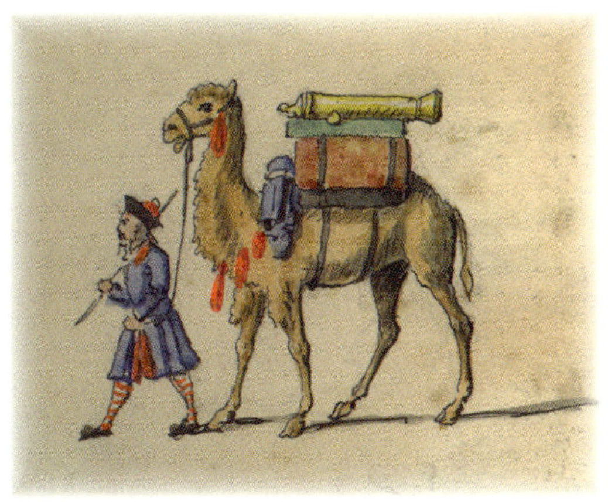

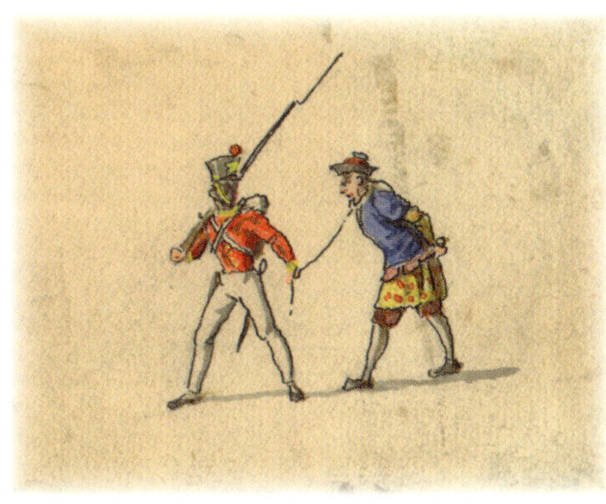

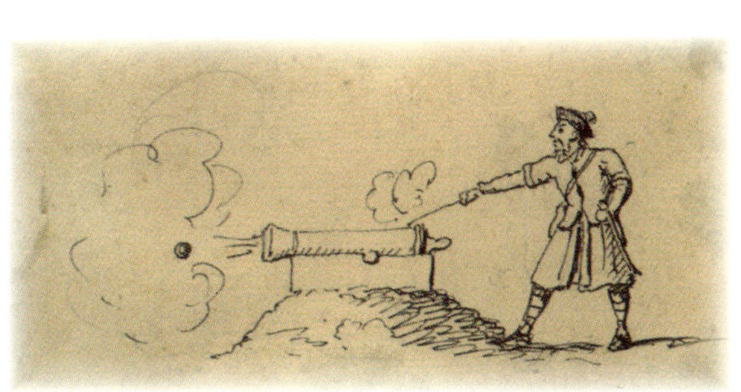

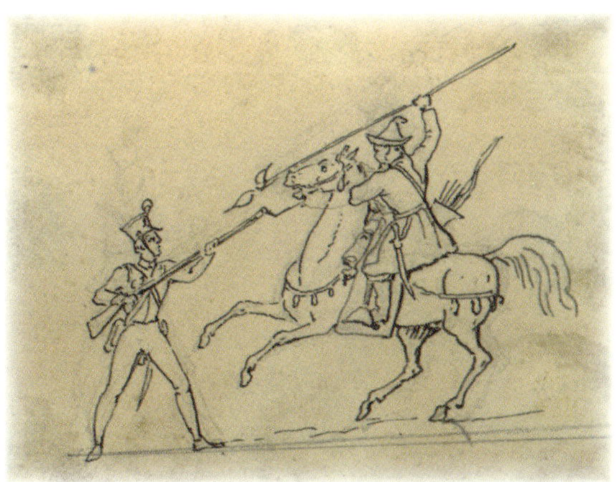

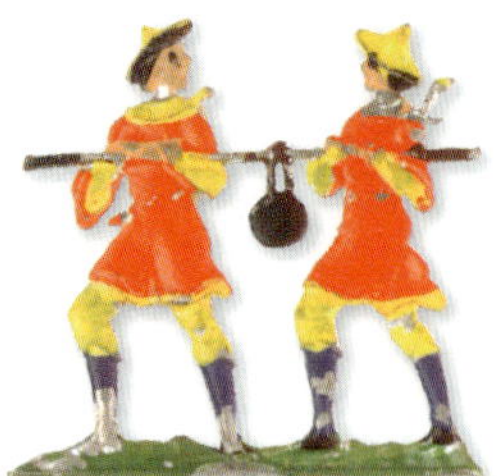

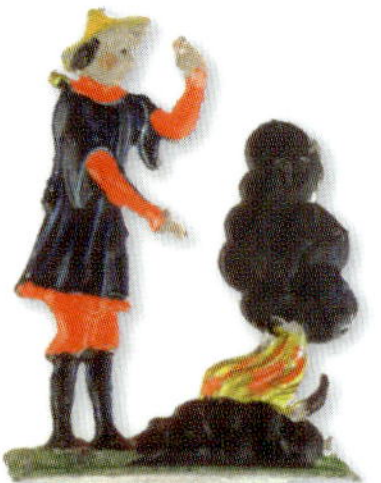

Annamitische Artillerie-Gruppen
(*, gr. 1883)

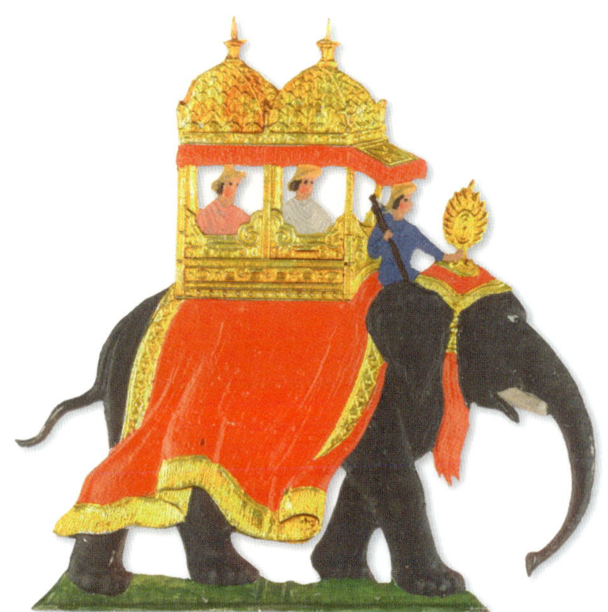

Annamitischer Fürst auf Prunkelefant (***, gr. 1883)

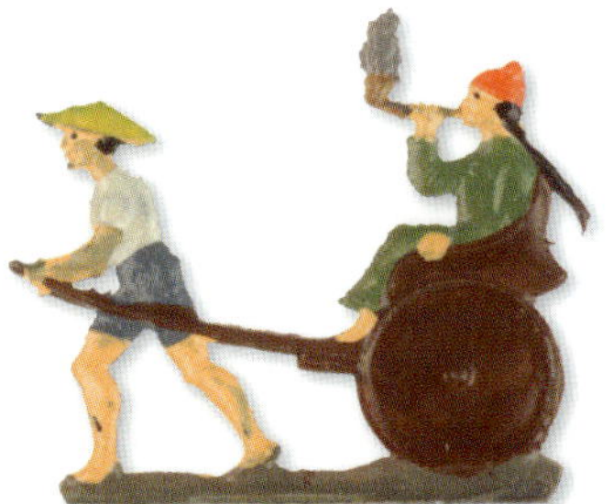

Rikscha
(*.gr. 1926)

Aus Packung: Chinesen-Volk
(*.gr. 1905)

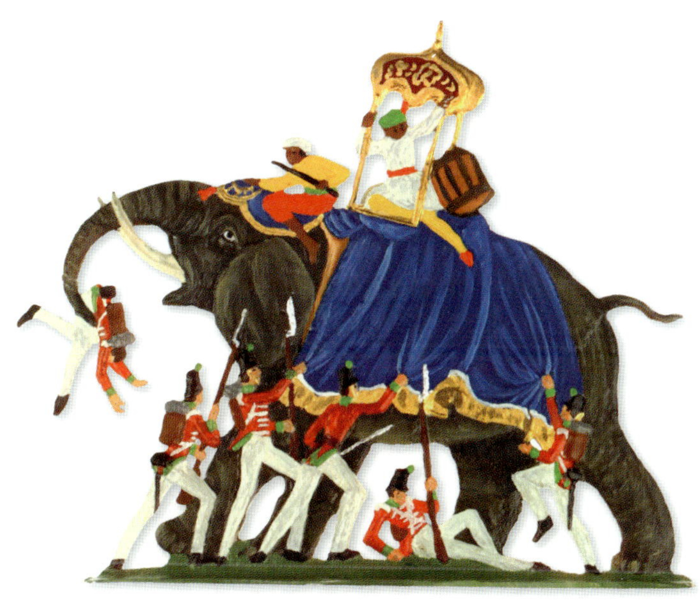

Indischer Aufstand 1857-60: Englische Infanteristen reißen indischen Fürsten samt Decke von Elefanten herunter (***, gr. ca. 1860)

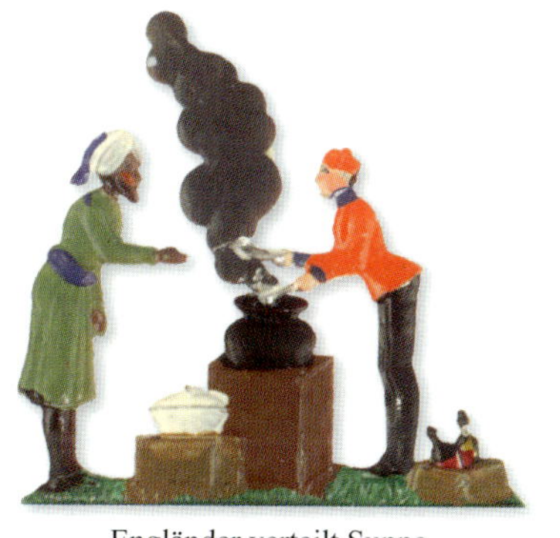

Engländer verteilt Suppe an Inder

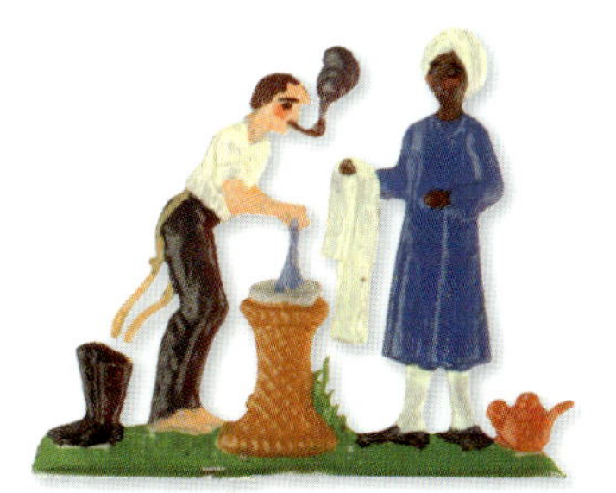

Engländer beim Waschen

Gruppen aus dem indo-britischen Lager

(*, gr. 1880)

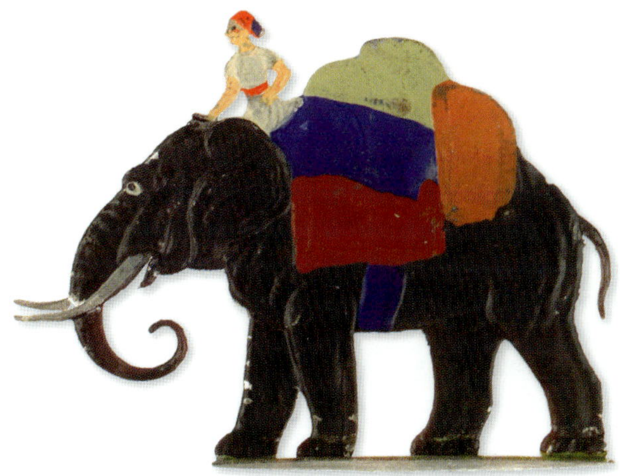

Last-Elefant

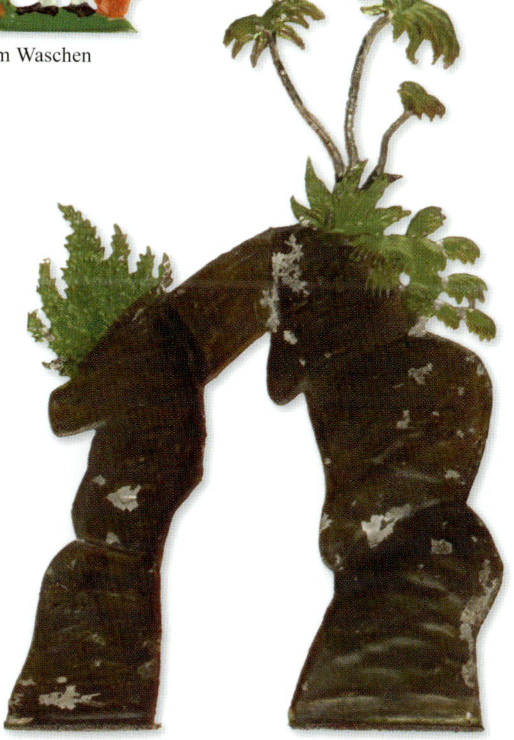

Felsentor

Indische Postkutsche

(aus dem Afghanistan-Krieg)

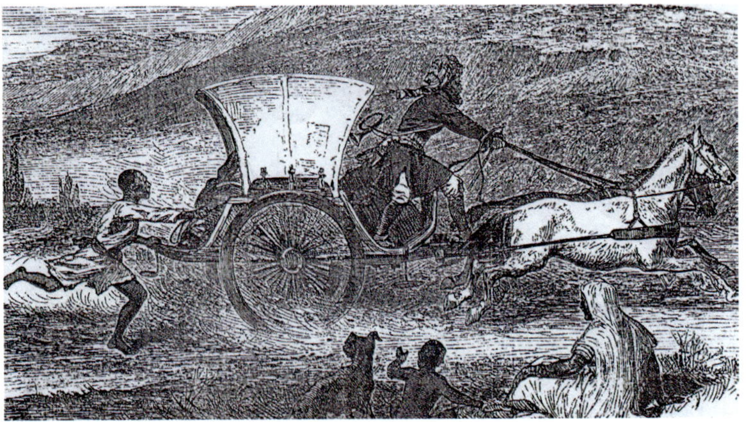

Die Zeichnungsvorlage aus „Illustrated London News“

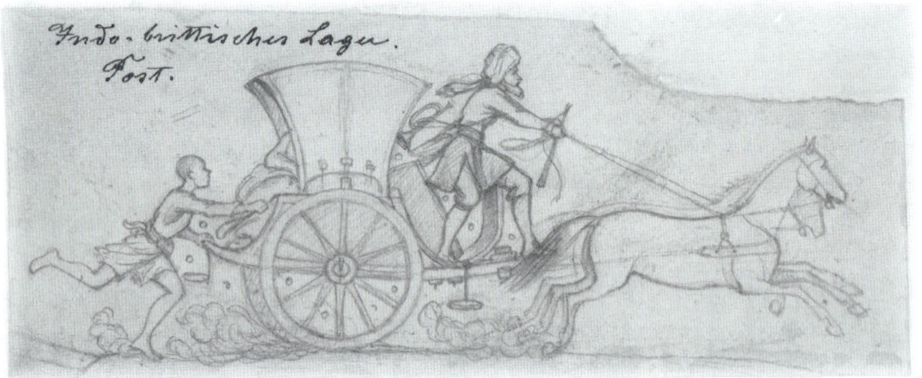

Die Gravurzeichnung

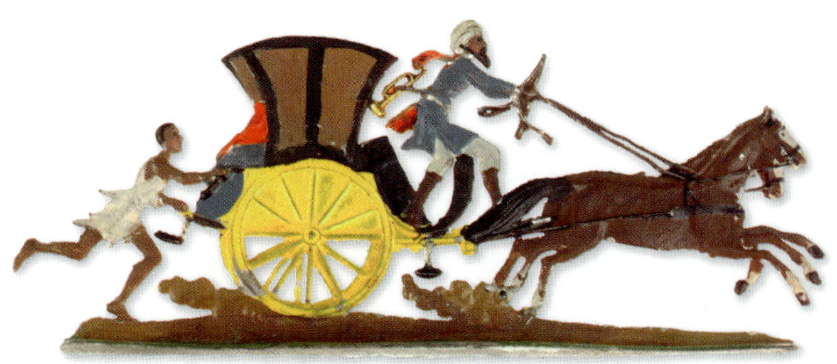

Das fertige Produkt in Zinn (*, gr. 1880)

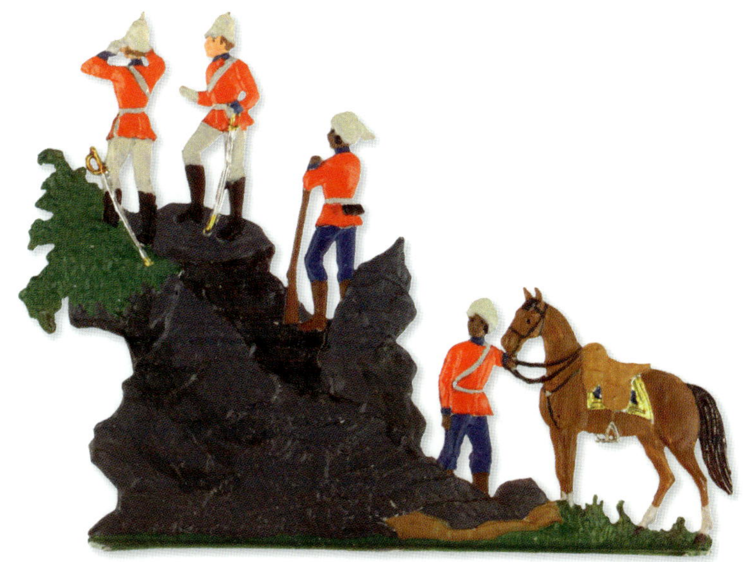

Afghanistan-Krieg 1878-80: Englischer Stab auf Rekognoszierung
(***, gr. 1878)

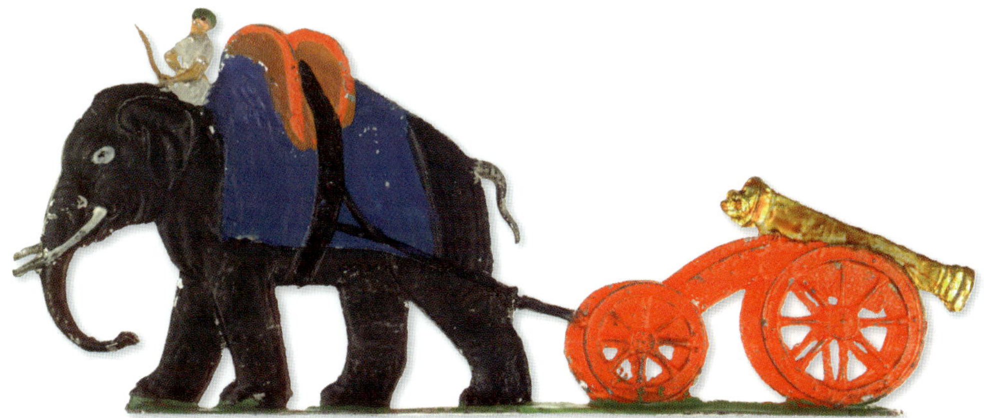

Indobritischer Kanonentransport mit Elefanten (*, gr. um 1860)

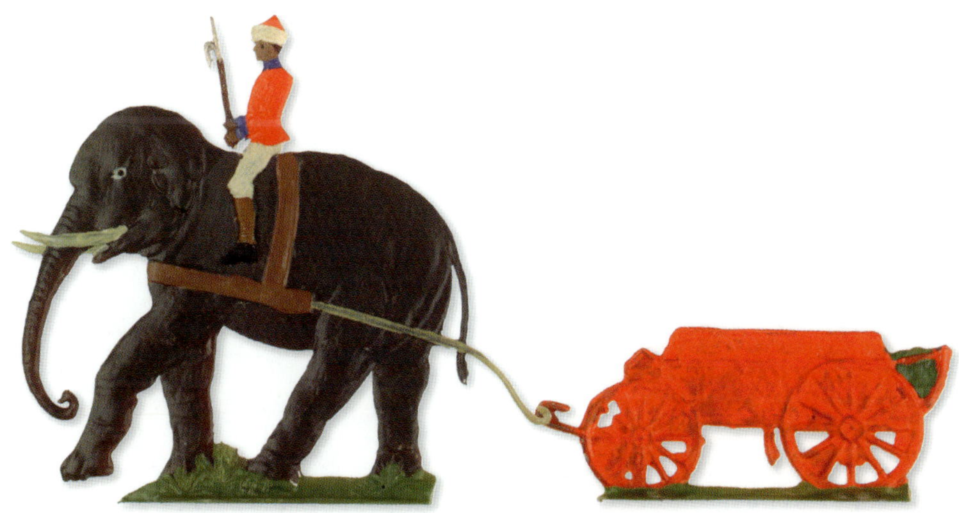

Indobritischer Elefant mit Munitionswagen (***)

Indische Tigerjagd

(*, gr. ca. 1860)

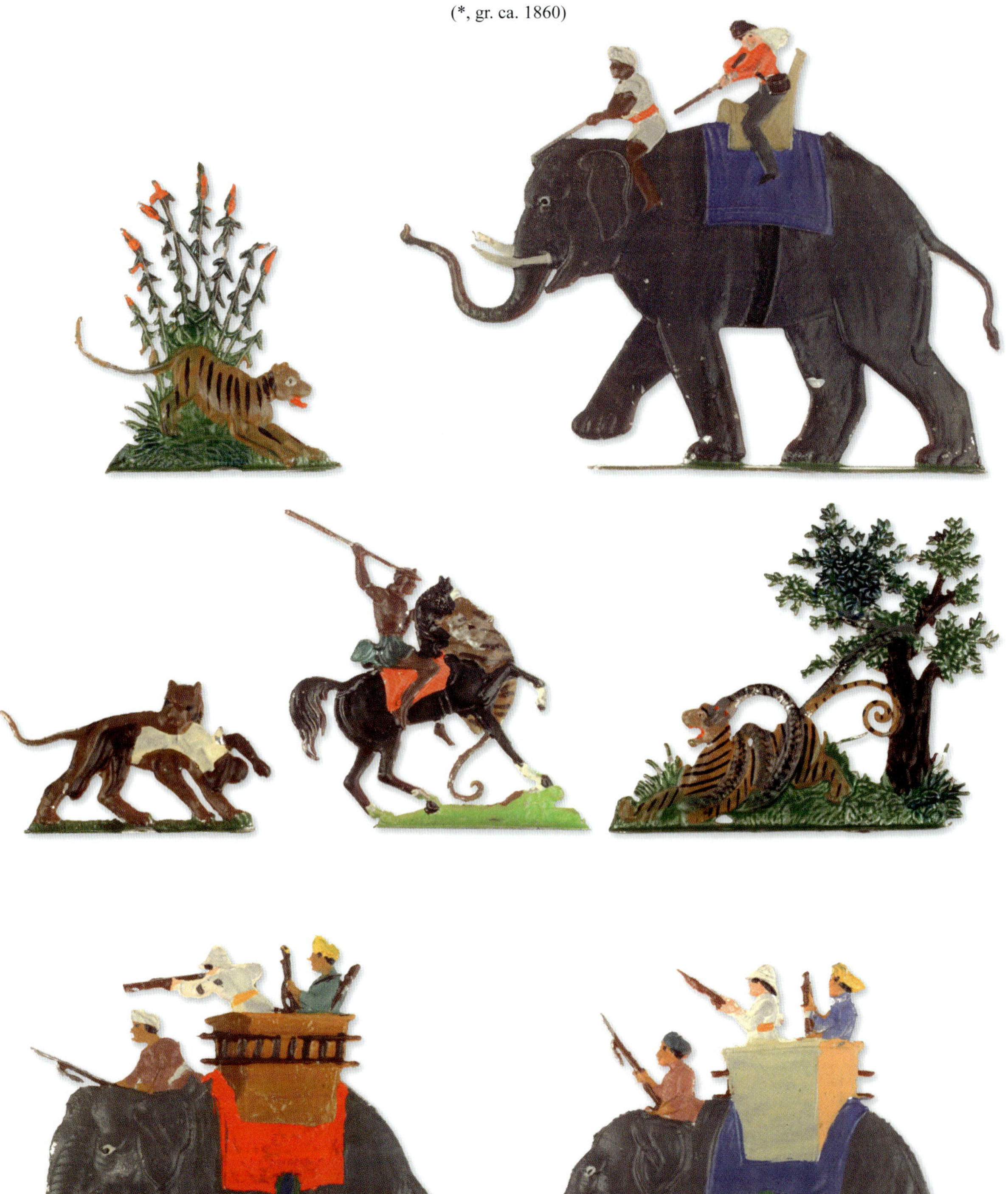

Zwei spätere Gravuren von Jagdelefanten
(*, gr. 1930)

Arabische Löwenjagd

(*, gr. um 1865)

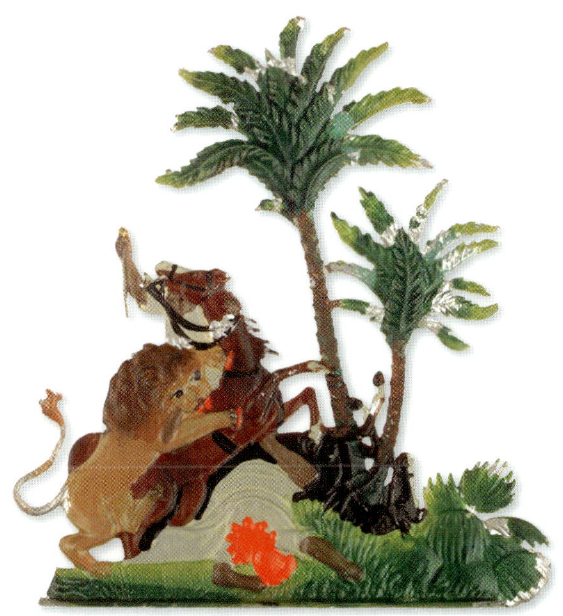

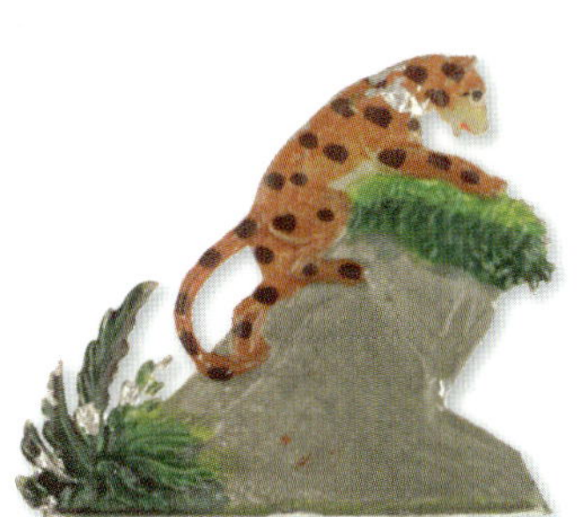

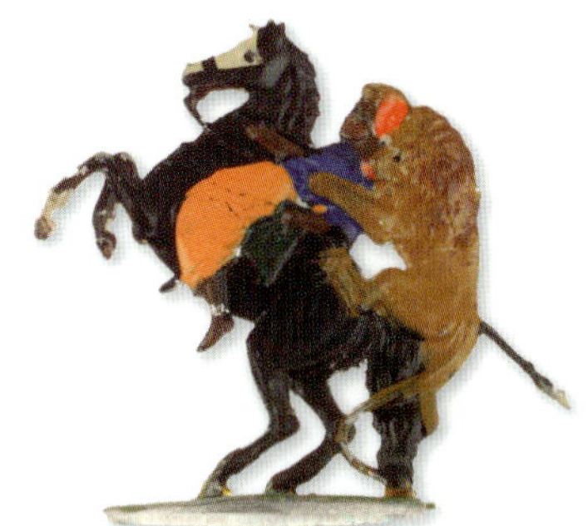

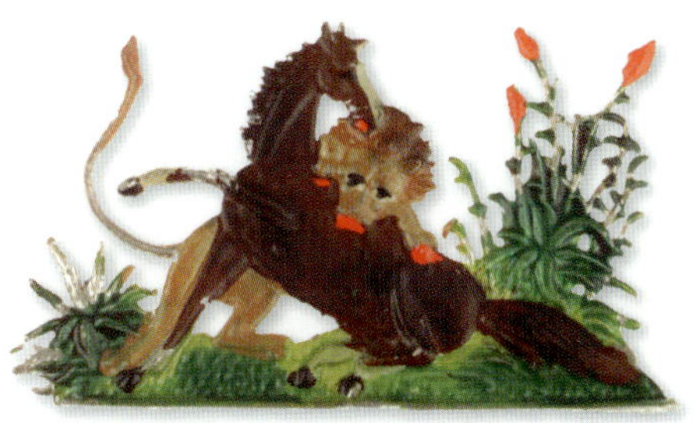

Eroberung von Algerien durch die Franzosen

Schlacht von Jsly 1844

(alle gr. 1858)

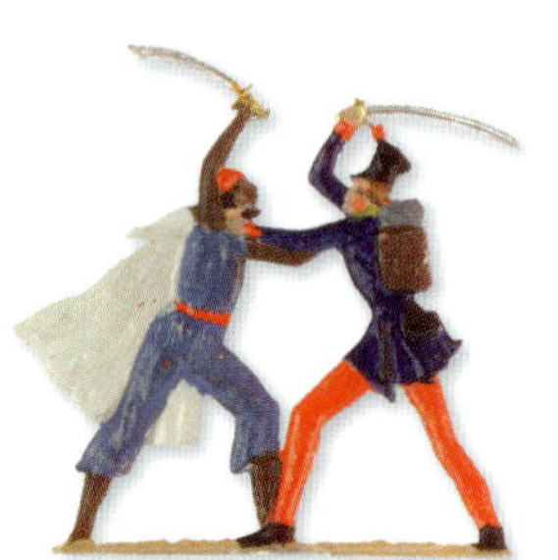

Säbelkampf (***)

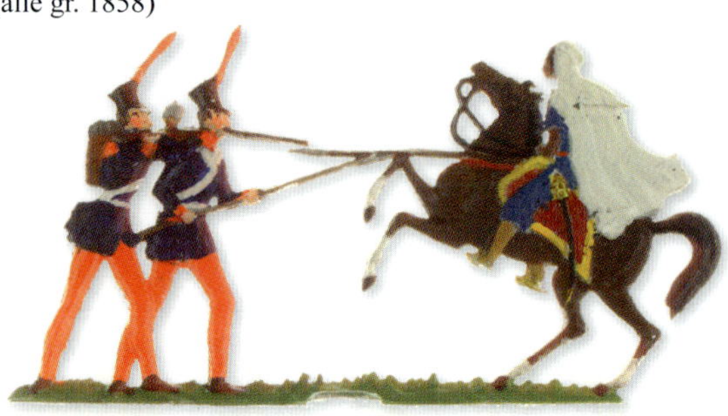

Französische Infanterie gegen arabischen Wüstenreiter (***)

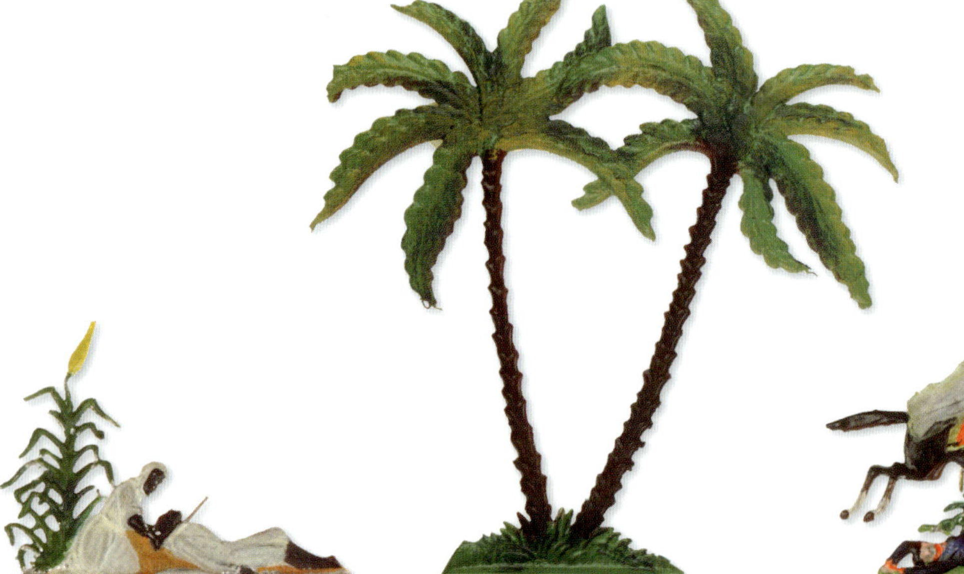

Kopf-Abschneider (*)

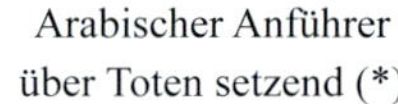

Arabischer Anführer über Toten setzend (*)

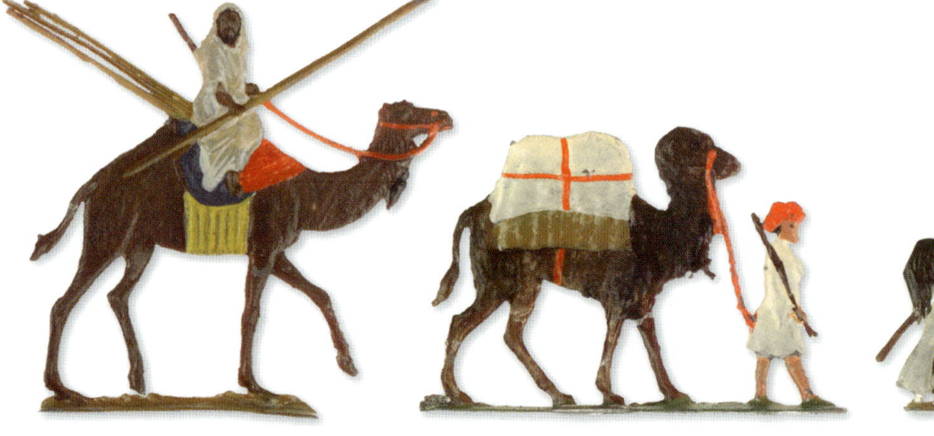

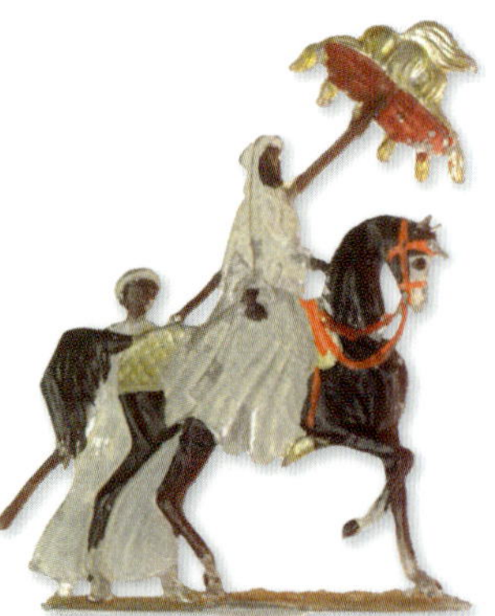

Karawane durch die Wüste
(ältere Fassung, alle *, gr. um 1860)

Karawane durch die Wüste

(neuere Fassung, alle ***, gr. 1928)

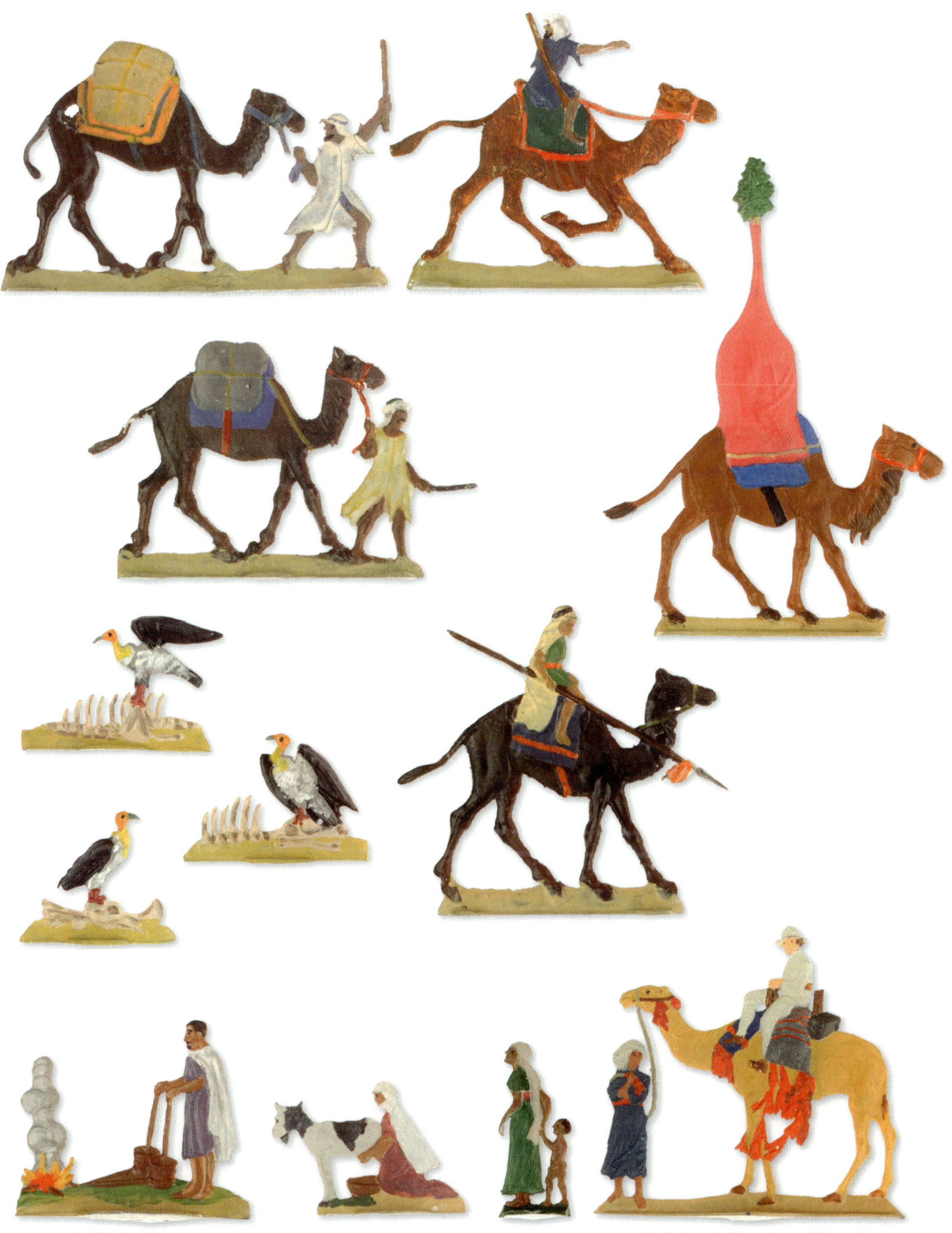

Arabisches Lager

Beduine mit Europäer auf Kamel

Mahdi-Aufstand im Sudan 1883-85

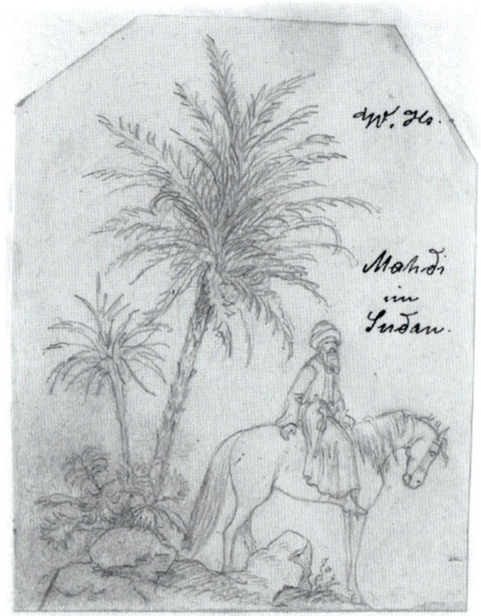

Gravurzeichnung

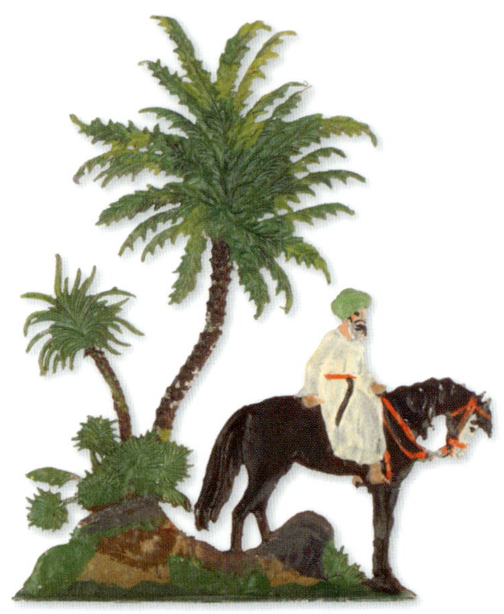

Mahdi, Anführer der aufständischen Sudanesen (***, gr. 1884)

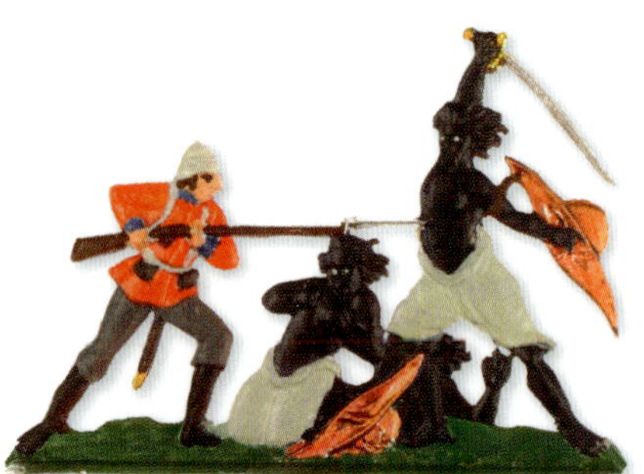

Engländer gegen Mahdisten kämpfend (*, gr. 1884)

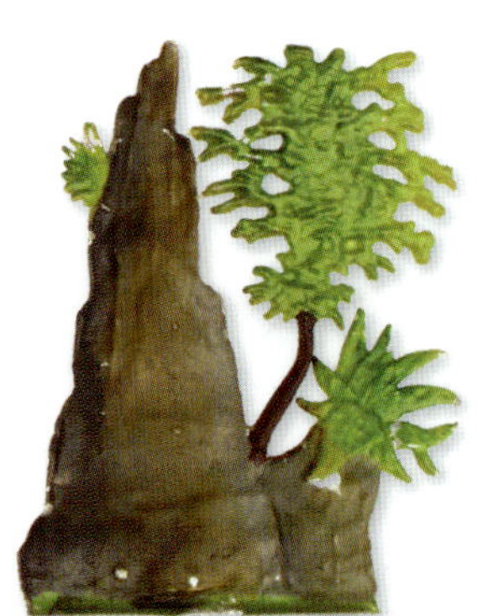

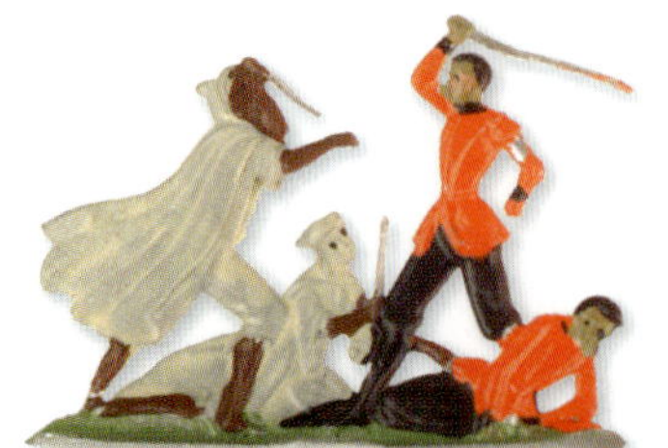

Kampfszene aus der Schlacht bei El Teb (*, gr. 1884)

Schlacht von Omdurman

(Eroberung von Khartum)

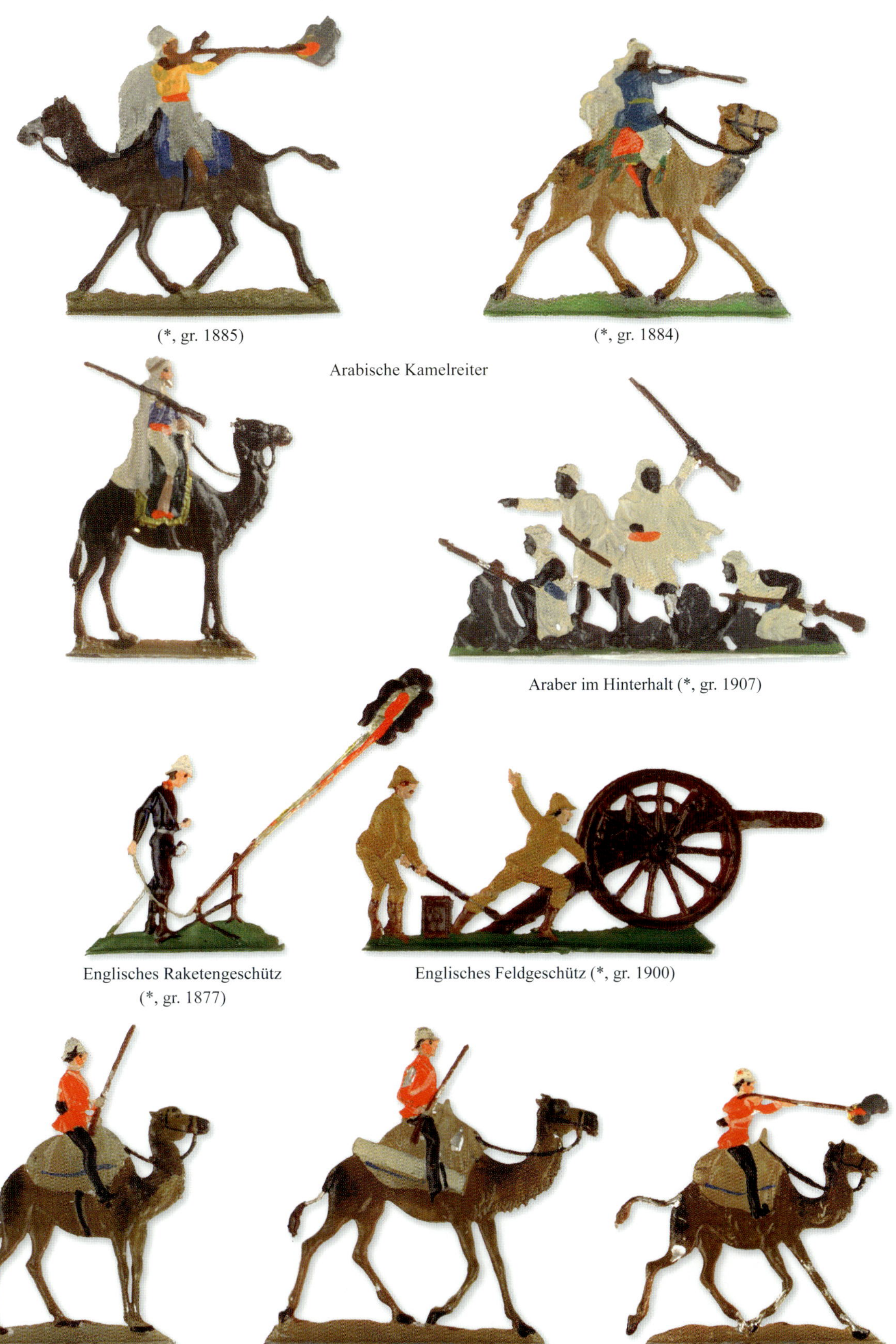

(*, gr. 1885)

(*, gr. 1884)

Arabische Kamelreiter

Araber im Hinterhalt (*, gr. 1907)

Englisches Raketengeschütz (*, gr. 1877)

Englisches Feldgeschütz (*, gr. 1900)

Englisches Dromedarregiment, welches speziell aufgestellt wurde, um die Belagerten von Khartum zu befreien (*, gr. 1885)

Aufstand unter Buschiri gegen die deutsche Besetzung in Ostafrika

(Sansibar 1898/90)

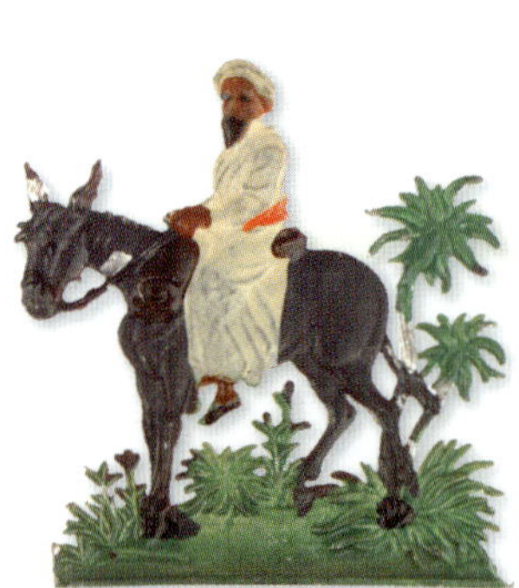

Buschiri (*, gr. 1890)

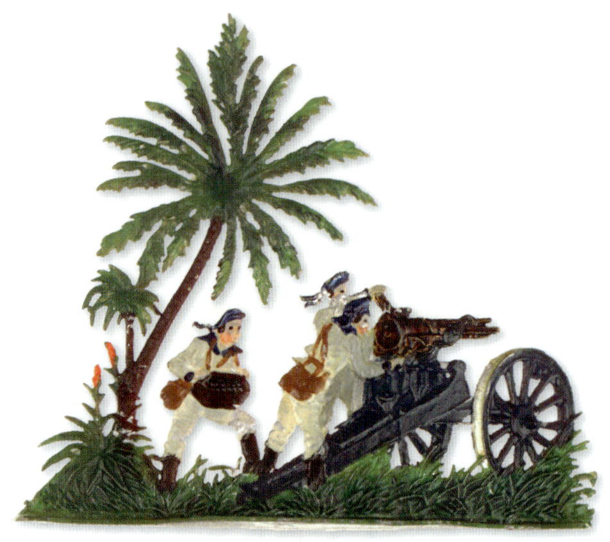

Deutsche Matrosen mit Revolvergeschütz (*, gr. 1890)

Herero-Aufstand 1904

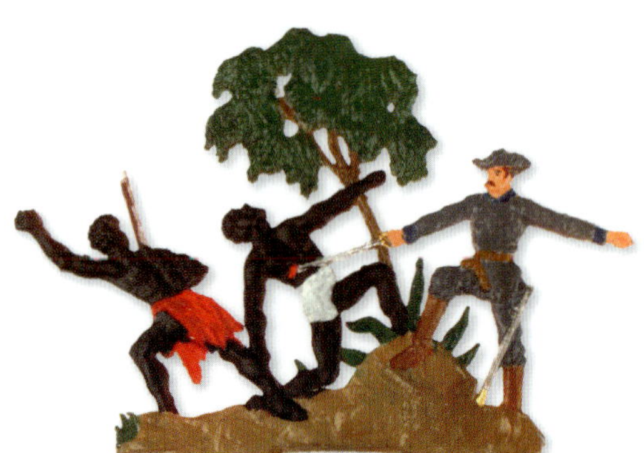

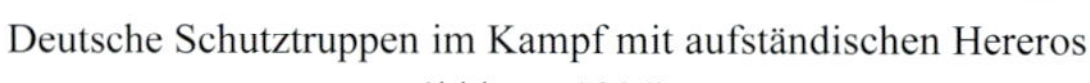

Deutsche Schutztruppen im Kampf mit aufständischen Hereros (***, gr. 1904)

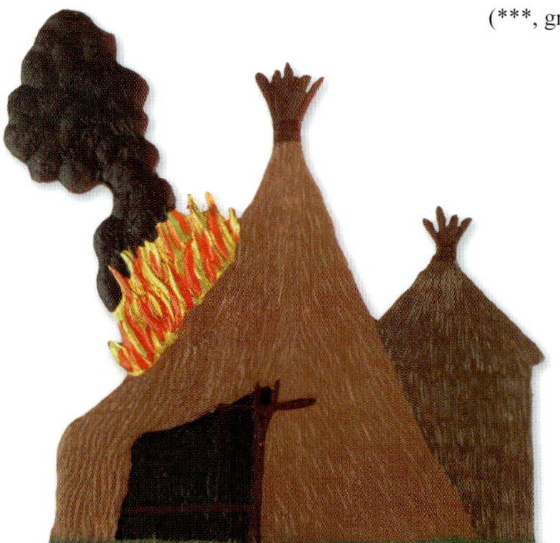

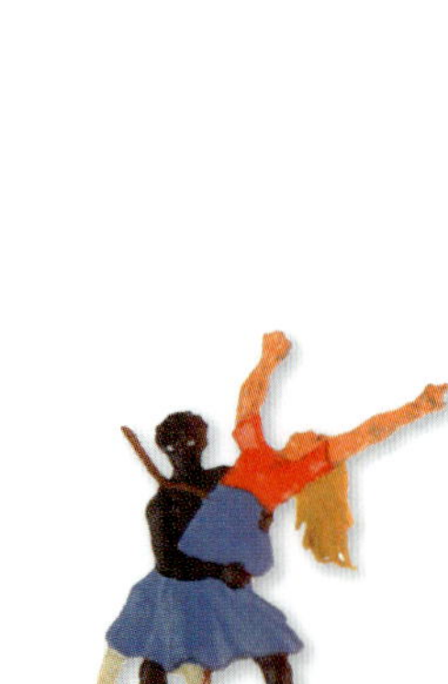

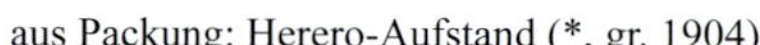

aus Packung: Herero-Aufstand (*, gr. 1904)

Neger-Dorf

(***, gr. 1894)

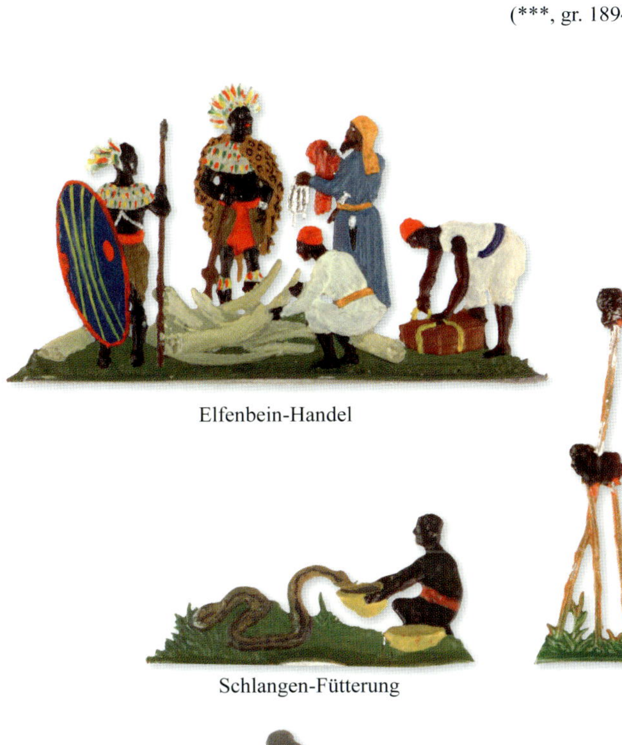

Elfenbein-Handel

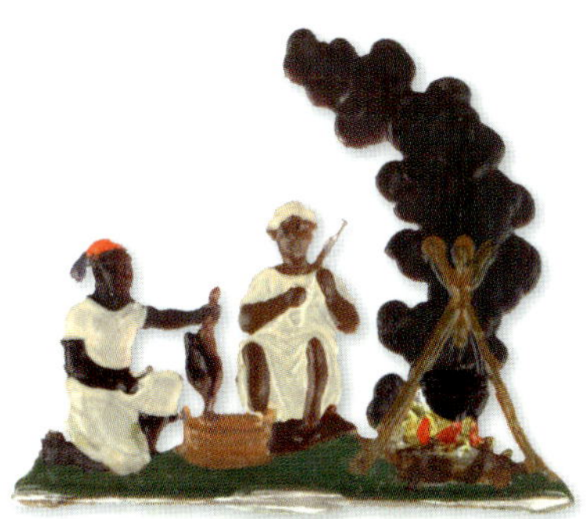

Kochstelle

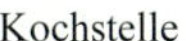

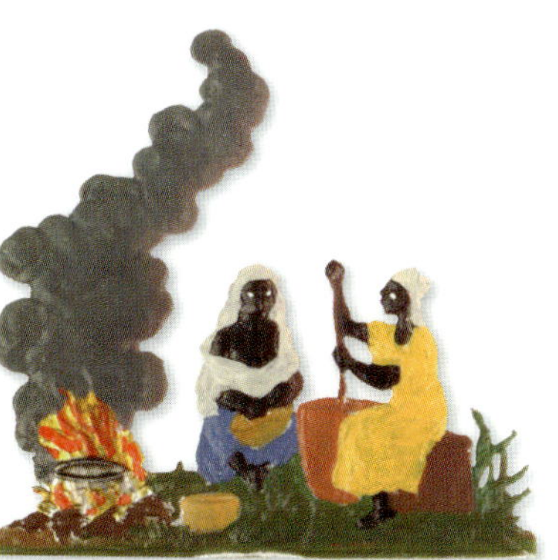

Schlangen-Fütterung

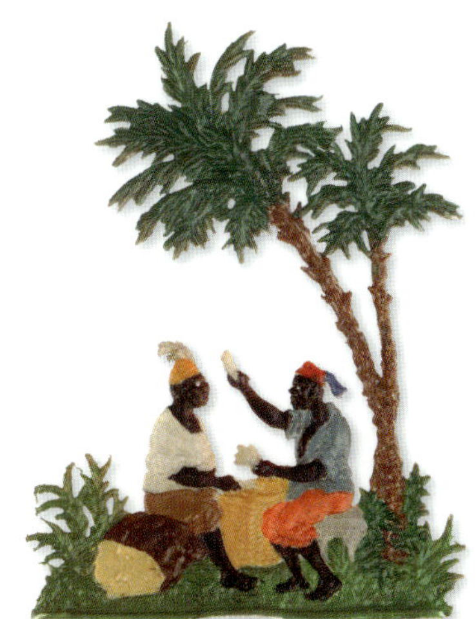

Frauen am Kochfeuer

Karten-Spieler

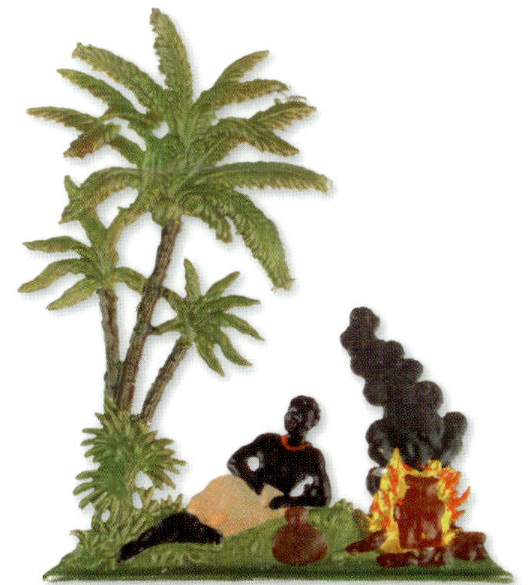

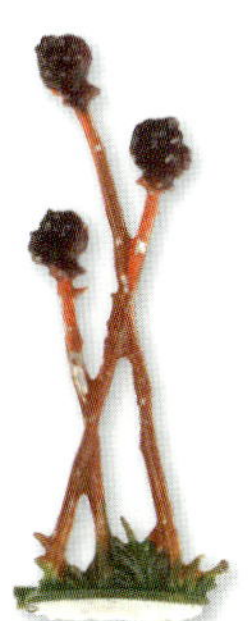

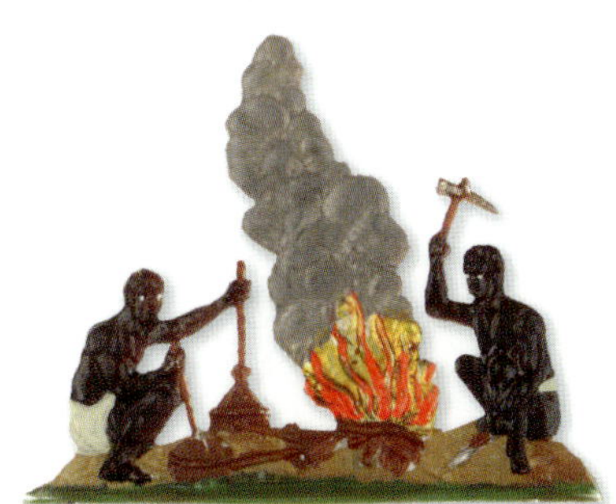

Schmied

Neger-Dorf

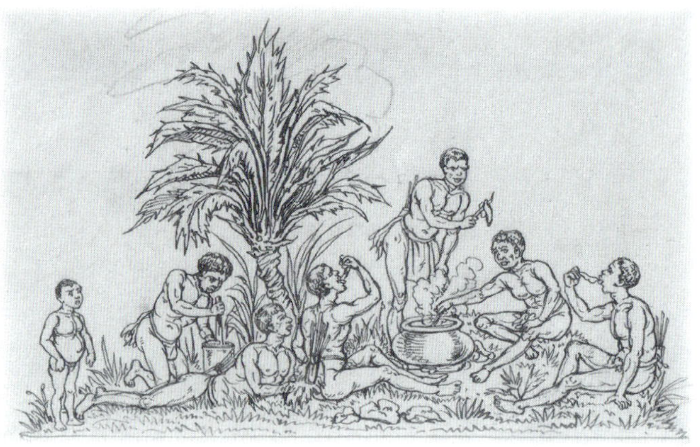

Gravurzeichnung (auf gegenüberliegender Seite die Zeichnungsvorlage)

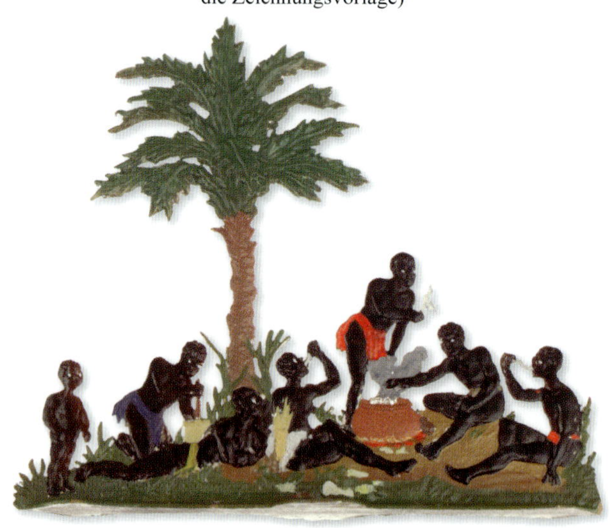

Schlangen-Mahlzeit
(gr. 1895)

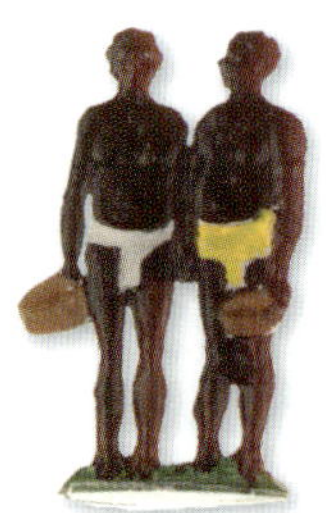

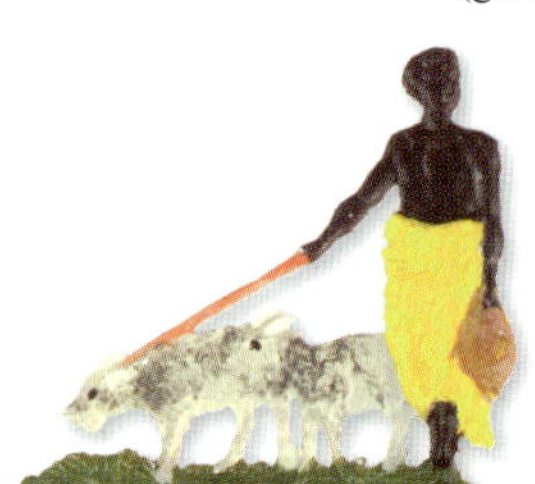

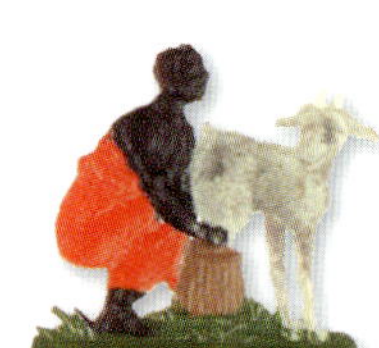

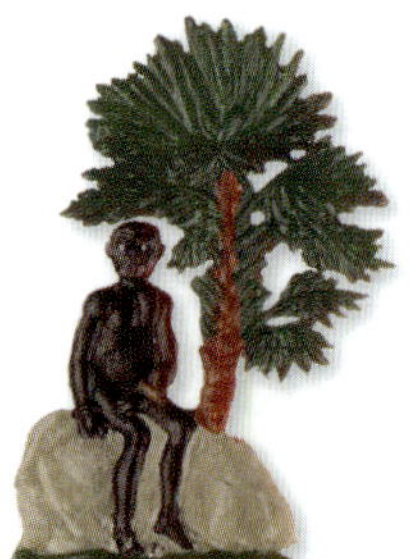

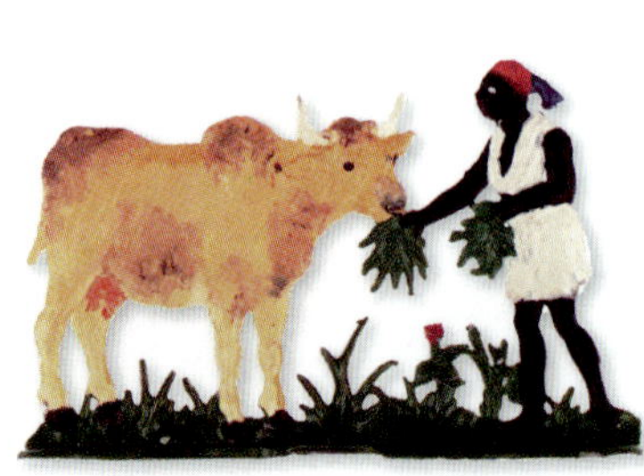

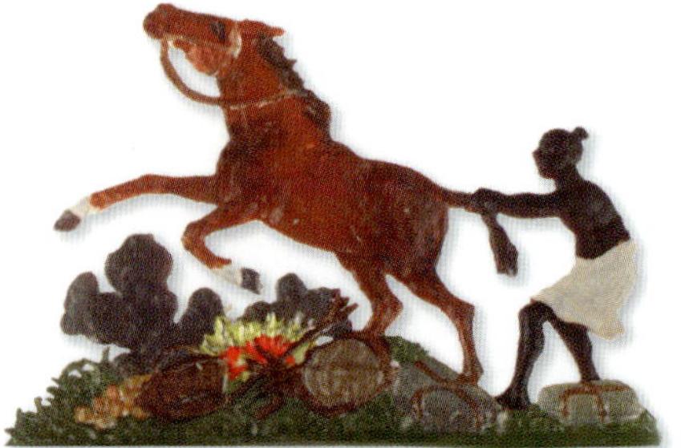

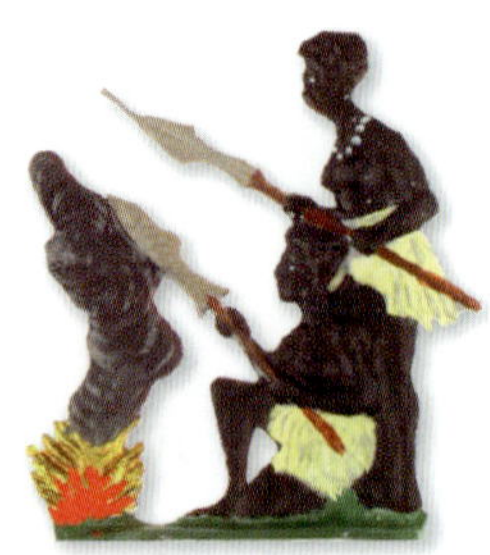

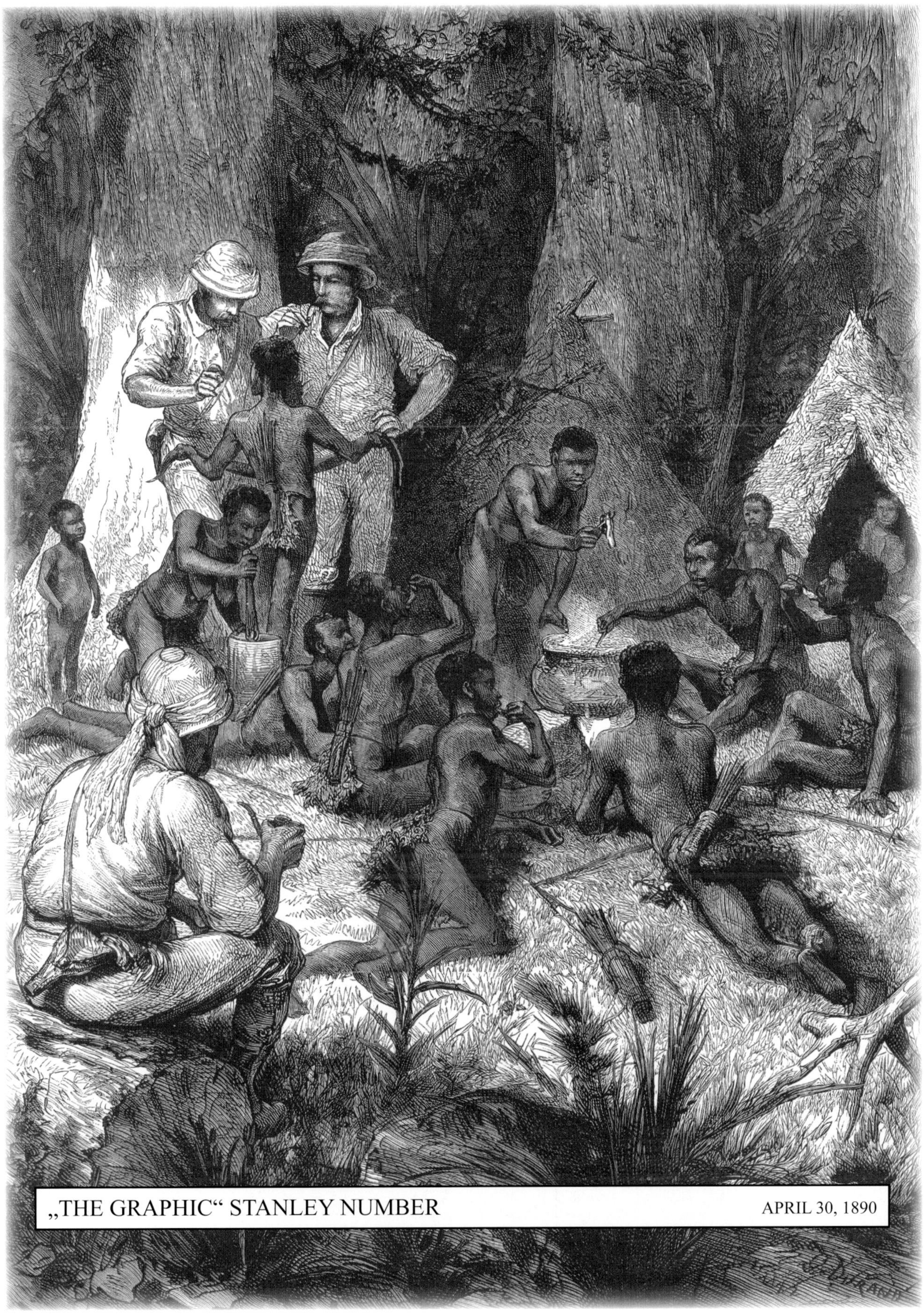

„THE GRAPHIC“ STANLEY NUMBER APRIL 30, 1890

Krokodil-Jagd

(*, ***)

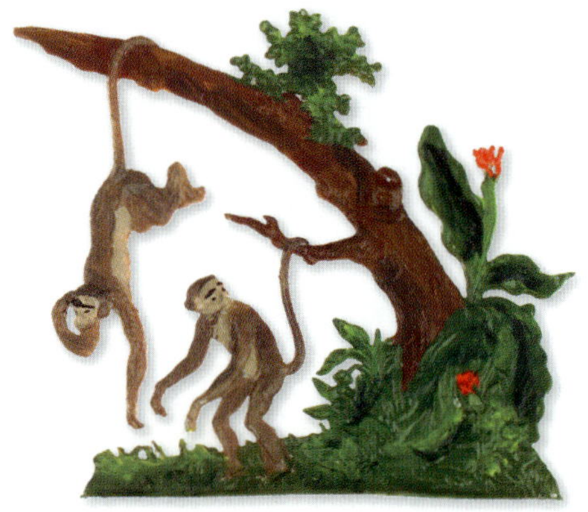

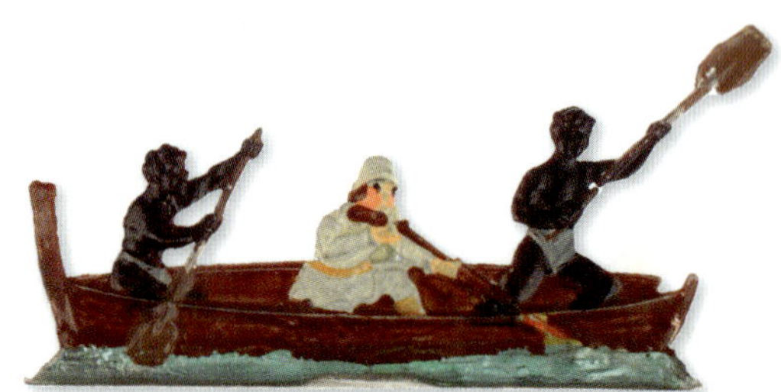

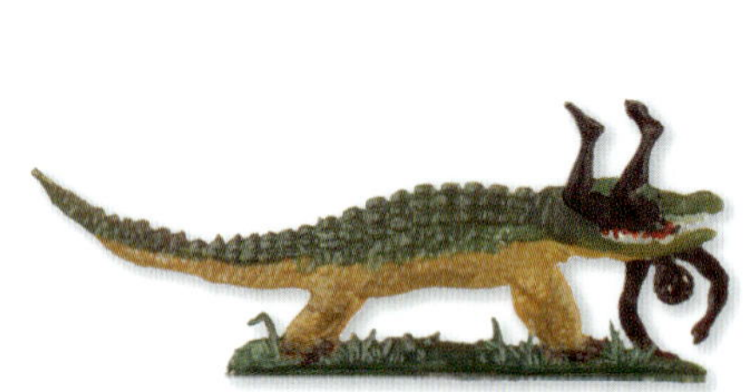

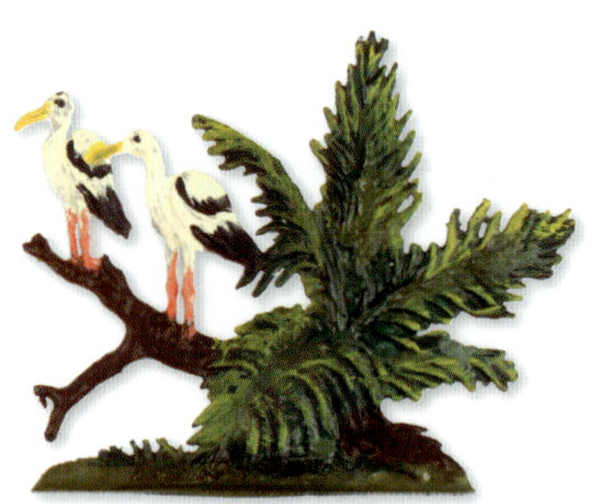

Afrikanische Steppenjagd

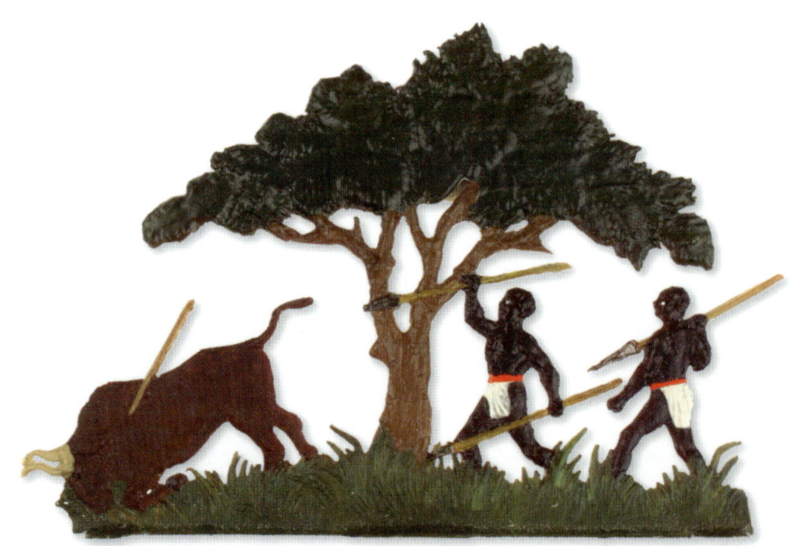

(***, gr. 1928)

Deutsche Landung bei Kiautschou 1897

(*, gr. 1907)

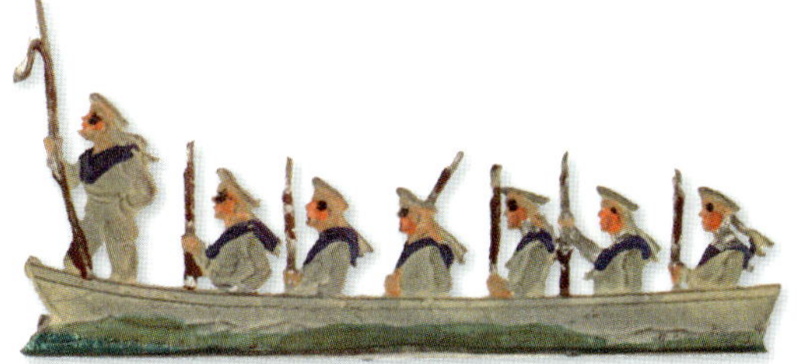

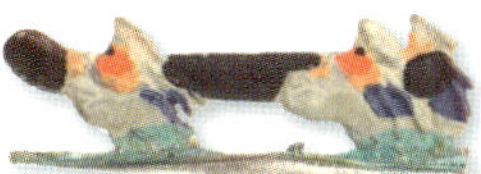

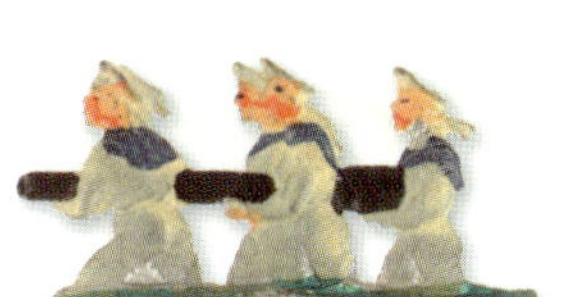

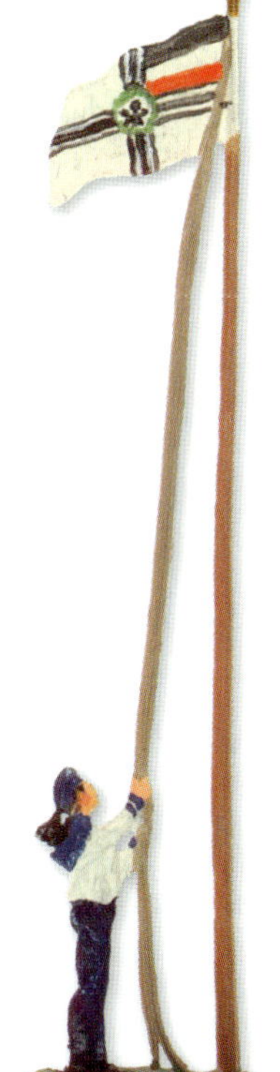

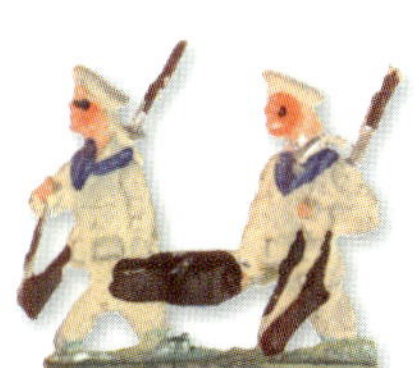

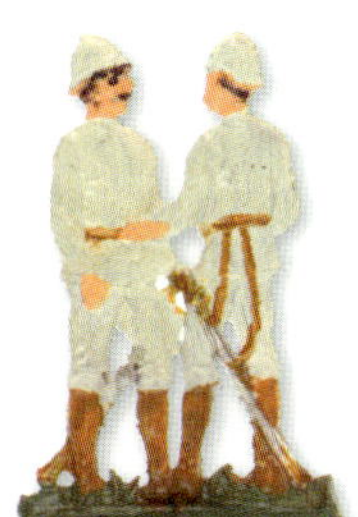

Hissung der deutschen Flagge in Afrika
(***.gr. 1890)

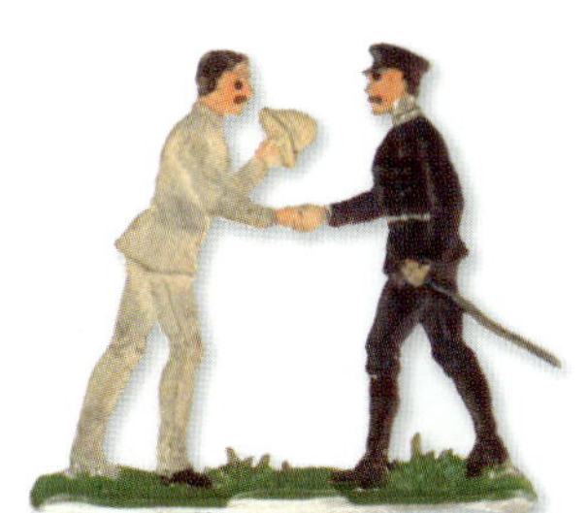

Begegnung von Dr. David Livingstone und Henry Morton Stanley in Ujiji (Ostafrika) 10.11.1871 (*, gr. 1889)

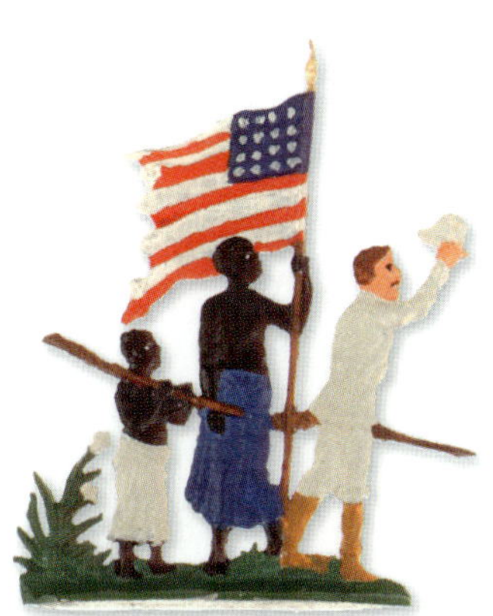

Stanley mit der amerikanischen Flagge, die er immer bei sich hatte
(***, gr. 1889)

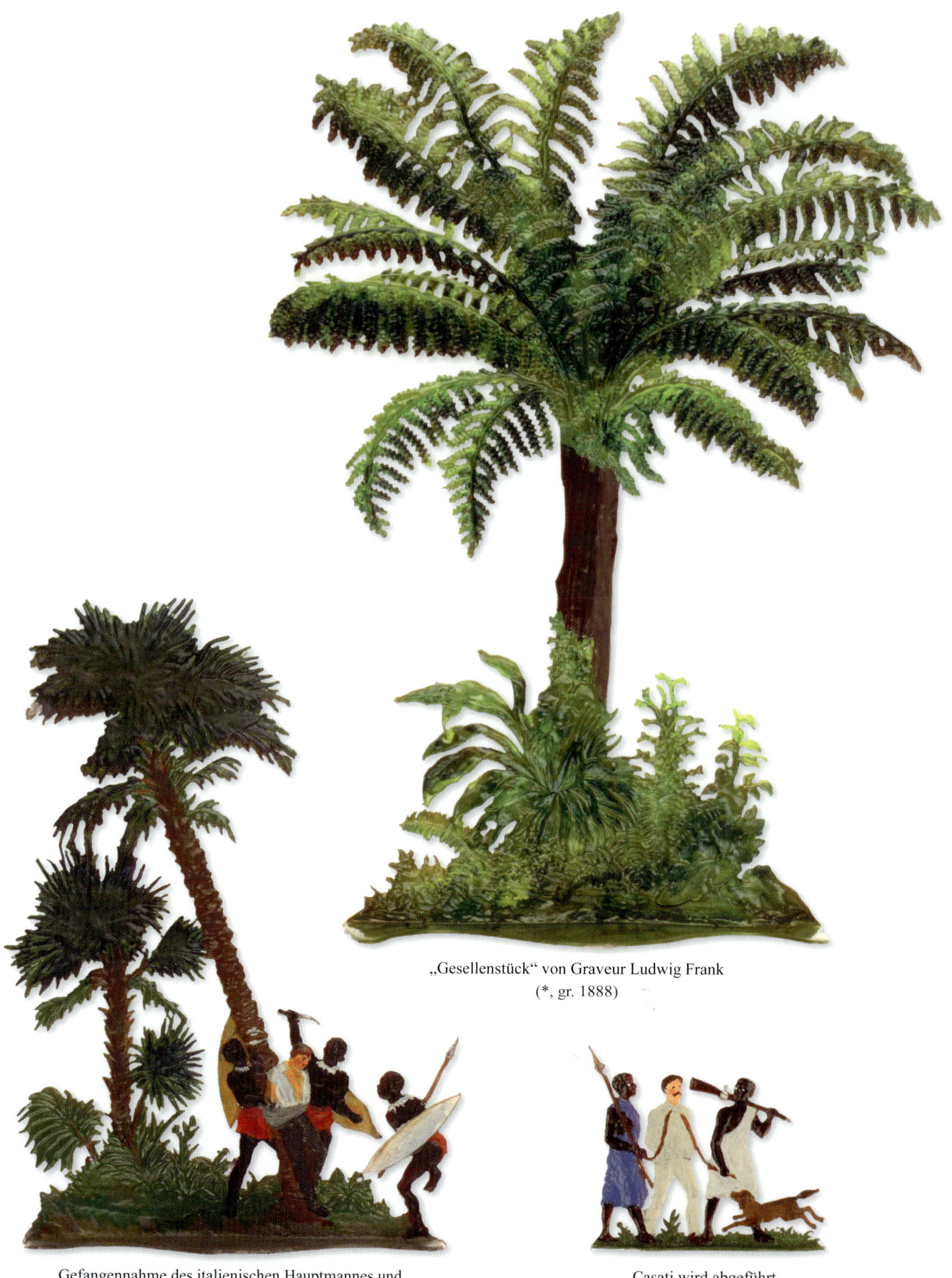

„Gesellenstück“ von Graveur Ludwig Frank
(*, gr. 1888)

Gefangennahme des italienischen Hauptmannes und Afrikaforschers Gaetano Casati durch Eingeborene des Königs von Bunyoro (Sudan)
(*, gr. 1894)

Casati wird abgeführt
(*, gr. 1894)

Kaffern-Krieg 1879

(*, gr. 1879)

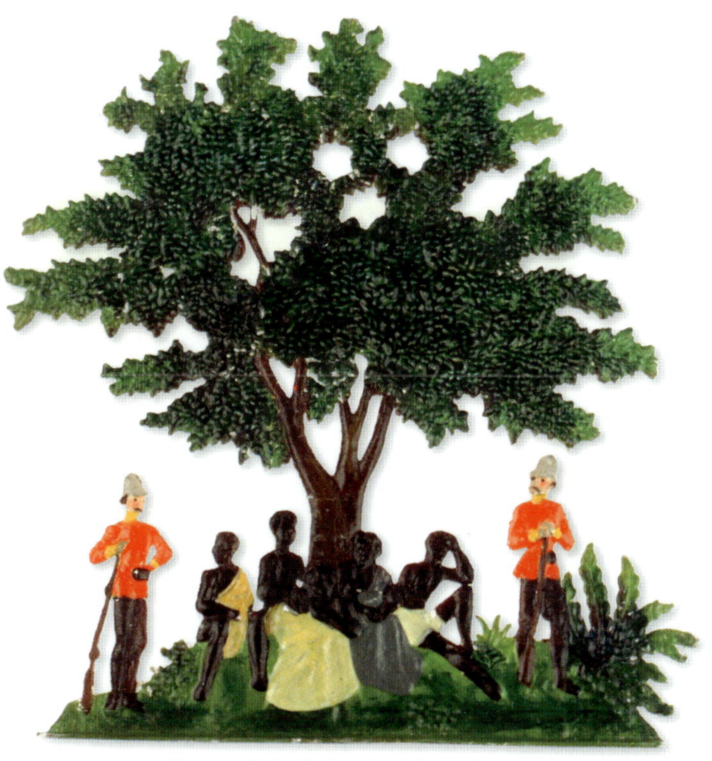

Zwei englische Infanteristen bewachen
gefangene Kaffern-Zivilisten

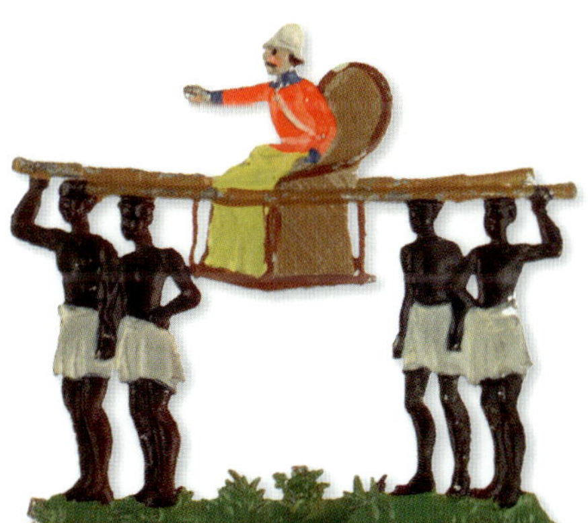

Englischer General
in Bambussänfte

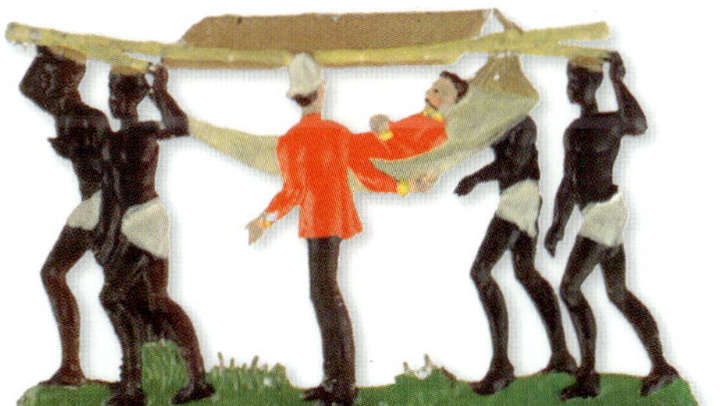

Verwundetentransport mittels
Tragbahre mit Sonnenschutzdach

(alle diese Gruppen waren auch als Franzosen in der Packung: Eroberung von Senegal)

Gruppen aus dem Burenkrieg 1899-1902

(*, gr. 1900)

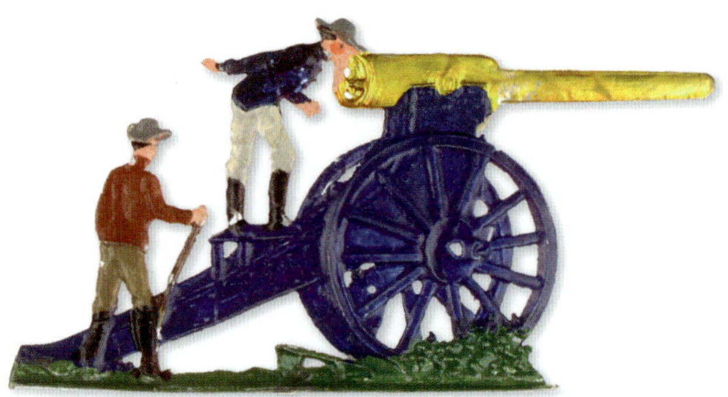

Positionsgeschütz (Long Tom genannt)

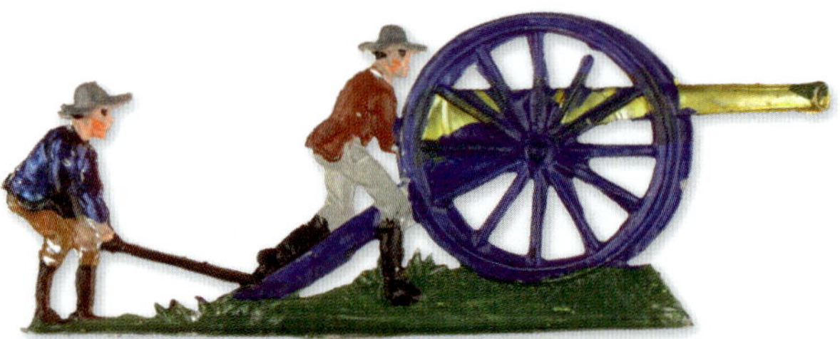

Buren-Feldgeschütz

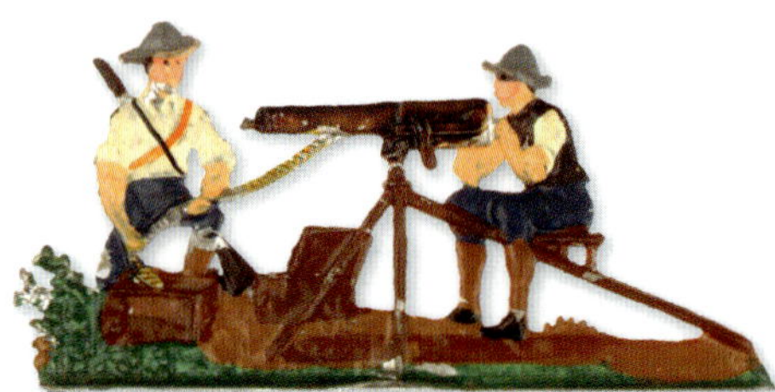

Buren-Maschinengewehr

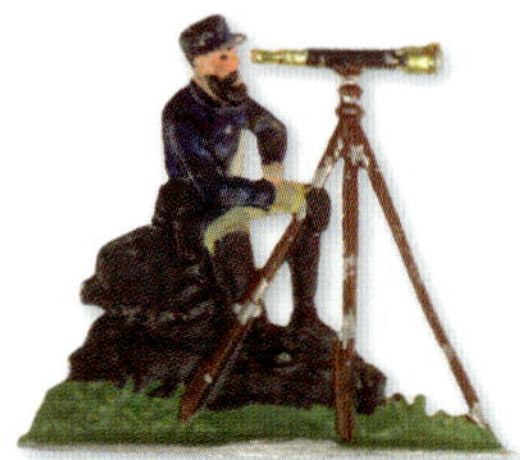

General Joubert
Anführer der Buren

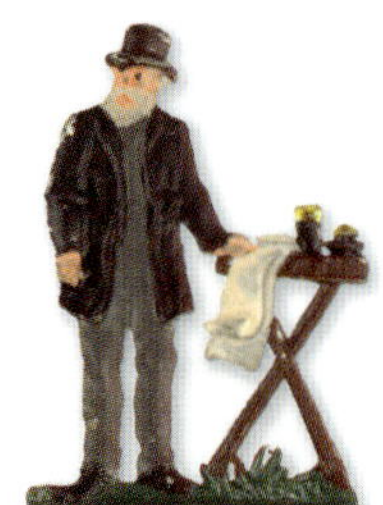

Ohm Krüger
Präsident der
südafrikanischen Republik
Transvaal

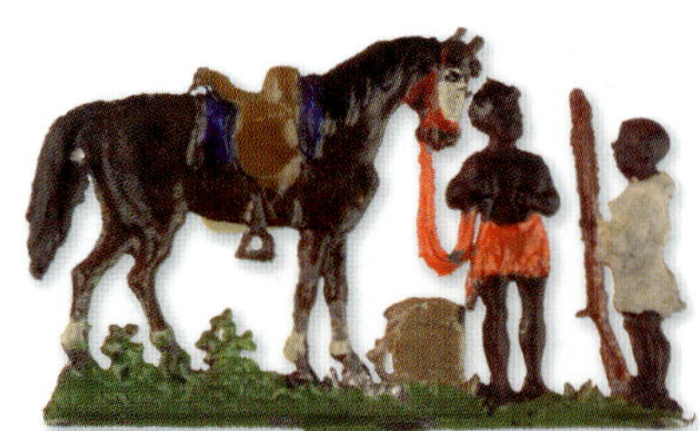

Buren-Lager 1899-1902

(*, gr. 1900)

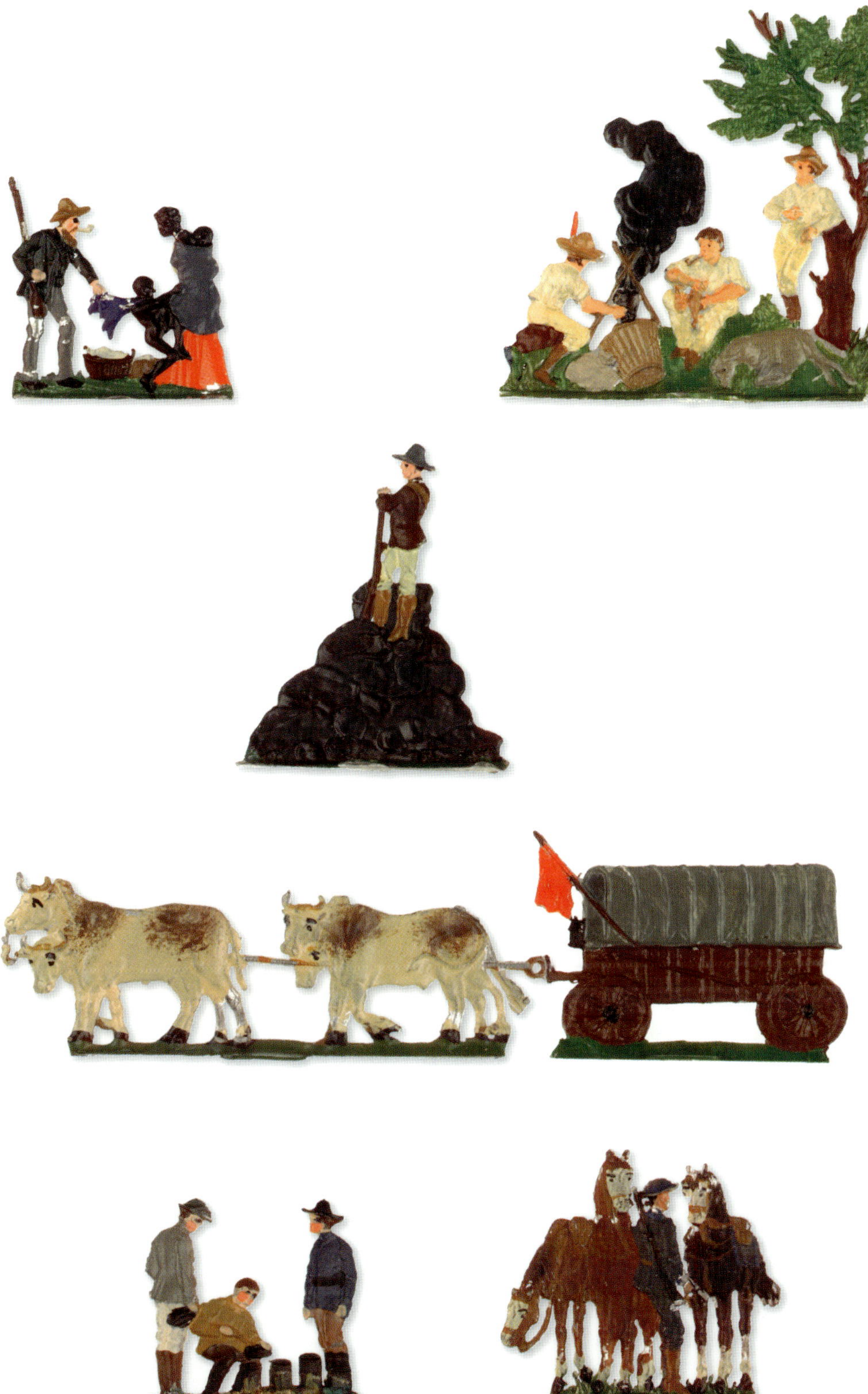

(*, gr. 1907) (*, gr. 1904)

(ursprünglich graviert für Biwak deutscher Schutztruppen)

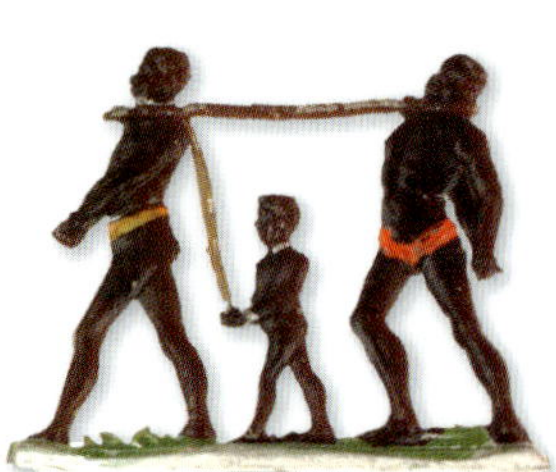
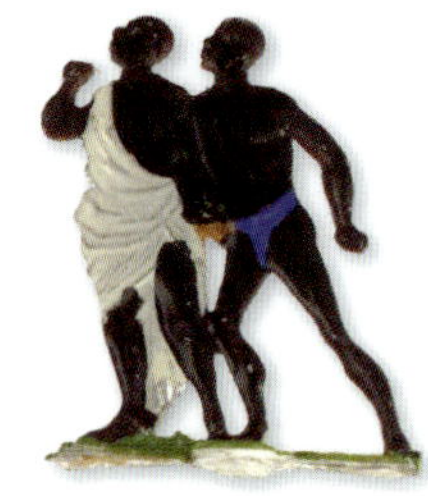
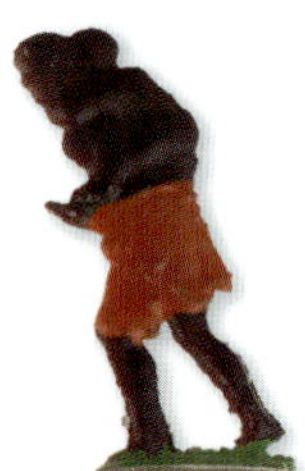

Neger-Sklaven-Transport (*, gr. 1894)

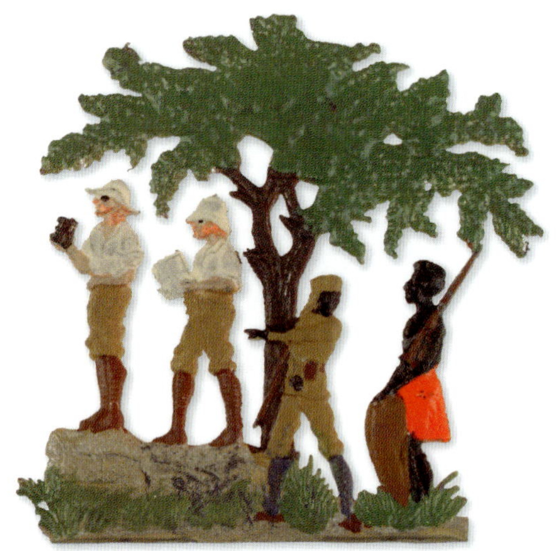

Deutscher General von Lettow-Vorbeck
1914 in Ostafrika (*, gr. 1925)

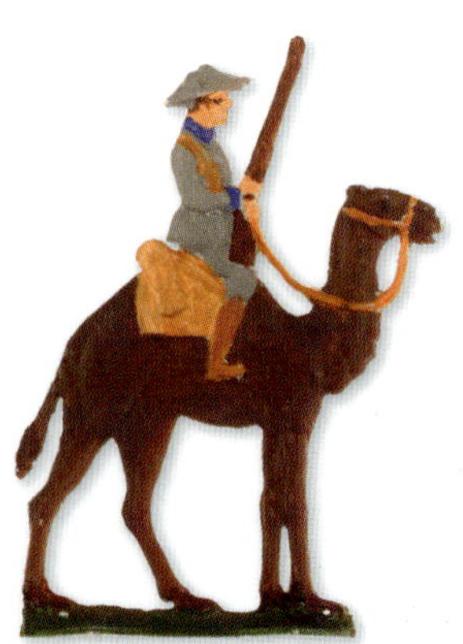
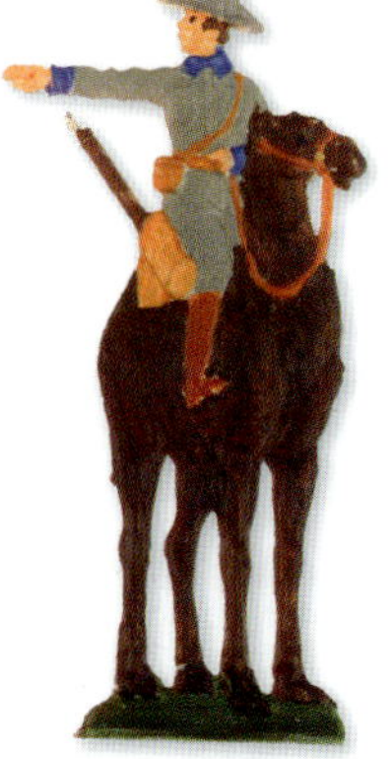

Kamelreiter der südwestafrikanischen
Schutztruppen (***, gr. 1913)

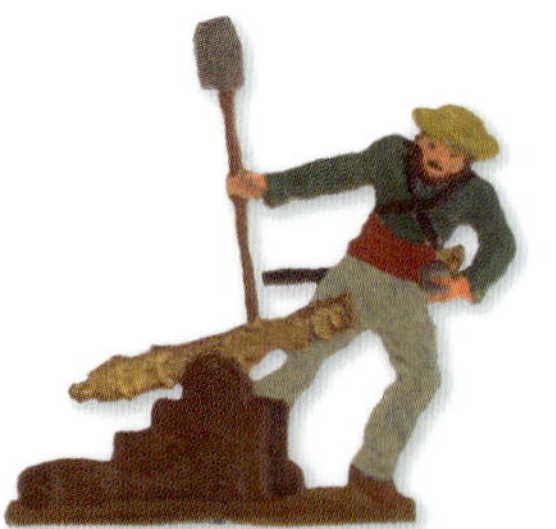

Seeräuber an Schiffskanone
(***, gr. 1907)

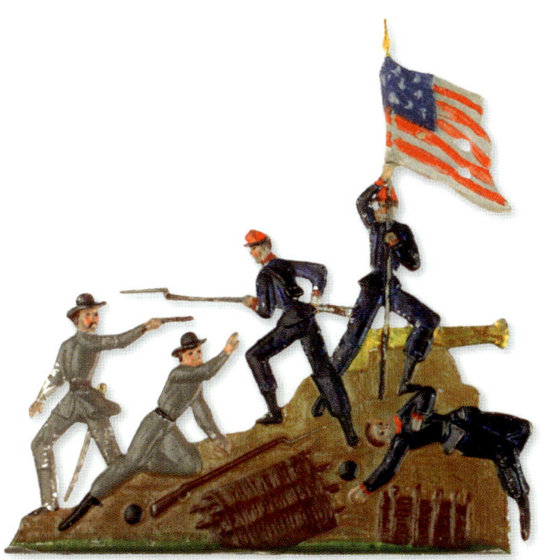

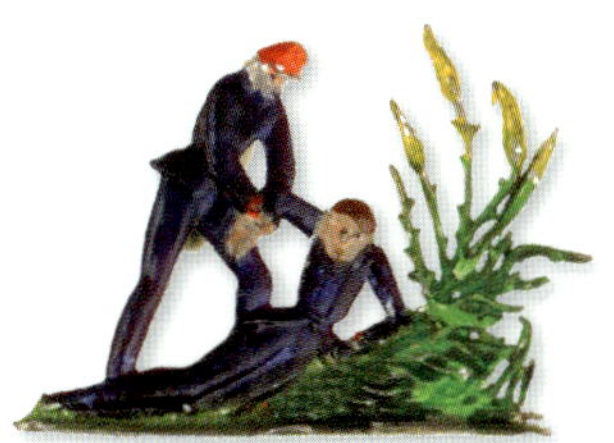

Amerikanischer Unabhängigkeitskrieg 1861: Schanzensturm
(*, gr. 1865)

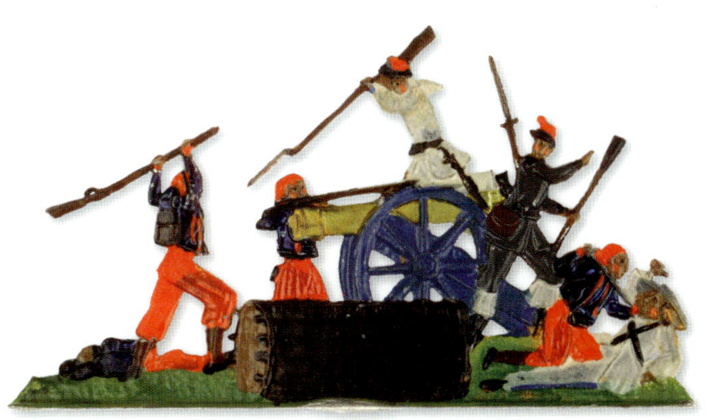

Aus der Packung: Eroberung von Mexiko 1861 durch die Franzosen
unter Kaiser Napoleon III. (*, gr. 1863)

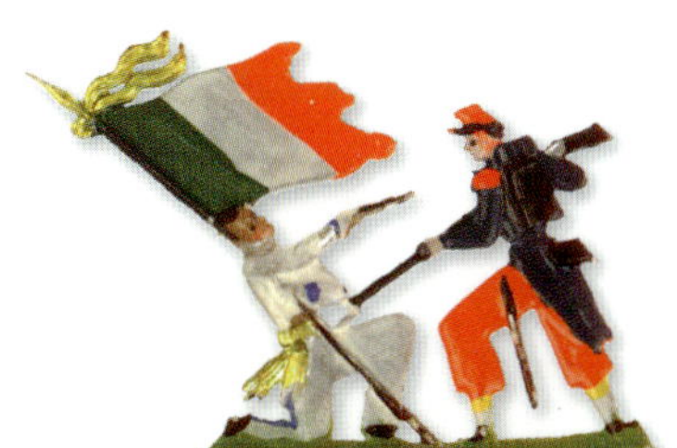

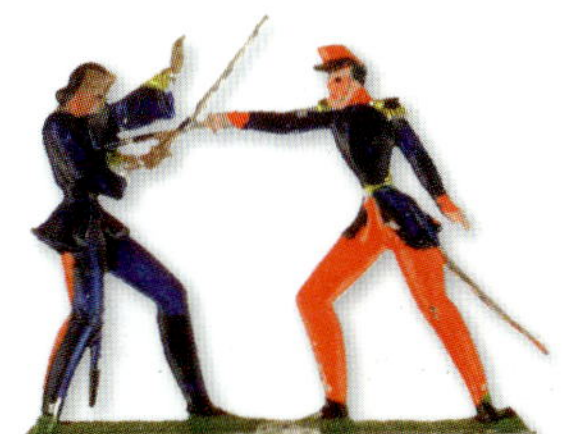

Im Wilden Westen

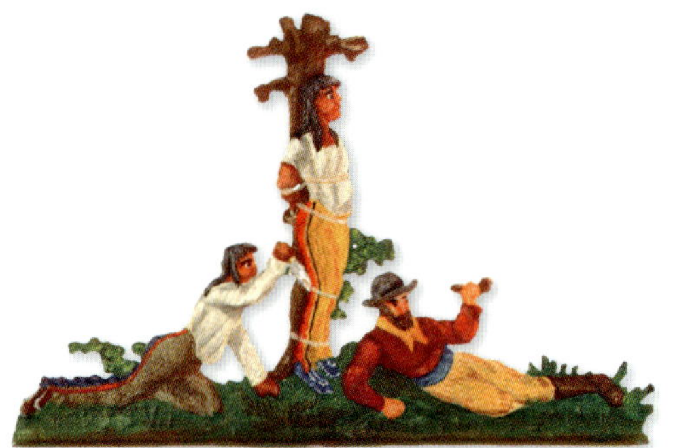

Indianer schneidet Kameraden los, der von Trappern an Baum gefesselt wurde (***, gr. 1907)

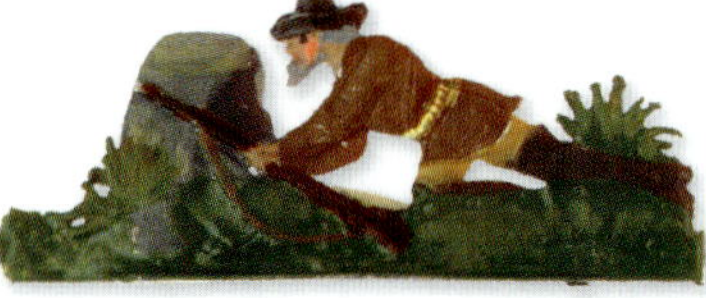

Trapper anschleichend (***, gr. 1906)

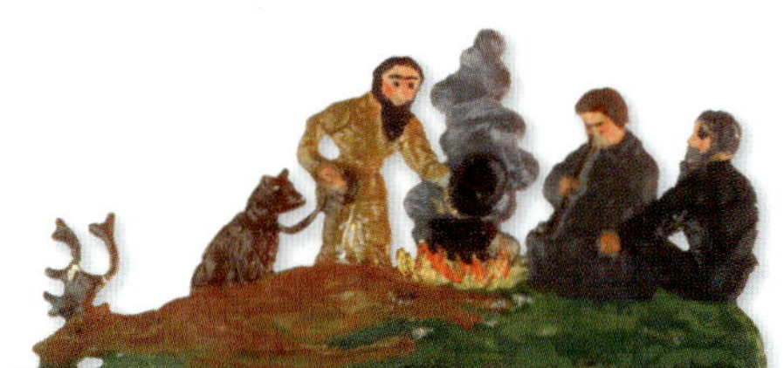

Jäger und Fallensteller (*, gr. 1905)

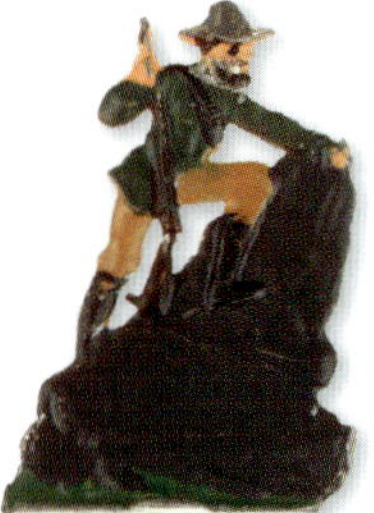

(*, gr. 1900)

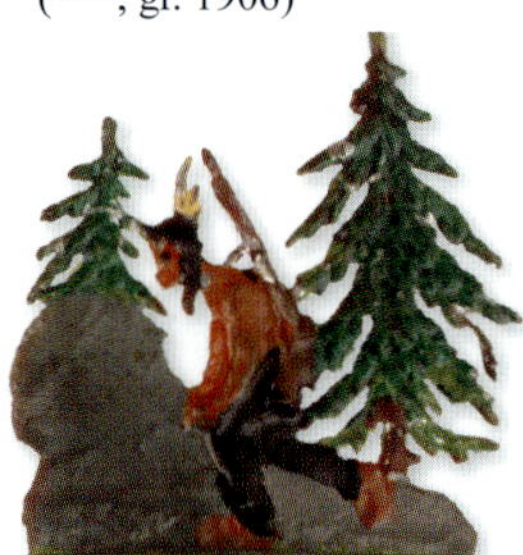

(*, gr. 1907)

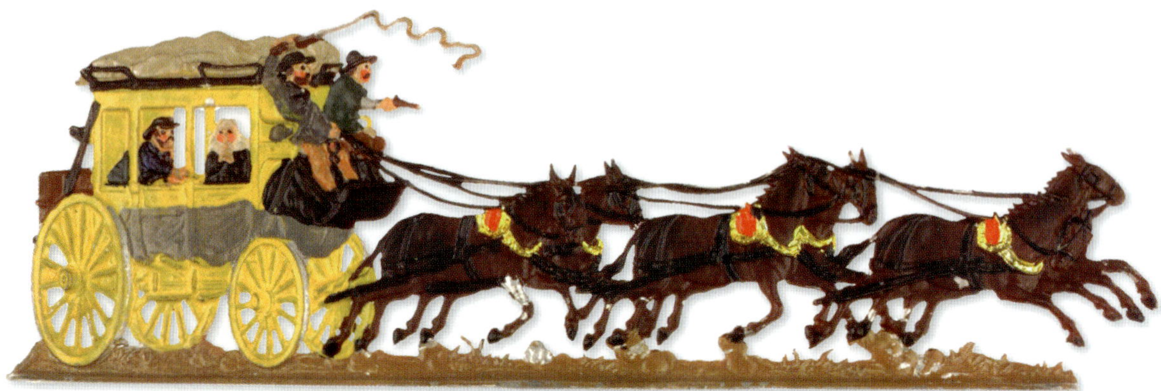

Postkutschen-Überfall (*, gr. 1905)

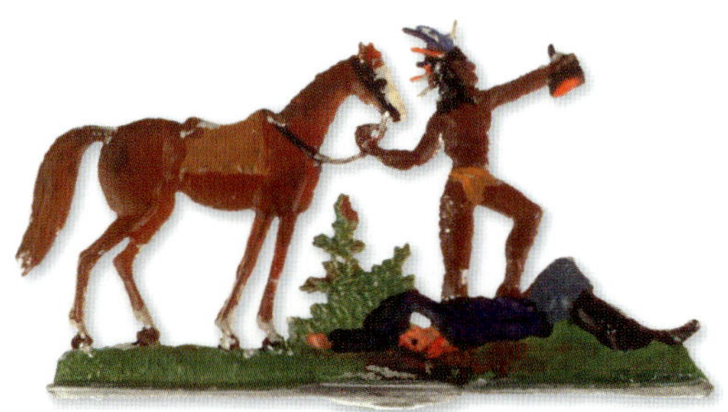

Indianer Skalp schwingend (*, gr. 1876)

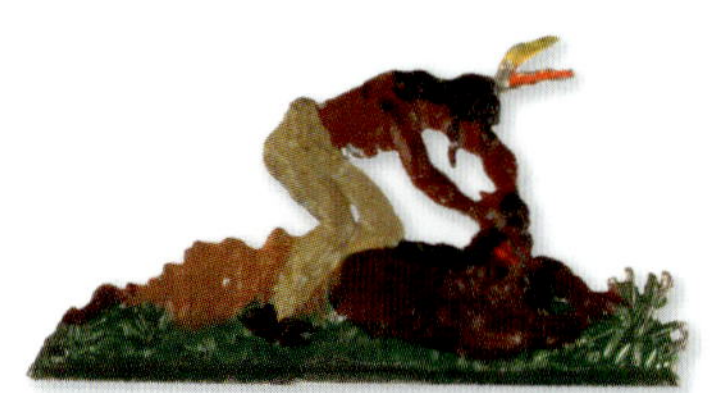

Indianer skalpierend (*, gr. 1892)

Indianer-Lager

(*, gr. 1892/96)

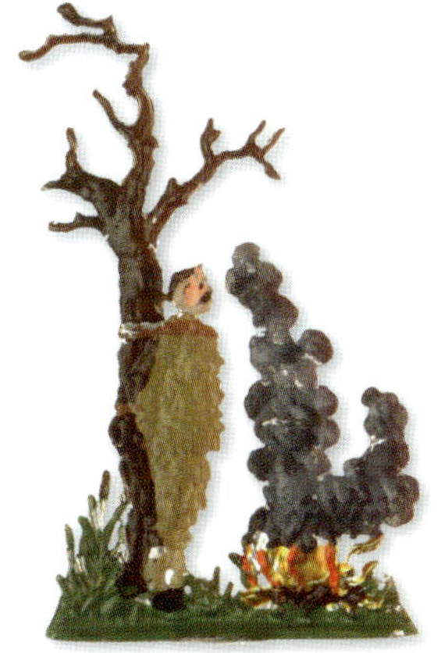

Am Marterpfahl

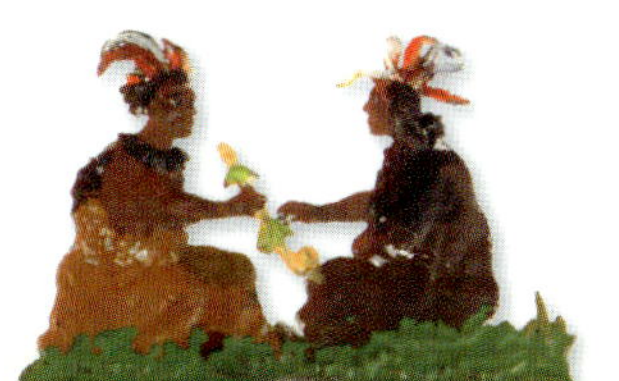

Friedenspfeife rauchend

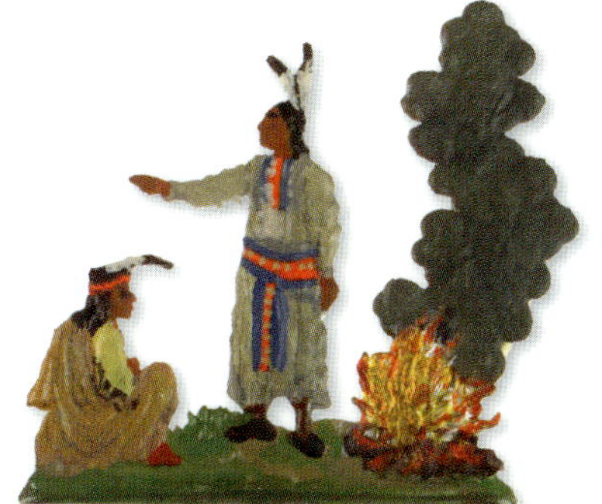

Häuptling am Lagerfeuer

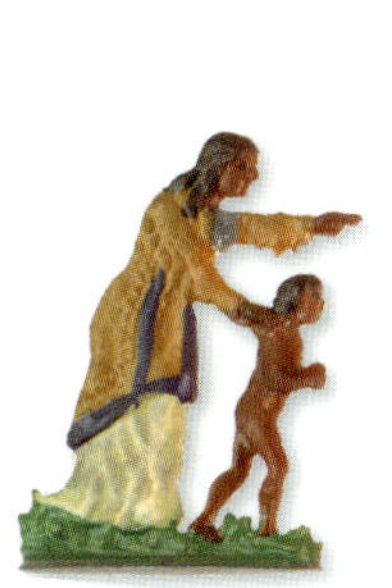

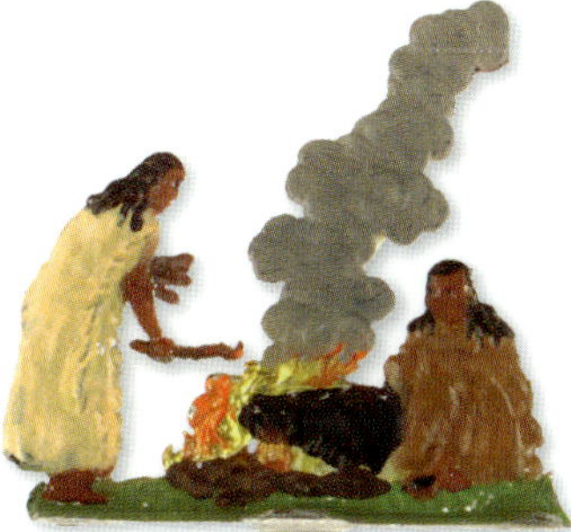

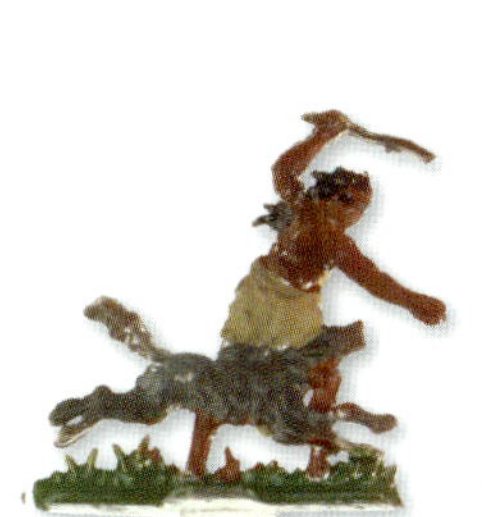

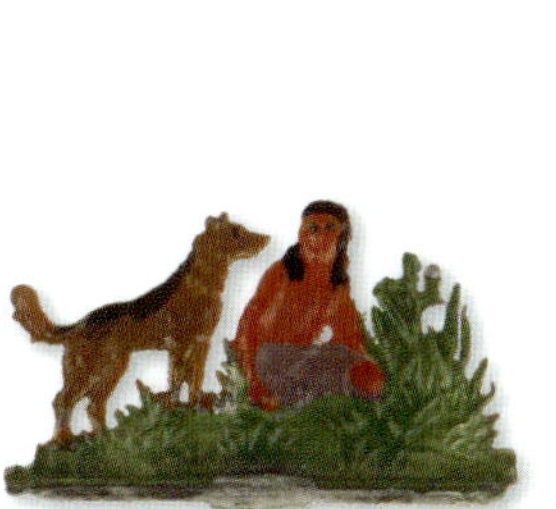

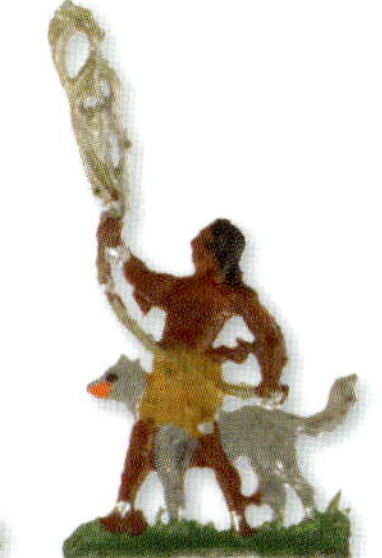

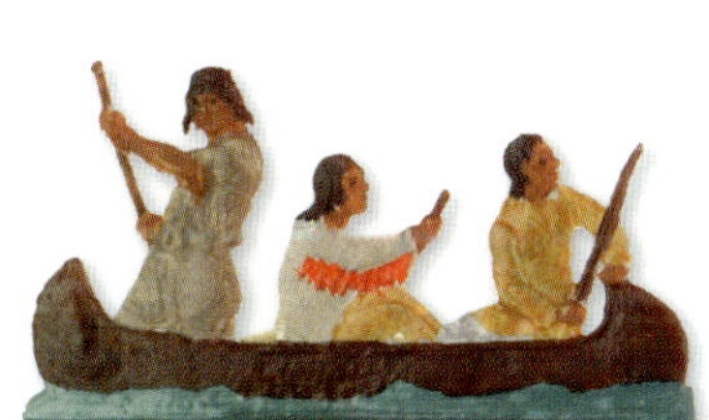

(*, gr. 1907)

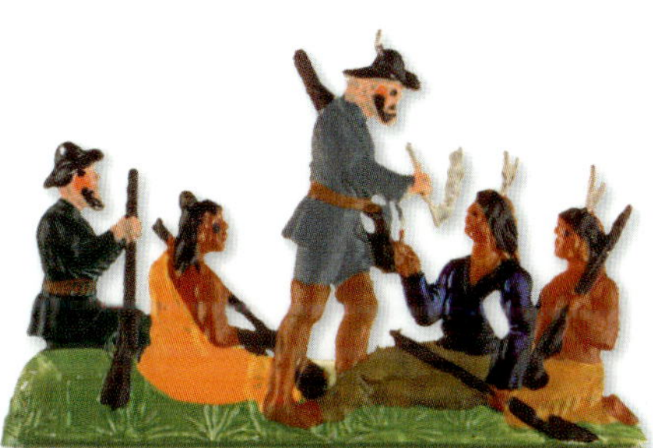

Trapper mit Indianer
Friedenspfeife rauchend
(*, gr. 1906)

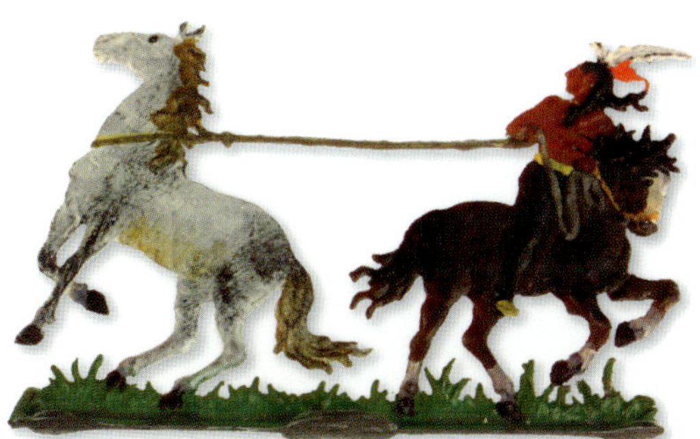

Mustang-Jagd
(*, gr. 1892)

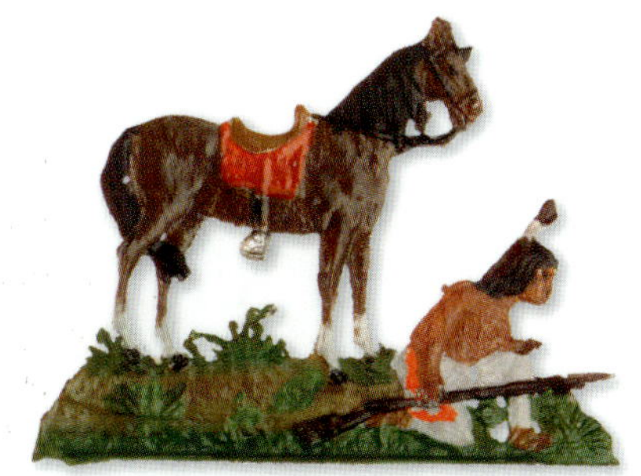

„Fährtenleser"
(***, gr. 1906)

Gruppen mit Darstellungen aus dem Buch „Der Schatz im Silbersee“ von Karl May

(gr. 1906/07)

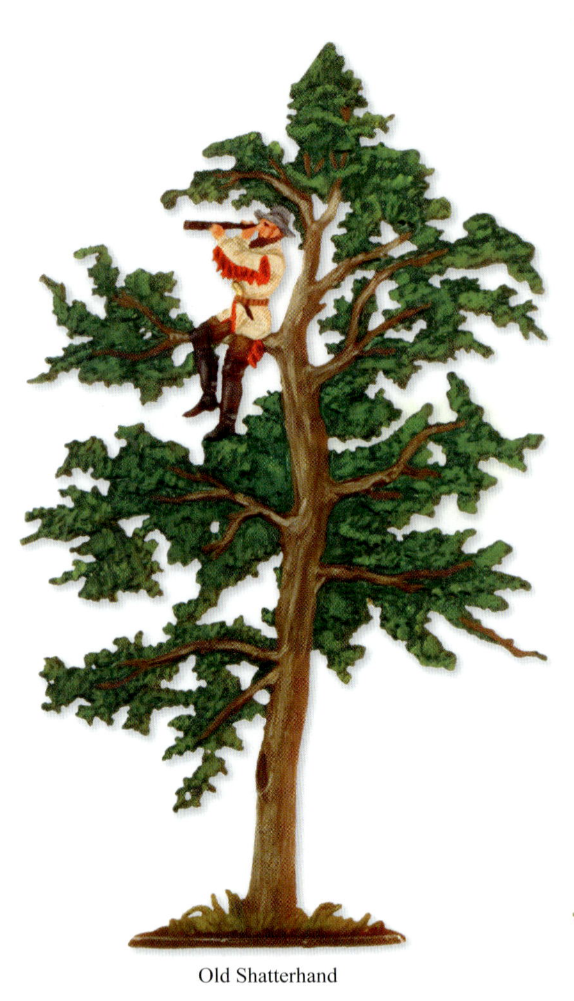

Old Shatterhand

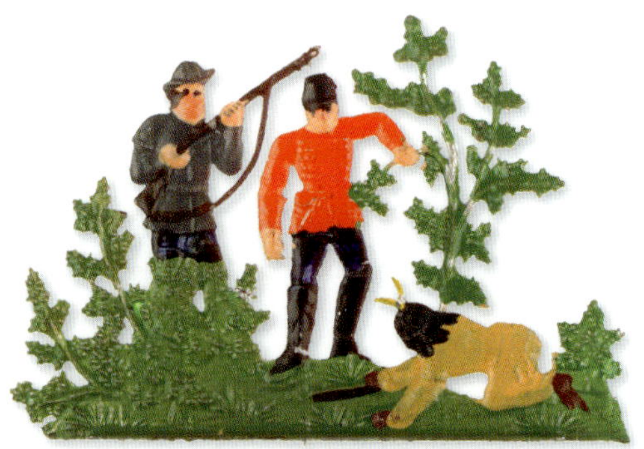

„Auf Spurensuche“

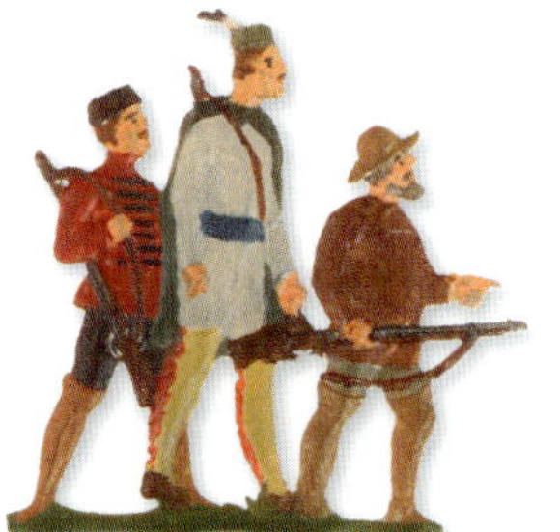

Das „Kleeblatt“

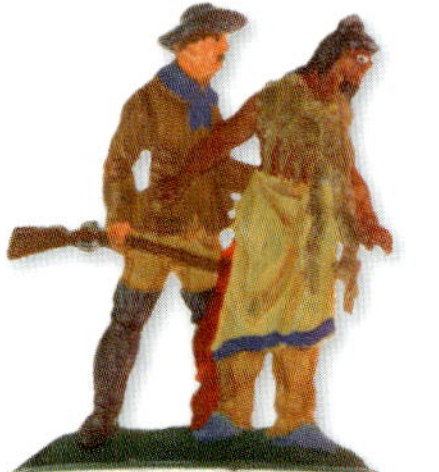

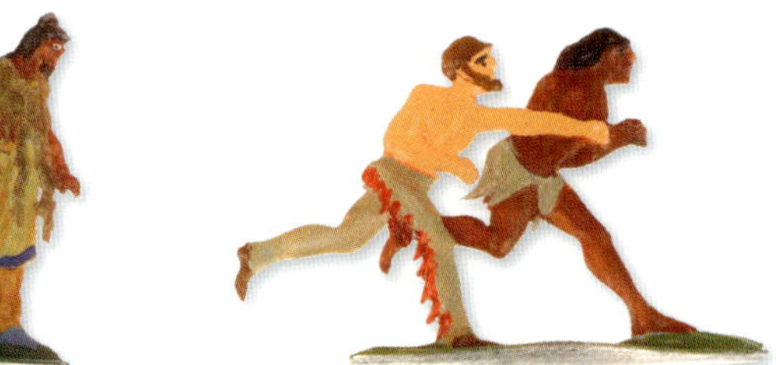

„Der Wettlauf“

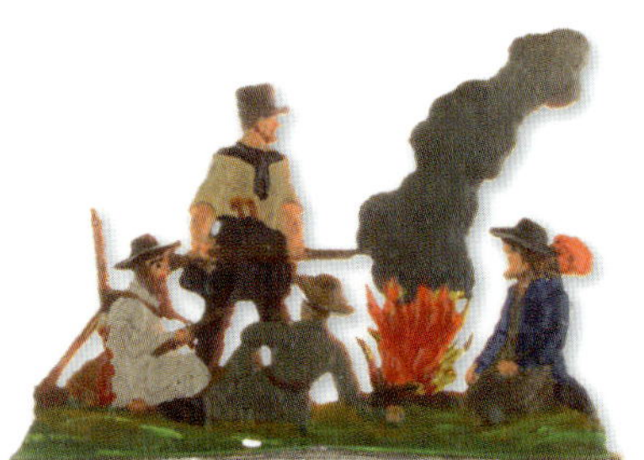

v.l.n.r. Old Shatterhand,der Dicke Jemmy, Langer Davy (stehend) und Hobble Frank

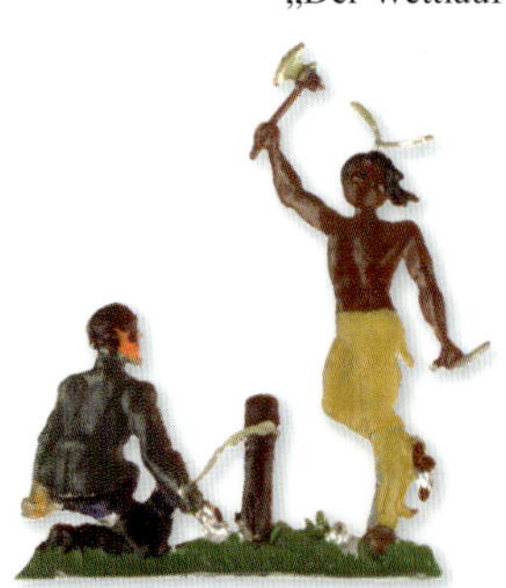

„Der Zweikampf“

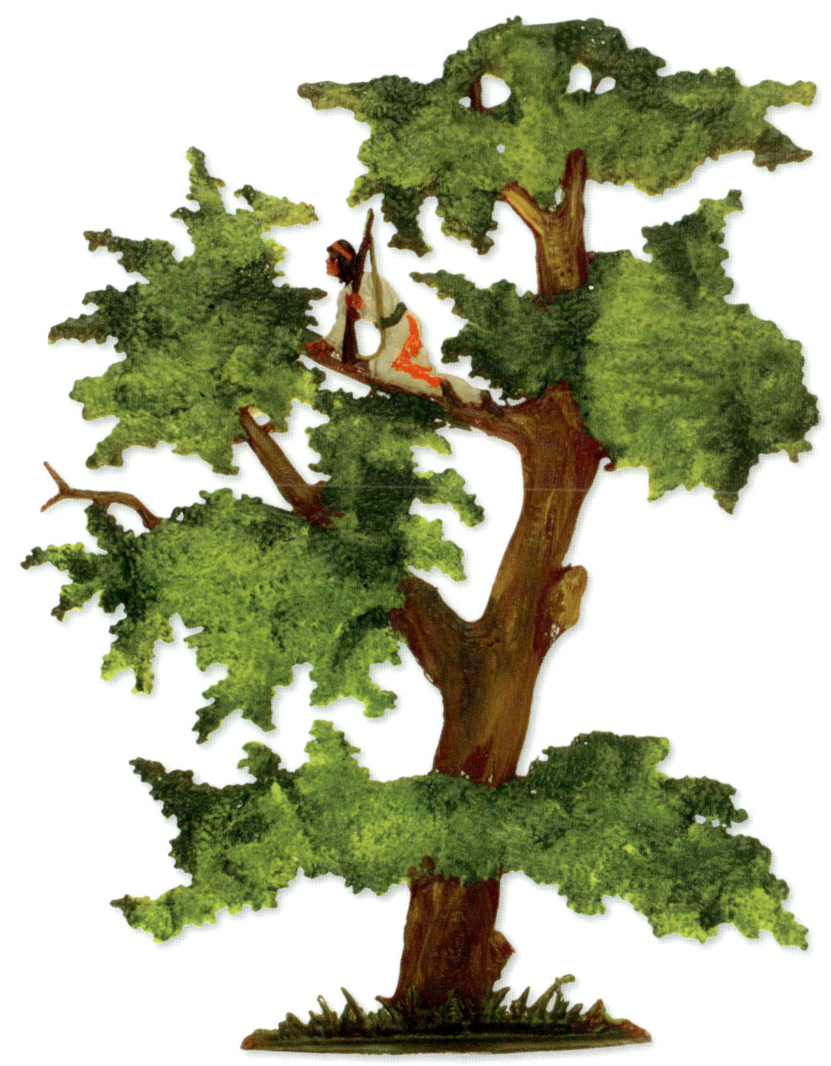

Winnetou (***, gr. 1907)

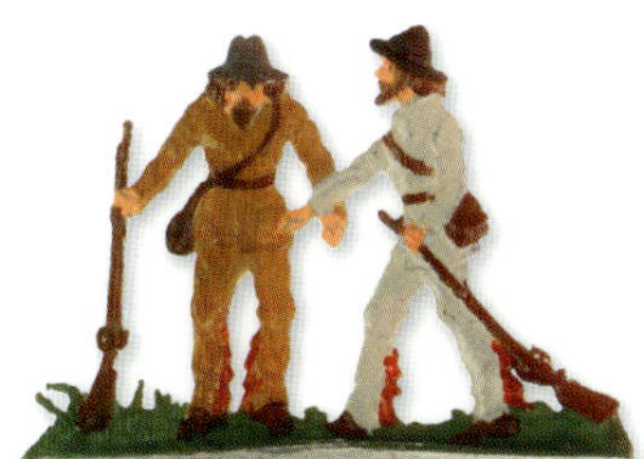

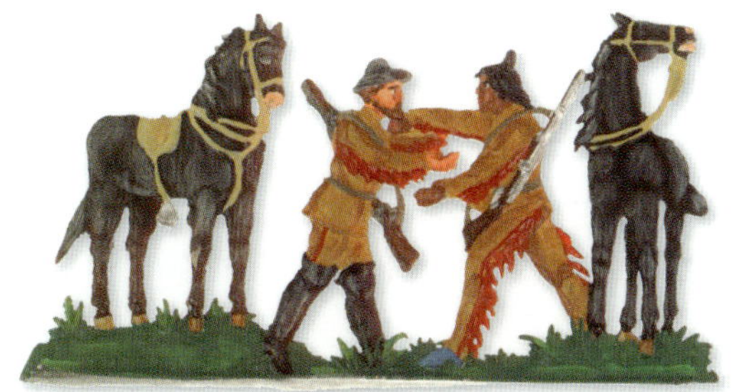

Old Shatterhand und Winnetou begrüßen sich (***, gr. 1906)

Dakota auf Wanderung

(**, gr. 1929)

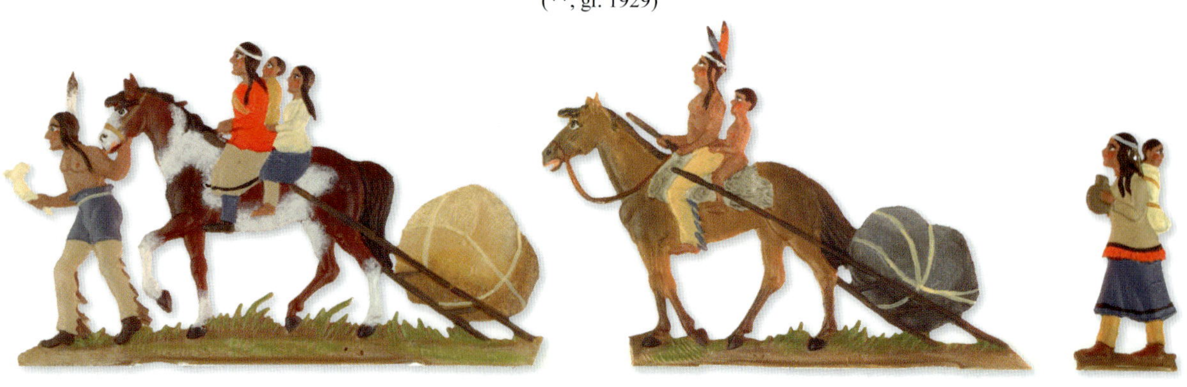

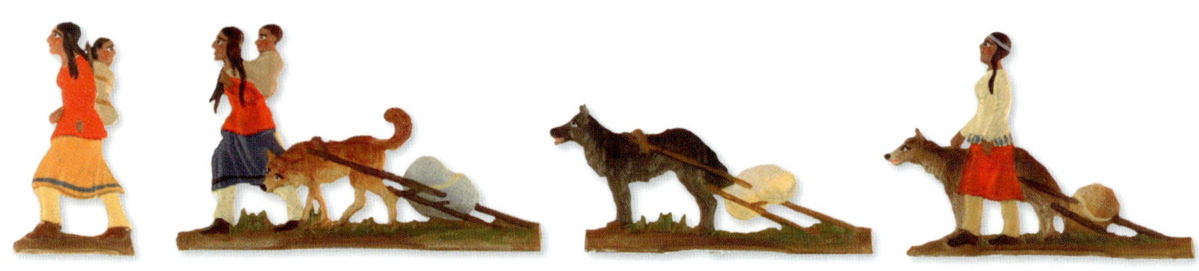

Mohikaner-Lager

(***, gr. 1920)

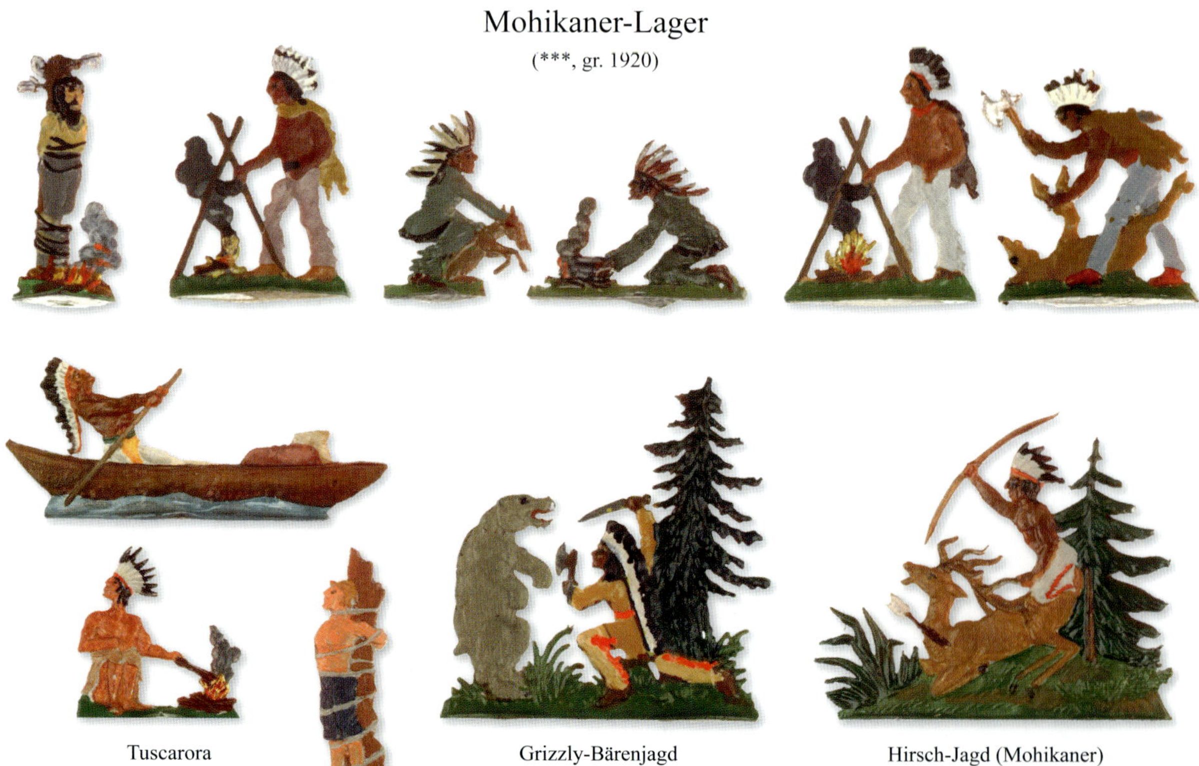

Tuscarora

Grizzly-Bärenjagd
(*, gr. 1920)

Hirsch-Jagd (Mohikaner)
(***, gr. 1920)

Darstellungen aus dem Wilden Westen

(***, gr. 1907)

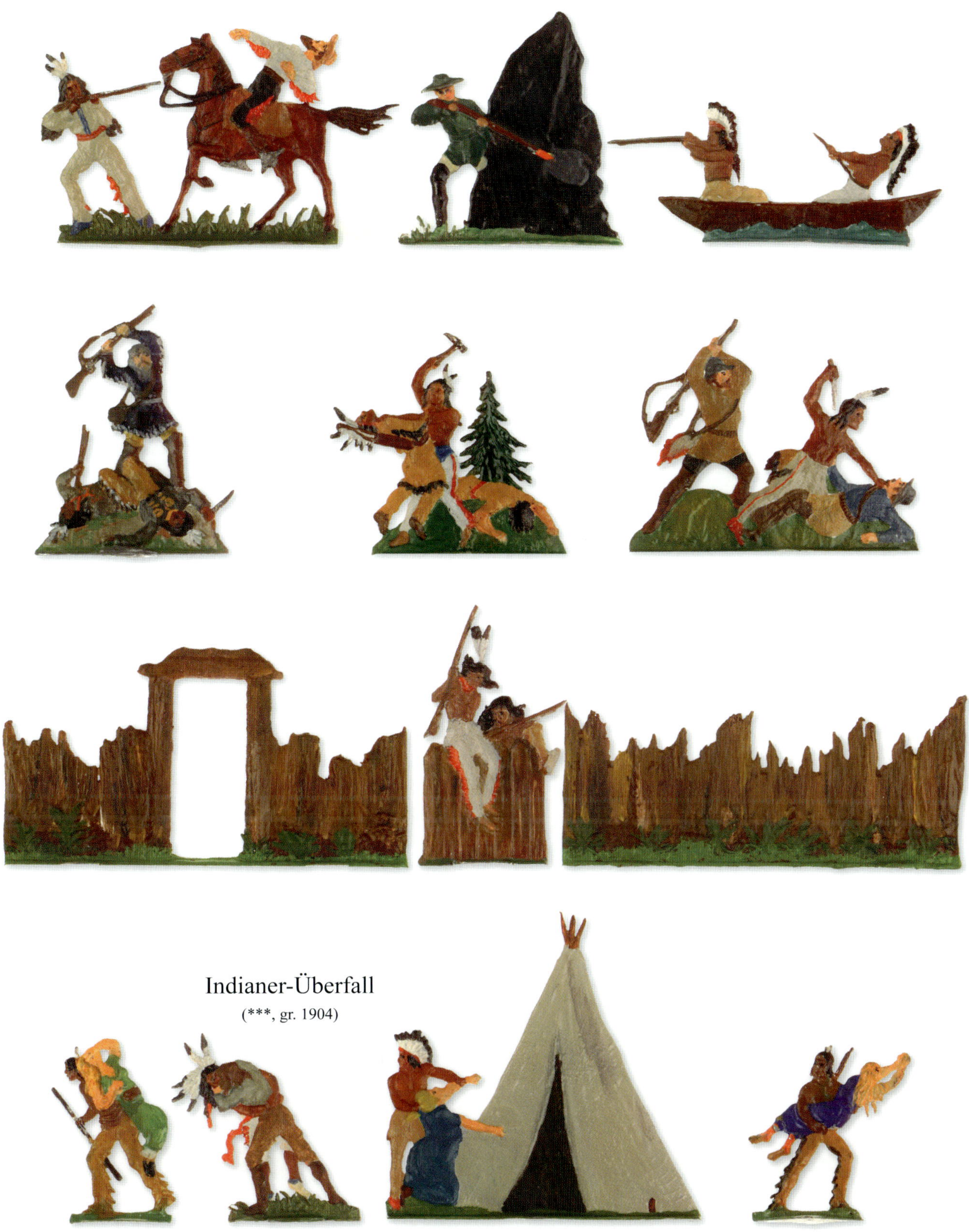

Indianer-Überfall

(***, gr. 1904)

Aus der Packung: Pawnee-Siedlung

(***, gr. 1929)

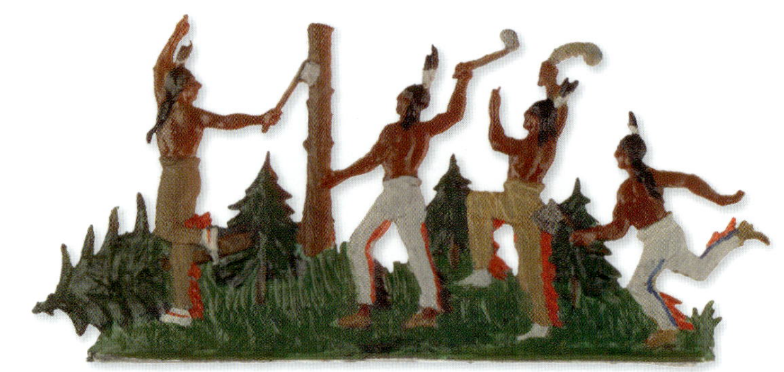

„Kriegs-Tanz“

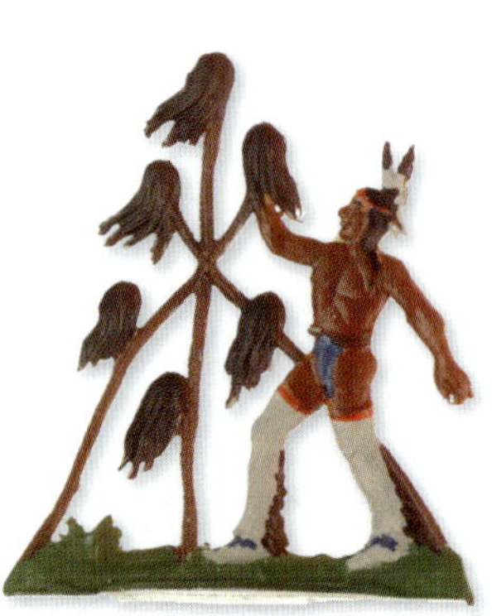

Skalp-Trophäenständer

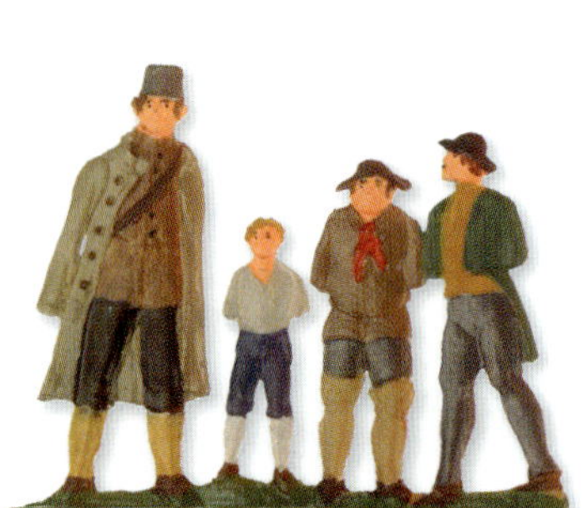

Gefangene Einwanderer

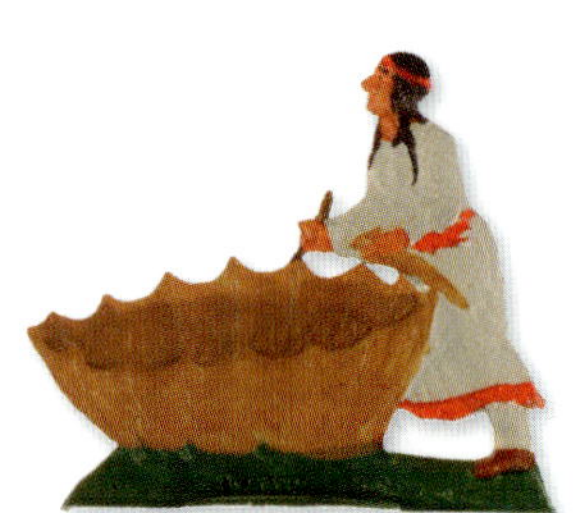

Squaw Fell spannend

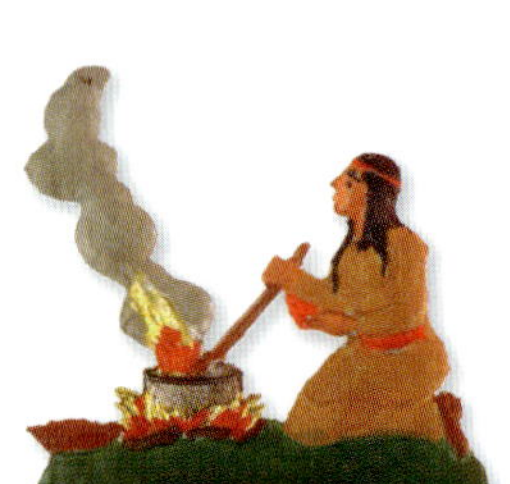

kochende Squaws

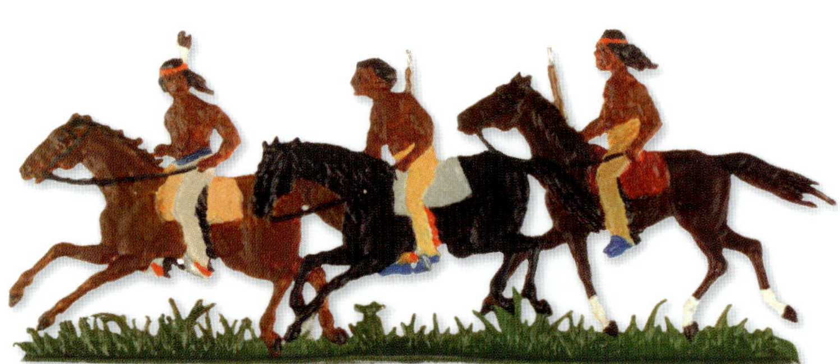

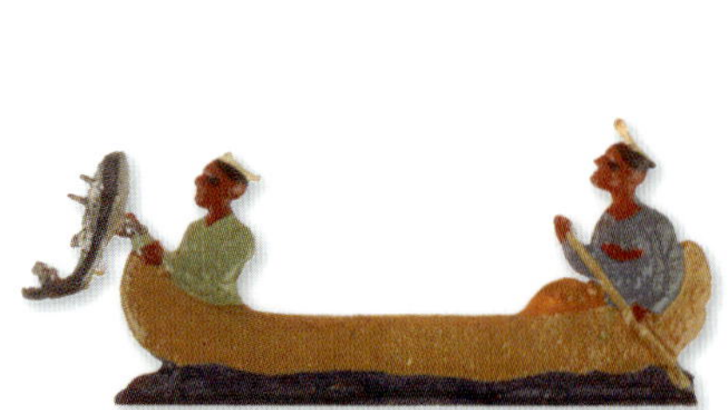

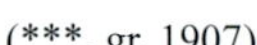

(***, gr. 1907)

9. Kapitel

Weltkrieg 1914-18
Epoche von 1916–38

In diesem Kapitel sind zunächst chronologisch die Gruppen zu den einzelnen Schlachten des 1. Weltkrieges abgebildet. Die Bildunterschriften geben an, welcher Packung von Heinrichsen die betreffenden Gruppen beigegeben waren.

Der darauf folgende Abschnitt zeigt die Truppen der einzelnen Nationen, wobei das Schwergewicht der Produktion eindeutig bei den Deutschen Truppen liegt. Dieser Teil des Kapitels ist in zwei Abschnitte gegliedert: der erste befasst sich mit den Figuren für die Jahre 1914/15, danach wird die Zeit ab 1916 behandelt, in welcher bei allen Nationen der Stahlhelm eingeführt wurde. Heinrichsen bezeichnet sie in seinen Unterlagen als „Stahlhelm-Zeit".

Das Gravurdatum der Gruppen fällt bei den Figuren für die Jahre 1914/15 größtenteils in die Ära von Ludwig Frank, während die Gruppen zur „Stahlhelm-Zeit" im Laufe der Jahre 1916 bis 1937 entstanden. Hier zeigen vor allem die späteren Gravuren einen weniger gehaltvollen Stil.

Gruppen aus den Schlachtenpackungen 1914-1916

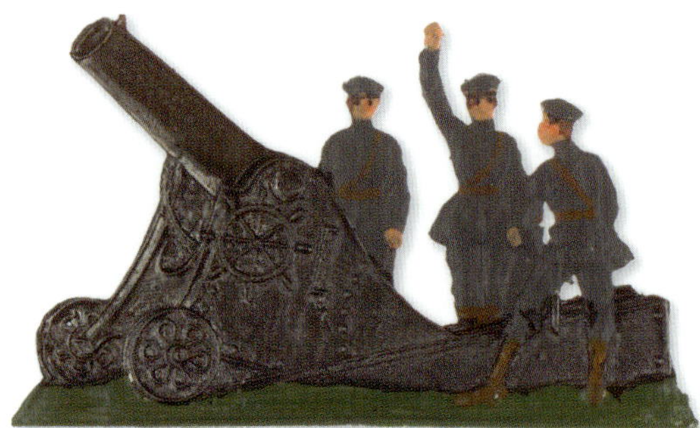

Deutsche Geschützstellung bei Antwerpen (***, gr. 1908)

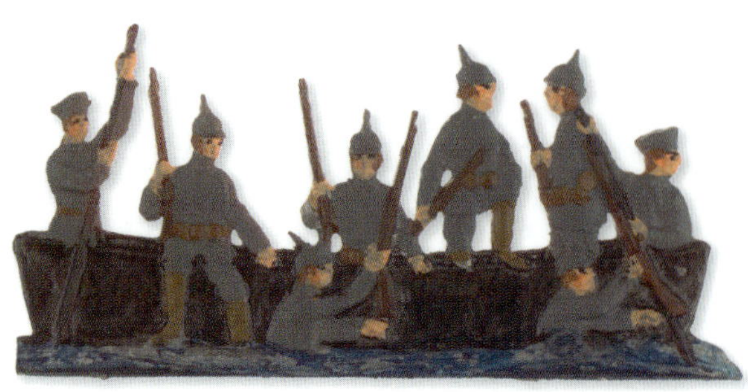

Deutsches Landungsboot bei Antwerpen (***, gr. 1916)

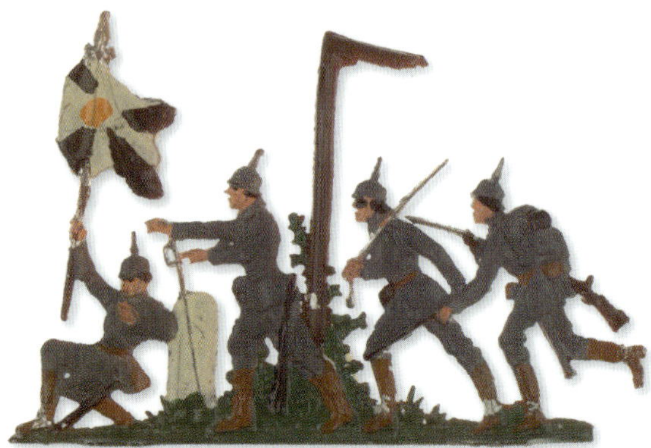

Deutsche Infanterie bei Lüttich

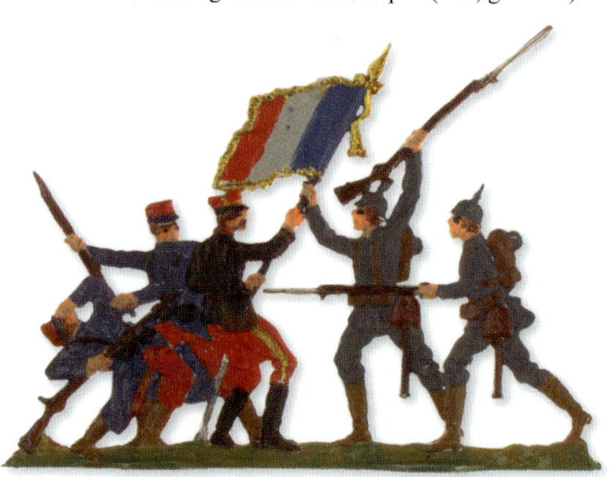

Kampf um eine französische Fahne bei La-Garde (***, gr. 1914)

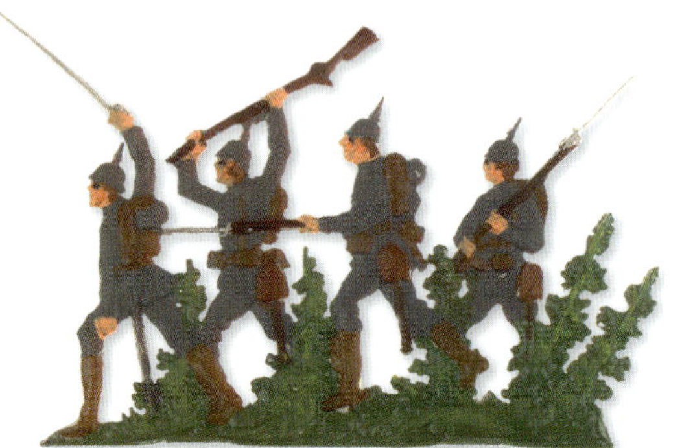

Deutsche Infanterie bei Mühlhausen (***, gr. 1914)

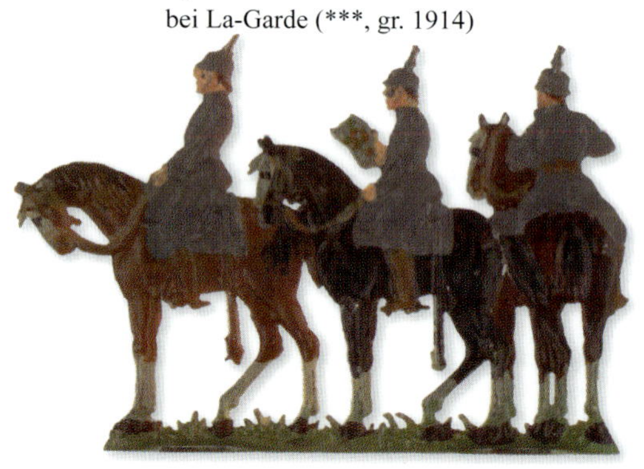

Kronprinz Rupprecht von Bayern bei Metz (*, gr. 1914)

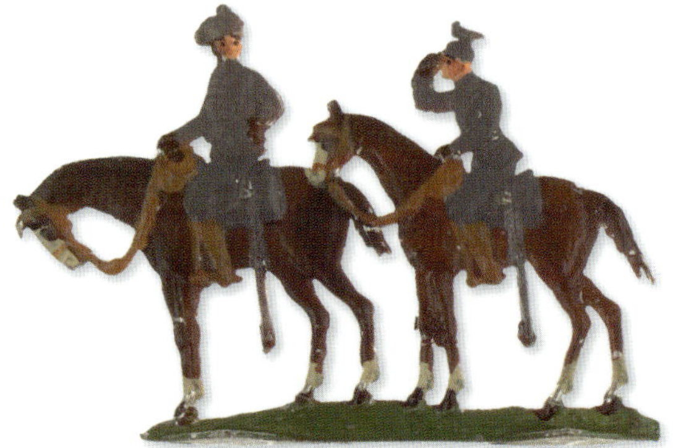

Kronprinz Wilhelm bei Longwy (*, gr. 1914)

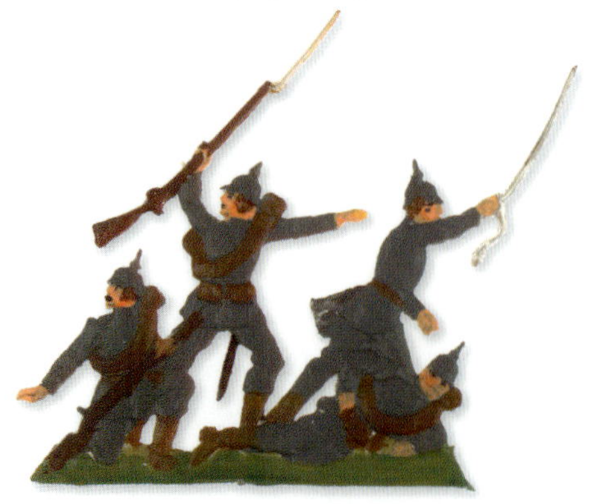

Deutsche Infanterie in den Argonnen (***, gr. 1906)

Gruppen aus den Schlachtenpackungen 1914-1916

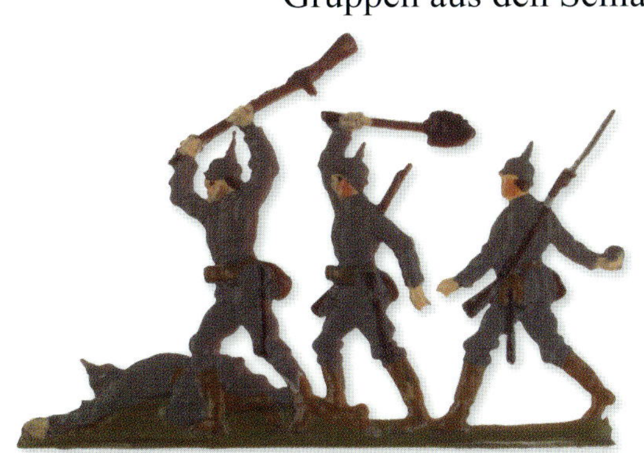

Deutsche im Grabenkampf bei Ypern (*, gr. 1914)

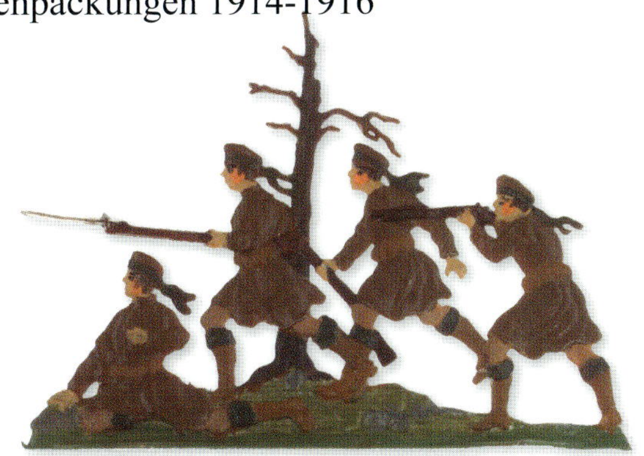

Schotten bei Ypern (***, gr. 1916)

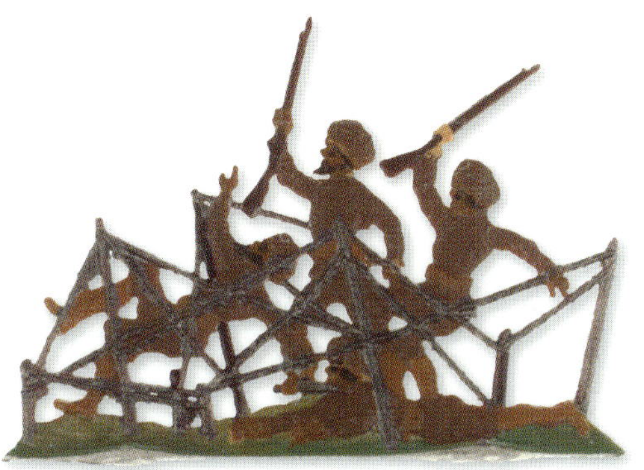

Indobritische Infanterie bei Ypern (***, gr. 1915)

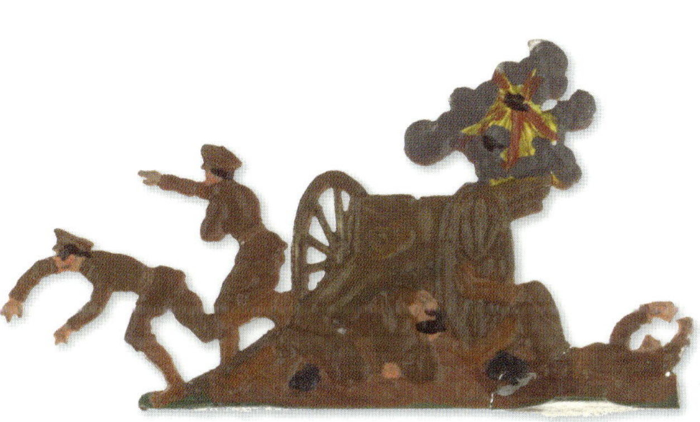

Engländer bei St. Quentin (*, gr. 1914)

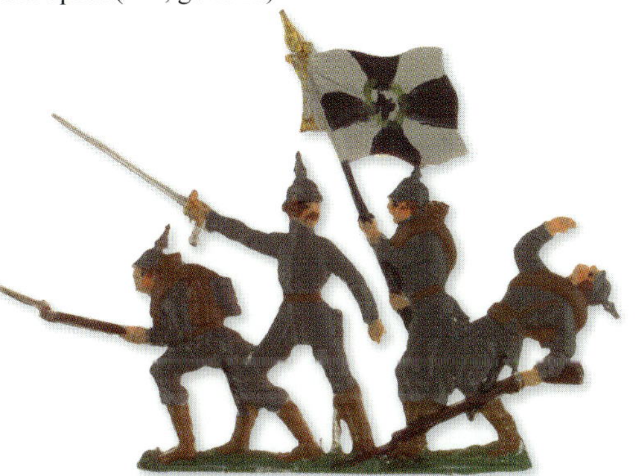

Deutsche bei St. Quentin (***, gr. 1914)

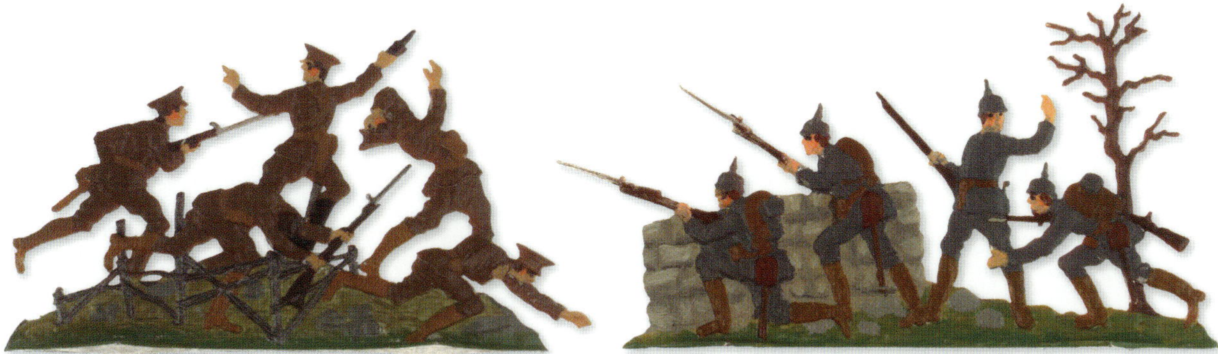

Engländer bei Wijtschate (***, gr. 1916)

Deutsche bei Wijtschate (***, gr. 1916)

Gruppen aus den Schlachtenpackungen 1914-1916

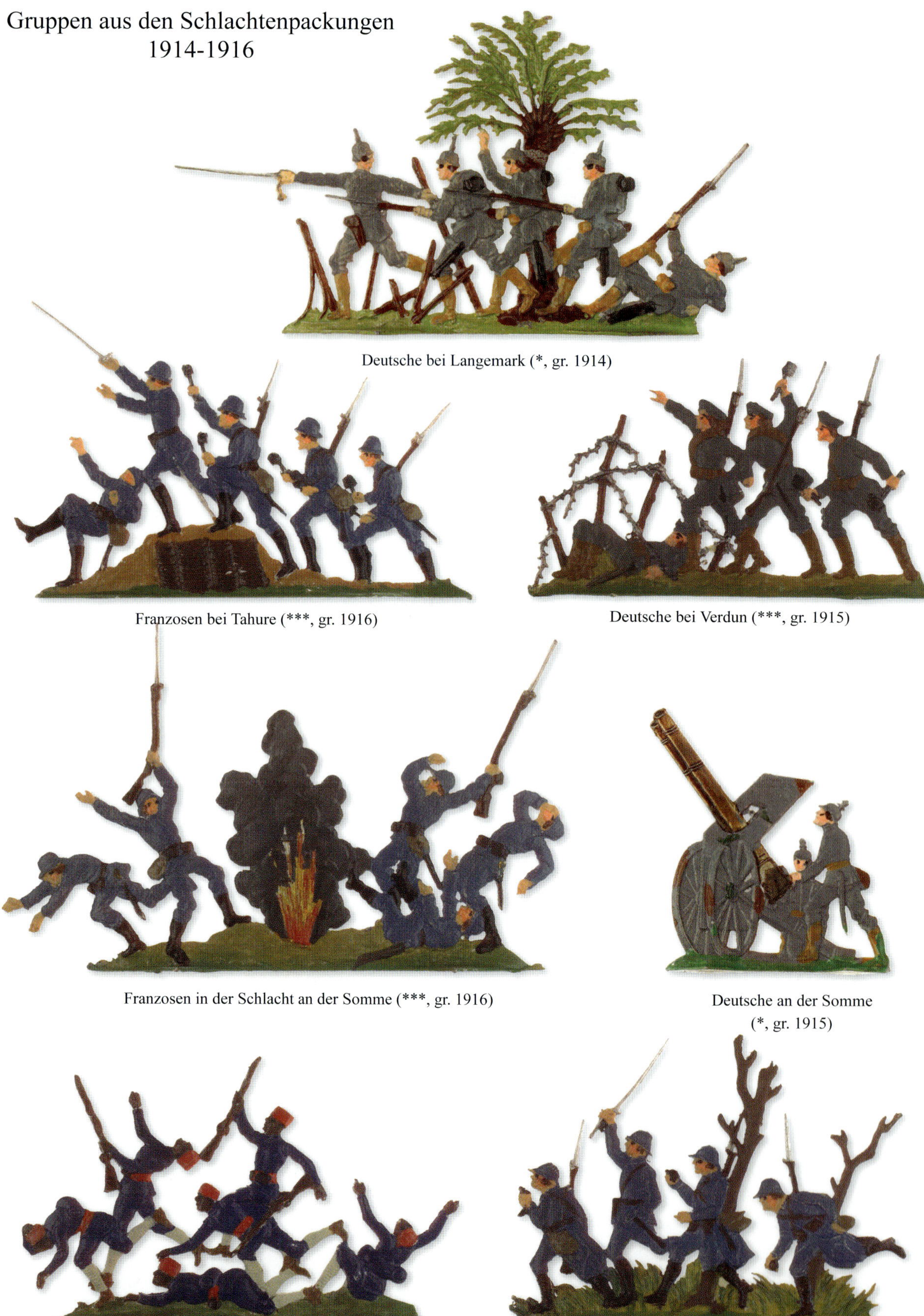

Deutsche bei Langemark (*, gr. 1914)

Franzosen bei Tahure (***, gr. 1916)

Deutsche bei Verdun (***, gr. 1915)

Franzosen in der Schlacht an der Somme (***, gr. 1916)

Deutsche an der Somme (*, gr. 1915)

Senegalesen an der Somme (***, gr. 1929)

Franzosen an der Somme (***, gr. 1930)

Gruppen aus den Schlachtenpackungen 1914-1916

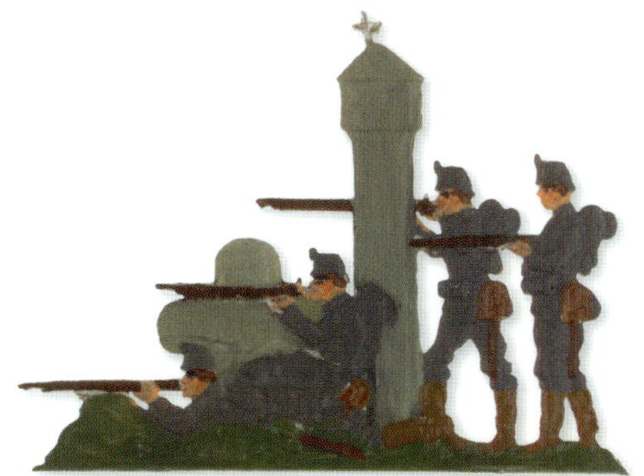

Deutsche Jäger an der Ysère (***, gr. 1915)

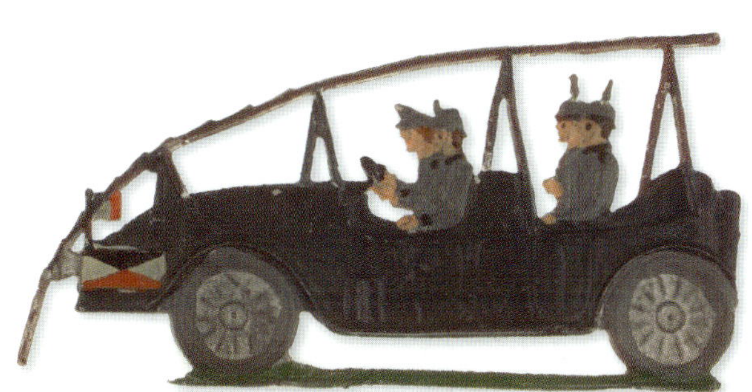

Deutsches Stabsauto bei Naumur (*, gr. 1914)

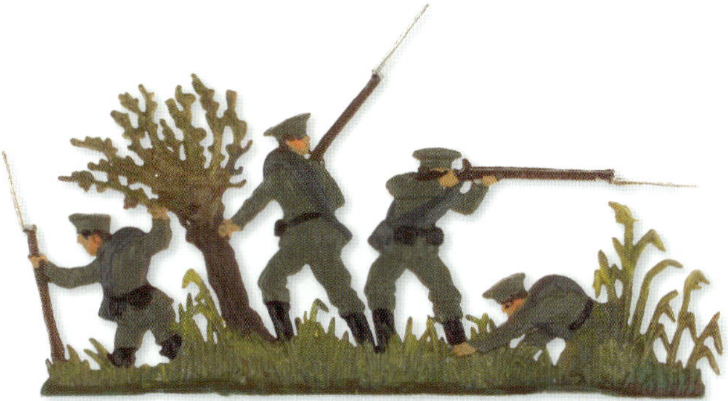

Russische Infanterie in den Sümpfen
von Tannenberg (***, gr. 1914)

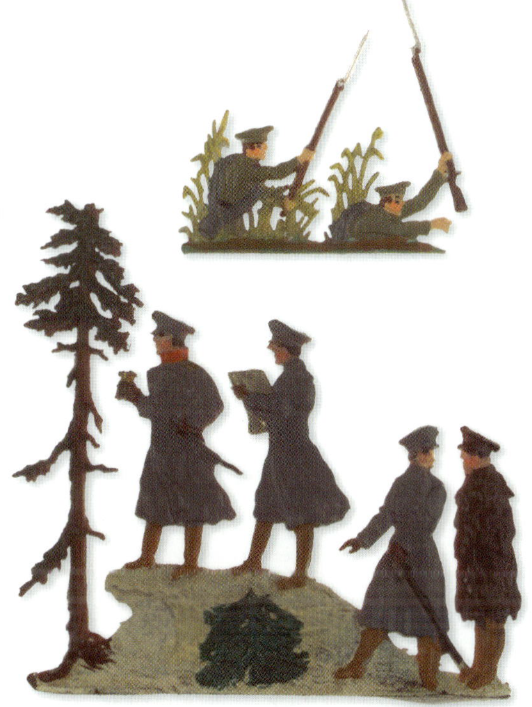

General Paul von Hindenburg mit Stab bei Tannenberg
(*, gr. 1914)

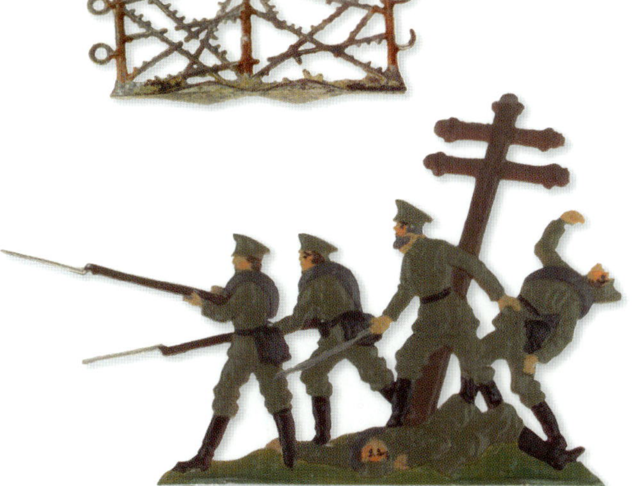

Russen bei Warschau (***, gr. 1914)

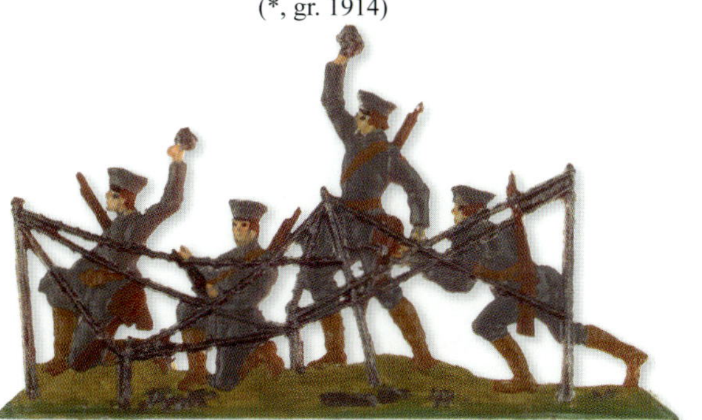

Deutsche beim Sturm auf Przemisl (***, gr. 1915)

Gruppen aus den Schlachtenpackungen 1914-1916

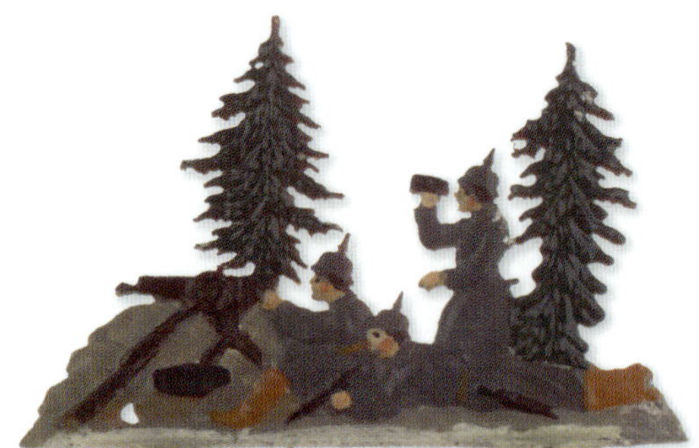

Deutsche in den Karpaten (*, gr. 1915)

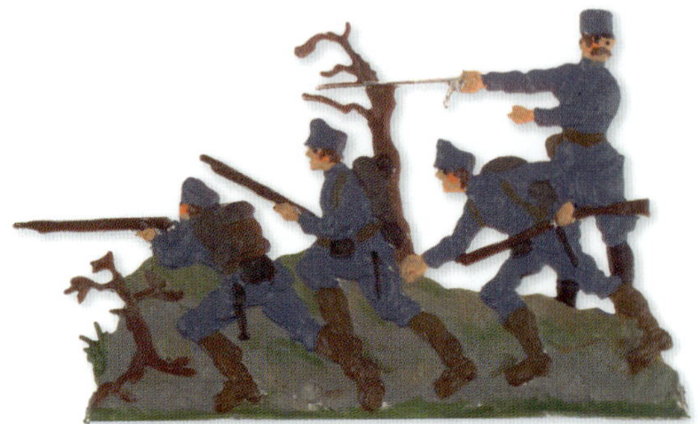

Österreicher bei Lemberg (***, gr. 1915)

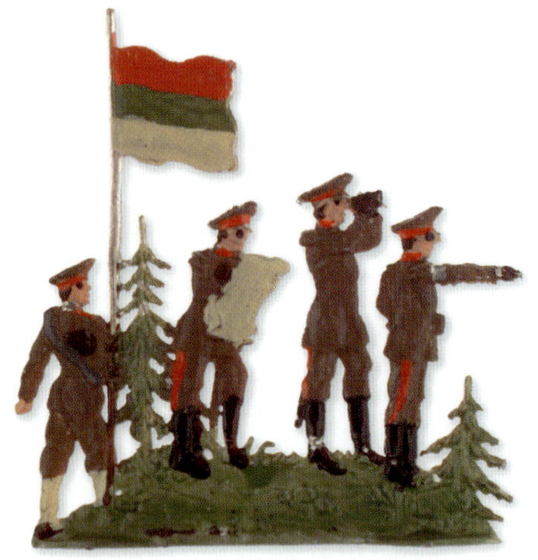

Bulgarischer Stab in der Dobrudscha (*, gr. 1914)

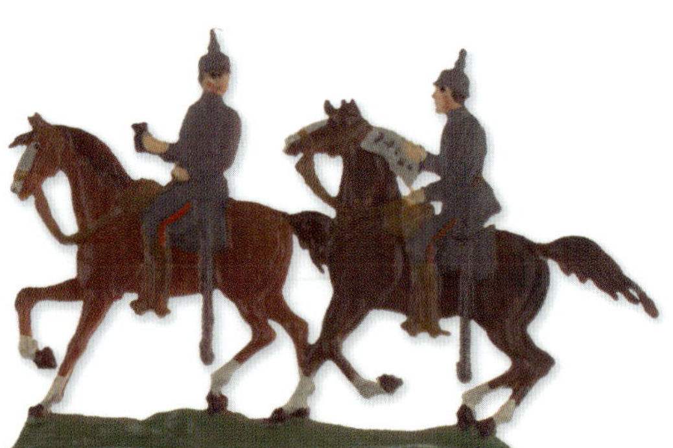

Deutscher General Mackensen in der Dobrudscha (*, gr. 1914)

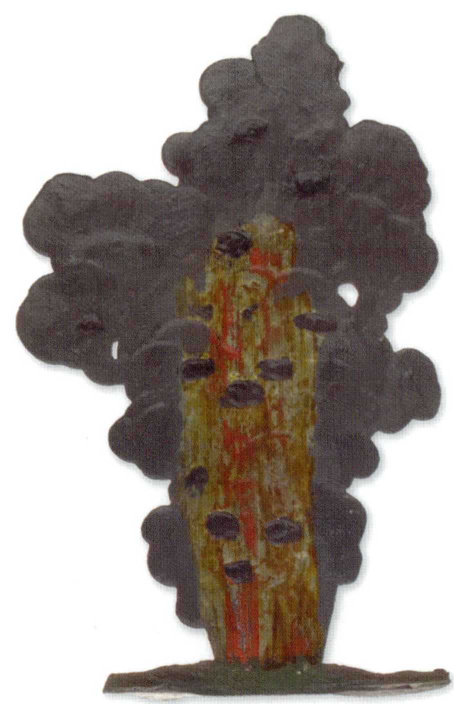

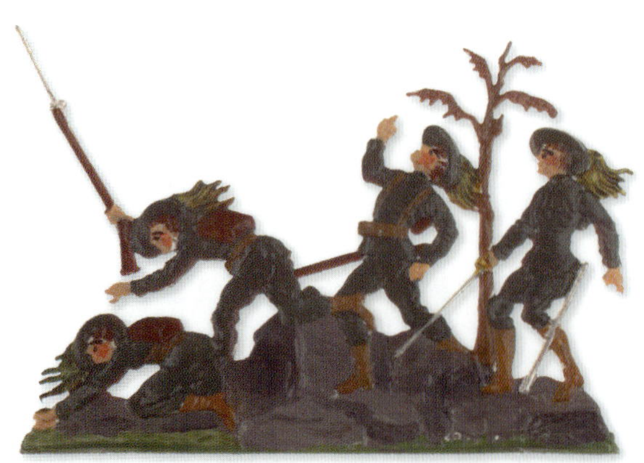

Italienische Bersaglieri am Isonzo (***, gr. 1915)

Gruppen aus den Schlachtenpackungen 1916-1918

(Stahlhelmzeit)

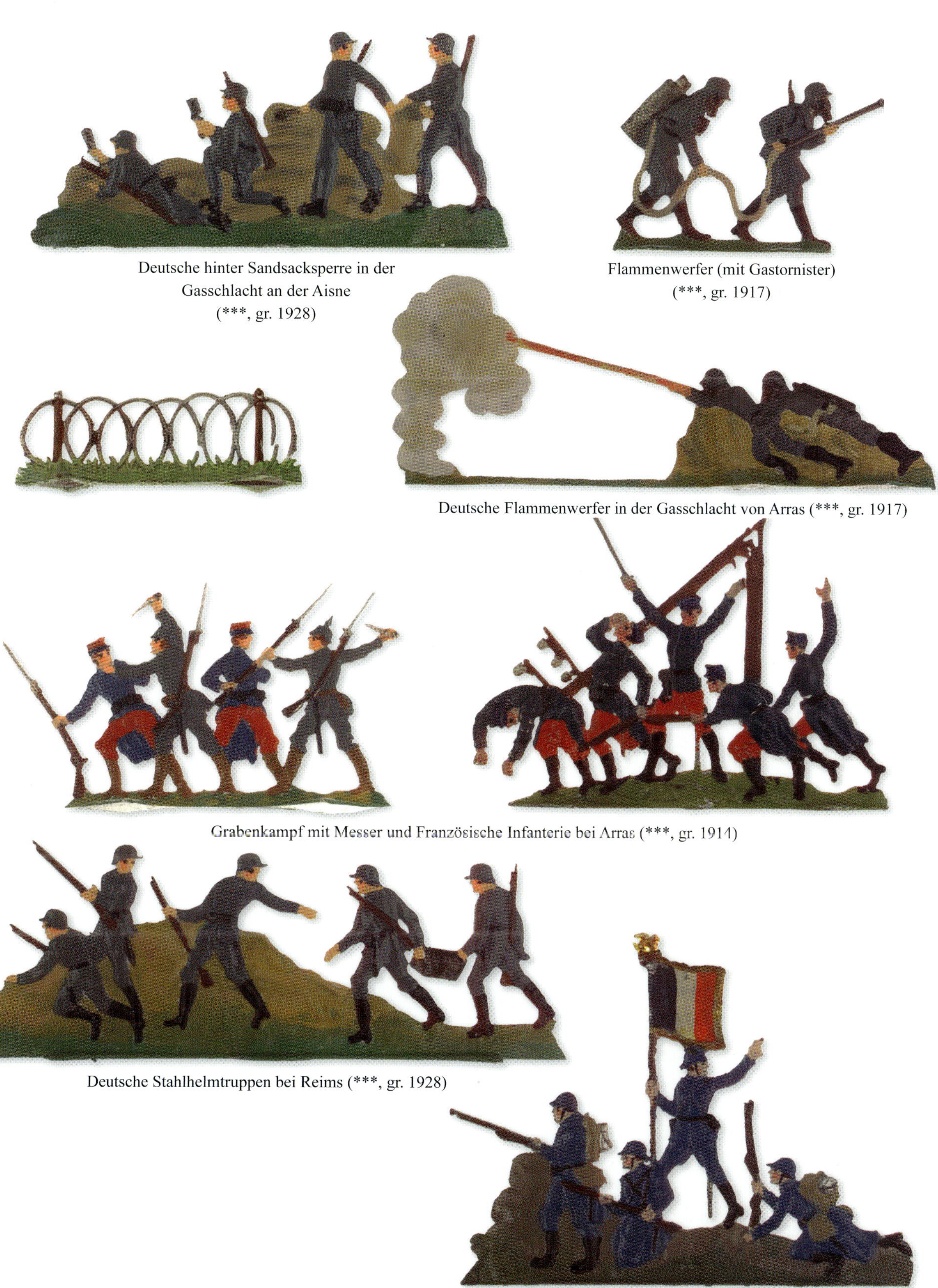

Deutsche hinter Sandsacksperre in der Gasschlacht an der Aisne (***, gr. 1928)

Flammenwerfer (mit Gastornister) (***, gr. 1917)

Deutsche Flammenwerfer in der Gasschlacht von Arras (***, gr. 1917)

Grabenkampf mit Messer und Französische Infanterie bei Arras (***, gr. 1914)

Deutsche Stahlhelmtruppen bei Reims (***, gr. 1928)

Franzosen bei Reims (*, gr. 1929)

Gruppen aus den Schlachtenpackungen 1916-1918

(Stahlhelmzeit)

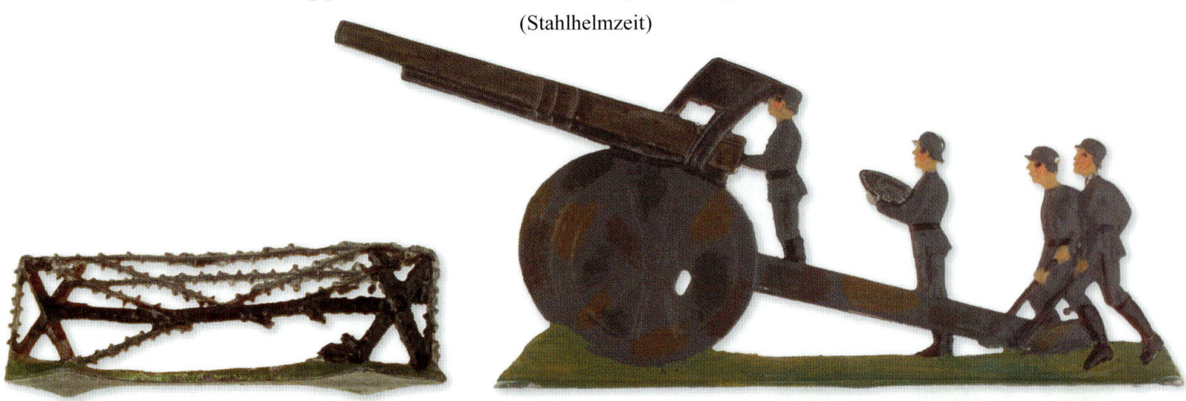

Deutsche Geschützstellung bei Armentières (*, gr. 1928)

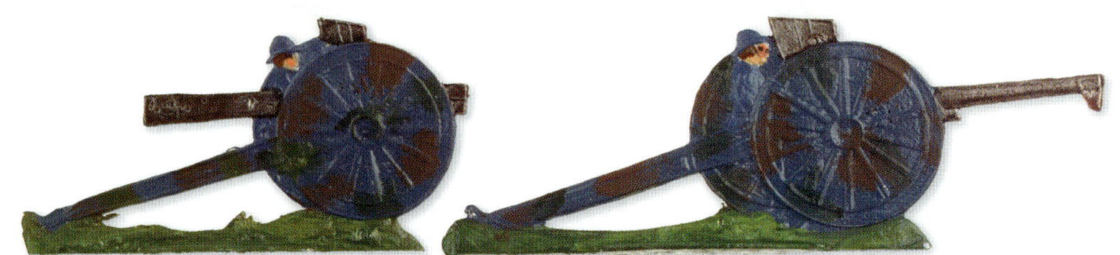

Französische Geschützstellungen bei Armentières
(***, gr. 1928)

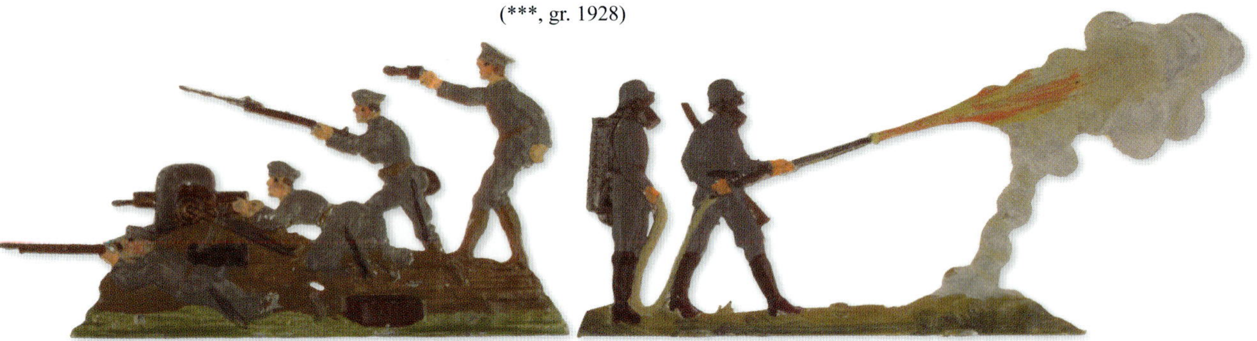

Deutsche MG-Stellung in Flandern (*, gr. 1915)

Deutscher Flammenwerfer bei Bikschote
(***, gr. 1928)

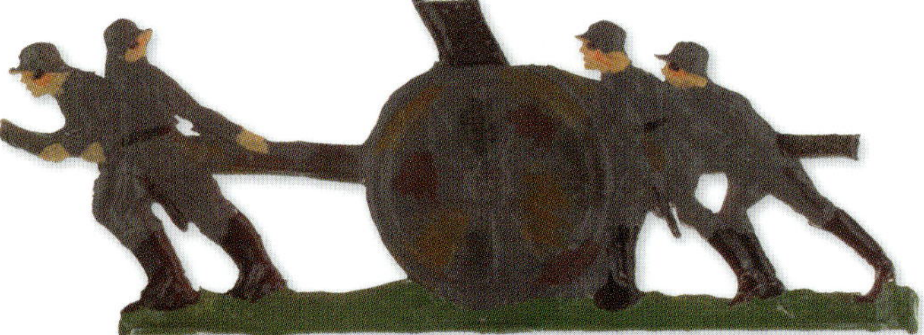

Deutsche Artillerie bei Kemmelberg 1332 (*, gr. 1928)

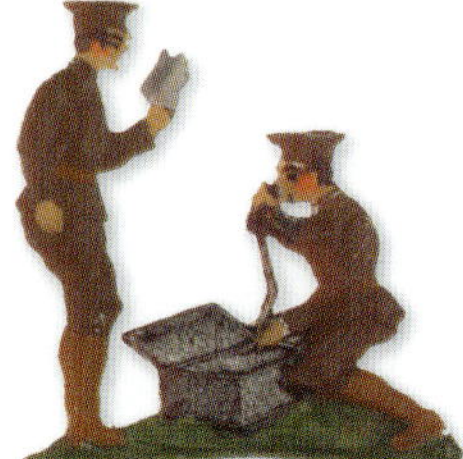

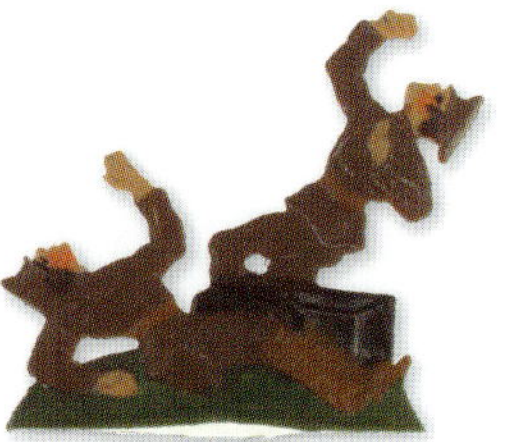

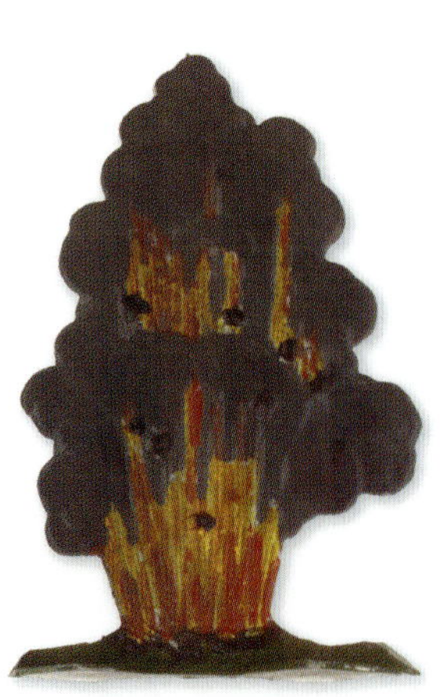

Englische Funkstation unter Beschuss in der Schlacht bei Diksmuiden
(***, gr. 1915)

Deutsche Truppen 1914-16

(***, gr. 1915/16)

MG gegen Flieger gerichtet

Gewehr-Granaten-werfer

Minenwerfer in Feuerstellung

mit großer Mine

Stacheldrahtverhau bauend

Drahtrolle tragend

Eisenpfähle tragend

mit Drahtschere Verhau zerstörend

Holzverhau flechtend

Pioniere Baumstämme tragend

Pioniere Baumstamm zersägend

Pontoniere

Küchenmannschaft Feldkesssel tragend

Feldküche von Pferden getragen

Küchenmannschaft mit großem Kessel

Deutsche Truppen 1914-16

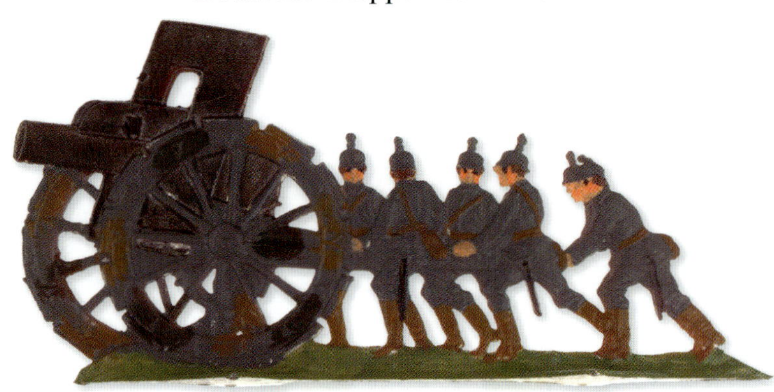

Artilleristen 21er Mörser schiebend
(***, gr. 1917)

Transportboot mit Infanteristen
(***, gr. 1916)

Truppentransportauto
(***, gr. 1916)

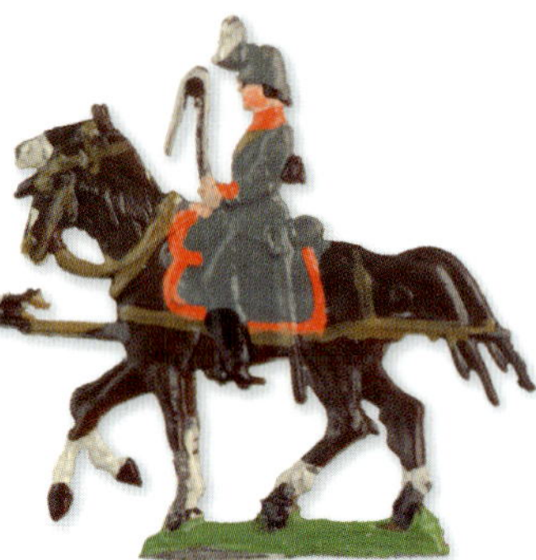

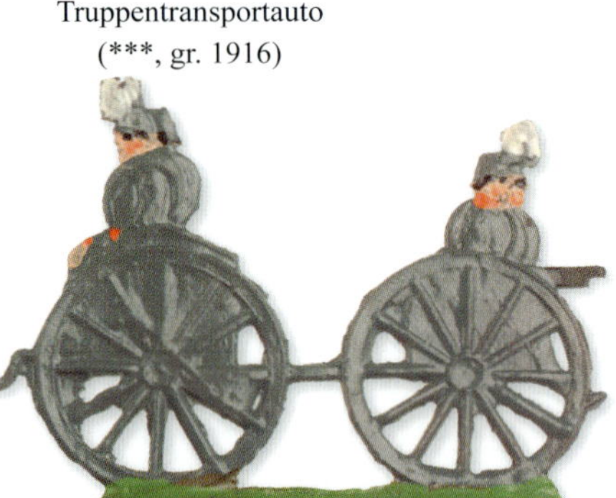

Jäger mit MG

Jäger-MG-Geschütztransport
(*, gr. 1913)

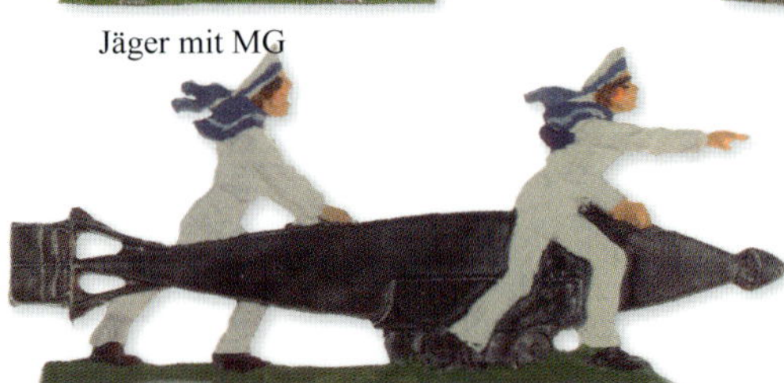

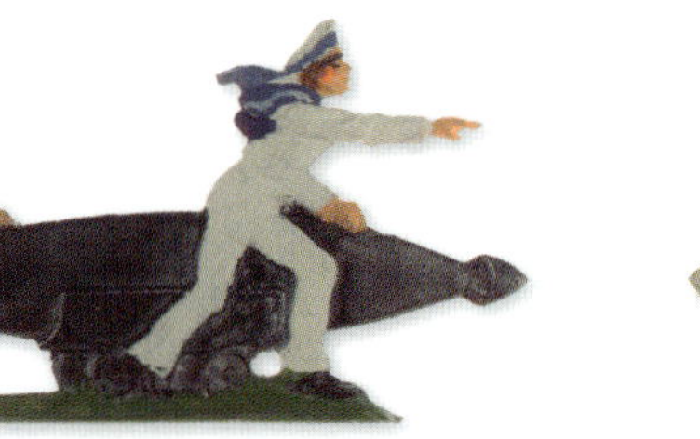

Matrosen mit Torpedo
(***, gr. 1916)

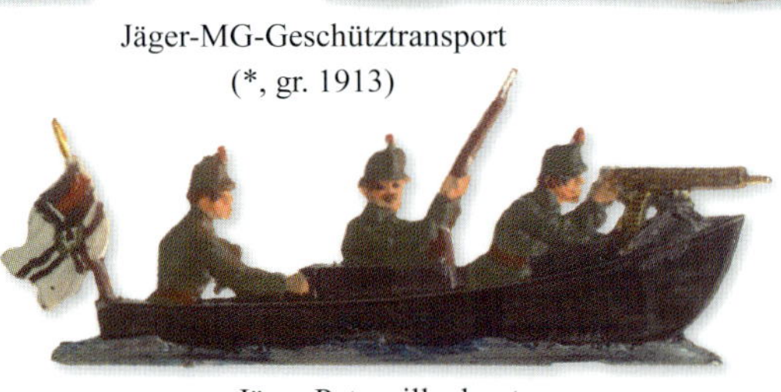

Jäger Patrouillenboot
(***, gr. 1915)

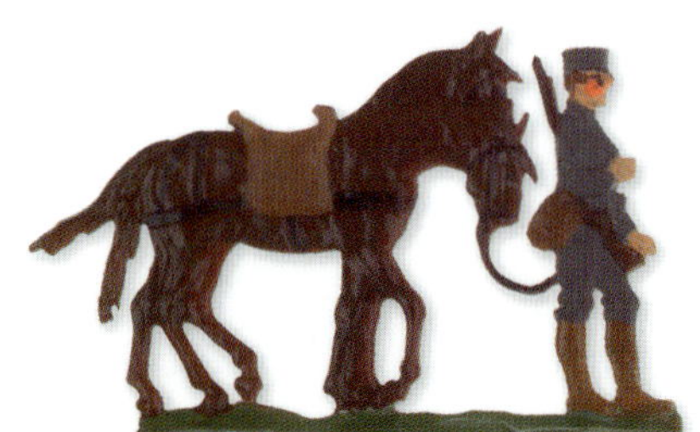

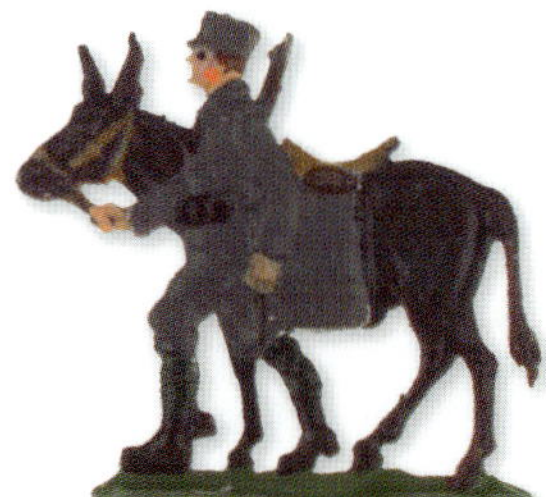

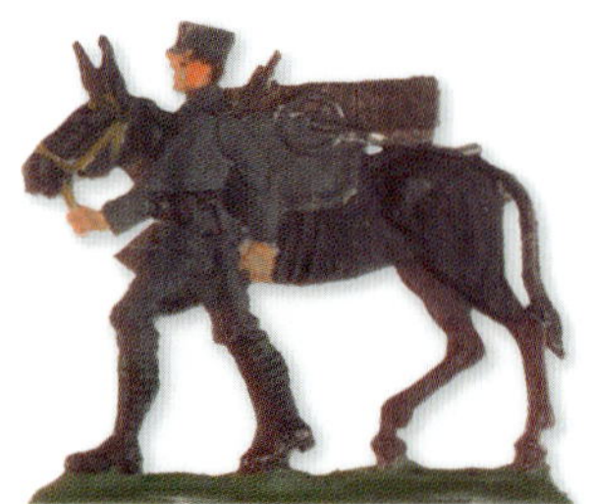

Gebirgsinfanterie mit Maultieren
(*, gr. 1916)

Deutsche Truppen 1916-38

(***, gr. 1917-1935)

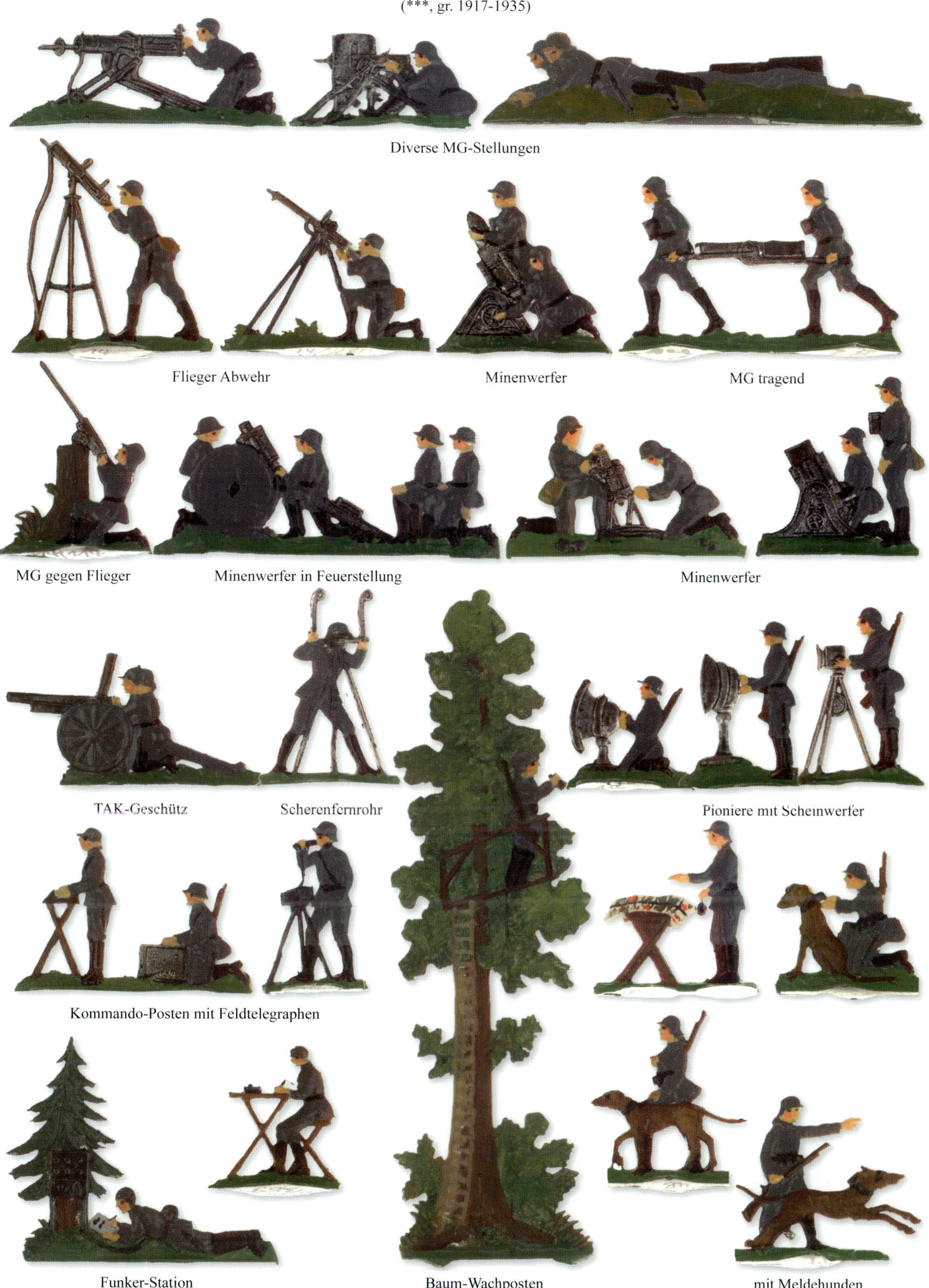

Diverse MG-Stellungen

Flieger Abwehr

Minenwerfer

MG tragend

MG gegen Flieger

Minenwerfer in Feuerstellung

Minenwerfer

TAK-Geschütz

Scherenfernrohr

Pioniere mit Scheinwerfer

Kommando-Posten mit Feldtelegraphen

Funker-Station

Baum-Wachposten

mit Meldehunden

Deutsche Truppen 1916-38

(***, gr. 1924-35)

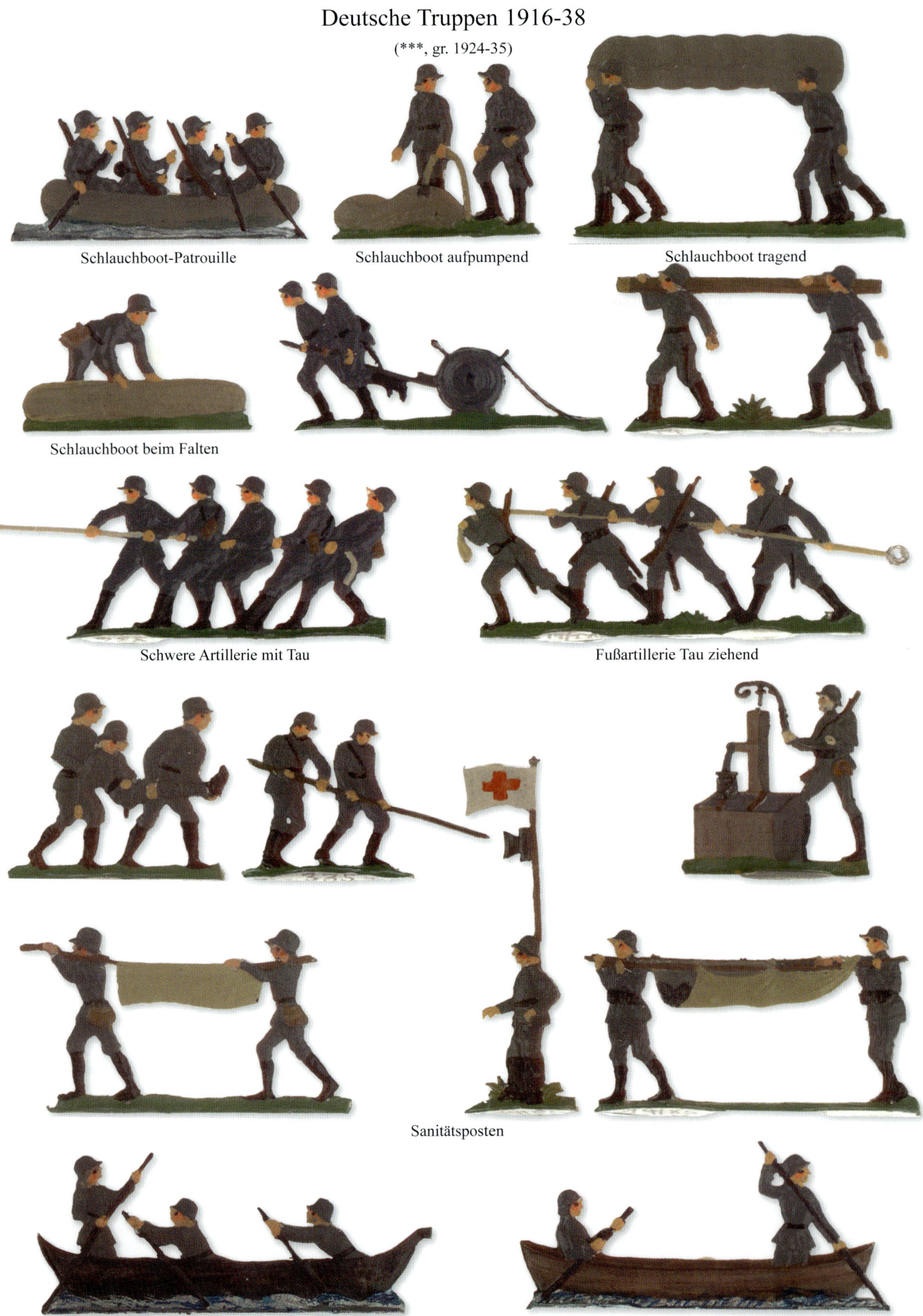

Schlauchboot-Patrouille

Schlauchboot aufpumpend

Schlauchboot tragend

Schlauchboot beim Falten

Schwere Artillerie mit Tau

Fußartillerie Tau ziehend

Sanitätsposten

Pontoniere

Deutsche Truppen - Verschiebung 1916-38

(***, gr. 1934-38)

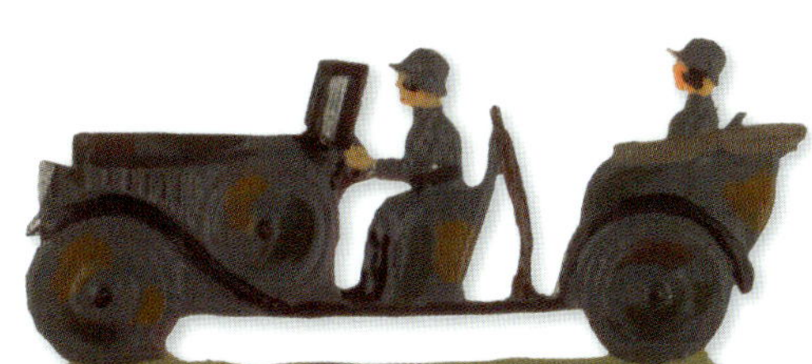

Kommandowagen

Geländegängiger Personenwagen

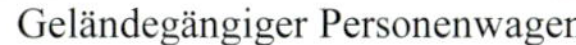

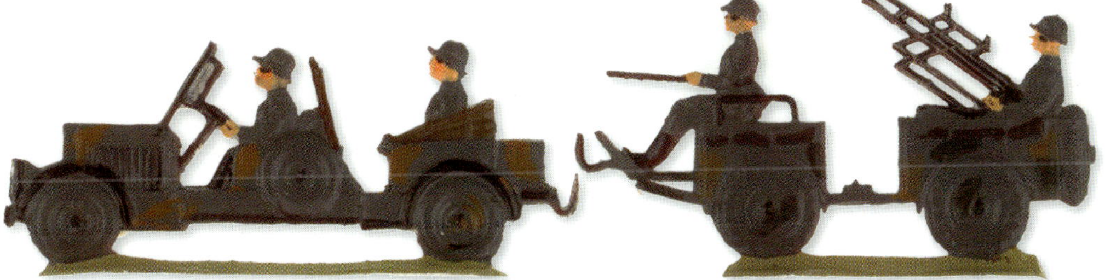

Geländefahrzeug mit Infanterie-Gefechtswagen

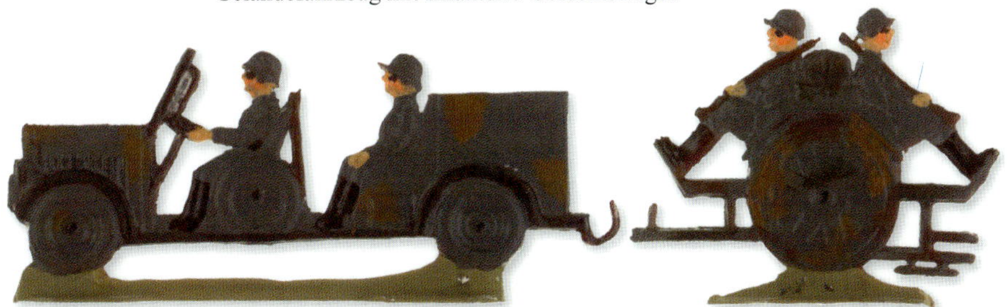

Kübelprotzwagen

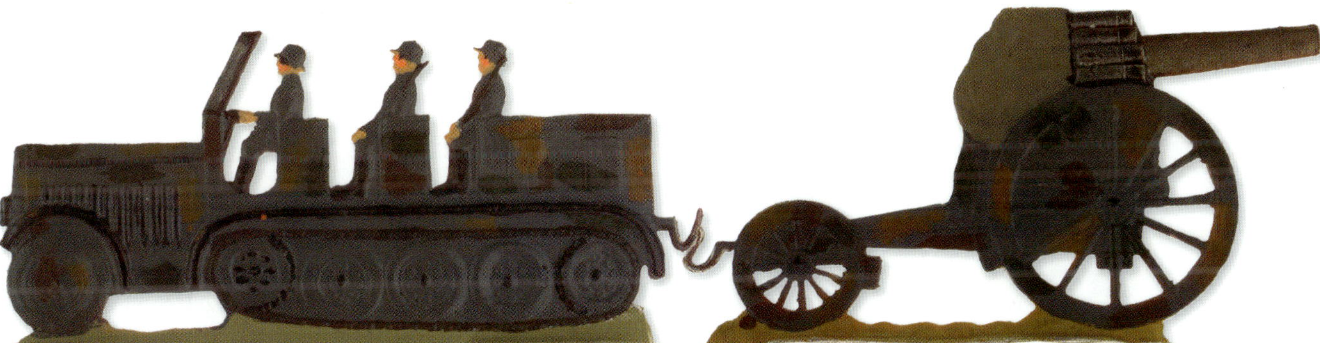

Geländelastwagen mit Raupenantrieb

21 cm Mörser

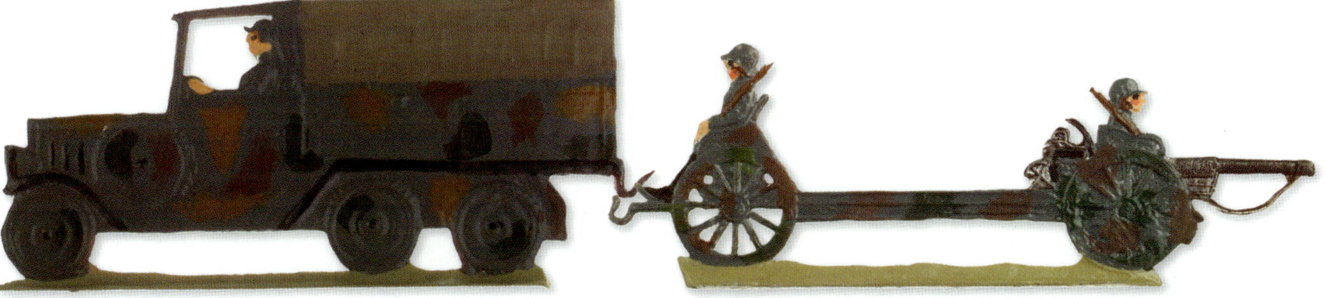

Schwerer Lastwagen mit bemannter Protze und Feldgeschütz

Deutsche Truppen - Verschiebung 1916-38

(***, gr. 1925-33)

Panzerwagen

Motorradfahrer mit TAK-Geschütz

Motorschützen mit MG

Zwei Mann mit MG auf Handkarren

bemannte Protze mit TAK-Geschütz

Handkarren mit Minenwerfer

Protzenwagen mit MG

Handkarren mit schwerem Minenwerfer

Infanteristen ziehen Wagen mit schwerem Minenwerfer

Pferdehalter

Deutsche Truppen - Verschiebung 1916-38

(***, gr. 1925-33)

Deutsche bemannte Protze mit Feldgeschütz (***, gr. 1925)

Deutscher bemannter Munitionsprotzenwagen
(***, gr. 1932)

Deutscher 42cm Mörser auf Positonslafette
(***, gr. 1927)

Englisches Eisenbahngeschütz auf Positionslafette mit Langrohr
(***, gr. 1922)

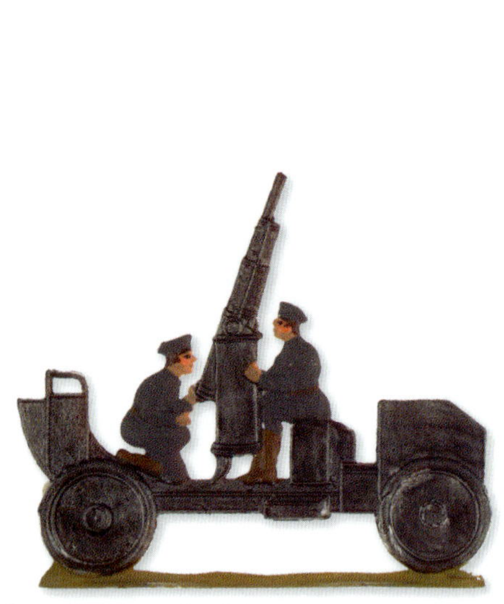

Deutsche Fliegerabwehrkanone auf Lastwagen 1914
(***, gr. 1914)

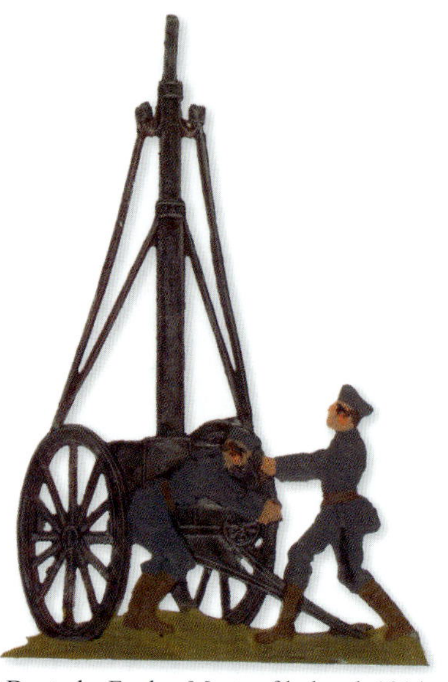

Deutsche Funker Mast aufdrehend 1914
(***, gr. 1914)

Deutsche Flak 1937

(***, gr. 1937)

Scheinwerfer

Kommandogerät

Entfernungsmesser

Kleines Fliegerabwehrgeschütz

Schweres Fliegerabwehrgeschütz

Österreicher 1914-18

(***, gr. 1915)

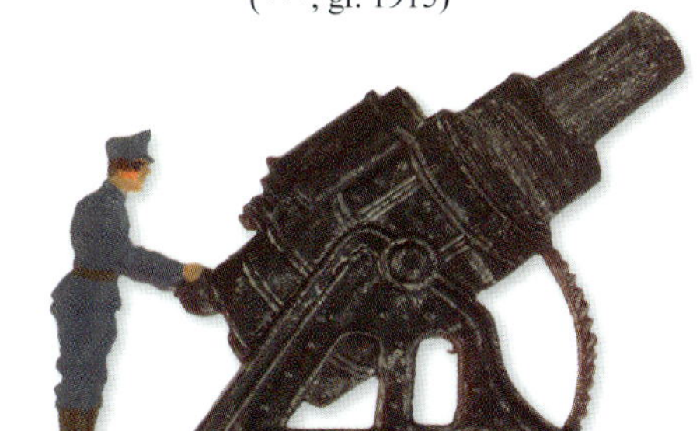

Großer Motormörser in Feuerstellung

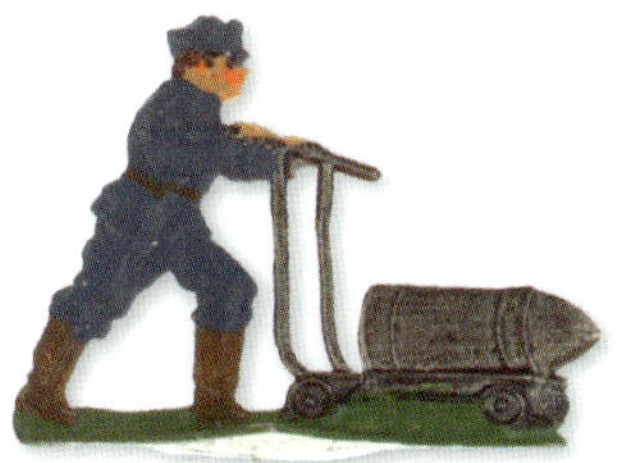

Zwei Mann große Mine schiebend

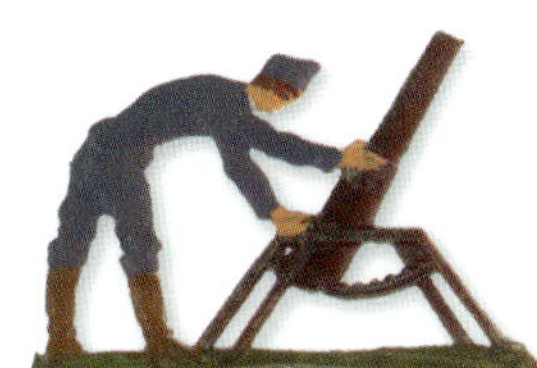

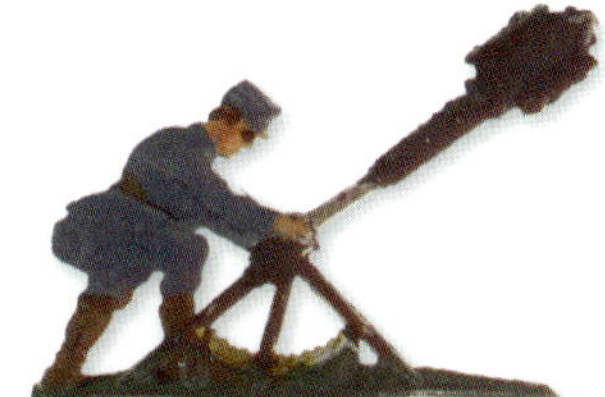

Minenwerfer

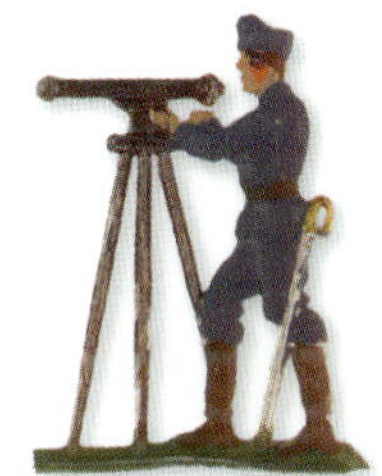

Offizier mit Entfernungsmesser

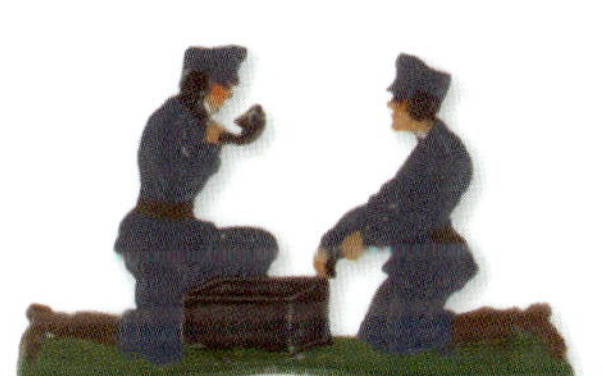

Fernsprecher

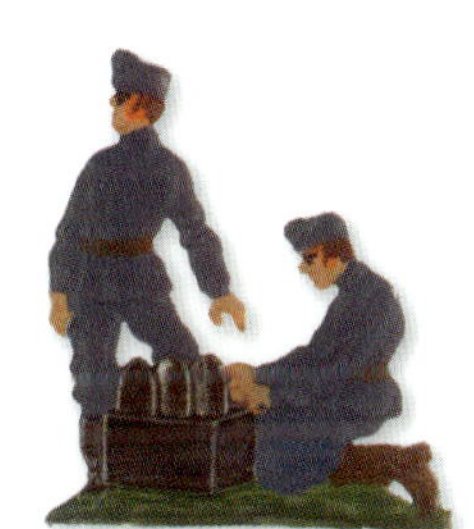

Zwei Mann mit Geschosskiste

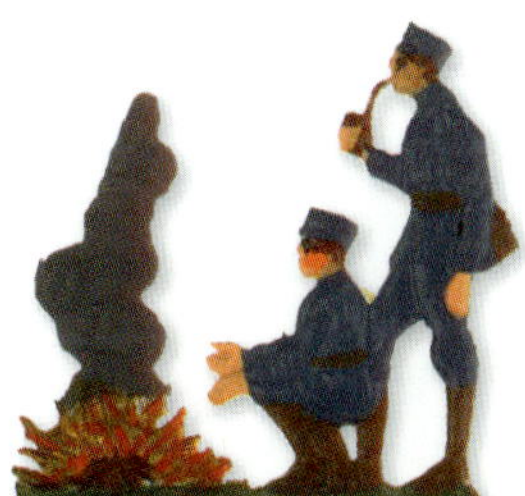

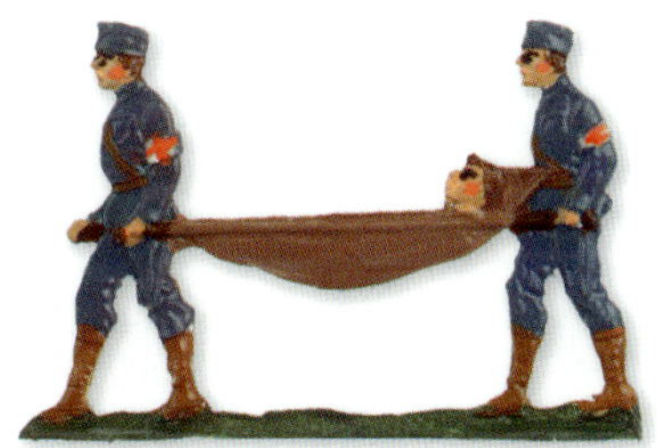

Sanität

Franzosen 1916-18

(***, gr. 1916-29)

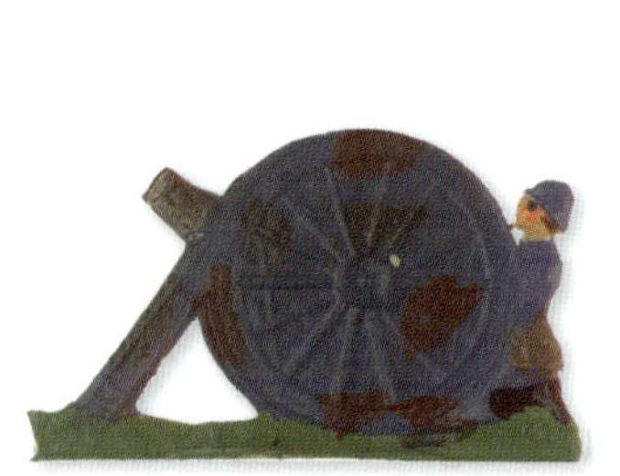
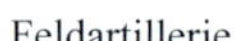

Feldartillerie

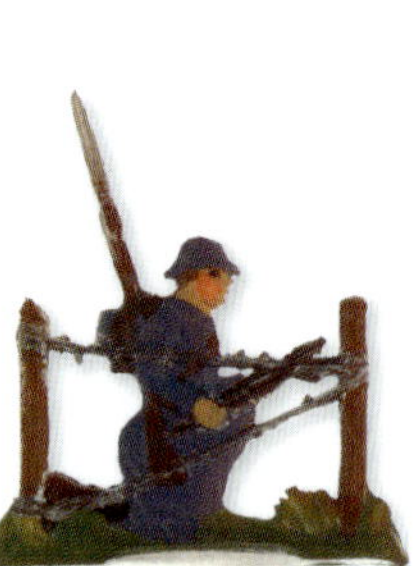
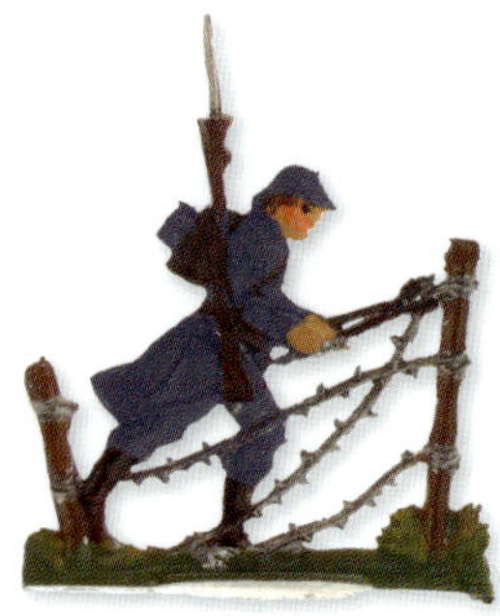
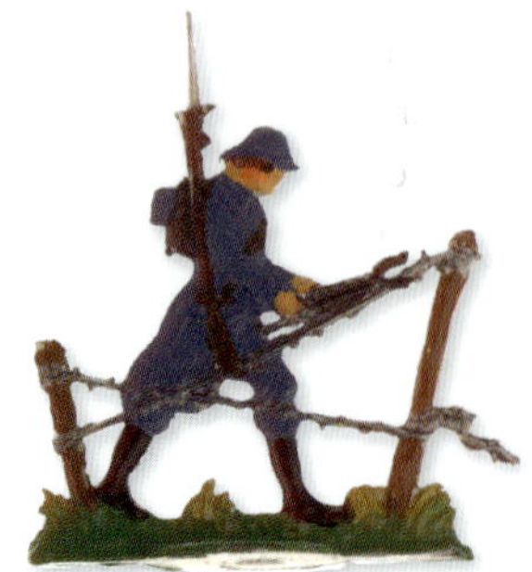

Infanteristen mit Drahtschere Stacheldrahtverhau zerstörend

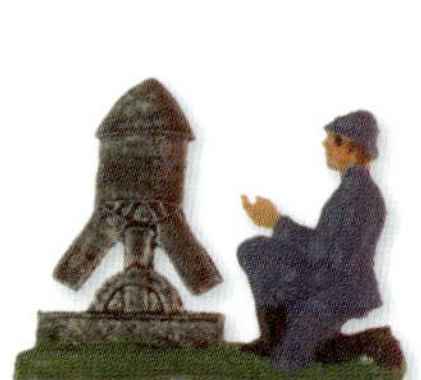

mit schwerer Flügelmine

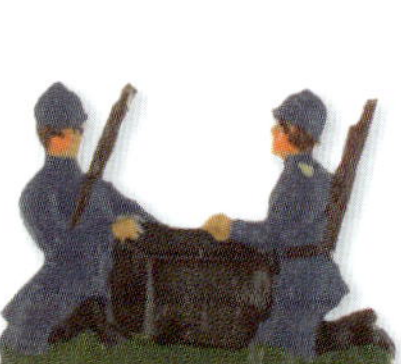

mit Munitionskiste

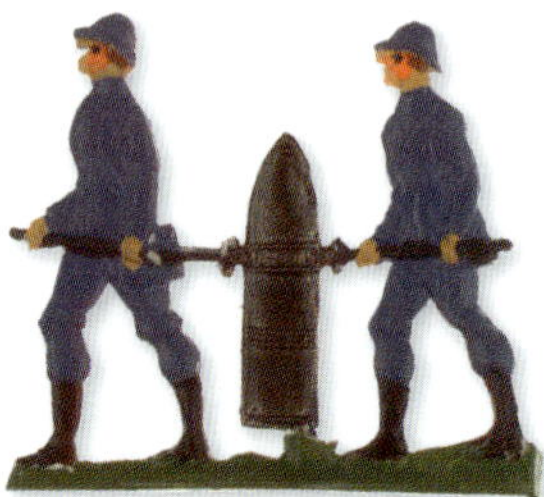

Flieger-Geschossträger

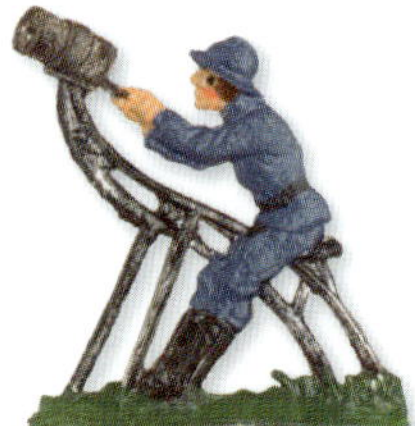

Minenwerfer

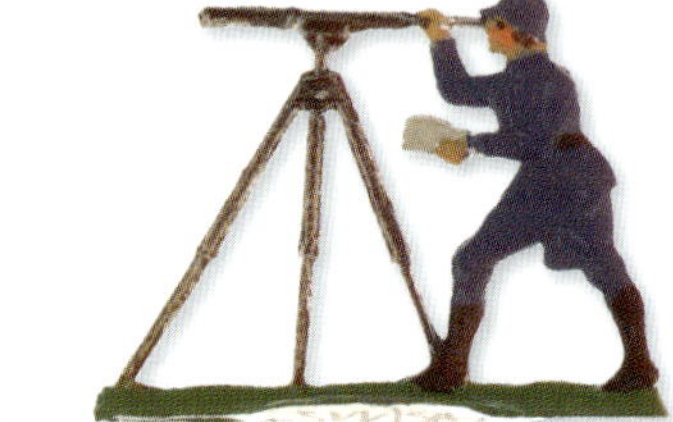

Beobachter

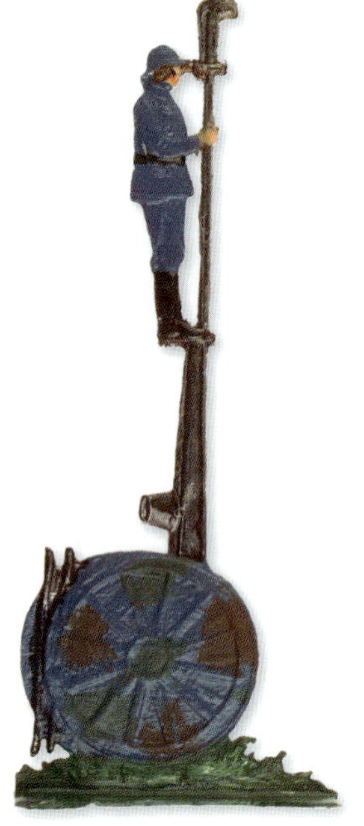

Offizier auf Beobachtungswagen

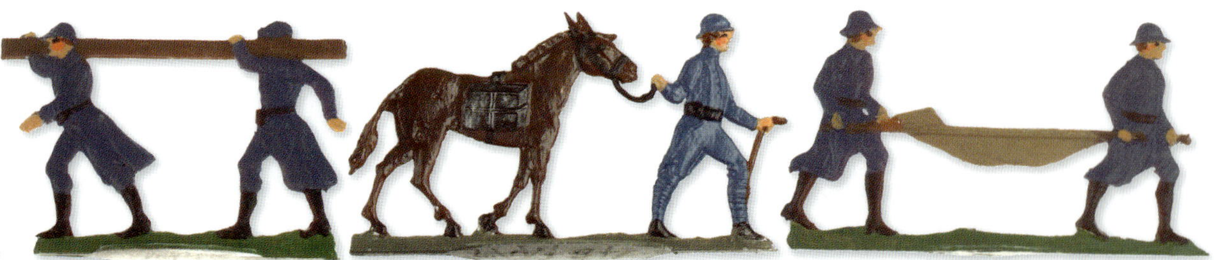

Balkenträger

Maultier-Führer

Sanitätssoldaten

Verzeichnis der Gruppen nach Gravurdatum (kursorisch)

(Bei den Schlachtengruppen ist nur der Name der Schlacht aufgeführt, ebenso bei grösseren Serien, nicht aber die einzelnen Gruppen)

Jahrgang	Gruppenangaben (stichwortartig)
1850	Chinesen-Kampfgruppen
	Englisches Lager 1850
	Revolution 1848 (Studentengruppe)
	Bersaglieri-Infanteristen
	Zivil: Promenade
1853	Kleingruppen 1813 ohne bestimmte Zuordnung
	alle Gruppen zum Krim-Krieg
	Tscherkessenschlacht
1858	Magenta, Bersaglieri (verwundeter Offizier)
	Jsly 1844
	Zivil: Jahrmarkt 1865, Affen-und Hundetheater
1859	Solferino
1860	Türkisches Lager (Balaklawa)
	Österreichisches Lager 1860
	Preußisches Lager 1860: Husar auf Vorposten m. Standarte, Offizier bei Befehlsausgabe
	Jsly (Kopfabschneider), Säbelkampf (El Teb)
	Indischer Aufstand 1860: Elefantengruppe, Indische Tigerjagd
	Indobrit. Elefanten-Kanonentransport
	Annamitischer Elefant
	Arabische Karawane (frühe Fassung)
	Zivil: Jahrmarkt 1860, Ländliches Fest, Dorfkirchweih, Seiltänzer und Akrobaten
1861	Französisches Lager 1860
1862	Preußisches Lager 1860 (Wurstverkäufer)
1863	Eroberung von Mexiko 1861
	Leipzig 1813 Jubiläumsgruppen
	Zivil: Prozession, Zoo
1864	Preußisches Lager 1860: Zechtisch, Garde du Corps m. Marketenderin
	Düppel 1864 (Leiterträger)
	Französisches Lager 1860: Husar zu Pferd Offizier Hand reichend
1865	Preußische Art. 1860 Kugel an Stange tragend
	Amerikan.Unabhängigkeitskrieg 1861
	Waterloo 1815 Jubiläumsgruppen
	Ritterschlacht um 1300
	Arabische Löwenjagd
	Zivil: Wintervergnügen, Schlittenfahrt
1866	Preußische Infanterie 1870 im Fluss
	Königgrätz (sämtliche Gruppen)
1867	Preußischer Offizier 1870 mit Bauplan
	Preßisches Lager 1860: Dragoner Pferd waschend
1868	Preußische Sanitäter 1860 unterm Baum
	Preußische Sanitäter 1860: Feldpater bei Sterbendem, Totenhaufen
	Zivil: Menagerie
1869	Französische Sanitäter 1870 auf dem Schlachtfeld
1870	Gruppen 1870:
	Eroberung der ersten französischen Mitrailleuse
	Preußischer Ulan afrikanischen Jäger verfolgend
	Preußischer Ulan im Kampf mit afrikanischem Jäger
	Französische Mitrailleuse mit Bedienung
	Gestürzter preußischer Husar gegen französischen Infanteristen
	2 Infanterie-Kampfgruppen
	Moltke meldet Sieg bei Gravelotte
	Übergabe von Sedan
	General von der Tann bei Orléans
	Prinz Friedrich Carl bei Orléans
1872	Zivil: Reise ins Gebirge
1873	Zivil: Russische Butterwoche
1876	Russische Artilleristen 1877 mit Geschoss
	Indianer über Totem Skalp schwingend
1877	Russisch-Türkischer Krieg (Schipkapass, Plewna)
	Baschibosuks
	Englisches Raketengeschütz (Kolonien)
	Ostafrika-Lager
1878	Russischer Offizier mit Gepäckträger (Lager 1877)
	Aufständische auf Felsentor (Kreta 1866)
	Englischer Stab auf Felsen (Afghanistankrieg)
1879	Kaffernkrieg
1880	Indobritisches Lager
	Zivil: Berliner Feuerwehr, Zirkus
1882	Teutoburger Wald (frühe Fassung)
1883	Annamitische Artilleristen
1884	Mahdi-Aufstand, El Teb, Arabische Kamelreiter
1885	Dreißigjähriger Krieg Lützen
	Hohenfriedberg 1745
	Siebenjähriger Krieg: Rossbach, Freiberg
	Lissa 1866
	Englische Dromedarreiter (Khartum)
1887	Preußischer Husaren-Pferdehalter 1870
	Zivil: Hafen, Gartengesellschaft
1888	Kronprinz Friedrich Carl und Mac Mahon bei Wörth 1870
	Gruppen der 4 Pack. Generalstab auf dem Schlachtfeld
	Terek-Kosaken 1877
	Spanische Gebirgsartillerie 1888
	Große Palmengruppe (Ludwig Frank)
1889	Alexander der Große zu Pferd
	Kriegselefant (Benevent)
	Ostafrika-Station: Stanley und Livingstone
	Persische Kamelreiter, Poltawa 1709
1890	Napoléon bei Jena
	Buschiri-Aufstand, Dt. Matrosen-Revolvergeschütz

1891 Sempach
1892 Ägyptischer Pharao auf Streitwagen
Französische Artilleristen 1792
Tiroler Aufstand 1809, Katzbach 1813
Negerdorf, Indianer-Lager
1893 Murten 1476
Arcole 1796, Pyramiden 1792
1894 Ritterturnier
Sibirische Scharfschützen 1877
Negerdorf, Sklaventransport, Casati
1895 St.Jakob an der Birs 1444
Murten (Flucht auf See) 1476
Belgrad 1717
Negerdorf (Schlangenmahlzeit)
1896 St. Jakob an der Birs 1444,
Raubritterüberfall (frühe Fassung)
Belagerung von Wien 1683
Preußisches Lager 1866
Indianer-Leben
1897 Preußischer Eisenbahnbau 1900
1898 Siebenjähriger Krieg: Tod Ewald v. Kleist
Rückzug aus Russland 1812
1900 Kosakengruppe (Poltawa)
Mars-la-Tour 1870 (Preußische Dragoner)
Preußische Jäger 1900 am MG
Burenkrieg, Burenlager
1901 Landsknechtlager
1902 Trojanischer Krieg, Belagerung von Syrakus
Dreißigjähriger Krieg: Nördlingen, Lützen
(Verwundetenträger)
Zivil: Försterei, Hochgebirgsjagd
1903 Römer-Lager
Mongolenschlacht, Wikinger Drachenschiff
Kreuzzüge, Peipussee
Dreißigjähriger Krieg: Wallensteins Lager
Napoleonische Kriege: Marengo, Fleurus,Valmy,
Rivoli, Jemappes, Saalfeld, Friedland, Eggmühl,
Borodino (Schanzen), Essling, Großgörschen,
Bautzen
Französische Sanitäter 1900
Zivil: Seebad
1904 Belagerung v. Strassburg 1870
Schweizer Lager 1900
Französische Feldposten 1900
Österreich Biwak 1900
Russen Biwak 1905
Japaner 1905
Herero-Aufstand, Indianerüberfall
1905 Thermopylen, Galliergruppen
Hunnenkönig Attila, Tote bei Marterl
Soissons, Zülpich
Höchstädt 1745
Saragossa 1809
Spichern 1870
Pope bei Sterbendem 1877
Japanische Sanität 1905
Indianer Postkutschenüberfall, Trappergruppe
Zivil: Russische Bärenjagd, China-Volk
1906 Plataä, Seeschlacht von Salamis ,
Amazonenschlacht, Cannae, Römerlager
Ostgotenkönig Theoderich
Dreißigjähriger Krieg: Rocroy
1870/71: Weissenburg, Balan, Bazeilles,
Champigny, St.Privat, Metz, Jlly,
Mars-la-Tour, Dijon, Le Bourget
Kaisermannöver 1900, Telegraphenabt.
1.Weltkrieg: Argonnen
Indianer Wild West, Karl May
1907 Pfahlbaudorf, Germanen Wanderung
Großbeeren, Katzbach, Dresden 1813
Weissenburg, Orléans 1870
Araber im Hinterhalt (Omdurman)
Europäer auf Kamel
Deutsche Matrosenlandung 1900
Seeräuber-Kanone
Indianer Wild West, Karl May
Zivil: Russischer Bauernhof, Wintersport 1907
1908 Griechischer Held mit Gefangenen (Troja),
Granikos
Mittelalterliche Stadt
La Coruna, Ulm 1805
Smolensk 1812
Kulm 1813
Schirlenhof, Französische Artillerie 1870
Preußische Feldartillerie, Brückenbau 1900
Französische Feldartillerie 1900
1.Weltkrieg: Antwerpen
1909 Karl der Große (Romzug), Sachsenschl.
Schweiz: Wilhelm Tell, Rütlischwur
Dreißigjähriger Krieg: Breitenfeld
Siebenjähriger Krieg: Maxen
1870: Floing, Vionville, Reichshofen
1910 Griechischer Streitwagen (Quadriga)
Rom Zirkus, Germanenlager
Siebenjähriger Krieg: Preußisches Lager
Französische reitende Gardeartillerie
(Waterloo 1815)
St. Marie aux Chênes 1870
Schweiz 1900
1911 Ägyptischer Pharao auf Wagen,
Karthagischer Elefant, Rom Triumphzug
Crécy
Französische reitende Gardeartillerie Gespanne,
Protzen, Pferdehalter 1815
1870: Gaisberg, Wörth, Balan, Bazeilles, Brie,
Jlly, Mars-la-Tour, Gravelotte, Rézonville
1912 Lechfeld
Siebenjähriger Krieg: Zorndorf

Beresina-Brücke 1812
Französisches Lager
Körner bei Gadebusch 1813
Französische Artillerie 1870
Preußische Artillerie 1900
Montenegriner, Türken 1900
1913 Napoléon. Zeit: Lodi, St.Gotthard, Austerlitz, Abenberg, Wagram, Borodino, Lüneburg, Kulm, Dennewitz, Wartenburg, Möckern, Wachau, Lösnitz, Schönefeld, Stötteritz,Grimma, Probsthaida, Liebertwolkwitz, Markkleeberg, Dölitz, Leipzig, Waterloo (Lanciers)
1900 Deutsche Schutztruppen Kamelreiter
1914 Tatarenschlacht
1870: Spichern, Les Nuits, Beaune
Russen bei Granateinschlägen 1905
1. Weltkrieg: Lüttich, La Garde, Mühlhausen, Metz, Longwy, Ypern, St. Quentin, Langemark, Namur, Tannenberg, Warschau, Dobrudscha, Arras
1915 Französischer Wachposten auf Bäumen 1900
Russen 1905
1. Weltkrieg: Ypern, Verdun, Ysère, Przemisl, Karpaten, Lemberg, Isonzo, Flandern, Diksmuiden
Deutsche Truppen
Österreichische Truppen
1916 Preußische Pioniere 1900 in Booten
Russen 1905
1. Weltkrieg: Antwerpen (Boot), Ypern, Wijtschate, Tahure, Somme
Deutsche Truppen
1917 1. Weltkrieg: Arras, Deutsche Artillerie mit 21er Mörser
1919 Ägyptischer Streitwagen
Griechischer Streitwagen
Zivil: Eskimo-Leben
1920 Assyrische und phönizische Streitwagen, Äthiopischer Elefant und Königswagen
Makedonische Elefanten
Indianer Jagden und Mohikanerlager
1921 Arabische Wüstenreiter (Altertum)
1922 Indische Streitwagen und Elefanten
Römischer Pferdehalter (Lager), Passion
1923 Dreißigjähriger Krieg: Pferdehalter (Breitenfeld)
Französische Minenwerfer 1916
1924 Sassaniden-Elefant
Lager 1400
1925 Wallbüchsen, Bauernkrieg
Landsknechtgeschütze 1400
Soor
Siebenjähriger Krieg: Zorndorf, Liegnitz, Hochkirch, Kunersdorf, Burkersdorf, Prag, Torgau, Kolin, Leuthen, Preußische Pioniere im Boot, Artilleristen Geschütz ziehend
Lettow-Vorbeck (1914/15)
1926 Germanen Gauburg, Jagd, Getreideernte
Dorfbewohner der Bronzezeit , Wendenschlacht
Dreißigjähriger Krieg: Nürnberg
1927 Hunnen: Lager, Plündernde, Mongolenschlacht
Dorfbewohner der Bronzezeit
Mittelalterliche Stadt, 1300 Mörsergruppe
Dreißigjähriger Krieg: Offiziere mit Plan, Wachposten an Kanone, Plünderer
Stadtvolk 1650
Siebenjähriger Krieg Leuthen
Bayerischer Geschützzug 1870
Zivil: Rokoko Gartenfest, Kutschen
1928 Phönizisches Boot
Klosterleben, Falkenjagd
Kaufmannszug, Raubritterüberfall (neue Fassung), Pavia
Preußische Artilleristen 1870 Geschoss an Stange tragend
Afrikanische Steppenjagd
Arabische Karawane (neue Fassung)
1. Weltkrieg: Aisne, Reims, Armentières, Bikschote, Kemmelberg
Französische Artillerie
1929 Hansehafen, Landsknechte plündernd
Venetianer Hafenvolk
Indianer Wanderung, Pawnee Siedlung
1.Weltkrieg: Reims
1930 Rom: Stadt-und Landvolk, Zirkus (Rennwagen), Opfer
Mittelalterliche Justiz, Hugenottenzeit
1. Weltkrieg: Französische Handgranatenwerfer
Zivil: Französischer Bauernhof
Indische Tigerjagd (Jäger auf Elefanten)
1931 Karolinger Hofhaltung
Minnesänger
Empire Volk
1932 Siebenjähriger Krieg: Kunersdorf
Niederländische Bauernkirmes
1933 Griechen: Olympische Spiele
Burgbelagerung um 1300
Hussiten Kampfwagen
Zivil: Erlanger Bergkirchweih
1934 Nibelungenschlacht, Wikinger Plünderung
1936 Teutoburger Wald (neue Fassung)
Burgbau König Heinrich I.
1937 Dorfbewohner der Bronzezeit (Männer am Tisch)
Deutsche Flak 1937
1938 Azincourt, Crécy
Dreißigjähriger Krieg: Tross
Plassey 1750
Indischer Fürst auf Elefanten
1917-38 Deutsche Stahlhelmtruppen (auf diese Zeitspanne verteilt)